面向“新工科”课程教材
普通高等教育工程管理与工程造价专业“十三五”规划教材
普通高等教育“十一五”国家级规划教材
“十二五”江苏省高等学校重点教材

土木工程合同管理

（第4版）

主　编　李启明

副主编　袁竞峰　张　星
　　　　赵庆华　吕恒林

东南大学出版社
SOUTHEAST UNIVERSITY PRESS
·南京·

内 容 提 要

本书根据最新的法律法规，结合工程合同管理的最新研究、教学改革和最佳实践，总结了工程采购模式的演变和发展以及工程合同管理基本要点，明确了工程合同管理课程的性质和定位以及教学目标、内容和教学方法。本书全面、系统地介绍合同法律的基本原理，工程招标投标的基本制度和方法，工程采购模式和合同类型的合理选择，建设工程专业合同（包括工程勘察、设计、监理、施工、采购、总承包）和国际 FIDIC 土木工程施工合同条件的主要内容。本书还重点介绍了工程合同谈判、签订、履约管理以及工程合同索赔管理和争议处理的主要内容。

本书可作为高等学校工程管理专业、工程造价专业和土木工程专业的教材使用，也可供相关专业的科技人员以及相关政府部门、建设单位、房地产开发企业、监理企业、施工企业、工程总承包企业等技术、管理人员参考使用。

图书在版编目(CIP)数据

土木工程合同管理 / 李启明主编. —4 版. —南京：东南大学出版社，2019.11(2022.1 重印)

ISBN 978-7-5641-8629-6

Ⅰ. ①土… Ⅱ. ①李… Ⅲ. ①土木工程—合同—管理—中国 Ⅳ. ①D923.6

中国版本图书馆 CIP 数据核字(2019)第 247331 号

土木工程合同管理(第 4 版)

Tumu Gongcheng Hetong Guanli(Di-si Ban)

主　　编：李启明
出版发行：东南大学出版社
社　　址：南京市四牌楼 2 号　**邮编**：210096
出 版 人：江建中
网　　址：http://www.seupress.com
电子邮箱：press@seupress.com
经　　销：全国各地新华书店
印　　刷：南京玉河印刷厂
开　　本：787 mm×1092 mm　1/16
印　　张：28.25
字　　数：687 千字
版　　次：2019 年 11 月第 4 版
印　　次：2022 年 1 月第 4 次印刷
印　　数：12001～18000
书　　号：ISBN 978-7-5641-8629-6
定　　价：56.00 元

丛书前言

1999年“工程管理”专业刚列入教育部本科专业目录后不久，江苏省土木建筑学会工程管理专业委员会根据高等学校工程管理专业指导委员会制订的“工程管理”本科培养方案及课程教学大纲的要求，组织了江苏省十几所院校编写了全国第一套“工程管理”专业的教材。在大家的共同努力下，这套教材质量较高，类型齐全，并且更新速度快，因而市场认可度高，不断重印再版，有的书已出到第三版，重印十几次。系列教材在全省、全国工程管理及相关专业得到了广泛使用，有的书还获得了江苏省重点教材、国家级规划教材等称号，受到广大使用单位和老师学生的认可和好评。

近年来，随着国家实施新型城镇化战略、推动“一带一路”倡议，建筑业改革创新步伐加快，大力推行工程总承包、工程全过程咨询、BIM等信息技术，加快推动建筑产业的工业化、信息化、智能化、绿色化、国际化等建筑产业现代化进程，推动建筑业产业转型升级。建筑产业从中低端向现代化转变过程中，迫切需要大批高素质、创新型工程建设管理人才，对高等学校人才培养目标、知识结构、课程体系、教学内容、实践环节和人才培养质量等提出了新的更高的要求。因此，我们的教材建设必须适应建筑产业现代化发展的需要，反映建筑产业现代化的最佳实践。

进入新时代，党和国家事业发展对高等教育、人才培养提出了全新的、更高的要求和希望。提出“人才培养为本、本科教育是根”，要求“加快建设一流本科、做强一流专业、打造一流师资、培养一流人才”，要求“加强专业内涵建设，建设‘金课’、淘汰‘水课’，抓好教材编写和使用，向课堂要质量”。同时，新工科建设蓬勃发展，得到产业界的积极响应和支持，在国际上也产生了影响。在这样的背景下，教育部新一届工程管理和工程造价专业指导委员会提出了专业人才培养的方向是“着重培养创新型、复合型、应用型人才”，要“问产业需求建专业，问技术发展改内容，更新课程内容与培养方案，面向国际前沿立标准，增强工程管理教育国际竞争力”。工程管理和工程造价专业指导委员会制定颁发了《工程管理本科指导性专业规范》和《工程造价本科指导性专业规范》,对工程管理和工程造价知识体系和实践体系做出了更加详细的规定。因此,我们的教材建设必须反映这样的培养目标,必须符合人才培养的基本规律和教育评估认证的新需要。

20多年来,全国工程管理、工程造价教育和人才培养快速发展。据统计,2017年全国开设工程管理专业的高校有489家,在校生数为139 665人;工程造价专业全国布点数为262家,在校生数为88 968人;房地产开发与管理专业全国布点数为86家,在校生数为11 396人。工程管理和工程造价专业下一阶段将从高速增长阶段转向高质量发展阶段,从注重数量、规模、空间、领域等外延拓展,向注重调整结构,提高质量、效应、品牌、影响力、竞争力等内涵发展转变。基于新时代新要求,工程管理专业需要重新思考自身的发展定位和人才培养目标定位,完善知识体系、课程体系,建设与之相适应的高质量、高水平的教材体系。

基于上述时代发展要求和产业发展背景,江苏省土木建筑学会工程管理专业委员会、建筑与房地产经济专业委员会精心组织成立了编写委员会,邀请省内外教学、实践经验丰富的高校老师,经过多次认真教学研讨,按照现有知识体系对原有系列教材进行重装升级,适时推出面向新工科的新版工程管理和工程造价系列丛书。在本系列丛书的策划和编写过程中,注重体现新规范、新标准、新进展和新实践,理论与实践相结合,注重打造立体化、数字化新教材,以适应行业发展和人才培养新需求。本系列丛书涵盖工程技术类课程、专业基础课程、专业课程、信息技术课程和教学辅导等教材,满足工程管理专业、工程造价专业的教学需要,同时也适用于土木工程等其他工程类相关专业。尽管本系列丛书已经过多次讨论和修改,但书中必然存在许多不足,希望本专业同行们、学生们在使用中对本套教材中的问题提出意见和建议,以使我们能够不断改进、不断完善,将它做得越来越好。

本系列丛书的编写出版,得到江苏省各有关高校领导的关心和支持,得到国内有关同行的指导和帮助,得到东南大学出版社的鼎力支持,在此谨向各位表示衷心的感谢!

丛书编委会

2019年5月

第4版前言

工程合同管理贯穿工程项目实施的全过程，工程合同管理是工程项目管理的核心。随着工程合同管理理论研究和工程实践的不断深入，工程合同管理在项目管理和建筑业企业管理中的重要性日益明显和突出；工程合同管理课程和内容在广度上不断拓展和丰富、在深度上不断深化和优化，已经成为注册建造师、监理工程师、造价工程师等专业人士知识结构和能力结构的重要组成部分以及执业能力的重要体现。工程合同管理已成为工程管理、工程造价本科专业的核心主干课程，是工程管理、工程造价人才核心能力培养的重要构成。

《土木工程合同管理》教材2002年出版了第1版，2004年根据高校工程管理的培养计划和教学要求，作了第一次修订。2006年《土木工程合同管理》被评为"十一五"国家级规划教材。2008年出版了《土木工程合同管理》(第2版)。2008年东南大学的"工程合同管理"课程成为国家精品课程。2009年《土木工程合同管理》教材获得华东地区大学出版社第八届优秀教材学术专著一等奖。2013年东南大学的"工程合同管理"课程获得国家精品资源共享课程。2014年《土木工程合同管理》(第2版)获得江苏省高等学校重点立项建设教材。由作者牵头的、基于包括工程合同管理课程改革和实践的教学改革项目《现代工程管理人才"一体两翼"型专业核心能力培养的研究与实践》2014年获得了国家教学成果二等奖。2015年出版了《土木工程合同管理》(第3版)。2018年依托东南大学国家精品课程"工程合同管理"教学团队和专家实务团队，"工程合同管理"MOOC在中国大学慕课网(https://www.icourse163.org/course/SEU－1001775007)正式上线运行，每年上线运行2次，课程教学内容包括：课堂教学、专题讲座、案例讲座，提供课件、测验和作业、课程公告、讨论区维护、综合测试等资源和功能。

在本次《土木工程合同管理》(第4版)编写过程中，作者基于国家实施新型城镇化战略、推动"一带一路"倡议、建筑业转型升级和创新步伐加快等行业发展趋势和新要求，以及面向新工科建设、高等教育对人才培养提出的新要求，建设"金课”,淘汰“水课”,结合工程管理、工程造价专业教育教学规律以及本课程的性质、特点和任务,经过认真讨论和研究,确定了教材的修改内容和编写要求。根据《高等学校工程管理(工程造价)本科专业规范》的培养目标和规格以及核心知识领域、知识单元、知识点等要求,根据国家颁布的最新法律法规,最高人民法院最新司法解释,国家发展和改革委员会、国家住房和城乡建设部颁布的最新合同示范文本以及 FIDIC 最新系列合同条件,主要对本课程的教学内容和要求、合同法律基本原理、工程招标投标、工程勘察设计合同、工程施工合同以及 FIDIC 合同条件等进行了最新的修改和完善。全书理论体系完整、要点清晰,理论与实践紧密结合,反映最新法律法规、科研成果和最佳工程实践。

本书由李启明担任主编,负责总体策划、构思及定稿,由袁竞峰、张星、赵庆华、吕恒林担任副主编。全书共分 13 章,其中第 1、4、8、12 章由李启明、袁竞峰、邓小鹏编写,第 10、13 章由李启明、黄文杰、朱树英编写,第 3、5、6 章由张星、李启明编写,第 2、11 章由赵庆华、汪金敏编写,第 7 章由吕恒林、李启明编写,第 9 章由吕恒林编写。本次教材的修改工作全部由李启明完成。

本书在编写过程中查阅和检索了许多工程采购和合同管理方面的信息、资料和有关专家、学者的著作、论文,并得到许多单位和学者的支持和帮助,在此表示衷心感谢。由于土木工程合同管理的理论、方法和运作还需要在工程实践中不断丰富、发展和完善,加之作者水平所限,本书不当之处敬请读者、同行批评指正,以便再版时修改完善。

李启明

2019 年 8 月于东南大学

九龙湖校区土木科研楼

目　　录

1 工程合同管理导论

市场经济的本质是契约(合同)经济。合同是商品经济的产物,是市场主体进行交易的依据。合同的本质在于规范市场交易、节约交易费用。在工程项目全寿命周期过程中,众多的项目参与方之间,如业主、承包商、设计单位、监理单位、供应商等,形成了大量的合同法律关系,如工程勘察合同、设计合同、监理合同、施工合同、材料设备供应合同等。工程合同确定了成本、工期、质量、安全和环境等项目总体目标,规定和明确了当事人各方的权利、义务和责任。因此合同管理是工程项目管理的核心,合同管理贯穿工程实施的全过程。现代工程项目是一个复杂的系统工程,技术复杂、建设周期长、投资额大、不确定因素多、项目参与方多、合同种类和数量多,对于每一份具体的工程合同,都存在从合同成立、生效、履行到终止的合同寿命周期。众多独立而又相互联系的各个合同的圆满履行,就意味着工程项目的最终成功。

自 20 世纪 60 年代末以来,国外工程合同管理领域发生了巨大的变化,许多项目采购模式与合同条件不断涌现,除了传统的设计—招标—建造(DBB)采购模式外,设计—建造(DB)、设计—采购—建设(EPC)、建设管理(CM)、项目管理(PM)、建造—运营—移交(BOT)等采购模式相继出现。在工程合同领域,FIDIC(国际咨询工程师联合会)、ICE(英国土木工程师学会)、JCT(英国合同审定联合会)、AIA(美国建筑师学会)、AGC(美国总承包商协会)等国际组织制定的系列标准合同条件也不断修改和完善,并且在许多实际工程中得以采用。

我国自 1978 年改革开放以来,随着中华人民共和国合同法、建筑法、招标投标法等法律法规的逐步实施,社会主义市场经济体系的不断建立和完善,以及国内外建筑市场的一体化融合,建设领域已经广泛地推行了建设监理制、招标投标制、合同管理制、风险管理制等工程建设基本制度,制定并推广应用了建设工程勘察、设计、监理、施工等系列标准合同示范文本。随着工程合同管理理论研究和工程实践的不断深入,工程合同管理在项目管理和建筑业企业管理中的重要性日益明显和突出;工程合同管理课程和内容在广度上不断拓展和丰富、在深度上不断深化和优化,已经成为注册建造师、监理工程师、造价工程师等专业人士知识结构和能力结构的重要组成部分,特别是其执业能力的重要体现,并因此成为工程管理本科专业的核心主干课程之一。

1.1 项目采购模式的演变和发展

1.1.1 项目采购模式的演变

工程项目采购模式经历了由业主自营模式到现代采购模式演变的多个发展阶段,如图

1.1所示。14世纪前,工程项目一般由业主直接雇用工匠进行工程建设,后来由营造师负责设计和施工,这与当时社会生产力水平、专业化协作程度以及工程复杂度较低相适应。随着社会生产力的发展和建设规模的扩大,近代建设项目由于投资大、结构和技术复杂等原因,产生了设计、施工、供应、管理等专业化分工,即由"合"变"分",分阶段、分专业的平行承发包模式遂成为主流采购模式。但随着业主适应市场要求的变化,加上信息技术等科技的高速发展,专业分工的进一步整合重新被人们所认同,项目采购模式出现由"分"变"合"的新趋势,逐步演变为设计—施工总承包、设计—施工—供应总承包、CM模式、PM模式以及BOT模式等多种模式并存的局面。

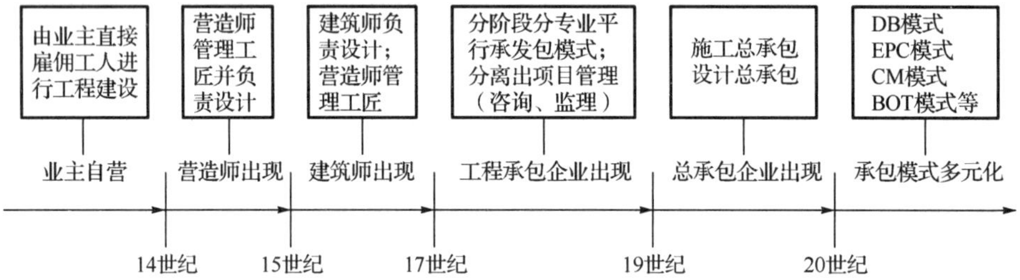

图1.1 工程采购模式的演变

1.1.2 项目采购模式演变的动因

项目采购模式的演变主要基于以下四方面的原因。

1) 业主观念变化

(1) 时间观念增强。世界经济一体化增加了竞争的强度,业主需要在更短的时间内拥有生产或经营设施,从而可以更快地向市场提供产品,因而要求项目工期尽量缩短。

(2) 质量和价值观发生变化。由于工业领域的业主在生产过程中实行了全面质量管理(Total Quality Management,TQM),他们希望承包方也能采用这种管理,以保证工程的质量。另外,业主意识到项目价值应该是价格、工期和质量等的综合反映,是一个全面的价值度量标准,因而工程价格在价值衡量中的比重降低。

(3) 集成化管理意识增强。提倡各专业、各部门的人员组成项目组联合工作,对项目进行整体统筹化的管理。目前许多大型项目都采用联合项目组方式,将各个专业的人员组织起来共同办公,极大地提高了工程效率。

(4) 伙伴关系意识增强。业主、承包商和专业工程师更倾向于为了项目的整体成功而合作,而不再是仅仅追求各自的经济利益。人们的观念正从时刻准备索赔向如何避免索赔转变。有些工程合同还规定了多种争端解决方式,尽量避免仲裁或诉讼。

(5) 提供项目一揽子服务需求加大。由于现代建设项目具有规模大、资金需要量大、技术复杂且管理难度高等特点,业主自身项目管理能力和融资能力有限,因而业主越来越重视承包商提供综合服务的能力。

2) 设计与施工一体化趋势

(1) 工程项目管理理论的发展。建设项目各阶段都有较成熟的项目管理理论和丰富的实践经验,很多有关的理论和模型都可以被纳入一体化管理的体系中,这使得研究重点集中在设计、施工等阶段的有效衔接上，工作量大大减少。

(2) 工业领域的集成管理趋势。自从20世纪70年代中期以来，制造业领域提出了一系列新思想、新概念和新方法，例如并行工程、价值工程、准时生产、精益生产、柔性生产、计算机集成制造(CIMS)等，使制造业得到了快速的发展，同时也为工程领域设计施工一体化提供了可借鉴的理论工具和丰富经验。

(3) 项目管理信息化集成。信息技术的高速发展，软件工程理论和实践的突破为设计施工一体化提供了坚实的基础，使设计施工一体化要求的高速信息共享和交流成为可能，保障了设计施工一体化的实施效率。

3)承包商利润的追求

承包商单纯的工程施工利润逐渐降低，承包业务逐渐向项目前期的策划和设计阶段延伸以及向项目建成后的营运阶段拓展，利润重心向产业链前端和后端转移。承包商参与建设项目的时间已逐渐提前到项目的策划、可行性研究或设计阶段，这一承包方式的发展已经成为国际大型承包商提高竞争力和抵抗风险能力的重要手段。

4) 传统DBB模式的局限性

采用传统的分阶段平行采购(DBB)模式，其局限性表现在以下几个方面：

(1) 建设周期较长。对于大型工程项目来说，如果项目全部设计结束后才进行施工招标，然后再进行施工，承包商介入工程项目的时间太迟，建设周期延长而使投资增加，影响业主的投资效率。

(2) 设计变更频繁。随着现代建设项目构成日趋复杂化，设计商在设计时不知道谁将是施工者，因而不能结合承包商的特点和能力进行设计，施工过程中可能会引起设计修改，导致设计变更频繁。

(3) 设计的可施工性较差。设计商有时对施工过程的具体工艺缺乏足够的重视，对施工方法和工艺了解较少，在设计过程中很难从施工方法及实际成本的角度来选择造价尽可能低且不影响使用功能的设计方案。

(4) 业主项目总体目标控制困难。业主组织、协调工作量大，业主对项目总体目标的控制有困难，主要是不利于项目投资控制和进度控制。在整个项目实施过程中，业主对项目的投资控制既缺乏系统性、连续性，同时也缺乏足够的深度。

(5) 承包商处于被动地位。承包商"按图施工"，基本上处于被动地位，影响其积极性的发挥。

基于传统采购模式存在的局限性，在20世纪80年代，建筑业界产生了将设计和施工相结合的单方负责方式(Single Resource Responsibility Systems)，其中包括设计—建造(Design Build)总承包模式、一揽子(Package Deal)总承包模式和EPC(Engineering Procurement Construction)模式等。虽然DB和EPC模式可以很好地将设计与施工结合起来，业主的组织协调工作量较少，但建设周期完全取决于项目总承包单位的分包模式，具有很大的不确定性。为了解决工期要求紧、业主要求其自身工作量最小的大型建设项目的采购问题，人们引入了快速路径(Fast-Track)概念，由此产生了CM采购模式。

1.1.3 项目采购模式的基本内涵

国内建筑业中习惯使用的"发包"一词在国际建筑业中被称为"采购"。本书中所指的

"采购"术语,不是泛指材料和设备的采购,而是指建设项目本身的采购。项目采购是从业主角度出发,以项目为标的,通过招标进行"期货"交易。而"承包"从属于采购,服务于采购。采购决定了承包范围,业主采购的范围越大,承包商承担的风险一般就越大,对承包商技术、经济和管理水平的要求也越高。业主为了获得理想的建筑产品或服务就必须进行"采购",而采购的效果与采购方式的选择密切相关。项目采购方式(Project Procurement Method, PPM)就是指建筑市场买卖双方的交易方式或者业主购买建筑产品或服务所采用的方法。

在英国和英联邦国家(澳大利亚、新加坡等)以及中国香港地区,项目采购模式一般称为"Procurement Method"或者"Procurement System",这两个名字在含义和使用上没有任何区别,本书所用的"采购模式"即是直接从这两个词翻译过来的。而在美国以及受美国建筑业影响比较大的国家,项目采购模式一般称为"Delivery Method"或者"Delivery System",它们两个在含义和使用上也没有任何区别,如果把它们直接翻译成中文就是"交付方式"。英国的"Procurement Method(System)"和美国的"Delivery Method(System)"从概念上讲是完全相同的。Procurement 的意思是采购,是从购买方(业主)的角度来讲的。Delivery 的意思是交付,是从供货方(设计者、承包商、咨询管理者等)的角度来讲的。不管从哪个角度,它们的意思都是指交易,所以项目采购模式本质上就是指工程项目的交易模式。

国内目前对项目采购模式的叫法相当混乱,如:"承发包模式""承包模式""采购方式""项目交付方式""分标方式""承发包方式""项目实施方式""项目管理模式""工程建设模式""组织实施方式"等等。"承发包模式"是国内使用比较多的一个叫法,但是工程项目的交易不仅仅是指承发包,承发包仅仅是指业主和承包商之间的关系,业主与设备、材料供应商之间的关系是一般的货物交易关系,与工程咨询方、项目管理方、设计方之间的关系是委托与被委托的关系。承发包与委托关系有着很大的差异,也与一般的货物交易有着明显的不同。所以"承发包模式"并不能完全揭示项目采购模式的所有含义。"项目采购模式"直接从英文翻译过来,忠实于原意,容易被理解,而且也便于与国际交流、与国际接轨。

项目采购模式的定义是:对建设项目的合同结构、职能范围划分、责任权利、风险等进行确定和分配的方式,其本质上是工程项目的交易方式。从不同的角度来看,它也可以被理解成工程项目的组织方式、管理方式或者实施方式。不同的项目采购模式有着不同的合同结构和合同安排,项目采购模式的变化深刻地决定着工程合同和管理的变化。

1.1.4 项目采购模式的基本形式

目前国际、国内建筑市场普遍采用的项目采购模式有:传统采购模式(Design Bid Build, DBB)、设计—建造模式(Design Build, DB)、建设管理模式(Construction Management, CM)、设计—采购—建设模式(Engineering Procurement Construction, EPC)、项目管理模式(Project Management, PM)、管理承包模式(Management Contracting, MC)、建造—运营—移交模式(Build Operate Transfer, BOT)和项目伙伴模式(Project Partnering)等。下面对几种主要项目采购模式进行简单介绍。

1) 设计—招标—建造模式(DBB 模式)

DBB 采购模式是传统的、国际上通用的项目采购模式,世界银行、亚洲开发银行贷款项目和采用国际咨询工程师联合会(FIDIC)合同条件的项目均采用该种模式,我国工程建设领域目前基本上也是采用这种模式。这种模式最突出的特点是强调工程项目的实施必须按照设计—招标—建造的顺序进行，只有一个阶段结束后另一个阶段才能开始。采用这种方法时，业主与设计商（建筑师或工程师）签订专业服务合同，建筑师或工程师负责提供项目的设计和合同文件。在设计商的协助下，通过竞争性招标将工程施工任务交给报价和质量都满足要求且具有一定资质的投标人（承包商）来完成。在施工阶段，设计专业人员通常担任重要的监督角色，并且是业主与承包商沟通的桥梁。《FIDIC 土木工程施工合同条件》代表的是工程项目建设的传统模式。同传统模式一样采用单纯的施工招标发包，在施工合同管理方面，业主与承包商为合同双方当事人，工程师处于特殊的合同管理地位，对工程项目的实施进行监督管理。各方合同关系和协调关系如图 1.2 所示。

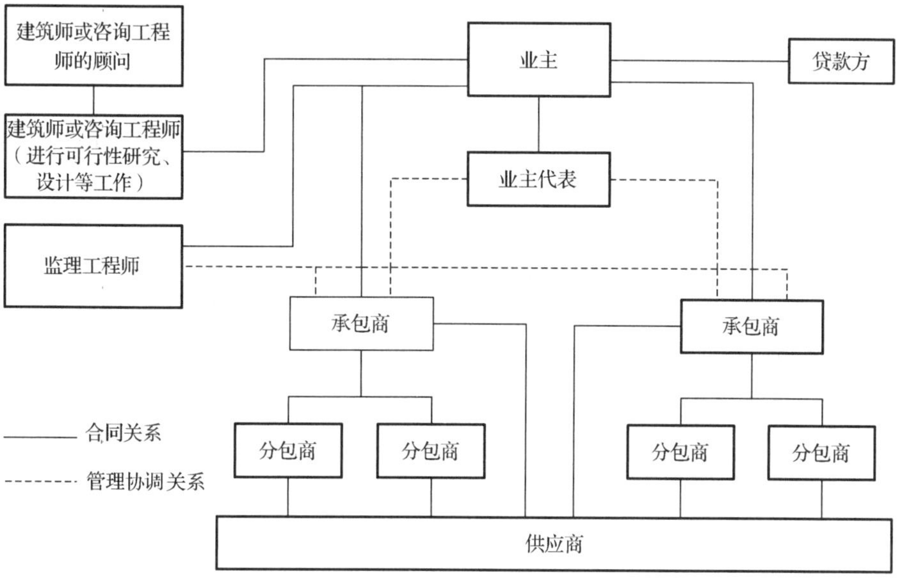

图 1.2 DBB 模式中各方合同关系和协调关系

DBB 模式具有如下优点：

① 参与项目的三方即业主、设计商（建筑师或工程师）和承包商在各自合同的约定下，行使自己的权利，并履行自己的义务，因而这种模式可以使三方的权、责、利分配明确，避免相互之间的干扰。

② 由于受利益驱使以及市场经济的竞争，业主更愿意寻找信誉良好、技术过硬的设计咨询机构，这样具有一定实力的设计咨询公司应运而生。

③ 由于该模式长期、广泛地在世界各地采用，因而管理方法成熟，合同各方都对管理程序和内容熟悉。

④ 业主可自由选择设计咨询人员，对设计要求可进行控制；业主可自由选择监理机构实施工程监理。

DBB 模式具有如下缺点：

① 该模式在项目管理方面的技术基础是按照线性顺序进行设计、招标、施工的管理，建设周期长，投资或成本容易失控，业主方管理的成本相对较高，设计师与承包商之间的协调比较困难。

② 由于承包商无法参与设计工作,可能造成设计的“可施工性”差,设计变更频繁,导致设计与施工协调困难,设计商和承包商之间可能发生责任推诿,使业主利益受损。

③ 按该模式运作的项目周期长,业主管理成本较高,前期投入较大,工程变更时容易引起较多的索赔。

长期以来DBB模式在土木建筑工程中得到了广泛的应用。但是随着社会、科技的发展,工程建设变得越来越庞大和复杂,此种模式的缺点也逐渐突显出来。而工程建设领域技术的进步也使得工程建设的复杂性与日俱增,工程项目投资者在建设期的风险也在不断地增大,因而一些新型的项目采购模式也就相应地发展起来,其中较为典型和常见的是DB模式、CM模式、EPC模式、PM模式和BOT模式等。

2) 设计—建造模式(Design Build, DB模式)

DB模式是近年来国际工程中常用的现代项目采购模式,它又被称为设计—施工模式(Design Construction)、交钥匙工程(Turnkey)或者是一揽子工程(Package Deal)。通常的做法是,在项目的初始阶段业主邀请一家或者几家有资格的承包商(或具备资格的设计咨询公司),根据业主的要求或者设计大纲,由承包商或会同自己委托的设计咨询公司提出初步设计和成本概算。根据不同类型的工程项目,业主也可能委托自己的顾问工程师准备更详细的设计纲要和招标文件,中标的承包商将负责该项目的设计和施工。DB模式是一种项目组织方式,DB承包商和业主密切合作,完成项目的规划、设计、成本控制、进度安排等工作,甚至负责土地购买、项目融资和设备采购安装。DB模式中各方关系如图1.3所示。DB模式的缺点是业主无法参与建筑师或工程师的选择,工程设计可能会受施工者的利益影响等。这种模式主要有两个特点:

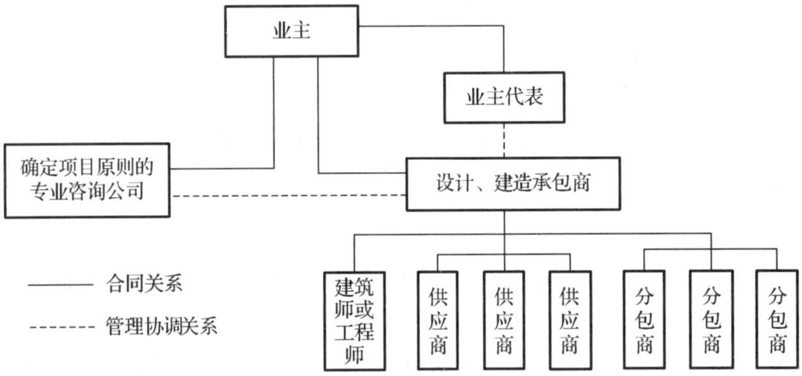

图1.3 DB模式中的各方关系

(1) 具有高效率性。DB合约签订以后,承包商就可进行施工图设计,如果承包商本身拥有设计能力,会促使承包商积极提高设计质量,通过合理和精心的设计创造经济效益,往往达到事半功倍的效果。如果承包商本身不具备设计能力和资质,就需要委托一家或几家专业的咨询公司来做设计和咨询,承包商进行设计管理和协调,使得设计既符合业主的意图,又有利于工程施工和成本节约,使设计更加合理和实用,避免了设计与施工之间的矛盾。

(2) 责任的单一性。DB承包商对于项目建设的全过程负有全部的责任,这种责任的单一性避免了工程建设中各方相互矛盾和扯皮,也促使承包商不断提高自己的管理水平,通过科学的管理创造效益。相对于传统模式来说，承包商拥有了更大的权利，它不仅可以选择分包商和材料供应商，而且还有权选择设计咨询公司，但需要得到业主的认可。这种模式解决了项目机构臃肿、层次重叠、管理人员比例失调的现象。

3）建设管理模式（Construction Management，CM 模式）

CM 模式是采用快速路径法施工（Fast-Track Construction）时，从项目开始阶段业主就雇用具有施工经验的 CM 单位参与到项目实施过程中来，以便为设计师提供施工方面的建议，并且随后负责管理施工过程。这种模式改变了过去全部设计完成后才进行招标的传统模式，采取分阶段招标，由业主、CM 单位和设计商组成联合小组，共同负责组织和管理工程的规划、设计和施工。CM 单位负责工程的监督、协调及管理工作，在施工阶段定期与承包商交流，对成本、质量和进度进行监督，并预测和监控成本和进度的变化。CM 模式是由美国的 Charles B Thomsen 于 1968 年提出的，他认为，项目的设计过程可看作是由业主和设计师共同连续进行项目决策的过程。这些决策从粗到细，涉及项目各个方面，而某个方面的主要决策一经确定，即可进行这部分工程的施工。CM 模式又称为分阶段发包方式，它打破过去那种等待设计图纸全部完成后，才进行招标施工的生产方式，只要完成一部分分项（单项）工程设计后，即可对该分项（单项）工程进行招标施工，由业主与各承包商分别签订每个单项工程合同。CM 模式具有如下优点：

(1) 建设周期短。这是 CM 模式的最大优点。在组织实施项目时，打破了传统的设计、招标、施工的线性关系，代之以非线性的阶段施工法（Phased Construction）。CM 模式的基本思想就是缩短工程从规划、设计、施工到交付使用的周期，即采用 Fast-Track 方法，设计一部分，招标一部分，施工一部分，实现有条件的“边设计、边施工”。在这种方法中，设计与施工之间的界限不复存在，二者在时间上产生了搭接，从而提高了项目的实施速度和缩短了项目的施工周期。（参见图 1.4）

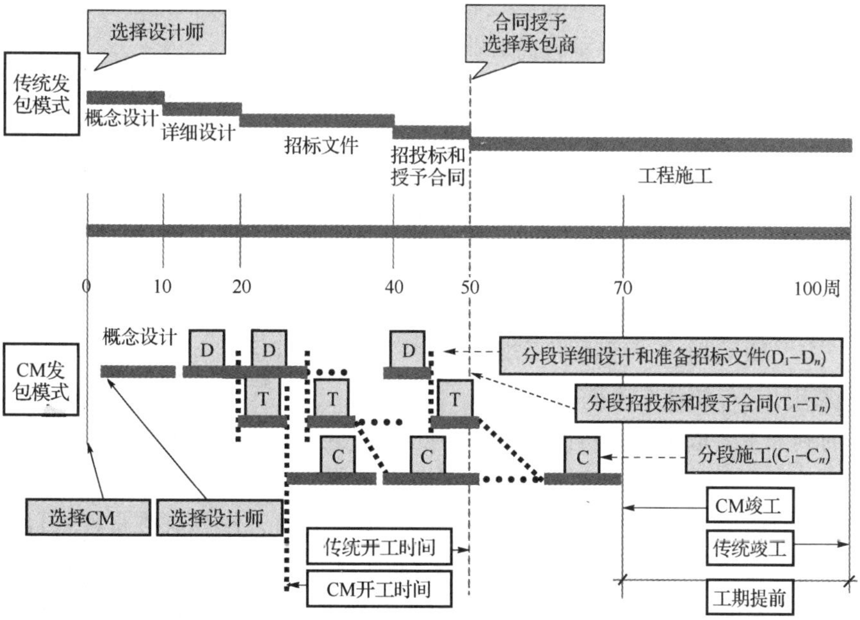

图 1.4 传统模式与 Fast-Track 模式对比

(2) CM经理的早期介入。CM模式改变了传统模式项目各方依靠合同调解的做法,代之以依赖建筑师和(或)工程师、CM经理和承包商在项目实施中的合作,业主在项目的初期就选定了建筑师和(或)工程师、CM经理和承包商,由他们组成具有合作精神的项目组,完成项目的投资控制、进度计划与质量控制和设计工作,这种方法被称为项目组法。CM经理与设计商是相互协调关系,CM单位可以通过合理化建议来影响设计。

CM模式的缺点主要包括:对CM经理的要求较高,CM单位的资质和信誉都应该比较高,而且具备高素质的从业人员;分项招标可能导致承包费用较高等。CM模式适用于下列三种工程项目:设计变更可能性较大的工程项目;时间因素最为重要的工程项目;因总体工作范围和规模不确定而无法准确定价的工程项目。

4) 设计—采购—建设模式(Engineering Procurement Construction, EPC模式)

在EPC模式中,Engineering不仅包括具体的设计工作,而且可能包括整个建设工程的总体策划以及整个建设工程组织管理的策划和具体工作;Procurement也不是一般意义上的建筑设备、材料采购,而更多的是指专业成套设备、材料的采购;Construction应译为"建设",其内容包括施工、安装、试车、技术培训等。EPC模式的合同结构参见图1.5。EPC模式具有以下主要特点:

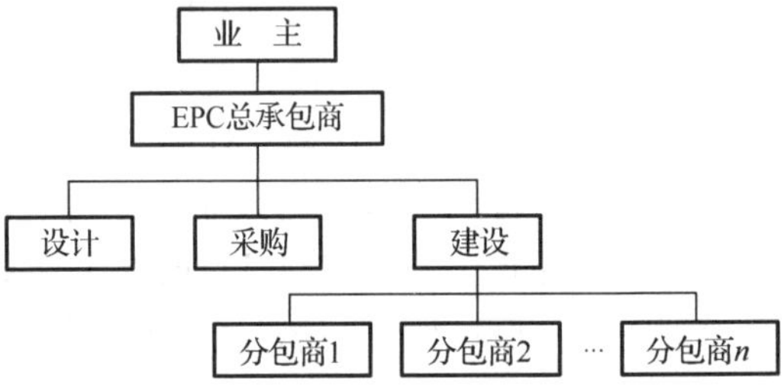

图1.5 EPC模式的合同结构示意图

(1) 业主只负责整体的、原则的、目标的管理和控制。业主把工程的设计、采购、施工和试车服务工作全部委托给总承包商负责组织实施,业主与总承包商签订总承包合同,设计、采购、建设的实施是由总承包商统一策划、统一组织、统一指挥、统一协调和全过程控制的。总承包商可以把部分工作委托给分包商完成,分包商的全部工作由总承包商对业主负责。

(2) 业主可以自行组建管理机构,也可以委托专业项目管理公司代表业主对工程进行整体的、原则的、目标的管理和控制。业主介入具体项目组织实施的程度较低,总承包商更能发挥主观能动性,运用其管理经验,为业主和承包商自身创造更多的效益。

(3) 业主把管理风险转移给总承包商,因而总承包商在经济和工期方面要承担更多的责任和风险,同时承包商也拥有更多的获利机会。

(4) EPC模式还有一个明显的特点,就是合约中没有咨询工程师这个专业监控角色和独立的第三方。EPC模式一般适用于规模较大、工期较长,且具有相当技术复杂性的工程,如化工厂、发电厂、石油开发等项目。

EPC的利弊主要取决于项目的性质,实际上涉及各方利益和关系的平衡,尽管EPC给承包商提供了相当大的弹性空间,但同时也给承包商带来了较高的风险。从"利"的角度看,业主的管理相对简单,因为由单一总承包商牵头,承包商的工作具有连贯性,可以防止设计商与承包商之间的责任推诿,提高了工作效率,减少了协调工作量。由于总价固定,业主基本上不用再支付索赔及追加项目费用(当然也是利弊参半,业主转嫁了风险,同时增加了造价)。从"弊"的角度看,尽管理论上所有工程的缺陷都是承包商的责任,但实际上质量的保障全靠承包商的自觉性，他可以通过调整设计方案包括工艺等来降低成本(另一方面会影响到长远意义上的质量)。因此，业主对承包商监控手段的落实十分重要，而 EPC 中业主又不能过多地参与设计方面的细节要求和意见。另外，承包商获得业主变更指令以及追加费用的弹性也很小。

5) 项目管理模式(Project Management，PM 模式)

PM 模式是指项目业主聘请一家公司(一般为具备相当实力的工程公司或咨询公司)代表业主进行整个项目过程的管理，这家公司被称为“项目管理承包商”(Project Management Contractor)，简称为 PMC。PM 模式中的 PMC 受业主的委托，从项目的策划、定义、设计、施工到竣工投产全过程为业主提供项目管理服务。选用该种模式管理项目时，业主方面仅需保留很小部分的项目管理力量对一些关键问题进行决策，而绝大部分的项目管理工作都由 PMC 来承担。PMC 是由一批对项目建设各个环节具有丰富经验的专门人才组成的，它具有对项目从立项到竣工投产进行统筹安排和综合管理的能力，能有效地弥补业主项目管理知识与经验的不足。PMC 作为业主的代表或业主的延伸，帮助业主进行项目前期策划、可行性研究、项目定义、计划、融资方案，以及在设计、采购、施工、试运行等整个实施过程中有效的控制工程质量、进度和费用，保证项目的成功实施，达到项目寿命期的技术和经济指标最优化。PMC 的主要任务是自始至终对业主和项目负责，这可能包括项目任务书的编制，预算控制、法律与行政障碍的排除、土地资金的筹集等，同时使设计者、工料测量师和承包商的工作正确地分阶段进行，在适当的时候引入指定分包商的合同和任何专业建造商的单独合同，以使业主委托的活动得以顺利进行。PM 模式各方关系图如图 1.6 所示。采用 PM 模式的项目，通过 PMC 的科学管理，可大规模节约项目投资。

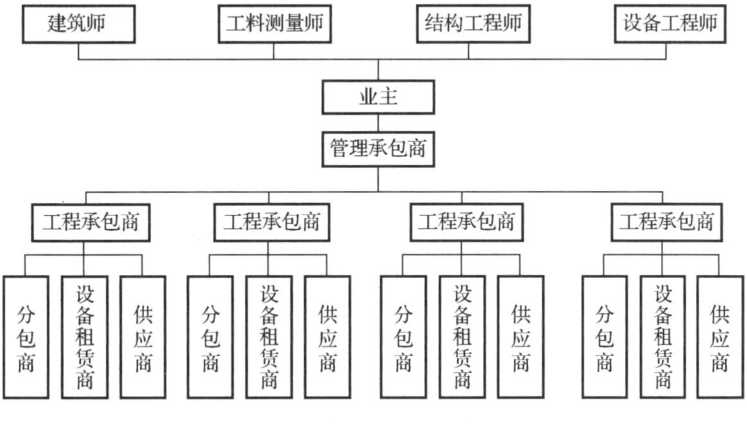

图 1.6　PM 模式的各方关系

PM 模式具有以下主要特点：

(1) 通过优化设计实现项目全寿命周期成本最低。PMC 会根据项目所在地的实际条件，运用自身的技术优势，对整个项目进行全方位的技术经济分析与比较，本着功能完善、技术先进、经济合理的原则对整个设计进行优化。

(2) 在完成基本设计之后通过一定的合同策略，选用合适的合同方式进行招标。PMC 会根据不同工作包的设计深度、技术复杂程度、工期长短、工程量大小等因素综合考虑采取何种合同形式,从整体上为业主节约投资。

(3) 通过 PMC 的多项目采购协议及统一的项目采购策略降低投资。多项目采购协议是业主就某种商品(设备或材料)与制造商签订的供货协议。与业主签订该协议的制造商是该项目这种商品(设备或材料)的唯一供应商。业主通过此协议获得价格、日常运行维护等方面的优惠。各个承包商必须按照业主所提供的协议去采购相应的材料、设备。多项目采购协议是 PM 项目采购策略中的一个重要部分。在项目中,要适量地选择商品的类别,以免对承包商限制过多,直接影响积极性。PMC 还应负责促进承包商之间的合作,以符合业主降低项目总投资的目标,包括最优化项目内容和全面符合计划等要求。

(4) PMC 的现金管理及现金流优化。PMC 可通过其丰富的项目融资和财务管理经验,并结合工程实际情况,对整个项目的现金流进行优化。

6) 建造—运营—移交模式(Build Operate Transfer, BOT 模式)

BOT 模式的基本思路是:由项目所在国政府或其下属机构为项目的建设和经营提供一种特许权协议作为项目融资的基础,由本国公司或者外国公司作为项目的投资者和经营者安排融资,承担风险,开发建设项目,并在有限的时间内经营项目获取商业利润,最后根据协议将该项目转让给相应的政府机构。BOT 方式是 20 世纪 80 年代在国外兴起的基础设施建设项目依靠私人资本的一种融资、建造的项目管理方式,或者说是基础设施国有项目民营化。政府开放本国基础设施建设和运营市场,授权项目公司负责筹资和组织建设,建成后负责运营及偿还贷款,规定的特许期满后,再无偿移交给政府。BOT 模式的各方关系如图 1.7 所示。

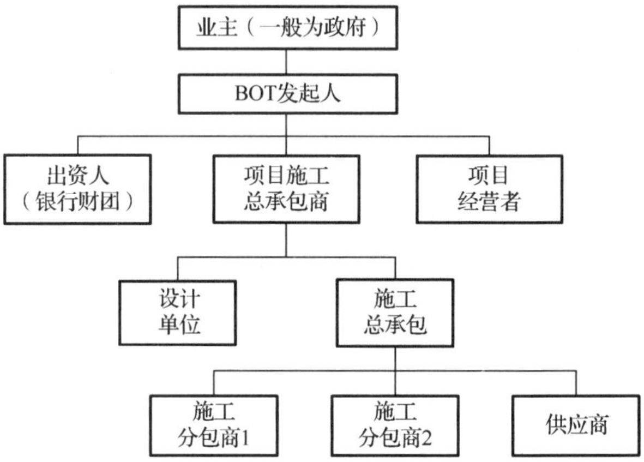

图 1.7 BOT 模式的各方关系图

BOT 模式具有如下优点:

(1) 降低政府财政负担。通过采取民间资本筹措、建设、经营的方式,吸引各种资金参与道路、码头、机场、铁路、桥梁等基础设施项目建设,以便政府集中资金用于其他公共物品的投资。项目融资的所有责任都转移给私人企业,减少了政府主权借债和还本付息的责任。

(2) 政府可以避免大量的项目风险。实行该种方式融资,使政府的投资风险由投资者、贷款者及相关当事人等共同分担,其中投资者承担了绝大部分风险。

(3) 有利于提高项目的运作效率。项目资金投入大、周期长,由于有民间资本参加,贷款机构对项目的审查、监督就比政府直接投资方式更加严格。同时,民间资本为了降低风险,获得较多的收益,客观上就更要加强管理,控制造价,这从客观上为项目建设和运营提供了约束机制和有利的外部环境。

(4) BOT 项目通常都由外国的公司来承包,这会给项目所在国带来先进的技术和管理经验,既给本国的承包商带来较多的发展机会,也促进了国际经济的融合。

BOT 模式具有如下缺点：

(1) 公共部门和私人企业往往都需要经过一个长期的调查了解、谈判和磋商过程，以致项目前期过长，投标费用过高。

(2) 投资方和贷款人风险过大，没有退路，使融资举步维艰。

(3) 参与项目各方存在某些利益冲突，对融资造成障碍。

(4) 机制不灵活，降低私人企业引进先进技术和管理经验积极性。

(5) 在特许期内，政府对项目失去控制权。

BOT 模式被认为是代表国际项目融资发展趋势的一种新型结构。BOT 模式不仅得到了发展中国家政府的广泛重视和采纳，发达国家政府也考虑或计划采用 BOT 模式来完成政府企业的私有化过程。迄今为止，在发达国家和地区已进行的 BOT 项目中，比较著名的有横贯英法的英吉利海峡海底隧道工程、香港东区海底隧道项目、澳大利亚悉尼港海底隧道工程等。20 世纪 80 年代以后，BOT 模式得到了许多发展中国家政府的重视，中国、马来西亚、菲律宾、巴基斯坦、泰国等发展中国家都有成功运用 BOT 模式的项目，如我国深圳的沙角火力发电 B 厂、马来西亚的南北高速公路及菲律宾那法塔斯(Novotas)一号发电站等都是成功的案例。BOT 模式主要用于基础设施项目包括发电厂、机场、港口、收费公路、隧道、电信、供水和污水处理设施等，这些项目都是投资较大、建设周期长和可以运营获利的项目。

除了以上几种项目采购模式外，还有合伙模式(Partnering，起源于美国 20 世纪 90 年代)、PC——项目总控模式(Project Controlling，起源于德国 20 世纪 90 年代)、PFI——私人主动融资模式(Private Finance Initiative，起源于英国 20 世纪 90 年代)以及新近兴起的 PPP——公私合营模式等(Private Public Partnership)。不同项目采购模式的承包范围参见图 1.8。

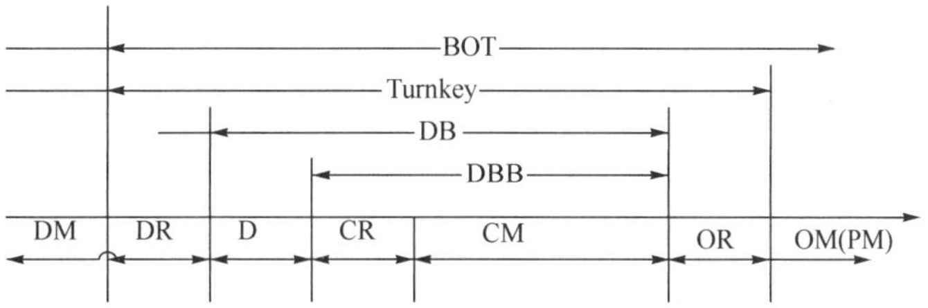

DM (Development Management)：开发管理
DR (Design Ready)：设计准备
D (Design)：设计
CR (Construction Ready)：建设准备
CM (Construction Management)：建设管理
OR (Operation Ready)：运营准备
OM (Operation Management)：运营管理
PM (Property Management)：设施管理
DBB(Design Bid Build)：设计—招标—建造（传统采购方式）
DB (Design Build)：设计—建造
Turnkey：交钥匙工程
BOT (Build Operate Transfer)：建造—运营—移交

图 1.8　不同项目采购模式的承包范围

2017 版 FIDIC 系列合同条件中三种采购模式与工程项目全生命周期的关系参见图 1.9。

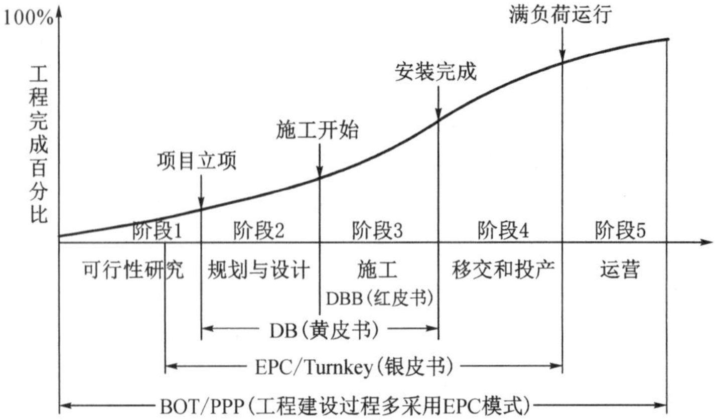

图1.9　2017版FIDIC系列合同条件中三种采购模式与工程项目全生命周期的关系

1.1.5　不同项目采购模式的区别

本节主要介绍传统项目采购模式(DBB)与设计—建造模式(DB)、建设管理模式(CM)的区别。

1）业主介入施工活动的程度不同

(1) 传统项目采购模式中,业主聘用工程师为其提供工程管理咨询,成本工程师、工料测量师或造价工程师等为其提供完善的工程成本管理服务。在国际工程中,建筑师也为业主承担大量的项目管理工作,因此,业主不直接介入施工过程。

(2) 设计建造模式中,业主缺乏为其直接服务的项目管理人员,因此在施工过程中,业主必须承担相应的管理工作。

(3) 建设管理模式中,一般没有施工总承包商,业主与多数承包商直接签订工程合同。虽然CM经理协助业主进行工程施工管理,但业主必须适当介入施工活动。

2）计师参与工程管理的程度不同

(1) 传统项目采购模式中授予建筑师或工程师极其重要的管理地位,建筑师或工程师在项目的大多数重要决策中起决定性作用,承包商必须服从建筑师或工程师的指令,严格按合同施工。因此,在传统的项目采购方式中,设计师参与管理工作的程度最高。

(2) 设计建造模式中,设计和施工均属于同一公司内部的工作,设计参与管理工作的程度也很高。设计建造承包商通常首先表现为承包商,然后才表现为设计师,在总价合同条件下,设计建造承包商更多地关注成本和进度。设计工作和工程管理工作一定程度地分离。

(3) 建设管理模式中,设计工作和工程管理工作彻底分离。设计师虽然作为项目管理的一个重要参与方,但工程管理的中心是建设管理承包商。建设管理承包商要求设计人员在适当时间提供设计文件,配合承包商完成工程建设。

3）工作责任的明确程度不同

(1) 传统项目采购模式中承包商的责任是按设计图纸施工,任何可能的工程纠纷首先从设计或施工等方面分析,然后从其他方面寻找原因。如果业主使用指定分包商,则导致工程责任划分更加复杂和困难。

(2) 设计建造模式具有最明确的责任划分，承包商对工程项目的所有工作负责，即使是自然因素导致的事故，承包商也要负责。

(3) 在建设管理模式中，业主和承包商直接签订工程合同，有助于明确工程责任。

4) 适用项目的复杂程度不同

(1) 传统项目采购模式的组织结构一般较复杂，不适用于简单工程项目的管理。传统模式在招标前已完成所有工程的设计，并且假定设计人员比施工人员知识丰富。

(2) 设计建造模式的管理职责简明，比较适用于简单的工程项目，也可以适用于较复杂的工程项目。但是，当项目组织非常复杂时，大多数设计建造承包商并不具备相应的协调管理能力。

(3) 对于非常复杂的工程项目，建设管理模式是最合适的。在建设管理模式中，建设管理承包商处于独立地位，与设计或施工均没有利益关系，因此建设管理承包商更擅长于组织协调。同样，建设管理模式也适合于简单项目。

5) 工程项目建设的进度快慢不同

(1) 由于传统项目采购模式在招标前必须完成设计，因此该模式下的项目进度最慢。为了克服进度缓慢的弊端，传统模式下业主经常争取让可能中标的承包商及早进行开工准备，或者设置大量暂定项目，先于施工图纸进行施工招标，但效果并不理想，时常导致问题发生。

(2) 设计建造方式的工作目标明确，可让设计和施工搭接，可以提前开工。

(3) 建设管理模式的建设进度最快，能保证工程快速施工，高水平地搭接。

6) 工程成本的早期明确程度不同

工程项目的早期成本对大多数业主具有重要意义，但是由于风险因素的影响，导致工程成本具有不确定性。

(1) 传统项目采购模式具有较早的成本明确程度。传统模式中工程量清单是影响成本的直接因素：如果工程量清单存在大量估计内容，则成本的不确定性就大；如果工程量已经固定，则成本的不确定性就小。

(2) 设计建造模式一般采用总价合同，包含了所有工作内容。虽然承包商可能为了解决某些没有预料到的问题而改变工作内容，但必须对此完全负责。从理论上而言，设计建造方式的工程成本可能较高，但早期成本最明确。

(3) 建设管理模式由一系列合同组成，随着工作进展，工程成本逐渐明确。因此，工程开始时一般无法明确工程的最终成本，只有工程项目接近完成时才可能最终明确工程成本。

1.2 工程合同文本和合同管理要点

1.2.1 标准合同条件及其发展变化

1) 标准合同条件

合同条件规定了合同各方的权利、责任以及风险分配，是合同文件最重要的内容之一。

工程标准合同条件(Standard Conditions of Contract)能够合理地平衡合同各方的利益，特别是可以在合同各方之间比较公平地分配风险和责任。另外，使用标准合同条件使得各方对合同都较为熟悉和理解，减少了合同管理的风险。国际上著名的标准合同格式有：FIDIC(国际咨询工程师联合会)、ICE(英国土木工程师学会)、JCT(英国合同审定联合会)、AIA(美国建筑师学会)、AGC(美国总承包商协会)等组织制定的系列标准合同格式。其中最为常见的是 FIDIC 标准合同格式，特别是 FIDIC 土木工程施工合同条件(红皮书)。ICE 和 JCT 的标准合同格式是英国以及英联邦国家和地区的主流合同条件。AIA 和 AGC 的标准合同格式是美国以及受美国建筑业影响较大国家的主流合同条件。FIDIC 标准合同格式主要适用于世界银行、亚洲开发银行等国际金融机构的贷款项目以及其他国际工程，是我国工程界较为熟悉的国际标准合同条件，也是我国《建设工程施工合同(示范文本)》等合同文本的主要参考蓝本。在这些标准合同条件中，FIDIC 和 ICE 合同条件主要应用于土木工程，而 JCT 和 AIA 合同条件主要应用于建筑工程。

2) 国际上权威的合同条件

(1) ICE 标准合同。英国土木工程师学会(The Institution of Civil Engineers，ICE)创建于 1818 年，其编写的《ICE 合同条件(工程量计量模式)》以及 NEC/ECC 合同范本系列在世界范围内产生了一定的影响，尤其在英联邦国家和地区。ICE 的标准合同条件具有很长的历史，它的《土木工程施工合同条件》已经在 1991 年出版了第 6 版。ICE 的标准合同格式属于单价合同，即承包商在招标文件中的工程量清单(Bill of Quantities)填入综合单价，以实际计量的工程量而非工程量清单里的工程量进行结算。此标准合同格式主要适用于传统施工总承包的采购模式。随着工程界和法律界对传统采购模式以及标准合同格式批评的增加，ICE 决定制定新的标准合同格式。1991 年 ICE 的“新工程合同”(New Engineering Contract，NEC)征求意见版出版，1993 年“新工程合同”第一版出版，1995 年“新工程合同”又出版了第二版，第二版中“新工程合同”成了一系列标准合同格式的总称，用于主承包合同的合同标准条件被称为“工程和施工合同”(Engineering and Construction Contract，ECC)。制定 NEC 的目的是增进合同各方的合作、建立团队精神，明确合同各方的风险分担，减少工程建设中的不确定性，减少索赔以及仲裁、诉讼的可能性。ECC 一个显著的特点是它的选项表，选项表里列出了六种合同形式，使 ECC 能够适用于不同合同形式的工程。

(2) JCT 标准合同。JCT 是由 RIBA(英国皇家建筑师学会)主导的由多个专业组织组成的一个联合组织，其标准合同条件的制定可以追溯到 1902 年。JCT 的“建筑工程合同条件”(即 JCT80)用于业主与承包商之间的施工总承包合同，它的最新版本是 1991 年版。同 ICE 的传统合同条件一样，JCT80 主要适用于传统的施工总承包。JCT80 属于总价合同，这是和 ICE 传统合同条件不同的地方。JCT 还分别在 1981 年和 1987 年制定了适用于 DB 模式的 JCT81 和适用于 MC 模式的 JCT87。

(3) FIDIC 标准合同。国际咨询工程师联合会(Fédération Internationale Des Ingénieurs-Conseils)于 1913 年由欧洲三个国家(比利时、法国和瑞士)的咨询工程师协会在比利时根特共同成立，后将总部移至瑞士洛桑，近年来又将其总部设立在日内瓦。时至今日，FIDIC 合同范本逐渐成为全球遵循的主要合同范本。传统的《ICE 合同条件》也是早期 FIDIC 合同条件制定的基础。在国际工程市场上，影响力最大、使用最广泛的标准合同范本仍是 FIDIC 系列合同范本。自 1957 首次正式发布《土木工程施工合同条件》(红皮书第一版)以来,FIDIC 紧跟国际工程市场和商务模式发展和变化,大约每十年会对其已有的合同范本进行修订更新,并适时增加编制新型合同范本,逐步形成了独具特色的 FIDIC 合同体系,被广泛地用于国际工程承包和咨询市场,并在国际工程界具有巨大的影响力。从合同性质来看,FIDIC 不仅出版工程承包合同,也编制出版工程咨询合同;从承包模式看,不仅编制施工合同,也编制工程总承包合同(P-DB/EPC)以及 PPP(DBO)合同;从编制思想上看,其合同范本不仅仅体现出严谨的法律思维,而且也正在向实用型的“项目管理思维”转变为了适应国际建筑市场发展的需要,FIDIC 于 1999 年 9 月出版了一套新的合同条件,包括《施工合同条件》(Conditions of Contract for Construction)(新红皮书)、《生产设备与设计—建造合同条件》(Conditions of Contract for Plant and Design-Build)(新黄皮书)、《EPC 交钥匙项目合同条件》(Conditions of Contract for EPC/Turnkey Projects)(银皮书)及《简明合同格式》(Short Form of Contract)(绿皮书)。2017 年 12 月,FIDIC 在伦敦举办的国际用户会议上正式发布了 1999 版系列合同条件中前三本的第 2 版,简称 2017 版。与 1999 版本系列合同条件相比,2017 版的主要变化体现在:通用条件结构略有调整、通用条件内容大幅增加、融入更多项目管理理念、加强工程师地位和作用、将索赔和争端区别对待、强调合同双方对等关系等。

(4) AIA 标准合同。美国建筑师学会(The American Institute of Architects,AIA)成立于 1928 年,是美国主要的建筑师专业社团,其制定并发布了 AIA 系列合同条件,在美国建筑业以及美洲其他地区具有较大的影响力。AIA 从 1911 年就不断地编制各种合同条件,到目前为止 AIA 已经制定出了从 A 系列到 G 系列完备的合同文件体系,其中 A 系列是用于业主与承包商之间的施工承包合同,B 系列是用于业主与建筑师之间的设计委托合同。AIA 系列合同文件的核心是“通用条件”(A201),采用不同的项目采购模式和合同价格类型时,只需要引用不同的协议书格式与通用条件。AIA 合同文件涵盖了所有主要项目采购模式,如应用于“传统模式”(即施工总承包)的 A101、B141、A201(A101 是业主与承包商之间的协议书,B141 是业主与建筑师之间的协议书),应用于代理型 CM 的 B801/CMa、A101/CMa、A201/CMa(CMa 即 CM agency),应用于风险型 CM 的 A121/CMc、A201(CMc 即 CM constructor)。

3) 国内工程合同标准条件及完善

选择合适的合同文本,可以减轻业主或招标人合同拟定的工作量,避免出现合同条款的错漏,提高合同订立和履行的效率,并且对于平衡合同当事人之间的权利义务和风险,顺利实现合同目的和项目管理目标具有积极的作用。国内工程合同文本主要包括工程类、货物类和服务类等三大类合同文本。

(1) 工程类合同文本:目前国内使用的该类合同文本种类较多。全国性的工程合同文本主要包括《中华人民共和国标准施工招标文件》(2007 年版)、《建设项目工程总承包合同示范文本(试行)》(GF—2011—0216)、《中华人民共和国简明标准施工招标文件》(2012 年版)、《中华人民共和国标准设计施工总承包招标文件》(2012 年版)、《建设工程施工合同(示范文本)》(GF—2017—0201)、《建设工程施工专业分包合同(示范文本)》(GF—2003—0213)、《建设工程施工劳务分包合同(示范文本)》(GF—2003—0214),以及 2017 年 9 月国家发改委等印发的《标准勘察招标文件》、《标准设计招标文件》、《标准监理招标文件》等标准文件。

(2) 货物类合同文本:目前全国性的货物类采购合同文本相对较少,主要为原建设部和原国家工商行政管理局共同颁布的《城市供用气合同(示范文本)》(GF—1999—0502)、《城市供用热力合同(示范文本)》(GF—1999—0503)、《城市供用水合同(示范文本)》(GF—1999—0501),以及2017年9月国家发改委等印发的《标准设备采购招标文件》、《标准材料采购招标文件》等标准文件。

(3) 服务类合同文本:主要包括原建设部和原国家工商行政管理局于2000年联合颁布的《建设工程勘察合同(示范文本)〔岩土工程设计、治理、监测〕》(GF—2000—0204)、《建设工程勘察合同(示范文本)〔岩土工程勘察、水文地质勘察(含凿井)、工程测量、工程物探〕》(GF—2000—0203)、《建设工程设计合同(示范文本)(民用建设工程设计合同)》(GF—2000—0209),以及住建部和国家工商行政管理总局于2012年联合颁布的《建设工程监理合同(示范文本)》(GF—2012—0202),以及2017年9月国家发改委会同工信部、住建部等九部委(局)印发的《标准监理招标文件》、《标准勘察招标文件》和《标准设计招标文件》等标准文件。

发改委等九部委的标准施工招标文件、住建部的建设工程施工合同文本以及水利部的水利水电工程施工合同条件是我国当前使用的标准施工合同条件,它们对我国工程施工合同管理制度的建立和完善起着重要作用,但主要是基于传统采购模式的施工合同文本,表现出明显的单一性,而灵活性和实用性不够。完善我国的标准合同条件应该从三个方面着手:首先,标准合同条件应该能够反映各种项目采购模式,不同的项目采购模式应该制定相应的标准合同条件;其次,标准合同条件应该能够反映各种合同类型,如总价合同、单价合同、成本加酬金合同等,可通过增加相关条款来反映合同类型的多样性;最后,标准合同条件应该能够反映工程类型,如土木工程、建筑工程、机电工程等;此外还应该制定工程施工分包合同条件和适用于小型工程和简单工程的施工合同简短格式等。

由于长期计划经济体制的深刻影响,我国工程建设领域中传统采购模式和平行承发包模式一直占据着绝对的主导地位,其他模式应用很少,项目采购的制度环境也只是针对传统采购模式和平行发包模式,并体现在相关的法律、法规和规章中。为了应对国际建筑业的快速发展和激烈竞争,必须对我国工程建设体制进行更深刻的改革,使我国建筑业尽快与国际接轨。就工程合同方面,必须采取更加积极的应对措施,改革和完善我国项目采购模式的制度环境,使项目采购模式能够实现多样性和灵活性,以建立起完善的项目采购模式体系;另外发展和完善我国的标准合同条件体系,使其更能够反映工程合同关系的多样性。

1.2.2 工程合同管理要点

在工程项目全寿命周期过程中,为了完成项目总体目标,众多的项目参与方之间,如业主、承包商、设计单位、监理单位、供应商等,形成了大量的合同法律关系,工程合同确定了项目的成本、工期和质量等项目目标,规定和明确了当事人各方的权利、义务和责任。因此合同管理是工程项目管理的核心,合同管理贯穿于工程实施的全过程。

1) 工程合同管理特点

工程合同管理不仅具有与其他行业合同管理相同的特点,还因其行业和项目的专业性具有自身的特点，主要有以下六个方面。

(1) 合同管理周期长。相比于其他合同，工程合同周期较长，在合同履行过程中，会出现许多原先订立合同时未能预料的情况，为及时、妥善地解决可能出现的问题，必须长期跟踪、管理工程合同，并对任何合同的修改、补充等情况做好记录和管理。

(2) 合同管理效益显著。在工程合同长期的履行过程中，有效的合同管理可以帮助企业发现、预见并设法解决可能出现的问题，避免纠纷的发生，从而节约不必要的涉讼费用。同时通过大量有理、有据的书面合同和履约记录，企业可以提出增补工程款项等相关签证，通过有效的索赔，合法、正当地获取应得利益。可见合同管理能够产生效益，合同中蕴藏着潜在的、有时甚至是巨大的经济效益。

(3) 合同变更频繁。由于工程合同周期长，合同价款高，合同不确定因素多，导致合同变更频繁，企业面临大量的签证、索赔和反索赔工作，因此企业的合同管理必须是动态、及时和全面的，合同的履约管理应根据变更及时调整。

(4) 合同管理系统性强。业主、承包商等市场主体往往涉及众多合同，合同种类繁杂多样，合同管理必须处理好技术、经济、财务、法律等各方面关系，通过合理的、系统化的管理模式分门别类地管理合同。

(5) 合同管理法律要求高。工程合同管理不仅要求管理者熟悉普通企业所要了解的法律法规，还必须熟知工程建设专业法律法规。由于建设领域的法律、法规、标准、规范和合同文本众多，且在不断更新和增加，要求企业的合同管理人员必须在充分、及时地学习最新法律法规的前提下，结合企业的实际情况开展工作才能行之有效。

(6) 合同管理信息化要求高。工程合同管理涉及大量信息，需要及时收集、整理、处理和利用，必须建立合同管理信息系统，才能开展有效的合同管理。

2) 合同管理阶段和主要内容

合同生命期从签订之日起到双方权利义务履行完毕而自然终止。而工程合同管理的生命期和项目建设期有关，主要有合同策划、招标采购、合同签订和合同履行等阶段的合同管理。各阶段合同管理主要内容如下：

(1) 合同策划阶段

合同策划是在项目实施前对整个项目合同管理方案预先作出科学合理的安排和设计，从合同管理组织、方法、内容、程序和制度等方面预先作出计划的方案，以保证项目所有合同的圆满履行，减少合同争议和纠纷，从而保证整个项目目标的实现。该阶段合同管理主要内容有：

① 合同管理组织机构设置及专业合同管理人员配备。

② 合同管理责任及其分解体系。

③ 项目采购模式和合同类型选择和确定。

④ 项目结构分解体系和合同结构体系设计，包括合同打包、分解或合同标段划分等。

⑤ 招标方案和招标文件设计。

⑥ 合同文件和主要内容设计。

⑦ 主要合同管理流程设计，包括投资控制、进度控制、质量控制、设计变更、支付与结算、竣工验收、合同索赔和争议处理等流程。

(2) 招标采购阶段

合同管理并不是在合同签订之后才开始的,招投标过程中形成的文件基本上都是合同文件的组成部分。在招投标阶段应保证合同条件的完整性、准确性、严格性、合理性与可行性。该阶段合同管理的主要内容有:

① 编制合理的招标文件,严格投标人的资格预审,依法组织招标。

② 组织现场踏勘,投标人编制投标方案和投标文件。

③ 做好开标、评标和定标工作。

④ 合同审查工作。

⑤ 组织合同谈判和签订。

⑥ 履约担保等。

(3) 合同履行阶段

合同履行阶段是合同管理的重点阶段,包括履行过程和履行后的合同管理工作,主要内容有:

① 合同总体分析与结构分解。

② 合同管理责任体系及其分解。

③ 合同工作分析和合同交底。

④ 合同成本控制、进度控制、质量控制及安全、健康、环境管理等。

⑤ 合同变更管理。

⑥ 合同索赔管理。

⑦ 合同争议管理等。

3) 合同管理制度

鉴于工程合同管理的特点,工程项目的合同管理必须注重专门化、专业化、协调化和信息化。具体而言就是:企业或项目应设立专门的合同管理机构,统一保存和管理合同;配备专门的专业人员具体负责合同管理工作;强化合同管理过程中企业或项目内外部的分工、协调与合作,逐步建立和完善合同管理体系和制度。合同管理制度主要包括以下方面。

(1) 合同会签制度

由于工程合同涉及企业或项目相关部门的工作,为了保证合同签订后得以全面履行,在合同正式签订之前,由办理合同的业务部门会同企业或项目的其他部门共同研究,提出对合同条款的具体意见,进行会签。实行合同会签制度,有利于调动各部门的积极性,发挥各部门管理职能作用,群策群力,集思广益,以保证合同履行的可行性,并促使企业或项目各部门之间的相互衔接和协调,确保合同全面、切实地履行。

(2) 合同审查制度

为了保证企业签订的合同合法、有效,必须在签订前履行审查、批准手续。合同审查是指将准备签订的合同在部门会签后,交给企业主管合同的机构或法律顾问进行审查;合同批准是由企业主管或法定代表人签署意见,同意对外正式签订合同。通过严格的审查和批准手续,可以使合同的签订建立在可靠的基础上,尽量防止合同纠纷的发生,维护企业或项目的合法利益。

(3) 合同印章管理制度

企业合同专用章是代表企业在经营活动中对外行使权利、承担义务、签订合同的凭证。因此,企业对合同专用章的登记、保管、使用等都要有严格的规定。合同专用章应由合同管理员保管、签印,并实行专章专用。合同专用章只能在规定的业务范围内使用,不能超越范围使用;不得为空白合同文本加盖合同印章;不得为未经审查批准的合同文本加盖合同印章;严禁与合同洽谈人员勾结,利用合同专用章谋取个人利益。如出现上述情况,要追究合同专用章管理人员的责任。凡外出签订合同时,应由合同专用章管理人员携章陪同负责办理签约的人员一起前往签约。

(4) 合同信息管理制度

由于工程合同在签订和履行中往来函件和资料非常多,故合同管理系统性强,必须实行档案化、信息化管理。首先应建立文档编码及检索系统:每一份合同、往来函件、会议纪要和图纸变更等文件均应进入计算机系统,并确立特定的文档编码,根据计算机设置的检索系统进行保存和调阅。其次应建立文档的收集和处理制度:有专人及时收集、整理、归档各种工程信息,严格信息资料的查阅、登记、管理和保密制度。工程全部竣工后,应将全部合同及文件,包括完整的工程竣工资料、竣工图纸、竣工验收、工程结算和决算等,按照国家《档案法》及有关规定,建档保管。最后应建立行文制度、传送制度和确认制度:合同管理机构应制定标准化的行文格式,对外统一使用。相关文件和信息经过合同管理机构准许后才能对外传送。一旦经由信息化传送方式传达的资料需由收到方以书面的或同样信息化的方式加以确认,确认结果由合同管理机构统一保管。

(5) 合同检查和奖励制度

企业应建立合同签订、履行的监督检查制度,通过检查及时发现合同履行管理中的薄弱环节和矛盾,以利于提出改进意见,促进企业各部门的协调配合,提高企业的经营管理水平。通过定期的检查和考核,对合同履行管理工作完成好的部门和人员给予表扬鼓励;成绩突出并有重大贡献的人员,给予物质和精神奖励。对于工作差、不负责任的或经常"扯皮"的部门和人员要给予批评教育;对玩忽职守、严重渎职或有违法行为的人员要给予行政处分、经济制裁,情节严重、触及刑律的要追究刑事责任。实行奖惩制度有利于增强企业各部门和有关人员履行合同的责任心,是保证全面履行合同的有力措施。

(6) 合同统计考核制度

合同统计考核制度,是企业整个统计报表制度的重要组成部分。合同统计考核制度,是运用科学方法,利用统计数字,反馈合同订立和履行情况,通过对统计数字的分析,总结经验,找出教训,为企业经营决策提供重要依据。合同考核制度包括统计范围、计算方法、报表格式、填报规定、报送期限和部门等。承包商一般是对中标率、合同谈判成功率、合同签约率、索赔成功率和合同履行率等进行统计考核。

(7) 合同管理目标制度

合同管理目标是各项合同管理活动应达到的预期结果和最终目的。合同管理的目的是企业通过自身在合同订立和履行过程中进行的计划、组织、指挥、监督和协调等工作,促使企业或项目内部各部门、各环节互相衔接、密切配合,进而使人、财、物、信息等要素得到合理组织和充分利用,保证企业经营管理活动的顺利进行,提高工程管理水平,增强市场竞争能力。

(8) 合同管理质量责任制度

合同管理质量责任制度是承包商的一项基本管理制度,它具体规定企业内部具有合同管理任务的部门和合同管理人员的工作范围、履行合同中应负的责任以及拥有的职权。这一制度有利于企业内部合同管理工作分工协作,责任明确,任务落实,逐级负责,人人负责,从而调动企业合同管理人员以及合同履行中涉及的有关人员的积极性,促进承包商管理工作正常开展,保证合同圆满完成。

(9) 合同管理评估制度

合同管理制度是合同管理活动及其运行过程的行为规范,合同管理制度是否健全是合同管理的关键所在。因此建立一套有效的合同管理评估制度是十分必要的。合同管理评估制度的主要内容有:

① 合法性。指合同管理制度应符合国家有关法律法规的规定。

② 规范性。指合同管理制度具有规范合同行为的作用,对合同管理行为进行评价、指导和预测,对合法行为进行保护奖励,对违法行为进行预防、警示或制裁等。

③ 实用性。指合同管理制度能适应合同管理的需求,便于操作和实施。

④ 系统性。指各类合同的管理制度互相协调、互相制约,形成一个有机系统,在工程合同管理中能发挥整体效应。

⑤ 科学性。指合同管理制度能够正确反映合同管理的客观规律,能保证利用客观规律进行有效的合同管理。

1.3 工程合同管理课程的教学目标和要求

我国的工程合同管理课程是随着建筑业的改革发展而逐步建立与完善的。在全国工程管理专业培养方案和教学计划中,本课程属于专业主干课程和核心课程,是工程管理专业学生知识结构、能力结构和素质结构的重要组成部分。开设工程管理专业的各高校都非常重视本课程的建设和发展,开展了卓有成效的教学研究、教材建设、网络课程建设、精品课程建设等教学改革,建立了本课程的教学团队,形成了较为完善的课程新体系和内容。本节主要介绍东南大学工程合同管理课程的主要做法和体会,供兄弟高校参考和借鉴。

1.3.1 工程合同管理课程的历史发展与形成

东南大学工程合同管理本科课程开始于1986年,由本书几位主要作者执行本课程的教学工作,并为研究生开设了工程合同管理理论与方法课程。在30多年的课程建设过程中,本课程团队成员主要做了以下工作,为课程建设奠定了较好的发展基础:1987年在美国、德国、中东地区等地开展国际工程合同管理实践工作;1989年编写建设工程合同管理讲义,并获东南大学优秀教材二等奖;1992年开展国家自然科学基金项目“国际工程合同和索赔专家系统”的课题研究;1993年在东南大学出版社出版《建筑工程合同管理与索赔》教材;1996年参加全国监理工程师资格考试“建设工程合同管理”的命题工作;1997年在中国建筑工业出版社出版《建设工程合同管理》全国统编教材;1998年参加原建设部《建设工程施工合同示范文本》的起草、修订和师资培训工作;2003年开展网络课程建设;2004年参加全国一级建造师资格考试“建设工程法规”的命题工作及二级建造师的大纲编写和教材编写;2005年在中国建筑工业出版社出版国家“十五”规划教材《工程合同管理》;2006年本课程成为东南大学精品课程;2007年成为国家和建设部“十一五”规划教材;2008年成为江苏省精品课程和国家精品课程；2008 年在东南大学出版社出版了《土木工程合同管理》(第 2 版)；2009 年《土木工程合同管理》教材获得华东地区大学出版社第八届优秀教材学术专著一等奖；2013 年东南大学的“工程合同管理”获得国家精品资源共享课程；2014 年《土木工程合同管理》(第 2 版)获得江苏省高等学校重点立项建设教材；2014 年由本书作者牵头的、基于包括本课程改革和实践的教学改革项目《现代工程管理人才“一体两翼”型专业核心能力培养的研究与实践》获得了国家教学成果二等奖。

到目前为止，根据建筑业发展、法律法规更新及最新研究成果，本课程团队已发表与本课程相关的学术论文 100 多篇，主编出版工程合同管理教材 10 多种，形成了本科教学、研究生教学及拓展研究的多层次教材体系。

1.3.2 工程合同管理课程教学内容的改革与创新

1) 工程合同管理课程改革的主要依据

根据国际建筑业建设惯例，不断认识本课程在工程建设和管理中的地位和作用。合同管理在建筑业和企业管理中的作用，是随着建筑业的发展而逐渐得到强化的。随着建设项目越来越复杂，参与方越来越多，合同法律关系错综复杂，各方均以合同文件为工作依据和指导，合同管理的作用逐渐增强。建筑业企业从过去合同管理意识薄弱，到专门成立合同管理部门和设立专业人员，合同管理越来越得到重视和加强，迫切需要大量高水平的工程合同管理专门人才。本课程改革的依据主要有：

(1) 根据社会发展、市场需求和建设法律法规的逐步完善，不断增加新的课程内容。随着合同管理重要性的提升，合同管理人才特别是高层次合同管理人才的市场需求也随之增加，合同管理相关的法律法规不断修订和完善，合同管理的内容也要随之更新。

(2) 根据工程管理国家专业规范以及专业培养方案和计划，逐步培养和形成学生的核心专业能力。工程管理专业的培养方案和培养计划得到调整和优化，工程合同管理成为本专业核心课程之一，对学生核心专业能力的形成具有重要作用。

(3) 根据工程合同与索赔理论、方法的研究成果，拓宽和加深本课程内容。随着工程合同管理研究的不断深入，产生的新理论、新知识和新方法需要更新到教学环节和教学内容中去。

(4) 根据国家注册工程师的知识结构要求，不断调整课程内容。建设行业越来越重视专业人员的职业资格认证，与本专业相关的国家注册建造师、监理工程师、造价工程师等均对工程合同管理能力提出了更高的新要求，本课程的教学内容需要不断适应这种知识结构要求的变化。

(5) 根据工程教育规律要求，不断加强实践环节，形成课堂教学、实践教学、自主研学和网络助学四位一体相结合的课程教育体系。由于本课程政策性、理论性、实践性均较强，需要加强实践环节和科研创新，理论和实践密切结合，从而不断提升教学水平和效果。

2) 工程合同管理课程内容的创新历程

在本课程 30 多年的建设过程中，课程体系和内容的改革、创新历程如图 1.10 所示。

3) 工程合同管理课程改革的主要内容

随着国内外建筑市场的一体化融合和工程建设法律、法规的不断完善，工程合同管理在

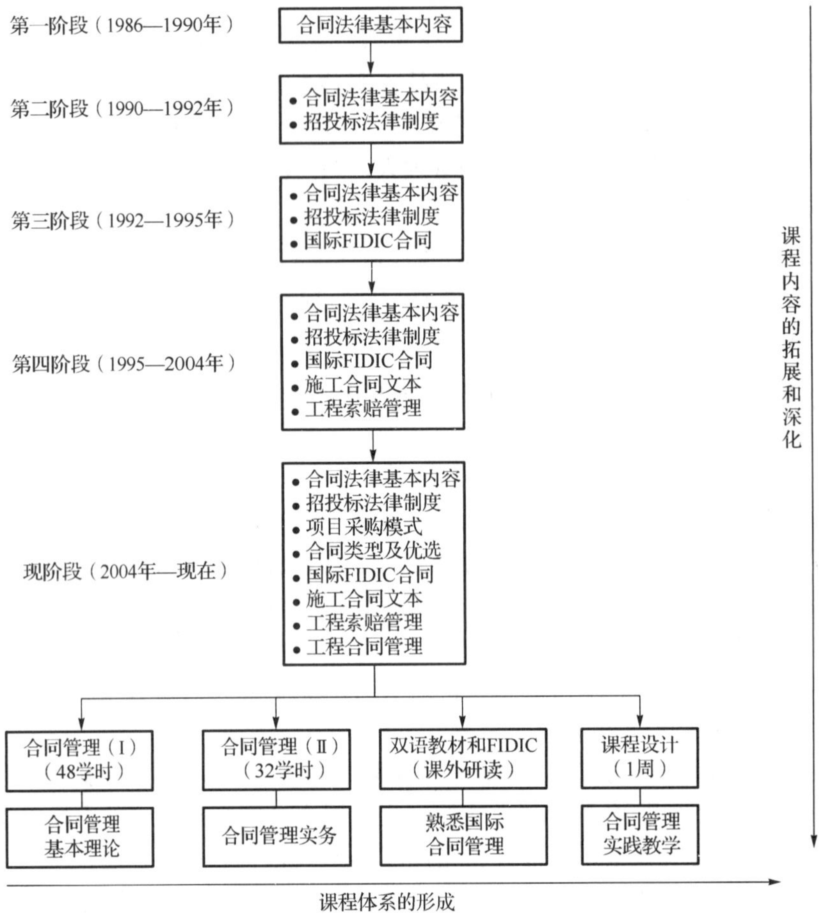

图 1.10　工程合同管理课程体系和内容的形成

建筑行业、建筑企业和项目管理中的作用日益重要，社会对工程管理专业人才的合同管理能力要求日益提高。本课程团队经过 20 多年的国内外工程实践、科学研究和教学研究，对本课程的认识不断深化和完善，并在课程教学的改革中体现出来。这种深化与完善主要表现在如下几个方面：拓展和深化教学内容(如国际 FIDIC 合同管理、项目采购模式与合同类型优选、合同索赔和管理、合同风险管理等)；增加教学课时、形成新课程体系(从 48 学时增加到 80 学时)；加强实践和创新环节(增加工程招投标模拟课程设计和毕业设计选题)；发表与本课程有关的学术论文 100 多篇、出版层次化教材和专著 10 多种；开展网络教学、案例教学和加强双语教材、精品课程建设等。本课程团队成员不断跟踪国内外工程合同管理的科研和实践成果，积极开展科研和工程实践，不断拓宽和加深教学内容，及时更新和出版教材。本课程教学和实践创新如图 1.11 所示。

(1) 根据建筑业实践需要及国家法律法规的制定和完善，如先后出台的《合同法》《建筑法》《招标投标法》《建设工程质量管理条例》《建设工程施工合同(示范文本)》等，不断调整充实教学内容；

(2) 随着我国实施“走出去”战略和“一带一路”倡议以及对外承包市场的开拓，工程建设国际化进程加快，在教学内容中强化了国际工程合同管理；

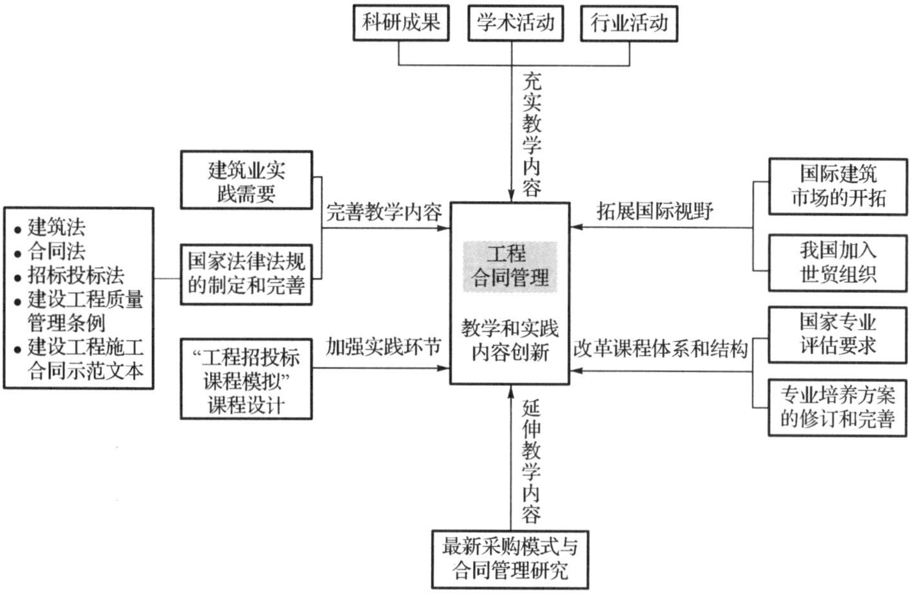

图 1.11　工程合同管理课程教学和实践创新示意图

(3) 根据本课程团队成员多年的科研成果、学术论文和行业活动等，增加了工程合同索赔和风险管理等专题内容；

(4) 近年来开展建设项目采购模式与合同管理的系列研究，承担建设部课题"PPP 模式下项目的政策规制及合同设计研究""PPP 项目产品的服务定价模型及应用研究"等，使合同管理向新型模式及大型公共项目上延伸和拓展；

(5) 根据国家专业建设规范、国家专业评估认证要求和专业培养方案的修订和完善，改革课程体系和结构，增加教学课时，分设工程合同管理(Ⅰ)和工程合同管理(Ⅱ)；

(6) 根据学生专业核心能力和素质培养要求，加强实践环节，增设了工程招投标模拟综合课程设计。

1.3.3　工程合同管理课程的教学内容和要求

1) 工程合同管理课程的总体教学要求

经过多年的实践和探索，形成了本课程的总体教学要求，参见图 1.12。

2) 工程合同管理课程的教学理念

根据专业培养方案要求、本课程特点以及学生未来职业发展，本课程团队在长期的教学实践中将本课程教学理念归纳为：坚持立德树人和课程思政的正确方向；工程与法律、理论与实践的紧密结合；坚持合同管理专业能力与法律责任、意识的同步提高；坚持最新学术动态与实践成果的及时传播；坚持学生工程合同管理国际化视野和意识的不断熏陶。

3) 工程合同管理课程的教学目标

本课程的总体目标：通过课堂教学、实践教学等培养环节，培养学生掌握工程合同策划和管理的基本思路、理论和方法，具备编制全套工程合同文件和进行实际工程合同策划和管

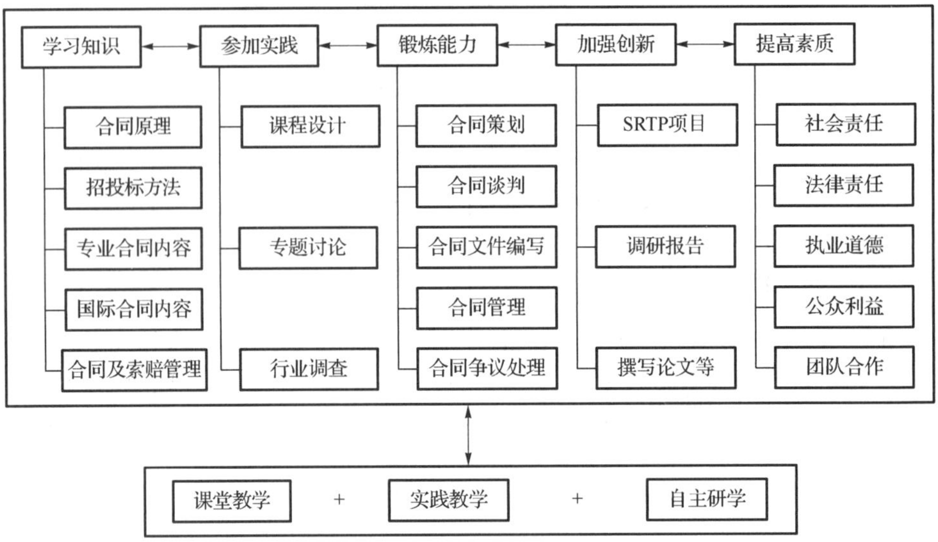

图 1.12　工程合同管理课程的总体教学要求

理能力。本课程总体目标主要是通过以下课程计划和环节来实现的:

(1) 工程合同管理(Ⅰ)(48 学时):主要使学生建立工程合同的整体课程结构体系,掌握合同法律基本理论和方法,工程招投标制度和基本方法,专业合同(包括监理合同、勘察设计合同、施工合同、工程总承包合同以及 FIDIC 合同等)的主要内容,掌握工程合同索赔的基本理论和方法。具备独立编制工程项目招标文件、资格预审文件、投标文件以及编制主要专业合同文件的能力。

(2) 工程合同管理(Ⅱ)(32 学时):在工程合同管理(Ⅰ)的基础上,对工程合同管理策划、合同履行和变更、合同风险管理、合同争议处理等实际应用问题进行深入学习和掌握,并切实具备在工程实践中进行合同管理的能力。

(3) 工程招投标模拟课程设计(1 周):安排在四年级的第一学期(短学期),目的是通过对工程中招投标过程的实战模拟,使学生掌握招投标的程序、招投标文件编制方法,以及评标程序和方法等,将理论知识应用于实际工作。学生提交成果包括招标文件、投标文件、评标记录、评标报告等。

(4) 大学生科研训练计划(SRTP):是许多高校近年来提高学生科研水平的重要措施,从实施效果来看,该计划不仅切实提高了学生的科研能力,还大大增强了学生的学习兴趣。为配合该计划,工程合同管理课程鼓励学生申报同课程相关的科研课题,并对优秀选题给予一定的资金支持。

(5) 毕业设计环节(四年级第 3 学期):包括项目管理类、投资与造价类和房地产类三大类的实践题目,真题真做。工程合同管理是项目管理类学生的重要完成内容,如标书的编写、投标文件编写、合同管理策划和合同文件编写等。通过毕业设计实践,提高了学生综合应用知识解决实际问题的能力。

4) 工程合同管理课程的教学顺序和学时

本课程知识模块顺序和学时分布如表 1.1 所示。

表 1.1 工程合同管理课程知识模块顺序和学时分布

<table>
<tr><td rowspan="2">每学年(包括三个学期)</td><td colspan="2">一年级</td><td colspan="2">二年级</td><td colspan="3">三年级</td><td colspan="3">四年级</td></tr>
<tr><td colspan="2"></td><td colspan="2"></td><td>1</td><td>2</td><td>3</td><td>1</td><td>2</td><td>3</td></tr>
<tr><td>工程合同管理(Ⅰ),48 学时</td><td colspan="4" rowspan="3">经济法、建设法规、项目管理(1)等先导课程</td><td></td><td></td><td>■</td><td></td><td></td><td></td></tr>
<tr><td>工程招投标模拟课程设计,1 周</td><td></td><td></td><td></td><td>■</td><td></td><td></td></tr>
<tr><td>工程合同管理(Ⅱ),32 学时</td><td></td><td></td><td></td><td></td><td>■</td><td></td></tr>
</table>

工程合同管理课程的教学学时分布

工程合同管理(Ⅰ),共 48 学时,3 个学分,安排在三年级第三学期

章节	1	2	3	4	5	6	7	8	9	10	11	考试
学时	2	2	6	8	2	2	8	6	6	2	2	2

工程招投标模拟课程设计,安排在四年级第一学期,1 个学分,1 周

工程合同管理(Ⅱ),共 32 学时,2 个学分,安排在四年级第二学期

章节	1	2	3	4	5	6	7	考试
学时	4	3	3	6	8	4	2	2

注：东南大学实行三学期制度,其中每学年的第 1 学期是暑期的短学期。

5) 工程合同管理课程的教学内容

本课程的教学内容包括基本教学内容、课外自学内容、拓展性学习内容和课外研习内容。本课程基本教学内容如图 1.13 所示,整体教学内容参见图 1.14。各高校工程管理专业可根据自己的教学计划和实际情况进行调整和选择。

工程合同管理(Ⅰ)	48学时
第一章	土木工程合同管理绪论
第二章	建设工程法律基础
第三章	合同法基本原理
第四章	项目采购模式与工程招标投标
第五章	工程监理合同
第六章	勘察设计合同管理
第七章	建设工程施工合同管理
第八章	FIDIC 土木工程施工合同条件
第九章	工程索赔的基本理论
第十章	工程延误及其索赔
第十一章	费用索赔

工程合同管理(Ⅱ)	32学时
第一章	土木工程合同管理体系
第二章	土木工程合同管理策划
第三章	土木工程合同风险管理
第四章	土木工程合同的审查、谈判与签订
第五章	工程合同的履行及管理
第六章	工程合同管理核心流程分析
第七章	土木工程合同争议处理

图 1.13 工程合同管理课程的基本教学内容

6) 工程合同管理课程与相关课程的相互关系

在工程管理专业培养目标中,“工程合同管理”课程是工程管理本科专业的核心专业主干课程之一,也是学生形成专业核心能力的重要课程。本课程在本科三年级(三学期)和四年级(二学期)开设,与其他课程联系紧密,互相影响和渗透,参见图 1.15。

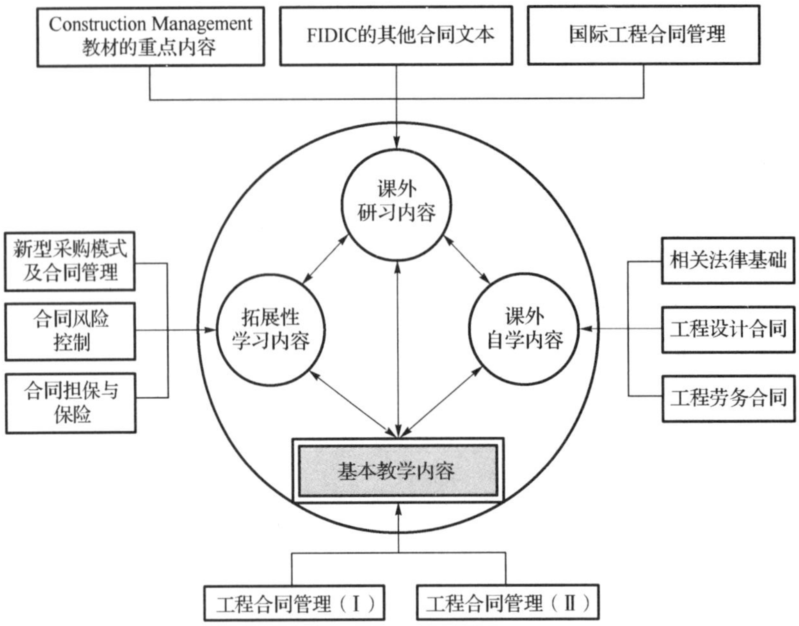

图 1.14　工程合同管理课程的整体教学内容示意图

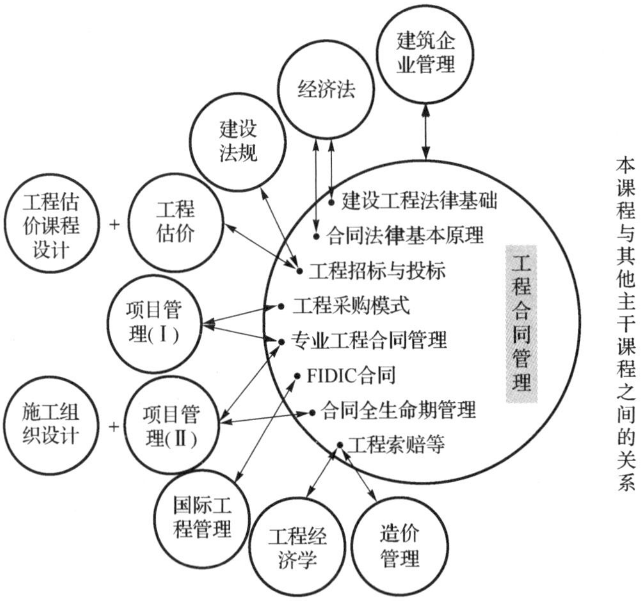

图 1.15　工程合同管理课程与其他相关课程的联系

7）工程合同管理课程的教学重点、难点及解决办法

(1) 工程合同管理课程的教学重点

① 工程合同管理体系的系统思维和设计；

② 本课程思政元素的归纳、提炼以及沉浸式融入课堂教学；

③ 合同法律基本原理及其实际应用；

④ 不同项目采购模式合同结构及合同类型优选；

⑤ 国内外施工合同文件构成及重要条款的理解和应用；

⑥ 合同变更管理和流程控制；

⑦ 工期和费用索赔分析方法和计算方法。

(2) 工程合同管理课程的教学难点

工程合同管理具有综合性强、政策性强、实践性强等特点，并与项目管理、工程造价、工程技术、建设法律等相关课程联系紧密，对学生的综合运用能力要求很高。因此本课程教学的困难主要有：

① 课程内容枯燥，听得懂、看得懂，但不容易深入理解和灵活掌握；

② 缺乏实践体验，不知道如何应用所学知识分析和解决实际问题；

③ 涉及众多相关课程知识，不容易建立相关课程和教学内容之间的有机联系。

(3) 解决方法

主要可通过图形化教学、案例教学、实践教学、专题讲座、课堂专题讨论、MOOC 课堂等方式来解决本课程的重点和教学难点问题。

① 图形化教学：将大量枯燥、难以理解的条款规定，绘制成操作图、流程图等直观形式，容易理解和便于实际操作。

② 案例教学：通过典型案例分析，增加感性认识，加深对教学内容的理解和应用，同时建立教学案例资源库(目前本课程网站已分类建立了内容丰富的案例库，便于学生课后研习)。

③ 量化教学：将本课程涉及的有关重要概念、流程等尽量归纳为描述模型、量化模型，并结合实际案例，进行算例分析、实证分析，并在课程考试中加以重点体现。

④ 专题讲座：邀请工程界知名专家学者剖析实际案例，提高分析实际问题能力。

⑤ 课堂专题讨论：针对重点和难点内容，选择问题和案例，学生参与讨论、回答，教师点评，形成师生互动，活跃课堂气氛。

⑥ 大型综合作业题和阶段测试：布置大型综合作业题，供学生分组讨论完成研究报告。增加课堂测试，使学生对所学知识及时进行回顾和总结。

⑦ MOOC 上线及运行：依托东南大学国家精品课程《工程合同管理》教学团队和专家实务团队，工程合同管理 MOOC 已于 2018 年在爱课程网上线运行(http://www.icourse163.org/course/SEU－1001775007)。每年上线运行 2 次。课程教学内容包括：课堂教学、专题讲座、案例讲座；提供课件、测验和作业、课程公告、讨论区维护、综合测试等资源和功能。学员完成全部的课程学习，平时成绩占 40%，期末考试成绩占 60%。由任课教师签发课程结业证书，其中 60≤成绩<85 者获得合格证书，成绩≥85 者将获得优秀证书。

8) 工程合同管理课程思政的教学要求

应仔细梳理、归纳、提炼本课程的“思政元素”，将其列入教学大纲的重要条目和课堂讲授的重要内容，将知识教育和思政教育结合起来，使“课程思政”与“思政课程”同向同行，形成协同效应。围绕价值塑造、能力培养、知识传授三位一体的课程建设目标，在课程内容中寻找与家国情怀、法制意识、诚信履约意识、职业道德、社会责任、工程伦理、工匠精神等社会核心价值观相关德育元素的“触点”和“融点”，通过典型案例等教学素材的设计运用，以“润物无声”的方式将正确的价值追求、理想信念和家国情怀有效地传递给学生。

9) 工程合同管理课程的考核与评价

本课程考核评价采用过程考核和综合考核相结合，过程考核包括大型综合作业题以及课堂测试等(约占50%)，期末考试体现综合性(约占50%)，覆盖全部教学内容，并注重案例分析以及实际问题的分析和解决能力，实现本课程的知识、能力、素质等综合考核与评价，反映本课程对本专业人才培养定位、培养目标的贡献度和达成度。

复习思考题

1. 试分析项目采购模式演变的动因和发展过程。
2. 项目采购模式有哪些？各自的主要内容和特点是什么？
3. 试分析传统采购模式(DBB)与设计建造模式(DB)、建设管理模式(CM)的区别。
4. 从业主角度分析如何选择合理的项目采购模式？
5. 国际上常见的标准合同条件有哪些？
6. 工程合同管理有哪些特点？合同管理各阶段的主要内容是什么？
7. 结合建筑业企业实际，如何建立企业和项目合同管理制度？
8. 结合我国注册工程师制度和个人未来执业发展，谈谈工程合同管理课程的地位和作用？
9. 您认为本课程学习的重点和难点是什么？您的解决方法和体会有哪些？

2 合同法律基本原理

2.1 概论

2.1.1 合同概念、法律特征和分类

1）合同概念

合同是指平等民事主体之间设立、变更、终止民事法律关系的协议，民事主体包括自然人、法人和其他组织。合同的含义非常广泛。广义上的合同是指以确定权利、义务为内容的协议，除了包括民事合同外，还包括行政合同、劳动合同等。民法中的合同即民事合同，是指确立、变更、终止民事权利义务关系的协议，它包括债权合同、身份合同等。

债权合同是指确立、变更、终止债权债务关系的合同。法律上的债是指特定当事人之间请求对方作特定行为的法律关系，就权利而言，为债权关系；从义务方面来看，为债务关系。

身份合同是指以设立、变更、终止身份关系为目的，不包含财产内容或者不以财产内容为主要调整对象的合同，如结婚、离婚、收养、监护等协议，婚姻、收养、监护等有关身份关系的协议，适用有关该身份关系的法律规定。除了身份合同以外的所有民事合同均为《民法典》合同编调整的对象。

2）合同法律特征

（1）合同是一种民事法律行为。民事法律行为是指民事主体实施的能够设立、变更、终止民事权利义务关系的合法行为。民事法律行为以意思表示为核心，并且按照意思表示的内容产生法律后果。作为民事法律行为，合同应当是合法的，即只有在合同当事人所作出的意思表示符合法律要求，才能产生法律约束力，受到法律保护。如果当事人的意思表示违法，即使双方已经达成协议，也不能产生当事人预期的法律效果。

（2）合同是两个以上当事人意思表示一致的协议。合同的成立必须有两个以上的当事人相互之间作出意思表示，并达成共识。因此，只有当事人在平等自愿的基础上意思表示完全一致时，合同才能成立。

（3）合同以设立、变更、终止民事权利义务关系为目的。当事人订立合同都有一定的目的，即设立、变更、终止民事权利义务关系。无论当事人订立合同是为了什么目的，只有当事人达成的协议生效以后，才能对当事人产生法律上的约束力。

3）合同分类

在市场经济活动中，交易的形式千差万别，合同的种类也各不相同。根据性质不同，合同有以下几种分类方法。

(1) 按照合同表现形式,合同可以分为书面合同、口头合同及其他合同。

① 书面合同是指当事人以书面文字有形地表现内容的合同。书面形式是合同书、信件、电报、电传、传真等可以有形地表现所载内容的形式。以电子数据交换、电子邮件等方式能够有形地表现所载内容,并可以随时调取查用的数据电文,视为书面形式。书面合同有以下优点:一是它可以作为双方行为的证据,便于检查、管理和监督,有利于双方当事人按约执行,当发生合同纠纷时,有凭有据,举证方便;二是可以使合同内容更加详细、周密,当事人在将其意思表示通过文字表现出来时,往往会更加审慎,对合同内容的约定也更加全面、具体。

② 口头合同是指当事人以口头语言的方式(如当面对话、电话联系等)达成协议而订立的合同。口头合同简便易行,迅速及时,但缺乏证据,当发生合同纠纷时,难以举证。因此,口头合同一般只适用于即时结清的情况。

③ 其他合同主要是指当事人并不直接用口头或者书面形式进行意思表示,而是通过实施某种行为或者以不作为的沉默方式进行意思表示而达成的合同。如房屋租赁合同约定的租赁期满后,双方并未通过口头或者书面形式延长租赁期限,但承租人继续交付租金,出租人依然接受租金,从双方的行为可以推断双方的合同仍然有效。建筑工程合同所涉及的内容特别复杂,合同履行期较长,为便于明确各自的权利和义务,减少履行困难和争议,《民法典》第七百八十九条规定:“建设工程合同应当采用书面形式。”

(2) 按照给付内容和性质的不同,合同可以分为转移财产合同、完成工作合同和提供服务合同。

① 转移财产合同是指以转移财产权利,包括所有权、使用权和收益权为内容的合同。此合同标的为物质。买卖合同,供电、水、气、热合同,赠与合同,借款合同,租赁合同和部分技术合同等均属于转移财产合同。

② 完成工作合同是指当事人一方按照约定完成一定的工作并将工作成果交付给对方,另一方接受成果并给付报酬的合同。承揽合同、建筑工程合同均属于此类合同。

③ 提供服务合同是指依照约定,当事人一方提供一定方式的服务,另一方给付报酬的合同。运输合同、行纪合同、居间合同和部分技术合同均属于此类合同。

(3) 按照当事人是否相互负有义务,合同可以分为双务合同和单务合同。

① 双务合同是指当事人双方相互承担对待给付义务的合同。双方的义务具有对等关系,一方的义务即另一方的权利,一方承担义务的目的是为了获取对应的权利。《民法典》中规定的绝大多数合同如买卖合同、建筑工程合同、承揽合同和运输合同等均属于此类合同。

② 单务合同是指只有一方当事人承担给付义务的合同。即双方当事人的权利义务关系并不对等,而是一方享有权利、另一方承担义务,不存在具有对待给付性质的权利义务关系。

(4) 按照当事人之间权利义务关系是否存在对价关系,合同可以分为有偿合同和无偿合同。

① 有偿合同是指当事人一方享有合同约定的权利必须向对方当事人支付相应对价的合同,如买卖合同、保险合同等。

② 无偿合同是指当事人一方享有合同约定的权利无需向对方当事人支付相应对价的合同,如赠与合同等。

(5) 按照合同的成立是否以递交标的物为必要条件,合同可分为诺成合同和要物合同。

① 诺成合同是指只要当事人双方意思表示达成一致即可成立的合同,它不以标的物的

交付为成立的要件。我国《民法典》中规定的绝大多数合同都属于诺成合同。

② 要物合同是指除了要求当事人双方意思表示达成一致外，还必须实际交付标的物以后才能成立的合同。如承揽合同中的来料加工合同，在双方达成协议后，还需要由供料方交付原材料或者半成品，合同才能成立。

(6) 按照相互之间的从属关系，合同可以分为主合同和从合同。

① 主合同是指不以其他合同的存在为前提而独立存在和独立发生效力的合同，如买卖合同、借贷合同等。

② 从合同又称为附属合同，是指不具备独立性，以其他合同的存在为前提而成立并发生效力的合同。如在借贷合同与担保合同中，借贷合同属于主合同，因为它能够单独存在，并不因为担保合同不存在而失去法律效力；而担保合同则属于从合同，它仅仅是为了担保借贷合同的正常履行而存在的，如果借贷合同因为借贷双方履行完合同义务而宣告合同效力解除后，担保合同就因为失去存在条件而失去法律效力。

主合同和从合同的关系为：主合同和从合同并存时，两者发生互补作用；主合同无效或者被撤销时，从合同也将失去法律效力；而从合同无效或者被撤销时一般不影响主合同的法律效力。

(7) 按照法律对合同形式是否有特别要求，合同可分为要式合同和不要式合同。

① 要式合同是指法律规定应当采取特定形式的合同。《民法典》第七百八十九条规定："建设工程合同应当采用书面形式。"

② 不要式合同是指法律对形式未作出特别规定的合同。合同究竟采用何种形式，完全由双方当事人自己决定，可以采用口头形式，也可以采用书面形式、其他形式。

(8) 按照法律是否为某种合同确定一个特定名称，合同可分为有名合同和无名合同。

① 有名合同又称为典型合同，是指法律确定了特定名称和规则的合同。如《民法典》分则中所规定的 19 种基本合同即为有名合同。

② 无名合同又称为非典型合同，是指法律没有确定一定的名称和相应规则的合同。

2.1.2 合同法律简介

1) 合同法律立法历程

合同法律是指根据法律的实质内容，调整合同关系的所有的法律法规的总称。在我国，合同法律立法历经以下过程：

(1)《中华人民共和国经济合同法》为保障社会主义市场经济的健康发展，保护经济合同当事人的合法权益，维护社会经济秩序，促进社会主义现代化建设，而制定的法律。1981 年 12 月 13 日第五届全国人民代表大会第四次会议通过，1993 年 9 月 2 日第八届全国人民代表大会常务委员会第三次会议修改。

(2)《中华人民共和国涉外经济合同法》于 1985 年 3 月 21 日颁布，1985 年 7 月 1 日开始实施。

(3) 1987 年 6 月 23 日第六届全国人民代表大会常务委员会第二十一次会议通过，1987 年 6 月 23 日中华人民共和国主席令第五十三号公布，1987 年 12 月 1 日起施行。

(4) 为了保护合同当事人的合法权益，维护社会经济秩序，促进社会主义现代化建设制定。由中华人民共和国第九届全国人民代表大会第二次会议于1999年3月15日通过,于1999年10月1日起施行。同时,《中华人民共和国经济合同法》《中华人民共和国涉外经济合同法》和《中华人民共和国技术合同法》自1999年10月1日起正式废止。

(5) 2020年5月28日,第十三届全国人民代表大会会议表决通过了《中华人民共和国民法典》,自2021年1月1日起施行。《中华人民共和国民法典》第一千二百六十条规定,"本法(《民法典》)自2021年1月1日起施行。《中华人民共和国婚姻法》、《中华人民共和国继承法》、《中华人民共和国民法通则》、《中华人民共和国收养法》、《中华人民共和国担保法》、《中华人民共和国合同法》、《中华人民共和国物权法》、《中华人民共和国侵权责任法》、《中华人民共和国民法总则》同时废止。"

2)《民法典》结构

《中华人民共和国民法典》共7编,依次为总则编、物权编、合同编、人格权编、婚姻家庭编、继承编、侵权责任编,以及附则,共1260条。其中,涉及到合同法律的第三编合同编共包括三个分编。其中第一分编通则编共8章132条,分别阐述了一般规定、合同的订立、合同的效力、合同的履行、合同的保全、合同的变更和转让、合同的权利义务终止、违约责任和其他规定,主要叙述了合同法律的基本原理和基本原则。第二分编典型合同编共19章384条,主要对各种不同类型的合同作出专门的规定,分别阐述了买卖合同,供用电、水、气、热力合同,赠与合同,借款合同,保证合同,租赁合同,融资租赁合同,保理合同,承揽合同,建设工程合同,运输合同,技术合同,保管合同,仓储合同,委托合同,物业服务合同,行纪合同,中介合同,合伙合同等19种包括经济、技术和其他民事等有名合同。第三分编准合同共两章10条,分别阐述了无因管理和不当得利的法律规定。

3) 合同法律基本原则

合同法律的基本原则为下列7项:

(1) 平等原则。在合同法律关系中,当事人之间的法律地位平等,任何一方都有权独立作出决定,一方不得将自己的意愿强加给另一方。

(2) 合同自由原则。即只有在双方当事人经过协商,意思表示完全一致,合同才能成立。合同自由包括缔结合同自由、选择合同相对人自由、确定合同内容自由、选择合同形式自由、变更和解除合同自由。

(3) 公平原则。即在合同的订立和履行过程中,公平、合理地调整合同当事人之间的权利义务关系。

(4) 诚实信用原则。是指在合同的订立和履行过程中,合同当事人应当诚实守信,以善意的方式履行其义务,不得滥用权力及规避法律或合同规定的义务。同时,还应当维护当事人之间的利益及当事人利益与社会利益之间的平衡。

(5) 遵守法律、尊重社会公德原则。即当事人订立、履行合同应当遵守法律、行政法规及尊重社会公认的道德规范,法律没有规定的,可以适用习惯,但是不得违背公序良俗。

(6) 合同严守原则。即依法成立的合同在当事人之间具有相当于法律的效力,当事人必须严格遵守,不得擅自变更和解除合同,不得随意违反合同规定。

(7) 鼓励交易原则。即鼓励合法正当的交易。如果当事人之间的合同订立和履行符合法律及行政法规的规定,则当事人各方的行为应当受到鼓励和法律的保护。

2.1.3 合同法律关系

法律关系是指人与人之间的社会关系被法律规范调整时所形成的权利和义务关系，即法律上的社会关系。合同法律关系又称为合同关系，指当事人相互之间在合同中形成的权利义务关系。合同法律关系由主体、内容和客体三个基本要素构成，主体是客体的占有者、支配者和行为的实施者，客体是主体合同债权和合同债务指向的目标，内容是主体和客体之间的连接纽带，三者缺一不可，共同构成合同法律关系。

1）合同法律关系主体

合同法律关系主体又称为合同当事人，是指在合同关系中享有权利或者承担义务的人，包括债权人和债务人。在合同关系中，债权人有权要求债务人根据法律规定和合同的约定履行义务，而债务人则负有实施一定行为的义务。在实际工作中，债权人和债务人的地位往往是相对的，因为大多数合同都是双务合同，当事人双方互相享有权利、承担义务，因此，双方互为债权人和债务人。合同法律关系主体主要有：

(1) 自然人

自然人是指基于出生而成为民事法律关系主体的人。自然人包括具有中华人民共和国国籍的自然人、具有其他国家国籍的自然人和无国籍自然人。但是，作为合同主体，自然人必须具备相应的民事权利能力和民事行为能力。

民事权利能力是指法律赋予民事法律关系主体享有民事权利和承担民事义务的资格。它是民事主体取得具体的民事权利和承担具体的民事义务的前提条件，只有具有民事权利能力，才能成为独立的民事主体，参加民事活动。根据我国《宪法》和《民法典》的规定，公民的民事权利能力一律平等，民事权利能力始于出生、终于死亡。

民事行为能力是指民事法律关系主体能够以自己的行为取得民事权利和承担民事义务的能力或资格。它既包括合法的民事行为能力，也包括民事主体对其行为应承担责任的能力，如民事主体因侵权行为而应承担损失赔偿责任等。

民事行为能力是民事权利能力得以实现的保证，民事权利能力必须依赖具有民事行为能力的行为，才能得以实现。公民具有民事行为能力必须具备两个条件：第一，必须达到法定年龄；第二，必须智力正常，可以理智地辨认自己的行为。我国《民法典》规定，年满 18 周岁的公民为完全民事行为能力人；16 周岁以上不满 18 周岁的公民，以自己的劳动收入为主要生活来源的，视为具有完全民事行为能力；8 周岁以上的未成年人或不能完全辨认自己行为的精神病人是限制民事行为能力人；不满 8 周岁的未成年人或不能辨认自己行为的精神病人为无民事行为能力人。

(2) 法人

法人是指具有民事权利能力和民事行为能力，依法独立享有民事权利和承担民事义务的组织。我国的法人可分为：

① 企业法人。指以营利为目的，独立从事商品生产和经营活动的法人。

② 机关法人。指国家机关，包括立法机关、行政机关、审判机关和检察机关。这些法人不以营利为目的。

③ 事业单位和社会团体法人。一般不以营利为目的，但按照《企业法人登记管理条例》

登记后可从事营利活动。

作为法人,应具备以下4个法定条件:

① 依法成立。法人必须按照法定程序,向国家主管机关提出申请,经审查合格后,才能取得法人资格。

② 有必要的财产和经费。法人必须具有独立的财产或独立经营管理的财产和活动经费。

③ 有自己的名称、组织机构和场所。

④ 能够独立承担民事责任。

(3) 其他组织

其他组织是指具有有限的民事权利能力和民事行为能力,在一定程度上能够享有民事权利和承担民事义务,但不能独立承担民事责任的不具备法人资格的组织。主要包括以下几种类型:

① 企业法人的分支机构。即由企业法人进行登记并领取营业执照的组织,如分公司、企业派出机构等。

② 依法登记并领取营业执照的私营独资企业、合伙企业。

③ 依法登记并领取营业执照的合伙型联营企业。

④ 依法登记并领取营业执照但无法人资格的中外合作经营企业、外商独资企业。

⑤ 经核准登记并领取营业执照的乡镇、街道、村办企业。

⑥ 符合上述非法人组织特征的其他经济组织。

2) 合同法律关系客体

合同法律关系客体又称为合同的标的,指在合同法律关系中,合同法律关系主体的权利义务关系所指向的对象。在合同交往过程中,由于当事人的交易目的和合同内容千差万别,合同客体也各不相同。根据标的物的特点,客体可分为:

(1) 行为。是指合同法律关系主体为达到一定的目的而进行的活动,如完成一定的工作或提供一定劳务的行为,如工程监理等。

(2) 物。是指民事权利主体能够支配的具有一定经济价值的物质财富,包括自然物和劳动创造物以及充当一般等价物的货币和有价证券等。物是应用最为广泛的合同法律关系客体。

(3) 智力成果。也称为无形财产,指脑力劳动的成果,它可以适用于生产,转化为生产力,主要包括商标权、专利权、著作权等。

3) 合同法律关系内容

合同法律关系的内容指债权人的权利和债务人的义务,即合同债权和合同债务。合同债权又称为合同权利,是债权人依据法律规定和合同约定而享有的要求债务人为一定给付的权利。合同债务又称为合同义务,是指债务人根据法律规定和合同约定向债权人履行给付及与给付相关的其他行为的义务。合同债权具有以下特点:

(1) 合同债权是请求权。即债权人请求对方为一定行为的权利。在债务人给付前,债权人不能直接支配标的,更不允许直接支配债务人的人身,只能通过请求债务人为给付行为,以达到自己的目的。

(2) 合同债权是给付受领权。即有效地接受债务人的给付并予以保护。

(3) 合同债权是相对权。因为合同只在债权人和债务人之间产生法律约束力,除了在由第三者履行的合同中,合同债权人可有权要求第三者履行合同义务外,债权人只能向合同债务人请求给付,无权向其他人提出要求。

(4) 合同债权主要有以下几方面的权能:

① 请求债务人履行的权利,即债权人有权要求债务人按照法律的规定和合同的约定履行其义务。

② 接受履行的权利,当债务人履行债务时,债权人有权接受并永久保持因履行所得的利益。

③ 请求权,又称为请求保护债权的权利,即当债务人不履行或未正确履行债务时,债权人有权请求法院予以保护,强制债务人履行债务或承担违约责任。

④ 处分债权的权利,即债权人具备决定债权命运的权利。

2.2 合同主要条款

2.2.1 一般规定

《民法典》遵循合同自由原则,仅仅列出合同的主要条款,具体合同的内容由当事人约定。主要条款一般包括以下内容:

(1) 当事人的姓名(或者名称)和住所。合同中记载的当事人的姓名或者名称是确定合同当事人的标志,而住所则在确定合同债务履行地、法院对案件的管辖等方面具有重要的法律意义。

(2) 标的。标的即合同法律关系的客体,是指合同当事人权利义务指向的对象。合同中的标的条款应当标明标的的名称,以使其特定化,并能够确定权利义务的范围。合同的标的因合同类型的不同而变化,总体来说,合同标的包括有形财物、行为和智力成果。

(3) 数量。合同标的的数量是衡量合同当事人权利义务大小的尺度。因此,合同标的的数量一定要确切,应当采用国家标准或者行业标准中确定的或者当事人共同接受的计量方法和计量单位。

(4) 质量。合同标的质量是指检验标的内在素质和外观形态优劣的标准。它和标的数量一样是确定合同标的的具体条件,是这一标的区别于同类另一标的的具体特征。因此,在确定合同标的的质量标准时,应当采用国家标准或者行业标准。如果当事人对合同标的的质量有特别约定时,在不违反国家标准和行业标准的前提下,可双方约定标的的质量要求。合同中的质量条款包括标的的规格、性能、物理和化学成分、款式和质感等。

(5) 价款或者报酬。价款和报酬是指以物、行为和智力成果为标的的有偿合同中,取得利益的一方当事人作为取得利益的代价而应向对方支付的金钱。价款是取得有形标的物应支付的代价;报酬是获得服务应支付的代价。

(6) 履行期限、地点和方式。履行期限是指合同当事人履行合同和接受履行的时间。它直接关系到合同义务的完成时间,涉及当事人的期限利益,也是确定违约与否的因素之一。履行地点是指合同当事人履行合同和接受履行的地点。履行地点是确定交付与验收标的地点的依据,有时是确定风险由谁承担的依据以及标的物所有权是否转移的依据。履行方式是合同当事人履行合同和接受履行的方式,包括交货方式、实施行为方式、验收方式、付款方式、结算方式、运输方式等。

(7) 违约责任。违约责任是指当事人不履行合同义务或者履行合同义务不符合约定时应当承担的民事责任。违约责任是促使合同当事人履行债务,使守约方免受或者少受损失的法律救济手段,对合同当事人的利益关系重大,合同对此应予明确。

(8) 解决争议的方法。解决争议的方法是指合同当事人解决合同纠纷的手段、地点。合同订立、履行中一旦产生争执,合同双方是通过协商、仲裁还是通过诉讼解决其争议,有利于合同争议的管辖和尽快解决,并最终从程序上保障了当事人的实质性权益。

2.2.2 建设工程合同主要条款

《民法典》第七百九十四条规定:“勘察、设计合同的内容一般包括提交有关基础资料和概预算等文件的期限、质量要求、费用以及其他协作条件等条款。”

《民法典》第七百九十五条规定:“施工合同的内容一般包括工程范围、建设工期、中间交工工程的开工和竣工时间、工程质量、工程造价、技术资料交付时间、材料和设备供应责任、拨款和结算、竣工验收、质量保修范围和质量保证期、相互协作等条款。”

基于合同自愿原则,合同的内容可由当事人自由决定并约定。为规范合同当事人的签约行为和经营行为,保护合同当事人的合法权益,健全社会主义法制,国家及地方发布了有关合同示范文本,如《建设工程施工合同(示范文本)》(GF—2017—0201)、《建设工程监理合同(示范文本)》(GF—2012—0202)、《北京市商品房现房买卖合同》(BF—2010—0120)、《北京市物业服务合同》(BF—2010—2713)等,合同示范文本内容比较详细,具体条款完备,为签订合同提供了范本,不仅能够减轻当事人撰写合同条款的负担,还有利于促进交易的尽快达成;合同示范文本具有平等性,它基于合同平等原则规定各方权利和义务,杜绝“霸王条款”等各种形式的显失公平条款的出现;另外,合同示范文本具有合法性,其各项条款完全依据《民法典》等有关法规制定,当事人按照这一格式签订合同可以避免出现违法条款。

2.3 合同订立

2.3.1 合同订立和成立

合同的订立是指缔约人作出意思表示并达成合意的行为和过程。合同成立是指合同订立过程的完成,即合同当事人经过平等协商对合同基本内容达成一致意见,合同订立阶段宣告结束,它是合同当事人合意的结果。合同作为当事人从建立到终止权利义务关系的一个动态过程,始于合同的订立,终结于适当履行或者承担责任。任何一个合同的签订都需要当事人双方进行一次或者多次的协商,最终达成一致意见,而签订合同则意味着合同的成立。合同成立是合同订立的重要组成部分。合同的成立必须具备以下条件:

1) 订约主体存在双方或者多方当事人

所谓订约主体即缔约人,是指参与合同谈判并且订立合同的人。作为缔约人,他必须具有相应的民事权利能力和民事行为能力，有下列几种情况：

（1）自然人的缔约能力。自然人能否成为缔约人，要根据其民事行为能力来确定。具有完全行为能力的自然人可以订立一切法律允许自然人作为合同当事人的合同。限制行为能力的自然人只能订立一些与自己的年龄、智力、精神状态相适应的合同，其他合同只能由其法定代理人代为订立或者经法定代理人同意后订立。无行为能力的自然人通常不能成为合同当事人，如果要订立合同，一般只能由其法定代理人代为订立。

（2）法人和其他组织的缔约能力。法人和其他组织一般都具有行为能力，但是他们的行为能力是有限制的，因为法律往往对法人和其他组织规定了各自的经营和活动范围。因此，法人和其他组织在订立合同时要考虑到自身的行为能力。超越经营或者活动范围订立的合同，有可能不能产生法律效力。

（3）代理人的缔约能力。当事人除了自己订立合同外，还可以委托他人代订合同。在委托他人代理时，应当向代理人进行委托授权，即出具授权委托书。在委托书中注明代理人的姓名（或名称）、代理事项、代理的权限范围、代理权的有效期限、被代理人的签名盖章等内容。如果代理人超越代理权限或者无权代理，则所订立的合同可能不能产生法律效力。

2）对主要条款达成合意

合同成立的根本标志在于合同当事人的意思表示一致。但是在实际交易活动中常常因为相距遥远，时间紧迫，不可能就合同的每一项具体条款进行仔细磋商；或者因为当事人缺乏合同知识而造成合同规定的某些条款不明确或者缺少某些具体条款。《民法典》第四百七十一条规定："当事人订立合同，可以采取要约、承诺方式或者其他方式。"

2.3.2 要约

1）要约概念

要约也称为发价、发盘、出盘、报价等，是希望和他人订立合同的意思表示。即一方当事人以缔结合同为目的，向对方当事人提出合同条件，希望对方当事人接受的意思表示。构成要约必须具备以下条件：

（1）要约必须是特定人所为的意思表示。要约是要约人向相对人（受约人）所作出的含有合同条件的意思表示，旨在得到对方的承诺并订立合同。只有要约人是具备民事权利能力和民事行为能力的特定的人，受约人才能对他作出承诺。

（2）要约必须向相对人发出。要约必须经过受约人的承诺，合同才能成立，因此，要约必须是要约人向受约人发出的意思表示。受约人一般为特定人，但是，在特殊情况下，对不确定的人作出无碍要约时，受约人可以为不特定人。

（3）要约的内容应当具体确定。要约的内容必须明确，而不应该含糊不清，否则，受约人便不能了解要约的真实含义，难以承诺。同时，要约的内容必须完整，必须具备合同的主要条件或者全部条件，受约人一旦承诺后，合同就能成立。

（4）要约必须具有缔约目的。要约人发出要约的目的是为了订立合同，即在受约人承诺时，要约人即受该意思表示的约束。凡是不是以缔结合同为目的而进行的行为，尽管表达了当事人的真实意愿，但不是要约。是否以缔结合同为目的，是区别要约与要约邀请的主要标志。

2）要约法律效力

要约的法律效力是指要约的生效及对要约人、受约人的约束力。它包括：

(1) 对要约人的拘束力。即指要约一经生效，要约人即受到要约的拘束，不得随意撤回、撤销或者对要约加以限制、变更和扩张，从而保护受约人的合法权益，维护交易安全。不过，为了适应市场交易的实际需要，法律允许要约人在一定条件下，即在受约人承诺前有限度地撤回、撤销要约或者变更要约的内容。

(2) 对受约人的拘束力。是指受约人在要约生效时即取得承诺的权利，取得依其承诺而成立合同的法律地位。正是因为这种权利，所以受约人可以承诺，也可以不予承诺。这种权利只能由受约人行使，不能随意转让，否则承诺对要约人不产生法律效力。如果要约人在要约中明确规定受约人可以将承诺的资格转让，或者受约人的转让得到要约人的许可，这种转让是有效的。

(3) 要约的生效时间。《民法典》第四百七十四条规定："要约生效的时间适用本法第一百三十七条的规定。"第一百三十七条规定："以对话方式作出的意思表示，相对人知道其内容时生效。以非对话方式作出的意思表示，到达相对人时生效。以非对话方式作出的采用数据电文形式的意思表示，相对人指定特定系统接收数据电文的，该数据电文进入该特定系统时生效；未指定特定系统的，相对人知道或者应当知道该数据电文进入其系统时生效。当事人对采用数据电文形式的意思表示的生效时间另有约定的，按照其约定。"

(4) 要约的存续期间。要约的存续期间是指要约发生法律效力的期限，也即受约人得以承诺的期间。一般而言，要约的存续期间由要约人确定，受约人必须在此期间内作出承诺，要约才能对要约人产生拘束力。如果要约人没有确定，则根据要约的具体情况，考虑受约人能够收到要约所必需的时间、受约人作出承诺所必需的时间和承诺到达要约人所必需的时间而确定一个合理的期间。

3）要约邀请

要约邀请又称为要约引诱，是指希望他人向自己发出要约的意思表示，其目的在于邀请对方向自己发出要约。拍卖公告、招标公告、招股说明书、债券募集办法、基金招募说明书、商业广告和宣传、寄送的价目表等为要约邀请。商业广告和宣传的内容符合要约条件的，构成要约。在工程建设中，工程招标即要约邀请，投标报价属于要约，中标函则是承诺。要约邀请是当事人订立合同的预备行为，它既不能因相对人的承诺而成立合同，也不能因自己作出某种承诺而约束要约人。要约与要约邀请两者之间主要有以下区别：

(1) 要约是当事人自己主动愿意订立合同的意思表示；而要约邀请则是当事人希望对方向自己提出订立合同的意思表示。

(2) 要约中含有当事人表示愿意接受要约约束的意旨，要约人将自己置于一旦对方承诺，合同即宣告成立的无可选择的地位；而要约邀请则不含有当事人表示愿意承担约束的意旨，要约邀请人希望将自己置于一种可以选择是否接受对方要约的地位。

4）要约撤回与撤销

(1) 要约撤回

要约的撤回是指在要约发生法律效力之前，要约人取消要约的行为。根据要约的形式拘束力，任何一项要约都可以撤回，只要撤回的通知先于或者与要约同时到达受约人，都能产生撤回的法律效力。允许要约人撤回要约，是尊重要约人的意志和利益。由于撤回是在要约到达受约人之前作出的，所以此时要约并未生效，撤回要约也不会影响到受约人的利益。

(2) 要约撤销

要约的撤销是指在要约生效后，要约人取消要约，使其丧失法律效力的行为。在要约到达后、受约人作出承诺之前，可能会因为各种原因如要约本身存在缺陷和错误、发生了不可抗力、外部环境发生变化等，促使要约人撤销其要约。允许撤销要约是为了保护要约人的利益，减少不必要的损失和浪费。但是，《民法典》第四百七十六条规定，有下列情况之一的，要约不得撤销：

① 要约中确定了承诺期限或者以其他形式明示要约不可撤销。

② 受约人有理由认为要约是不可撤销的，并已经为履行合同做了准备工作。

5) 要约失效

要约失效即要约丧失了法律拘束力，不再对要约人和受约人产生约束。要约消灭后，受约人也丧失了承诺的效力，即使向要约人发出承诺，合同也不能成立。《民法典》规定，有下列情况之一的，要约失效：

(1) 要约被拒绝；

(2) 要约被依法撤销；

(3) 承诺期限届满，受要约人未作出承诺；

(4) 受要约人对要约的内容作出实质性变更。

2.3.3 承诺

1) 承诺概念

承诺是受要约人同意要约的意思表示。承诺的法律效力在于要约一经受约人承诺并送达要约人，合同便宣告成立。承诺必须具备以下条件，才能产生法律效力：

(1) 承诺必须是受约人发出。根据要约所具有的法律效力，只有受约人才能取得承诺的资格，因此，承诺只能由受约人发出。如果要约是向一个或者数个特定人发出时，则该特定人具有承诺的资格。受约人以外的任何人向要约人发出的都不是承诺而只能视为要约。如果要约是向不特定人发出时，则该不特定人中的任何人都具有承诺的资格。

(2) 承诺必须向要约人发出。承诺是指受约人向要约人表示同意接受要约的全部条件的意思表示，在合同成立后，要约人是合同当事人之一，因此，承诺必须是向特定人即要约人发出的，这样才能达到订立合同的目的。

(3) 承诺应当在确定的或者合理的期限内到达要约人。如果要约规定了承诺的期限，则承诺应当在规定的期限内作出；如果要约中没有规定期限，则承诺应当在合理的期限内作出。受要约人超过承诺期限发出承诺，或者在承诺期限内发出承诺，按照通常情形不能及时到达要约人的，为新要约；但是，要约人及时通知受要约人该承诺有效的除外。

(4) 承诺的内容应当与要约的内容一致。因为承诺是受约人愿意按照要约的全部内容与要约人订立合同的意思表示，即承诺是对要约的同意，其同意内容必须与要约内容完全一致，合同才能成立。

(5) 承诺必须表明受约人的缔约意图。同要约一样,承诺必须明确表明与要约人订立合同,此时合同才能成立。这就要求受约人作出的承诺必须清楚明确,不能含糊。

(6) 承诺的传递方式应当符合要约的要求。如果要约要求承诺采取某种方式作出,则不能采取其他方式。如果要约未对此作出规定,承诺应当以合理的方式作出。

2) 承诺方式

承诺应当以通知的方式作出;但是,根据交易习惯或者要约表明可以通过行为作出承诺的除外。

3) 承诺生效时间

承诺的生效时间是指承诺何时产生法律效力。以通知方式作出的承诺,生效的时间适用《民法典》第一百三十七条(以对话方式作出的意思表示,相对人知道其内容时生效。以非对话方式作出的意思表示,到达相对人时生效。以非对话方式作出的采用数据电文形式的意思表示,相对人指定特定系统接收数据电文的,该数据电文进入该特定系统时生效;未指定特定系统的,相对人知道或者应当知道该数据电文进入其系统时生效。当事人对采用数据电文形式的意思表示的生效时间另有约定的,按照其约定)的规定。承诺不需要通知的,根据交易习惯或者要约的要求作出承诺的行为时生效。

但是,承诺必须在承诺期限内作出。分为以下几种情况:

(1) 承诺必须在要约确定的期限内作出。

(2) 如果要约没有确定承诺期限,承诺应当按照下列规定到达:①要约以对话方式作出的,应当及时作出承诺的意思表示。②要约以非对话方式作出的,承诺应当在合理期限内到达要约人。

要约以信件或者电报作出的,承诺期限自信件载明的日期或者电报交发之日开始计算。信件未载明日期的,自投寄该信件的邮戳日期开始计算。要约以电话、传真、电子邮件等快速通讯方式作出的,承诺期限自要约到达受要约人时开始计算。

受要约人超过承诺期限发出承诺,或者在承诺期限内发出承诺,按照通常情形不能及时到达要约人的,为新要约;但是,要约人及时通知受要约人该承诺有效的除外。

4) 对要约内容变更的处理

承诺的内容应当与要约的内容一致。受要约人对要约的内容作出实质性变更的,为新要约。有关合同标的、数量、质量、价款或者报酬、履行期限、履行地点和方式、违约责任和解决争议方法等的变更,是对要约内容的实质性变更。

承诺对要约的内容作出非实质性变更的,除要约人及时表示反对或者要约表明承诺不得对要约的内容作出任何变更外,该承诺有效,合同的内容以承诺的内容为准。

2.3.4 缔约过失责任

1) 概念

缔约过失责任是一种合同前的责任,指在合同订立过程中,一方当事人违反诚实信用原则的要求,因自己的过失而引起合同不成立、无效或者被撤销而给对方造成损失时所应当承担的损害赔偿责任。

2）特点

缔约过失责任具有以下特点：

(1) 缔约过失责任是发生在订立合同过程中的法律责任。缔约过失责任与违约责任最重要的区别在于发生的时间不同。违约责任是发生在合同成立以后，合同履行过程中的法律责任；而缔约过失责任则是发生在缔约过程中当事人一方因其过失行为而应承担的法律责任。只有在合同还未成立，或者虽然成立，但不能产生法律效力而被确定无效或者被撤销时，有过错的一方才能承担缔约过失责任。

(2) 承担缔约过失责任的基础是违背了诚实信用原则。诚实信用原则是《民法典》的基本原则之一。根据诚实信用原则的要求，在合同订立过程中，应当先承担合同义务，包括使用方法的告知义务、瑕疵告知义务、重要事实告知义务、协作与照顾义务等。《民法典》第五百条规定："当事人在订立合同过程中有下列情形之一，造成对方损失的，应当承担赔偿责任：(一)假借订立合同，恶意进行磋商；(二)故意隐瞒与订立合同有关的重要事实或者提供虚假情况；(三)有其他违背诚信原则的行为。"

(3) 责任人的过失导致他人信赖利益的损害。缔约过失行为直接破坏了与他人的缔约关系，损害的是他人因为信赖合同的成立和有效，但实际上合同是不成立和无效的而遭受的损失。

3）缔约过失责任的类型

缔约过失责任的类型包括：

(1) 擅自撤回要约时的缔约过失责任。

(2) 缔约之际未尽通知等项义务给对方造成损失时的缔约过失责任。

(3) 缔约之际未尽保护义务侵害对方权利时的缔约过失责任。

(4) 合同不成立时的缔约过失责任。

(5) 合同无效时的缔约过失责任。

(6) 合同被变更或者撤销时的缔约过失责任。

(7) 无权代理情况下的缔约过失责任。

2.4 合同效力

2.4.1 合同生效

1）合同生效概念

合同的成立只是意味着当事人之间已经就合同的内容达成了意思表示一致，但是合同能否产生法律效力还要看它是否符合法律规定。合同的生效是指已经成立的合同因符合法律规定而受到法律保护，并能够产生当事人所预想的法律后果。《民法典》第五百零二条规定，依法成立的合同，自成立时生效，但是法律另有规定或者当事人另有约定的除外。如果合同违反法律规定，即使合同已经成立，而且可能当事人之间还进行了合同的履行，该合同及当事人的履行行为也不会受到法律保护，甚至还可能受到法律的制裁。

2）合同生效与合同成立的区别

合同生效与合同成立是两个完全不同的概念。合同成立制度主要表现了当事人的意志，体现了合同自由的原则；而合同生效制度则体现了国家对合同关系的认可与否，它反映了国家对合同关系的干预。两者区别如下：

(1) 合同不具备成立或生效要件承担的责任不同。即在合同订立过程中，一方当事人违反诚实信用原则的要求，因自己的过失给对方造成损失时所应当承担的损害赔偿责任，其后果仅仅表现为当事人之间的民事赔偿责任；而合同不具备生效要件而产生合同无效的法律后果，除了要承担民事赔偿责任以外，往往还要承担行政责任和刑事责任。

(2) 在合同形式方面的不同要求。在法律、行政法规或者当事人约定采用书面形式订立合同而没有采用，而且也没有出现当事人一方已经履行主要义务、对方接受的情况，则合同不能成立；但是，如果法律、行政法规规定合同只有在办理批准、登记等手续才能生效，当事人未办理相关手续则会导致合同不能生效，但并不影响合同的成立。

(3) 国家的干预与否不同。有些合同往往由于其具有非法性，违反了国家的强制性规定或者社会公共利益而成为无效合同，此时，即使当事人不主张合同无效，国家也有权干预；合同不成立仅仅涉及当事人内部的合意问题，国家往往不能直接干预，而应当由当事人自己解决。

3）合同生效时间和地点

依法成立的合同，自成立时起生效。即依法成立的合同，其生效时间一般与合同的成立时间相同。依照法律、行政法规的规定，合同应当办理批准等手续的，依照其规定。未办理批准等手续影响合同生效的，不影响合同中履行报批等义务条款以及相关条款的效力。应当办理申请批准等手续的当事人未履行义务的，对方可以请求其承担违反该义务的责任。

承诺生效的地点为合同成立的地点。采用数据电文形式订立合同的，收件人的主营业地为合同成立的地点；没有主营业地的，其住所地为合同成立的地点。当事人另有约定的，按照其约定。

2.4.2 无效合同

1）无效合同概念和特征

无效合同是指合同虽然已经成立，但因违反法律、行政法规的强制性规定或者社会公共利益，自始不能产生法律约束力的合同。无效合同具有以下法律特征：

(1) 合同已经成立，这是无效合同产生的前提；

(2) 合同不能产生法律约束力，即当事人不受合同条款的约束；

(3) 合同自始无效。

2）民事法律行为包含合同无效的情形《民法典》第五百零八条规定，本编(合同编)对合同的效力没有规定的，适用本法第一编(总则编)第六章(民事法律行为)的有关规定。因此，在民事法律行为包含合同无效的情形如下：

(1) 无民事行为能力人签订的合同无效；

(2) 合同双方以虚假意思签订的合同无效；

(3) 违反法律、行政法规的强制性规定的合同无效；

(4) 违背公序良俗的合同无效；

(5) 恶意串通，损害他人合法权益的合同无效；

(6) 部分无效、部分有效的合同。

《民法典》第一百五十六条规定："民事法律行为部分无效，不影响其他部分效力的，其他部分仍然有效。"

3)《司法解释(一)》关于合同无效的规定

在工程实践中，由于工程标的大、履行时间长、涉及面广，工程合同是否无效界定较为困难。针对此情况，最高人民法院于 2020 年 12 月 29 日出台了《最高人民法院关于审理建设工程施工合同纠纷案件适用法律问题的解释(一)》(以下简称《司法解释(一)》)，并于 2021 年 1 月 1 日起正式施行。《司法解释(一)》对建设工程施工合同的效力、合同的解除以及工程质量的责任等法律问题做出了详细的规定。

(1)《司法解释(一)》第一条规定："建设工程施工合同具有下列情形之一的，应当依据民法典第一百五十三条第一款的规定，认定无效：(一)承包人未取得建筑业企业资质或者超越资质等级的；(二)没有资质的实际施工人借用有资质的建筑施工企业名义的；(三)建设工程必须进行招标而未招标或者中标无效的。承包人因转包、违法分包建设工程与他人签订的建设工程施工合同，应当依据民法典第一百五十三条第一款及第七百九十一条第二款、第三款的规定，认定无效。"

(2)《司法解释(一)》第二条规定："招标人和中标人另行签订的建设工程施工合同约定的工程范围、建设工期、工程质量、工程价款等实质性内容，与中标合同不一致，一方当事人请求按照中标合同确定权利义务的，人民法院应予支持。招标人和中标人在中标合同之外就明显高于市场价格购买承建房产、无偿建设住房配套设施、让利、向建设单位捐赠财物等另行签订合同，变相降低工程价款，一方当事人以该合同背离中标合同实质性内容为由请求确认无效的，人民法院应予支持。"

(3)《司法解释(一)》第三条规定："当事人以发包人未取得建设工程规划许可证等规划审批手续为由，请求确认建设工程施工合同无效的，人民法院应予支持，但发包人在起诉前取得建设工程规划许可证等规划审批手续的除外。发包人能够办理审批手续而未办理，并以未办理审批手续为由请求确认建设工程施工合同无效的，人民法院不予支持。"

(4)《司法解释(一)》第四条规定："承包人超越资质等级许可的业务范围签订建设工程施工合同，在建设工程竣工前取得相应资质等级，当事人请求按照无效合同处理的，人民法院不予支持。"

(5)《司法解释(一)》第五条规定："具有劳务作业法定资质的承包人与总承包人、分包人签订的劳务分包合同，当事人请求确认无效的，人民法院依法不予支持。"

4) 免责条款无效的法律规定

免责条款是指合同当事人在合同中预先约定的，旨在限制或免除其未来责任的条款。《民法典》第五百零六条规定，合同中下列免责条款无效：

(1) 造成对方人身伤害的；

(2) 因故意或者重大过失造成对方财产损失的。

法律之所以规定以上两种情况的免责条款无效，是因为：一是这两种行为都具有一定的社会危害性和法律的谴责性；二是这两种行为都可以构成侵权行为，即使当事人之间没有合同关系，当事人也可以追究对方当事人的侵权行为责任，如果当事人约定这种侵权行为免责的话，等于以合同的方式剥夺了当事人的合同以外的法定权利，违反了民法的公平原则。

5）无效合同的法律后果

无效合同一经确认，即可决定合同的处置方式。但并不说明合同当事人的权利义务关系全部结束。《民法典》第一百五十七条规定："民事法律行为无效、被撤销或者确定不发生效力后，行为人因该行为取得的财产，应当予以返还；不能返还或者没有必要返还的，应当折价补偿。有过错的一方应当赔偿对方由此所受到的损失；各方都有过错的，应当各自承担相应的责任。法律另有规定的，依照其规定。"由此可见无效合同的处置原则为：

（1）制裁有过错方。即对合同无效负有责任的一方或者双方应当承担相应的法律责任。过错方所应当承担的损失赔偿责任必须符合以下条件：被损害人有损害事实；赔偿义务人有过错；接受损失赔偿的一方当事人必须无故意违法而使合同无效的情况；损失与过错之间有因果关系。

（2）无效合同自始没有法律效力。无论确认合同无效的时间是在合同履行前，还是履行过程中，或者是在履行完毕，该合同一律从合同成立之时就不具备法律效力，当事人即使进行了履行行为，也不能取得履行结果。

（3）合同部分无效并不影响其他部分效力，其他部分仍然有效。合同部分无效时会产生两种不同的法律后果：①因无效部分具有独立性，没有影响其他部分的法律效力，此时，其他部分仍然有效；②无效部分内容在合同中处于至关重要的地位，从而导致整个合同无效。

（4）合同无效并不影响合同中解决争议条款的法律效力。《民法典》第五百零七条规定："合同不生效、无效、被撤销或者终止的，不影响合同中有关解决争议方法的条款的效力。"

（5）以返还财产为原则，折价补偿为例外。无效合同自始就没有法律效力，因此，当事人根据合同取得的财产就应当返还给对方；如果所取得的财产不能返还或者没有必要返还的，则应当折价补偿。

（6）对无效合同，有过错的当事人除了要承担民事责任以外，还可能承担行政责任甚至刑事责任。

6）对无效建设工程施工合同的处理

《民法典》第七百九十三条规定："建设工程施工合同无效，但是建设工程经验收合格的，可以参照合同关于工程价款的约定折价补偿承包人。建设工程施工合同无效，且建设工程经验收不合格的，按照以下情形处理：（一）修复后的建设工程经验收合格的，发包人可以请求承包人承担修复费用；（二）修复后的建设工程经验收不合格的，承包人无权请求参照合同关于工程价款的约定折价补偿。发包人对因建设工程不合格造成的损失有过错的，应当承担相应的责任。"

《司法解释（一）》第六条规定："建设工程施工合同无效，一方当事人请求对方赔偿损失的，应当就对方过错、损失大小、过错与损失之间的因果关系承担举证责任。损失大小无法确定，一方当事人请求参照合同约定的质量标准、建设工期、工程价款支付时间等内容确定损失大小的，人民法院可以结合双方过错程度、过错与损失之间的因果关系等因素作出裁判。”

《司法解释（一）》第七条规定：“缺乏资质的单位或者个人借用有资质的建筑施工企业名义签订建设工程施工合同，发包人请求出借方与借用方对建设工程质量不合格等因出借资质造成的损失承担连带赔偿责任的，人民法院应予支持。”

《司法解释（一）》第二十四条规定：“当事人就同一建设工程订立的数份建设工程施工合同均无效，但建设工程质量合格，一方当事人请求参照实际履行的合同关于工程价款的约定折价补偿承包人的，人民法院应予支持。实际履行的合同难以确定，当事人请求参照最后签订的合同关于工程价款的约定折价补偿承包人的，人民法院应予支持。”

《司法解释（一）》第四十三条规定：“实际施工人以转包人、违法分包人为被告起诉的，人民法院应当依法受理。实际施工人以发包人为被告主张权利的，人民法院应当追加转包人或者违法分包人为本案第三人，在查明发包人欠付转包人或者违法分包人建设工程价款的数额后，判决发包人在欠付建设工程价款范围内对实际施工人承担责任。”

《司法解释（一）》第四十四条规定：“实际施工人依据民法典第五百三十五条规定，以转包人或者违法分包人怠于向发包人行使到期债权或者与该债权有关的从权利，影响其到期债权实现，提起代位权诉讼的，人民法院应予支持。”

2.4.3 可撤销合同

1）可撤销合同概念和特征

可撤销合同是指因当事人在订立合同的过程中意思表示不真实，经过撤销人请求，由人民法院或者仲裁机构变更合同的内容，或者撤销合同，从而使合同自始消灭的合同。可撤销合同具有以下特点：

（1）可撤销合同是当事人意思表示不真实的合同；

（2）可撤销合同在未被撤销之前，仍然是有效合同；

（3）对可撤销合同的撤销，必须由撤销人请求人民法院或者仲裁机构作出。

2）可撤销合同的法律规定

《民法典》第一百四十七条规定：“基于重大误解实施的民事法律行为，行为人有权请求人民法院或者仲裁机构予以撤销。”

《民法典》第一百四十八条规定：“一方以欺诈手段，使对方在违背真实意思的情况下实施的民事法律行为，受欺诈方有权请求人民法院或者仲裁机构予以撤销。”

《民法典》第一百四十九条规定：“第三人实施欺诈行为，使一方在违背真实意思的情况下实施的民事法律行为，对方知道或者应当知道该欺诈行为的，受欺诈方有权请求人民法院或者仲裁机构予以撤销。”

《民法典》第一百五十条规定：“一方或者第三人以胁迫手段，使对方在违背真实意思的情况下实施的民事法律行为，受胁迫方有权请求人民法院或者仲裁机构予以撤销。”

《民法典》第一百五十一条规定：“一方利用对方处于危困状态、缺乏判断能力等情形，致使民事法律行为成立时显失公平的，受损害方有权请求人民法院或者仲裁机构予以撤销。”

3）可撤销合同与无效合同的区别

可撤销合同与无效合同的相同之处在于合同都会因被确认无效或者被撤销后而使合同自始不具备法律效力。可撤销合同与无效合同的区别在于：

(1) 合同内容的不法性程度不同。可撤销合同是由于当事人意思表示不真实造成的，法律将合同的处置权交给受损害方，由受损害方行使撤销权。而无效合同的内容明显违法，不能由合同当事人决定合同的效力，而应当由法院或者仲裁机构作出，即使合同当事人未主张合同无效，法院也可以主动干预，认定合同无效。

(2) 当事人权限不同。可撤销合同在合同未被撤销之前仍然有效，撤销权人享有撤销权，当事人可以向法院或者仲裁机构申请行使撤销权，也可以放弃该权利。法律把决定这些合同的权利给了当事人。而无效合同始终不能产生法律效力，合同当事人无权选择处置合同的方式。

(3) 期限不同。对于可撤销合同，撤销权人必须在法定期限内行使撤销权。超过法定期限未行使撤销权的，合同即为有效合同，当事人不得再主张撤销合同。无效合同属于法定无效，不会因为超过期限而使合同变为有效合同。

4）撤销权消灭

《民法典》第一百五十二条规定，“有下列情形之一的，撤销权消灭：

（一）当事人自知道或者应当知道撤销事由之日起一年内、重大误解的当事人自知道或者应当知道撤销事由之日起九十日内没有行使撤销权；

（二）当事人受胁迫，自胁迫行为终止之日起一年内没有行使撤销权；

（三）当事人知道撤销事由后明确表示或者以自己的行为表明放弃撤销权。

当事人自民事法律行为发生之日起五年内没有行使撤销权的，撤销权消灭。”

2.4.4 效力待定合同

1）效力待定合同概念

效力待定合同是指合同虽然已经成立，但因其不完全符合合同的生效要件，因此其效力能否发生还不能确定，一般需经权利人确认才能生效的合同。

2）效力待定合同类型

效力待定合同有下列三种类型：

(1) 限制民事行为能力人依法不能独立订立的合同

《民法典》第一百四十五条规定：“限制民事行为能力人实施的纯获利益的民事法律行为或者与其年龄、智力、精神健康状况相适应的民事法律行为有效；实施的其他民事法律行为经法定代理人同意或者追认后有效。相对人可以催告法定代理人自收到通知之日起三十日内予以追认。法定代理人未作表示的，视为拒绝追认。民事法律行为被追认前，善意相对人有撤销的权利。撤销应当以通知的方式作出。”可将其订立的合同分为两种类型：

① 纯利益合同或者与其年龄、智力、精神健康状况相适应的合同，如获得报酬、奖励、赠与等。这些合同不必经法定代理人同意。

② 未经法定代理人同意而订立的其他合同。这些合同只能是效力待定合同，必须经过

其法定代理人的追认，合同才能产生法律效力。

(2) 无民事行为能力人订立的合同

《民法典》第一百四十四条规定："无民事行为能力人实施的民事法律行为无效。"一般来讲，无民事行为能力人只能由其法定代理人代理签订合同，他们不能自己订立合同，否则合同无效。如果他们订立合同，该合同必须经过其法定代理人的追认，合同才能产生法律效力。

(3) 无权代理订立的合同

无权代理是指行为人没有代理权或超越代理权限而以他人的名义进行民事、经济活动。其表现形式为：

① 无合法授权的代理行为。代理权是代理人进行代理活动的法律依据，未经当事人的授权而以他人的名义进行的代理活动是最主要的无权代理的表现形式。

② 代理人超越代理权限而为的代理行为。在代理关系形成过程中，关于代理人代理权的范围均有所界定，特别是在委托代理中，代理权的权限范围必须明确规定，代理人应依据代理权限进行代理活动，超越此权限的活动即越权代理，这也属于无权代理。

③ 代理权终止后的代理行为。代理权终止后，代理人的身份随之消灭，从而无权再以被代理人的名义进行代理活动。

《民法典》第五百零三条规定："无权代理人以被代理人的名义订立合同，被代理人已经开始履行合同义务或者接受相对人履行的，视为对合同的追认。"

《民法典》第五百零四条规定："法人的法定代表人或者非法人组织的负责人超越权限订立的合同，除相对人知道或者应当知道其超越权限外，该代表行为有效，订立的合同对法人或者非法人组织发生效力。"

《民法典》第五百零五条规定："当事人超越经营范围订立的合同的效力，应当依照本法第一编第六章第三节和本编的有关规定确定，不得仅以超越经营范围确认合同无效。"

由此可见，无权代理将产生下列法律后果：

① 被代理人的追认权。根据《民法典》规定，无权代理一般对被代理人不发生法律效力，但是，在无权代理行为发生后，如果被代理人认为无权代理行为对自己有利，或者出于某种考虑而同意这种行为，则有权作出追认的意思表示。无权代理行为一经被代理人追认，则对被代理人发生法律效力。

② 被代理人的拒绝权。在无权代理行为发生后，被代理人为了维护自身的合法权益，对此行为及由此而产生的法律后果享有拒绝的权利。被代理人没有进行追认或拒绝追认的义务。但是，如果被代理人知道他人以自己的名义实施代理行为而不作出否认表示的，则视为同意。

③ 无权代理人的催告权。在无权代理行为发生后，无权代理人可向被代理人催告，要求被代理人对此行为是否有效进行追认。如果被代理人在规定期限内未作出答复，则视为拒绝。

④ 无权代理人的撤回权。无权代理人的撤回权是指无权代理人可以向被代理人提出撤回已作出的代理表示的法律行为。但是，如果被代理人已经追认了其无权代理行为，则代理人就不得撤回。如果无权代理人已经行使撤回权，则被代理人就不能行使追认权。

⑤ 相对人的催告权。在无权代理行为发生后，相对人有权催告被代理人在合理的期

限内对行为人的无权代理行为予以追认。被代理人在规定期限内未作出追认,视为拒绝追认。

⑥ 善意相对人的撤销权。善意相对人是指不知道或者不应当知道无权代理人没有代理权的相对人。善意相对人在无权代理人的代理行为被代理人追认前,享有撤销的权利。

2.5 合同履行

2.5.1 合同履行原则

合同订立并生效后,合同便成为约束和规范当事人行为的法律依据。合同当事人必须按照合同约定的条款全面、适当地完成合同义务,如交付标的物、提供服务、支付报酬或者价款、完成工作等。合同的履行是合同当事人订立合同的根本目的,也是实现合同目的的最重要和最关键的环节,直接关系到合同当事人的利益,而履行问题往往最容易出现争议和纠纷。因此,合同的履行成为合同法中的核心内容。

1) 合同履行基本原则

为了保证合同当事人依约履行合同义务,必须规定一些基本原则,以指导当事人具体地去履行合同,处理合同履行过程中发生的各种情况。合同履行的基本原则构成了履行合同过程中总的和基本的行为准则,成为合同当事人是否履行合同以及履行是否符合约定的基本判断标准。《民法典》第五百零九条规定:“当事人应当按照约定全面履行自己的义务。当事人应当遵循诚信原则,根据合同的性质、目的和交易习惯履行通知、协助、保密等义务。当事人在履行合同过程中,应当避免浪费资源、污染环境和破坏生态。”

在合同履行过程中必须遵循以下两项基本原则:

(1) 全面履行原则。全面履行是指合同当事人应当按照合同的约定全面履行自己的义务,不能以单方面的意思改变合同义务或者解除合同。全面履行原则要求当事人保质、保量、按期履行合同义务,否则即应承担相应的责任。根据全面履行原则可以确定当事人在履行合同中是否有违约行为及违约的程度,对合同当事人应当履行的合同义务予以全面制约,充分保护合同当事人的合法权益。

(2) 诚实信用原则。诚实信用原则是指在合同履行过程中,合同当事人讲究信用,恪守信用,以善意的方式履行其合同义务,不得滥用权力及规避法律或者合同规定的义务。合同的履行应当严格遵循诚实信用原则。一方面,要求当事人除了应履行法律和合同规定的义务外,还应当履行依据诚实信用原则所产生的各种附随义务,包括相互协作和照顾义务、瑕疵的告知义务、使用方法的告知义务、重要事情的告知义务、忠实的义务等。另一方面,在法律和合同规定的内容不明确或者欠缺规定的情况下,当事人应当依据诚实信用原则履行义务。

2) 与合同履行有关的其他原则

与合同履行有关的其他原则有下列三项:

(1) 协作履行原则。协作履行原则要求合同当事人在合同履行过程中相互协作,积极配合，完成合同的履行。当事人适用协作履行原则不仅有利于全面、实际地履行合同，也有利于增强当事人之间彼此相互信赖、相互协作的关系。

(2) 效益履行原则。效益履行原则是指履行合同时应当讲求经济效益，尽量以最小的成本，获得最大的效益，以及合同当事人为了谋求更大的效益或者为了避免不必要的损失，变更或解除合同。

(3) 情势变更原则。情势变更原则是指在合同订立后，如果发生了订立合同时当事人不能预见并且不能克服的情况，改变了订立合同时的基础，使合同的履行失去意义或者履行合同将使当事人之间的利益发生重大失衡，应当允许当事人变更合同或者解除合同。《民法典》第五百三十三条规定："合同成立后，合同的基础条件发生了当事人在订立合同时无法预见的、不属于商业风险的重大变化，继续履行合同对于当事人一方明显不公平的，受不利影响的当事人可以与对方重新协商；在合理期限内协商不成的，当事人可以请求人民法院或者仲裁机构变更或者解除合同。人民法院或者仲裁机构应当结合案件的实际情况，根据公平原则变更或者解除合同。"

2.5.2 合同履行中的义务

1) 通知义务

通知义务是指合同当事人负有将与合同有关的事项通知给对方当事人的义务。包括有关履行标的物到达对方的时间、地点、交货方式的通知，合同提存的有关事项的通知，后履行抗辩权行使时要求对方提供充分担保的通知，情势变更的通知，不可抗力的通知等。

2) 协助义务

协助义务是指合同当事人在履行合同过程中应当相互给予对方必要的和能够的协助和帮助的义务。

3) 保密义务

保密义务是指合同当事人负有为对方的秘密进行保守，使其不为外人知道的义务。如果因为未能为对方保守秘密，使外人知道对方的秘密，给对方造成损害的，应当对此承担责任。

2.5.3 合同履行中约定不明情况的处置

(1) 合同生效后，合同的主要内容包括质量、价款或者报酬、履行地点等没有约定或者约定不明确的，当事人可以通过协商确定合同的内容。不能达成补充协议的，按照合同有关条款或者交易习惯确定。

(2) 如果合同当事人双方不能达成一致意见，又不能按照合同的有关条款或者交易习惯确定，可以适用下列规定：

① 质量要求不明确的，按照强制性国家标准履行；没有强制性国家标准的，按照推荐性国家标准履行；没有推荐性国家标准的，按照行业标准履行；没有国家标准、行业标准的，按照通常标准或者符合合同目的的特定标准履行。

② 价款或者报酬不明确的，按照订立合同时履行地市场价格履行；依法执行政府定价或者政府指导价的，按照规定执行。此处所指的市场价格是指市场中的同类交易的平均价

格。对于一些特殊的物品,由国家确定价格的,应当按照国家的定价来确定合同的价款或者报酬。

③ 履行地点不明确,给付货币的,在接受货币一方所在地履行;交付不动产的,在不动产所在地履行;其他标的,在履行义务一方所在地履行。

④ 履行期限不明确,债务人可以随时履行,债权人也可以随时要求履行,但应当给对方必要的准备时间。

⑤ 履行方式不明确的,按照有利于实现合同目的的方式履行。

⑥ 履行费用的负担不明确的,由履行义务一方负担;因债权人原因增加的履行费用,由债权人负担。

2.5.4 电子合同标的交付时间

通过互联网等信息网络订立的电子合同的标的为交付商品并采用快递物流方式交付的,收货人的签收时间为交付时间。电子合同的标的为提供服务的,生成的电子凭证或者实物凭证中载明的时间为提供服务时间;前述凭证没有载明时间或者载明时间与实际提供服务时间不一致的,以实际提供服务的时间为准。电子合同的标的物为采用在线传输方式交付的,合同标的物进入对方当事人指定的特定系统且能够检索识别的时间为交付时间。

2.5.5 合同中执行政府定价或者指导价的法律规定

在发展社会主义市场经济过程中,政府对经济活动的宏观调控和价格管理十分必要。《民法典》第五百一十三条规定:"执行政府定价或者政府指导价的,在合同约定的交付期限内政府价格调整时,按照交付时的价格计价。逾期交付标的物的,遇价格上涨时,按照原价格执行;价格下降时,按照新价格执行。逾期提取标的物或者逾期付款的,遇价格上涨时,按照新价格执行;价格下降时,按照原来的价格执行。"

从《民法典》中可以看到,执行国家定价的合同当事人,由于逾期不履行合同遇到国家调整物价时,在原价格和新价格中,执行对违约方不利的那种价格,这是对不按期履行合同的一方从价格结算上给予的一种惩罚。这样规定,有利于促进双方按规定履行合同。需要注意的是,这种价格制裁只适用于当事人因主观过错而违约,不适用因不可抗力所造成的情况。

2.5.6 《司法解释(一)》关于垫资的规定

垫资承包是指建设单位未全额支付工程预付款或未按工程进度按月支付工程款(不含合同约定的质量保证金),由建筑业企业垫款施工。2019 年 7 月 1 日起施行的《政府投资条例》(国令第 712 号)第二十二条规定:"政府投资项目所需资金应当按照国家有关规定确保落实到位。政府投资项目不得由施工单位垫资建设。"

对于非政府投资工程,《司法解释(一)》第二十五条规定:"当事人对垫资和垫资利息有约定,承包人请求按照约定返还垫资及其利息的,人民法院应予支持,但是约定的利息计算标准高于垫资时的同类贷款利率或者同期贷款市场报价利率的部分除外。当事人对垫资没有约定的,按照工程欠款处理。当事人对垫资利息没有约定,承包人请求支付利息的,人民法院不予支持。"

2.5.7 合同履行规则

1）向第三人履行债务的规则

合同履行过程中，由于客观情况变化，有可能会引起合同中债权人和债务人之间债权债务履行的变更。法律规定债权人和债务人可以变更债务履行，这并不会影响当事人的合法权益。从一定意义上来讲，债权人与债务人依法约定变更债务履行，有利于债权人实现其债权以及债务人履行其债务。

《民法典》第五百二十二条规定："当事人约定由债务人向第三人履行债务，债务人未向第三人履行债务或者履行债务不符合约定的，应当向债权人承担违约责任。法律规定或者当事人约定第三人可以直接请求债务人向其履行债务，第三人未在合理期限内明确拒绝，债务人未向第三人履行债务或者履行债务不符合约定的，第三人可以请求债务人承担违约责任；债务人对债权人的抗辩，可以向第三人主张。"从中可以看出，三方的权利义务关系如下：

(1) 债权人。合同的债权人有权按照合同约定要求债务人向第三人履行合同，如果债务人未履行或者未正确履行合同义务，债权人有权追究债务人的违约责任，包括债权人和第三人的损失。

(2) 债务人。债务人应当按照约定向第三人履行合同义务。如果合同本身已经因为某种原因无效或者被撤销，债务人可以依此解除自己的义务。如果债务人未经第三人同意或者违反合同约定，直接向债权人履行债务，并不能解除自己的义务。需要说明的是，一般来说，向第三人履行债务原则上不能增加履行的难度及履行费用。

(3) 第三人。第三人是合同的受益人，他有以自己的名义直接要求债务人履行合同的权利。但是，如果债务人不履行义务或者履行义务不符合约定，第三人不能请求损害赔偿或者申请法院强制执行，因为债务人只对债权人承担责任。此外，合同的撤销权或解除权只能由合同当事人行使。

2）由第三人履行债务的规则

《民法典》第五百二十三条规定："当事人约定由第三人向债权人履行债务，第三人不履行债务或者履行债务不符合约定的，债务人应当向债权人承担违约责任。"第五百二十四条规定："债务人不履行债务，第三人对履行该债务具有合法利益的，第三人有权向债权人代为履行；但是，根据债务性质、按照当事人约定或者依照法律规定只能由债务人履行的除外。债权人接受第三人履行后，其对债务人的债权转让给第三人，但是债务人和第三人另有约定的除外。"从中可以看出三者的权利义务关系如下：

(1) 第三人。合同约定由第三人代为履行债务，除了必须经债权人同意外，还必须事先征得第三人的同意。同时，在没有事先征得债务人同意的情况下，第三人一般也不能代为履行合同义务，否则，债务人对其行为将不负责任。

(2) 债务人。第三人向债权人履行债务，并不等于债务人解除了合同的义务，而只是免除了债务人亲自履行的义务。如果第三人不履行债务或履行债务不符合约定，债务人应当向债权人承担违约责任。

(3) 债权人。当合同约定由第三人履行债务后，债权人应当接受第三人的履行而无权要求债务人自己履行。但是，如果第三人不履行债务或履行债务不符合约定，债权人有权向债务人主张自己的权利。

3）提前履行规则

《民法典》第五百三十条规定:“债权人可以拒绝债务人提前履行债务,但提前履行不损害债权人利益的除外。债务人提前履行债务给债权人增加的费用,由债务人负担。”

4）部分履行规则

《民法典》第五百三十一条规定:“债权人可以拒绝债务人部分履行债务,但部分履行不损害债权人利益的除外。债务人部分履行债务给债权人增加的费用,由债务人负担。”部分履行规则是针对可分标的的履行而言,如果部分履行并不损害债权人的利益,债权人有义务接受债务人的部分履行。债务人部分履行必须遵循诚实信用原则,不能增加债权人的负担,如果因部分履行而增加了债权人的费用,应当由债务人承担。

5）中止履行规则

《民法典》第五百二十九条规定:“债权人分立、合并或者变更住所没有通知债务人,致使履行发生困难的,债务人可以中止履行或者将标的物提存。”本条规定指明了债权人情况不明时的履行规则。债权人因自身的情况发生变化,可能对债务履行产生影响的,债权人应负有通知债务人的附随义务。如果债权人分立、合并或者变更住所时没有履行该义务,债务人可以采取中止履行的措施,当阻碍履行的原因消灭以后再继续履行。

6）债务人同一性规则

《民法典》第五百三十二条规定:“合同生效后,当事人不得因姓名、名称的变更或者法定代表人、负责人、承办人的变动而不履行合同义务。”合同生效后,债务人的情况往往会发生变化,有的债务人以某一变动为理由拒绝履行原合同,这是错误的。因为这些变化仅仅是合同的外在表现形式的变更而非履行主体的变更,债务人与名称变动前相比具有同一性,不构成合同变更和解除的理由,新的代表人应当代表原债务人履行合同义务,拒绝履行的,应承担违约责任。

2.5.8 合同履行中的抗辩权

1）抗辩权的概念和特点

合同法中的抗辩权是指在合同履行过程中,债务人对债权人的履行请求权加以拒绝或者反驳的权利。抗辩权是为了维护合同当事人双方在合同履行过程中的利益平衡而设立的一项权利。作为对债务人的一种有效的保护手段,合同履行中的抗辩权要求对方承担及时履行和提供担保等义务,可以避免自己在履行合同义务后得不到对方履行的风险,从而维护了债务人的合法权益。抗辩权具有以下特点:

(1) 抗辩权的被动性。抗辩权是合同债务人针对债权人根据合同约定提出的要求债务人履行合同的请求而作出拒绝或者反驳的权利,如果这种权利经过法律认可,抗辩权便宣告成立。由此可见,抗辩权属于一种被动防护的权利,如果没有请求权,便没有抗辩权。

(2) 抗辩权仅仅产生于双务合同中。双务合同双方的权利义务是对等的,双方当事人既是债权人,又是债务人,既享有债权又承担债务,享有债权是以承担债务为条件的,为了实现债权不得不履行各自的债务。造成合同履行的关联性,即要求合同当事人双方履行债务。

一方不履行债务或者对方有证据证明他将不能履行债务，另一方原则上也可以停止履行。一方当事人在请求对方履行债务时，如果自己未履行债务或者将不能履行债务，则对方享有抗辩权。

2）同时履行抗辩权

（1）同时履行抗辩权的概念

同时履行抗辩权是针对合同当事人双方的债务履行没有先后顺序的情况下的一种抗辩制度。同时履行抗辩权即指双务合同的当事人一方在对方未为对待给付之前，有权拒绝对方请求自己履行合同要求的权利。如果双方当事人的债务关系没有先后顺序，双方当事人应当同时履行合同义务。一方当事人在请求对方履行合同债务时，如果自己没有履行合同义务，则对方享有暂时不履行自己的债务的抗辩权。

《民法典》第五百二十五条规定："当事人互负债务，没有先后履行顺序的，应当同时履行。一方在对方履行之前有权拒绝其履行要求。一方在对方履行债务不符合约定时，有权拒绝其相应的履行请求。"

（2）同时履行抗辩权的构成条件

① 双方当事人互负对待给付。同时履行抗辩权只适用于双务合同，而且必须是双方当事人基于同一个双务合同互负债务，承担对待给付的义务。如果双方的债务是因两个或者两个以上的合同产生的，则不能适用同时履行抗辩权。

② 双方当事人负有的对待债务没有约定履行顺序。如果合同中明确约定了当事人的履行顺序，就必须按照约定履行，应当先履行债务的一方不能对后履行一方行使同时履行抗辩权。只有在合同中未对双方当事人的履行顺序进行约定的情况下，才发生合同的履行顺序问题。正是由于当事人对合同的履行顺序产生了歧义，所以才应按照一定的方式来确定当事人谁先履行谁后履行，以维护双方当事人的合法权益。

③ 须对方未履行债务或未完全履行债务。这是一方能行使其同时履行抗辩权的关键条件之一。其适用的前提就是双方当事人均没有履行各自的到期债务。其中一方已经履行其债务的，则不再出现同时履行抗辩权适用的情况，另一方也应当及时对其债务作出履行，对方向其请求履行债务时，不得拒绝。

④ 双方当事人的债务已届清偿期。合同的履行以合同履行期已经届满为前提，如果合同的履行期还未到期，则不会产生履行合同义务问题，自然就不会涉及同时履行抗辩权适用问题。

（3）同时履行抗辩权的效力

同时履行抗辩权具有以下效力：

① 阻却违法的效力。阻却违法是指因其存在，使本不属于合法的行为失去其违法的根据，而变为一种合理的为法律所肯定的行为。同时履行抗辩权是法律赋予双务合同的当事人在同时履行合同债务时，保护自己利益的权利。如果对方未履行或者未完全履行债务而拒绝向对方履行债务，该行为不构成违约，而是一种正当行为。

② 对抗效力。同时履行抗辩权是一种延期的抗辩权，可以对抗对方的履行请求，而不必为自己的拒绝履行承担法律责任。因此，它不具有消灭对方请求权的效力，在被拒绝后，不影响对方再次提出履行请求。同时履行抗辩权的目的不在于完全消除或者改变自己的债

务，只是延期履行自己的债务。

3）后履行抗辩权

(1) 后履行抗辩权的概念

后履行抗辩权是指按照合同约定或者法律规定负有先履行债务的一方当事人，届期未履行债务或履行债务严重不符合约定条件时，相对人为保护自己的到期利益或为保证自己履行债务的条件而中止履行合同的权利。《民法典》第五百二十六条规定："当事人互负债务，有先后履行顺序的，应当先履行债务一方未履行的，后履行一方有权拒绝其履行要求。先履行一方履行债务不符合约定的，后履行一方有权拒绝其相应的履行请求。"

后履行抗辩权属于负有后履行债务一方享有的抗辩权，它的本质是对先期违约的对抗，因此，后履行抗辩权可以称为违约救济权。如果先履行债务方是出于属于免责条款范围内(如发生了不可抗力)的原因而无法履行债务的，该行为不属于先期违约，因此，后履行债务方不能行使后履行抗辩权。

(2) 后履行抗辩权构成条件

后履行抗辩权的适用范围与同时履行抗辩权相似，只是在履行顺序上有所不同，具体有：

① 由同一双务合同互负债务，互负的债务之间具有相关性。

② 债务的履行有先后顺序。当事人可以约定履行顺序，也可以由合同的性质或交易习惯决定。

③ 应当先履行一方不履行或者不完全履行债务。

4）不安抗辩权

(1) 不安抗辩权的概念

不安抗辩权，又称保证履约抗辩权，是指按照合同约定或者法律规定负有先履行债务的一方当事人，在合同订立之后，履行债务之前或者履行过程中，有充分的证据证明后履行一方将不会履行债务或者不能履行债务时，先履行债务方可以暂时中止履行，通知对方当事人在合理的期限内提供适当担保，如果对方当事人在合理的期限内提供担保，中止方应当恢复履行；如果对方当事人未能在合理期限内提供适当的担保，中止履行一方可以解除合同。

《民法典》第五百二十七条规定："应当先履行债务的当事人，有确切证据证明对方有下列情况之一的，可以中止履行：(一)经营状况严重恶化；(二)转移财产、抽逃资金，以逃避债务；(三)丧失商业信誉；(四)有丧失或者可能丧失履行债务能力的其他情形。"

(2) 不安抗辩权的适用条件

① 由同一双务合同互负债务并具有先后履行顺序。不安抗辩权同样也产生于双务合同中，与双务合同履行上的关联性有关。互负债务并具有先后履行顺序是不安抗辩权的前提条件。

② 后履行一方有不履行债务或者可能丧失履行债务能力的情形。不安抗辩权设立的目的就是保证先履行的一方当事人在履行其债务后，不会因为对方不履行或者不能履行合同债务而受到损失。《民法典》中规定了四种情形，可概括为不履行或者丧失履行能力的情形。如果这些情形出现，就可能危及先履行一方的债权。

③ 先履行一方有确切的证据。作为享有的权利，先履行一方在主张不安抗辩时，必须

有充分的证据证明对方当事人确实存在不履行或者不能履行其债务的情形。这主要是防止先履行一方滥用不安抗辩权。如果先履行一方无法举出充分证据来证明对方丧失履行能力,则不能行使不安抗辩权,其拒绝履行合同义务的行为即为违约行为,应当承担违约责任。

(3) 不安抗辩权的效力

① 中止履行。不安抗辩权能够适用的原因在于可归责于对方当事人的事由,可能给先履行的一方造成不能得到对待给付的危险,先履行债务一方最可能的就是暂时不向对方履行债务。所以,中止履行是权利人首先能够采取的手段,而且,这种行为是一种正当行为,不构成违约。

② 要求对方提供适当的担保。不安抗辩权的适用并不消灭先履行一方的债务,只是因特定的情况,暂时中止履行其债务,双方当事人的债权债务关系并未解除。因此,先履行一方可要求对方在合理的期限内提供担保来消除可能给先履行债务一方造成损失的威胁,并以此决定是继续维持还是中止债权债务关系。

③ 恢复履行或者解除合同。中止履行只是暂时性的保护措施,并不能彻底保护先履行债务一方的利益。所以,为及早解除双方当事人之间的不确定的法律状态,有两种处理结果:如果对方在合理期限内提供担保,则中止履行一方继续履行其债务;否则,可以解除合同关系。

(4) 不安抗辩权的附随义务

《民法典》第五百二十八条规定:"当事人依据前条规定中止履行的,应当及时通知对方。对方提供适当担保的,应当恢复履行。中止履行后,对方在合理期限内未恢复履行能力且未提供适当担保的,视为以自己的行为表明不履行主要债务,中止履行的一方可以解除合同并可以请求对方承担违约责任。"

① 通知义务。先履行债务一方主张不安抗辩时,应当及时通知对方当事人,以避免对方因此而遭受损失,同时也便于对方获知后及时提供充分保证来消灭抗辩权。

② 举证义务。先履行债务一方主张不安抗辩时,负有举证义务,即必须能够提出充分证据来证明对方将不履行或者丧失履行债务能力的事实。如果提供不出证据或者证据不充分而中止履行的,该行为构成违约,应当承担违约责任。如果后履行一方本可以履行债务,而因对方未举证或者证据错误而导致合同被解除,由此造成的损失由先履行债务一方承担。

2.5.9 合同的保全制度

1) 代位权

(1) 代位权的概念

代位权是相对于债权人而言,它是指当债务人怠于行使其债权或者与该债权有关的从权利,影响债权人的到期债权实现的,债权人可以向人民法院请求以自己的名义代位行使债务人对相对人的权利。代位权的核心是以自己的名义行使债务人对相对人的债权。

(2) 代位权的成立条件

① 债务人对相对人享有债权。债务人对相对人享有的债权是代位权的标的,它应当是合法有效的债权,但是该权利专属于债务人自身的除外。

② 债务人怠于行使其到期债权。怠于行使债权是指债务人在债权可能行使并且应该行使的情况下消极地不行使。债务人消极地不行使权利,就可能产生债权因时效届满而丧

失诉权等不利后果,可能会给债权人的债权造成损害,所以,才有行使代位权的必要。

③ 债务人不行使债权,有造成债权消灭或者丧失的危险。债务人如果暂时消极地不行使债权,对其债权的存在的法律效力没有任何影响的,因而没有构成对债务人的债权消灭或者丧失的危险,就没有由债权人代为行使债权的必要,债权人的代位权也就没有适用的余地。

④ 债务人的行为对债权人造成损害。债务人怠于行使债权的行为已经对债权人的债权造成现实的损害,是指因为债务人不行使其债权,造成债务人应当增加的财产没有增加,导致债权人的债权到期时,会因此而不能全部清偿。

(3) 代位权的效力

代位权的效力包括对债权人、债务人和相对人三方的效力:

① 债权人。代位权的行使范围以债权人的到期债权为限。债权人的债权到期前,债务人的债权或者与该债权有关的从权利存在诉讼时效期间即将届满或者未及时申报破产债权等情形,影响债权人的债权实现的,债权人可以代位向债务人的相对人请求其向债务人履行、向破产管理人申报或者作出其他必要的行为。债权人行使代位权胜诉时,可以代位受领债务人的债权,因而可以抵消自己对债务人的债权,让自己的债权受偿。

② 债务人。代位权的行使结果由债务人自己承担,债权人行使代位权的费用应当由债务人承担。

③ 相对人。对相对人来说,无论是债务人亲自行使其债权,还是债权人代位行使债务人的债权,均不影响其利益。如果由于债权人行使代位权而造成相对人履行费用增加的,相对人有权要求债务人承担增加的费用。相对人对债务人的抗辩,可以向债权人主张。

人民法院认定代位权成立的,由债务人的相对人向债权人履行义务,债权人接受履行后,债权人与债务人、债务人与相对人之间相应的权利义务终止。债务人对相对人的债权或者与该债权有关的从权利被采取保全、执行措施,或者债务人破产的,依照相关法律的规定处理。

2) 撤销权

(1) 撤销权的概念

撤销权是相对于债权人而言,它是指债权人在债务人实施减少其财产而危及债权人的债权的积极行为时,请求法院予以撤销的权利。

(2) 撤销权的成立条件

① 债务人实施了处分财产的法定行为。包括放弃到期债权、放弃债权担保、无偿转让财产等方式无偿处分财产权益,或者恶意延长其到期债权的履行期限,以明显不合理的低价转让财产、以明显不合理的高价受让他人财产或者为他人的债务提供担保等行为。这些会对债权人的债权产生不利的影响,因此,债权人可以行使撤销权以保护自己的债权。如果债务人没有产生上述行为,对债权人的债权未造成不利影响,债权人无权行使撤销权。

② 债务人的行为已经产生法律效力。对于没有产生法律效力的行为,因为在法律上不产生任何意义,对债权人的债权不产生现实影响,所以债权人不能对此行使撤销权。

③ 债务人的行为是法律行为,具有可撤销性。债务人的行为必须是可以撤销的,否则,如果财产的消灭是不可以回转的,债权人行使撤销权也于事无补,此时就没有必要行使撤销权。

④ 债务人的行为已经或者将要严重危害到债权人的债权。只有在债务人的行为对债权人的债权的实现产生现实的危害时,债权人才能行使撤销权,以消除因债务人的行为带来的危害。

(3) 撤销权的法律效力

① 债权人。撤销权的行使范围以债权人的债权为限。债权人行使撤销权的必要费用,由债务人负担。债权人有权代债务人要求相对人向债务人履行或者返还财产,并在符合条件的情况下将受领的履行或财产与对债务人的债权作抵消。如果不符合抵消条件,则应当将收取的利益加入债务人的责任财产,作为全体债权的一般担保。

② 债务人。债务人的行为被撤销后,行为将自始无效,不发生行为的效果,意图免除的债务或转移的财产仍为债务人的责任财产,应当以此清偿债权。同时,应当承担债权人行使撤销权的必要费用和向相对人返还因有偿行为获得的利益。

③ 相对人。《民法典》第五百三十九条规定:“债务人以明显不合理的低价转让财产、以明显不合理的高价受让他人财产或者为他人的债务提供担保,影响债权人的债权实现,债务人的相对人知道或者应当知道该情形的,债权人可以请求人民法院撤销债务人的行为。”如果相对人对债务人负有债务,则免除债务的行为不产生法律效力,相对人应当继续履行。如果相对人已经受领了债务人转让的财产,应当返还财产。原物不能返还的,应折价赔偿。但相对人有权要求债务人偿还因有偿行为而得到的利益。

④ 债务人影响债权人的债权实现的行为被撤销的,自始没有法律约束力。

(4) 撤销权的行使期限

《民法典》第五百四十一条规定:“撤销权自债权人知道或者应当知道撤销事由之日起一年内行使。自债务人的行为发生之日起五年内没有行使撤销权的,该撤销权消灭。”

2.6 合同变更、转让和终止

2.6.1 合同变更

1) 合同变更的概念

合同变更有两层含义,广义的合同变更包括合同三个构成要素的变更:合同主体的变更、合同客体的变更以及合同内容的变更。但是,考虑到合同的连贯性,合同的主体不能与合同的客体及内容同时变更,否则,变化前后的合同就没有联系的基础,就不能称之为合同的变更,而是一个旧合同的消灭与一个新合同的订立。

根据《民法典》规定,合同当事人的变化为合同的转让。因此,狭义的合同变更专指合同成立以后履行之前或者在合同履行开始之后尚未履行完之前,当事人不变而合同的内容、客体发生变化的情形。合同的变更通常分为协议变更和法定变更两种。协议变更又称为合意变更,是指合同双方当事人以协议的方式对合同进行变更。我国《民法典》中所指的合同变更即指协议变更合同。

2) 合同变更的条件

(1) 当事人之间原已经存在合同关系。合同的变更是新合同对旧合同的替代,所以必然在变更前就存在合同关系。如果没有这一作为变更基础的现存合同,就不存在合同变更,只是单纯订立了新合同,发生新的债务。另外,原合同必须是有效合同,如果原合同无效或者被撤销,则合同自始就没有法律效力,不发生变更问题。

(2) 合同变更必须有当事人的变更协议。当事人达成的变更合同的协议也是一种民事合同,因此也应符合《民法典》有关合同的订立与生效的一般规定。合同变更应当是双方当事人的自愿与真实的意思表示。

(3) 原合同内容发生变化。合同变更按照《民法典》的规定仅为合同内容的变更,所以合同的变更应当能起到使合同的内容发生改变的效果,否则不能认为是合同的变更。合同的变更包括:合同性质的变更、合同标的物的变更、履行条款的变更、合同担保的变更、合同所附条件的变更等。

(4) 合同变更必须按照法定的方式。合同当事人协议变更合同,应当遵循自愿互利原则,给合同当事人以充分的合同自由。国家对合同当事人协议变更合同应当加以保护,但也必须从法律上实行有条件的约束,以保证当事人对合同的变更不至于危及他人、国家和社会利益。

3) 合同变更的效力

双方当事人应当按照变更后的合同履行。合同变更后有下列效力:

(1) 变更后的合同部分,原有的合同失去效力,当事人应当按照变更后的合同履行。合同的变更就是在保持原合同的统一性的前提下,使合同有所变化。合同变更的实质是以变更后的合同取代原有的合同关系。

(2) 合同的变更只对合同未履行部分有效,不对合同中已经履行部分产生效力,除了当事人约定以外,已经履行部分不因合同的变更而失去法律依据。即合同的变更不产生追溯力,合同当事人不得以合同发生变更而要求已经履行的部分归于无效。

(3) 合同的变更不影响当事人请求损害赔偿的权利。合同变更以前,一方因可归责于自己的原因而给对方造成损害的,另一方有权要求责任方承担赔偿责任,并不因合同变更而受到影响。但是合同的变更协议已经对受害人的损害给予处理的除外。合同的变更本身给一方当事人造成损害的,另一方当事人也应当对此承担赔偿责任,不得以合同的变更是双方当事人协商一致的结果为由而不承担赔偿责任。

4) 合同变更内容约定不明的法律规定

合同变更内容约定不明是指当事人对合同变更的内容约定含义不清,令人难以判断约定的新内容与原合同的内容的本质区别。《民法典》第五百四十四条规定:“当事人对合同变更的内容约定不明确的,推定为未变更。”有效的合同变更,必须有明确的合同内容的变更,即在保持原合同的基础上,通过对原合同作出明显的改变,而成为一个与原合同有明显区别的合同。否则,就不能认为原合同进行了变更。

2.6.2 合同转让

1) 合同转让的概念

合同转让是指合同成立后,当事人依法可以将合同中的全部或部分权利(或者义务)转让或者转移给第三人的法律行为。也就是说合同的主体发生了变化,由新的合同当事人代替了原合同当事人,而合同的内容没有改变。合同转让有两种基本形式:债权让与和债务承担。

2）债权让与

（1）债权让与的概念及法律特征

债权让与即合同权利转让，是指合同的债权人通过协议将其债权全部或者部分转移给第三人的行为。债权的转让是合同主体变更的一种形式，它是在不改变合同内容的情况下，合同债权人的变更。债权转让的法律特征有：

① 合同权利的转让是在不改变合同权利内容的基础上，由原合同的债权人将合同权利转移给第三人。

② 合同债权的转让只能是合同权利，不应包括合同义务。

③ 合同债权的转让可以是全部转让也可以是部分转让。

④ 转让的合同债权必须是依法可以转让的债权，否则不得进行转让，转让不得进行转让的合同债权协议无效。

（2）债权让与的构成条件

根据《民法典》规定，债权让与的成立与生效的条件包括：

① 让与人与受让人达成协议。债权让与实际上就是让与人与受让人之间订立了一个合同，让与人按照约定将债权转让给受让人。合同当事人包括债权人与第三人，不包括债务人。该合同的成立、履行及法律效力必须符合法律规定，否则不能产生法律效力，转让合同无效。合同一旦生效，债权即转移给受让人，债务人对债权让与同意与否，并不影响债权让与的成立与生效。

② 原债权有效存在。转让的债权必须具有法律上的效力，任何人都不能将不存在的权利让与他人。所以，转让的债权应当是为法律所认可的具有法律约束力的债权。对于不存在或者无效的合同债权的转让协议是无效的，如果因此而造成受让人利益损失，让与人应当承担赔偿责任。

③ 让与的债权具有可转让性。并非所有的债权都可以转让，必须根据合同的性质，遵循诚实信用原则以及具体情况判断是否可以转让。其标准为是否改变了合同的性质，是否改变了合同的内容，增加了债务人的负担等。

（3）债权让与的限制

根据《民法典》规定，不得进行转让的合同债权主要包括：

① 根据合同性质不得转让的合同债权。主要有：合同的标的与当事人的人身关系相关的合同债权；不作为的合同债权以及与第三人利益有关的合同债权。

② 按照当事人的约定不得转让的债权。即债权人与债务人对债权的转让作出了禁止性约定，只要不违反法律的强制性规定或者公共利益，这种约定都是有效的，债权人不得将债权进行转让。

③ 依照法律规定不得转让的债权。是指法律明文规定不得让与或者必须经合同债务人同意才能让与的债权。

④ 当事人约定非金钱债权不得转让的，不得对抗善意第三人。当事人约定金钱债权不得转让的，不得对抗第三人。

（4）债权让与的效力

① 债权让与的内部效力。合同债权转让协议一旦达成，债权就发生了转移。如果合同

债权进行了全部转让，则受让人取代了让与人而成为新的债权人；如果是部分转让，则受让人加入了债的关系，按照债的份额或者连带地与让与人共同享有债权。同时，受让人还享有与债权有关的从权利。所谓合同的从权利是指与合同的主债权相联系，但自身并不能独立存在的合同权利。大部分是由主合同的从合同所规定的，也有本身就是主合同内容的一部分。如被担保的权利就是主权利，担保权则为从权利。常见的从权利除了保证债权、抵押权、质押权、留置权、定金债权等外，还有违约金债权、损害赔偿请求权、合同的解除权、债权人的撤销权以及代位权等属于主合同的规定或者依照法律规定所产生的债权人的从权利。《民法典》第五百四十七条规定："债权人转让债权的，受让人取得与债权有关的从权利，但是该从权利专属于债权人自身的除外。受让人取得从权利不因该从权利未办理转移登记手续或者未转移占有而受到影响。"

② 债权让与的外部效力。债权让与通知债务人后即对债务人产生效力，包括让与人与债务人之间以及受让人与债务人之间的效力。对让与人与债务人来说，就债权转让部分，债务人不再对让与人负有任何债务，如果债务人向让与人履行债务，债务人并不能因债权清偿而解除对受让人的债务；让与人也无权要求债务人向自己履行债务，如果让与人接受了债务人的债务履行，应负返还义务。对受让人与债务人来说，就债权转让部分，债务人应当承担让与人转让给受让人的债务，如果债务人不履行其债务，应当承担违约责任。《民法典》第五百四十八条规定："债务人接到债权转让通知后，债务人对让与人的抗辩，可以向受让人主张。"

③ 因债权转让增加的履行费用，由让与人负担。

(5) 债权让与时让与人的义务

让与人必须对受让人承担下列义务：

① 将债权证明文件交付受让人。让与人对债权凭证保有利益的，由受让人自付费用取得与原债权证明文件有同等证据效力的副本。

② 将占有的质物交付受让人。

③ 告知受让人行使债权的一切必要情况。

④ 应受让人的请求作成让与证书，其费用由受让人承担。

⑤ 承担因债权让与而增加的债务人履行费用。

⑥ 提供其他为受让人行使债权所必需的合作。

同时，《民法典》第五百四十六条规定："债权人转让债权，未通知债务人的，该转让对债务人不发生效力。债权转让的通知不得撤销，但是经受让人同意的除外。"

(6) 债权抵消

债权抵消是指当双方互负债务时，各以其债权以充当债务的清偿，而使其债务与对方的债务在相同数额内相互消灭，不再履行。《民法典》第五百四十九条规定："有下列情形之一的，债务人可以向受让人主张抵销：(一)债务人接到债权转让通知时，债务人对让与人享有债权，且债务人的债权先于转让的债权到期或者同时到期；(二)债务人的债权与转让的债权是基于同一合同产生。"

3) 债务承担

(1) 债务承担的概念

债务承担又称为合同义务的转移，是指经债权人同意，债务人将债务转移给第三人的行为。债务的转移可分为全部转移和部分转移。全部转移，是指由新的债务人取代原债务人，即合同的主体发生变化，而合同内容保持不变；债务的部分转移则是指债务人将其合同义务的一部分转交给第三人，由第三人对债权人承担一部分债务，原债务人并没有退出合同关系，而是又加入了一个债务人，该债务人就其接受转让的债务部分承担责任。

《民法典》第七百九十一条规定："总承包人或者勘察、设计、施工承包人经发包人同意，可以将自己承包的部分工作交由第三人完成。第三人就其完成的工作成果与总承包人或者勘察、设计、施工承包人向发包人承担连带责任。承包人不得将其承包的全部建设工程转包给第三人或者将其承包的全部建设工程支解以后以分包的名义分别转包给第三人。"由此可见，在建设工程中，法律明确规定，承包商的债务转移只能是部分转移。

(2) 债务承担的构成条件

债务承担生效与成立的条件包括：

① 承担人与债务人订立债务承担合同。

② 存在有效债务。

③ 拟转移的债务具有可转移性，即性质上不能进行转让，或者法律、行政法规禁止转让的债务，不得进行转让。

④ 合同债务的转移必须取得债权人的同意。《民法典》第五百五十一条规定："债务人将债务的全部或者部分转移给第三人的，应当经债权人同意。债务人或者第三人可以催告债权人在合理期限内予以同意，债权人未作表示的，视为不同意。" 第五百五十二条规定："第三人与债务人约定加入债务并通知债权人，或者第三人向债权人表示愿意加入债务，债权人未在合理期限内明确拒绝的，债权人可以请求第三人在其愿意承担的债务范围内和债务人承担连带债务。"

转移必须经债权人同意既是债务承担生效条件，也是债务承担与债权让与最大的不同。因为债务承担直接影响到债权人的利益。债务人的信用、资历是债权人利益得以实现的保障，如果债务人不经债权人同意而将债务转移，则债权人的利益将难以确定，有可能会因为第三人履行债务能力差而使债权人的利益受损。所以，为了保护债权人的利益，债务承担必须事先征得债权人的同意。

(3) 债务承担的效力

债务承担的效力主要表现在以下几方面：

① 承担人代替了原债务人承担债务，原债务人免除债务。由于实行了债务转让，转移后的债务应当由第三人承担，债权人只能要求承担人履行债务且不得拒绝承担人的履行。同时，承担人以自己的名义向债权人履行债务并承担未履行或者不适当履行债务的违约责任，原债务人对承担人的履行不承担任何责任。需要说明的是，此处所说的债务是指经债权人同意后转让的债务，否则不能产生法律效力；同时，该债务仅仅限于转让部分，对部分转让的，原债务人不能免除未转移部分的债务。

② 承担人可以主张原债务人对债权人的抗辩。《民法典》第五百五十三条规定："债务人转移债务的，新债务人可以主张原债务人对债权人的抗辩；原债务人对债权人享有债权的，新债务人不得向债权人主张抵销。"既然承担人经过债务转让而处于债务人的地位，所有与所承担的债务有关的抗辩，都应当同时转让给承担人并由其向债权人提出。承担人拥有的抗辩权包括法定的抗辩事由，如不可抗力以及在实际订立合同后发生的债务人可以对抗

债权人的一切事由。但这种抗辩必须符合两方面条件:一是该行为必须有效;二是承担人履行的时间应当在转让债务得到债权人的同意之后,如果抗辩事由发生在债务转移之前,则为债务人自己对债权人的抗辩。

③ 承担人同时负担从债务。《民法典》第五百五十四条规定:"债务人转移债务的,新债务人应当承担与主债务有关的从债务,但是该从债务专属于原债务人自身的除外。"

4) 债权债务的概括转移

(1) 债权债务的概括转移的概念

债权债务的概括转移是指由原合同的当事人一方将其债权债务一并转移给第三人,由第三人概括地继受这些权利和义务。《民法典》第五百五十五条规定:"当事人一方经对方同意,可以将自己在合同中的权利和义务一并转让给第三人。"合同的权利和义务一并转让的,适用债权转让、债务转移的有关规定。

债权债务的概括转移一般由合同当事人一方与合同以外的第三人通过签订转让协议,约定由第三人取代合同转让人的地位,享有合同中转让人的一切权利并承担转让人在合同中的一切义务。

(2) 债权债务的概括转移成立条件

① 转让人与承受人达成合同转让协议。这是债权债务的概括转移的关键。

② 原合同必须有效。原合同无效的不能产生法律效力,更不能转让。

③ 原合同为双务合同。只有双务合同才可能将债权债务一并转移,否则只能为债权让与或者是债务承担。

④ 必须经原合同对方当事人的同意。

2.6.3 合同终止

1) 合同终止的基本内容

(1) 合同终止的概念

合同终止,又称为合同的消灭,是指合同关系不再存在,合同当事人之间的债权债务关系终止,当事人不再受合同关系的约束。合同的终止也就是合同效力的完全终结。

(2) 合同终止的条件

《民法典》第五百五十七条规定:"有下列情形之一的,债权债务终止:(一)债务已经履行;(二)债务相互抵销;(三)债务人依法将标的物提存;(四)债权人免除债务;(五)债权债务同归于一人;(六)法律规定或者当事人约定终止的其他情形。合同解除的,该合同的权利义务关系终止。"

(3) 合同终止的效力

合同终止因终止原因的不同而发生不同的效力。根据《民法典》规定,除上述第五百五十七条中的第(六)项和因合同解除而终止条件以外,在消灭因合同而产生的债权债务的同时,也产生了下列效力:

① 消灭从权利。债权的担保及其他从属的权利,随合同终止而同时消灭,如为担保债权而设定的抵押权或者质权,事先在合同中约定的利息或者违约金因此而消灭。但是法律另有规定或者当事人另有约定的除外。

② 返还负债字据。负债字据又称为债权证书，是债务人负债的书面凭证。合同终止后，债权人应当将负债字据返还给债务人。如果因遗失、毁损等原因不能返还的，债权人应当向债务人出具债务消灭的字据，以证明债务的了结。

③ 债务人对同一债权人负担的数项债务种类相同，债务人的给付不足以清偿全部债务的，除当事人另有约定外，由债务人在清偿时指定其履行的债务。债务人未作指定的，应当优先履行已经到期的债务；数项债务均到期的，优先履行对债权人缺乏担保或者担保最少的债务；均无担保或者担保相等的，优先履行债务人负担较重的债务；负担相同的，按照债务到期的先后顺序履行；到期时间相同的，按照债务比例履行。

④ 债务人在履行主债务外还应当支付利息和实现债权的有关费用，其给付不足以清偿全部债务的，除当事人另有约定外，应当按照下列顺序履行：实现债权的有关费用；利息；主债务。

根据《民法典》规定，因上述第五百五十七条中的第（六）项和合同解除规定的情形合同终止的，将消灭当事人之间的合同关系及合同规定的权利义务，但并不完全消灭相互间的债务关系，对此，将适用下列条款：

① 结算与清理。《民法典》第五百六十七条规定："合同的权利义务关系终止，不影响合同中结算和清理条款的效力。"由此可见，合同终止后，尽管消灭了合同，如果当事人在事前对合同中所涉及的金钱或者其他财产约定了清理或结算的方法，则应当以此方法作为合同终止后的处理依据，以彻底解决当事人之间的债务关系。

② 争议的解决。《民法典》第五百零七条规定："合同不生效、无效、被撤销或者终止的，不影响合同中有关解决争议方法的条款的效力。"这表明了争议条款的相对独立性，即使合同的其他条款因无效、被撤销或者终止而失去法律效力，但是争议条款的效力仍然存在。这充分尊重了当事人在争议解决问题上的自主权，有利于争议的解决。

（4）合同终止后的义务

后合同义务又称后契约义务，是指在合同关系因一定的事由终止以后，出于对当事人利益保护的需要，合同双方当事人依据诚实信用原则所负有的通知、协助、保密等义务。后契约义务产生于合同关系终止以后，它与合同履行中所规定的附随义务一样，也是一种附随义务。

2）合同的解除

（1）合同解除的概念

合同的解除是指合同的一方当事人按照法律规定或者双方当事人约定的解除条件使合同不再对双方当事人具有法律约束力的行为或者合同各方当事人经协商消灭合同的行为。合同的解除是合同终止的一种特殊的方式。

合同解除有两种方式：一种称为约定解除，是双方当事人协议解除，即合同双方当事人通过达成协议，约定原有的合同不再对双方当事人产生约束力，使合同归于终止；另一种方式称为法定解除，即在合同有效成立以后，由于产生法定事由，当事人依据法律规定行使解除权而解除合同。

（2）合同解除的要件

① 存在有效合同并且尚未完全履行。合同解除是合同终止的一种异常情况，即在合同

有效成立以后、履行完毕之前的期间内发生了异常情况,或者因一方当事人违约,以及发生了影响合同履行的客观情况,致使合同当事人可以提前终止合同。

② 具备了合同解除的条件。合同有效成立后,如果出现了符合法律规定或者合同当事人之间约定的解除条件的事由,则当事人可以行使解除权而解除合同。

③ 有解除合同的行为。解除合同需要一方当事人行使解除权,合同才能解除。

④ 解除产生消灭合同关系的效果。合同解除将使合同效力消灭。如果合同并不消灭,则不是合同解除而是合同变更或者合同中止。

(3) 约定解除

按照达成协议的时间的不同,约定解除可以分为以下两种形式:

① 约定解除。即在合同订立时,当事人在合同中约定合同解除的条件,在合同生效后履行完毕之前,一旦这些条件成立,当事人则享有合同解除权,从而可以以自己的意思表示通知对方而终止合同关系。

② 协议解除。即在合同订立以后,且在合同未履行或者尚未完全履行之前,合同双方当事人在原合同之外,又订立了一个以解除原合同为内容的协议,使原合同被解除。这不是单方行使解除权而是双方都同意解除合同。

(4) 法定解除

法定解除就是直接根据法律规定的解除权解除合同,它是合同解除制度中最核心、最重要的问题。《民法典》第五百六十三条规定:"有下列情形之一的,当事人可以解除合同:(一)因不可抗力致使不能实现合同目的;(二) 在履行期限届满之前,当事人一方明确表示或者以自己的行为表明不履行主要债务;(三) 当事人一方迟延履行主要债务,经催告后在合理期限内仍未履行;(四) 当事人一方迟延履行债务或者有其他违约行为致使不能实现合同目的;(五) 法律规定的其他情况。以持续履行的债务为内容的不定期合同,当事人可以随时解除合同,但是应当在合理期限之前通知对方。"由此可见,法定解除可以分为三种情况:

① 不可抗力解除权。不可抗力是指不能预见、不可避免并不能克服的客观情况。发生不可抗力,就可能造成合同不能履行。这可以分为三种情况:一是如果不可抗力造成全部义务不能履行,发生解除权。二是如果造成部分义务不能履行,且部分义务履行对债权人无意义的,发生解除权。三是如果造成履行迟延,且迟延履行对债权人无意义的,发生解除权。对不可抗力造成全部义务不能履行的,合同双方当事人均具有解除权;其他情况,只有相对人拥有解除权。

② 违约解除权。当一方当事人违约,相对人在自己的债权得不到履行的情况下,依照《民法典》第五百六十三条规定,可以行使解除权而单方解除合同。同时,《民法典》第五百八十条规定:"当事人一方不履行非金钱债务或者履行非金钱债务不符合约定的,对方可以请求履行,但是有下列情形之一的除外:(一)法律上或者事实上不能履行;(二)债务的标的不适于强制履行或者履行费用过高;(三)债权人在合理期限内未请求履行。有前款规定的除外情形之一,致使不能实现合同目的的,人民法院或者仲裁机构可以根据当事人的请求终止合同权利义务关系,但是不影响违约责任的承担。"对因对方当事人未履行其债务而给自身造成的损失由违约方承担违约责任。所以,解除合同常常作为违约的一种救济方法。

③ 其他解除权。其他解除权是指除上述情形以外,法律规定的其他解除权。如在合同履行时,一方当事人行使不安抗辩权,而对方未在合理期限内提供保证的,抗辩方可以行使

解除权而将合同归于无效。在《民法典》合同编第二分编中就具体合同对合同解除也作出了特别规定。对于有特别规定的解除权,应当适用特别规定而不适用上述规定。

(5) 解除权的行使

① 解除权行使的方式。《民法典》第五百六十五条规定:“当事人一方依法主张解除合同的,应当通知对方。合同自通知到达对方时解除;通知载明债务人在一定期限内不履行债务则合同自动解除,债务人在该期限内未履行债务的,合同自通知载明的期限届满时解除。对方对解除合同有异议的,任何一方当事人均可以请求人民法院或者仲裁机构确认解除行为的效力。当事人一方未通知对方,直接以提起诉讼或者申请仲裁的方式依法主张解除合同,人民法院或者仲裁机构确认该主张的,合同自起诉状副本或者仲裁申请书副本送达对方时解除。”

② 解除权行使的期限。《民法典》第五百六十四条规定:“法律规定或者当事人约定解除权行使期限,期限届满当事人不行使的,该权利消灭。法律没有规定或者当事人没有约定解除权行使期限,自解除权人知道或者应当知道解除事由之日起一年内不行使,或者经对方催告后在合理期限内不行使的,该权利消灭。”这条规定主要是为了维护债务人的合法权益。解除权人迟迟不行使解除权对债务人十分不利,因为债务人的义务此时处于不确定的状态,如果继续履行,一旦对方解除合同,就会给自己造成损失;如果不履行,可是合同又没有解除,他此时仍然有履行的义务。所以,解除权要尽快行使,尽量缩短合同的不确定状态。

(6) 合同解除后的法律后果

合同解除后,将产生终止合同的权利义务、消灭合同的效力。效力消灭分为以下三种情况:

① 合同尚未履行的,中止履行。尚未履行合同的状态与合同订立前的状态基本相同,因而解除合同仅仅只是终止了合同的权利义务。但是,除非合同解除是因不可归责于双方当事人的事由或者不可抗力所造成的,否则,对合同解除有过错的一方,应当对另一方承担相应的损害赔偿责任。

② 合同已经履行的,根据履行情况和合同性质,当事人可以请求恢复原状或者采取其他补救措施,并有权请求赔偿损失。

a. 恢复原状是指恢复到订立合同以前的状态,它是合同解除具有溯及力的标志和后果。恢复原状一般包括如下内容:返还原物;受领的标的物为金钱的,应当同时返还自受领时起的利息;受领的标的物生有孳息的,应当一并返还;就应当返还之物支出了必要的或者有益的费用,可以在对方得到返还时和所得利益限度内,请求返还;应当返还之物因毁损、灭失或者其他原因不能返还的,应当按照该物的价值以金钱返还。

b. 采取其他补救措施,可能有三方面原因:合同的性质决定了不可能恢复原状、合同的履行情况不适合恢复原状(如建筑工程合同)以及当事人对清理问题经协商达成协议。这里所说的补救措施主要是指要求对方付款、减少价款的支付或者请求返还不当得利等。

(7) 合同解除后的损失赔偿

如果合同解除是由于一方当事人违反规定或者构成违约而造成的,对方在解除合同的同时,可以要求损害赔偿,赔偿范围包括:

① 债务不履行的损害赔偿。包括履行利益和信赖利益。

② 因合同解除而产生的损害赔偿。包括:

a. 债权人订立合同所支出的必要的费用。

b. 债权人因相信合同能够履行而作准备所支出的必要费用。

c. 债权人因失去同他人订立合同的机会所造成的损失。

d. 债权人已经履行合同义务,债务人因拒不履行返还给付物的义务而给债权人造成的损失。

e. 债权人已经受领债务人的给付物时,因返还该物而支出的必要的费用。

(8) 合同解除后违约责任和担保责任的承担

合同因违约解除的,解除权人可以请求违约方承担违约责任,但是当事人另有约定的除外。

主合同解除后,担保人对债务人应当承担的民事责任仍应当承担担保责任,但是担保合同另有约定的除外。

(9) 建设工程施工合同关于合同解除的规定

①《民法典》第八百零六条规定:"承包人将建设工程转包、违法分包的,发包人可以解除合同。发包人提供的主要建筑材料、建筑构配件和设备不符合强制性标准或者不履行协助义务,致使承包人无法施工,经催告后在合理期限内仍未履行相应义务的,承包人可以解除合同。合同解除后,已经完成的建设工程质量合格的,发包人应当按照约定支付相应的工程价款;已经完成的建设工程质量不合格的,参照本法第七百九十三条的规定处理。"

②《民法典》第七百九十三条规定:"建设工程施工合同无效,但是建设工程经验收合格的,可以参照合同关于工程价款的约定折价补偿承包人。建设工程施工合同无效,且建设工程经验收不合格的,按照以下情形处理:(一)修复后的建设工程经验收合格的,发包人可以请求承包人承担修复费用;(二)修复后的建设工程经验收不合格的,承包人无权请求参照合同关于工程价款的约定折价补偿。发包人对因建设工程不合格造成的损失有过错的,应当承担相应的责任。"

3) 抵销

(1) 法定抵销的概念

法定抵销是指合同双方当事人互为债权人和债务人时,按照法律规定,各自以自己的债权充抵对方债权的清偿,而在对方的债权范围内相互消灭。

(2) 法定抵销的要件

① 双方当事人互享债权互负债务。这是抵销的首要条件。

② 互负的债权的种类、品质要相同,即合同的给付在性质上以及品质上是相同的。当事人互负债务,标的物种类、品质不相同的,经协商一致,也可以抵销。

③ 互负债权必须为到期债权。即双方当事人的各自的债权均已经到了清偿期,只有这样,双方才负有清偿债务的义务。

④ 不属于不能抵销的债权。

不能抵销的债权包括:

① 按照法律规定不得抵销。又分为禁止强制执行的债务、因故意侵权行为所发生的债务、约定应当向第三人给付的债务、为第三人利益的债务。

② 依合同的性质不得抵销。

③ 当事人特别约定不得抵销的。

(3) 法定抵销的行使与效力

《民法典》第五百六十八条规定:“当事人主张抵销的,应当通知对方。通知自到达对方时生效。抵销不得附条件或者附期限。”

4) 提存

(1) 提存的概念

提存是指由于债权人的原因而使得债务人无法向其交付合同的标的物时,债务人将该标的物提交提存机关而消灭债务的制度。

(2) 提存的条件

① 提存人具有行为能力,意思表示真实。

② 提存的债务真实、合法。

③ 存在提存的原因。包括债权人无正当理由拒绝受领、债权人下落不明、债权人死亡未确定继承人、遗产管理人,或者丧失民事行为能力未确定监护人,以及法律规定的其他情形。标的物不适于提存或者提存费用过高的,债务人依法可以拍卖或者变卖标的物,提存所得的价款。

④ 存在适宜提存的标的物。

⑤ 提存标的物与债的标的物相符。

(3) 提存的方法与效力

债务人将标的物或者将标的物依法拍卖、变卖所得价款交付提存部门时,提存成立。提存成立的,视为债务人在其提存范围内已经交付标的物。

标的物提存后,债务人应当及时通知债权人或者债权人的继承人、遗产管理人、监护人、财产代管人。

标的物提存后,毁损、灭失的风险由债权人承担。提存期间,标的物的孳息归债权人所有。提存费用由债权人负担。

债权人可以随时领取提存物。但是,债权人对债务人负有到期债务的,在债权人未履行债务或者提供担保之前,提存部门根据债务人的要求应当拒绝其领取提存物。

债权人领取提存物的权利,自提存之日起五年内不行使而消灭,提存物扣除提存费用后归国家所有。但是,债权人未履行对债务人的到期债务,或者债权人向提存部门书面表示放弃领取提存物权利的,债务人负担提存费用后有权取回提存物。

5) 债权人免除债务

(1) 免除债务的概念

免除债务是指债权人以消灭债务人的债务为目的而抛弃或者放弃债权的行为。

(2) 免除债务的条件

① 免除人应当对免除的债权拥有处分权并且不损害第三人的利益。

② 免除应当由债权人向债务人作出抛弃债权的意思表示。

③ 免除应当是无偿的。

(3) 免除的效力

免除债务发生后,债权债务关系消灭。免除部分债务的,部分债务消灭;免除全部债务的，全部债务消灭，与债务相对应的债权也消灭。因债务消灭的结果，债务的从债务也同时归于消灭。但是债务人在合理期限内拒绝的除外。

6）债权债务混同

（1）债权债务混同的概念

债权债务混同是指因债权债务同归于一人而引起合同终止的法律行为。

（2）混同的效力

混同是债的主体变为同一人而使合同全部终止，消灭因合同而产生的债的关系。但是，在法律另有规定或者合同的标的涉及第三人的利益时，混同不发生债权债务消灭的效力。

2.7 违反合同的责任

2.7.1 合同违约责任的特点

违约责任是指合同当事人因违反合同约定而不履行债务所应当承担的责任。违约责任和其他民事责任相比较，有以下一些特点：

1）是一种单纯的民事责任

民事责任分为侵权责任和违约责任两种。尽管违约行为可能导致当事人必须承担一定的行政责任或者刑事责任，但违约责任仅仅限于民事责任。违约责任的后果承担形式有继续履行、采取补救措施、赔偿损失、支付违约金、定金罚则等。

2）是当事人违反合同义务产生的责任

违约责任是合同当事人不履行合同义务或者履行合同义务不符合约定而产生的法律责任，它以合同的存在为基础。这就要求合同本身必须有效，这样合同的权利义务才能受到法律的保护。对合同不成立、无效合同、被撤销合同都不可能产生违约责任。

3）具有相对性

违约责任的相对性体现在：

（1）违约责任仅仅产生于合同当事人之间，一方违约的，由违约方向另一方承担违约责任；双方都违约，各自就违约部分向对方承担违约责任。违约方不得将责任推卸给他人。

（2）在因第三人的原因造成债务人不能履行合同义务或者履行合同义务不符合约定的情况下，债务人仍然应当向债权人承担违约责任，而不是由第三人直接承担违约责任。

（3）违约责任不涉及合同以外的第三人，违约方只向债权人承担违约责任，而不向国家或者第三人承担责任。

4）具有法定性和任意性双重特征

违约责任的任意性体现在合同当事人可以在法律规定的范围内，通过协议对双方当事人的违约责任事先作出规定，其他人对此不得进行干预。违约责任的法定性表现在：

（1）在合同当事人事先没有在合同中约定违约责任条款的情况下，在合同履行过程中，如果当事人不履行或者履行不符合约定时，违约方并不能因合同中没有违约责任条款而免除责任。《民法典》规定，当事人一方不履行合同义务或者履行合同义务不符合约定的，应当承担继续履行、采取补救措施或者赔偿损失等违约责任。

(2) 当事人约定的违约责任条款作为合同内容的一部分,也必须符合法律关于合同的成立与生效要件的规定,如果事先约定的违约责任条款不符合法律规定,则这些条款将被认定为无效或者被撤销。

5) 具有补偿性和惩罚性双重属性

违约责任的补偿性是指违约责任的主要目的在于弥补或者补偿非违约方因对方违约行为而遭受的损失,违约方通过承担损失的赔偿责任,弥补违约行为给对方当事人造成的损害后果。

违约责任的惩罚性体现在如果合同中约定了违约金或者法律直接规定了违约金的,当合同当事人一方违约时,即使并没有给相对方造成实际损失,或者造成的损失没有超过违约金的,违约方也应当按照约定或者法律规定支付违约金,这完全体现了违约金的惩罚性;如果造成的损失超过违约金的,违约方还应当对超过的部分进行补偿,这体现了补偿性。

2.7.2 违约责任的构成要件

违约责任的构成要件是确定合同当事人是否应当承担违约责任、承担何种违约责任的依据,这对于保护合同双方当事人的合法权益有着重要意义。违约责任的构成要件包括:

1) 一般构成要件

合同当事人必须有违约行为。违约责任实行严格责任制度,违约行为是违约责任的首要条件,只要合同当事人有不履行合同义务或者履行合同义务不符合约定的事实存在,除了发生符合法定的免责条件的情形外,无论他主观是否有过错,都应当承担违约责任。

2) 特殊构成要件

除了一般构成要件以外,对于不同的违约责任形式还必须具备一定的特定条件。违约责任的特殊构成要件因违约责任形式的不同而不同。

(1) 损害赔偿责任的特殊构成要件

① 有因违约行为而导致损害的事实。一方面,损害必须是实际发生的损害,对于尚未发生的损害,不能赔偿;另一方面,损害是可以确定的,受损方可以通过举证加以确定。

② 违约行为与损害事实之间必须有因果关系。违约方在实施违约行为时必然会引起某些事实结果发生,如果这些结果中包括对方当事人因违约方的违约行为而遭受损失,则违约方必须对此承担损害赔偿责任以补偿对方的损失。如果违约行为与损害事实之间并没有因果关系,则违约方不需要对该损害承担赔偿责任。

(2) 违约金责任形式的特殊构成要件

① 当事人在合同中事先约定了违约金,或者法律对违约金作出了规定。

② 当事人对违约金的约定符合法律规定,违约金是有效的。

(3) 强制实际履行的特殊构成要件

① 非违约方在合理的期限内要求违约方继续履行合同义务。非违约方必须在合理的期限内通知对方,要求对方继续履行。否则超过了期限规定,违约方不能以继续履行来承担违约责任。

② 违约方有继续履行的能力。如果违约方因客观原因而失去了继续履行能力,非违约

方也不得强迫违约方实际履行。

③ 合同债务可以继续履行。《民法典》第五百八十条规定:“当事人一方不履行非金钱债务或者履行非金钱债务不符合约定的,对方可以请求履行,但是有下列情形之一的除外:(一)法律上或者事实上不能履行;(二)债务的标的不适于强制履行或者履行费用过高;(三)债权人在合理期限内未请求履行。有前款规定的除外情形之一,致使不能实现合同目的的,人民法院或者仲裁机构可以根据当事人的请求终止合同权利义务关系,但是不影响违约责任的承担。”

2.7.3 违约行为的种类

违约行为是违约责任产生的根本原因,没有违约行为,合同当事人一方就不应当承担违约责任。而不同的违约行为所产生的后果又各不相同,从而导致违约责任的形式也有所不同。按照我国《民法典》规定,违约行为可分为预期违约和实际违约两种形式。预期违约又可分为明示毁约和默示毁约;实际违约可分为不履行合同义务和履行合同义务不符合约定。

1) 预期违约

(1) 预期违约的概念

预期违约又称为先期违约,是指在合同履行期限届满之前,一方当事人无正当理由而明确地向对方表示,或者以自己的行为表明将来不履行合同义务的行为。预期违约可分为明示毁约和默示毁约两种形式,明确地向对方表示不履行的为明示毁约,以自己的行为表明不履行的为默示毁约。

(2) 预期违约的构成要件

① 在合同履行期限届满之前有将不履行合同义务的行为。在明示毁约的情况下,违约方必须明确作出将不履行合同义务的意思表示。在默示毁约情况下,违约方的行为必须能够使对方当事人预料到在合同履行期限届满时违约方将不履行合同义务。

② 毁约行为必须发生在合同生效后履行期限届满之前。预期违约是针对违约方在合同履行期限届满之前的毁约行为,如果在合同有效成立之前发生,则合同不会成立;如果是在合同履行期限届满之后发生,则为实际违约。

③ 毁约必须是对合同中实质性义务的违反。如果当事人预期违约的行为仅仅是不履行合同中的非实质性义务,则该行为不会造成合同的根本目的不能实现,而仅仅是实现的目标出现了偏差,这样的行为不属于预期违约。

④ 违约方不履行合同义务无正当理由。如果债务人有正当理由拒绝履行合同义务的,如诉讼时效届满、发生不可抗力等,则他的行为不属于预期违约。

(3) 预期违约的法律后果

① 解除合同。当合同一方当事人以明示或者默示的方式表明他将在合同的履行期限届满时不履行或者不能履行合同义务,另一方当事人即享有法定的解除权,他可以单方面解除合同,同时要求对方承担违约责任。但是,解除合同的意思表示必须以明示的方式作出,在该意思表示到达违约方时即产生合同解除的效力。

② 债权人有权在合同的履行期限届满之前要求预期违约责任方承担违约责任。在预期违约情况下,为了使自己尽快从已经不能履行的合同中解脱出来,债权人有权要求违约方

承担违约责任。《民法典》第五百七十九条规定:“当事人一方明确表示或者以自己的行为表明不履行合同义务的,对方可以在履行期限届满之前要求其承担违约责任。”

③ 履行期限届满后要求对方承担违约责任。预期违约是在合同履行期限届满之前的行为,这并不代表违约方在履行期限届满时就一定不会履行合同义务,他仍然有履行合同义务的可能性。所以,债权人也可以出于某种考虑,等到履行期限届满后,对方的预期违约行为变为实际违约时再要求违约方承担违约责任。

2) 不履行合同义务

不履行合同义务是指在合同生效后,当事人根本不按照约定履行合同义务。可分为履行不能、拒绝履行两种情况。履行不能是指合同当事人一方出于某些特定的事由而不履行或者不能履行合同义务。这些事由分为客观事由与主观事由。如果不履行或者不能履行是由于不可归责于债务人的事由产生的,则可以就履行不能的范围免除债务人的违约责任。拒绝履行是指在履行期限届满后,债务人能够履行却在无抗辩事由的情形下拒不履行合同义务的行为。这是一种比较严重的违约行为,是对债权的积极损害。

(1) 拒绝履行的构成要件

① 存在合法有效的债权债务关系。

② 债务人向债权人拒不履行合同义务。

③ 拒绝履行合同义务无正当理由。

④ 拒绝履行是在履行期限届满后作出。

(2) 拒绝履行的法律后果

如果违约方拒绝履行合同义务,则他必须承担以下法律后果:

① 实际履行。如果违约方不履行合同义务,无论他是否已经承担损害赔偿责任或者违约金责任,都必须根据相对方的要求,并在能够履行的情况下,按照约定继续履行合同义务。

② 解除合同。违约方拒绝履行合同义务,表明了他不愿意继续受合同的约束,此时,相对方也有权选择解除合同的方式,同时可以向违约方主张要求其承担损害赔偿责任或者违约金责任。

③ 赔偿损失或者支付违约金、承担定金罚则。违约方拒绝履行合同义务,相对方根据实际情况可以选择强制实际履行或者解除合同后,相对人仍然有因违约方违约而遭受损害时,相对人有权要求违约方继续履行损害赔偿责任,也可以根据约定要求违约方按照约定,向相对人支付违约金或者定金罚则。

3) 履行合同义务不符合约定

履行合同义务不符合约定又称不适当履行或者不完全履行,是指虽然当事人一方有履行合同义务的行为,但是其履行违反了合同约定或者法律规定。按照其特点,不适当履行又分为以下几种:

(1) 迟延履行。即违约方在履行期限届满之后才作出的履行行为,或者履行未能在约定的履行期限内完成。

(2) 瑕疵给付。指债务人没有完全按照合同的约定履行合同义务。

(3) 提前履行。指债务人在约定的履行期限尚未届满时就履行完合同义务。

对于以上这些不适当履行,债务人都应当承担违约责任,但对提前履行,法律另有规定或者当事人另有约定的除外。

2.7.4 违约责任的承担形式

当合同当事人一方在合同履行过程中出现违约行为,在一般情况下他必须承担违约责任。违约责任的形式有以下几种:

1) 继续履行

(1) 继续履行的概念

如果违约方不履行合同义务,无论他是否已经承担损害赔偿责任或者违约金责任,都必须根据相对方的要求,并在能够履行的情况下,按照约定继续履行合同义务。继续履行又称强制继续履行,即如果违约方出现违约行为,非违约方可以借助于国家的强制力使其继续按照约定履行合同义务。要求违约方继续履行是合同法赋予债权人的一种权利,其目的主要是为了维护债权人的合法权益,保证债权人在违约方违约的情况下,还可以实现订立合同的目的。

(2) 继续履行的构成要件

① 违约方在履行合同义务过程中有违约行为。

② 非违约方在合理期限内要求违约方继续履行合同义务。

③ 违约方能够继续履行合同义务,一方面违约方有履行合同义务的能力;另一方面合同义务是可以继续履行的。

(3) 继续履行的例外

由于合同的性质等原因,有些债务主要是非金钱债务,当违约方出现违约行为后,该债务不适合继续履行。对此,《民法典》作出了专门的规定,包括:

① 法律上或者事实上不能履行。

② 债务的标的不适于强制履行或者履行费用过高。

③ 债权人未在合理期限内要求违约方继续履行合同义务。

《民法典》第五百八十一条规定:"当事人一方不履行债务或者履行债务不符合约定,根据债务的性质不得强制履行的,对方可以请求其负担由第三人替代履行的费用。"

2) 采取补救措施

(1) 采取补救措施的含义

补救措施是指在发生违约行为后,为防止损失的发生或者进一步扩大,违约方按照法律规定或者约定以及双方当事人的协商,采取修理、更换、重做、退货、减少价款或者报酬、补充数量、物资处置等手段,弥补或者减少非违约方的损失的一种违约责任形式。

采取补救措施有两层含义:一是违约方通过对已经作出的履行予以补救,如修理、更换、维修标的物等使履行符合约定;二是采取措施避免或者减少债权人的违约损失。

(2) 采取补救措施的条件

① 违约方已经完成履行行为但履行质量不符合约定。

② 采取补救措施必须具有可能性。

③ 补救对于债权人来讲是可行的,即采取补救措施并不影响债权人订立合同的根本目的。

④ 补救行为必须符合法律规定、约定或者经债权人同意。

3）赔偿损失

（1）赔偿损失的含义

赔偿损失是指违约方不履行合同义务或者履行合同义务不符合约定而给对方造成损失时，按照法律规定或者合同约定，违约方应当承担受损害方的违约损失的一种违约责任形式。

《民法典》第五百八十三条规定："当事人一方不履行合同义务或者履行合同义务不符合约定的，在履行义务或者采取补救措施后，对方还有其他损失的，应当赔偿损失。"

《民法典》第五百八十九条规定："债务人按照约定履行债务，债权人无正当理由拒绝受领的，债务人可以请求债权人赔偿增加的费用。在债权人受领迟延期间，债务人无须支付利息。"

（2）损害赔偿的适用条件

① 违约方在履行合同义务过程中发生违约行为。

② 债权人有损害的事实。

③ 违约行为与损害事实之间必须有因果关系。

（3）损害赔偿的基本原则

① 完全赔偿原则。完全赔偿原则是指违约方应当对其违约行为所造成的全部损失承担赔偿责任。设置完全赔偿原则的目的是补偿债权人因债务人违约所造成的损失，所以，损害的赔偿范围除了包括该违约行为给债权人所造成的直接损害外，还包括该违约行为给债权人的可得利益的损害。

② 合理限制原则。完全赔偿原则是为了保护债权人免于遭受违约损失，因此是完全站在债权人的立场上，根据公平合理原则，债权人也不能擅自夸大损害事实而给违约方造成额外损失。对此，《民法典》也对债权人要求赔偿的范围进行了限制性规定，包括：

a. 应当预见规则。《民法典》第五百八十四条规定："当事人一方不履行合同义务或者履行合同义务不符合约定，造成对方损失的，损失赔偿额应当相当于因违约造成的损失，包括合同履行后可以获得的利益；但是，不得超过违约一方订立合同时预见到或者应当预见到的因违约可能造成的损失。"

b. 减轻损害规则。《民法典》第五百九十一条规定："当事人一方违约后，对方应当采取适当措施防止损失的扩大；没有采取适当措施致使损失扩大的，不得就扩大的损失请求赔偿。当事人因防止损失扩大而支出的合理费用，由违约方承担。"

c. 损益相抵规则。损益相抵规则是指受违约损失方基于违约行为而发生违约损失的同时，又由于违约行为而获得一定的利益或者减少了一定的支出，受损方应当在其应得的损害赔偿额中，扣除其所得的利益部分。

（4）损害赔偿的计算

① 法定损害赔偿。即法律直接规定违约方应当向受损方赔偿损失时损害赔偿额的计算方法。如上文中所说的应当预见规则、减轻损害规则以及损益相抵规则都属于《民法典》对于损害赔偿的直接规定。

② 约定损害赔偿。即合同当事人双方在订立合同时预先约定违约金或者损害赔偿金

额的计算方法。《民法典》第五百八十五条规定:“当事人可以约定一方违约时应当根据违约情况向对方支付一定数额的违约金,也可以约定因违约产生的损失赔偿额的计算方法。”

4) 违约金

(1) 违约金的概念

违约金是指当事人在合同中或订立合同后约定的,或者法律直接规定的,违约方发生违约行为时向另一方当事人支付一定数额的货币。

(2) 违约金的特点

① 违约金具有约定性。对于约定违约金来说,是双方当事人协商一致的结果,是否约定违约金、违约金的具体数额都是由当事人双方协商确定的。对于法定违约金来说,法律仅仅规定了违约金的支付条件及违约金的大小范围,至于违约金的具体数额还是由双方当事人另行商定。

② 违约金具有预定性。约定违约金的数额是合同当事人预先在订立合同时确定的,法定违约金也是由法律直接规定了违约金的上下浮动的范围。一方面,由于当事人知道违约金的情况,这样在合同履行过程中,违约金可以对当事人起着督促作用;另一方面,一旦违约行为发生,双方对违约责任的处理明确简单。

③ 违约金是独立于履行行为以外的给付。违约金是违约方不履行合同义务或者履行合同义务不符合约定时向债权人支付的一定数额的货币,它并不是主债务,而是一种独立于合同义务以外的从债务。如果违约行为发生后,债权人仍然要求违约方履行合同义务而且违约方具有继续履行的可能性,违约方不得以支付违约金为由而免除继续履行合同义务的责任。

④ 违约金具有补偿性和担保性双重作用。违约金可以分为赔偿性违约金和惩罚性违约金。赔偿性违约金的目的是为了补偿债权人因债务人违约而造成的损失,这表现了违约金的补偿性;惩罚性违约金的目的是为了对违约行为进行惩罚和制裁,与违约造成的实际损失没有必然联系,违约金的支付是以当事人有违约行为为前提,而不必证明债权人的实际损失究竟有多大,这体现了违约金具有明显的惩罚性。这是违约金不同于一般的损失赔偿金的最显著的地方,也正是违约金担保作用的具体体现。

(3) 约定违约金的构成要件

① 违约方存在违约行为。

② 有违约金的约定。

③ 约定的违约金条款或者补充协议必须有效。

④ 约定违约金的数额不得与违约造成的实际损失有着悬殊的差别。

《民法典》第五百八十五条规定:“约定的违约金低于造成的损失的,人民法院或者仲裁机构可以根据当事人的请求予以增加;约定的违约金过分高于造成的损失的,人民法院或者仲裁机构可以根据当事人的请求予以适当减少。当事人就迟延履行约定违约金的,违约方支付违约金后,还应当履行债务。”

5) 定金

(1) 定金的概念

定金是指合同双方当事人约定的,为担保合同的顺利履行,在订立合同时,或者订立后履行前,按照合同标的的一定比例,由一方当事人向对方给付一定数额的货币或者其他替代物。

（2）定金的特点

① 定金属于金钱担保。

② 定金的标的物为金钱或其他替代物。

③ 定金是预先交付的。

④ 定金同时也是违约责任的一种形式。

（3）定金与工程预付款的区别

定金与预付款都是当事人双方约定的，在合同履行期限届满之前由一方当事人向对方给付的一定数额的金钱，合同履行结束后可以抵作合同价款。两者的本质区别为：

① 定金的作用是担保；而预付款的主要作用是为对方顺利履行合同义务在资金上提供帮助。

② 交付定金的合同是从合同；而预付款的协议是合同内容的组成部分。

③ 定金合同只有在交付定金时才能成立；预付款主要在合同中约定合同生效时即可成立。

④ 定金合同的双方当事人在不履行合同义务时适用定金罚则；预付款交付后，不履行合同不会发生被没收或者双倍返还的效力。

⑤ 定金适用于以金钱或者其他替代物履行义务的合同；预付款只适用于以金钱履行合同义务的合同。

⑥ 定金一般为一次性给付；预付款可以分期支付。

⑦ 定金有最高限额，《民法典》规定，定金的数额由当事人约定，但是，不得超过主合同标的额的百分之二十；而预付款除了不得超过合同标的总额以外，没有最高限额的规定。

（4）定金的种类

① 立约定金。即当事人为保证以后订立合同而专门设立的定金，如工程招投标中的投标保证金。

② 成约定金。即以定金的交付作为主合同成立要件的定金。

③ 证约定金。即以定金作为订立合同的证据，证明当事人之间存在合同关系而设立的定金。

④ 违约定金。即定金交付后，当事人一方不履行主合同义务时按照定金罚则承担违约责任。

⑤ 解约定金。即当事人为保留单方面解除合同的权利而交付的定金。

（5）定金的构成要件

① 相应的主合同及定金合同有效存在。定金合同是担保合同，其目的在于保证主合同能够实现。所以定金合同是一种从合同，是以主合同的存在为存在的前提，并随着主合同的消灭而消灭。同时，定金必须是当事人双方完全一致的意思表示，并且定金合同必须采用书面形式。

② 有定金的支付。定金具有先行支付性，定金的支付一定早于合同的履行期限，这是定金能够具备担保作用的前提条件。

③ 一方当事人有违约行为。当违约方的违约行为构成拒绝履行或者预期违约的，适用定金罚则。对于履行不符合约定的，只有在违约行为构成根本违约的情况下，才能适用定金

罚则。

④ 不履行合同一方不存在不可归责的事由。如果不履行合同义务是由于不可抗力或者其他法定的免责事由而造成的,不履行一方不承担定金责任。

⑤ 定金数额不得超过规定。《民法典》第五百八十六条规定:"当事人可以约定一方向对方给付定金作为债权的担保。定金合同自实际交付定金时成立。定金的数额由当事人约定;但是,不得超过主合同标的额的百分之二十,超过部分不产生定金的效力。实际交付的定金数额多于或者少于约定数额的,视为变更约定的定金数额。"

(6) 定金的效力

① 所有权的转移。定金一旦给付,即发生所有权的转移。收受定金一方取得定金的所有权是定金给付的首要效力,也是定金具备预付款性质的前提。

② 抵作权。在合同完全履行以后,定金可以抵作价款或者收回。

③ 没收权。如果支付定金一方因发生可归责于其的事由而不履行合同义务时,则适用定金罚则,收受定金一方不再负返还义务。

④ 双倍返还权。如果收受定金一方因发生可归责于其的事由而不履行合同义务时,则适用定金罚则,收受定金一方必须承担双倍返还定金的义务。

6) 价格制裁

价格制裁是指执行政府定价或者政府指导价的合同当事人,由于逾期履行合同义务而遇到价格调整时,在原价格和新价格中执行对违约方不利的价格。《民法典》第五百一十三条规定:"逾期交付标的物的,遇价格上涨时,按照原价格执行;价格下降时,按照新价格执行。逾期提取标的物或者逾期付款的,遇价格上涨时,按照新价格执行;遇价格下降时,按照原价格执行。"由此可见,价格制裁对违约方来说,是一种惩罚,对债权人来说,是一种补偿其因违约所遭受损失的措施。

7) 违约责任各种形式相互之间的适用情况

(1) 继续履行与采取补救措施

继续履行与采取补救措施是两种相互独立的违约责任承担方式,在实际操作中,一般不被同时适用。强制继续履行是以最终保证合同的全部权利得到实现、全部义务得到履行为目的的,适用于债务人不履行合同义务的情形。

采取补救措施主要是通过补救措施,使被履行而不符合约定的合同义务能够完全得到或者基本得到履行。采取补救措施主要适用于债务人履行合同义务不符合约定的情形,尤其是质量达不到约定的情况。

(2) 继续履行、采取补救措施与解除合同

无论是继续履行还是采取补救措施,其目的都是要使合同的权利义务最终得到实现,它们都属于积极的承担违约责任的形式。而解除合同属于一种消极的违约责任承担方式,一般适用于违约方的违约行为导致合同的权利义务已经不可能实现或者实现合同目的已经没有实际意义的情况。因此,继续履行及采取补救措施与解除合同之间属于两种相矛盾的违约责任形式,两者不能被同时适用。

(3) 继续履行(或采取补救措施)与赔偿损失(违约金或定金)

违约金的基本特征与赔偿损失一样,体现在它的补偿性,主要适用于当违约方的违约行

为给非违约方造成损害时而提供的一种救济手段，这与继续履行(或采取补救措施)并不矛盾。所以，在承担违约责任时，赔偿损失(或违约金)可以与继续履行(或采取补救措施)同时采用。

违约金在特殊情况下与定金一样，体现在它的惩罚性，这是对违约方违约行为的一种制裁手段。但无论是继续履行还是采取补救措施都不具备这一功能，而且两者之间并不矛盾。所以，在承担违约责任时，定金(或违约金)可以与继续履行(或采取补救措施)同时采用。

需要说明的是，如果违约金是可以替代履行的，即当违约方按照约定交付违约金后即可以免除违约方的合同履行责任，则违约金与继续履行或者采取补救措施不能同时并存；同样，如果定金是解约定金，则定金同样与继续履行或者采取补救措施不能同时并存。

(4) 赔偿损失与违约金

在违约金的性质体现赔偿性的情况下，违约金被视为是损害赔偿额的预定标准，其目的在于补偿债权人因债务人的违约行为所造成的损失。因此，违约金可以替代损失赔偿金，当债务人支付违约金以后，债权人不得要求债务人再承担支付损失赔偿金的责任。所以，违约金与损害赔偿不能同时并用。

(5) 定金与违约金

《民法典》第五百八十八条规定："当事人既约定违约金，又约定定金的，一方违约时，对方可以选择适用违约金或者定金条款。定金不足以弥补一方违约造成的损失的，对方可以请求赔偿超过定金数额的损失。"当定金属于违约定金时，其性质与违约金相同。因此，两者不能同时并用。当定金属于解约定金时，其目的是解除合同，而违约金不具备此功能。因此，解约定金与违约金可以同时使用。当定金属于证约定金或成约定金时，与违约金的目的、性质和功能上俱不相同，所以两者可以同时使用。

(6) 定金与损害赔偿

定金可以与损害赔偿同时使用，并可以独立计算。但在实际操作中可能会出现定金与损害赔偿的并用超过合同总价的情况，因此必须对定金的数额进行适当限制。

2.7.5 《民法典》及《司法解释(一)》关于工程承包违约行为的责任承担

1)《民法典》关于工程承包违约行为的责任承担

(1)《民法典》第八百条规定："勘察、设计的质量不符合要求或者未按照期限提交勘察、设计文件拖延工期，造成发包人损失的，勘察人、设计人应当继续完善勘察、设计，减收或者免收勘察、设计费并赔偿损失。"

(2)《民法典》第八百零一条规定："因施工人的原因致使建设工程质量不符合约定的，发包人有权要求施工人在合理期限内无偿修理或者返工、改建。经过修理或者返工、改建后，造成逾期交付的，施工人应当承担违约责任。"

(3)《民法典》第八百零二条规定："因承包人的原因致使建设工程在合理使用期限内造成人身和财产损失的，承包人应当承担赔偿责任。"

(4)《民法典》第八百零三条规定："发包人未按照约定的时间和要求提供原材料、设备、场地、资金、技术资料的，承包人可以顺延工程日期，并有权要求赔偿停工、窝工等损失。"

(5)《民法典》第八百零四条规定："因发包人的原因致使工程中途停建、缓建的，发包人应当采取措施弥补或者减少损失，赔偿承包人因此造成的停工、窝工、倒运、机械设备调迁、材料和构件积压等损失和实际费用。”

(6)《民法典》第八百零五条规定:“因发包人变更计划，提供的资料不准确，或者未按照期限提供必需的勘察、设计工作条件而造成勘察、设计的返工、停工或者修改设计，发包人应当按照勘察人、设计人实际消耗的工作量增付费用。”

(7)《民法典》第八百零七条规定：“发包人未按照约定支付价款的，承包人可以催告发包人在合理期限内支付价款。发包人逾期不支付的，除根据建设工程的性质不宜折价、拍卖外，承包人可以与发包人协议将该工程折价，也可以请求人民法院将该工程依法拍卖。建设工程的价款就该工程折价或者拍卖的价款优先受偿。”

(8)《民法典》第一千二百五十二条规定:“建筑物、构筑物或者其他设施倒塌、塌陷造成他人损害的，由建设单位与施工单位承担连带责任，但是建设单位与施工单位能够证明不存在质量缺陷的除外。建设单位、施工单位赔偿后，有其他责任人的，有权向其他责任人追偿。”

2)《司法解释(一)》关于工程承包违约行为的责任承担

(1)《司法解释(一)》第十二条规定：“因承包人的原因造成建设工程质量不符合约定，承包人拒绝修理、返工或者改建，发包人请求减少支付工程价款的，人民法院应予支持。”

(2)《司法解释(一)》第十三条规定:“发包人具有下列情形之一，造成建设工程质量缺陷，应当承担过错责任:(一) 提供的设计有缺陷;(二) 提供或者指定购买的建筑材料、建筑构配件、设备不符合强制性标准;(三) 直接指定分包人分包专业工程。承包人有过错的，也应当承担相应的过错责任。”

(3)《司法解释(一)》第十四条规定:“建设工程未经竣工验收，发包人擅自使用后，又以使用部分质量不符合约定为由主张权利的，人民法院不予支持;但是承包人应当在建设工程的合理使用寿命内对地基基础工程和主体结构质量承担民事责任。”

(4)《司法解释(一)》第十六条规定:“发包人在承包人提起的建设工程施工合同纠纷案件中，以建设工程质量不符合合同约定或者法律规定为由，就承包人支付违约金或者赔偿修理、返工、改建的合理费用等损失提出反诉的，人民法院可以合并审理。”

(5)《司法解释(一)》第十八条规定:“因保修人未及时履行保修义务，导致建筑物毁损或者造成人身损害、财产损失的，保修人应当承担赔偿责任。保修人与建筑物所有人或者发包人对建筑物毁损均有过错的，各自承担相应的责任。”

(6)《司法解释(一)》第二十三条规定:“发包人将依法不属于必须招标的建设工程进行招标后，与承包人另行订立的建设工程施工合同背离中标合同的实质性内容，当事人请求以中标合同作为结算建设工程价款依据的，人民法院应予支持，但发包人与承包人因客观情况发生了在招标投标时难以预见的变化而另行订立建设工程施工合同的除外。”

(7)《司法解释(一)》第三十五条规定:“与发包人订立建设工程施工合同的承包人，依据民法典第八百零七条的规定请求其承建工程的价款就工程折价或者拍卖的价款优先受偿的，人民法院应予支持。”

(8)《司法解释(一)》第三十六条规定:“承包人根据民法典第八百零七条规定享有的建设工程价款优先受偿权优于抵押权和其他债权。”

(9)《司法解释(一)》第三十七条规定:“装饰装修工程具备折价或者拍卖条件,装饰装修工程的承包人请求工程价款就该装饰装修工程折价或者拍卖的价款优先受偿的,人民法院应予支持。”

(10)《司法解释(一)》第三十八条规定:“建设工程质量合格,承包人请求其承建工程的价款就工程折价或者拍卖的价款优先受偿的,人民法院应予支持。”

(11)《司法解释(一)》第三十九条规定:“未竣工的建设工程质量合格,承包人请求其承建工程的价款就其承建工程部分折价或者拍卖的价款优先受偿的,人民法院应予支持。”

(12)《司法解释(一)》第四十条规定:“承包人建设工程价款优先受偿的范围依照国务院有关行政主管部门关于建设工程价款范围的规定确定。承包人就逾期支付建设工程价款的利息、违约金、损害赔偿金等主张优先受偿的,人民法院不予支持。”

(13)《司法解释(一)》第四十一条规定:“承包人应当在合理期限内行使建设工程价款优先受偿权,但最长不得超过十八个月,自发包人应当给付建设工程价款之日起算。”

(14)《司法解释(一)》第四十二条规定:“发包人与承包人约定放弃或者限制建设工程价款优先受偿权,损害建筑工人利益,发包人根据该约定主张承包人不享有建设工程价款优先受偿权的,人民法院不予支持。”

2.8 合同纠纷的解决

2.8.1 当事人对合同文件的解释

合同应当是合同当事人双方完全一致的意思表示。但是,在实际操作中,由于各方面的原因,如当事人的经验不足、素质不高、出于疏忽或是故意,对合同应当包括的条款未作明确规定,或者对有关条款用词不够准确,从而导致合同内容表达不清楚。表现在:合同中出现错误、矛盾以及两义性解释;合同中未作出明确解释,但在合同履行过程中发生了事先未考虑到的事件;合同履行过程中出现超出合同范围的事件,使得合同全部或者部分归于无效等等。

一旦在合同履行过程中产生上述问题,合同当事人双方往往就可能会对合同文件的理解出现偏差,从而导致合同争议。因此,如何对内容表达不清楚的合同进行正确的解释就显得尤为重要。

《民法典》第四百六十六条规定:“当事人对合同条款的理解有争议的,应当依据本法第一百四十二条第一款的规定,确定争议条款的含义。合同文本采用两种以上文字订立并约定具有同等效力的,对各文本使用的词句推定具有相同含义。各文本使用的词句不一致的,应当根据合同的相关条款、性质、目的以及诚信原则等予以解释。”第一百四十二条第一款规定:“有相对人的意思表示的解释,应当按照所使用的词句,结合相关条款、行为的性质和目的、习惯以及诚信原则,确定意思表示的含义。”

由此可见,合同的解释原则主要有以下几种:

1)词句解释

这种解释原则是首先应当确定当事人双方的共同意图,据此确定合同所使用的词句和合同有关条款的含义。如果仍然不能作出明确解释,就应当根据与当事人具有同等地位的人处于相同情况下可能作出的理解来进行解释。其规则有:

(1) 排他规则。如果合同中明确提及属于某一特定事项的某些部分而未提及该事项的其他部分,则可以推定为其他部分已经被排除在外。例如,某承包商与业主就某酒楼的装修工程达成协议。该酒楼包括2个大厅、20个包厢和1个歌舞厅。在签订的合同中没有对该酒楼是全部装修还是部分装修作出具体规定,在招标文件的工程量表中仅仅开列了包括大厅和包厢在内的工程的装修要求,对歌舞厅未作要求。在工程实施过程中双方产生争议。根据上述规则,应当认为该装修合同中未包含歌舞厅的装修在内。

(2) 对合同条款起草人不利规则。虽然合同是经过双方当事人平等协商而作出的一致的意思表示,但是在实际操作过程中,合同往往是由当事人一方提供的,提供方可以根据自己的意愿对合同提出要求。这样,他对合同条款的理解应该更为全面。如果因合同的词义而产生争议,则起草人应当承担由于选用词句的含义不清而带来的风险。

(3) 主张合同有效的解释优先规则。双方当事人订立合同的根本目的就是为了正确完整地享有合同权利,履行合同义务,即希望合同最终能够得以实现。如果在合同履行过程中双方产生争议,其中有一种解释可以从中推断出若按照此解释合同仍然可以继续履行,而从其他各种对合同的解释中可以推断出合同将归于无效而不能履行,此时,应当按照主张合同仍然有效的方法来对合同进行解释。

2) 整体解释

这种解释原则是指当双方当事人对合同产生争议后,应当从合同整体出发,联系合同条款上下文,从总体上对合同条款进行解释,而不能断章取义,割裂合同条款之间的联系来进行片面解释。整体解释原则包括:

(1) 同类相容规则。即如果有两项以上的条款都包含同样的语句,而前面的条款又对此赋予特定的含义,则可以推断其他条款所表达的含义和前面一样。

(2) 非格式条款优先于格式条款规则。即当格式合同与非格式合同并存时,如果格式合同中的某些条款与非格式合同相互矛盾时,应当按照非格式条款的规定执行。

3) 合同目的解释

这种解释原则的要义是肯定符合合同目的的解释,排除不符合合同目的的解释。例如,在某装修工程合同中没有对材料的防火阻燃等要求进行事先约定,在施工过程中,承包商采用了易燃材料,业主对此产生异议。在此案例中,虽然业主未对材料的防火性能作出明确规定,但是,根据合同目的,装修好的工程必须符合我国《消防法》的规定。所以,承包商应当采用防火阻燃材料进行装修。

4) 交易习惯解释

这种解释原则是指按照该国家、该地区、该行业所采用的惯例进行解释。

5) 诚实信用原则解释

诚实信用原则是合同订立和合同履行的最根本的原则,因此,无论对合同的争议采用何种方法进行解释,都不能违反诚实信用原则。

2.8.2 《司法解释(一)》关于合同争议的规定

(1)《司法解释(一)》第八条规定:“当事人对建设工程开工日期有争议的,人民法院应当分别按照以下情形予以认定:(一)开工日期为发包人或者监理人发出的开工通知载明的开工日期;开工通知发出后,尚不具备开工条件的,以开工条件具备的时间为开工日期;因承包人原因导致开工时间推迟的,以开工通知载明的时间为开工日期。(二)承包人经发包人同意已经实际进场施工的,以实际进场施工时间为开工日期。(三)发包人或者监理人未发出开工通知,亦无相关证据证明实际开工日期的,应当综合考虑开工报告、合同、施工许可证、竣工验收报告或者竣工验收备案表等载明的时间,并结合是否具备开工条件的事实,认定开工日期。”

(2)《司法解释(一)》第九条规定:“当事人对建设工程实际竣工日期有争议的,人民法院应当分别按照以下情形予以认定:(一)建设工程经竣工验收合格的,以竣工验收合格之日为竣工日期;(二)承包人已经提交竣工验收报告,发包人拖延验收的,以承包人提交验收报告之日为竣工日期;(三)建设工程未经竣工验收,发包人擅自使用的,以转移占有建设工程之日为竣工日期。”

(3)《司法解释(一)》第十条规定:“当事人约定顺延工期应当经发包人或者监理人签证等方式确认,承包人虽未取得工期顺延的确认,但能够证明在合同约定的期限内向发包人或者监理人申请过工期顺延且顺延事由符合合同约定,承包人以此为由主张工期顺延的,人民法院应予支持。当事人约定承包人未在约定期限内提出工期顺延申请视为工期不顺延的,按照约定处理,但发包人在约定期限后同意工期顺延或者承包人提出合理抗辩的除外。”

(4)《司法解释(一)》第十一条规定:“建设工程竣工前,当事人对工程质量发生争议,工程质量经鉴定合格的,鉴定期间为顺延工期期间。”

(5)《司法解释(一)》第十五条规定:“因建设工程质量发生争议的,发包人可以以总承包人、分包人和实际施工人为共同被告提起诉讼。”

(6)《司法解释(一)》第十六条规定:“发包人在承包人提起的建设工程施工合同纠纷案件中,以建设工程质量不符合合同约定或者法律规定为由,就承包人支付违约金或者赔偿修理、返工、改建的合理费用等损失提出反诉的,人民法院可以合并审理。”

(7)《司法解释(一)》第十七条规定:“有下列情形之一,承包人请求发包人返还工程质量保证金的,人民法院应予支持:(一)当事人约定的工程质量保证金返还期限届满;(二)当事人未约定工程质量保证金返还期限的,自建设工程通过竣工验收之日起满二年;(三)因发包人原因建设工程未按约定期限进行竣工验收的,自承包人提交工程竣工验收报告九十日后当事人约定的工程质量保证金返还期限届满;当事人未约定工程质量保证金返还期限的,自承包人提交工程竣工验收报告九十日后起满二年。发包人返还工程质量保证金后,不影响承包人根据合同约定或者法律规定履行工程保修义务。”

(8)《司法解释(一)》第十九条规定:“当事人对建设工程的计价标准或者计价方法有约定的,按照约定结算工程价款。因设计变更导致建设工程的工程量或者质量标准发生变化,当事人对该部分工程价款不能协商一致的,可以参照签订建设工程施工合同时当地建设行政主管部门发布的计价方法或者计价标准结算工程价款。建设工程施工合同有效,但建设工程经竣工验收不合格的,依照民法典第五百七十七条规定处理。”

(9)《司法解释(一)》第二十条规定:“当事人对工程量有争议的,按照施工过程中形成的签证等书面文件确认。承包人能够证明发包人同意其施工,但未能提供签证文件证明工程量发生的,可以按照当事人提供的其他证据确认实际发生的工程量。”

(10)《司法解释(一)》第二十一条规定:“当事人约定,发包人收到竣工结算文件后,在约定期限内不予答复,视为认可竣工结算文件的,按照约定处理。承包人请求按照竣工结算文件结算工程价款的,人民法院应予支持。”

(11)《司法解释(一)》第二十二条规定:“当事人签订的建设工程施工合同与招标文件、投标文件、中标通知书载明的工程范围、建设工期、工程质量、工程价款不一致,一方当事人请求将招标文件、投标文件、中标通知书作为结算工程价款的依据的,人民法院应予支持。”

(12)《司法解释(一)》第二十三条规定:“发包人将依法不属于必须招标的建设工程进行招标后,与承包人另行订立的建设工程施工合同背离中标合同的实质性内容,当事人请求以中标合同作为结算建设工程价款依据的,人民法院应予支持,但发包人与承包人因客观情况发生了在招标投标时难以预见的变化而另行订立建设工程施工合同的除外。”

(13)《司法解释(一)》第二十四条规定:“当事人就同一建设工程订立的数份建设工程施工合同均无效,但建设工程质量合格,一方当事人请求参照实际履行的合同关于工程价款的约定折价补偿承包人的,人民法院应予支持。实际履行的合同难以确定,当事人请求参照最后签订的合同关于工程价款的约定折价补偿承包人的,人民法院应予支持。”

(14)《司法解释(一)》第二十五条规定:“当事人对垫资和垫资利息有约定,承包人请求按照约定返还垫资及其利息的,人民法院应予支持,但是约定的利息计算标准高于垫资时的同类贷款利率或者同期贷款市场报价利率的部分除外。当事人对垫资没有约定的,按照工程欠款处理。当事人对垫资利息没有约定,承包人请求支付利息的,人民法院不予支持。”

(15)《司法解释(一)》第二十六条规定:“当事人对欠付工程价款利息计付标准有约定的,按照约定处理。没有约定的,按照同期同类贷款利率或者同期贷款市场报价利率计息。”

(16)《司法解释(一)》第二十七条规定:“利息从应付工程价款之日开始计付。当事人对付款时间没有约定或者约定不明的,下列时间视为应付款时间:(一)建设工程已实际交付的,为交付之日;(二)建设工程没有交付的,为提交竣工结算文件之日;(三)建设工程未交付,工程价款也未结算的,为当事人起诉之日。”

(17)《司法解释(一)》第二十八条规定:“当事人约定按照固定价结算工程价款,一方当事人请求对建设工程造价进行鉴定的,人民法院不予支持。”

2.8.3 合同争执的解决方法

1) 合同争执的解决方式

当双方当事人在合同履行过程中发生争执后,首先应当按照公平合理和诚实信用原则由双方当事人依据上述合同的解释方法自愿协商解决争端,或者通过调解解决争端。如果仍然不能解决争端的,则可以寻求司法途径解决。司法途径可分为仲裁和诉讼两种方式。当事人如果采用仲裁方式解决争端,应当是双方协商一致,达成仲裁协议。没有仲裁协议,一方提出申请仲裁，仲裁机关不予受理。合同争端产生后，如果双方有仲裁协议的，不应当向法院起诉，而应当通过仲裁方式解决，即使向法院起诉，法院也不应当受理。当事人没有仲裁协议或仲裁协议无效的情况下，当事人的任何一方都可以向法院起诉。

2)《司法解释(一)》关于合同争执的规定

(1)《司法解释(一)》第十五条规定："因建设工程质量发生争议的，发包人可以以总承包人、分包人和实际施工人为共同被告提起诉讼。"

(2)《司法解释(一)》第十六条规定："发包人在承包人提起的建设工程施工合同纠纷案件中，以建设工程质量不符合合同约定或者法律规定为由，就承包人支付违约金或者赔偿修理、返工、改建的合理费用等损失提出反诉的，人民法院可以合并审理。"

(3)《司法解释(一)》第二十八条规定："当事人约定按照固定价结算工程价款，一方当事人请求对建设工程造价进行鉴定的，人民法院不予支持。"

(4)《司法解释(一)》第二十九条规定："当事人在诉讼前已经对建设工程价款结算达成协议，诉讼中一方当事人申请对工程造价进行鉴定的，人民法院不予准许。"

(5)《司法解释(一)》第三十条规定："当事人在诉讼前共同委托有关机构、人员对建设工程造价出具咨询意见，诉讼中一方当事人不认可该咨询意见申请鉴定的，人民法院应予准许，但双方当事人明确表示受该咨询意见约束的除外。"

(6)《司法解释(一)》第三十一条规定："当事人对部分案件事实有争议的，仅对有争议的事实进行鉴定，但争议事实范围不能确定，或者双方当事人请求对全部事实鉴定的除外。"

(7)《司法解释(一)》第三十二条规定："当事人对工程造价、质量、修复费用等专门性问题有争议，人民法院认为需要鉴定的，应当向负有举证责任的当事人释明。当事人经释明未申请鉴定，虽申请鉴定但未支付鉴定费用或者拒不提供相关材料的，应当承担举证不能的法律后果。一审诉讼中负有举证责任的当事人未申请鉴定，虽申请鉴定但未支付鉴定费用或者拒不提供相关材料，二审诉讼中申请鉴定，人民法院认为确有必要的，应当依照民事诉讼法第一百七十条第一款第三项的规定处理。"

(8)《司法解释(一)》第三十三条规定："人民法院准许当事人的鉴定申请后，应当根据当事人申请及查明案件事实的需要，确定委托鉴定的事项、范围、鉴定期限等，并组织当事人对争议的鉴定材料进行质证。"

(9)《司法解释(一)》第三十四条规定："人民法院应当组织当事人对鉴定意见进行质证。鉴定人将当事人有争议且未经质证的材料作为鉴定依据的，人民法院应当组织当事人就该部分材料进行质证。经质证认为不能作为鉴定依据的，根据该材料作出的鉴定意见不得作为认定案件事实的依据。"

(10)《司法解释(一)》第四十三条规定："实际施工人以转包人、违法分包人为被告起诉的，人民法院应当依法受理。实际施工人以发包人为被告主张权利的，人民法院应当追加转包人或者违法分包人为本案第三人，在查明发包人欠付转包人或者违法分包人建设工程价款的数额后，判决发包人在欠付建设工程价款范围内对实际施工人承担责任。"

(11)《司法解释(一)》第四十四条规定："实际施工人依据民法典第五百三十五条规定，以转包人或者违法分包人怠于向发包人行使到期债权或者与该债权有关的从权利，影响其到期债权实现，提起代位权诉讼的，人民法院应予支持。"

复习思考题

1. 合同法律的基本原则有哪些?
2. 订立合同可以采用哪些形式?合同有哪些主要条款?
3. 什么是要约和承诺?其构成要件有哪些?
4. 试用合同要约、承诺理论分析工程施工招标投标过程。
5. 什么是效力待定合同、无效合同和可撤销合同?相互之间有哪些区别?
6. 试述合同无效的种类和法律后果。
7. 合同的履行原则有哪些?
8. 合同履行中有哪些抗辩权?其构成要件及效力有哪些?在施工合同中如何应用?
9. 合同内容约定不明时应当如何处理?
10. 当事人变更合同应当注意哪些问题?施工合同变更主要有哪些?
11. 合同转让有哪些形式?其构成要件和效力有哪些?
12. 合同终止和解除的条件与法律后果如何?
13. 代位权、撤销权成立的条件和法律效力有哪些?
14. 什么是违约行为?违约责任承担形式有哪些?并分析在施工合同中的具体应用。
15. 违约责任与缔约过失责任有哪些区别?
16. 试述定金与预付款的异同。
17. 合同争议条款的解释原则有哪些?
18. 发生了合同争议应通过哪些途径加以解决?

3 工程招标与投标

3.1 工程招投标概述

工程项目招标投标是市场经济条件下进行工程建设发包与承接过程中所采用的一种交易方式，是建设市场中一对相互依存的经济活动。

工程建设招标是指发包人(或称招标人，即依照招标投标法的规定提出招标项目，进行招标的法人或其他组织)在发包建设项目之前通过公共媒介告示或直接邀请潜在的投标人(即潜在的、可能响应招标、参加投标竞争的法人或其他组织)，根据招标文件所设定的包括功能、质量、数量、期限及技术要求等主要内容的标的，提出实施方案及报价，经过开标、评标、决标等环节，从众投标人中择优选定中标人的一种经济活动。

工程建设投标是指具有合法资格和能力的投标人根据招标文件要求，提出实施方案和报价，在规定的期限内提交标书，并参加开标，中标后与招标人签订工程建设协议的经济活动。

招标投标实质上是一种市场竞争行为。招标人通过招标活动在众投标人中选定报价合理、方案优秀、工期较短、信誉良好的承包商来完成工程建设任务。而投标人则通过有选择的投标，竞争承接资信可靠的业主的建设工程项目，以取得预期的利润。

2017 年 2 月 21 日，国务院办公厅发布《关于促进建筑业持续健康发展的意见》提出，要完善招标投标制度：加快修订《工程建设项目招标范围和规模标准规定》，缩小并严格界定必须进行招标的工程建设项目范围，放宽有关规模标准，防止工程建设项目实行招标“一刀切”。在民间投资的房屋建筑工程中，探索由建设单位自主决定发包方式。将依法必须招标的工程建设项目纳入统一的公共资源交易平台，遵循公开、公平、公正和诚信的原则，规范招标投标行为。进一步简化招标投标程序，尽快实现招标投标交易全过程电子化，推行网上异地评标。

3.1.1 开展招标投标活动的原则

我国《招标投标法》规定招标投标活动必须遵循公开、公平、公正和诚实信用的原则。

(1) 公开。招标投标活动中所遵循的公开原则是指招标活动信息公开、开标活动公开、评标标准公开及定标结果公开。

(2) 公平。招标人应给所有的投标人以平等的竞争机会，这包括给所有投标人同等的信息量、同等的投标资格要求；不设倾向性的评标条件，不得违法限制或者排斥本地区、本系统以外的法人或者其他组织参加投标，也不能以某一投标人的产品技术指标作为标的要求等。招标文件中所列合同条件的权利和义务要对等，要体现承发包双方作为民事主体的平等地位。投标人不得串通投标打压别的投标人,更不能串通起来抬高报价损害招标人的利益。

(3) 公正。招标人在执行开标、评标及定标程序,评标委员会在执行评标标准时要严格照章办事,持相同尺度,不能厚此薄彼,尤其是处理迟到标、废标、无效标以及质疑过程中更要体现公正。

(4) 诚实信用。诚实信用是民事活动的基本原则。招标投标的双方都要诚实守信,不得有欺骗、背信的行为。招标人不得搞内定承包人的虚假招标,也不能在招标中设圈套损害承包人的利益。投标文件中所有各项都要真实,投标人不能用虚假资质、虚假业绩投标。合同签订后,任何一方都要严格、认真地履行。

3.1.2 我国工程项目招标的范围

1) 法定必须招标的工程项目

依照我国《招标投标法》及《必须招标的工程项目规定》(国家发展和改革委员会令第16号,2018年6月1日起施行)的规定,在我国境内建设的全部或者部分使用国有资金投资或者国家融资的项目包括:

(1) 使用预算资金200万元人民币以上,并且该资金占投资额10%以上的项目;

(2) 使用国有企业事业单位资金,并且该资金占控股或者主导地位的项目。

使用国际组织或者外国政府贷款、援助资金的项目包括:

(1) 使用世界银行、亚洲开发银行等国际组织贷款、援助资金的项目;

(2) 使用外国政府及其机构贷款、援助资金的项目。

不属于上述规定情形的大型基础设施、公用事业等关系社会公共利益、公众安全的项目,必须招标的具体范围由国务院发展改革部门会同国务院有关部门按照确有必要、严格限定的原则制定,报国务院批准。

上述规定范围内的项目,其勘察、设计、施工、监理以及与工程建设有关的重要设备、材料等的采购达到下列标准之一的,必须招标:

(1) 施工单项合同估算价在400万元人民币以上;

(2) 重要设备、材料等货物的采购,单项合同估算价在200万元人民币以上;

(3) 勘察、设计、监理等服务的采购,单项合同估算价在100万元人民币以上。

同一项目中可以合并进行的勘察、设计、施工、监理以及与工程建设有关的重要设备、材料等的采购,合同估算价合计达到前款规定标准的,必须招标。

关系社会公共利益、公众安全的大型基础设施项目一般包括:煤炭、石油、天然气、电力、新能源项目;铁路、公路、管道、水运、航空以及其他交通运输业等交通运输项目;邮政、电信枢纽、通信、信息网络等邮电通讯项目;防洪、灌溉、排涝、引(供)水、滩涂治理、水土保持、水力枢纽等水利项目;道路、桥梁、地铁和轻轨交通、污水排放及处理、垃圾处理、地下管道、公共停车场等城市设施项目;生态环境保护项目;其他基础设施项目。

关系社会公共利益、公众安全的公用事业项目一般包括:供水、供电、供气、供热等市政工程项目;科技、教育、文化等项目;体育、旅游等项目;卫生、社会福利等项目;商品住宅,包括经济适用房;其他公用事业项目。

2）可以不进行招标的项目

依照《中华人民共和国招标投标法》第六十六条规定：涉及国家安全、国家秘密、抢险救灾或者属于利用扶贫资金实行以工代赈、需要使用农民工等特殊情况，不适宜进行招标的项目，按照国家有关规定可以不进行招标。

《中华人民共和国招标投标法实施条例》第九条规定：除招标投标法第六十六条规定的可以不进行招标的特殊情况外，有下列情形之一的，可以不进行招标：

（1）需要采用不可替代的专利或者专有技术；

（2）采购人依法能够自行建设、生产或者提供；

（3）已通过招标方式选定的特许经营项目投资人依法能够自行建设、生产或者提供；

（4）需要向原中标人采购工程、货物或者服务，否则将影响施工或者功能配套要求；

（5）国家规定的其他特殊情形。

招标人为适用上述规定弄虚作假的，属于招标投标法第四条规定的规避招标。

3.1.3 工程建设招标分类

工程建设招标，按标的内容可分为建设工程监理招标、建设工程项目管理招标、建设项目总承包招标、工程勘察设计招标、工程建设施工招标以及工程建设项目货物招标。

1）工程监理招标

工程建设监理招标是建设项目的业主为了加强对项目前期准备及项目实施阶段的监督管理，委托有经验、有能力的建设监理单位对建设项目进行监理而发布监理招标信息或发出投标邀请，由建设监理单位竞争承接此建设项目相应的监理任务的过程。

2）建设工程项目管理招标

建设工程项目管理，是指从事工程项目管理的企业，受工程项目业主方委托，对工程建设全过程或分阶段进行专业化管理和服务活动。工程项目业主方可以通过招标等方式选择项目管理企业，并与选定的项目管理企业以书面形式签订委托项目管理合同。

工程勘察、设计、监理等企业可以同时承担同一工程项目管理和其资质范围内的工程勘察、设计、监理业务，但依法应当招标投标的应当通过招标投标方式确定。

施工企业不得在同一工程从事项目管理和工程承包业务。

3）建设项目总承包招标

工程建设项目总承包招标是指从项目建议书开始，包括可行性研究、勘察设计、设备材料采购、工程施工、生产准备、投料试车直至竣工投产、交付使用的建设全过程招标，常称之为“交钥匙”工程招标。承包商提出的实施方案应是从项目建议书开始到工程项目交付使用的全过程的方案，提出的报价也应是包括咨询、设计服务费和实施费在内的全部费用的报价。总承包招标对投标人来说利润高，但风险也大，因此要求投标人要有很强的技术力量和相当高的管理水平，并有可靠的信誉。

4）工程勘察设计招标

工程勘察设计招标是招标人就拟建的工程项目的勘察设计任务发出招标信息或投标邀请，由投标人根据招标文件的要求，在规定的期限内向招标人提交包括勘察设计方案及报价等内容的投标书,经开标、评标及决标,从中择优选定勘察设计单位(即中标单位)的活动。

招标人可以依据工程建设项目的不同特点,实行勘察设计一次性总体招标;也可以在保证项目完整性、连续性的前提下,按照技术要求实行分段或分项招标。

在我国,有相当一部分设计单位并无勘察能力,所以勘察和设计分别招标是常见的。一般是设计招标之后,根据设计单位提出的勘察要求再进行勘察招标,或由设计单位总承包后,再分包给勘察单位,或者设计、勘察单位联合承包。

5) 工程建设施工招标

工程建设施工招标是招标人就建设项目的施工任务发出招标信息或投标邀请,由投标人根据招标文件要求,在规定的期限内提交包括施工方案、报价、工期、质量等内容的投标书,经开标、评标、决标等程序,从中择优选定施工承包人的活动。

根据承担施工任务的范围大小及内容的不同,施工招标又可分为施工总承包招标、专业工程施工招标等。

6) 工程建设项目货物招标

工程建设项目货物是指与工程建设项目有关的重要设备、材料等。

工程建设项目货物招标,是招标人就设备、材料的采购发布信息或发出投标邀请,由投标人投标竞争采购合同的活动。但适用招标采购的设备、材料一般都是用量大、价值高且对工程的造价、质量影响大的,并非所有的设备、材料均由招标采购而得。

法定必须招标的建设项目货物的采购应按照《工程建设项目货物招标投标办法》(国家发展和改革委员会等7部委27号令,2005年)以及"关于废止和修改部分招标投标规章和规范性文件的决定"(国家发展改革委第23号令)执行。我国与世界银行约定,凡单项采购合同额达到100万美元以上的世行项目,就应采取国际招标来确定中标人。

3.1.4 工程项目招标方式

我国《招标投标法》规定,工程项目招标可采取公开招标或邀请招标方式。

1) 公开招标

公开招标是指招标人以招标公告的方式邀请不特定的法人或者其他组织投标。招标的公告必须在国家指定的报刊、信息网络或者其他媒介上发布。招标公告应当载明招标人的名称、地址,招标项目的性质、数量、实施地点和时间,投标人的资格以及获得招标文件的办法和投标截止日期等事项。如果要进行投标资格预审的,则在招标公告中还应载明资格预审的主要内容及申请投标资格预审的办法。招标人应当保证招标公告内容的真实、准确和完整。

拟发布的招标公告文本应当由招标人或其委托的招标代理机构的主要负责人签名并加盖公章;招标人或其委托的招标代理机构委托媒介发布招标公告时,应当向发布公告的媒介出示营业执照(或法人证书)、项目批准文件等证明文件,并提交复印件。

公开招标的最大特点是一切有资格的潜在的投标人均可报名参加投标竞争,都有同等的机会。公开招标的优点是招标人有较大的选择范围,可在众多的投标人中选到报价较低、工期较短、技术可靠、资信良好的中标人。但是公开招标中的投标资格审查及评标的工作量大、耗时长、费用高，且有可能因资格审查不严，导致鱼目混珠的现象发生，这是需要特别警惕的。

招标人选用了公开招标方式，就不得限制或者排斥本地区、本系统以外的法人或者其他组织参加投标，不得对潜在投标人实行歧视待遇。

我国规定，依法必须进行招标的项目，全部或者部分使用国有资金投资或者国有资金投资占控股或者主导地位的，都应采取公开招标。

2）邀请招标

邀请招标是指招标人以投标邀请书的方式邀请 3 个以上具备承担招标项目的能力且资信良好的法人或者其他组织投标。投标邀请书上同样应载明招标人的名称、地址，招标项目性质、数量、实施地点和时间，获取招标文件的办法以及投标截止日期等内容。

邀请招标一般邀请的都是招标人所熟悉的或在本地区、本系统拥有良好业绩、建立了良好形象的投标人，所以较之公开招标的投标人资格审查，工作量就要少得多，招标周期就可缩短，招标费用也可以减少，同时还可减少合同履行过程中承包人违约的风险。因此，除了法定必须公开招标的建设工程招标，邀请招标是采用得较多的招标方式。

邀请招标虽然能保证潜在的承包人具有可靠的资信和完成任务的能力，保证合同的履行，但由于招标人受自身条件所限，不可能对所有的潜在投标人都了解，有些技术上、报价上都很有竞争力的潜在投标人可能会没有被邀请到。

《中华人民共和国招标投标法实施条例》第七条规定：按照国家有关规定需要履行项目审批、核准手续的依法必须进行招标的项目，其招标范围、招标方式、招标组织形式应当报项目审批、核准部门审批、核准。项目审批、核准部门应当及时将审批、核准确定的招标范围、招标方式、招标组织形式通报有关行政监督部门。第八条规定：国有资金占控股或者主导地位的依法必须进行招标的项目，应当公开招标；但有下列情形之一的，可以邀请招标：

（1）技术复杂、有特殊要求或者受自然环境限制，只有少量潜在投标人可供选择；

（2）采用公开招标方式的费用占项目合同金额的比例过大。

为促进装配式建筑的推广应用，规范其招标投标活动，2016 年 5 月 1 日起施行的《江苏省装配式建筑（混凝土结构）项目招标投标活动的暂行意见》（苏建规字〔2016〕1 号）规定，江苏省全部使用国有资金投资或者国有资金投资占控股或者主导地位的装配式建筑项目，招标发包的标段内容达到下列条件的，招标人可以采用邀请招标方式。

（1）装配式建筑主体结构的设计、施工、监理招标；

（2）设计图纸标明或在招标文件中明确的装配式建筑预制率（± 0.00 以上部分，预制混凝土构件总体积占全部混凝土总体积的比率）不小于 30%。

3.1.5 标底

标底是建设工程造价的表现之一，由招标单位自行编制或委托具有编制标底资格和能力的咨询机构编制，并按规定程序审定的招标工程预期价格。评标可以采取有标底评标，也可以采取无标底评标。

招标人可以自行决定是否编制标底。一个招标项目只能有一个标底。标底必须保密。

接受委托编制标底的中介机构不得参加受托编制标底项目的投标,也不得为该项目的投标人编制投标文件或者提供咨询。招标人设有最高投标限价的,应当在招标文件中明确最高投标限价或者最高投标限价的计算方法。招标人不得规定最低投标限价。

1) 标底的作用

一般来说,标底具有以下作用:

(1) 作为招标工程的预期价格。

(2) 为上级主管部门提供核定建设规模的依据。

(3) 作为衡量投标单位报价的准绳。标底有利于评标委员会更准确、更便捷地判断投标人所报价格的合理性、可靠性。

(4) 是评标的重要尺度。在有标底的评标中,标底是评审投标报价的重要尺度和参考依据。只有制定了科学的标底,才能在定标时做出正确的选择。

2) 标底的组成

(1) 标底的综合编制说明。

(2) 标底价格审定书。

(3) 标底价格计算书,带有价格的工程量清单,现场因素、各种施工措施费的测算明细以及采用固定价格的风险系数测算明细等。

(4) 主要材料用量。

(5) 标底附件,如各项交底纪要,各种材料及设备的价格来源,现场地质、水文及地上情况的有关资料,编制标底所依据的施工方案或施工组织设计等。

3) 编制标底的原则

(1) 依据《建设工程工程量清单计价规范》规定的统一工程项目编码、统一项目名称、统一计量单位、统一计算规则及招标文件的有关要求,结合设计文件和施工现场实际情况进行编制工程量清单。此工程量清单也就是招标文件的工程量清单。

(2) 按工程项目类别计价。

(3) 标底应由分部分项工程量清单费用、措施项目清单费用、其他项目清单费用、规费、税金组成,实质是由建造成本、承包人的利润、规费、税金等组成。

(4) 标底作为建设单位的期望价格,应力求与市场价格相吻合;应考虑人工、材料、设备、机械台班等价格变化因素,还应包括保险以及采用固定价格的工程风险金等。

(5) 一个工程只能编制一个标底。

(6) 任何单位或个人不得强制招标人编制标底。

4) 编制标底的主要依据

(1) 招标文件。

(2) 工程施工图纸及工程量清单(或工程量计算规则)。

(3) 施工现场地质、水文及地上情况的有关资料。

(4) 施工方案或施工组织设计。

(5) 建设行政主管部门制定的工程造价计价办法以及其他有关规定及其发布的现行消耗量定额。

(6) 工程造价管理机构发布的市场价格信息。

5) 标底的编制方法

标底应依据招标文件中工程量清单和有关要求,结合施工现场实际情况、合理的施工组织和施工方法、工期和质量要求、必要的技术措施,按照建设行政主管部门发布的现行消耗量定额和工程造价管理机构发布的市场价格信息进行编制。

工程量清单计价条件下的标底应采用综合单价计价。综合单价应由完成规定计量单位工程量清单项目所需的人工费、材料费、机械费、管理费、利润、规费、税金等费用组成,综合单价应考虑风险因素。

6) 标底的审查

如果要对标底进行审查的,招标人应在开标前组织专业人员或委托有相应资质的咨询机构对标底进行审查。但任何单位和个人不得强制招标人报审标底。

(1) 标底审查时应提交的各类文件

标底报送招标管理机构审查时,应提交工程施工图纸、填有单价与合价的工程量清单、标底计算书、标底汇总表、标底审定书、采用固定价格的工程风险系数测算明细以及现场因素、各种施工措施测算明细、主要材料用量、设备清单等,并附有施工组织设计要点,用于说明设定标底所依据的主要施工方法、技术措施及机械设备配置等内容。

(2) 标底的审查方法

首先要审查的就是标底的计价内容、承包范围,审查其是否符合招标文件规定的计价方法及其他有关条款。然后审查编制标底依据的主要施工方法、技术措施及机械设备配置等是否合理;现行消耗量定额、市场价格是否符合当地建设行政主管部门和工程造价管理机构发布的信息;单价中是否包含了完成规定计量单位工程量清单项目所需的人工费、材料费、机械费、管理费、利润、规费、税金等费用以及风险因素等。

(3) 标底的保密

标底的编制人员应在保密的环境中进行编制。完成后必须及时妥善封存,直至开标。

所有接触过标底价格的人员均负有保密责任,不得泄露。

3.1.6 工程招标投标活动中的法律责任

招标投标活动必须依法实施,任何违反《招标投标法》等现行的法律法规的行为都要承担相应的法律责任。

1) 招标人的主要法律责任

(1) 必须进行招标的项目不招标,将项目化整为零或以其他任何方式规避招标的,责令限期改正,可以处以项目合同金额0.5%～1%的罚款;对全部或部分使用国有资金的项目,可以暂停资金拨付;对单位直接负责的主管人员和其他直接责任人员依法给予处分。

(2) 以不合理条件限制或排斥潜在投标人,对潜在投标人实行歧视性待遇,强制投标人组成联合体共同投标或者限制投标人之间竞争的,责令改正,并可处以1万～5万元的罚款。

(3) 向他人透露已获取招标文件潜在投标人的名称、数量或者可能影响公平竞争的有关其他情况,或者泄露标底的,给予警告,并可处以1万～10万元的罚款;对单位直接负责的主管人员和其他直接责任人依法给予处分;构成犯罪的,依法追究刑事责任;如果影响中标结果的,中标无效。

(4) 在评标委员会依法推荐的中标候选人之外确定中标人,依法必须进行招标的项目在所有投标被评标委员会否决后自行确定中标人的,中标无效,责令改正,并可处以中标项目金额 0.5%~1%的罚款。

(5) 招标人与中标人不按招标文件和中标人的投标文件订立合同的,或者招标人、中标人订立背离合同实质性内容的协议的,责任改正,并可处以中标项目金额的 0.5%~1%的罚金。

(6) 招标人不履行与中标人签订的合同,应双倍返还中标人的履约保证金;给中标人造成的损失超过履约保证金的,应对超过的部分给予赔偿。

2) 投标人的主要法律责任

(1) 投标人相互串通投标,或与招标人串通投标,或以向招标人或评标委员行贿的手段谋取中标的,中标无效,并处以中标项目金额 0.5%~1%的罚款;对单位直接负责的主管人员和其他直接责任人处以单位罚款数额的 0.5%~1%的罚款;有违法所得的,没收违法所得;情节严重的,取消 1~2 年内参加投标的资格,并予以公告,直至由工商行政管理机关吊销其营业执照;构成犯罪的,依法追究刑事责任。给他人造成损失的,依法承担赔偿责任。

(2) 以他人名义投标或以其他方式弄虚作假骗取中标的,中标无效。给招标人造成经济损失的,依法承担赔偿责任;构成犯罪的,依法追究刑事责任。有上述行为但未构成犯罪的,处中标项目金额的 0.5%~1%的罚款;对单位直接负责的主管人员和其他直接责任人处单位罚款数额的 5%~10%的罚款;有违法所得的,没收违法所得;情节严重的,取消 1~3 年内参加投标的资格,并予以公告,直至由工商行政管理机关吊销其营业执照。

(3) 将中标项目转让给他人,或将中标项目肢解后分别转让给他人,或将中标项目的部分主体、关键性工作分包给他人,或分包人再次分包的,转让、分包无效,并处以转让、分包项目金额的 0.5%~1%的罚款;有违法所得的,没收违法所得,并责令停业整顿。情节严重的,取消其 1~3 年投标的资格,直至由工商行政管理机关吊销其营业执照。

(4) 中标人不履行与招标人订立的合同,履约保证金不予退还,给招标人造成的损失超过履约保证金数额的,还应当对超过部分予以赔偿;没有提供履约保证金的,应当对招标人的损失承担赔偿责任。中标人不按照与招标人订立的合同履行义务,情节严重的,取消其 2~5 年内参加投标的资格,并予以公告,直至由工商行政管理机关吊销其营业执照。

3) 其他相关人的法律责任

(1) 招标代理机构泄露与招标投标活动有关且应当保密的情况和资料的,或者与招标人、投标人串通损害国家利益、社会公共利益或他人合法权益的,处以 5 万~25 万元的罚款;对单位直接负责的主管人员和其他直接责任人处单位罚款数额的 5%~10%的罚款;有违法所得的,没收违法所得;情节严重的,暂停直至取消招标代理资格;构成犯罪的,依法追究刑事责任。如果影响中标结果的,中标无效。

(2) 评标委员会成员接受投标人的财物或其他好处,评委或参加评标的有关工作人员向他人透露对招标文件的评审和比较、中标候选人的推荐,以及与评标有关的其他情况的,给予警告,没收所收受的财物,并处以 3 000~50 000 元的罚款;对有上述违法行为的评标委员会成员取消担任评标成员的资格,不得再参加任何招标项目的评标;构成犯罪的,依法追究刑事责任。

(3) 评标委员会成员在评标过程中擅离职守，影响评标程序进行，或者在评标过程中不能客观公正地履行职责，情节严重的，取消担任评标委员会成员的资格，不得再参加任何招标项目的评标，并处以1万元以下的罚款。

(4) 任何单位违反招标投标法规定，限制或者排斥本地区、本系统以外的法人或者其他组织参加投标的，为招标人指定招标代理机构的，强制招标人委托招标代理机构办理招标事宜的，或者以其他方式干涉招标投标活动的，责令改正；对单位直接负责的主管人员和其他直接责任人员依法给予警告、记过、记大过的处分，情节较重的，依法给予降级、撤职、开除的处分。

(5) 对招标投标活动负有行政监督职责的国家机关工作人员徇私舞弊、滥用职权或玩忽职守，构成犯罪的，依法追究刑事责任；不构成犯罪的，依法给予行政处分。

上述情况中属于中标无效的，应当依据中标条件从其余中标候选人或投标人中重新确定中标人，或重新进行招标。

3.2 工程招投标程序

工程项目招投标一般要经历招标准备、投标邀请、发售招标文件、现场勘察、标前答疑、投标、开标、评标、定标、签约等过程。与邀请招标相比，公开招标程序在招标准备阶段增加了招标公告、资格预审等内容。图3.1为公开招投标的程序。

3.2.1 招标准备

招标准备包括3个方面，即招标组织的准备、招标条件的准备和招标文件的准备。

1) 招标组织的准备

招标活动必须由一个机构来完成，这个机构就是招标组织机构。招标人自行办理招标事宜的，应当具有编制招标文件和组织评标的能力，具有与招标项目规模和复杂程度相适应的技术、经济等方面的专业人员。

不具备上述条件的，招标人应当选择具有相应资格的工程招标代理机构，与其签订招标委托合同，委托其代为办理招标事宜。招标代理机构应当拥有一定数量的具备编制招标文件、组织评标等相应能力的专业人员。招标代理机构在招标人委托的范围内开展招标代理业务，任何单位和个人不得非法干涉。招标代理机构代理招标业务，应当遵守招标投标法和招标投标实施条例关于招标人的规定。招标代理机构不得在所代理的招标项目中投标或者代理投标，也不得为所代理的招标项目的投标人提供咨询。招标人应当与被委托的招标代理机构签订书面委托合同。

招标代理是有偿服务。招标代理机构接受招标人委托，从事编制招标文件(包括编制资格预审文件和标底)，审查投标人资格，组织投标人踏勘现场并答疑，组织开标、评标、定标以及提供招标前期咨询、协调合同的签订等业务将依法收取费用。招标代理服务收费通过市场竞争方式由双方协商确定。招标代理服务应当遵循公开、公正、平等、自愿、有偿的原则。严格禁止任何单位和个人为招标人强制指定招标代理机构或强制具有自行招标资格的单位

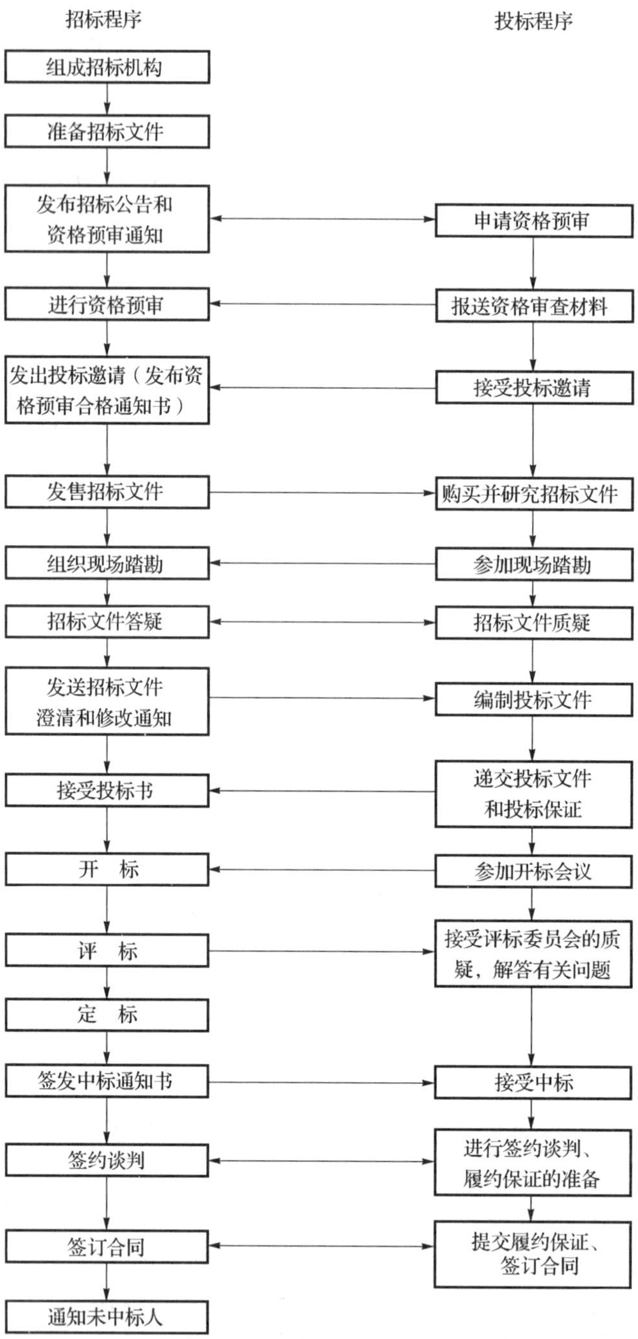

图3.1　公开招标程序

接受代理并收取费用。招标代理费分为三类：

(1) 工程招标代理服务收费，是指为各类土木工程、建筑工程、设备安装、管道线路敷设、装饰装修等建设工程招标提供代理服务以及附带服务的收费。

(2) 货物招标代理服务收费。是指为原材料、产品、设备和固态、液态或气态物体和电力等货物及其附带服务的货物提供招标代理服务的收费。

(3) 服务招标代理服务收费，是指为工程勘察、设计、咨询、监理，矿业权、土地使用权出让、转让和保险等工程和货物以外的服务招标提供代理服务的收费。

无论是自行办理招标事宜还是委托招标代理机构办理，招标人都要组织招标领导班子，如招标委员会、招标领导小组等，以便能够对招标中的诸如确定评标办法、投标人、中标人等重大问题进行决策。

2) 招标条件的准备

招标项目如果按照国家有关规定需要履行项目审批手续的，应当先履行审批手续。同时，项目的现场条件、基础资料及资金等也要能满足招标的要求。

3) 招标文件的准备

不同的招标方式，招标用的文件是不一样的，如公开招标用的文件就包括招标公告、资格预审(或后审)文件、投标邀请(投标资格预审合格通知书)、招标文件、标底(如果采取有标底招标)以及中标通知书等在内的全部文件，而邀请招标用的文件中就不含招标公告、投标资格审查等文件。招标的文件准备并不要求全部同时完成，可以随招标工作的进展而跟进。招标用的核心文件是发售给投标人作为投标依据的招标文件，也称标书。招标文件编制的好坏，直接关系到招标的成败，要予以特别的重视，最好由具备丰富招投标经验的工程技术专家、经济专家及法律专家合作编制。

国家发展和改革委员会等九部委联合发布了适用于一定规模以上，且设计和施工不是由同一承包商承担的工程施工招标的《标准施工招标资格预审文件》和《标准施工招标文件》(2007 版)，自 2008 年 5 月 1 日起在政府投资项目中试行。国务院有关行业主管部门根据《标准施工招标文件》，结合本行业施工招标特点和管理需要，可编制行业标准施工招标文件。行业标准施工招标文件重点对“专用合同条款”“工程量清单”“图纸”“技术标准和要求”作出具体规定。2017 年 9 月国家发改委等印发的《标准设备采购招标文件》、《标准材料采购招标文件》、《标准监理招标文件》、《标准勘察招标文件》和《标准设计招标文件》等标准文件，可供招标人借鉴和参考使用。

3.2.2 招标邀请

招标方式不同，邀请的程序也不同，公开招标一般要经过招标公告、资格预审、投标邀请等环节；而邀请招标则可直接发出投标邀请书。

1) 招标公告

招标公告由招标人通过国家指定的报刊、信息网络或者其他媒介发布。招标公告应当载明招标人的名称和地址，招标项目的性质、数量、实施地点和时间，投标截止日期以及获取招标文件的办法等事项。如果要进行资格预审的，公告中应载明资格预审的条件、标准以及申请资格预审的方法。在不经资格预审程序而直接发售招标文件的情况下，招标公告就是没有特定潜在投标人的投标邀请书。

如果存在工程建设招标投标的有形市场(如建设工程交易中心、建设工程招标投标市场等)，建设项目的招标还应在工程建设招投标有形市场内发布信息。按规定有备案程序的，招标公告应先报招标投标有权管理部门备案，然后才能对外公布。

2）投标资格预审

招标人可以自行组织力量对投标申请人进行资格预审，也可以委托工程招标代理机构对投标申请人进行资格预审。资格预审文件一般应当包括资格预审申请书格式、申请人须知以及需要投标申请人提供的企业资质、业绩、技术装备、财务状况和拟派出的项目经理与主要技术人员的简历、业绩等证明材料。

通过招标公告获得招标信息并有意参加投标竞争者，按照招标公告中的要求向招标人申请资格预审，领取资格预审文件，并按资格预审文件要求的时间、地点及内容提交全套资格报审材料。招标人在对资格材料审查并进行必要的实地考察后，对潜在投标人的履约能力及资信作出综合评价，从中择优选出若干个潜在的投标人，正式邀请其参加投标。

(1) 投标资格预审的内容

资格预审的主要内容包括投标人签约资格和履约能力。

① 签约资格。签约资格是指投标人按国家有关规定承接招标项目必须具备的相应条件，如投标人是否是合法的企业或其他组织；有无与招标内容相适应的资质；是否正处于被责令停业或财产被接管、冻结或暂停参加投标的处罚期；最近三年内有无骗取中标和严重违约及重大工程质量问题。

② 履约能力。履约能力是指投标人完成招标项目任务的能力，如投标人的财务状况、商业信誉、业绩表现、技术资格和能力、管理水平、人员与设备条件、完成类似工程项目的经验、履行中的合同数量等。

(2) 资格预审程序

① 资格预审文件的编制

投标资格预审文件包括资格预审通知、资格预审须知、资格预审表等。按规定要向政府建设行政主管部门备案的，编制好的资格预审文件应办理备案手续。

a. 资格预审通知。资格预审通知一般都包含在公开招标的公告中，也就是在招标公告里载明资格预审的内容、申请资格预审的条件、索购资格预审文件的时间和地点及提出资格预审申请的最后期限。

b. 资格预审须知。申请投标人是根据资格预审须知来填报资格预审表和准备有关文件资料并最终决定是否申请资格预审的，所以资格预审须知应包括招标人名称、住所、电话，联系人姓名，招标项目详细介绍及招标日程安排，资格预审表的填写说明，对投标人资信、能力的基本要求及递交资格预审申请的时间、地址，有关的资信、业绩、能力的证明文件及资料要求等。

c. 资格预审表。在公开招标中，招标人面临的潜在投标人少则几个、十几个，多则几十个、上百个，招标人是无法对众多投标人都逐一登门调查的，只能通过资格预审表来了解投标人的情况，审查其投标资格。所以资格预审表的内容要全面，要确保有足够的信息量，条目的含义要明确、不会发生歧义。资格预审表主要内容有：投标人的名称、住所、电话、E-mail地址、网址、资质等级、内部组织结构，法定代表人姓名、职务、联系方式等；投标人的财务状况，如注册资本、固定资产、流动资金、上年度产值额、可贷款额、能提供担保的银行或其他法人；投标人的人员与装备条件，如与招标项目有关的关键人员一览表(姓名、学历、职称、经验等)、关键设备一览表(名称、性能、原值、已使用年限)、职工总数等；投标人的业绩，如投标人近年来在技术、管理、企业信誉等方面所取得的成绩，近年来完成的承包项目及履行中的合同项目情况（名称、地址、主要经济技术指标、交付日期、评价、业主名称、电话等），完成类似招标项目的经验等。资格预审表附件主要有：投标人法定资格的证明文件，如企业法人营业执照等；投标人资质等级证明文件，如资质证书；投标人近几年的财务报表，如资产负债表、利润表等；证明投标人业绩、信誉、水平的证明文件，如完成项目的质量等级证书、获奖证书、资信等级证书、通过 ISO9000 系列质量认证的证书等。

d. 资格预审评分细则。资格预审评分细则是招标人对潜在投标人进行比较的规则，是对投标人资信和能力的具体评价方法，必须与资格预审文件一起发给资格预审申请人。

e. 资格预审合格通知书。资格预审合格通知书告知资格预审申请人资格预审已通过，正式邀请其参加投标，并通知其何时到何地索购招标文件。所以，资格预审合格通知书也可称为投标邀请书。

f. 致谢信。致谢信的实质是向未获得投标资格的投标申请人通报资格预审结果。内容大致是告知本次投标资格预审工作已经结束，投标人已经选定，但其未能入选，顺致歉意并感谢支持和参与，希望下次有机会合作。

② 发布投标资格预审通知

通知应在建设工程招标投标有权管理部门指定的媒介及一般的公共媒介上发布。一般情况下，投标资格预审通知是包含在公开招标公告中作为公告的一项内容发布的。

③ 发售资格预审文件

资格预审文件的发放可以是有偿的，也可以是无偿的；还可以是先收取押金、待申请人提交全套的资格预审申请文件后退还押金。无论是收费还是收押金，目的就是要求申请人事先认真考虑，以免出现索取资格预审文件的申请人很多，而提交正式资格预审申请文件者很少的现象。自发售资格预审文件之日到停止发售之日，不得少于 5 个工作日。

④ 申请人填写、递交资格预审申请文件

申请人获得资格预审文件后应组织力量实事求是地填写并认真地准备好预审表附件。对预审文件有疑问的，可以向招标人质询。对于带有普遍性的问题，招标人应同时通知所有获得资格预审文件的申请人。无论是申请人质询还是招标人的回答或对预审文件的修改、补充，都应以书面形式进行。

申请人完成资格预审表的填写和相关文件、资料的准备后，要写一个致招标人的函件。在致招标人的函中应郑重声明对提交的资格预审表和相关文件资料的真实性负责，并要求招标人对其进行审查，希望给予参加投标竞争的机会，同时表示将尊重招标人的选择，且不要求招标人就其作出的选择做任何解释。函件的落款应由申请人的法定代表人或其代理人签字并加盖公章。实际上，这就是资格审查申请书。至此，投标资格预审申请文件就编制完成了。按投标资格预审须知上规定的时间、地址，将资格预审申请文件送达招标人或招标代理人。

⑤ 审查与评议

投标资格评审工作由招标委员会负责，可以邀请专家及有关方面的代表，组成投标资格评审委员会来完成。招标人首先要对资格预审申请文件的完整性和真实性进行审查，在有条件的情况下还应做一些调查，在此基础上由投标资格评审委员会进行评审。可以采用简单多数法或评分法来确定投标人。简单多数法是按申请人得票的多少，得票多者先入选；而评分法则是按申请人得分高低,得分高者优先入选。事先还必须确定采取合格制还是有限数量制来确定入选投标人数量。合格制是不限投标人数量的;有限数量制则事先规定了入选潜在投标人的数量。考虑到入选的潜在投标人不一定都来投标这一因素,在采用有限数量制时一般不宜少于5家,但也不宜太多,否则评标工作量太大,影响评标质量。按规定要备案的,应写成评审报告,附上拟选的投标人一览表(即投标人短名单)报上级审批,并报工程建设项目招标投标管理部门备案。

⑥ 通知资格预审结果

a. 对于获得投标资格者,发给资格预审合格通知书(投标邀请书)。

b. 对于未能获得投标资格者,发出致谢信。

不进行资格预审的公开招标,投标人只要按招标公告中规定的时间,到指定的地点索购招标文件。不进行资格预审的公开招标,资格审查一般在开标后进行(称资格后审)。这样做要基于一个基本估计,即能满足招标公告中要求的资格条件,且有意参加投标的潜在投标人不会太多。否则开标后的资格审查工作量大、耗时长,而且会造成不合格的投标人不必要的投标开支,同时也会增大评标工作量和评标费用。

3.2.3 发出投标邀请

无论是公开招标还是邀请招标,被邀请参加投标的法人或者其他组织都不能少于3家,且发出邀请投标的前提都是一样的,即被邀请人的履约能力及资信都是得到招标人认可的。因此,招标人发出投标邀请书必须是严肃的、负责任的行为,一般情况下是不能拒绝被邀请人投标的。

公开招标的投标邀请书是在投标资格预审合格后发出的,所以也可用投标资格预审合格通知书的形式代替。投标邀请书要简单复述招标公告的内容,并突出关于获取招标文件的办法。

在邀请招标的情况下,被邀请人是通过投标邀请书了解招标项目的,所以投标邀请书对项目的描述要详细、准确,保证必要的信息量,以利于被邀请人决定是否购买招标文件、参加投标竞争。投标人收到投标邀请书后要以书面形式回复是否参加投标。

3.2.4 发售招标文件

招标文件是投标人编制投标文件、进行报价的主要依据,所以招标文件应当根据招标项目的特点和需要编制。招标文件应当包括投标须知、招标项目的技术要求、对投标人资格审查的标准(适用于资格后审的情况)、投标报价要求和评标标准等所有实质性要求和条件以及拟签订合同的主要条款。但不同的招标对象其具体内容也不一样,如施工招标,则应包括图纸及工程量清单等。对于实质性要求和条件,应用醒目的方式标明。国家对招标项目的技术要求和标准有规定的,招标人应当按照其规定在招标文件中提出相应要求。

招标文件的发放有两种形式,一种是卖给有资格的潜在投标人,酌收工本费;另一种是无偿发给有资格的潜在投标人,但收取一定的招标文件押金,待招标活动结束收回招标文件或其中的设计文件时退还。

自发售招标文件之日到停止发售之日,不得少于5天。潜在投标人收到招标文件,核对无误后要以书面形式确认。潜在投标人要认真研究招标文件,若有疑问或不清楚的地方,应在规定的时间内以书面形式要求招标人澄清解释。招标人对已发出的招标文件进行必要的澄清或者修改的，应当在招标文件要求提交投标文件截止时间至少15天前，以书面形式通知所有招标文件收受人。该澄清或者修改的内容为招标文件的组成部分。

3.2.5 组织现场勘察

现场勘察是潜在投标人到现场进行实地考察。潜在投标人通过对招标工程建设现场的踏勘，可以了解场地及其周围环境的情况，获取其认为有用的信息；核对招标文件中的有关资料和数据并加深对招标文件的理解，以便对招标项目作出正确的判断，选择正确的投标策略、确定正确的投标报价。踏勘人员一般应由投标决策人员、拟派到项目的负责人以及投标报价人员组成。现场考察的主要内容包括交通运输条件、自然环境与社会环境条件、当地的市场行情等。

招标人根据招标项目的具体情况，可以组织潜在投标人踏勘项目现场，向其介绍工程场地和相关环境的有关情况。潜在投标人依据招标人介绍的情况作出的判断和决策，由投标人自行负责。招标人不得单独或者分别组织任何一个投标人进行现场踏勘。

3.2.6 书面质疑

投标人研究招标文件和现场考察后有问题需要解答，应以书面形式提出质疑。招标人应及时给予书面解答，且同时发给每一个获得招标文件的潜在投标人，以保证招标的公平和公正。对问题的答复不需说明问题的来源。招标文件的修改或补充以及答疑函件均构成招标文件的补充文件，是招标文件的组成部分，与招标文件具有同等的法律效力。当补充文件与招标文件的规定不一致时，以补充文件为准。

为了使投标单位能充分研究和消化招标单位对招标文件的修改或补充，有足够的时间修改投标书，招标单位可根据情况决定适当延长投标截止时间。

3.2.7 投标

1）关于投标响应

投标人在获得招标文件后，要组织力量认真研究招标文件的内容，并对招标项目的实施条件进行调查。在此基础上结合投标人的实际，按照招标文件的要求编制投标文件。投标文件应当对招标文件提出的实质性要求和条件作出响应。招标项目属于建设施工的，投标文件的内容除应包括报价、拟派出的项目负责人与主要技术人员的简历、业绩外，还应有施工组织设计。

2）关于投标人的工程分包

我国《建筑法》规定，承包商可以将其所承包工程中的部分工程发包给具有相应资质条件的分包单位，但属于施工总承包的，建筑工程主体结构的施工必须由总包单位自己完成。因此，投标人可以根据招标文件载明的项目实际情况，将中标项目的部分非主体、非关键性工作进行分包，但应当在投标文件中载明。

3）关于联合体投标

两个以上法人或者其他组织可以组成一个联合体，以一个投标人的身份共同投标。联合体各方均应具备承担招标项目的相应能力。国家或者招标文件对投标人资格条件有规定的,联合体各方均应当具备规定的相应资格条件。由同一专业的单位组成的联合体,按照资质等级较低的单位核定其资质等级。联合体各方应当签订共同投标协议,明确约定各方拟承担的工作和责任,并将共同投标协议连同投标文件一并提交招标人。联合体各方的法定代表人应签署授权书,授权其共同指定的牵头人代表联合体投标及合同履行期间的主办与协调工作。联合体中标的,联合体各方应当共同与招标人签订合同,就中标项目向招标人承担连带责任。但招标人不得强制投标人组成联合体共同投标,不得限制投标人之间的竞争。联合体成员也不得再以任何的名义单独或参加其他联合体在同一个项目中投标。

4) 关于投标的禁止性规定

投标人不得相互串通投标报价,不得排挤其他投标人的公平竞争,损害招标人或者其他投标人的合法权益。投标人不得与招标人串通投标,损害国家利益、社会公共利益或者他人的合法权益。投标人不得以低于成本的报价竞标,也不得以他人名义投标或者以其他方式弄虚作假,骗取中标。

《招标投标法实施条例》第三十九条规定:禁止投标人相互串通投标。有下列情形之一的,属于投标人相互串通投标:

(1) 投标人之间协商投标报价等投标文件的实质性内容;

(2) 投标人之间约定中标人;

(3) 投标人之间约定部分投标人放弃投标或者中标;

(4) 属于同一集团、协会、商会等组织成员的投标人按照该组织要求协同投标;

(5) 投标人之间为谋取中标或者排斥特定投标人而采取的其他联合行动。

《招标投标法实施条例》第四十条规定:有下列情形之一的,视为投标人相互串通投标:

(1) 不同投标人的投标文件由同一单位或者个人编制;

(2) 不同投标人委托同一单位或者个人办理投标事宜;

(3) 不同投标人的投标文件载明的项目管理成员为同一人;

(4) 不同投标人的投标文件异常一致或者投标报价呈规律性差异;

(5) 不同投标人的投标文件相互混装;

(6) 不同投标人的投标保证金从同一单位或者个人的账户转出。

《招标投标法实施条例》第四十一条规定:禁止招标人与投标人串通投标。有下列情形之一的,属于招标人与投标人串通投标:

(1) 招标人在开标前开启投标文件并将有关信息泄露给其他投标人;

(2) 招标人直接或者间接向投标人泄露标底、评标委员会成员等信息;

(3) 招标人明示或者暗示投标人压低或者抬高投标报价;

(4) 招标人授意投标人撤换、修改投标文件;

(5) 招标人明示或者暗示投标人为特定投标人中标提供方便;

(6) 招标人与投标人为谋求特定投标人中标而采取的其他串通行为。

《招标投标法实施条例》第四十二条规定:使用通过受让或者租借等方式获取的资格、资质证书投标的,属于招标投标法第三十三条规定的以他人名义投标。投标人有下列情形之一的,属于招标投标法第三十三条规定的以其他方式弄虚作假的行为:

(1) 使用伪造、变造的许可证件；

(2) 提供虚假的财务状况或者业绩；

(3) 提供虚假的项目负责人或者主要技术人员简历、劳动关系证明；

(4) 提供虚假的信用状况；

(5) 其他弄虚作假的行为。

5) 关于投标文件的补充和修改

投标人应当在招标文件要求提交投标文件的截止时间前，将投标文件送达招标文件规定的投标地点。招标人收到投标文件后，应当签收保存，开标前任何单位或个人均不得开启。逾期送达或未送达指定地点的标书以及未按招标文件要求密封的标书，招标人应当拒收。投标人在招标文件要求提交投标文件的截止时间前，可以补充、修改或者撤回已提交的投标文件，并书面通知招标人。补充、修改的内容同为投标文件的组成部分。

6) 关于投标文件的编制时间

从招标文件发出之日起到递交投标文件截止日的时间应是投标人理解招标文件、进行必要的调研、完成投标文件编制所必需的合理时间，不得少于 20 天。

7) 关于投标保证金

招标人可以在招标文件中要求投标人提交投标担保，投标担保可以采用投标保函或者投标保证金的方式。投标保证金可以使用支票、银行汇票等。投标保证金不得超过招标项目估算价的 2%。投标保证金有效期应当与投标有效期一致。

8) 关于投标有效期

为保证招标人有足够的时间完成评标和与中标人签订合同，招标文件应当规定一个适当的投标有效期。投标有效期从投标人提交投标文件截止之日起计算。若在原投标有效期结束前发生特殊情况，招标人可以书面形式要求所有投标人延长投标有效期。投标人同意延长的，不得要求或被允许修改其投标文件的实质性内容，但应当相应延长其投标保证金的有效期；投标人拒绝延长的，其投标失效，但投标人有权收回其投标保证金。因延长投标有效期造成投标人损失的，招标人应当给予补偿，但因不可抗力需要延长投标有效期的除外。

9) 关于投标人数目

递交有效投标文件的投标人少于 3 个的，招标人必须重新组织招标。重新招标后投标人仍少于 3 个的，属于必须审批的建设项目，报经原审批部门批准后可以不再进行招标；其他工程项目，招标人可以自行决定不再进行招标。

3.2.8 开标

开标是同时公开各投标人报送的投标文件的过程。开标使投标人知道其他竞争对手的要约情况，也限定了招标人员只能在这个开标结果的基础上进行评标、定标。这是招标投标公开性、公平性原则的重要体现。

开标应当在招标文件中确定的递交投标文件截止时间的同一时间公开进行。开标地点应当为招标文件中预先确定的地点。所有投标人均应参加开标会议，并可邀请公证机关、工程建设项目有关主管部门、相关银行的代表出席。政府的招标投标管理机构可派人监督开标活动。开标时,由投标人或其推选的代表检验投标文件的密封情况,也可由招标人委托的公证机构检查并公证,确认无误后,由工作人员当众拆封、宣读投标人名称、投标价格和投标文件的其他主要内容;所有在投标致函中提出的附加条件、补充声明、优惠条件、替代方案等均应宣读;如果设有标底,也应同时公布。这一过程称之为唱标。

开标过程应当记录并存档备查。开标后,任何人都不允许更改投标书的内容和报价,也不允许再增加优惠条件。有下列情形之一的投标文件,招标人将不予受理:

(1) 逾期送达的或者未送达指定地点的;

(2) 未按招标文件要求密封的。

3.2.9 评标

1) 评标组织

国家实行统一的评标专家专业分类标准和管理办法。具体标准和办法由国务院发展改革部门会同国务院有关部门制定。省级人民政府和国务院有关部门应当组建综合评标专家库。依法必须进行招标的项目,其评标委员会的专家成员应当从评标专家库内相关专业的专家名单中以随机抽取方式确定。任何单位和个人不得以明示、暗示等任何方式指定或者变相指定参加评标委员会的专家成员。

评标由招标人依照相关法律法规和要求组建的评标委员会负责。评标委员会由招标人的代表和有关技术、经济等方面的专家组成,人数为5人以上单数,其中从专家库中抽取的技术、经济等方面的专家不得少于成员总数的2/3。

评标委员会成员的名单在中标结果确定之前应当保密。评标委员会成员和有关工作人员不得私下接触投标人,不得接受投标人的任何馈赠,不得参加投标人以任何形式组织的宴请、娱乐、旅游等活动,不得透露对投标文件的评审和比较、中标候选人的推荐以及与评标有关的其他情况。

2) 评标程序

评标委员会成员应当依照招标投标法和本条例的规定,按照招标文件规定的评标标准和方法,客观、公正地对投标文件提出评审意见。招标文件没有规定的评标标准和方法不得作为评标的依据。评标一般要经过评标准备、初步评审和详细评审等3个阶段。

(1) 评标准备

评标准备包括组织评标委员学习招标文件,了解招标项目和招标目标,熟悉评标标准和方法,必要时还要对一些特别的问题进行讨论,以统一评标尺度,使评标更公正、更科学。

当前很多地区都开发了专门的电子清标软件作为电子辅助评标工具。在正式评标前,利用清标软件对投标人的单价、合价及总价进行复核,并对子项的异常偏差进行分析,为评委评标提供参考。

(2) 初步评审

初步评审重点在投标书的符合性审查。主要是审查投标书是否实质上响应了招标文件的要求。审查内容包括投标文件的签署情况、投标文件的完整性、与招标文件有无显著的差异和保留、投标资格是否符合要求(适用于采取资格后审招标的评标)。如果投标文件实质上不响应招标文件的要求,将作无效标处理,不允许投标人通过修改或撤销或保留其不符合要求的差异,使之成为实质性响应招标文件的投标书。

评标委员会应审查每一份投标书,找出投标书与招标文件的偏差。有下列情形之一的,评标委员会应当否决其投标:

① 投标文件未经投标单位盖章和单位负责人签字;

② 投标联合体没有提交共同投标协议;

③ 投标人不符合国家或者招标文件规定的资格条件;

④ 同一投标人提交两个以上不同的投标文件或者投标报价,但招标文件要求提交备选投标的除外;

⑤ 投标报价低于成本或者高于招标文件设定的最高投标限价;

⑥ 投标文件没有对招标文件的实质性要求和条件作出响应;

⑦ 投标人有串通投标、弄虚作假、行贿等违法行为。

投标文件中有含义不明确的内容、明显文字或者计算错误,评标委员会认为需要投标人作出必要澄清、说明的,应当书面通知该投标人。投标人的澄清、说明应当采用书面形式,并不得超出投标文件的范围或者改变投标文件的实质性内容。

(3) 详细评审

经初步评审合格的投标文件,评标委员会根据招标文件确定的评标标准和方法,对其进行技术评审和商务评审。对于大型的,尤其是技术复杂的招标项目,技术评审和商务评审往往是分开进行的。我国招标投标法规定评标可采用经评审的最低投标价法和综合评估法以及法律与行政法规允许的其他评标方法。

① 经评审的最低投标价法

经评审的最低投标价法一般适用于具有通用技术性能标准或者招标人对技术、性能没有特殊要求的招标项目。评标委员会只需根据招标文件中规定的评标价格调整方法,对所有投标人的投标报价以及投标文件的商务部分做必要的价格调整,而无需对投标文件的技术部分进行折价,但投标文件的技术标应当符合招标文件规定的技术要求和标准。因此,如果采用经评审的最低投标价法进行评标,那么中标候选人的投标文件应该能够满足招标文件的实质性要求,并且经评审的投标价格最低,但是投标价格低于成本的除外。

由于我国建设领域的诚信体系尚不健全,同时由于成本价难以认定,一些不良承包商常利用经评审的最低投标价法评标的机会进行恶性低价竞争,中标后再恶意索赔。这是需要重点防范的。

② 综合评估法

不宜采用经评审的最低投标价法的招标项目,一般应采用综合评估法进行评审。综合评估法不仅要评价商务标,而且要评价技术标。一些技术难度大的项目,对技术标的关注程度甚至要超过报价。对于技术标的评审主要是对投标书的技术方案、技术措施、技术手段、技术装备、人员配置、组织方法和进度计划的先进性、合理性、可靠性、安全性、经济性进行分析评价。如果招标文件要求投标人派拟任项目负责人参加答辩,评标委员会应组织他们答辩,这对于了解项目负责人的工作能力、工作经验和管理水平是很有好处的。没有通过技术评审的标书,不能得标。

商务标包括投标报价和投标人资信等内容,但评标的重点是对投标报价的构成、计价方式、计算方法、支付条件、取费标准、价格调整、税费、保险及优惠条件等进行评审。在国际工程招标文件中,报关、汇率、支付方式等也是重要的评审内容。商务标评审的核心是评价报价的合理性以及投标人在履约过程中可能给招标人带来的风险。设有标底的招标,商务评标时要参考标底,但不得作为评标的唯一依据。

衡量投标文件是否最大限度地满足招标文件中规定的各项评价标准,可以采取折算货币法、评分法或其他方法,但需要量化的因素及其权重必须在招标文件中明确。

折算货币法是指评审过程中以报价为基础,将报价之外需要评定的要素按招标文件规定的折算办法换算成货币价值,根据对招标人有利或不利的影响及其大小,在投标报价基础上扣减或增加一定金额,最终构成评标价格,评标价低的标书为优,推荐为中标候选人。

评分法(打分法)是指按招标文件规定,将评审内容分类后分别赋予不同权重,评标委员依据评分标准对各类细分的子项进行相应的打分,最后计算的累计分值反映投标人及其投标的综合水平,以得分最高的投标书为最优,推荐为中标候选人。

当招标文件规定允许投标人投备选标的,评标委员会可以而且也只对中标候选人所投的备选标进行评审,以决定是否采纳。对于划分成多个单项合同的招标项目,招标文件允许投标人为获得整个项目合同而提出优惠的,评标委员会可以对投标人提出的优惠进行审查,以决定是否将招标项目作为一个整体合同授予中标人。其标准是整体合同中标人的投标应最有利于招标人。招标文件中没有规定的标准和方法不得作为评标的依据。

详细评审完成后,评标委员会应向招标人提交评标报告,作为招标人最后选择中标人的决策依据。评标报告的内容一般包括评标过程、评标标准、评审方法、评审结论、标价比较一览表或综合评估比较一览表、推荐的中标候选人、与中标候选人签约前应处理的事宜、投标人澄清(说明、补正)事项的纪要及评委之间存在的主要分歧点等。

采用经评审的最低价法的,应提交标价比较一览表,表中载明各投标人的投标报价、商务偏差调整、经评审的最终投标价。采用综合评估法的,应提交综合评估比较表,表中载明投标人的投标报价、所作的每一处修正、对商务偏差的调整、对技术偏差的调整、对各评审因素的评估以及对每一投标的最终评审结果。

评标报告中应按照招标文件中规定的评标方法,推荐不超过3名有排序的合格的中标候选人。如果评标委员会经过评审,认为所有投标都不符合招标文件的要求,可以否决所有投标。出现这种情况后,招标人应认真分析招标文件的有关要求以及招标过程,对招标工作范围或招标文件的有关内容作出实质性修改后重新进行招标。

评标报告由评标委员会全体成员签字。对评标结论持有异议的评标委员会成员可以书面方式阐述其不同意见和理由。评标委员会成员拒绝在评标报告上签字且不陈述其不同意见和理由的,视为同意评标结论,评标委员会应当将此记录在案。

评标的过程要保密。评标委员会成员和评标有关的工作人员不得私下接触投标人,不得透露评审、比较标书的情况,不得透露推荐中标候选人的情况以及其他与评标有关的情况。

评标委员会成员应当客观、公正地履行职责,遵守职业道德,对所提出的评审意见承担个人责任。

3.2.10 定标

定标是招标人享有的选择中标人的最终决定权、决策权。招标人一般应当在评标委员会提出书面评标报告后15日内确定中标人，但最迟应当在投标有效期结束日30个工作日前确定。在确定中标人之前，招标人不得与投标人就投标价格、投标方案等实质性内容进行谈判。

招标人根据评标委员会提出的书面评标报告和推荐的中标候选人，结合自己的实际，权衡利弊，选定中标人。对于特大型、特复杂且标价很高的招标项目，也可委托咨询机构对评标结果作出评估，然后再作决策。这样做有助于提高定标的正确性，减少风险，但也带来定标需要的时间长、费用大等问题。

招标人可以授权评标委员会直接确定中标人，而自己行使定标审批权和中标通知书的签发权。招标人不得在评标委员会依法推荐的中标候选人以外确定中标人，也不得在所有投标书被评标委员会依法否决后自行确定中标人。

国有资金占控股或者主导地位的依法必须进行招标的项目，招标人应当确定排名第一的中标候选人为中标人。排名第一的中标候选人放弃中标、因不可抗力不能履行合同、不按照招标文件要求提交履约保证金，或者被查实存在影响中标结果的违法行为等情形，不符合中标条件的，招标人可以按照评标委员会提出的中标候选人名单排序依次确定其他中标候选人为中标人，也可以重新招标。

3.2.11 签发中标通知

中标通知书的主要内容有中标人名称、中标价、商签合同时间与地点、提交履约保证的方式和时间等。投标人在收到中标通知书后要出具书面回执，证实已经收到中标通知书。

中标通知书对招标人和中标人具有法律效力。中标通知书发出后，招标人改变中标结果的，或者中标人放弃中标项目的，应当依法承担法律责任。依法必须进行施工招标的工程，招标人应当自发出中标通知书之日起的15天内，向工程所在地县级以上地方人民政府建设行政主管部门提交招标投标情况的书面报告。书面报告应该至少包括招标范围；招标方式和发布招标公告的媒介；招标文件中投标人须知、技术条款、评标标准和方法、合同主要条款等内容；评标委员会的组成和评标报告；中标结果等。

3.2.12 提交履约担保，订立书面合同

招标人和中标人应当自中标通知书发出之日起30天内，按照招标文件和中标人的投标文件订立书面合同。招标人不得向中标人提出压低报价、增加工作量、缩短工期或其他违背中标人意愿的要求，以此作为签订合同的条件。合同的标的、价款、质量、履行期限等主要条款应当与招标文件和中标人的投标文件的内容一致。招标人和中标人不得再行订立背离合同实质性内容的其他协议。招标文件要求中标人提交履约保证金的，中标人应当按照招标文件的要求提交。履约保证金不得超过中标合同金额的10%。招标人最迟应当在书面合同签订后5日内向中标人和未中标的投标人退还投标保证金及银行同期存款利息。

除专用合同条款另有约定外，发包人要求承包人提供履约担保的，发包人应当向承包人提供支付担保。支付担保可以采用银行保函或担保公司担保等形式，具体由合同当事人在专用合同条款中约定。

3.3 工程施工招标投标及其管理

3.3.1 施工招标投标概述

工程建设施工招标是指招标人通过适当的途径发出施工任务发包的信息，吸引施工承包商投标竞争，从中选出技术能力强、管理水平高、信誉可靠且报价合理的承建商，并以签订合同的方式约束双方在施工过程中行为的经济活动。施工招标最明显的特点是发包工作内容明确具体，各投标人编制的投标书在评标中易于横向对比。虽然投标人是按招标文件的规定的工作内容和工程量清单编制报价，但报价高低一般并不是确定中标单位的唯一条件，投标实际上是各施工单位完成该项目任务的技术、经济、管理等综合能力的竞争。

1）施工招标分类

（1）公开招标

国务院发展计划部门确定的国家重点建设项目和各省、自治区、直辖市人民政府确定的地方重点建设项目，以及全部使用国有资金投资或者国有资金投资占控股或者主导地位的工程建设项目，应当公开招标。

（2）邀请招标

有下列情形之一的，经批准可以进行邀请招标：

① 项目技术复杂或有特殊要求，只有少量几家潜在投标人可供选择的；

② 受自然地域环境限制的；

③ 涉及国家安全、国家秘密或者抢险救灾，适宜招标但不宜公开招标的；

④ 拟公开招标的费用与项目的价值相比，不值得的；

⑤ 法律、法规规定不宜公开招标的。

国家重点建设项目的邀请招标，应当经国务院发展计划部门批准；地方重点建设项目的邀请招标，应当经各省、自治区、直辖市人民政府批准。全部使用国有资金投资或者国有资金投资占控股或者主导地位的并需要审批的工程建设项目的邀请招标，应当经项目审批部门批准，但项目审批部门只审批立项的，由有关行政监督部门审批。

（3）可不进行施工招标的项目

需要审批的工程建设项目，有下列情形之一的，经审批部门批准，可以不进行施工招标：

① 涉及国家安全、国家秘密或者抢险救灾而不适宜招标的；

② 属于利用扶贫资金实行以工代赈需要使用农民工的；

③ 施工主要技术采用特定的专利或者专有技术的；

④ 施工企业自建自用的工程，且该施工企业资质等级符合工程要求的；

⑤ 在建工程追加的附属小型工程或者主体加层工程，原中标人仍具备承包能力的；

⑥ 法律、行政法规规定的其他情形。

2）施工标段的划分

如果工程项目的全部施工任务作为一个标发包，则招标人仅与一个中标人签订合同，施工过程中管理工作比较简单,但有能力参与竞争的投标人较少。如果招标人有足够的管理能力,也可以将全部施工内容分解成若干个标段分别发包,一则可以发挥不同投标人的专业特长,增强投标的竞争性;二则每个独立合同比总承包合同更容易落实,即使出现问题也是局部的,易于纠正或补救。但发包的数量多少要适当,标段太多会给招标工作和施工阶段的管理协调带来困难。标段划分要有利于吸引更多的投标者来参加投标,以发挥各个承包商的特长,降低工程造价,保证工程质量,加快工程进度,同时又要考虑到便于工程管理、减少施工干扰,使工程能有条不紊地进行。划分标段应考虑的主要因素:

(1) 工程特点

准备招标的工程如果场地比较集中、工程量不大、技术上不是特别复杂,一般不用分标。而当工作场面分散、工程量较大或有特殊的工程技术要求时,则可以考虑分标,如高速公路、灌溉工程等大多是分段发包的。

(2) 对工程造价的影响

一般来说,一个工程由一家承包商施工,不但干扰少、便于管理,而且由于临时设施少,人力、机械设备可以统一调配使用,可以获得比较低的工程报价。但是,如果是一个大型的、复杂的工程项目(如核电站工程),则对承包商的施工经验、施工能力、施工设备等方面都要求很高。在这种情况下,如果不分标就可能使有能力参加此项目投标的承包商数大大减少。投标竞争对手的减少,很容易导致报价的上涨,不能获得合理的报价。

(3) 专业化问题

尽可能按专业划分标段,以利于发挥承包商的特长,增加对承包商的吸引力。

(4) 工地的施工管理问题

在分标时要考虑工地施工管理中的两个问题:一是工程进度的衔接;二是工地现场的布置、作业面的划分。工程进度的衔接很重要,特别是对"关键线路"上的项目一定要选择施工水平高、能力强、信誉好的承包商,以保证能按期或提前完成任务,防止影响其他承包商的工程进度,以至于引起不必要的索赔。从现场布置角度看,则承包商越少越好。分标时一定要考虑施工现场的布置,不能有过大的干扰。对各个承包商的施工作业面、堆场、加工场、生活区、交通运输、甚至弃渣场地等的安排都应在事先有所考虑。

(5) 其他因素

影响工程分标的因素还有很多,如资金问题。当资金筹措不足时,只有实行分标,部分工程先行招标。

总之,分标时对上述因素要综合考虑,可以拟定几个分标方案,进行综合比较后确定,但对工程技术上紧密相连、不可分割的单位工程不得分割标段。

3) 施工招标应具备的条件

(1) 按照国家有关规定需要履行项目审批手续的,已经履行审批手续。

(2) 完成建设用地的征用和拆迁。

(3) 有能够满足施工需要的设计图纸和技术资料。

(4) 建设资金的来源已落实。

(5) 施工现场的前期准备工作如果不包括在承包范围内,应满足"三通一平"的开工条件。

3.3.2 工程施工投标

1）施工投标的主要工作

(1) 研究招标文件

投标单位报名参加或接受邀请参加某一工程的投标，通过了资格审查，取得招标文件之后，首要的工作就是认真仔细地研究招标文件，充分了解其内容和要求，以便有针对性地开展投标工作。研究招标文件，重点应放在投标者须知、工程范围、合同条款、设计图纸以及工程量清单上。当然，对技术规范要求等也要弄清有无特殊要求。

对于工程量清单，即使招标文件不要求投标人核对，只要时间许可，投标人应予核对，以便采取合适的报价策略以及子项单价。如发现工程量清单有重大出入，特别是重大漏项，应告知招标人，由招标人书面更正，这对于固定总价合同尤为重要。

(2) 调查投标环境

所谓投标环境，就是招标工程施工的自然、经济和社会条件，这些条件都是工程施工的制约因素，直接影响到工程成本，是投标单位报价时必须考虑的，所以在报价前要尽可能了解清楚。

① 工程的性质及其与其他工程之间的关系；

② 工地地形、地貌、地质、气候、交通、电力、水源等情况，有无障碍物等；

③ 工地附近有无可利用的条件，如料场开采条件、其他加工条件、设备维修条件等；

④ 工地所在地的社会治安情况等。

(3) 制订施工方案

施工方案是投标报价的一个前提条件，也是招标单位评标时要考虑的因素之一。施工方案应由投标单位的技术负责人主持制定，主要应考虑施工方法、施工机具的配置，各工种劳动力的安排及现场施工人员的平衡，施工进度的安排，质量安全措施等。施工方案的制定应在技术和工期两方面对招标单位有吸引力，同时又有助于降低施工成本。

① 选择和确定施工方法。根据工程类型，研究可以采用的施工方法。对于一般的土方工程、混凝土工程、房建工程、灌溉工程等比较简单的工程，则结合已有施工机构及工人技术水平来选定施工方法，努力做到节省开支、加快进度。对于大型复杂工程则要考虑几种施工方案，综合比较。如水利工程中的施工导流方式，对工程造价及工期均有很大影响，承包商应结合施工进度计划及施工机械设备能力来研究确定；又如地下开挖工程、开挖隧洞或洞室，则要进行地质资料分析，确定开挖方法(用掘进机，还是用钻孔爆破法……)以及支洞、斜井数量、位置、出渣方法、通风等。

② 选择施工设备和施工设施。选择施工设备和施工设施一般与研究施工方法同时进行。在工程估价过程中还要进行施工设备和施工设施的比较，如是修理旧设备还是购置新设备、是国内采购还是国际采购、是租赁还是自备等。

③ 编制施工进度计划。编制施工进度计划应紧密结合施工方法和施工设备的选定。施工进度计划中应提出各时段内应完成的工程量及限定日期。施工进度计划可用网络图表示，也可用横道图表示。

④ 确定投标策略。正确的投标策略对提高中标率并获得较高的利润有重要作用。常

用的投标策略有以信誉取胜、以低价取胜、以缩短工期取胜、以改进设计取胜，同时也可采取以退为进的策略、以长远发展为目标的策略等。应综合考虑企业目标、竞争对手情况等来确定投标策略。

2）投标报价计算

报价计算是投标单位对承建招标工程所要发生的各种费用的计算。作为投标计算的必要条件，应预先确定施工方案和施工进度。此外，报价计算还必须与采用的合同形式相协调。报价是投标的关键性工作，报价是否合理直接关系到投标的成败。

（1）标价的组成

投标单位在针对某一工程项目的投标中，最关键的工作是计算标价。根据我国《标准施工招标文件》（2007 版）规定，工程量清单中的每一子目须填入单价或价格，且只允许有一个报价；工程量清单中标价的单价或金额，应包括所需人工费、施工机械使用费、材料费、其他（运杂费、质检费、安装费、缺陷修复费、保险费，以及合同明示或暗示的风险、责任和义务等），以及管理费、利润等；工程量清单中投标人没有填入单价或价格的子目，其费用视为已分摊在工程量清单中其他相关子目的单价或价格之中。

（2）标价的计算依据

① 招标文件中的工程量清单和要求以及书面答疑材料；

② 工程设计图纸及有关的技术说明书等；

③ 施工现场的实际情况；

④ 自行制定的施工方案；

⑤ 招标人供应工程材料、设备的情况；

⑥ 企业定额或工程所在地建设行政主管部门发布的现行消耗量定额；

⑦ 工程所在地工程造价管理机构发布的市场价格信息；

⑧ 施工过程中的各种应由承包人承担的风险因素。

（3）标价的计算过程

计算标价之前，应充分熟悉招标文件和施工图纸，了解设计意图、工程全貌，同时还要了解并掌握工程现场情况，对招标单位提供的工程量清单进行复核，然后，进行标价的计算，即计算完成一个规定计价单位工程所需的全部费用。包括人工费、材料费、机械费、管理费、利润、规费、税金等费用组成，综合单价应考虑风险因素。

① 确定分部分项工程单价和合价。工程量清单中的每一子目须填入单价或价格，计算合价，并汇总得到分部分项工程费，即分部分项工程费＝$\sum$清单工程量×综合单价。汇总分部分项工程费即得单位工程费。确定清单单价时，一定要注意分析工程量清单所列的“项目特征”和“工程内容”。

② 计算措施项目费。施工企业为完成工程项目施工，发生于该工程施工前和施工过程中技术、生活、安全等非工程实体项目而必须付出的费用。

③ 计算其他项目费。其他项目清单分为招标人部分和投标人部分，其中“招标人部分”的内容和金额应由招标人给定；“投标人部分”的内容和金额由投标人确定。其他项目清单费用是指预留金、材料购置费（仅指由招标人购置的材料费）、总承包服务费、零星工程项目费等估算金额的总和，包括人工费、材料费、机械费、管理费、利润以及风险费。其中，零星工

作费是应招标人要求,完成工程量清单以外的工作所需要支付的费用。

a. 人工的名称应按不同的工种分列,材料和机械应按名称、规格、型号分列。

b. 人工计量单位应按小时,材料按基本计量单位,机械计量单位应按台班计列。

c. 数量应由招标人估算,单价由投标人填报。

④ 规费。规费是指政府有关部门规定必须缴纳的费用,属于行政费用。按照建设部、财政部印发的《建筑安装工程费用项目组成》(建标〔2003〕206号),规费包括:工程排污费、工程定额测定费、养老保险费、失业保险费、医疗保险费、住房公积金、危险作业意外伤害保险等。采用综合单价法编制标底和报价时,规费不包含在清单项目的综合单价内,而是以单位工程为单位,按下列公式计算:

规费=(分部分项工程费+措施项目费+其他项目费)×规费的费率

⑤ 税金。税金是指国家税法规定的应计入工程造价的营业税、城市维护建设税及教育费附加。

税金=(分部分项工程费+措施项目费+其他项目费+规费)×税率

⑥ 单位工程费汇总。单位工程费汇总的金额应由分部分项工程量清单计价表、措施项目清单计价表和其他项目清单计价表的合计金额和按有关规定计算的规费、税金组成。

单位工程费=分部分项工程费+措施项目费+其他项目费+规费+税金

⑦ 工程总价。如果一个工程项目有多个单项工程,单项工程又由多个单位工程组成,则应将分部分项工程费按单位工程汇总;将单位工程费按单项工程汇总;再由单项工程费汇总成招标项目的工程总价。

⑧ 确定报价。投标报价是投标人在计算的工程总价基础上,结合自身的情况、投标竞争态势、履约环境、项目风险综合权衡,进行调整后报出的价格。

3) 投标报价技巧

(1) 不平衡报价

不平衡报价,指在总价基本确定的前提下,如何调整项目的各个子项的报价,以期既不影响总报价又在中标后可以获取较好的经济效益。通常采用的不平衡报价有下列几种情况:

① 对能早期结账收回工程款的项目(如土方、基础等)的单价可报以较高价,以利于资金周转;对后期项目(如装饰、电气安装等)单价可适当降低。

② 估计依据工程量可能增加的项目,其单价可提高;而工程量可能减少的项目,其单价应降低。

③ 图纸内容不明确或有错误,估计修改后工程量要增加的,其单价可提高。

④ 没有工程量而只需填报单价的项目(如疏浚工程中的开挖淤泥工作等),其单价宜高,这样既不影响总的投标价,又可多获利。

⑤ 对于暂定项目,其实施的可能性大的可定高价,估计该工程不一定实施的则可定低价。

(2) 零星用工(计日工)

零星用工一般可稍高于工程单价表中的工资单价。其原因是零星用工不属于承包总价的范围,发生时实报实销,可多获利。

(3) 多方案报价法

若招标人拟定的合同条件要求过于苛刻，为使招标人修改合同要求，可准备“两个报价”，并阐明按原合同要求规定，投标报价为某一数值，倘若合同要求作某些修改，则投标报价为另一数值，即比前一数值的报价低一定百分点，以此吸引对方修改合同条件。

另一种情况是自己的技术和设备满足不了原设计的要求，但在修改设计以适应自己的施工能力的前提下仍有希望中标，于是可以报一个原设计施工的投标报价(高报价)；另一个则按修改设计施工的方案，比原设计施工的标价低得多的投标报价，以诱导招标人修改设计采用合理的报价。但是，这种修改设计，必须符合设计的基本要求。

(4) 区别对待报价法

可适当提高报价情况：施工条件差的，如场地狭窄，地处闹市的工程；专业要求高的技术密集型工程，而本公司这方面有专长；总价低的小工程以及自己不愿意做而被邀请投标的工程；特殊的工程，如港口码头工程、地下开挖工程等；业主对工期要求急的；投标竞争对手少的；支付条件不理想的等。

应适当降低报价的情况：施工条件好的工程；工作简单、工程量大，一般公司都能做的工程，如一般房建工程；本公司急于打入某一市场、某一地区；公司任务不足，尤其是机械设备等无工地转移时；本公司在投标项目附近有工程，可以共享一些资源时；投标对手多，竞争激烈时；支付条件好的，如现汇支付工程等。

4) 投标策略

投标策略是指承包商在投标竞争中的指导思想与系统工作部署及其参与投标竞争的方式和手段。投标策略作为投标取胜的方式、手段和艺术，贯穿于投标竞争的始终，内容十分丰富。在投标与否、投标项目的选择、投标报价等方面，无不包含投标策略。常见的投标策略有以下几种：

(1) 增加建议方案

有时招标文件中规定，可以提建议方案，即可以修改原设计方案，提出投标者的方案。投标者应抓住这样的机会，组织一批有经验的设计和施工工程师，对原招标文件的设计和施工方案仔细研究，提出更为合理的方案以吸引业主，促成自己的方案中标。这种新建议方案有降低总造价，或缩短工期，或改善工程的功能。建议方案不要写得太具体，要保留方案的技术关键，防止业主将此方案交给其他承包商。同时要强调的是，建议方案一定要比较成熟，有很好的操作性。另外，在编制建议方案的同时，还应组织好对原招标方案的报价。

(2) 突然袭击法

由于投标竞争激烈，为迷惑对方，有意泄漏一点假情报，如制造不打算参加投标，或准备投高价标，或因无利可图不想干的假象。然而，到投标截止之前，突然前往投标，并压低投标价，从而使对手措手不及而败北。

(3) 无利润算标

缺乏竞争优势的承包商，在不得已的情况下，只能在算标中不考虑利润去夺标。这种办法一般是处于以下条件时采用：

① 有可能在得标后将大部分工程分包给索价较低的分包商。

② 对于分期建设的项目，先以低价获得首期工程，目标是创造后期工程的竞争优势，提

高中标的可能性。

③ 较长时期内承包商没有在建的工程项目,如果再不得标,就难以维持生存。因此,即使本工程无利可图,只要能维持公司的日常运转,保住队伍不散,就可承接,以图东山再起。

(4) 低价夺标法

这是一种非常手段。如企业大量窝工,为减少亏损;或为打入某一建筑市场;或为挤走竞争对手保住自己的地盘,于是制定亏损标,力争夺标。但必须防止被评委判为低于成本价竞标。

5) 投标决策

所谓投标决策,主要包括四个方面的内容:其一,决定是否投标;其二,决定采用怎样的投标策略;其三,投标报价;其四,中标后的应对策略。投标决策的正确与否,关系到能否中标和中标后的效益问题、关系到信誉和发展前景,所以必须高度重视。

投标决策的核心是决策者在期望的利润和承担的风险之间进行权衡,作出选择。这就要求"决策"者广泛深入地对项目和项目业主、项目的自然环境和社会环境、项目工程监理及施工投标的竞争对手进行调研,收集信息,做到知己知彼,才能保证投标决策的正确性。

6) 投标文件的编制

(1) 投标文件的内容

投标文件应严格按照招标文件的各项要求来编制,一般包括下列内容:

① 投标函及投标函附录;

② 法定代表人身份证明或附有法定代表人身份证明的授权委托书;

③ 联合体协议书(如果联合投标);

④ 投标保证金;

⑤ 已标价工程量清单;

⑥ 施工组织设计;

⑦ 项目管理机构;

⑧ 拟分包项目情况表;

⑨ 资格审查资料;

⑩ 投标人须知前附表规定的其他材料。

(2) 投标文件编制的要点

① 要将招标文件研究透彻,重点是投标须知、合同条件、技术规范、工程量清单及图纸等。

② 为编制好投标文件和计算投标报价,应收集和掌握工程所在地建设行政主管部门发布的现行消耗量定额以及工程造价管理机构发布的市场价格信息、相关取费标准及各类标准图集,政策性调价文件以及材料和设备价格情况等。

③ 投标人首先应依据招标文件和工程技术规范要求,并结合施工现场情况编制施工方案或施工组织设计。

④ 按照招标文件中规定的各种条件和依据计算报价,并仔细核对,确保准确,在此基础上正确运用报价技巧和策略,采用科学方法作出报价决策。

⑤ 认真填写招标文件所附的各种投标表格,尤其是需要签章的,一定要按要求完成,否

则有可能会因此而导致废标。

⑥ 投标文件的封装。投标文件编写完成后要按招标文件要求的方式进行分装、贴封、签章。

3.3.3 施工招标的评标

1) 施工招标评标指标的设置

(1) 报价

报价是评价投标人投标书的基础,评标价是经过修正处理的报价。在评标中,报价的权重一般都占50%以上,但什么样的评标价该得最高分却是个难题。有以标底为基准的,有以标底和投标报价平均值加权平均值为基准的,有以低于投标报价平均值的若干百分点为基准的,也有以最低标的评标价为基准的,还有以次低标的评标价为基准的,等等。

(2) 施工方案或施工组织设计

评标的内容包括施工方法是否先进、合理,进度计划及措施是否可行,质量与安全保证措施是否可靠,现场平面布置及文明施工措施是否合理,主要施工机具及劳动力配备能否满足施工需要,项目主要管理人员及工程技术人员的数量和资历是否满足施工项目的要求,施工组织设计是否完整等。

(3) 质量

工程质量应达到国家施工验收规范合格标准,同时必须响应招标文件要求。

(4) 工期

工期必须满足招标文件的要求。

(5) 项目经理

项目经理是招标项目施工的组织者,他的经验和能力直接关系到施工合同的履行。所以在评价指标中要考虑项目经理的年龄、学历、专业技术职称等基本条件,但重要的是其施工经历、工程经验及其创优质工程的能力。

(6) 信誉和业绩

重点应考虑近年施工承包的工程情况和履约情况;有无承担过与招标项目类似的工程施工任务;近期被评为市级以上优良工程的数量,施工项目或企业近年获得过的表彰和奖励;企业的经营作风和施工管理水平以及企业的信誉等。

2) 施工招标的评标方法

(1) 综合评估法

采用综合评估法的,应当对投标文件提出的工程质量、施工工期、投标价格、施工组织设计或者施工方案、投标人及项目经理业绩等,能否最大限度地满足招标文件中规定的各项要求和评价标准进行评审和比较。

(2) 最低投标价法

采用经评审的最低投标价法的,应当在投标文件能够满足招标文件实质性要求的投标人中,评审出投标价格最低的投标人,但投标价格低于其企业成本的除外。

3) 法定招标项目以外的施工招标

不在法定招标范围内的项目,招标人除了可以采用综合评估法、经评审的最低投标价法外,还可以采用其他方法,如评议法、评分法、评标价法等。

(1) 评议法

评议法不用量化评价指标,只要通过对投标单位的能力、业绩、财务状况、信誉、投标价格、工期质量、施工方案(或施工组织设计)等内容进行定性分析和比较,进行评议后,选择投标单位中各项指标都较优者为中标单位,也可以用表决的方式确定中标单位。这种方法是定性的评价方法,由于没有对各投标书的量化比较,评标的科学性较差。其优点是简单易行,在较短的时间内即可完成,一般适用于小型工程或规模较小的改建扩建项目的招标。

(2) 综合评分法

这种方法是将评审各指标和评标标准在招标文件内规定,由评委根据评分标准对各投标单位的标书进行评分,最后以总得分最高的投标单位为中标单位。

(3) 评标价法

评标委员会首先通过对各投标书的审查,淘汰技术方案不满足基本要求的投标书,然后对基本合格的标书按招标文件规定的方法将一些评审要素折算为价格,加到该标书的报价上形成评标价,以评标价最低(不是投标报价最低)的标书为最优。评标价仅作为评标时衡量投标人能力高低的量化指标,在与中标人签订合同时仍以投标价格为准。可以折算成价格的评审要素一般包括:

① 工期。若工期提前,将给项目带来超前收益的情况下,将提前的工期按招标文件确定的计算规则折算成相应的货币值,从该投标人的报价内扣减。

② 一定条件下的优惠(如世界银行贷款项目对借款国国内投标人有7.5%的评标优惠)。

③ 投标书内提出的优惠条件将使招标人受益,应按一定的方法折算后,在投标价中扣减。如招标文件中规定同时投多个标段,连中两个以上的标时准予合同价优惠(一般在4%左右)。

④ 招标投标文件中的漏项,实施过程中必须发生且招标人必须承担的费用,应在投标价中增加。

⑤ 对其他可以折算为价格的要素,按规定折算后,根据对招标人有利或不利的影响,在投标报价中扣减或增加。但评标委员会无需对投标文件的技术部分进行价格折算。

3.4 工程总承包招标管理

3.4.1 工程总承包含义

工程总承包是指从事工程总承包的企业按照与建设单位签订的合同,对工程项目的设计、采购、施工等实行全过程的承包,并对工程的质量、安全、工期和造价等全面负责的承包方式。工程总承包一般采用设计—采购—施工总承包或者设计—施工总承包模式。建设单位也可以根据项目特点和实际需要,按照风险合理分担原则和承包工作内容采用其他工程总承包模式。建设单位在选择建设项目组织实施方式时,应当本着质量可靠、效率优先的原则,优先采用工程总承包模式。

2017年2月21日，国务院办公厅发布《关于促进建筑业持续健康发展的意见》提出，要完善工程建设组织模式，加快推行工程总承包：装配式建筑原则上应采用工程总承包模式。政府投资工程应完善建设管理模式，带头推行工程总承包。加快完善工程总承包相关的招标投标、施工许可、竣工验收等制度规定。按照总承包负总责的原则，落实工程总承包单位在工程质量安全、进度控制、成本管理等方面的责任。除以暂估价形式包括在工程总承包范围内且依法必须进行招标的项目外，工程总承包单位可以直接发包总承包合同中涵盖的其他专业业务。

工程总承包是国际通行的建设项目组织实施方式。大力推进工程总承包，有利于提升项目可行性研究和初步设计深度，实现设计、采购、施工等各阶段工作的深度融合，提高工程建设水平；有利于发挥工程总承包企业的技术和管理优势，促进企业做优做强，推动产业转型升级，服务于"一带一路"倡议的实施。

3.4.2 工程总承包招标

建设单位可以依法采用招标或者直接发包等方式选择工程总承包企业。工程总承包项目范围内的设计、采购或者施工中有任一项属于依法必须进行招标的项目范围且达到国家规模标准的，应当采用招标的方式选择工程总承包单位。招标人可根据项目特点，在可行性研究或者方案设计或者初步设计完成后，以工程投资估算或者概算为经济控制指标，以限额设计为控制手段，按照相关技术规范、标准和确定的建设范围、建设规模、建设标准、功能需求、投资限额、工程质量、工程进度等要求，进行工程总承包招标。工程总承包应当优先选择在可行性研究完成即开展工程总承包招标。可行性研究或者方案设计、初步设计应当履行审批手续的，经批准后方可进行下一阶段的工程总承包招标。工程建设范围、建设规模、建设标准、功能需求、投资限额、工程质量、工程进度等前期条件不明确、不充分的项目不宜采用工程总承包方式。

为了规范工程总承包招标的资格预审文件、招标文件编制和评标活动，2018年2月7日，江苏省建设工程招标投标办公室制定发布了《江苏省房屋建筑和市政基础设施项目工程总承包招标投标导则》(苏建招办〔2018〕3号)，2018年4月3日制定发布了《江苏省房屋建筑和市政基础设施项目标准工程总承包招标文件》等标准文件。

1）工程总承包招标文件构成

建设单位应当根据招标项目的特点和需要编制工程总承包项目招标文件，一般包括以下内容：

(1) 投标邀请书；

(2) 投标人须知；

(3) 评标办法；

(4) 合同条款及格式(推荐使用由住房和城乡建设部会同有关部门制定的工程总承包合同示范文本)；

(5) 报价清单；

(6) 发包人要求，列明项目的目标、范围、设计和其他技术标准，包括对项目的内容、范围、规模、标准、功能、质量、安全、节约能源、生态环境保护、工期、验收等的明确要求；

(7) 发包人提供的资料,包括发包前完成的水文地质、工程地质、地形等勘察资料,以及工程可行性研究报告、方案设计文件或者初步设计文件等;

(8) 投标文件格式;

(9) 投标人须知前附表规定的其他资料。

建设单位可以在招标文件中,提出对履约担保的要求;依法要求投标文件载明拟分包的内容;对于设有最高投标限价的,应当明确最高投标限价或者最高投标限价的计算方法;未中标方案应给予补偿和补偿标准;是否采取装配式建造方式、建筑信息模型(BIM)技术及有关技术指标等;技术创新、节能环保等方面的要求。

对招标文件所作的澄清、修改,构成招标文件的组成部分。招标文件的澄清、修改内容前后相互矛盾时,以发布时间在后的文件为准。

2) 工程总承包评标

(1) 评标办法

工程总承包评标可以采用综合评估法,评审的主要因素包括工程总承包报价、项目管理组织方案、设计方案、设备采购方案、施工计划、工程业绩等。工程总承包项目可以采用总价合同或者成本加酬金合同,合同价格应当在充分竞争的基础上合理确定,合同的制订可以参照住房城乡建设部、工商总局联合印发的建设项目工程总承包合同示范文本。

投标人提交的设计文件应当符合《建筑工程设计文件编制深度规定》《市政公用工程设计文件编制深度规定》中相应设计阶段的编制深度要求(施工图设计文件除外)。

对于工程总承包报价的评审,应当将设计费、设备费、施工费和工程总承包管理费等合成一个总投标报价评审。

(2) 评标阶段

工程总承包项目招标一般可以采用两阶段评标。投标人应当按照招标文件的要求编制、递交投标文件(一般包括两部分:一是设计文件部分,二是投标文件的商务技术部分,包括资格审查材料、工程总承包报价、项目管理组织方案以及工程业绩等)。开标、评标活动分两个阶段进行:

第一阶段:先开设计文件部分,并先对设计文件进行评审。在设计文件评审合格(得分60%以上,具体合格分在招标文件中明确)的投标人中,只有设计文件得分汇总排在前若干名的(一般不少于5名,具体数量在招标文件中明确),才能进入第二阶段开标、评标;设计文件评审合格的投标人少于5名的,全部进入第二阶段开标、评标。

第二阶段:开启投标文件的商务技术部分(仅针对进入第二阶段的投标文件进行),并按照招标文件规定的评标方法完成评审,实行资格后审的,还应对投标人的资格进行审查。设计文件得分是否带入第二阶段,由招标人根据招标项目的实际情况在招标文件中明确。

在初步设计完成后进行招标的工程总承包项目,可以不采用两阶段评标。如果采用,则第一阶段评审"项目管理组织方案",第二阶段评审"资格审查材料、工程总承包报价以及工程业绩"等。

(3) 评标因素和标准

工程总承包评标的评审因素一般包括方案设计文件、项目管理组织方案、工程总承包报价、项目管理机构和工程业绩等。表3.1列出了《江苏省房屋建筑和市政基础设施项目标准工程总承包招标文件》中适用于可行性研究完成后的工程总承包招标因素和评分标准，可供参考。

表 3.1　适用于可行性研究完成后的工程总承包招标因素和评分标准

分值构成 (总分 100 分)			技术标：方案设计文件：≤35 分 项目管理组织方案：≤9 分 经济标：工程总承包报价：≥50 分 商务标：项目管理机构：≤3 分 工程业绩：≤3 分
序号	评审项	评分因素(偏差率)	评分标准
1	1.1 方案设计文件(≤35 分、适用于房屋建筑工程)	1. 设计说明(2～4 分)	(1) 设计说明能对项目解读充分，理解深刻，分析准确，构思新颖； (2) 项目规划设计各项指标满足任务书及规划设计要点并科学、合理； (3) 技术指标满足任务书要求，符合规划要求； (4) 各专业设计说明； (5) 投资估算与经济评价
		2. 总平面布局(6～8 分)	(1) 功能介绍、规划构思与布局新颖、合理； (2) 是否合理利用土地；与周边环境协调； (3) 是否满足交通流线及开口要求； (4) 停车位布局合理可行； (5) 是否满足消防间距要求、是否满足日照间距要求； (6) 总平面布局、竖向设计符合规划要求
		3. 建筑功能(7～9 分)	(1) 项目功能要求是否满足设计任务书要求； (2) 工艺系统流程设计符合设计任务书要求，且先进合理； (3) 对项目的设计思路把握准确、设计合理
		4. 建筑造型(2～4 分)	(1) 建筑创意、空间处理是否合理； (2) 立面造型、比例尺度和谐美观，建筑的功能和形式统一； (3) 功能与形式统一，与周围环境相协调，能够很好地体现建筑风格； (4) 对设计的规划分析图、鸟瞰图、透视图、平立剖面图、交通分析图、模型等进行评比
		5. 结构方案(1～3 分)	(1) 结构方案的选型合理可行、满足设计任务书要求； (2) 结构方案的设计依据符合规范及标准要求
		6. 设备方案(1～2 分)	(1) 设备方案的选型合理可行、满足设计任务书要求； (2) 设备方案的设计依据符合规范及标准要求
		7. 绿色建筑(含建筑节能)与装配式建筑设计(1～3 分)	(1) 采用科学合理的绿色建筑(建筑节能)措施； (2) 提出切实可行的生态建筑理念与措施； (3) 是否符合国家及地方的有关绿色建筑标准； (4) 工程采用装配式技术

(续表)

序号	评审项	评分因素(偏差率)	评分标准
1	1.1 方案设计文件(≤35分、适用于房屋建筑工程)	8. 设计深度(1～2分)	(1) 是否符合设计任务书要求; (2) 是否符合国家规定的《建筑工程设计文件编制深度规定》 注:本项可视设计深度符合程度在0～2分之间酌情打分
		注:招标人可以根据项目具体情况适当选择增减评标因素,但"评审项"分值不得调整;招标人也可以在招标文件中细化明确评分标准的内容,但一般不得突破各评分因素的规定分值	
	1.2 方案设计文件(≤35分,适用于园林和景观等市政工程)	1. 设计说明(4～7分)	(1) 设计说明能对项目解读充分,理解深刻,分析准确,构思新颖; (2) 项目规划设计各项指标满足任务书及规划设计要点并科学、合理; (3) 技术指标满足任务书要求,符合规划要求; (4) 设计理念、各专业(附属)工程设计说明
		2. 技术方案(10～15分)	(1) 总体布置方案、节点方案; (2) 专业(附属)工程设计方案; (3) 设计依据的技术标准、采用的设计指标等; (4) 环境影响分析
		3. 设计深度(3～5分)	(1) 是否符合设计任务书要求; (2) 是否符合国家规定的《市政公用工程设计文件编制深度规定》 注:本项可视设计深度符合程度在0～5分之间酌情打分
		4. 绿色设计与新技术应用(1～3分)	(1) 提出切实可行的生态理念与措施; (2) 是否符合国家及地方的有关绿色标准; (3) 采用的新技术、新材料、新工艺等
		5. 经济分析(3～5分)	(1) 估算文件编制内容完整、合理; (2) 是否符合设计说明书要求; (3) 是否符合国家法律法规及规范标准的规定; (4) 是否符合地方政府有关的政策文件规定
		注:招标人可根据项目的实际情况选择增加上述各评分因素,但"评审项"分值不得调整;也可在招标文件中细化明确评分标准的内容,但一般不得突破各评分因素的规定分值	
2	工程总承包报价(≥50分)	报价评审(工程总承包范围内的所有费用)(≥48分)	方法一: 以有效投标文件的最低评标价为评标基准价。投标报价等于评标基准价的得满分,每高1%的所扣分值不少于0.6分。偏离不足1%的,按照插入法计算得分; 方法二: 以有效投标文件的评标价进行算术平均,该平均值下浮5%～10%(具体数值由招标人在招标文件中明确)为评标基准价;工程总承包投标报价等于或者低于评标基准价的得满分,每高1%的所扣分值不少于0.6分;偏离不足1%的,按照插入法计算得分

（续表）

序号	评审项	评分因素（偏差率）	评分标准
2	工程总承包报价（≥50分）	投标报价合理性（≤2分）	该项评审因素是否设立，由招标人自主确定，本项指标用于对工程总承包报价中不合理报价的评价，以下评审方法供参考： （1）工程总承包报价是否与招标范围相一致； （2）工程总承包报价是否与投标方案设计文件相匹配； （3）工程总承包报价是否与投标项目管理组织方案相匹配； （4）工程总承包报价中的风险金计取是否明确、合理
			说明： （1）评标价指经澄清、补正和修正算术计算错误的投标报价； （2）有效投标文件是指未被评标委员会判定为无效标的投标文件
3	项目管理组织方案（≤9分）	1. 总体概述（1～2分）	对工程总承包的总体设想、组织形式、各项管理目标及控制措施、设计与施工的协调措施等内容进行评分
		2. 设计管理方案（≤1分）	对设计执行计划、设计组织实施方案、设计控制措施、设计收尾等内容进行评分
		3. 施工管理方案（1～2分）	对施工执行计划、施工进度控制、施工费用控制、施工质量控制、施工安全管理、施工现场管理、施工变更管理等内容进行评分
		4. 采购管理方案（≤1分）	对采购工作程序、采购执行计划、采买、催交与检验、运输与交付、采购变更管理、仓储管理等内容进行评分
		5. 建筑信息模型（BIM）技术（≤1分）	对建筑信息模型（BIM）技术的使用等内容进行评分
		6. 工程总承包项目经理陈述及答辩（≤2分）	招标人可以要求投标工程总承包项目经理在评标环节陈述项目管理组织方案的主要内容或者现场回答评标委员会提出的问题（以书面为主），评分分值控制在2分以内；评标委员会拟定答辩题目时，应同时明确答案及得分点
		注：1. 招标人可根据项目的实际情况选择增加上述各评分因素，但“评审项”分值不得调整；也可在招标文件中细化明确评分标准的内容，但一般不得突破各评分因素的规定分值； 2. 项目管理组织方案总篇幅一般不超过100页（技术特别复杂的工程可适当增加），具体篇幅（字数）要求及扣分标准，招标人应在招标文件中明确； 3. 项目管理组织方案各评分点得分应当取所有技术标评委评分中分别去掉一个最高和最低评分后的平均值为最终得分；项目管理组织方案中（项目管理机构评分点除外）除缺少相应内容的评审要点不得分外，其他各项评审要点得分不应低于该评审要点满分的70%	
4	项目管理机构（≤3分）	对工程总承包项目经理、设计负责人、施工项目经理、项目管理机构人员配置情况及取得的专业类别、技术职称级别、岗位证书、执业资格、工作经历等，招标文件中明确一定的标准进行评分	

(续表)

序号	评审项	评分因素(偏差率)	评分标准
5	工程业绩(≤3分)	1. 投标人类似工程业绩(≤1分)	对单位承担过类似及以上的工程总承包业绩加分,累计不超过1分(其类似工程执行苏建规字〔2017〕1号文的相应规定,招标文件中应当明确投标人承担过单个类似及以上工程的分值及工程业绩数量),如仅有类似设计业绩乘0.8,如仅有类似施工业绩乘0.7; 注:联合体承担过的工程总承包业绩分值计算方法为:牵头方按该项分值的100%计取、参与方按该项分值的60%计取。
		2. 工程总承包项目经理类似工程业绩(≤2分)	对工程总承包项目经理承担过类似及以上的工程总承包业绩加分,累计不超过2分(其类似工程执行苏建规字〔2017〕1号文的相应规定,招标文件中应当明确投标工程总承包项目经理承担过单个类似及以上工程的分值及工程业绩数量),如仅有类似设计业绩乘0.8,如仅有类似施工业绩乘0.7

复习思考题

1. 简述招标投标的原则及我国招标投标的方式。
2. 简述工程建设招标的分类。
3. 简述招标投标的程序。
4. 投标资格预审内容有哪些?
5. 招标文件有哪些主要内容?
6. 投标文件有哪些主要内容?
7. 简述修改招标文件及投标文件的基本要求。
8. 工程量清单计价对工程施工招标有何积极意义?
9. 我国招标法规定的评标办法主要有哪几种?
10. 简述评标委员会的构成。
11. 试述标底编制的原则与考虑的因素。
12. 试述施工组织设计与投标报价的关系。
13.《标准施工招标文件》适用于哪些工程的施工招标?
14. 简述工程总承包评标应考虑的因素以及合理的评分标准设置。
15. 我国继《招标投标法》后颁布的与工程招标投标有关的法律和行政法规有哪些?

4 工程合同类型及其选择

土木工程本身的复杂性决定了工程合同的多样性，不同的合同类型对招投标文件、合同价格确定及合同管理工作也有不同的要求。按照合同主体分类有：与业主签订的合同（如咨询合同、勘察设计合同、监理合同、供应合同、工程施工合同、保险和担保合同、贷款合同等）；与承包商签订的合同（如分包合同、供应合同、运输合同、加工合同、租赁合同、劳务供应合同、保险和担保合同等）。按照承发包方式分类有：勘察、设计或施工总承包合同、单位工程施工承包合同、工程项目总承包合同、工程项目总承包管理合同等。按照计价方式分类有：固定总价合同、成本加酬金合同和单价合同。为了获得对合同类型概念和内容的准确和完整理解，本章主要以欧美发达国家为参考蓝本，论述按照计价方式分类的工程合同类型及其选择要点。请读者注意与我国建设法律法规的不同和区别。

4.1 固定总价合同

4.1.1 总价合同的概念和形式

总价合同（Lump Sum Contract），是指业主付给承包商的款额在合同中是一个规定的金额，即总价。显然，用这种合同时，对承发包工程的详细内容及各种技术经济指标都必须一清二楚，否则承发包双方都有蒙受一定经济损失的风险。总价合同有固定总价合同、调值总价合同、固定工程量总价合同和管理费总价合同 4 种不同形式。本节主要介绍固定总价合同。

1）固定总价合同

固定总价合同（Fixed Lump Sum Contract）的价格计算是以图纸及规定、规范为基础，合同总价是固定的。承包商在报价时对一切费用的上升因素都已做了估计，并已将其包含在合同价格之中。使用这种合同时，在图纸和规定、规范中应对工程作出详尽的描述。如果设计和工程范围有变更，合同总价也必须相应地进行变更。

固定总价合同适用于工期较短（一般不超过 1 年）而且对最终产品的要求又非常明确的工程项目。根据这种合同，承包商将承担一切风险责任。除非承包商能事先预测他可能遭到的全部风险，否则他将为许多不可预见的因素付出代价。因此，这类合同对承包商而言，其报价一般都较高。

固定总价合同也许是近一百年甚至更长时间内人们最熟悉的合同形式，也许现在仍然是最普遍的合同，至少是使用最多的合同形式。由于固定总价合同的广泛应用和形式简单，它是开始理解和审核工程合同其他类型的最佳合同。

2) 调值总价合同

调值总价合同(Escalation Lump Sum Contract)的总价一般是以图纸及规定、规范为基础,按时价(Current Price)进行计算。它是一种相对固定的价格,在合同执行过程中,由于通货膨胀导致承包商人工、材料机械设备等成本变化达到某一限度时,其合同总价也应做相应的调整。在调值总价合同中,发包人承担了通货膨胀这一不可预见的费用因素的风险,而承包人只承担施工中的有关时间和成本等因素的风险。调值总价合同适用于工期较长、工程内容和技术经济指标规定得很明确的项目。

应用得较普遍的调价方法有文件证明法和调价公式法。通俗地讲,文件证明法就是凭正式发票向业主结算价差。为了避免因承包商对降低成本不感兴趣而引起的副作用,合同文件中应规定业主和监理工程师有权指令承包商选择价廉的供应来源。调价公式法常用的计算公式为:

$$C = C_0\left(\alpha_0 + \alpha_1 \frac{M}{M_0} + \alpha_2 \frac{L}{L_0} + \alpha_3 \frac{T}{T_0} + \cdots + \alpha_n \frac{K}{K_0}\right)$$

式中:C—— 调整后的合同价;

C_0—— 原签订合同中的价格;

α_0—— 固定价格的加权系数,合同价格中不允许调整的固定部分的系数,包括管理费用、利润,以及没有受到价格浮动影响的预计承包人以不变价格开支部分;

$M, L, T, \cdots, K$—— 分别代表受到价格浮动影响的材料设备、劳动工资、运费等价格;带有脚标"0"的项为代表原合同价,没有脚标的项为付款时的价格;

$\alpha_1, \alpha_2, \cdots, \alpha_n$—— 对应于各有关项的加权系数,一般通过对工程概算进行分解测算得到;各项加权系数之和应等于1,即:$\alpha_0 + \alpha_1 + \alpha_2 + \cdots + \alpha_n = 1$。

3) 固定工程量总价合同

固定工程量总价合同(Lump Sum on Firm Bill of Quantities Contract)是指由发包人或其咨询单位将发包工程按图纸和规定、规范分解成若干分部分项工程量,由承包人据以标出分项工程单价,然后将分项工程单价与分项工程量相乘,得出分项工程总价,再将各个分项工程总价相加,即构成合同总价。由于发包单位详细划定了分部分项工程,这就有利于所有投标人在统一的基础上计价报价,从而也有利于评价时进行对比分析。同时,这个分项工程量也可作为在工程实施期间由于工程变更而调整价格的一个固定基础。

在固定工程量总价合同中,承包商不需测算工程量而只需计算在实际施工中工程量的变更。因此,只要实际工程量变动不大,这种形式的合同管理起来是比较容易的。其缺点是由于准备划分和计算分部分项工程量将会占用很多的时间,从而也就延长了设计周期,拖长了招标准备时间。

4) 管理费总价合同

管理费总价合同(Management Fee Lump Sum Contract)是业主雇用某承包公司(或服务公司)的管理专家对发包工程项目的施工进行管理和协调的合同,并由业主向承包公司支付一笔总的管理费用,这种合同就是管理费总价合同。采用这种合同的重要环节是明确具体的管理工作范围,只有做到这一点才适合采用这种合同形式。

4.1.2 固定总价合同中承包商的职责

1）以固定的总价完成一个完整的工程

在固定总价合同中，承包商最主要的责任是按照合同协议规定的工期和合同文件完成工程项目，而承包商最主要的权利是以双方同意的方式、合理的时间，通常是分期付款方式取得合同价款。

固定总价合同中影响承包商责任的一个重要法律特征是"以一个固定的总价完成一个完整的工程(a fixed sum for a complete job of work)"。例如对于传统建筑，承包商会同意以固定总额、基于图纸和规范为业主建造一所别墅。社会形成的合同本质、承包商的信誉和通常采用的传统交易和材料足以保证业主能获得合适的建筑并能使用。合同的本质是以固定总价完成一个完整的建筑，即一个符合业主生活质量和要求的带有合适装修、设施、配件、设备、辅助建筑的别墅，尽管在合同文件中可能没有描述上述细节。

固定总价合同的概念坚持要求承包商提供和完成合同文件中可以"合理推断出来的、产生预期结果所必需的工作"(The work that is reasonably inferable from the contract documents as being necessary to produce the intended results)，这段话含义丰富，例如尽管一个两层别墅的设计图纸没有楼梯，技术规范也没有说明，承包商仍有义务安装一个楼梯，以实现"预期结果"，提供一个能适宜居住的两层别墅。在固定总价合同中，为了完成整个工程某些不可缺少的工作和合理推断的工作，即使没有明确，都属于合同隐含的工作。

如果固定总价合同文件中包含了工程量清单，将会引发一个合同含义和意图的问题，即工程量是否构成合同一部分及是否决定合同的工作范围，或它们仅作为信息和根据合同条款决定单价变更的一个基础。这一点合同必须明确规定。

2）承包商应承担的投标风险

业主或被授权的设计师，可以通过签订一份固定总价合同，实际上转移自己所有的风险，让承包商在合同规定的时间内完成工程，并可以供业主使用。与此同时，如果业主想节省投资，必须考虑这样的规定对投标人的影响。投标人可能会更多地考虑他们自己的风险，计算风险的影响和可能性，并在估价和报价时对每个风险增加费用，这也不是业主明智的选择。

在固定总价合同中，应该设置如果发生偶然性事件业主可支付额外费用的合同条款，这样投标人在投标时就不需要考虑偶然性事件、额外工作，报价时可以不考虑风险费用，偶然性事件发生后也能得到补偿，不会产生额外损失。为了达到这样的目的，在固定总价合同中应该规定明确的内容和条款，并且投标人的报价也必须符合合同这样的规定。

3）工程变更

固定总价合同影响双方当事人职责的重要特征之一是它的固定特性，非常重要的一点就是，绝大多数的固定总价合同都包含一个在不影响合同效力时业主可以作出工程变更的条款。如果没有这样明确的条款，固定总价合同就不能作出变更，除非业主和承包商双方同意。有了这样的条款，承包商就必须完成所有的有效变更，这在普通法和有些国家标准合同条款中是一个事实，但变更必须在"合同的总体范围"内，这意味着如果业主指示变更，那么变更不能超出合同范围和本质，这是事实也是法律解释。例如某业主按固定总价合同建造一幢别墅，他可以指示变更外墙粉刷采用灰泥的类型，但不能将卧室数量从3个变更到4个，尤其当承包商不希望如此时，即使业主准备支付额外的费用也是不可以的。事实上，唯一可以让承包商改变的是放弃原来的合同，双方协商重新签订一份新的合同。

值得注意的是，尽管所有的标准工程合同文件，在合同有效的前提下都为业主提供了一定的工程变更权利，但是标准合同文件同样要求业主对双方同意的变更支付额外费用，如果不能达成协议，通常情况下承包商必须完成业主命令的工作，并保留详细的会计记录，使工程价值能得到设计师的认可。最后承包商如果不满意的话，可以提交给仲裁或法庭。总体来说，在商谈变更时承包商一般都处在相对较强的地位。

4）施工组织和方法

在固定总价合同中，承包商通常完全控制工程并且有单独的责任去组织和决定选用分包商，这也从侧面反映出了这种合同的本质。总的来说，承包商可以自己决定施工方法，但越来越多的是由设计师来说明施工的方法和手段。

由判例形成的普通法要求承包商按照通常的交易实践完成工程，以合理的速度，完成固定总价合同中业主需要的合适建筑物。但是技术已经超出了传统，普通法变得越来越难适用，因为普通法基于传统，且被成文法否决。现在，设计师必须采用新材料和新的施工方法进行设计，并尽可能详细和明确，因为没有传统的东西可以照搬，所以承包商必须等待设计师告诉他们该干什么，这样承包商就失去了主动权。同时由于工程的复杂性，设计师（和承包商配合）已经修改完善了总价合同来克服原来合同文本的约束，常包括多方案投标、暂定金额、工程变更和工程延期等。为了适应现在的需要，固定总价合同的基本本质已经被改变了，同样承包商的一些基本职责在变化过程中也逐渐变得不分明甚至被丢失。

5）承包商的其他责任

在固定总价合同的标准文本中，承包商有责任保证业主、设计师及他们的代理人和雇员免于因工程履行所导致的所有索赔、损害和开支而造成的损失。这意味着业主和设计师，无论在现场或其他地方，对建造过程中完成的任何工作不承担责任，如果它是由承包商、分包商及他们雇用的任何人的全部或部分的疏忽所导致的。

6）承包商的现场项目经理

在合同履行期间承包商应聘请一位全职的经理（和必需的助理），在现场他将代表承包商。在很大程度上，工程的圆满履行和合理的进度都得依靠他。最理想的项目经理是既得到行业训练又有实际经验。

困扰承包商的一个问题是从开始施工到竣工一直都必须有一个好的项目经理，尤其是当许多工作由分包商完成。在工程趋于结尾时，承包商可能要求该项目经理开始新的项目，所以通常换个较差的项目经理，将好的项目经理换到新的项目上去。但是承包商有责任按照合同要求合理完成工程，包括所有分包商和班组的工作，这些工作承包商必须组织和监督，对业主完全负责。在工程完成到某一阶段（如75%）时调换项目经理，对工程竣工是有害的。许多合同规定项目经理的任命和免除要得到业主和设计师的认可。

7）承包商的缺陷弥补责任

承包商的一个主要责任是在施工过程中和基本竣工（Substantial completion of the

work)后修改有缺陷的工作,即在所谓的保修期内弥补缺陷责任,国际上通常是基本竣工后的一年内。有这样的事实常未被注意到,工程竣工后建造合同并没有结束,在一般条款规定的保修期内仍然有效。同样的事实是承包商弥补缺陷的责任也不受保修期的限制。当合同不再有效,业主虽然不能因承包商拒绝修复缺陷而寻求违反合同的损害赔偿,但他随时可按照工程所在地有效的法律管辖提起诉讼赔偿要求。这意味着业主在基本竣工后若干年还能向承包商提出诉讼赔偿要求,并且只要有充分的理由,只要承包商公司还存在着,这样的诉讼可能会成功。

8) 承包商未获得付款后责任

如果承包商没有得到应得的支付,可以停止施工直到他得到支付,但是绝大多数合同要求承包商在采取这种严厉的行动前提交一个有明确天数的书面通知。这是承包商按照合同条款应该获得的基本权利。类似的,在有设计师的标准合同文本中,设计师签署了承包商有权获得固定数额工程款的书面证明后,业主应该支付给承包商。所以根据标准合同条件,如果设计师没有及时签发付款证明,承包商可能会停工。如果在一定时间内(通常 30 天)没有获得一个付款证明或付款,承包商在书面通知后可终止合同,并要求支付已完工程及赔偿遭受的损失。很明显,这是合同意图赋予承包商在这些情况下的行动权利,但不一定立即采取这样严厉的行动,书面通知将劝说对方去做他们能力范围内应该做的事。如果他们不做,才能采取停止施工的最后行动。

给承包商的付款通常是按月支付的,根据直至当月已完工程的总价值和运到现场的材料,折算成合同总额的一定比例,再扣除以前的付款,这样操作可以避免累积误差。通常情况下承包商每月不能获得所有应得之款,因为工程合同包含有业主在竣工前扣留一定比例保留金的条款。

4.1.3 固定总价合同中业主的职责

1) 业主的主要职责

在任何标准工程合同中,业主的主要职责是:(1) 提供工程相关资料和现场通道;(2) 按照协议和合同条款支付承包商工程价款。几乎所有的其他事情都是由代表业主的设计师完成的,而业主都是通过设计师签发所有的指令给承包商。但有一些行为只能由业主做出,例如终止合同,但他通常不能单方面终止,需要得到设计师的许可。在标准合同中,业主几乎没有职责,这些职责被赋予了设计师。在有些合同中要求业主购买保险(事实上他可以选择);但对于一份特定的合同,无论保险是由业主购买还是由承包商购买,它总是由业主直接或间接支付。在有些标准合同文件中,业主需要提供为完成其义务的合理资金安排的证据、组织现场勘查、支付土地费用、及时提供所有信息和服务、指派一名业主代表等。

2) 工程缺陷弥补

在有些标准合同文件中,业主的权利通常大于自己的义务。例如,如果承包商没有改正不合格工程或者不能持续供应构成工程实体必需的材料或设备,业主有权命令工程停止。如果承包商没有按照合同条款履行义务,业主在取得设计师许可的情况下可以自行修复工程缺陷,并向承包商索取相应工程款。然而这些规定并没有起到预想的效果,首先,该情况含义并不明确;其次,很难寻找一家新的承包商进驻场地修复缺陷或完成施工;最后,如果承包商有困难,可能是财务上出现问题,这样业主可能很难讨回自己的工程款。尽管如此,业主必须要有续建工程的最终权力;另外一个保护可能是担保公司提供的履约担保,多数的合同会提供上述两个保护。在固定总价合同中,业主也必须承担一些风险,当然业主可以选择一个对自己有利的合同条件。

3) 业主终止合同

业主在取得设计师的许可后,有权按照通用条款所列理由终止合同。通常包括承包商破产、承包商坚持拒绝继续执行合同、承包商未能支付分包商或材料供应商款项、承包商持续或严重地违反法律法规和严重违反合同条件等。不过业主通常要有设计师的书面认可和足够的证据才可以采取这种极端的做法,并且业主必须给承包商书面通知。这是业主、设计师和承包商之间相互关系的一种说明。设计师是位于施工合同当事人之间的一个仲裁人。在标准合同中业主通常没有单方面的行为权力,因为大多数业主合同行为的权利被授予设计师。我们应该注意,在业主可以终止合同之前,承包商必须正在或者即将违反合同。

4) 误期损害赔偿

标准的固定总价合同文本中包含有特殊条款的空间,如承包商没有按时完工的误期损害赔偿(Liquidated Damages)。如果协议中包含这样的条款并且承包商未能及时完工,业主就可以根据设计师的许可和合同条款,有权从应支付给承包商的任何款项中扣除相应的金额,并且可以通过任何其他法律途径要求赔偿损失。一般来说,任何涉及完工和合同工期的"罚款—奖励条款"(Penalty-Bonus Provision)都可能给业主带来其他的责任。

4.1.4 固定总价合同中设计师(设计商)的责任

1) 设计师的地位

可以说,设计师在固定总价合同中没有任何职责,因为他不是合同的主体,只有合同主体才承担由合同所产生的职责。然而标准工程合同赋予设计师特定的责任并对业主负责。工程合同中设计师一般被称为建筑师、工程师、业主代理。因为业主的主要义务是支付给承包商,而支付需要设计师的证明,这可被定义为设计师的基本职责。如果设计师雇用被终止,标准合同要求业主取代协议中定义的设计师。

2) 设计师的解释或指令

设计师所做的解释必须是公正的并与合同文件的意图和合理推断相一致,在AIA文件A201—1997中规定"如果与合同文件表示的意图符合时,设计师对影响建筑审美相关事件的决定是最终的",它暗示其他的决定不是最终的。

根据标准合同文件,设计师是合同和双方履行行为的解释者,在合同双方之间不能有任何的偏袒。但在工程实践中,由设计师做出的解释可能会产生潜在的争议,因为要解释的文件是由设计师准备或在其指导下准备的。不满意的争议常提出诉讼。鉴于建筑工程的本质、合同文件不可避免的缺陷,解释通常是需要的,同时还要公正。当任何一方要求设计师做出解释时,设计师应做出解释,所有设计师的解释、发出的变更以及指令应与合同文件一致。

然而设计师可能会根据标准文件的通用条款做出少量工程变更,从而影响合同工期与总额，但同时会产生解释的问题。设计师总能够以承包商的眼光看问题吗？设计师能够完全明白少量工程变更对承包商施工组织和进度的影响吗？显然这取决于设计师个人。例如，合同图纸指出门窗在混凝土砖外墙上开设，门窗和周围砖的尺寸是以暴露面的一块砖长为模数的，设计师签发变更指令需要改变个别门窗的位置，并归类于“轻微变更”，而承包商声明这不是一个轻微变更，因为这需要切割砖块来满足变更要求的非模数化尺寸。一个熟悉砌筑工程方法和成本、有经验的设计师知道这样的变更会导致额外费用，因此不应该归为轻微变更。总价合同在签订时总价就是固定的，所有后续的解释或变更会引起争议，在执行过程中这些问题的解决需要知识、理解和相互的善意。

3）设计师或其代表的现场工作

按照合同要求，设计师通常应访问现场，检查工程的进展，但不对工程的合理施工负责，除非法律有明确要求，这是承包商按照合同做好工程的主要义务。然而如果技术规范要求承包商用一种被证明是有缺陷的特殊方法完成工程，有一些责任很可能属于设计师，但通常很难划分清楚。这里有一个设计师和承包商的共同责任区域，有缺陷的工程可能是引起争议的原因，需要他们解决问题的知识和理解。

业主和设计师可能同意设计师委派常驻现场的全职代表来履行他的职责，此时代表的授权范围和职责必须在施工合同中明确规定。许多施工合同并没有明确规定双方应该在现场，所以许多日常的事务通常由他们的代表处理。在施工过程中，有设计师的业主还可能会有另外的全职代表在现场，与设计师或其代表一起工作，尤其对于大型的综合商业性工程，每天需要当场做出决定。同样大型工程的设计师通常有一个兼职或全职的代表在现场，来处理合同中规定的日常事务；承包商按照合同规定也应该有项目经理在现场。

设计师其他重要的职责是签署工程基本竣工证书和签发最终付款证书。

4.1.5 固定总价合同中分包商的职责

1）业主和设计师对分包商的认可

在业主与总承包商签订的主合同中，分包商是没有责任的，因为分包商从来就不是主合同的当事人，分包商是与总承包商签订分包合同的一方，而且分包合同可能是总价合同。在业主与总承包商签订的主合同中通常会涉及分包商，因为他们将要完成大部分施工工作，因此业主和设计师都比较关注分包商。尽管总承包商在所有的工作中只对业主负责，而且在业主和分包商之间不存在直接的关系，但是在主合同的标准文本中要求总承包商给予业主和设计师审批所有分包商的权利，而且标准合同会通过总承包商的分包合同来维护业主和设计师的权益。

2）替换分包商

业主和设计师通常会在提交投标书或者中标后不久要求总承包商提供准备聘用的分包商名单。比较而言，业主要求投标人在提交标书时就提供分包商的名单更好一些，因为此时业主将比在中标后处于更有利的地位。如果业主和设计师决定拒绝名单上的分包商并且要求总承包商替换分包商，则标书的标价（或者是后来的合同价格）可能需要调整（很可能增加），因为大多数情况下，分包商的最低标价会包含在总承包商的固定总价标书中，由于替代分包商的标价会比原来分包商的标价高，则固定的总价就必须随之增加。

由于所有的主合同(包括分包合同)必须在双方自愿并达成一致的情况下签订,如果任何一方受到强迫或过分影响,则合同无效。所以总承包商不能够被强迫与某一个分包商签订合同,同时业主和设计师享有批准所有分包商的权力。因此如果他们对建议的分包商不认可,可以要求总承包商(或者未签订合同时的投标人)提供替换的分包商。由于业主和设计师都比较关注成本和质量,因此能够知道分包工程的标价是有利的,可以在投标时把提供这一信息作为应该满足的要求。

3) 分包商报价的公开

美国建筑师协会(AIA)和美国总承包商协会(AGC)曾经建议在签订主合同之前,承包商不应该向任何人透露分包合同的标价,但是这种情况并没有持续太久。这是因为一些业主不同意,他们认为在签订合同之前,这些都应最大限度地公开。对于因变更分包商而产生的标价变更,业主如何才能知道会增加多少成本?仅仅这一点,业主和设计师就有充分的理由应该知道分包合同的标价。

4) 分包商责任与总承包商责任的联系

分包合同中分包商的责任会明显地受到主合同中总承包商责任的影响,总承包商有责任要求分包商根据主合同的条款和条件来完成他们那部分的工程。换句话说,考虑到分包商是在分包合同范围内完成工程,他们的责任必须在一定程度上反映主合同合适和必需的要求。遗憾的是,有些总承包商忽略了这点,而某些分包商也从未签署过书面分包合同,甚至在大型工程上,分包商有时候将分包工程投标和中标信件作为他们的分包合同,或者分包合同的签订程序也是不正式的。有些分包商承认他们从来没有阅读过主合同,然而主合同要求总承包商和所有分包商应维护业主的利益,总承包商应按照主合同的要求和分包商签订施工合同。如果一个分包商不能完全知道和理解主合同,那他怎样签订一份合适的分包合同呢?

每一份分包合同都应该是书面形式的,所有分包工程的投标文件和合同文件都应在形式和内容上反映主合同,并且要符合分包工程的施工要求。同样重要的是每一个分包工程的投标人都应该有主合同招标文件的复印本,便于每个人都能确切地知道投标工程的有关内容。分包商的责任,连同由分包合同以及分包合同中的特殊工程引起的额外责任都是主合同中总承包商的责任在适当程度上的反映和延伸。

4.1.6 固定总价合同中供应商的职责

像分包商一样,供应商在主合同中也没有责任,但是供应商签订的合同同样在一定程度上受主合同的影响。然而,比起分包合同与主合同的关系,供应合同与主合同的距离更远。在绝大多数标准合同中,相对于分包合同的处理条款,并没有关于处理供应合同的条款,这可能是有待改进的一个缺陷。

在过去,供应商与分包商是完全不同的,工程合同的标准文件并不总是认可供应商的作用。但是今天,供应商成了传统分包商的最佳替代者。工程领域正在发生一种变化,供应商与分包商的区别正在减弱,越来越多的建筑工作都是在施工现场之外完成的,主合同应该认可那些提供材料或专门设计部件的供应商。

4.1.7 固定总价合同的优缺点

在分析承包商的责任中我们已经认识了固定总价合同的特点，该类合同的基本特点是总价固定或是相对不可改变，我们可以看出现在的标准合同正通过追加条款尽量减弱这些固定的特点，这样业主（通过设计师）就可以进行工程变更而不至于使合同无效。

对于业主来说，固定总价合同的主要优点就是可以评价收到的标书并且选择一个在预算范围内的标书，可以确定工程开支不会超过规定的总价（合同价格）。但在施工过程中经常会有变化，例如承包商遇到一些不可预料的底层土，比如要炸开硬石或是抽干地下水，这就需要一些额外成本。由于拥有现场的归属权，业主就应该承担这些风险。

如果设计师在设计图纸、技术规范和制定其他文件时能够做好细节工作，而且业主没有变更，那就可能不用变更指令而实施固定总价合同，这有可能发生，但不常见。工程变更除了会产生纠纷外，对业主来说还会产生较大代价，因为这与固定总价合同的基本特点是相反的，而且业主必须按照能够达成的最好协议去支付变更价款。在建筑业领域合同变更和索赔通常是承包商获取利润而不是损失的主要理由。业主要通过固定总价合同达到对开支的控制，业主和设计师必须向投标人提供足够的设计信息（Design Information），设计和施工中的细节问题必须在招标前予以解决，在这方面业主的劣势就显露出来了。只有在合同签订之后才能开始施工，而且必须在所有的文件准备好后才能签订合同。为了让投标人能在相同的基础上投标，设计师必须对每一部分工程做出设计决策和技术说明，施工过程中任何一种改变都会产生变更指令，这就存在内在的风险和问题。然而，即使是最细心最认真的设计师都会承认他并不总是能够在第一时间对每一部分工程做出最好的决定，只要不在根本问题上做出变更，变更指令通常都是可取的。但是一旦完成了施工详图和技术说明，它们就成了整个铁板一块的总价合同的一部分，业主或设计师做出变更指令就会像混凝土大坝出现裂缝，如果变更过大或过多就会导致整个工程瘫痪。

由于固定总价合同的本质，业主基本上无法了解承包商的施工技能和经验。在完成设计图纸、规范并准备招标时，投标人也很少有时间和兴趣对设计提出建议，即使他知道他的建议会很好地被接受。设计师可能要求投标人采用多方案投标，但这样也不能让投标人做出什么建议，而且通常会让投标人感到厌烦。固定总价合同中的承包商仅考虑按照设计图纸施工，不会受到创造性的挑战，毫无疑问对业主来说是一个损失。在设计阶段能够获得承包商专业技能的常用方法是采用业主要承担风险的成本补偿合同。最常用的方法是聘请一位建设经理（Construction Manager），这种采购方式（CM）的广泛应用正是过去总价合同或成本补偿合同都没有满足需要的印证。

然而，一些承包商更喜欢生产商的角色，在设计师的指挥下完成产品的施工。对于承包商来说，总价合同是有吸引力的，因为他能够在整体上控制整个工程，并且会以最大的效率施工以获得最大的利润。

4.1.8 固定总价合同的关键点

固定总价合同适用于设计深度满足精确计算工程量的要求，设计图纸和技术规范对工程作出了详尽的描述，工作范围明确、具体，施工条件稳定，结构不甚复杂，规模不大，工期较短，且对最终产品要求很明确的工程项目。在采用固定总价合同时要求做到下述三点：必须完整而明确地规定承包商的工作;根据项目规模、地点和价格调整情况,应使承包商的风险是正常的和能够接受的;必须将设计和施工方面的变化控制在最小的限度以内。固定总价合同的关键点总结如下:

(1) 固定总价合同有它独特的法律特征,即"用固定的价格完成工程";合同文件可能不需要对完成工程所需的每一件事都做出明确的说明。

(2) 评标时易于迅速选定最低报价单位;业主可以在竞争状态下确定项目造价并使之固定,并在主要开支发生前对工程成本做到心中有数。

(3) 在固定总价合同中,承包商的主要职责是履行合同完成工程;业主的主要职责是提供现场通道以及按照合同对已完工程进行支付;设计师的主要责任是按照合同及时签发各种付款证书和竣工证书,需要时对合同作出解释,按照标准合同规定,监督合同双方的履行情况。

(4) 在固定总价合同中,没有与承包商达成一致,业主不能随意作出工程变更,不论是合同规定的(在标准形式合同中),还是双方后来达成的协议。固定总价合同如果允许工程变更,业主就要承担增加成本的风险。

(5) 在固定总价合同中,承包商比业主承担更大的风险。

(6) 固定总价合同要求招标前设计工作应差不多全部完成并确定,但这样一来,业主在设计和施工阶段就不能吸取承包商的知识和技能。

(7) 分包合同应该包含主合同的相关条款。

(8) 设计简单和标准化施工的工程最适合采用固定总价合同类型。

4.2 单价合同

4.2.1 单价合同的概念和形式

当准备发包的工程项目内容、技术经济指标尚不能像采用总价合同时那样明确、具体地规定时,或是工程量可能出入较大,则以采用单价合同(Unit-Price Contracts)形式为宜。单价合同适用范围广泛,主要适用于招标时尚无详细设计图纸或设计内容尚不十分明确,工程量尚不够准确的工程。单价合同中,承包商承担单价变化的风险,而业主则承担工程量增减的风险,符合风险管理原理且公平合理。但在工程实施过程中,业主需要投入较多的管理力量,对完成的工程进行计量或计量复核,对与工程价格相关的物价进行核实。FIDIC土木工程施工合同和我国的建设工程施工合同文本都采用单价合同。

之所以要采用单价合同,是因为业主虽然知道自己想要什么工程,但却不知道准确的工程数量,或者因为现场条件无法事先精确估算工程量。尽管如此,由于已经知道工程的性质和近似工程量,业主就没有必要采用成本加酬金合同形式。在单价合同下完成的工程一般不像房屋建筑那样由数目繁多的不同子项组成,相反,它是由相对较少的不同子项组成的重型工程(Heavy Engineering),但工程量通常很大,例如管道、下水道、道路和水坝等工程。有时大型工程的基础和现场工程会单独采用单价合同,而其上部结构则采用另外的合同形式。例如,由于地基下层土质信息限制,打桩工程量就不能精确地预估,因此打桩工程可采用单价合同。

工程单价合同有估计工程量单价合同、纯单价合同和单价与包干混合式合同三种形式。

1）估计工程量单价合同

估计工程量单价合同(Bill of Approximate Quantities Contract)是以工程量表为基础、以工程单价表为依据来计算合同价格。例如，当计算每米管线的安装价格时，除了分项工程单价表之外，还必须有一个管线安装的总工程量计算表作为计价基础。这个总工程量估算表就是常说的工程量概算表或暂估工程量清单。

业主在准备此类合同的招标文件时，委托咨询单位按分部分项工程列出工程量表并填入估算的工程量，承包商投标时在工程量表中填入各项的单价，据之计算出总价作为投标报价之用。但在每月结账时，以实际完成的工程量结算。在工程全部完成时以竣工图最终结算工程的总价格。

采用这种合同时，要求实际完成的工程量与原估计的工程量不能有实质性的变更，不过究竟多大范围的变更才不算实质性的变更很难确定，这是这种合同形式的一个缺点。但是对于正常的工程项目来说，采用估计工程量单价合同，可以使承包商对其投标的工程范围有一个明确的概念。

2）纯单价合同

在设计商还来不及提供施工详图，或虽有施工图但由于某些原因不能准确地计算工程量时，可采用纯单价合同(Straight Unit Rate Contract)。招标文件只向投标人给出各分项工程内的工作项目一览表、工程范围及必要的说明，而不提供工程量。承包商只要给出表中各项目的单价即可，将来施工时按实际工程量计算。

3）单价与包干混合式合同

以单价合同为基础，但对其中某些不易计算工程量的分项工程(如开办项目)采用包干办法。对于能计算工程量的项目，均要求填报单价，业主将来按实际完成的工程量及合同中的单价支付价款。

4.2.2 单价合同中承包商的职责

1）承包商的主要职责

承包商首要的职责永远是相同的：按照合同完成工作和按照约定的方式获得工程款。在单价合同中，需要对已完工程的计量来确定支付工程款的数量，除此之外，单价合同与典型的总价合同比较类似。但当实际完成的工程量与合同规定的工程量有重大变化时，承包商和业主都有权寻求单价变更，即使合同条件和条款对此没有规定，因为工程量的变化构成了合同范围和本质的变化。可是问题在于，如何对构成工程量的重大变更达成一致，因此在单价合同中最好有明确的条款，说明工程量变更超过多大幅度，才能变更单价。在已发行的单价合同标准文件中已包含了这样的条款，在招标文件的空白处，由业主或设计师填写实际的数据，或者在签订合同时与承包商达成一致并填写到合同文件中，最常选的数据是15%。因此如果这个数据写入到招标文件并得到认同，当任何已完工程子项的工程量超出合同规定的15%时，该子项的单价将会降低，反之，单价将会提高。但新单价如何确定将成为代表业主的设计师或成本顾问与承包商谈判的话题。

单价合同的这项条款使得设计师或成本顾问谨慎和精确地计量合同工程量变得非常重要,以避免与承包商谈判新单价,因为此时承包商往往处于谈判中的有利位置。承包商清楚业主一定会处理,而他有权索赔,并且承包商比业主或设计师更了解工程成本以及工程量变更对他们的影响。

2）工程计量

施工过程中,满足支付要求的工程计量往往由承包商和业主双方的代表完成。工程必须根据合同规定的方法来精确计量,因此工程计量国家标准是有用的。有时,包含子项工作内容描述的工程量清单实际上并不能进行工程的精确报价,例如,模板工程包含在混凝土里;以体积计量的大面积土方机械挖掘和为浇筑基础混凝土需要的表面人工挖土或基底找平并不相关。

单价合同的工程子项清单必须由熟悉建筑材料、方法和成本,并且熟悉估价和成本核算的人员来准备。如果承包商签订了一份包含子项计量错误或遗漏的单价合同,并且以后计量方法和它产生的结果被证明对他不利时,承包商就没有有效的依据提出索赔。

4.2.3 单价合同中业主的职责

1）业主的主要职责

单价合同中业主的职责在很大程度上与总价合同一样:根据合同支付工程款;提供所需要的信息;任命一位设计师作为自己的代表监督双方的合同履行。当承包商没有正确履行合同,业主也有权自己完成工程,并且根据特定状况和合同规定,最后终止合同。业主在单价合同中的职责和总价合同基本是相同的。

2）变更工程及其单价确定

单价合同的显著特点是在合同规定的限制幅度内业主有权变更工程量,幅度常常是合同工程量的15%。超出幅度部分,合同规定需要对单价进行重新谈判并做出调整。如果业主要求完成工程量清单项目以外的额外工程,单价合同通常规定按照成本加酬金方式完成这些额外工程。为此,单价合同的标准合同形式常包含与成本加酬金合同有关的合同条款。

业主也可以选择这样的单价合同:建筑物的基础和框架按照单价合同完成和支付(如模板工程、混凝土工程和钢筋工程)。此外,合同可能含有暂定金额来覆盖工程的其他部分,包括空洞、粉刷和服务等。这些部分可以通过总价或单价分包合同完成,甚至可以通过成本加酬金分包合同完成。任何愿意使用和合适的合同安排都是可能的,并且每个工程的所有合同都要进行特定的设计。

4.2.4 单价合同中设计师的责任

1）设计师的主要责任

作为业主的代表、工程合同的解释者和仲裁者,设计师的职责与以前一样。在单价合同里,设计师签发付款证书的职责中包括对已完工程量的核实。当然,设计师在所有种类合同中总是有责任核实付款证书的金额,但单价合同需要精确的计量作为支付的基础,唯一的方式是设计师或其代表参与到工程的实际计量中。

2）工程计量

设计师(代表业主利益)和承包商都应对已完工程进行计量,记录双方共同完成的计量结果。一方可能会接受另一方的计量结果,但这并不是一个好的做法。设计师不应当接受是因为他有为业主核实的职责;承包商也不应当接受,不仅因为他有为自己公司核实计量结果的责任,而且他需要将工程计量作为日常管理和成本核算的一部分,对待所有工程项目都应当如此。

在单价合同里,设计师一个基本的职责实际上在合同签订之前就产生了,事实上,这或许对签订一份好的合同是很关键的:检查业主准备确定中标的投标书所提交的单价清单,但它并不总是最低标,更重要的是价格本身的数额以及它们对项目的适应性和相对的重要性。由于是近似工程量以及根据工程需要的变更,投标的总价格对业主来说并不是唯一重要的。

3）对不平衡报价的处理

在使用单价合同的工程项目中,一些有经验和敏锐洞察力(或出于投机本能)的承包商可能会蓄意提高一些项目的单价并降低另外一些项目的单价,或者提高单价的部分属于早期施工项目。他们相信提高单价的子项工程量会增加而降低单价的工程量会减少,他们将会获得额外的利润。投标人可能比设计师有更多的工程经验,他们知道工程或现场的性质将可能会产生某些特定项目的工程量变更。

提高和降低有些项目单价的一个目的是为了在开始就获得额外的付款,例如通过提高初始管理项目和早期施工项目的价格(比如临时服务和设施、表层土清除和大面积土方工程等)和降低后期实施的其他项目的价格,这样承包商就能够用业主的钱为工程筹集部分资金,也就节省了自己的筹资成本。

为避免这种不平衡报价的现象,设计师或成本顾问必须确定管理费的补助总额和所有主要项目的单价是真实、没有被歪曲的。这并不容易做到,需要设计师对工程的成本有自己精确真实的估量,以便在收到标书和授予合同前能对投标人的标书、补助表和单价清单作比较。当业主和设计师仍然能影响合同授予时,投标人对单价调整的合理建议是比较开放的,而在合同授予之后要求承包商调整不合理单价的建议将会很难实现。

4.2.5 单价合同的优缺点

业主在单价合同中的主要优势是能以更小的风险开展工程,尽管业主由于工程或现场性质不能告诉投标人准确的工程量。一个最有可能的选择是成本加酬金合同,但对业主风险较大。在北美地区,单价合同常预先假定一个土木工程项目不需花费较多的时间和费用就能迅速完成计量。在这类合同中,工程的特定部分需要按总价计价,而其他部分以单价计价。

业主在单价合同中的劣势在于近似工程量严重不准确的可能性以及远超过预先的投资估算,尤其是与价格扭曲且承包商已经正确判断或押注的“不平衡投标”结合的话,情况会更糟。这种合同类型下完成的工程往往会产生不可预见性:如不合适的地质条件需要更多的土方开挖和回填;地下水层需要降水设备来保持工作面干燥等,这些类似的意外事件都是不可预见的,或者至少不可能在合同中注明每一个意外事件。未注明的意外事件不得不由业主和设计师通过承包商来处理,同时双方协商费用。只有当承包商对额外工程的报价无理取闹时,另找承包商来完成新要求的工程才是可行的。即使承包商只有一半道理,他也经常能谈判商定一个好的价格,因为他已经在现场并能按照意外事件来准备必要的施工,对业主来说,这些花费可能既高又不可预测。如果额外工程必须做的话,这时业主就只能重新签订合同或另选承包商,这两种情况对业主都是不利的。

相比其他同类合同,单价合同中承包商唯一的优势就是不需要工程计量就能投标并排除了伴随的风险,否则,对承包商来说,就很像不含单价的、传统的总价合同,除了由于不平衡报价带来的财务优势,或者上述描述的业主的劣势。正如权利对应责任一样,对一方的劣势可能隐含另一方的优势。

4.2.6 单价合同的关键点

单价合同的关键点总结如下:

(1) 单价是项目子项每个单位的平均价格。

(2) 在单价合同中,业主只需按已约定的单价乘以实际工程量即可求得支付费用,因而可以减少意外开支。

(3) 在单价合同中,业主在招标前无需对工程范围作出完整的、详尽的规定,从而可以缩短招标准备时间。

(4) 一般约定,当已完工程的工程量与合同估算工程量比较,其增减幅度超过15%时,单价合同通常要对单价进行调整。

(5) 对于单价合同的招标,工程师应当注意投标人的不平衡报价。投标人通过不平衡报价可以从不同子项工程量的变化中获得好处或在项目早期获得额外的付款。

(6) 单价合同要求对已完工程进行计量和对计量的工程量以单价计价;作为合同一部分,有必要明确工程的计量方法。

(7) 对于单价合同来说,业主或工程师必须对工程单位的划分作出明确的规定,以使承包商能够合理地确定单价。

4.3 成本加酬金合同

4.3.1 成本加酬金合同的概念和形式

1) 成本加酬金合同的内涵及风险

成本加酬金合同(Cost-Plus-Fee Contracts),也称成本补偿合同,是以实际成本加上双方商定的酬金来确定合同总价,即业主向承包商支付实际工程成本中的直接费,按事先协议好的某一种方式支付管理费及利润的一种合同方式。这种合同形式与总价合同截然相反,在签订合同时合同价格不能确定,必须等到工程实施完成后,由实际的工程成本来决定。工程费用实报实销,业主承担着工程量和价格的双重风险;而承包商要承担的风险与前两类合同类型相比要小得多。

风险分配的主要决定因素是度量成本和风险的信息的可获得性，按照设计信息和其他可利用信息的数量，将风险在业主和承包商之间进行分配。没有信息，就不能完成费用估价。如果业主想要这个工程妥当完成，那他必须承担支付所有费用的风险，显而易见，业主将处在一个非常不利的境地。如果业主和他的设计师能为投标人提供一些设计信息，那投标人就可以估算成本与风险。随着有效信息数量的增加，估算工程最大成本的有效性也相应增加，直到获得所有需要的信息，投标者就可以充分准确地估价，并按照固定总价来提供投标报价。

在最大信息条件下固定总价合同是可行的，因为此时成本估算较为准确，而在最小信息条件下就只有采用成本加酬金合同。工程合同必须按可获得的信息量进行设计。

显然，业主如果能采用其他合同形式，通常不会使用 CPF 合同。采用这种类型的合同，业主不仅要承担大部分风险，而且容易被承包商所控制。业主想要获得公平的交易，就需要承包商遵守公平合同的精神。书面合同的文字并不能包括所有的可能性，CPF 合同比其他合同类型要求双方更大程度的相互信任和信心，这是因为虽然业主在 CPF 合同中承担大部分的风险，但对于来自业主的风险，承包商通常有更大的控制权。业主的主要风险是由成本超支导致的财务损失，如果承包商认真并有效施工，成本就会减少，相反成本就会增加。很大程度上，对于业主和设计师来说除了依赖承包商又好又经济完成工程的能力和品德，很难有其他方法促使承包商高效和用心工作。根据合同规定，设计师有一定的控制权，在极端情况下业主能够终止合同，但会导致重大损失。

2）成本加酬金合同形式

（1）成本加固定酬金合同

成本加固定酬金合同（Cost-Plus-Fixed-Fee Contracts）是指业主对承包商支付的人工、材料和设备台班费等直接成本全部予以补偿，同时还增加一笔管理费，也称作成本加固定酬金合同。所谓固定费用是指杂项费用和利润相加之和。这笔费用总额是固定的，只有当工程范围发生变更而超出招标文件时才允许变动。所谓超出规定的范围，是指成本、工时、工期或其他可测定项目方面的变更已超出招标文件规定的数量（如±10%）。这种合同形式通常应用于设计及项目管理合同方面。计算公式为：

$$C = C_d + F$$

式中：C—— 总造价；

C_d—— 实际发生的直接费；

F—— 给承包商数额固定不变的酬金，通常按估算成本的一定百分比确定。

（2）成本加定比费用合同

成本加定比费用合同（Cost-plus Percentage Fee Contracts）与上述第（1）种相似，不同的只不过是所增加的费用不是一笔固定金额而是相当于成本的一定百分比，也称作成本加定比酬金合同。计算公式为：

$$C = C_d(1 + p)$$

式中：p ——双方事先商定的酬金固定百分数。

从公式中可看出，承包商获得的酬金将随着直接费的增大而增加，使得工程总造价无法控制。这种合同形式不能鼓励承包商关心缩短工期和降低成本，因而对业主是不利的。

(3) 成本加浮动酬金合同

成本加浮动酬金合同(Cost-plus Incentive Fee Contracts)中的酬金是根据报价书中的成本概算指标制定的。概算指标可以是总工程量的工时数的形式，也可以是人工和材料成本的货币形式。合同中对这个指标规定了一个底点(Floor)(约为工程成本概算的60%～75%)和一个顶点(Ceiling)(约为工程成本概算的110%～135%)，承包商在概算指标的顶点之下完成工程时可以得到酬金。酬金的额度通常根据低于指标顶点的情况而定。当酬金加上报价书中的成本概算总额达到顶点时封顶。如果承包商的工时或工料成本超出指标顶点时，应对超出部分进行罚款，直至总费用降到顶点时为止，参见图4.1。

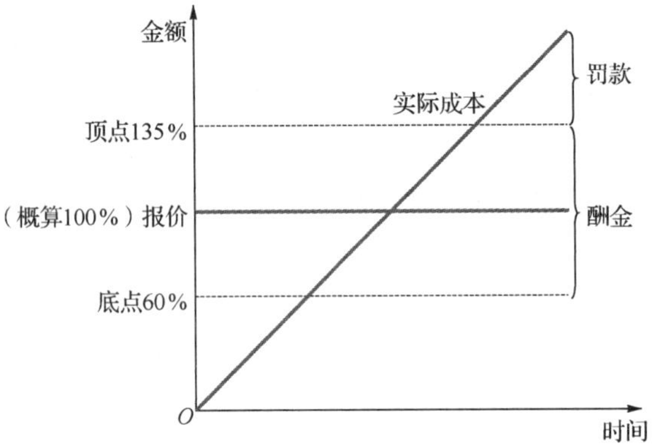

图4.1　成本加浮动酬金合同分析

成本加浮动酬金合同形式有它自身的特点。当招标前所编制的图纸和规定、规范尚不充分，不能据以确定合同价格，但尚能为承包商制定一个概算指标时，使用成本加酬金的合同形式还是可取的。计算公式为：

如果：$C_d = C_0$；则：$C = C_d + F$；

$C_d < C_0$；则：$C = C_d + F + \Delta F$；

$C_d > C_0$；则：$C = C_d + F - \Delta F$。

式中：C_0—— 预期成本；

ΔF—— 酬金增减部分，可以是一个百分数，也可以是一个固定的绝对数。

(4) 目标成本加奖励合同

在仅有初步设计和工程说明书就迫切要求开发的情况下，可根据粗略计算的工程量和适当的单价表编制概算作为目标成本。随着详细设计逐步具体化，工程量和目标成本可加以调整，另外规定一个百分数作为酬金。最后结算时，如果实际成本高于目标成本并超过事先商定的界限(例如5%)，则减少酬金；如果实际成本低于目标成本(也有一个幅度界限)，则增加酬金。用公式表示为：

$$C = C_d + p_1 C_0 + p_2 (C_0 - C_d)$$

式中：C_0—— 目标成本；

p_1—— 基本酬金百分数；

p_2—— 奖励酬金百分数。

(5) 成本加固定最大酬金合同

在成本加固定最大酬金合同(Cost-plus Upset Maximum Contracts)中,承包商可以从下列三方面得到支付:

① 包括人工、材料、机械台班费以及管理费在内的全部成本。

② 占全部人工成本的一定百分比的增加费(即杂项开支费)。

③ 可调的增加费(即酬金)。

在这种形式的合同中通常设有 3 笔成本总额:第 1 笔(也是主要的一笔)称为报价指标成本;第 2 笔称为最高成本总额;第 3 笔称为最低成本总额。

如果承包商在完成工程中所花费的工程成本总额没有超过最低成本总额时,他所花费的全部成本费用、杂项费用以及应得酬金等都可得到发包单位的支付;如果花费的总额低于最低成本总额时,还可与发包单位分享节约额。如果承包商所花费的工程成本总额在最低成本总额与报价指标成本之间时,则只有成本和杂项费用可以得到支付。如果工程成本总额在报价指标成本与最高成本总额之间时,则只有全部成本可以得到支付;超过顶点则发包单位不予支付。以上分析见图 4.2。

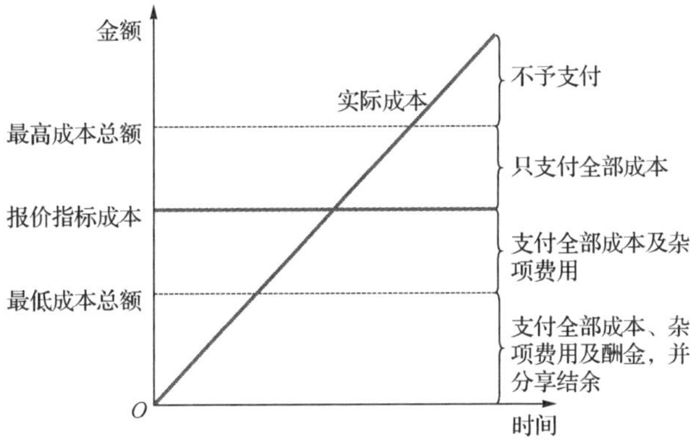

图 4.2 成本加固定最大酬金合同分析

4.3.2 建设工程成本

要合理地理解 CPF 合同形式,首先要理解工程成本,它们是什么?它们从哪里来?它们如何分类等?

1) 工程成本的构成内容

工程成本(Cost of Construction Work)通常包括下列内容:

(1) 工程直接成本(Direct costs of work)。其中包括:人工费用(Labor costs)、材料费用(Materials costs)、工具、机械和设备费用(Tools, plant and equipment costs)、(现场)工程管理费用(Job overhead costs)。

(2) 工程间接成本(Indirect costs of work)。其中包括:(企业)运行管理费用(Operating overhead costs)、利润(Profit)。

直接成本是与特定的现场和项目相关并由它们确定的费用,但间接成本不是这样,因为它们在性质上与企业整体和企业所有项目更相关,参见表 4.1。

表 4.1　工程成本:分类与相互关系

<table>
<tr><td rowspan="2">工程间接成本</td><td colspan="2">利润</td><td rowspan="2">酬金(%)</td><td rowspan="5">建设工程总成本</td></tr>
<tr><td colspan="2">运行管理费用</td></tr>
<tr><td rowspan="3">工程直接成本</td><td rowspan="3">现场管理费用</td><td>材料费用</td><td rowspan="3">(成本加酬金合同定义的)工程成本</td></tr>
<tr><td>人工费用</td></tr>
<tr><td>设备费用</td></tr>
</table>

2) CPF 合同关于工程成本的支付规定和要求

工程成本在 CPF 合同中是非常关键的,在承包商出示合适的会计记录并由业主、其代理人或其项目雇员认可后,直接成本由业主偿付给承包商。但间接成本并不采用相同的方法,因为它们不是由特定项目直接产生的,甚至没有项目也会产生大部分间接成本,它们是企业经营的费用。

在 CPF 合同中,承包商的一部分运行管理费用将以包含利润的酬金方式支付给承包商,可以是一个固定的酬金总额,也可以是按照直接成本一定比例计算的酬金。在固定价格合同中,包括一个固定数额的价款,称为提价幅度(Markup),用于支付承包商一部分运行费用和利润。

不同项目的现场管理费用和运行管理费用有时很难区别。例如办公设备既可用于现场又可用于承包商的永久办公室。如果 CPF 合同对管理费用没有明确,即有些管理费用是由现场工程直接产生的,有些则是(办公室)运行管理费用(作为酬金的一部分),那么业主可能会发现其支付了所有的办公设备和不是现场所需要的其他费用(甚至应该是在承包商永久办公室而非在现场办公室工作的人员费用)。

在固定总价合同中,业主对人工费用、承包商支付材料或租赁设备的费用或现场管理费用等并不关心,只要工程能够按照合同履行。而在 CPF 合同中,业主关心所有的直接成本,包括现场管理费用,但对承包商关注的间接成本却不关心,业主所关心的是间接费用是否应包括在酬金之内。

因此业主能采用固定总价合同就不应该使用 CPF 合同,如果不能避免,应该寻求采用含有保证最高价格(Guaranteed Maximum Price, GMP)的 CPF 合同,其次采用成本加固定酬金合同(Cost-Plus-Fixed-Fee Contract),成本加定比酬金合同(Cost-Plus-Percentage-Fee Contract)对于业主来说是最困难的。糟糕的是基于标准合同形式的成本加定比酬金合同还没有作出减少业主超额支付风险的修改,尤其是现场管理费用。CPF 合同应精确定义哪些现场管理费用在多大程度上由业主直接负责,所有可补偿的现场管理费用均应详细列出和描述,而且合同应指出没有列出的任何其他管理费用应被认为包含在酬金中。对于大多数项目某些现场管理费用是共同的,有些仅是具有一定特征的现场需要的(如距离遥远,地点偏僻,规模巨大等)。显然,为满足业主项目和现场一般和特定的需要,CPF 合同应该由熟悉成本的成本估价师、工料测量师或其他专业工程师来起草和编制,因此,CPF 合同中的业主或其代理人或雇员必须与承包商及其雇员具有一样的成本知识。

关于设备,现场需要什么、多长时间的设备,现场保留设备与先运走需要时再运回相比较的经济性(考虑设备在现场的闲置时间),在 CPF 合同中业主不得不关心许多这类成本问题,这也可以解释为什么在 CPF 合同中要求承包商应该公正、诚实并关心成本节约。与此同时,也需要业主理解,比如某个设备在再需要前有时在现场保持闲置是最佳的。还没有书面的 CPF 合同能处理影响成本的每个方面和细节,合同的交易双方应该通过公正和诚实的表示真实意图并达成协议。

4.3.3 CPF 合同中承包商的职责

1) 承包商的主要职责

与任何合同一样,在 CPF 合同中,承包商的首要义务是依据合同协议和条款进行施工,其首要权利是得到支付。在对这类合同的考查中,问题在于可能的合同条件和条款存在多样性,存在多样性的主要原因是在投标时设计信息数量的变化。鉴于此,将首先讨论基于最少设计信息和无最高规定成本的一种简单 CPF 合同中各方的职责,然后再分析规定最高成本的其他 CPF 合同。

大多数 CPF 合同的标准形式在合同协议中都会包含一个要求承包商及现场机构提供现场管理和监督服务的条款。由于承包商在现场的所有工程成本都会获得补偿,这意味着承包商应对其费用超出酬金之外的管理和监督工作无偿付出。因此成本、酬金的定义和酬金的数量对双方都非常重要。

2) 履行合同的诚意和公正

双方达成一致协议对所有合同来说都是根本的,特别就 CPF 合同来说,承包商和设计师全面理解合同文件是非常关键的,即使是最好的文件也不能够充分地表达这类合同所有需要被理解的内容。但若是所选的标准文件没有被彻底地研究、理解并适当修改,结果会更糟。所有合同都要求双方一定程度的诚意和信任,因此合同的精神实质或者合同意图已超出了合同文件文字表达的内容。CPF 合同尤其要求双方保持诚实和信任的态度以及激发信任的本质。但是如果承包商缺乏诚意,CPF 合同文件文字又表达不严密,承包商常常可以获得好处。即使业主在现场雇用了全职的代表,也不可能审查和评价承包商要求的每项成本。在相互不信任的氛围下项目不可能成功,如果值得采用 CPF 合同,业主也必须对承包商信任和诚实。

3) 承包商经济而高效工作

在 CPF 合同中,承包商有义务像在固定总价合同中那样尽可能高效而经济地实施工程。然而,由于工程性质以及这类合同的特有条款,承包商不是永远能做到这点。但是坚持合同的精神实质,是合同双方要努力追求的理想。例如非必要的工作人员不应在现场,除非需要设备不要进场,不需要时设备应被移走,或者为正当的设备闲置收取低额的费用。承包商应当以竞争性价格去采购材料,且应当将其有能力拿到的交易折扣收益给予业主,但早期支付款项获得的贴现利息是承包商利用自由资金获得的正当回报。作为回报,承包商有权利按合同条款及时得到支付。通常做法是基于承包商的实际支出按月支付款项,并加上一定比例的酬金。

4）承包商的酬金支付

关于CPF合同中承包商的酬金，它既可以是工程成本的一定比例，也可以是固定数额的酬金或者这些形式的组合。随着合同总价不同，酬金会变化，可以采用浮动计算法。决定支付酬金的类型是很重要的。因为如果只有少量的设计信息，则CPF合同应是“可修改的”，由于不知道工程的范围，承包商无法合理地估计出一个固定数额的酬金，酬金可能就会按成本的一定比例计算。相对的，如果有大量的设计信息，承包商就可以对工程的总成本做出准确的估计。业主和设计师可能期望支付固定总价的酬金，并且在合同中予以规定。有一点很重要，就是设计师要认识到他所准备的合同类型以及由此规定的酬金类型。就固定酬金来说，如果合同已完工程量大量增加，合同中应制定条款来调整酬金，这就自然地引导我们考虑将规定最大成本的条款写进合同协议中，于是CPF合同就表现出一些规定最大成本合同的特点，详见本章4.3.9节中的讨论。

4.3.4 CPF合同中业主的职责

1）业主的主要职责

业主在CPF合同中的职责和固定总价合同相似：依据合同条款支付工程款；提供信息；在最初设计师任职被终止时，任命另外的设计师。和固定总价合同一样，业主大部分的其他职责交给了业主代表，即设计师。

业主在标准CPF合同中的权利通常也和标准固定总价合同相似：如前所述，根据情况暂停施工和终止合同的权利；业主从来都有权利要求合理的完工时间，但在CPF合同中，这一点更为突出，完工时间的控制权更多地掌握在业主和设计师手中，而不是承包商。如果承包商不能提供足够的劳动力或材料，或者不能高效施工，那么业主可以终止合同，虽然这些可能很难在CPF合同中规定和声明，因为和固定总价合同相比，成本加酬金合同有更多易变和不确定的因素。

2）关于工程缺陷的弥补

通常，CPF合同中（和固定总价合同中相同）会有这样的条款：如果承包商有所忽视，或者承包商不履行合同条款，那么业主有权利自己完成工程。CPF合同可能发生的问题是承包商对缺陷工作的修补。标准形式的CPF合同陈述或者暗示承包商将为缺陷的修补承担成本；但是在业主支付缺陷修复费用前，业主和设计师通常无法发现这些缺陷，或者发出修补缺陷指令后，这项费用就很难与工程成本分离。标准的CPF合同一般（或者应该）要求承包商保持能使业主或设计师满意的完整系统的所有交易清单和工程成本清单（有些标准形式有不同规定），并且业主（或设计师）有权利查看所有清单，直到工程最终付款后指明的时间。

4.3.5 CPF合同中设计师的责任

1）设计师的主要责任

代表业主的设计师在CPF合同中的责任和固定总价合同相同：作为业主代理人的义务；作为合同解释者的义务；作为仲裁者力求使双方履行合同的义务。但在CPF合同中，设计师可能会更多地被卷入现场工作和合同执行工作，不仅是因为设计师在施工过程中需要准备施工图纸和技术说明，而且由于合同弹性较大的特征，业主和承包商会更频繁地向设计师寻求建议。所以 CPF 合同实践中，业主、设计师通常会指派他们的代表到施工现场，代表可以是全职的或者根据工作需要和业主的支付情况经常访问现场。

2）设计师对工程成本的控制

就 CPF 合同来说，对设计师在施工技术和工程发包程序方面的知识要求更高，并且要求设计师充分了解工程成本的本质，以便准备文件和施工期间核实支付申请。在文件准备过程中，主要的工作就是对业主要补偿的成本以及由承包商自己担负的费用进行定义，并规定酬金的组成方式（按固定比例或者固定数额及调整性条款制定）。在核实成本和支付申请时，设计师会发现拥有一位经验丰富的现场代表来核查材料购进清单、施工进度表和其他与成本有关的条目是十分必要的，同样业主也会雇用一位代表来做这些工作。对于要核查补偿成本的设计师和支付成本补偿的业主，两者都满意并同意按支付条款支付是很重要的。业主可能勉强支付了现场人员发生的费用，但是如果业主认为超出了他应当支付的，那么他一定会为此指责设计师。设计师应当在开始就保证业主能全面理解所有的 CPF 合同条款和条件，以及设计师—业主合同中设计师的管理职责。

4.3.6 CPF 合同中分包商的职责

CPF 主合同下的分包合同通常是总价分包合同，原因是在 CPF 合同程序中，业主和设计师可以有替换分包商的直接控制权，如果熟悉条款，业主通常更喜欢固定总价合同，出于相同的原因，业主更喜欢总价分包合同。在 CPF 合同中所有分包合同的数额都是工程成本的一部分（补偿费用），在总包商支付了自己的费用后，补偿费用由业主支付给承包商。因此业主（和设计师）会对分包合同的选择以及数量产生兴趣。

1）分包商的选择

在 CPF 合同中，总包商常规做法是以竞争性招标方式签订分包合同，但是邀请的分包商名单通常是由承包商、业主和设计师共同决定的，以使所有投标人名单在开始就是双方所认可的。这样做绝对是必要的，因为业主应该有认可的权利，但总包商也有认可的权利，因为他必须和每一个分包商签订分包合同，没有总包商对分包商的完全同意和接受，合同是无法签订的。分包工程由总包商进行招标，并且由总包商选择中标人，但投标书通常是递交到设计师办公室，由业主、设计师和总包商一起审查投标书，设计师会选择或推荐分包商，然后设计师会指示总包商接受选择的分包商并相应地签订合同。当总包商有合理理由（根据标准通用条款）反对某个分包商时，可以拒绝和他签订分包合同，避免这种问题的最好措施是寻求总包商对分包投标人名单的早期认可。不过可以预见的是，在认可分包投标人名单后总包商也可能合理拒绝与业主和设计师选择的分包商签订合同，例如，总包商认为分包商的中标价太低，如果接受分包商，那么他不会是一个可靠的分包商。

CPF 合同中关于分包和分包合同的安排是一种可行的方法，同时这也是一个难以平衡的问题。任何分包合同均是总包商和分包商之间的法律关系，不涉及第三方。总包商和业主还有合同关系，然而分包合同却主要是在业主或设计师（代表业主）的指示下签订的。围绕业主与总包商之间的 CPF 主合同以及业主与设计师之间的设计合同所产生的一系列相互影响的合同与非合同关系是很微妙的。

2）分包商的地位

分包商在CPF主合同下的地位和固定总价主合同没有显著差别。例如，从设计师获得分包合同中已完工程付款证书的信息上是相同的。区别在于CPF主合同下分包商的处境可能比固定总价主合同更保险一些，在CPF合同中，设计师和业主更直接地参与到分包合同的签订中，而且CPF合同中设计师在现场的施工管理中扮演更重要的角色。因此在固定总价合同中很多分包商有理由反对的事情，例如总包商要求的逐步再降价和含糊的费用，在CPF合同中发生的可能性会减少。

4.3.7 CPF合同中供应商的职责

供应商在CPF合同中的地位和固定总价合同相比，除了可从业主和设计师参与分包合同签订中受益以外(和分包商类似)，没有太大区别。但是CPF合同的标准形式没有特别提到供应商。由于CPF合同的固有本质，加上施工过程中业主和设计师的即时介入，像分包合同一样，材料供应合同也引起业主和设计师的密切关注。在有些CPF合同中，业主直接与某些供应商签订供应合同。例如，业主可能之前和某个供应商有过商业往来；或者业主是在许多地方操作不同项目的总公司，他和同一个供应商签订一系列的标准构件和设备供应合同，这些合同分别为业主的多个项目服务。这类合同中，主要成本可能是供应的标准构件和设备本身，而安装作为次要成本，由业主通过CPF合同支付。

4.3.8 CPF合同的优缺点

业主在CPF合同中的主要优势是可在设计未完成的情况下开始施工，但他也承担大部分风险，工程施工可能会在不经济的情况下完成或者根本不能完成。在该类合同中，业主其他的优势是付款的灵活弹性，却也可能要付出更高的价格。在CPF合同中，业主最大的劣势是不知道最终成本有多少，为了减少这种风险，业主应该尝试尽量增加设计信息，使投标者能够提供一个完成工程需要的最大成本。

承包商的优势是承担相对较小的风险，只要酬金是充足的。唯一的劣势就是这种合同的无结果性，它通常减少了激励，有时难以开展其他工程的计划，因为承包商不能确定CPF合同何时结束。在CPF合同中，双方当事人最大的劣势可以通过合同对工程最高成本的规定来减轻或消除。

业主在CPF合同中的另外一个优势通常是分阶段施工(Phased Construction)，一些施工可以在设计完成前开始，设计和施工阶段可重叠进行。分阶段施工的目标往往是为业主节省时间和金钱，由于提早完工从而降低财务成本，提前实现投资回报。在分阶段施工中，材料供应的及时性可能特别关键，因此在CPF合同下设计师和业主要对一部分或全部供应合同的安排负责。

4.3.9 保证最高成本加酬金合同

当业主能提供大量设计信息时，投标人就能够估算工程的最高成本，再加上酬金总额，投标人即可以在保证最高成本加酬金合同(Guaranteed Maximum Cost-Plus-Fee Contract，GMCPF)环境下投标并完成工程。

【案例 4.1】 按照总价合同形式招标，以 GMCPF 合同形式投标并完成工程

某商业建筑设计和招标文件已完成，并以总价合同形式准备招标。但在邀请招标前，根据未来客户要求，业主告诉设计师工程项目需要做大的变更。然而业主不可能在几周内做出决策，并对工程开工感到焦急(影响短期财务成本)。经过讨论和咨询，业主觉得总价合同中的变更将是昂贵的，于是业主接受了设计师的建议，将总价合同改为 GMCPF 合同，需要做的是修改招标文件中的“协议和通用条款”部分，包括含有最高成本和酬金总额的 CPF 合同标准形式，以及投标书格式。另外在协议中添加了一个条款：即任何工程节省额(完成工程的实际成本小于最高成本)将按照业主获得 75%、承包商获得 25%的比例分享(通常称为分享条款)。

邀请的投标者收到了按总价合同形式准备的招标文件(图纸和技术说明)，但要求他们以含有分享条款的 GMCPF 合同形式代替投标。所有收到的标书非常相近，接受的最低标比设计师估价低 1%。因此，最高成本和酬金的总数大约比设计方对工程总价估算值低 1%。

合同签订后工程开工，工程需要变更，设计师在变更通知(Notice of Change)前发出变更指令(Change Order)给承包商，承包商对每个变更估算成本，同时设计师也对其进行估算。通过对比估价、讨论和谈判，设计师和承包商达成了每个变更的数额。按照图纸、技术说明和完成工程需要的其他指令，签发了从合同最高成本扣除或增加双方同意数额的变更指令。在少数情况下，给出的变更通知和估价由于太昂贵而放弃，变更指令也就不签发。在大多数情况下，双方对变更的数额能达成协议，工程变更也能实施。最后竣工工程的总成本低于合同调整的最高成本，承包商分享的节约额也得到了支付。

究其本质，该工程似乎是以总价合同的形式投标的，但用两个总额，即最高成本和酬金，代替了一个总价。按照 CPF 合同方式管理工程，但每次变更对最高成本的影响均由设计师和承包商评估并达成一致，这样可以调整最高成本，节约的价款可以计算和分享。成功执行本合同的关键是设计师及其人员能够准确地估算变更成本并与承包商很快地确定。

如果合同规定实际成本超出了合同中确定的最高成本，承包商就要承担所有额外的成本，这对于投标人和承包商都是可以接受的，因为提供的所有设计信息对于相当精确地估算最高成本是可能的，就像总价合同一样。如果设计信息不完整，投标人要承担更大的风险，其报价可能也会更高。

也许会提出下面这个问题：对于业主来说，签订一个 GMCPF 合同总是绝对比一个没有最高成本的简单 CPF 合同更好吗？绝对的答案不能简单给出。如果设计信息非常少，那么投标人的最高成本将会包括他认为必需的成本和风险费用，如果太高可能使业主不能接受。潜在的节约款额可能会很高，业主可能会放弃含有分享条款的 GMCPF 合同，而冒着一定风险采用简单的 CPF 合同。我们已经讨论了总价合同的优缺点以及其对于标准、简单工程项目的适用性，如果项目没有变更，总价合同可能对业主是比较好的，问题是没法绝对地确定是否会有变更，因为每个工程都是有差异的。采用何种合同形式，给业主的回答是寻求最好的专业建议，但是这不是结论性的，还会出现其他的问题：什么是最好的建议？它来自谁？

根据工程、现场和获得的信息，合同协议中的分享(分担)条款可以为业主和承包商提供双方同意的节约(损失)的任何分享(分担)比例。当设计信息基本完整,通常业主分享较大比例的节约额,实际成本超过最高成本的任何损失由承包商全部承担。对于信息较少、风险较大的合同,需要规定能大体反映风险分担的损失分担比例。可以设想合同能提供由双方平等分享节约价款和分担损失的规定。

根据工程类型、现场条件、投标时所提供的设计信息、风险性质和程度,可以设计适合任何特定工程环境的 GMCPF 合同。理想情况下,这种合同的条款和条件是通过谈判达成的,而不是设计师在招标文件中规定,因为只以一方规定的条款和条件要达成双方高度一致的协议几乎不可能的。

推荐使用 CPF 合同最简单的形式,即没有最高成本和分享条款,仅是一个权宜的考虑,业主在没有其他办法时也可以这样完成工程。但是对于大型复杂工程,含有保证最高成本和反映项目环境的公平分享条款的 GMCPF 合同,通常优于任何其他种类的合同。工程规模不一定是选择 GMCPF 合同而不是总价合同的主要标准,相反工程的复杂性、导致决策灵活性的复杂现场环境和需要分阶段施工的项目,通常是选择 GMCPF 合同而不是总价合同的正确原因。

获得灵活性和分阶段施工的替代方案可通过主合同和建设管理采购方式(CM 模式)来安排。在各种合同类型(可能是其他类型合同,但通常是总价合同)和实行总分包施工的 GMCPF 合同之间一开始做出选择并不容易,一个重要区别就是在设计阶段聘用建设管理项目经理。如果设计团队能够提供精确的投标前成本估算,那么通过 GMCPF 合同设计团队也能为业主提供同样类型的服务。但如果没有这个估算,业主可能会处于不利境地;最后,业主所获得的服务质量是由个人而不是系统整体和合同方案决定的。

图 4.3、图 4.4、图 4.5 显示了固定总价合同、成本加定比酬金合同以及保证最高价格下成本加固定酬金合同三种合同类型的比较分析。

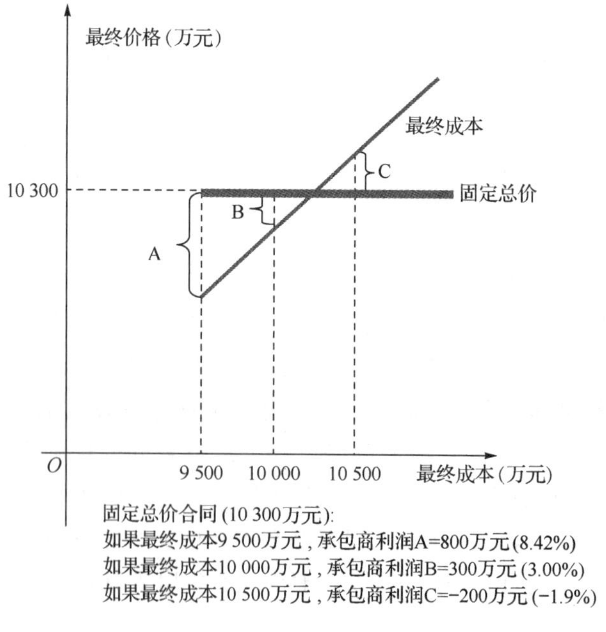

图 4.3 固定总价合同中承包商的最终价格和利润示意图

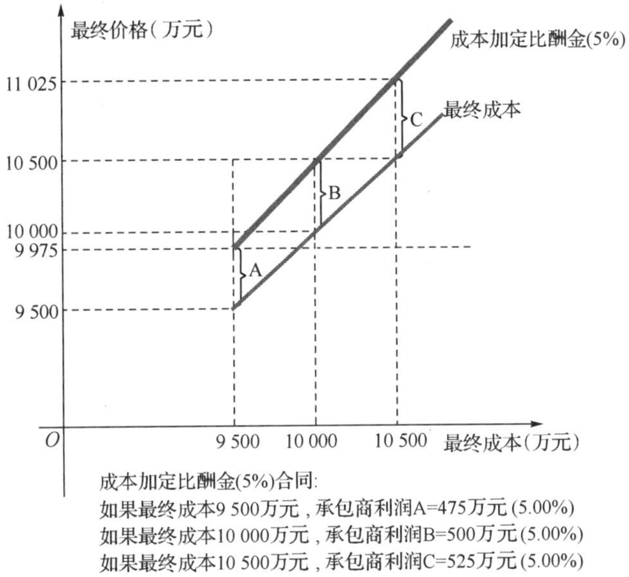

图 4.4　成本加定比酬金合同中承包商的最终价格和利润示意图

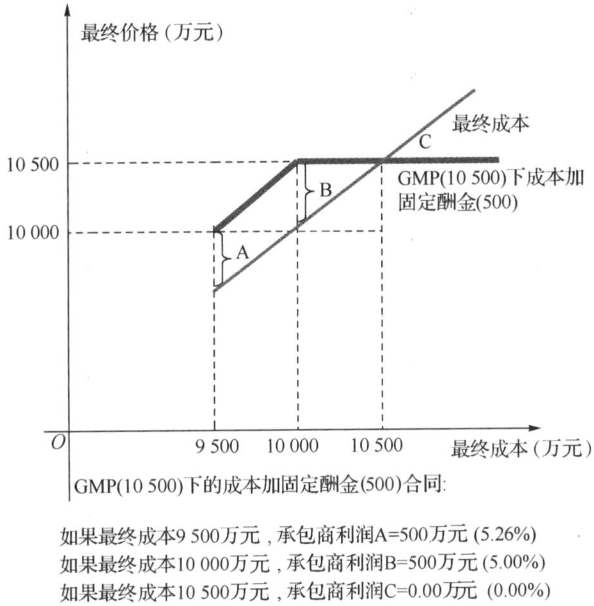

图 4.5　GMP 下成本加固定酬金合同中承包商的最终价格和利润示意图

4.3.10　CPF 合同的关键点

CPF 合同的关键点总结如下：

(1) CPF 合同和固定总价合同是合同的基本类型，处于高低风险相对的两端，两种合同类型的变化取决于风险的度量。

(2) 对于 CPF 合同的业主来讲有两种费用：①定义的成本（通常是直接费）；②定义的酬金（通常包含工程间接成本）。成本和酬金的定义是非常关键的。

(3) 工程成本包含人工、材料、机械和现场管理成本等直接成本以及企业运营成本和利润等间接成本。

(4) 人工成本是工资、法定薪酬、奖金和差旅费、住宿费、车船费等直接成本。生产效率同样会影响人工成本。

(5) 材料成本受产量、质量、时间(季节性需求)、地点、信用和折扣等因素影响。

(6) 机械和设备成本由折旧、维修、投资费用和进场、出场和运行费用决定,还有工作和空闲时间的区别。

(7) 现场管理成本包括监管(通常是最大的成本)、保险和担保费用、许可费用、安全和保护成本、临时服务和设施、清理、出清存货等成本。

(8) 企业运营成本是那些不能直接区分和归结到特定工程的费用,包括管理人员费用、房租及办公设备、通信等办公费用。

(9) 对于业主来说利润属于成本,利润率是投资回报的度量,也是量化利润的更好方法。

(10) CPF合同的成功需要双方的信任和诚实。

(11) CPF合同中业主通常承担较大的风险。

(12) 与其他类型合同相比,CPF合同中的业主和设计师更多地参与到工程和成本管理中。

(13) 在大型建筑工程中,最高保证成本加酬金合同通常比传统的固定总价合同更受到偏爱,因为它能提供更多的灵活性和适应性。

(14) 最高保证成本加酬金合同的招标与固定总价合同相似;为了能调整最高成本,其管理则与成本加酬金合同相似,而最高成本反过来又会影响合同的分享条款。

4.4 合同类型选择

4.4.1 按照计价方式分类的合同选择与比较

工程合同按其计价方式分为总价合同、单价合同和成本补偿合同。各种类型合同有其适用条件,合同双方有不同的权力与责任分配,承担不同的风险。工程实践中应根据具体情况选择合同类型,有时一个项目的不同分项有不同的合同类型。不同的合同类型具有不同的应用范围和特点,合同类型的比较可参见表4.2。

表4.2 合同类型比较表

	总价合同	单价合同	成本补偿合同			
			定比酬金	固定酬金	浮动酬金	目标成本加奖励
公式	$C=\alpha C_0$	$C=\sum_{i=1}^{n}u_im_i$	$C=C_d(1+p)$	$C=C_d+F$	$C=C_d+F+\Delta F$	$C=C_d+p_1C_0+p_0(C_0-C_d)$
应用范围	广泛	广泛	紧急工程、保密工程、为试验研究和技术发展修建工程、设计信息较少的项目、业主与承包商长期共事、相互信任等项目			酌情

（续表）

	总价合同	单价合同	成本补偿合同			
			定比酬金	固定酬金	浮动酬金	目标成本加奖励
业主控制投资	易	较易	最难	难	不易	有可能
承包商风险	风险大	风险小	无风险			有风险

注：C—总造价；C_0—预期（目标）成本；u_i—单价；m_i—工程量；n—子项工程数；C_d—实际发生的直接费；F—规定数额的酬金；ΔF—酬金增减部分；p—酬金百分比；p_1—基本酬金百分比；p_0—奖励酬金百分比。

采用何种合同类型实施工程建设，与招标前已完成的设计准备详细程度有关。一般来讲，如果一个工程仅达到可行性研究、概念设计阶段，只需要满足主要设备、材料的订货，项目总造价的控制，技术设计和施工方案设计文件的编制等要求，多采用成本补偿合同。工程项目达到初步设计的深度，能满足设计方案中的重大技术问题和试验要求及设备制造要求等，多采用单价合同。工程项目达到施工图设计阶段，能满足设备、材料的安排，非标准设备的制造，施工图预算的编制，施工组织设计编制等，多采用总价合同。在一项合同中应注意尽量避免混用不同的计价方式。但当工程项目仓促上马，准备工作不够充分时，很可能在其发包工程合同中既包含总价合同内容，又包含单价合同或成本补偿合同内容。表4.3所列的合同类型选择与不同设计深度的关系，可供参考。

表 4.3　合同类型选择参考表

合同类型	设计阶段	设计包括的主要内容	设计深度要满足的内容
总价合同	施工详图设计阶段	(1) 详细设备清单； (2) 详细材料清单； (3) 施工详图； (4) 施工图预算； (5) 施工组织设计	(1) 设备、材料的安排； (2) 非标准设备的制造； (3) 施工图预算的编制； (4) 施工组织设计的编制； (5) 其他施工要求
单价合同	初步设计阶段	(1) 较详细的设备清单； (2) 较详细的材料清单； (3) 工程必需的设计内容； (4) 修正总概算	(1) 设计方案中重大技术问题的要求； (2) 有关试验方面的要求； (3) 有关设备制造方面的要求
成本补偿合同	可行性研究、概念设计阶段	(1) 总概算； (2) 设计依据、指导思想； (3) 建设规模、产品方案； (4) 主要设备选型和配置； (5) 主要材料需要概数； (6) 主要建筑物、构筑物； (7) 公用、辅助设施； (8) 主要技术经济指标	(1) 主要材料设备订货； (2) 项目总造价控制； (3) 技术设计的编制； (4) 施工方案设计的编制

4.4.2 不同合同类型与工程采购模式的匹配关系

不同的合同类型与不同的工程采购模式之间应有一定的匹配关系。根据国内外有关资料分析,上述三种合同类型与工程采购模式相匹配的情况参见表4.4。表4.4中不同工程采购模式下合同类型的选择如下:

(1) GC和DBB模式的合同类型选择。当工程项目十分确定时,采用固定总价合同;当工程确定性一般时,采用单价合同;当工程不确定时,采用成本补偿合同。在工程确定、但工期长或物价不稳定时,可考虑采用可调总价合同或单价合同。

(2) DB、DP和EPC模式的合同类型选择。这类合同范围包括工程设计,显然工程的许多内容不十分明确。因此,工程较为不确定、且承发包双方有一定的合作基础,或承包商信用较好时,可采用目标成本加奖励合同或成本加固定最大酬金合同;反之,采用成本加固定费用合同。

(3) CM模式合同类型的选择。在工程基本明确,如初步设计完成后,CM单位开始介入工程,一般优先考虑目标成本加奖励合同,当工程较为不确定时,业主为了控制费用也可采用成本加固定酬金合同。

(4) PMT、PMC、PM模式合同类型选择。这类合同属管理服务类合同。一般项目管理公司在项目前期就介入了工作,此时工程范围可能还不明了,因此计价困难,一般是采用分阶段方式进行计价。第一阶段从项目开始到完全确定项目,如初步设计阶段。这一阶段按人工计价或一笔费用包定;此后的工程实施作为第二阶段,则可采用成本加固定最大酬金合同或目标成本加奖励合同等。

不同的合同类型都有其适用的范围,参见图4.6。2017版FIDIC系列合同条件中的红皮书总体上属于单价合同,黄皮书则以固定总价为主、辅以少量单价合同,而银皮书是比较纯粹的固定总价合同。新建大中型项目很少整体上使用成本加酬金合同,但在单价合同和固定总价合同模式下,处理需要重新估价的变更和索赔事项时,常常采用成本加酬金的方式。

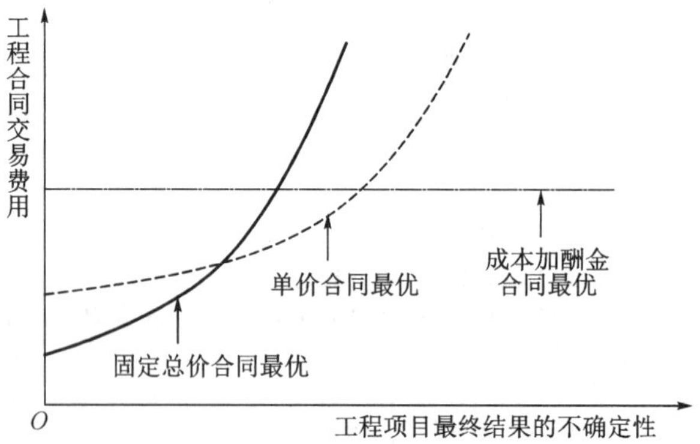

图4.6 三种合同类型的适用范围

表 4.4 工程合同类型与工程项目采购模式的匹配关系

工程采购模式	总价合同	单价合同	成本加固定费用合同	成本加固定最大酬金合同	目标成本加奖励合同
DBB	△	★	△	—	—
GC	★	★	△	—	—
DB	—	×	△	△	★
DP	—	×	△	△	★
EPC	—	×	△	△	★
CM	—	×	△	△	★
PMT	△	—	—	△	★
PMC	△	—	—	△	★
PM	△	—	—	△	★

注：1. 表中“★”表示匹配；“△”表示较匹配；“—”表示不常用；“×”表示不匹配；
2. 表中相匹配分析仅适合于项目风险一般、工期不太长的情况。

选择合同类型是十分复杂的工作。具体选择何种工程采购模式，以及采用哪种与此相应的合同类型，还得根据工程建设的具体情况，包括工程内部属性、外部属性、业主方的建设管理能力和偏好，以及工程建设环境等，对其进行详细的分析研究后，才能进行决策。采用何种合同类型不是固定不变的，有时一个项目中的不同工程部分，或不同阶段，可能采用不同类型的合同，业主必须根据实际情况，全面、反复地权衡利弊，选定最佳的合同类型。

综上所述，合同类型的选择应考虑下列因素：业主的意愿、工程项目设计的深度、工程项目的确定性、项目的规模及其复杂程度、工程项目的技术先进性、承包商的能力和信用、工程进度的要求和市场情况、业主的管理能力、外部因素或风险等。

复习思考题

1. 分析固定总价合同的定义、内涵和优缺点。
2. 固定总价合同中业主、承包商和设计师各自的主要职责是什么？
3. 分析成本加酬金合同的定义、内涵和优缺点。
4. 成本加酬金合同中业主、承包商和设计师各自的主要职责是什么？
5. 分析单价合同的定义、内涵和优缺点。
6. 单价合同中业主、承包商和设计师各自的主要职责是什么？
7. 业主或设计师应如何选择合同类型？
8. 分析承包商在三种合同类型中的风险。
9. 分析不同合同类型与工程采购模式的匹配关系。

5 工程监理合同

5.1 工程监理合同概述

1）监理合同的概念和特点

工程监理委托合同是工程建设单位（委托方）与监理单位（受托人）为完成特定建设工程项目的监理任务，明确相互权利和义务关系的协议。监理合同具有以下性质和特点：

（1）具有委托合同的法律性质

在监理工作中，监理人员以其专业知识、经验、技能受业主委托为其所签订的其他合同的履行实施监督和管理，监理人员为委托人提供监理服务。根据《民法典》第七百九十六条规定："建设工程实行监理的，发包人应当与监理人采用书面形式订立委托监理合同。发包人与监理人的权利和义务以及法律责任，应当依照本编委托合同以及其他有关法律、行政法规的规定。"因此，监理合同的法律性质为委托合同。委托合同是建立在委托人与受托人的相互信任基础上，因此监理合同也是需要以发包人与监理人的相互信任为基础的。监理合同的标的是发包人委托监理人处理的事务。

（2）具有服务采购的特点

监理合同在招标活动中具有服务类采购的特点，与货物、工程采购相比，其标的为服务或相关服务，具有无形性、评审侧重质量而不是价格、无法存储性、易变性、不可分割性、不能再销售、采购复杂等属性。

（3）依法必须进行监理的规定

我国对于施行监理制度有明确的法律规定，如《建筑法》第三十条规定：国家推行建筑工程监理制度。国务院可以规定实行强制监理的建筑工程的范围。根据《建设工程质量管理条例》的规定，实行监理的建设工程，建设单位应当委托具有相应资质等级的工程监理单位进行监理，也可以委托具有工程监理相应资质等级并与被监理工程的施工承包单位没有隶属关系或者其他利害关系的该工程的设计单位进行监理。按照法律法规的规定，有五类建设工程项目必须实行监理，即：国家重点建设工程；大中型公用事业工程；成片开发建设的住宅小区工程；利用外国政府或者国际组织贷款、援助资金的工程；国家规定必须实行监理的其他工程。

（4）监理合同是要式合同

根据《民法典》第七百九十六条规定，发包人应当与监理人采用书面形式订立委托监理合同。《建筑法》第三十一条规定：实行监理的建筑工程，由建设单位委托具有相应资质条件的工程监理单位监理。建设单位与其委托的工程监理单位应当订立书面委托监理合同。因此，监理合同应当采用书面形式，为要式合同。

（5）监理人的义务由法律和合同规定

工程监理单位应当在其资质等级许可的监理范围内，承担工程监理业务。工程监理单位与被监理工程的承包单位以及建筑材料、建筑构配件和设备供应单位不得有隶属关系或者其他利害关系，且工程监理单位不得转让工程监理业务。

监理人应当代表发包人依法对建设工程的设计要求和施工质量、工期和资金等方面进行监督。根据《建筑法》规定，建筑工程监理应当依照法律、行政法规及有关的技术标准、设计文件和建筑工程承包合同，对承包单位在施工质量、建设工期和建设资金使用等方面，代表建设单位实施监督。工程监理人员认为工程施工不符合工程设计要求、施工技术标准和合同约定的，有权要求建筑施工企业改正。工程监理人员发现工程设计不符合建筑工程质量标准或者合同约定的质量要求的，应当报告建设单位要求设计单位改正。监理工程师应当按照工程监理规范的要求，采取旁站、巡视和平行检验等形式，对建设工程实施监理。工程监理单位应当审查施工组织设计中的安全技术措施或者专项施工方案是否符合工程建设强制性标准。在实施监理过程中，工程监理单位发现存在安全事故隐患的，应当要求施工单位整改；情况严重的，应当要求施工单位暂时停止施工，并及时报告建设单位。施工单位拒不整改或者不停止施工的，工程监理单位应当及时向有关主管部门报告。此外，工程监理单位和监理工程师应当按照法律、法规和工程建设强制性标准实施监理，并对建设工程安全生产承担监理责任。

监理人应当在施工现场派驻具备相应资格的监理人员。根据《建设工程质量管理条例》规定，工程监理单位应当选派具备相应资格的总监理工程师和监理工程师进驻施工现场。未经监理工程师签字，建筑材料、建筑构配件和设备不得在工程上使用或者安装，施工单位不得进行下一道工序的施工。未经总监理工程师签字，建设单位不拨付工程款，不进行竣工验收。

监理人应当履行法律规定的义务，如果违反法律的规定，则会承担民事赔偿责任、行政责任和刑事责任。如：监理人与发包人或者建筑施工企业串通，弄虚作假、降低工程质量的，责令改正，处以罚款，降低资质等级或者吊销资质证书；有违法所得的，予以没收；造成损失的，承担连带赔偿责任；构成犯罪的，依法追究刑事责任。监理人员的违反法定义务的行为可能构成工程重大安全事故罪。我国《刑法》第一百三十七条规定："建设单位、设计单位、施工单位、工程监理单位违反国家规定，降低工程质量标准，造成重大安全事故的，对直接责任人员，处五年以下有期徒刑或者拘役，并处罚金；后果特别严重的，处 5 年以上 10 年以下有期徒刑，并处罚金。"

2017 年 2 月 21 日，国务院办公厅发布了《关于促进建筑业持续健康发展的意见》，提出要培育全过程工程咨询：鼓励投资咨询、勘察、设计、监理、招标代理、造价等企业采取联合经营、并购重组等方式发展全过程工程咨询，培育一批具有国际水平的全过程工程咨询企业。政府投资工程应带头推行全过程工程咨询，鼓励非政府投资工程委托全过程工程咨询服务。2019 年 3 月 15 日，国家发改委、住建部印发了《关于推进全过程工程咨询服务发展的指导意见》（发改投资规〔2019〕515 号），提出以全过程咨询推动完善工程建设组织模式，以工程建设环节为重点推进全过程咨询，鼓励建设单位委托咨询单位提供招标代理、勘察、设计、监理、造价、项目管理等全过程咨询服务，满足建设单位一体化服务需求，增强工程建设过程的协同性。工程建设全过程咨询服务应当由一家具有综合能力的咨询单位实施,也可由多家具有招标代理、勘察、设计、监理、造价、项目管理等不同能力的咨询单位联合实施。

2) 监理合同示范文本

为规范建设工程监理活动,维护建设工程监理合同当事人的合法权益,我国相继制定了以下监理合同的示范文本:

(1) 1995 年 10 月 9 日,为了适应建设监理事业发展的需要,提高监理委托合同签订的质量,更好地规范监理合同当事人的行为,原国家建设部和国家工商行政管理局联合发布了《工程建设监理合同(示范文本)》(GF—1995—0202)。

(2) 1997 年 6 月 27 日,原电力工业部印发了《水电工程建设监理合同(示范文本)》,该示范文本对于加强水电工程建设管理,深化改革,规范水电监理市场发挥了良好的作用。

(3) 1997 年 9 月 15 日,原交通部印发了《公路工程施工监理合同范本》,该文本适应了公路工程监理事业发展的需要,促进了公路工程监理工作制度化、规范化和科学化建设,提高了监理服务委托合同签订的质量,更好地规范了监理服务合同当事人的行为。

(4) 2000 年 2 月 17 日,原国家建设部和国家工商行政管理局在对《工程建设监理合同(示范文本)》(GF—1995—0202)进行修订的基础上,又联合发布了《建设工程委托监理合同(示范文本)》(GF—2000—0202)。

(5) 2007 年 4 月 20 日,水利部与国家工商行政管理总局联合印发了《水利工程施工监理合同示范文本》(GF—2007—0211),自 2007 年 6 月 1 日起施行。该文本是在《水利工程建设监理合同示范文本》(GF—2000—0211)基础上修订形成的。该示范文本对于规范水利工程建设监理市场秩序,维护建设监理合同双方的合法权益,确保水利工程建设监理健康发展均发挥了良好的作用。

(6) 2012 年 3 月 27 日,住房和城乡建设部与国家工商行政管理总局联合发布了《建设工程监理合同(示范文本)》(GF—2012—0202)(以下简称《工程监理合同》)。新发布的《工程监理合同》是在 2000 年发布的《建设工程委托监理合同(示范文本)》的基础上修订完善而成的,2012 版《工程监理合同》吸纳了近几年比较成熟的工程监理实践经验,严格依据现行法律法规和标准规范,并借鉴了国际工程合同管理的经验。《工程监理合同》适用于包括房屋建筑、市政工程等 14 个专业工程类别的建设工程项目,在通用条件中明确了工程监理基本工作内容,对于规范工程监理合同当事人的签约、履约行为,防止合同主体利益失衡,避免或减少合同纠纷,保障合同当事人的合法权益,维护工程监理市场秩序都将发挥积极作用。

(7) 2017 年 9 月国家发改委等印发的《标准监理招标文件》等五个标准文件。适用于依法必须招标的与工程有关的设备、材料等货物项目和勘察、设计、监理等服务项目。

3) 监理合同的构成

工程监理合同可以有广义和狭义之分。狭义的合同是指合同文本,即合同协议书、合同标准条件、合同专用条件;广义的合同是指包括合同文本、中标人的监理投标书和监理大纲、中标通知书以及合同实施过程中双方签署的合同补充或修改文件等关系到双方权利义务的承诺和约定。一个工程监理合同由哪些部分构成由当事人在合同协议书中约定。根据《建设工程监理委托合同(示范文本)》(GF—2012—0202)规定,监理合同文件一般由协议书、中标通知书(适用于招标工程)或委托书(适用于非招标工程)、投标文件(适用于招标工程)或监理与相关服务建议书(适用于非招标工程)、专用条件、通用条件和附录等六部分组成。

4) 监理合同的解释顺序

合同的解释顺序是指整个监理合同文件的解释顺序,或说是合同文件各个组成部分的优先级,其实质是效力等级。当合同内容出现矛盾时,以解释顺序高的,即优先等级高的为准。合同的解释顺序是由合同双方在合同协议书中约定的,但实际上是这些文件形成的逆时间顺序,一般来说,是后形成的合同文件可以解释先形成的合同文件。合同文件的解释顺序优先级最高的是在实施过程中双方共同签署的合同补充与修正文件。根据《建设工程监理合同(示范文本)》(GF—2012—0202)规定,工程监理合同使用中文书写、解释和说明。如专用条件约定使用两种及以上语言文字时,应以中文为准。组成工程监理合同的下列文件彼此应能相互解释、互为说明。除专用条件另有约定外,工程监理合同文件的解释顺序如下:

(1) 协议书;

(2) 中标通知书(适用于招标工程)或委托书(适用于非招标工程);

(3) 专用条件及附录 A(相关服务的范围和内容)、附录 B(委托人派遣的人员和提供的房屋、资料、设备);

(4) 通用条件;

(5) 投标文件(适用于招标工程)或监理与相关服务建议书(适用于非招标工程)。

双方签订的补充协议与其他文件发生矛盾或歧义时,属于同一类内容的文件,应以最新签署的为准。

5) 监理合同的履行

工程监理规范规定工程监理实行总监理工程师负责制,因此委托监理合同的履行是由监理单位法定代表人书面授权的总监理工程师全面负责的。

由于监理的对象是建设工程项目,不同阶段的监理合同履行是和该阶段的建设工作相适应的。只要该阶段建设任务没有完成,监理的合同就得继续,当然所涉及的监理额外工作、附加工作的补偿应在合同中明确,或通过对合同的补充或修改来确定。

5.2 工程监理合同的主要内容

工程监理合同文件中除在合同履行中双方共同签署的合同补充与修正文件外,其他部分的内容基本上是确定的,尤其是使用工程监理合同示范文本的情况下,更是这样。

5.2.1 监理投标书

这里的工程监理投标书是指中标人的投标书。工程监理投标书中的投标函及监理大纲是整个投标文件中具有实质性意义的内容。投标函是监理取费的要约和对监理招标文件的响应;而投标监理大纲则是投标人履行监理合同、开展监理工作的具体方法、措施以及人员装备的计划,是投标人为了取得监理报酬而承诺的付出和义务。

工程监理合同当事人应重视监理投标书在监理合同管理中的地位。严格地说,监理的报价是中标人依据其投标书,主要是监理大纲中载明的监理投入作出的。当监理委托人要求监理人提供监理投标书(监理大纲)中没有提到的,监理合同其他条款中也没有约定的服务或人员装备时,监理人就可以要求补偿;当监理人不能按投标书配备监理人员、提供监理装备或服务时,监理委托人有权要求监理人改正或向监理人提出索赔乃至追究违约责任。

5.2.2 中标通知书

监理中标通知书是招标人对监理中标人在投标书中所作要约的全盘接受,是对中标人要约的承诺。中标通知书一旦送达中标人,就和中标人的投标书一同构成了对双方都有法律约束力的文件。直到正式的监理合同签订,中标通知书和投标书都是维系和制约监理招投标双方的文件。

5.2.3 监理合同协议书

监理合同协议书是确定合同关系的总括性文件,定义了监理委托人和监理人,界定了监理项目及监理合同文件构成,原则性地约定了双方的义务,规定了合同的履行期。最后由双方法定代表人或其代理人签章并盖法人章后合同正式成立。主要的条款如下:

(1) 委托人与监理人。

(2) 工程概况:包括工程名称、工程地点、工程规模、工程概算投资额或建筑安装工程费。监理工程概况的描述,要保证对监理工程的理解不产生歧义。

(3) 词语限定:协议书中相关词语的含义与通用条件中的定义与解释相同。

(4) 组成本合同的文件:

① 协议书。

② 中标通知书(适用于招标工程)或委托书(适用于非招标工程)。

③ 投标文件(适用于招标工程)或监理与相关服务建议书(适用于非招标工程)。

④ 专用条件。

⑤ 通用条件。

⑥ 附录。包括附录A:相关服务的范围和内容;附录B:委托人派遣的人员和提供的房屋、资料、设备。

⑦ 工程监理合同签订后,双方依法签订的补充协议也是该合同文件的组成部分。

(5) 总监理工程师。包括总监理工程师姓名、身份证号码、注册号。

(6) 签约酬金。包括监理酬金和相关服务酬金。相关服务酬金需要明确:

① 勘察阶段服务酬金;

② 设计阶段服务酬金;

③ 保修阶段服务酬金;

④ 其他相关服务酬金。

(7) 期限。监理期限起止时间,以及相关服务期限的起止时间,包括:

① 勘察阶段服务期限;

② 设计阶段服务期限;

③ 保修阶段服务期限;

④ 其他相关服务期限。

(8) 双方承诺。监理人向委托人承诺,按照本合同约定提供监理与相关服务。委托人向监理人承诺，按照本合同约定派遣相应的人员，提供房屋、资料、设备，并按本合同约定支付酬金。

(9) 合同订立。包括合同订立时间和订立地点。

(10) 合同双方签字盖章栏。

5.2.4 监理合同通用条件

监理合同通用条件是针对监理合同文件自身以及监理双方一般性的权利义务确定的合同条款，具有普遍性和通用性。

1) 合同用语的定义

(1) "工程"是指按照本合同约定实施监理与相关服务的建设工程。

(2) "委托人"是指本合同中委托监理与相关服务的一方，及其合法的继承人或受让人。

(3) "监理人"是指本合同中提供监理与相关服务的一方，及其合法的继承人。

(4) "承包人"是指在工程范围内与委托人签订勘察、设计、施工等有关合同的当事人，及其合法的继承人。

(5) "监理"是指监理人受委托人的委托，依照法律法规、工程建设标准、勘察设计文件及合同，在施工阶段对建设工程质量、进度、造价进行控制，对合同、信息进行管理，对工程建设相关方的关系进行协调，并履行建设工程安全生产管理法定职责的服务活动。

(6) "相关服务"是指监理人受委托人的委托，按照工程监理合同约定，在勘察、设计、保修等阶段提供的服务活动。

(7) "正常工作"指工程监理合同订立时通用条件和专用条件中约定的监理人的工作。

(8) "附加工作"是指工程监理合同约定的正常工作以外监理人的工作。

(9) "项目监理机构"是指监理人派驻工程负责履行工程监理合同的组织机构。

(10) "总监理工程师"是指由监理人的法定代表人书面授权，全面负责履行工程监理合同、主持项目监理机构工作的注册监理工程师。

(11) "酬金"是指监理人履行工程监理合同义务，委托人按照工程监理合同约定给付监理人的金额。

(12) "正常工作酬金"是指监理人完成正常工作，委托人应给付监理人并在协议书中载明的签约酬金额。

(13) "附加工作酬金"是指监理人完成附加工作，委托人应给付监理人的金额。

(14) "一方"是指委托人或监理人；"双方"是指委托人和监理人；"第三方"是指除委托人和监理人以外的有关方。

(15) "书面形式"是指合同书、信件和数据电文(包括电报、电传、传真、电子数据交换和电子邮件)等可以有形地表现所载内容的形式。

(16) "天"是指第一天零时至第二天零时的时间。

(17) "月"是指按公历从一个月中任何一天开始的一个公历月时间。

(18) "不可抗力"是指委托人和监理人在订立本合同时不可预见，在工程施工过程中不可避免发生并不能克服的自然灾害和社会性突发事件，如地震、海啸、瘟疫、水灾、骚乱、暴动、战争和专用条件约定的其他情形。

2）监理人的义务

（1）监理的范围和工作内容

监理人应认真、勤奋工作，完成监理合同约定的监理范围内的工作内容。相关服务的范围和内容在附录A中约定。除专用条件另有约定外，监理工作内容包括：

① 收到工程设计文件后编制监理规划，并在第一次工地会议7天前报委托人。根据有关规定和监理工作需要，编制监理实施细则。

② 熟悉工程设计文件，并参加由委托人主持的图纸会审和设计交底会议。

③ 参加由委托人主持的第一次工地会议；主持监理例会并根据工程需要主持或参加专题会议。

④ 审查施工承包人提交的施工组织设计，重点审查其中的质量安全技术措施、专项施工方案与工程建设强制性标准的符合性。

⑤ 检查施工承包人工程质量、安全生产管理制度及组织机构和人员资格。

⑥ 检查施工承包人专职安全生产管理人员的配备情况。

⑦ 审查施工承包人提交的施工进度计划，核查承包人对施工进度计划的调整。

⑧ 检查施工承包人的试验室。

⑨ 审核施工分包人资质条件。

⑩ 查验施工承包人的施工测量放线成果。

⑪ 审查工程开工条件，对条件具备的签发开工令。

⑫ 审查施工承包人报送的工程材料、构配件、设备质量证明文件的有效性和符合性，并按规定对用于工程的材料采取平行检验或见证取样方式进行抽检。

⑬ 审核施工承包人提交的工程款支付申请，签发或出具工程款支付证书，并报委托人审核、批准。

⑭ 在巡视、旁站和检验过程中，发现工程质量、施工安全存在事故隐患的，要求施工承包人整改并报委托人。

⑮ 经委托人同意，签发工程暂停令和复工令。

⑯ 审查施工承包人提交的采用新材料、新工艺、新技术、新设备的论证材料及相关验收标准。

⑰ 验收隐蔽工程、分部分项工程。

⑱ 审查施工承包人提交的工程变更申请，协调处理施工进度调整、费用索赔、合同争议等事项。

⑲ 审查施工承包人提交的竣工验收申请，编写工程质量评估报告。

⑳ 参加工程竣工验收，签署竣工验收意见。

㉑ 审查施工承包人提交的竣工结算申请并报委托人。

㉒ 编制、整理工程监理归档文件并报委托人。

（2）监理与相关服务依据

监理依据包括：

① 适用的法律、行政法规及部门规章；

② 与工程有关的标准；

③ 工程设计及有关文件；

④ 本合同及委托人与第三方签订的与实施工程有关的其他合同。

双方应根据工程的行业和地域特点，在专用条件中具体约定监理依据。相关服务依据在专用条件中约定。

(3) 项目监理机构和人员

监理人应组建满足工作需要的项目监理机构，配备必要的检测设备。项目监理机构的主要人员应具有相应的资格条件。工程监理合同履行过程中，总监理工程师及重要岗位监理人员应保持相对稳定，以保证监理工作正常进行。

监理人可根据工程进展和工作需要调整项目监理机构人员。监理人更换总监理工程师时，应提前7天向委托人书面报告，经委托人同意后方可更换；监理人更换项目监理机构其他监理人员，应以相当资格与能力的人员替换，并通知委托人。监理人应及时更换有下列情形之一的监理人员：

① 有严重过失行为的；

② 有违法行为不能履行职责的；

③ 涉嫌犯罪的；

④ 不能胜任岗位职责的；

⑤ 严重违反职业道德的；

⑥ 专用条件约定的其他情形。

委托人可要求监理人更换不能胜任本职工作的项目监理机构人员。

(4) 履行职责

监理人应遵循职业道德准则和行为规范，严格按照法律法规、工程建设有关标准及本合同履行职责。在监理与相关服务范围内，委托人和承包人提出的意见和要求，监理人应及时提出处置意见。当委托人与承包人之间发生合同争议时，监理人应协助委托人、承包人协商解决。当委托人与承包人之间的合同争议提交仲裁机构仲裁或人民法院审理时，监理人应提供必要的证明资料。

监理人应在专用条件约定的授权范围内，处理委托人与承包人所签订合同的变更事宜。如果变更超过授权范围，应以书面形式报委托人批准。在紧急情况下，为了保护财产和人身安全，监理人所发出的指令未能事先报委托人批准时，应在发出指令后的24小时内以书面形式报委托人。

除专用条件另有约定外，监理人发现承包人的人员不能胜任本职工作的，有权要求承包人予以调换。

(5) 提交报告

监理人应按专用条件约定的种类(包括监理规划、监理月报及约定的专项报告等)、时间和份数向委托人提交监理与相关服务的报告。

(6) 文件资料

在本合同履行期内，监理人应在现场保留工作所用的图纸、报告及记录监理工作的相关文件。工程竣工后，应当按照档案管理规定将监理有关文件归档。

(7) 使用委托人的财产

监理人无偿使用附录B中由委托人派遣的人员和提供的房屋、资料、设备。除专用条件另有约定外,委托人提供的房屋、设备属于委托人的财产,监理人应妥善使用和保管,在工程监理合同终止时将这些房屋、设备的清单提交委托人,并按专用条件约定的时间和方式移交。

3) 委托人的义务

(1) 告知

委托人应在委托人与承包人签订的合同中明确监理人、总监理工程师和授予项目监理机构的权限。如有变更,应及时通知承包人。

(2) 提供资料

委托人应按照附录B约定,无偿向监理人提供工程有关的资料,参见表5.1。在工程监理合同履行过程中,委托人应及时向监理人提供最新的与工程有关的资料。

表5.1 委托人提供的资料

名　　称	份　数	提供时间	备注
1.工程立项文件			
2.工程勘察文件			
3.工程设计及施工图纸			
4. 工程承包合同及其他相关合同			
5. 施工许可文件			
6. 其他文件			

(3) 提供工作条件

委托人应为监理人完成监理与相关服务提供必要的条件。委托人应按照附录B约定,派遣相应的人员,提供房屋、设备,供监理人无偿使用,参见表5.2、表5.3和表5.4。委托人应负责协调工程建设中所有外部关系,为监理人履行工程监理合同提供必要的外部条件。

表5.2 委托人派遣的人员

名　　称	数　量	工作要求	提供时间
1. 工程技术人员			
2. 辅助工作人员			
3. 其他人员			

表5.3 委托人提供的房屋

名　　称	数　量	面　积	提供时间
1. 办公用房			
2. 生活用房			
3. 试验用房			
4. 样品用房			
用餐及其他生活条件			

表 5.4 委托人提供的设备

名 称	数 量	型号与规格	提供时间
1. 通讯设备			
2. 办公设备			
3. 交通工具			
4. 检测和试验设备			

(4) 委托人代表

委托人应授权一名熟悉工程情况的代表,负责与监理人联系。委托人应在双方签订工程监理合同后 7 天内,将委托人代表的姓名和职责书面告知监理人。当委托人更换委托人代表时,应提前 7 天通知监理人。

(5) 委托人意见或要求

在工程监理合同约定的监理与相关服务工作范围内,委托人对承包人的任何意见或要求应通知监理人,由监理人向承包人发出相应指令。

(6) 答复

委托人应在专用条件约定的时间内,对监理人以书面形式提交并要求作出决定的事宜,给予书面答复。逾期未答复的,视为委托人认可。

(7) 支付

委托人应按工程监理合同约定,向监理人支付酬金。

4) 违约责任

(1) 监理人的违约责任

监理人未履行工程监理合同义务的,应承担相应的责任。因监理人违反工程监理合同约定给委托人造成损失的,监理人应当赔偿委托人损失。赔偿金额的确定方法在专用条件中约定。监理人承担部分赔偿责任的,其承担赔偿金额由双方协商确定。监理人向委托人的索赔不成立时,监理人应赔偿委托人由此发生的费用。监理人赔偿金额可按下列方法确定:

$$赔偿金=\frac{直接经济损失}{工程概算投资额(或建筑安装工程费)}\times 正常工作酬金$$

(2) 委托人的违约责任

委托人未履行工程监理合同义务的,应承担相应的责任。委托人违反工程监理合同约定造成监理人损失的,委托人应予以赔偿。委托人向监理人的索赔不成立时,应赔偿监理人由此发生的费用。委托人未能按期支付酬金超过 28 天,应按专用条件约定支付逾期付款利息。委托人逾期付款利息按下列方法确定:

$$逾期付款利息=当期应付款总额\times 银行同期贷款日利率\times 拖延支付天数$$

(3) 除外责任

因非监理人的原因,且监理人无过错,发生工程质量事故、安全事故、工期延误等造成的损失,监理人不承担赔偿责任。因不可抗力导致工程监理合同全部或部分不能履行时,双方各自承担其因此而造成的损失、损害。

5）支付

(1) 支付货币

除专用条件另有约定外，酬金均以人民币支付。涉及外币支付的，所采用的货币种类、比例和汇率在专用条件中约定。

(2) 支付申请

监理人应在合同约定的每次应付款时间的7天前，向委托人提交支付申请书。支付申请书应当说明当期应付款总额，并列出当期应支付的款项及其金额。

(3) 支付酬金

支付的酬金包括正常工作酬金、附加工作酬金、合理化建议奖励金额及费用。正常工作酬金的支付可按表5.5进行。

表5.5　正常工作酬金的支付表

支付次数	支付时间	支付比例	支付金额(万元)
首付款	合同签订后7天内		
第二次付款			
第三次付款			
……			
最后付款	监理与相关服务期届满14天内		

(4) 有争议部分的付款

委托人对监理人提交的支付申请书有异议时，应当在收到监理人提交的支付申请书后7天内，以书面形式向监理人发出异议通知。无异议部分的款项应按期支付，有异议部分的款项按合同争议条款约定处理。

6）合同生效、变更、暂停、解除与终止

(1) 生效

除法律另有规定或者专用条件另有约定外，委托人和监理人的法定代表人或其授权代理人在协议书上签字并盖单位章后工程监理合同生效。

(2) 变更

任何一方提出变更请求时，双方经协商一致后可进行变更。

除不可抗力外，因非监理人原因导致监理人履行合同期限延长、内容增加时，监理人应当将此情况与可能产生的影响及时通知委托人。增加的监理工作时间、工作内容应视为附加工作。附加工作酬金的确定方法在专用条件中约定。除不可抗力外，因非监理人原因导致工程监理合同期限延长时，附加工作酬金可按下列方法确定：

$$附加工作酬金=\frac{本合同期限延长时间(天)}{协议书约定的监理与相关服务期限(天)}\times 正常工作酬金$$

合同生效后，如果实际情况发生变化使得监理人不能完成全部或部分工作时，监理人应立即通知委托人。除不可抗力外，其善后工作以及恢复服务的准备工作应为附加工作，附加工作酬金的确定方法在专用条件中约定。监理人用于恢复服务的准备时间不应超过 28 天。除不可抗力外，其善后工作以及恢复服务的附加工作酬金可按下列方法确定：

$$附加工作酬金=\frac{善后工作及恢复服务的准备工作时间(天)}{协议书约定的监理与相关服务期限(天)}\times 正常工作酬金$$

因非监理人原因造成工程概算投资额或建筑安装工程费增加时，正常工作酬金应作相应调整。调整方法在专用条件中约定。因工程规模、监理范围的变化导致监理人的正常工作量减少时，正常工作酬金应作相应调整。调整方法在专用条件中约定。正常工作酬金增加额按下列方法确定：

$$正常工作酬金增加额=\frac{工程投资额或建筑安装工程费增加额}{工程概算投资额(或建筑安装工程费)}\times 正常工作酬金$$

因工程规模、监理范围的变化导致监理人的正常工作量减少时，按减少工作量的比例从协议书约定的正常工作酬金中扣减相同比例的酬金。

合同签订后，遇有与工程相关的法律法规、标准颁布或修订的，双方应遵照执行。由此引起监理与相关服务的范围、时间、酬金变化的，双方应通过协商进行相应调整。

(3) 暂停与解除

除双方协商一致可以解除工程监理合同外，当一方无正当理由未履行工程监理合同约定的义务时，另一方可以根据工程监理合同约定暂停履行工程监理合同直至解除工程监理合同。

在工程监理合同有效期内，由于双方无法预见和控制的原因导致工程监理合同全部或部分无法继续履行或继续履行已无意义，经双方协商一致，可以解除工程监理合同或监理人的部分义务。在解除之前，监理人应作出合理安排，使开支减至最小。因解除工程监理合同或解除监理人的部分义务导致监理人遭受的损失，除依法可以免除责任的情况外，应由委托人予以补偿，补偿金额由双方协商确定。解除工程监理合同的协议必须采取书面形式，协议未达成之前，工程监理合同仍然有效。

在工程监理合同有效期内，因非监理人的原因导致工程施工全部或部分暂停，委托人可通知监理人要求暂停全部或部分工作。监理人应立即安排停止工作，并将开支减至最小。除不可抗力外，由此导致监理人遭受的损失应由委托人予以补偿。

暂停部分监理与相关服务时间超过 182 天，监理人可发出解除工程监理合同约定的该部分义务的通知；暂停全部工作时间超过 182 天，监理人可发出解除工程监理合同的通知，工程监理合同自通知到达委托人时解除。委托人应将监理与相关服务的酬金支付至工程监理合同解除日，且应承担合同约定的违约责任。

当监理人无正当理由未履行工程监理合同约定的义务时，委托人应通知监理人限期改正。若委托人在监理人接到通知后的 7 天内未收到监理人书面形式的合理解释，则可在 7 天内发出解除工程监理合同的通知，自通知到达监理人时工程监理合同解除。委托人应将监理与相关服务的酬金支付至限期改正通知到达监理人之日，但监理人应承担合同约定的违约责任。

监理人在专用条件约定的支付之日起 28 天后仍未收到委托人按工程监理合同约定应付的款项，可向委托人发出催付通知。委托人接到通知 14 天后仍未支付或未提出监理人可以接受的延期支付安排,监理人可向委托人发出暂停工作的通知并可自行暂停全部或部分工作。暂停工作后14天内监理人仍未获得委托人应付酬金或委托人的合理答复,监理人可向委托人发出解除工程监理合同的通知,自通知到达委托人时工程监理合同解除。委托人应承担合同约定的违约责任。

因不可抗力致使工程监理合同部分或全部不能履行时,一方应立即通知另一方,可暂停或解除工程监理合同。工程监理合同解除后,工程监理合同约定的有关结算、清理、争议解决方式的条款仍然有效。

(4) 终止

以下条件全部满足时,工程监理合同即告终止:

① 监理人完成工程监理合同约定的全部工作;

② 委托人与监理人结清并支付全部酬金。

7) 争议解决

(1) 协商

双方应本着诚信原则协商解决彼此间的争议。

(2) 调解

如果双方不能在14天内或双方商定的其他时间内解决工程监理合同争议,可以将其提交给专用条件约定的或事后达成协议的调解人进行调解。

(3) 仲裁或诉讼

双方均有权不经调解直接向专用条件约定的仲裁机构申请仲裁或向有管辖权的人民法院提起诉讼。

8) 其他规定

(1) 外出考察费用

经委托人同意,监理人员外出考察发生的费用由委托人审核后支付。

(2) 检测费用

委托人要求监理人进行的材料和设备检测所发生的费用,由委托人支付,支付时间在专用条件中约定。

(3) 咨询费用

经委托人同意,根据工程需要由监理人组织的相关咨询论证会以及聘请相关专家等发生的费用由委托人支付,支付时间在专用条件中约定。

(4) 奖励

监理人在服务过程中提出的合理化建议,使委托人获得经济效益的,双方在专用条件中约定奖励金额的确定方法。奖励金额在合理化建议被采纳后,与最近一期的正常工作酬金同期支付。合理化建议的奖励金额可按下列方法确定:

$$奖励金额=工程投资节省额\times奖励金额的比率(在专用条件中明确)$$

(5) 守法诚信

监理人及其工作人员不得从与实施工程有关的第三方处获得任何经济利益。

(6) 保密

双方不得泄露对方申明的保密资料，亦不得泄露与实施工程有关的第三方所提供的保密资料，保密事项在专用条件中约定，如委托人申明的保密事项和期限、监理人申明的保密事项和期限、第三方申明的保密事项和期限。

(7) 通知

工程监理合同涉及的通知均应当采用书面形式，并在送达对方时生效，收件人应书面签收。

(8) 著作权

监理人对其编制的文件拥有著作权。监理人可单独或与他人联合出版有关监理与相关服务的资料。除专用条件另有约定外，如果监理人在工程监理合同履行期间及工程监理合同终止后两年内出版涉及本工程的有关监理与相关服务的资料，应当征得委托人的同意。

5.2.5 监理合同专用条件

专用条件是对标准条件的补充，是标准条件在具体工程项目上的具体化。在使用专用条件时要特别注意的是反映具体监理项目的实际、合同双方的特别约定，切不可把专用条件栏填写成“按标准条件执行”。监理合同需要通过专用条件来约定的内容主要有以下几个方面：

(1) 适用的法律及监理依据。

(2) 监理工作范围和内容。

(3) 对监理人的授权范围。

(4) 委托人应提供的工程资料及提供时间。

(5) 委托人对监理人书面提交的事宜作出书面答复的时间。

(6) 委托人代表。

(7) 委托人免费向监理人提供的房屋、设备等的数量和时间。

(8) 委托人免费向监理人提供的工作人员以及服务人员的数量和时间。

(9) 合同双方承担违约责任的方式、赔偿损失的计算方法等。

(10) 监理报酬。监理报酬包括完成监理合同约定任务的正常工作酬金和附加工作酬金的计算方法、支付时间、货币种类(包括计算汇率)、金额。监理报酬可由合同双方协商确定，但法定必须进行监理的施工项目必须执行政府指导价，即监理收费基准价按照《建设工程监理与相关服务收费管理规定》计算，上下浮动幅度范围不得超过 20%；其他建设工程的监理收费实行市场调节价。

(11) 当监理人为监理项目作出特别贡献时的奖励办法，如提出合理化建议被采纳而给委托人带来直接的经济效益时，按可计算效益额的 10%～30%奖励给监理人。

(12) 约定在合同履行过程中发生争议且协商不成时，是提请仲裁委员会仲裁还是向人民法院起诉。如果是选择仲裁的，合同双方应达成仲裁协议。

5.2.6 在履约过程中双方签署的补充协议

在监理实施的过程中，难免有一些情况会发生变化。如果这种变化超出了原合同的约定范围，就有必要在原合同的基础上进行适当补充或修改。合同的任何修改和补充都必须取得合同当事人的协商一致，并经合同双方的法定代表人或其授权代理人签署才能有效。

根据我国《招标投标法》的规定，招标人和中标人不得签署实质上背离中标条件的合同，当然也包括不得签署违背中标条件的合同补充与修改文件。

复习思考题

1. 工程监理行使监理职责的依据有哪些?

2. 工程监理的特点是什么? 对监理合同签订有何影响?

3. 监理委托合同与工程建设涉及的其他合同有何区别和联系?

4. 监理合同的构成有哪些? 其解释顺序是什么? 监理合同解释顺序的作用是什么?

5. 什么是工程监理的正常工作? 什么是额外工作?

6. 试分析监理人和委托人的权利和义务。

7. 监理合同授予监理工程师哪些权力? 监理工程师行使哪些权力需要事先报告委托人?

8. 监理人赔偿的原则有哪些?

9. 试分析监理合同的生效、变更与终止的具体内容。

10. 结合我国建设法律法规的具体规定，谈谈监理工程师应承担哪些法律责任。

6 工程勘察设计合同

6.1 工程勘察设计合同概述

6.1.1 工程勘察设计主要内容

我国目前的基本建设程序主要包括项目建议、可行性研究、立项审批、规划审批、勘察设计、工程施工、竣工验收和交付等阶段。当项目决策完成之后，建设工程勘察设计是工程建设实施阶段首要的和主导的环节。

1）工程勘察的主要内容

建设工程勘察是根据建设工程本身的特点，在查明建设工程场地范围内的地质、地理环境特征基础上，对地形、地质和水文等要素做出分析、评价和建议，并编制建设工程勘察文件的活动。工程勘察可分为通用工程勘察和专业工程勘察。通用工程勘察包括工程测量、岩土工程勘察、岩土工程设计与检测监测、水文地质勘察、工程水文气象勘察、工程物探、室内试验等；专业工程勘察包括煤炭、水利水电、电力、长输管道、铁路、公路、通信、海洋等工程的勘察。工程勘察为地基处理、地基基础设计和施工提供详细的地基土质构成与分布、各土层的物理力学性质、持力层及承载力、变形模量等岩土设计参数，以及不良地质现象的分布与防治措施，以达到确保工程建设的顺利进行以及建成后能安全和正常使用的目的。

2）工程设计的主要内容

建设工程设计是在进行可行性研究并经过初步技术经济论证后，根据建设项目总体需求及地质勘察报告，对工程的外形和内在实体进行筹划、研究、构思、设计和描绘，形成设计说明书和图纸等相关文件。目前，建设工程设计分为民用建设工程设计和专业建设工程设计。民用建设工程设计是指非生产性的居住建筑和公共建筑（如住宅、办公楼、幼儿园、学校、食堂、影剧院、商店、体育馆、旅馆、医院、展览馆等）的设计，一般分为方案设计、初步设计和施工图设计三个阶段。专业建设工程设计是指除了民用建设工程之外的工业建筑、铁路、交通和水利等生产性工程的设计，一般分为初步设计和施工图设计两个阶段。工程设计为征用土地、设备材料的安排、非标准设备制作、编制施工组织设计、进行施工准备、编制施工图预算及施工招标和施工等工程建设工作提供可靠的依据。

6.1.2 勘察设计合同的定义

建设工程勘察设计合同是工程建设合同体系中一种重要合同种类，在《民法典》中适用合同编第十八章建设工程合同的规定。由于勘察设计工作是工程建设程序中首要和主导性环节,所以签订一份规范、完善的勘察设计合同,对于规范承发包双方合同行为、促进双方履行合同义务,保证工程建设实现预期的投资计划、建设进度和品质目标等建设目标是至关重要的。

按照《民法典》第七百八十八条的规定,建设工程勘察设计合同属于建设工程合同的范畴,分为建设工程勘察合同和建设工程设计合同两种。建设工程勘察设计合同是指发包人与承包人为完成特定的勘察设计任务,明确相互权利义务关系而订立的合同。勘察设计合同的发包人一般是项目业主(建设单位)或工程总承包单位;承包人是持有国家认可的勘察设计证书的勘察和设计单位,在《民法典》中称之为勘察人和设计人。

《建设工程勘察设计合同管理办法》第五条规定,签订勘察设计合同,应当采用书面形式,参照示范文本的条款,明确约定双方的权利义务。对文本条款以外的其他事项,当事人认为需要约定的,也应采用书面形式。对可能发生的问题,要约定解决办法和处理原则。双方协商同意的合同修改文件、补充协议均为合同的组成部分。

6.1.3 勘察设计合同的特点

工程勘察设计的内容、性质和特点,决定了勘察设计合同除了具备建设工程合同的一般特征外,还有自身的特点。

1) 特定的质量标准

勘察设计人应按国家技术规范、标准、规程和发包人的任务委托书及其设计要求进行工程勘察与设计工作。发包人不得提出或指使勘察设计单位不按法律、法规、工程建设强制性标准和设计程序进行勘察设计。此外工程设计工作具有专属性,工程设计修改必须由原设计单位负责完成,他人(发包人或施工单位)不得擅自修改工程设计。

2) 多样化的交付成果

与工程施工合同不同,勘察设计人通过自己的勘察设计行为,需要提交多样化的交付成果,一般包括结构计算书、图纸、实物模型、概预算文件、计算机软件和专利技术等智力性成果。

3) 阶段性的报酬支付

勘察设计费计算方式可以采用按国家规定的指导价取费、预算包干、中标价加签证和实际完成工作量结算等。在实际工作中,由于勘察设计工作往往分阶段进行,分阶段交付勘察设计成果,勘察设计费也是按阶段支付(Milestone Payment)。但由于承揽合同属于一时性合同,中间支付也属于临时支付的性质。

4) 知识产权保护

我国《著作权法》第三条明确将建筑作品与美术作品一起列入其保护范围,建筑物、设计图、建筑模型均可受到我国著作权的保护,但受著作权法保护的建筑设计必须具备独创性、可复制性,并且必须具有审美意义。在工程设计合同中,发包人按照合同支付设计人酬金,作为交换,设计人将勘察设计成果交给发包人。因此,发包人一般拥有设计成果的财产权,除了明示条款规定外,设计人一般拥有发包人项目设计成果的著作权,双方当事人可以在合同中约定设计成果的著作权的归属。发包人应保护勘察设计人的投标书、勘察设计方案、文件、资料图纸、数据、计算机软件和专利技术等成果。发包人对勘察设计人交付的勘察设计资料不得擅自修改、复制或向第三人转让或用于本项目之外。勘察设计人也应保护发包人提供资料和文件，未经发包人同意，不得擅自修改、复制或向第三人披露。若发生上述情况，各方应付相应法律责任。

5）必需的协助义务

勘察设计人完成相关工作时，往往需要发包人提供工作条件，包括相关资料、文件和必要的生产、生活及交通条件等，并需要对所提供资料或文件的正确性和完整性负责。当发包人未履行或不完全履行相关协助义务，从而造成设计返工、停工或者修改设计的，应承担相应费用。

6.1.4 勘察设计合同文本

1）国内勘察设计合同文本

为了加强工程勘察设计市场管理，规范市场行为，明确签订建设工程勘察设计合同双方的技术经济责任，保护合同当事人的合法权益，以适应社会主义市场经济发展的需要，根据《中华人民共和国民法典》和《建设工程勘察设计合同条例》，原建设部和国家工商行政管理局制定了《建设工程勘察合同》和《建设工程设计合同》文本，要求从 1996 年 10 月 1 日起在工程建设中组织试行。2000 年、2015 年又制定了《建设工程勘察合同(示范文本)》和《建设工程设计合同(示范文本)》。勘察合同示范文本分为两种，一种是适用于岩土工程勘察、水文地质勘察(含凿井)、工程测量、工程物探等方面的勘察合同(GF—2000—0203)，另一种是适用于岩土工程设计、治理、监测等方面的勘察合同(GF—2000—0204)，2016 年住房和城乡建设部和国家工商行政管理总局又对《建设工程勘察合同(一)[岩土工程勘察、水文地质勘察(含凿井)、工程测量、工程物探]》(GF—2000—0203)及《建设工程勘察合同(二)[岩土工程设计、治理、监测]》(GF—2000—0204)进行修订，制定了《建设工程勘察合同(示范文本)》(GF—2016—0203)。《GF—2016—0203》适用于岩土工程勘察、岩土工程设计、岩土工程物探/测试/检测/监测、水文地质勘察及工程测量等工程勘察活动，岩土工程设计也可使用《建设工程设计合同示范文本(专业建设工程)》(GF—2015—0210)。

设计合同示范文本也分为两种，一种是适用于非生产性的居住建筑和公共建筑(如住宅、办公楼、幼儿园、学校、食堂、影剧院、商店、体育馆、旅馆、医院、展览馆等)，即房屋建筑工程的设计合同(GF—2015—0209)，另一种是适用于除了房屋建筑工程之外的专业建设工程(如工业建筑、铁路、交通、水利等)的设计合同(GF—2015—0210)，由合同协议书、通用合同条款、专用合同条款三部分构成。

2017 年 9 月国家发改委等印发的《标准勘察招标文件》《标准设计招标文件》等五个标准文件。适用于依法必须招标的与工程有关的设备、材料等货物项目和勘察、设计、监理等服务项目。

2）国际主要勘察设计合同文本

(1) FIDIC 标准合同

国际咨询工程师联合会(FIDIC)1990 年编制出版了《业主/咨询工程师标准服务协议书》的标准文本，推荐用于国际工程和国内工程的投资前研究、设计、施工监理和项目管理的咨询服务合同。该标准文本由三个部分组成:协议书、协议书标准条件(通用条款)和特殊应用条件(特殊条款)。特殊应用条件是针对具体的服务拟定的专门性的内容。它包括两个部分:第一部分是与标准条件中的一些条款相应的具体规定,由条款的相应顺序编号相联系;第二部分是附加条款。

(2) AIA 标准合同

美国建筑师学会(AIA)从 1911 年就不断地编制各种合同条件,到目前为止 AIA 已经制定出了从 A 系列到 G 系列完备的合同文件体系,其中 A 系列是用于业主与承包商之间的施工承包合同,B 系列是用于业主与建筑师之间的设计委托合同。AIA 系列合同文件的核心是"通用条件"(A201),采用不同的工程采购模式和合同价格类型时,只需要引用不同的协议书格式与通用条件。AIA 合同文件涵盖了所有主要工程采购模式,如应用于"传统模式"(即施工总承包)的 A101、B141、A201(A101 是业主与承包商之间的协议书,B141 是业主与建筑师之间的协议书)。AIA 标准合同主要在北美国家或地区使用。

6.1.5 勘察设计合同形式

1) 按委托的内容(即合同标的)分类

(1) 勘察设计总承包合同。这是由具有相应资质的承包人与发包人签订的包含勘察和设计两部分内容的承包合同。其中承包人可以是:

① 具有勘察设计双重资质的勘察设计单位。

② 拥有勘察资质的勘察单位和拥有设计资质的设计单位组成的联合体。

③ 设计单位作总承包并承担其中的设计任务,而勘察单位作勘察分包商。

勘察设计总承包合同可以有效减轻发包人的协调工作,尤其是减少了勘察与设计之间的责任推诿和扯皮。

(2) 勘察合同。发包人与具有相应勘察资质的勘察人签订的委托勘察合同。

(3) 设计合同。发包人与具有相应设计资质的设计人签订的委托设计合同。

2) 按计价方式分类

(1) 按工程造价的一定比例收费的合同。

(2) 总价合同。总价合同可以采用预算包干的方式,一次包定,不再调整;也可以采用中标价加签证的方式,当工作量发生较大的变化时,合同价也作相应的调整。其中后一种计价方式在勘察合同中用得较多。

(3) 单价合同。单价合同是按实际完成工作量进行结算的合同。这在工程设计合同、工程勘察合同中都有大量使用。

6.1.6 工程勘察、设计合同的订立

1) 订立条件

(1) 当事人条件

① 双方都应是法人或者其他组织。

② 承包商必须具有相应的完成签约项目等级的勘察、设计资质。

③ 承包商具有承揽建设工程勘察、设计任务所必需的相应的权利能力和行为能力。

(2) 委托勘察设计的项目必须具备的条件

① 建设工程项目可行性研究报告或项目建议书已获批准。

② 已办理了建设用地规划许可证等手续。

③ 法律、法规规定的其他条件。

(3) 勘察设计任务委托方式的限定条件

建设工程勘察设计任务有招标委托和直接委托两种方式。但依法必须进行招标的项目,必须按照《工程建设项目勘察设计招标投标办法》(国家发展和改革委员会等八部委令第2号,2003年),通过招标投标的方式来委托,否则所签订的勘察设计合同无效。

2) 勘察设计合同当事人的资信与能力审查

合同当事人的资信及履约能力是合同能否得到履行的保证。在签约前,双方都有必要审查对方的资信和能力。

(1) 资格审查。审查当事人是否属于经国家规定的审批程序成立的法人组织,有无法人章程和营业执照,其经营活动是否超过章程或营业执照规定的范围。同时还要审查参加签订合同的人员是否是法定代表人或其委托的代理人,以及代理人的活动是否在授权代理范围内。

(2) 资信审查。审查当事人的资信情况,可以了解当事人的财务状况和履约态度,以确保所签订的合同是基于诚实信用的。

(3) 履约能力审查。主要审查勘察设计单位的专业业务能力。可以通过审查勘察、设计单位有关的证书,按勘察、设计单位的级别可以了解其业务的能力和范围。同时还应了解该勘察、设计单位以往的工作业绩及正在履行的合同工程量。发包人履约能力主要是指其财务状况和建设资金到位情况。

3) 合同签订的程序

依法必须进行招标的工程勘察设计任务通过招标或设计方案的竞投确定勘察、设计单位后,应签订勘察、设计合同。

(1) 确定合同标的。合同标的是合同的中心。这里所谓的确定合同标的主要是决定勘察与设计分开发包还是合在一起发包。

(2) 选定勘察与设计承包人。依法必须招标的工程建设项目,按招标投标程序优先选出的中标人即为勘察、设计的承包人。小型项目及依法可以不招标的项目由发包人直接选定勘察设计的承包人。

(3) 签订勘察、设计合同。如果是通过招标方式确定承包商的,则由于合同的主要条件都在招标、投标文件中得到确认,所以进入签约阶段还需要协商的内容就不会很多。而通过直接委托方式委托的勘察、设计,其合同的谈判就要涉及几乎所有的合同条款,必须认真对待。经勘察、设计合同的当事人双方友好协商,就合同的各项条款取得一致意见,即可由双方法定代表人或其代理人正式签署。合同文本经合同双方法定的有权人签字并加盖法人章后生效。

6.2 工程勘察合同的主要内容

《建设工程勘察合同(GF—2016—0203)》由合同协议书、通用合同条款和专用合同条款三部分组成。

合同协议书共计12条,主要包括工程概况、勘察范围和阶段、技术要求及工作量、合同工期、质量标准、合同价款、合同文件构成、承诺、词语定义、签订时间、签订地点、合同生效和合同份数等内容,集中约定了合同当事人基本的合同权利义务。

通用合同条款是合同当事人根据《中华人民共和国民法典》《中华人民共和国建筑法》《中华人民共和国招标投标法》等相关法律法规的规定,就工程勘察的实施及相关事项对合同当事人的权利义务作出的原则性约定。通用合同条款具体包括一般约定、发包人、勘察人、工期、成果资料、后期服务、合同价款与支付、变更与调整、知识产权、不可抗力、合同生效与终止、合同解除、责任与保险、违约、索赔、争议解决及补充条款等共计17条。上述条款安排既考虑了现行法律法规对工程建设的有关要求,也考虑了工程勘察管理的特殊需要。

专用合同条款是对通用合同条款原则性约定的细化、完善、补充、修改或另行约定的条款。合同当事人可以根据不同建设工程的特点及具体情况,通过双方的谈判、协商对相应的专用合同条款进行修改补充。

6.2.1 发包人的权利和义务

1) 发包人的权利

(1) 对勘察人的勘察工作有权依照合同约定实施监督,并对勘察成果予以验收。

(2) 对勘察人无法胜任工程勘察工作的人员有权提出更换。

(3) 拥有勘察人为其项目编制的所有文件资料的使用权,包括投标文件、成果资料和数据等。

2) 发包人义务

(1) 应以书面形式向勘察人明确勘察任务及技术要求。

(2) 应提供开展工程勘察工作所需要的图纸及技术资料,包括总平面图、地形图、已有水准点和坐标控制点等,若上述资料由勘察人负责搜集时,发包人应承担相关费用。

(3) 应提供工程勘察作业所需的批准及许可文件,包括立项批复、占用和挖掘道路许可等。

(4) 应为勘察人提供具备条件的作业场地及进场通道(包括土地征用、障碍物清除、场地平整、提供水电接口和青苗赔偿等)并承担相关费用。

(5) 应为勘察人提供作业场地内地下埋藏物(包括地下管线、地下构筑物等)的资料、图纸,没有资料、图纸的地区,发包人应委托专业机构查清地下埋藏物。若因发包人未提供上述资料、图纸,或提供的资料、图纸不实,致使勘察人在工程勘察工作过程中发生人身伤害或造成经济损失时,由发包人承担赔偿责任。

(6) 应按照法律法规规定为勘察人安全生产提供条件并支付安全生产防护费用,发包人不得要求勘察人违反安全生产管理规定进行作业。

(7) 若勘察现场需要看守,特别是在有毒、有害等危险现场作业时,发包人应派人负责安全保卫工作;按国家有关规定,对从事危险作业的现场人员进行保健防护,并承担费用。发包人对安全文明施工有特殊要求时,应在专用合同条款中另行约定。

(8) 应对勘察人满足质量标准的已完工作,按照合同约定及时支付相应的工程勘察合同价款及费用。

6.2.2 勘察人的权利和义务

1）勘察人的权利

（1）在工程勘察期间，根据项目条件和技术标准、法律法规规定等方面的变化，有权向发包人提出增减合同工作量或修改技术方案的建议。

（2）除建设工程主体部分的勘察外，根据合同约定或经发包人同意，勘察人可以将建设工程其他部分的勘察分包给其他具有相应资质等级的建设工程勘察单位。发包人对分包的特殊要求应在专用合同条款中另行约定。

（3）对其编制的所有文件资料，包括投标文件、成果资料、数据和专利技术等拥有知识产权。

2）勘察人的义务

（1）应按勘察任务书和技术要求并依据有关技术标准进行工程勘察工作。

（2）应建立质量保证体系，按本合同约定的时间提交质量合格的成果资料，并对其质量负责。

（3）在提交成果资料后，应为发包人继续提供后期服务。

（4）在工程勘察期间遇到地下文物时，应及时向发包人和文物主管部门报告并妥善保护。

（5）开展工程勘察活动时应遵守有关职业健康及安全生产方面的各项法律法规的规定，采取安全防护措施，确保人员、设备和设施的安全。

（6）在燃气管道、热力管道、动力设备、输水管道、输电线路、临街交通要道及地下通道（地下隧道）附近等风险性较大的地点，以及在易燃易爆地段及放射、有毒环境中进行工程勘察作业时，应编制安全防护方案并制定应急预案。

（7）应在勘察方案中列明环境保护的具体措施，并在合同履行期间采取合理措施保护作业现场环境。

6.2.3 工期

1）开工及延期开工

勘察人应按合同约定的工期进行工程勘察工作，并接受发包人对工程勘察工作进度的监督、检查。因发包人原因不能按照合同约定的日期开工，发包人应以书面形式通知勘察人，推迟开工日期并相应顺延工期。

2）成果提交日期

勘察人应按照合同约定的日期或双方同意顺延的工期提交成果资料，具体可在专用合同条款中约定。

3）发包人造成的工期延误

因以下情形造成工期延误，勘察人有权要求发包人延长工期、增加合同价款和（或）补偿费用：

(1) 发包人未能按合同约定提供图纸及开工条件;
(2) 发包人未能按合同约定及时支付定金、预付款和(或)进度款;
(3) 变更导致合同工作量增加;
(4) 发包人增加合同工作内容;
(5) 发包人改变工程勘察技术要求;
(6) 发包人导致工期延误的其他情形。

除专用合同条款对期限另有约定外,勘察人在上述情形发生后7天内,应就延误的工期以书面形式向发包人提出报告。发包人在收到报告后7天内予以确认;逾期不予确认也不提出修改意见,视为同意顺延工期。补偿费用的确认程序参照〔合同价款与调整〕执行。

4) 勘察人造成的工期延误

勘察人因以下情形不能按照合同约定的日期或双方同意顺延的工期提交成果资料的,勘察人承担违约责任:
(1) 勘察人未按合同约定开工日期开展工作造成工期延误的;
(2) 勘察人管理不善、组织不力造成工期延误的;
(3) 因弥补勘察人自身原因导致的质量缺陷而造成工期延误的;
(4) 因勘察人成果资料不合格返工造成工期延误的;
(5) 勘察人导致工期延误的其他情形。

5) 恶劣气候条件

恶劣气候条件影响现场作业,导致现场作业难以进行,造成工期延误的,勘察人有权要求发包人延长工期。

6.2.4 成果资料

1) 成果质量

成果质量应符合相关技术标准和深度规定,且满足合同约定的质量要求。双方对工程勘察成果质量有争议时,由双方同意的第三方机构鉴定,所需费用及因此造成的损失,由责任方承担;双方均有责任的,由双方根据其责任分别承担。

2) 成果份数

勘察人应向发包人提交成果资料四份,发包人要求增加的份数,在专用合同条款中另行约定,发包人另行支付相应的费用。

3) 成果交付

勘察人按照约定时间和地点向发包人交付成果资料,发包人应出具书面签收单,内容包括成果名称、成果组成、成果份数、提交和签收日期、提交人与接收人的亲笔签名等。

4) 成果验收

勘察人向发包人提交成果资料后,如需对勘察成果组织验收的,发包人应及时组织验收。除专用合同条款对期限另有约定外,发包人14天内无正当理由不予组织验收,视为验收通过。

6.2.5 后期服务

1) 后续技术服务

勘察人应派专业技术人员为发包人提供后续技术服务，发包人应为其提供必要的工作和生活条件，后续技术服务的内容、费用和时限应由双方在专用合同条款中另行约定。

2) 竣工验收

工程竣工验收时，勘察人应按发包人要求参加竣工验收工作，并提供竣工验收所需相关资料。

6.2.6 合同价款与支付

1) 合同价款与调整

依照法定程序进行招标工程的合同价款由发包人和勘察人依据中标价格载明在合同协议书中；非招标工程的合同价款由发包人和勘察人议定，并载明在合同协议书中。合同价款在合同协议书中约定后，除合同条款约定的合同价款调整因素外，任何一方不得擅自改变。

合同当事人可任选下列一种合同价款的形式，双方可在专用合同条款中约定：

(1) 总价合同

双方在专用合同条款中约定合同价款包含的风险范围和风险费用的计算方法，在约定的风险范围内合同价款不再调整。风险范围以外的合同价款调整因素和方法，应在专用合同条款中约定。

(2) 单价合同

合同价款根据工作量的变化而调整，合同单价在风险范围内一般不予调整，双方可在专用合同条款中约定合同单价调整因素和方法。

(3) 其他合同价款形式

合同当事人可在专用合同条款中约定其他合同价格形式。

需调整合同价款时，合同一方应及时将调整原因、调整金额以书面形式通知对方，双方共同确认调整金额后作为追加或减少的合同价款，与进度款同期支付。除专用合同条款对期限另有约定外，一方在收到对方的通知后 7 天内不予确认也不提出修改意见，视为已经同意该项调整。合同当事人就调整事项不能达成一致的，则按照〔争议解决〕的约定处理。

2) 定金或预付款

实行定金或预付款的，双方应在专用合同条款中约定发包人向勘察人支付定金或预付款数额，支付时间应不迟于约定的开工日期前 7 天。发包人不按约定支付，勘察人向发包人发出要求支付的通知，发包人收到通知后仍不能按要求支付，勘察人可在发出通知后推迟开工日期，并由发包人承担违约责任。定金或预付款在进度款中抵扣，抵扣办法可在专用合同条款中约定。

3) 进度款支付

(1) 发包人应按照专用合同条款约定的进度款支付方式、支付条件和支付时间进行支付。

(2) 按照〔合同价款与调整〕和〔变更合同价款确定〕确定调整的合同价款及其他条款中约定的追加或减少的合同价款,应与进度款同期调整支付。

(3) 发包人超过约定的支付时间不支付进度款,勘察人可向发包人发出要求付款的通知,发包人收到勘察人通知后仍不能按要求付款,可与勘察人协商签订延期付款协议,经勘察人同意后可延期支付。

(4) 发包人不按合同约定支付进度款,双方又未达成延期付款协议,勘察人可停止工程勘察作业和后期服务,由发包人承担违约责任。

4) 合同价款结算

除专用合同条款另有约定外,发包人应在勘察人提交成果资料后28天内,依据〔合同价款与调整〕和〔变更合同价款确定〕的约定进行最终合同价款确定,并予以全额支付。

6.2.7 变更与调整

1) 变更范围与确认

变更范围是指在合同签订日后发生的以下变更:

(1) 法律法规及技术标准的变化引起的变更;

(2) 规划方案或设计条件的变化引起的变更;

(3) 不利物质条件引起的变更;

(4) 发包人的要求变化引起的变更;

(5) 因政府临时禁令引起的变更;

(6) 其他专用合同条款中约定的变更。

当引起变更的情形出现,除专用合同条款对期限另有约定外,勘察人应在7天内就调整后的技术方案以书面形式向发包人提出变更要求,发包人应在收到报告后7天内予以确认,逾期不予确认也不提出修改意见,视为同意变更。

2) 变更合同价款确定

变更合同价款按下列方法进行:

(1) 合同中已有适用于变更工程的价格,按合同已有的价格变更合同价款;

(2) 合同中只有类似于变更工程的价格,可以参照类似价格变更合同价款;

(3) 合同中没有适用或类似于变更工程的价格,由勘察人提出适当的变更价格,经发包人确认后执行。

除专用合同条款对期限另有约定外,一方应在双方确定变更事项后14天内向对方提出变更合同价款报告,否则视为该项变更不涉及合同价款的变更。除专用合同条款对期限另有约定外,一方应在收到对方提交的变更合同价款报告之日起14天内予以确认。逾期无正当理由不予确认的,则视为该项变更合同价款报告已被确认。一方不同意对方提出的合同价款变更,按〔争议解决〕的约定处理。因勘察人自身原因导致的变更,勘察人无权要求追加合同价款。

6.2.8 知识产权

(1) 除专用合同条款另有约定外,发包人提供给勘察人的图纸、发包人为实施工程自行编制或委托编制的反映发包人要求或其他类似性质的文件的著作权属于发包人，勘察人可以为实现本合同目的而复制、使用此类文件，但不能用于与本合同无关的其他事项。未经发包人书面同意，勘察人不得为了本合同以外的目的而复制、使用上述文件或将之提供给任何第三方。

(2) 除专用合同条款另有约定外，勘察人为实施工程所编制的成果文件的著作权属于勘察人，发包人可因本工程的需要而复制、使用此类文件，但不能擅自修改或用于与本合同无关的其他事项。未经勘察人书面同意，发包人不得为了本合同以外的目的而复制、使用上述文件或将之提供给任何第三方。

(3) 合同当事人保证在履行本合同过程中不侵犯对方及第三方的知识产权。勘察人在工程勘察时，因侵犯他人的专利权或其他知识产权所引起的责任，由勘察人承担；因发包人提供的基础资料导致侵权的，由发包人承担责任。

(4) 在不损害对方利益情况下，合同当事人双方均有权在申报奖项、制作宣传印刷品及出版物时使用有关项目的文字和图片材料。

(5) 除专用合同条款另有约定外，勘察人在合同签订前和签订时已确定采用的专利、专有技术、技术秘密的使用费已包含在合同价款中。

6.2.9 不可抗力

1) 不可抗力的确认

不可抗力是在订立合同时不可合理预见，在履行合同中不可避免的发生且不能克服的自然灾害和社会突发事件，如地震、海啸、瘟疫、洪水、骚乱、暴动、战争以及专用条款约定的其他自然灾害和社会突发事件。不可抗力发生后，发包人和勘察人应收集不可抗力发生及造成损失的证据。合同当事双方对是否属于不可抗力或其损失发生争议时，按〔争议解决〕的约定处理。

2) 不可抗力的通知

遇有不可抗力发生时，发包人和勘察人应立即通知对方，双方应共同采取措施减少损失。除专用合同条款对期限另有约定外，不可抗力持续发生，勘察人应每隔 7 天向发包人报告一次受害损失情况。

除专用合同条款对期限另有约定外，不可抗力结束后 2 天内，勘察人向发包人通报受害损失情况及预计清理和修复的费用；不可抗力结束后 14 天内，勘察人向发包人提交清理和修复费用的正式报告及有关资料。

3) 不可抗力后果的承担

因不可抗力发生的费用及延误的工期由双方按以下方法分别承担：

(1) 发包人和勘察人人员伤亡由合同当事人双方自行负责，并承担相应费用；

(2) 勘察人机械设备损坏及停工损失，由勘察人承担；

(3) 停工期间，勘察人应发包人要求留在作业场地的管理人员及保卫人员的费用由发包人承担；

(4) 作业场地发生的清理、修复费用由发包人承担；

(5) 延误的工期相应顺延。

因合同一方迟延履行合同后发生不可抗力的，不能免除迟延履行方的相应责任。

6.2.10 合同生效与终止

双方在合同协议书中约定合同生效方式。发包人、勘察人履行合同全部义务，合同价款支付完毕，本合同即告终止。合同的权利义务终止后，合同当事人应遵循诚实信用原则，履行通知、协助和保密等义务。

6.2.11 合同解除

有下列情形之一的，发包人、勘察人可以解除合同：

(1) 因不可抗力致使合同无法履行；

(2) 发生未按合同约定按时支付合同价款的情况，停止作业超过28天，勘察人有权解除合同，由发包人承担违约责任；

(3) 勘察人将其承包的全部工程转包给他人或者肢解以后以分包的名义分别转包给他人，发包人有权解除合同，由勘察人承担违约责任；

(4) 发包人和勘察人协商一致可以解除合同的其他情形。

一方依据合同约定要求解除合同的，应以书面形式向对方发出解除合同的通知，并在发出通知前不少于14天告知对方，通知到达对方时合同解除。对解除合同有争议的，按〔争议解决〕的约定处理。

因不可抗力致使合同无法履行时，发包人应按合同约定向勘察人支付已完工作量相对应比例的合同价款后解除合同。合同解除后，勘察人应按发包人要求将自有设备和人员撤出作业场地，发包人应为勘察人撤出提供必要条件。

6.2.12 责任与保险

勘察人应运用一切合理的专业技术和经验，按照公认的职业标准尽其全部职责和谨慎、勤勉地履行其在本合同项下的责任和义务。合同当事人可按照法律法规的要求在专用合同条款中约定履行本合同所需要的工程勘察责任保险，并使其于合同责任期内保持有效。勘察人应依照法律法规的规定为勘察作业人员参加工伤保险、人身意外伤害险和其他保险。

6.2.13 违约

1) 发包人违约

发包人违约情形包括：

(1) 合同生效后，发包人无故要求终止或解除合同；

(2) 发包人未按合同约定按时支付定金或预付款；

(3) 发包人未按合同约定按时支付进度款；

(4) 发包人不履行合同义务或不按合同约定履行义务的其他情形。

发包人违约责任包括：

(1) 合同生效后，发包人无故要求终止或解除合同，勘察人未开始勘察工作的，不退还发包人已付的定金或发包人按照专用合同条款约定向勘察人支付违约金；勘察人已开始勘察工作的,若完成计划工作量不足50%的,发包人应支付勘察人合同价款的50%;完成计划工作量超过50%的,发包人应支付勘察人合同价款的100%。

(2) 发包人发生其他违约情形时,发包人应承担由此增加的费用和工期延误损失,并给予勘察人合理赔偿。双方可在专用合同条款内约定发包人赔偿勘察人损失的计算方法或者发包人应支付违约金的数额或计算方法。

2) 勘察人违约

勘察人违约情形包括:

(1) 合同生效后,勘察人因自身原因要求终止或解除合同;

(2) 因勘察人原因不能按照合同约定的日期或合同当事人同意顺延的工期提交成果资料;

(3) 因勘察人原因造成成果资料质量达不到合同约定的质量标准;

(4) 勘察人不履行合同义务或未按约定履行合同义务的其他情形。

勘察人违约责任包括:

(1) 合同生效后,勘察人因自身原因要求终止或解除合同,勘察人应双倍返还发包人已支付的定金或勘察人按照专用合同条款约定向发包人支付违约金。

(2) 因勘察人原因造成工期延误的,应按专用合同条款约定向发包人支付违约金。

(3) 因勘察人原因造成成果资料质量达不到合同约定的质量标准,勘察人应负责无偿给予补充完善使其达到质量合格。因勘察人原因导致工程质量安全事故或其他事故时,勘察人除负责采取补救措施外,应通过所投工程勘察责任保险向发包人承担赔偿责任或根据直接经济损失程度按专用合同条款约定向发包人支付赔偿金。

(4) 勘察人发生其他违约情形时,勘察人应承担违约责任并赔偿因其违约给发包人造成的损失,双方可在专用合同条款内约定勘察人赔偿发包人损失的计算方法和赔偿金额。

6.2.14 索赔

1) 发包人索赔

勘察人未按合同约定履行义务或发生错误以及应由勘察人承担责任的其他情形,造成工期延误及发包人的经济损失,除专用合同条款另有约定外,发包人可按下列程序以书面形式向勘察人索赔:

(1) 违约事件发生后7天内,向勘察人发出索赔意向通知。

(2) 发出索赔意向通知后14天内,向勘察人提出经济损失的索赔报告及有关资料。

(3) 勘察人在收到发包人送交的索赔报告和有关资料或补充索赔理由、证据后,于28天内给予答复。

(4) 勘察人在收到发包人送交的索赔报告和有关资料后28天内未予答复或未对发包人作进一步要求,视为该项索赔已被认可。

(5) 当该违约事件持续进行时,发包人应阶段性向勘察人发出索赔意向,在违约事件终了后21天内,向勘察人送交索赔的有关资料和最终索赔报告。索赔答复程序与本款第(3)、(4)项约定相同。

2）勘察人索赔

发包人未按合同约定履行义务或发生错误以及应由发包人承担责任的其他情形,造成工期延误和(或)勘察人不能及时得到合同价款及勘察人的经济损失,除专用合同条款另有约定外,勘察人可按下列程序以书面形式向发包人索赔:

(1) 违约事件发生后7天内,勘察人可向发包人发出要求其采取有效措施纠正违约行为的通知;发包人收到通知14天内仍不履行合同义务,勘察人有权停止作业,并向发包人发出索赔意向通知。

(2) 发出索赔意向通知后14天内,向发包人提出延长工期和(或)补偿经济损失的索赔报告及有关资料。

(3) 发包人在收到勘察人送交的索赔报告和有关资料或补充索赔理由、证据后,于28天内给予答复。

(4) 发包人在收到勘察人送交的索赔报告和有关资料后28天内未予答复或未对勘察人作进一步要求,视为该项索赔已被认可。

(5) 当该索赔事件持续进行时,勘察人应阶段性向发包人发出索赔意向,在索赔事件终了后21天内,向发包人送交索赔的有关资料和最终索赔报告。

6.3 工程设计合同的主要内容

我国建设工程设计合同有两种示范文本:一种是房屋建筑工程设计合同示范文本;另一种是专业建设工程设计合同示范文本。两种文本的主要内容基本上是相同的。现以房屋建筑工程设计合同示范文本为例(GF—2015—0209)来介绍设计合同的主要内容。

6.3.1 合同订立的目的和依据

工程设计合同的当事人就是工程设计任务的发包人和承包人。合同订立的目的是完成特定的工程建设项目的设计。合同订立的依据是有关工程建设法规、合同管理法规、工程设计的规章与标准、设计项目的建设批准文件等。合同必须对设计的内容(如名称、规模、阶段及计划投资等)有具体而详细的描述,使设计人可据此来安排投资,组织设计。

6.3.2 发包人的权利与义务

1）发包人的义务

(1) 向设计人提交设计工程项目的有关资料及文件,并对其完整性、正确性及时限负责。

(2) 发包人应为派赴现场处理有关设计问题的设计工作人员提供必要的工作、生活等条件和交通保障。

(3) 发包人应保护设计人的投标书、设计方案、文件、资料图纸、数据、计算软件和专利技术等的知识产权。

(4) 按合同约定的数额和时间支付设计费用。

2）发包人的权利

（1）获得工程建设所需的设计文件。

（2）对设计人的违约行为提出索赔。

（3）如设计人将发包人提交的设计工程项目的有关资料及文件违约利用，而给发包人造成经济损失的，发包人有权向其索赔。

3）发包人的责任

（1）发包人不得要求设计人违反国家有关标准进行设计。

（2）发包人变更委托设计项目、规模、条件或因提交的资料错误，或所提交资料作较大修改，以致造成设计人的设计需返工时，双方除需另行协商签订补充协议（或另订合同）、重新明确有关条款外，发包人应按设计人所耗工作量向设计人增付设计费。

（3）在未签订合同前，发包人已同意设计人为发包人所做的各项设计工作，应按收费标准支付相应的设计费。

（4）发包人要求设计人比合同规定时间提前交付设计资料及文件时，发包人应向设计人支付赶工费。

（5）未经设计人同意，发包人对设计人交付的设计资料及文件不得擅自修改、复制或向第三人转让或用于该工程设计合同外的项目，如发生以上情况，发包人应负法律责任，并给设计人以补偿。

6.3.3 设计人的权利与义务

1）设计人的义务

（1）设计人应按国家技术规范、标准、规程及发包人提出的设计要求，进行工程设计，按合同规定的进度要求提交质量合格的设计资料，并对其负责。

（2）设计人应保护发包人的知识产权，不得向第三人泄露、转让发包人提交的产品图纸等技术经济资料。

2）设计人的权利

（1）获得合同约定的设计报酬。

（2）当发包人违约利用设计成果时，有权向其提出索赔或提起诉讼。

3）设计人的责任

（1）按合同约定的技术标准进行设计，并保证设计的工程具有合理的使用寿命。

（2）设计人交付设计资料及文件后，按规定参加有关的设计审查，并根据审查结论负责对不超出原定范围的内容做必要调整补充。设计人按合同规定时限交付设计资料及文件。当设计的工程项目在设计工作完成的当年内开始施工，设计人负责向发包人及施工单位进行设计交底、处理有关设计问题和参加竣工验收；当设计的工程项目在一年内未开始施工的，设计人仍应负责上述工作，但可按所需工作量向发包人适当收取咨询服务费，收费额由双方商定。

6.3.4 设计收费估算值及设计费支付

设计费的计算较多地采用按估算总投资乘以设计取费费率的方法，也有采用单位面积或单位生产能力为基础计算设计费的,还有采取设计总费用包干的,具体采用哪种,由发包人和设计人在签订工程设计合同时约定。但无论采用何种方法,除了小型工程项目外,设计费一般都采取分期支付的办法。

(1) 设计定金,也称设计费的首期支付,一般在合同里约定在签约后的3天内支付,支付额常为总设计费的20%。

(2) 提交各阶段设计文件的同时支付各阶段设计费,支付比例由双方在合同中约定。

(3) 在提交最后一部分施工图的同时结清全部设计费,不留尾款。

(4) 本合同履行后,定金抵作设计费。

6.3.5 违约责任

1) 发包人违约责任

(1) 合同生效后,发包人因非设计人原因要求终止或解除合同,设计人未开始设计工作的,不退还发包人已付的定金或发包人按照专用合同条款的约定向设计人支付违约金;已开始设计工作的,发包人应按照设计人已完成的实际工作量计算设计费,完成工作量不足一半时,按该阶段设计费的一半支付设计费;超过一半时,按该阶段设计费的全部支付设计费。

(2) 发包人未按专用合同条款约定的金额和期限向设计人支付设计费的,应按专用合同条款约定向设计人支付违约金。逾期超过15天时,设计人有权书面通知发包人中止设计工作。自中止设计工作之日起15天内发包人支付相应费用的,设计人应及时根据发包人要求恢复设计工作;自中止设计工作之日起超过15天后发包人支付相应费用的,设计人有权确定重新恢复设计工作的时间,且设计周期相应延长。

(3) 发包人的上级或设计审批部门对设计文件不进行审批或本合同工程因故停建、缓建,发包人应在事件发生之日起15天内按该通用合同条款〔合同解除〕的约定向设计人结算并支付设计费。

(4) 发包人擅自将设计人的设计文件用于本工程以外的工程或交第三方使用时,应承担相应法律责任,并应赔偿设计人因此遭受的损失。

2) 设计人违约责任

(1) 合同生效后,设计人因自身原因要求终止或解除合同,设计人应按发包人已支付的定金金额双倍返还给发包人或设计人按照专用合同条款的约定向发包人支付违约金。

(2) 由于设计人原因,未按专用合同条款约定的时间交付工程设计文件的,应按专用合同条款的约定向发包人支付违约金,前述违约金经双方确认后可在发包人应付设计费中扣减。

(3) 设计人对工程设计文件出现的遗漏或错误负责修改或补充。由于设计人原因产生的设计问题造成工程质量事故或其他事故时,设计人除负责采取补救措施外,应当通过所投建设工程设计责任保险向发包人承担赔偿责任或者根据直接经济损失程度按专用合同条款约定向发包人支付赔偿金。

(4) 设计人未经发包人同意擅自对工程设计进行分包的,发包人有权要求设计人解除未经发包人同意的设计分包合同,设计人应当按照专用合同条款的约定承担违约责任。

6.3.6 合同争议的解决

发包人、设计人应本着友好合作的精神及时协商解决一切合同争议。但在合同中一般都应约定经协商乃至调解仍达不成协议时，是选择仲裁还是起诉，并约定具体由哪个仲裁委员会仲裁或向哪个法院起诉。

6.3.7 合同的生效与鉴证

合同自发包人、设计人签字盖章后成立，发包人支付设计定金后生效；设计合同还应按规定到省级建设行政主管部门指定的建设工程设计合同审查部门备案；当双方认为必要时，还可到项目所在地工商行政管理部门申请鉴证或到公证部门办理公证。

复习思考题

1. 勘察、设计合同订立的条件是什么？
2. 如何对勘察设计合同当事人的资信与能力进行审查？
3. 试分析工程勘察合同中发包人和勘查人的权利、义务和责任。
4. 试分析工程设计合同中发包人和设计人的权利、义务和责任。
5. 在工程勘察和设计合同中双方当事人应承担哪些违约责任？
6. 勘察、设计合同索赔的主要原因有哪些？
7. 勘察、设计人给发包人造成损失的赔偿应如何合理界定？
8. 结合实际工程项目，谈谈建筑师和设计师的主要工作内容和作用。
9. 结合我国建设法律法规的具体规定，谈谈设计师应承担哪些法律责任。

7 工程施工合同

7.1 工程施工合同概述

7.1.1 工程施工合同的概念

工程施工合同是发包人(建设单位、业主或总包单位)与承包人(施工单位)之间为完成商定的建设工程项目,确定双方权利和义务的协议。建设工程施工合同也称为建筑安装承包合同,建筑是指对工程进行营造的行为,安装主要是指与工程有关的线路、管道、设备等设施的装配。依照施工合同,承包人应完成一定的建筑、安装工程任务,发包人应提供必要的施工条件并支付工程价款。

工程施工合同是建设工程的主要合同,是工程建设质量控制、进度控制、投资控制的主要依据。在市场经济条件下,建设市场主体之间相互的权利义务关系主要是通过合同确立的,因此,在建设领域加强对施工合同的管理具有十分重要的意义。全国人大、国务院、国家建设行政管理部门都十分重视施工合同的规范工作,2020 年 5 月 28 日第十三届全国人大三次会议通过、2021 年 1 月 1 日生效实施的《中华人民共和国民法典》合同编中对建设工程合同做了专编规定,《中华人民共和国建筑法》《中华人民共和国招标投标法》《建设工程施工合同管理办法》等也有许多涉及建设工程施工合同的规定,这些法律法规是我国建设工程施工合同订立和管理的法律依据。

施工合同的当事人是发包人和承包人,双方是平等的民事主体,双方签订施工合同,必须具备相应资质条件和履行施工合同的能力。

发包人是指在协议书中约定、具有工程发包主体资格和支付工程价款能力的当事人以及取得该当事人资格的合法继承人。可以是具备法人资格的国家机关、事业单位、国有企业、集体企业、私营企业、经济联合体和社会团体,也可以是依法登记的个人合伙、个体经营户或个人,即一切以协议、法院判决或其他合法完备手续取得发包人的资格,承认全部合同条件,能够而且愿意履行合同规定义务的合同当事人。与发包人合并的单位、兼并发包人的单位、购买发包人合同和接受发包人出让的单位和人员(合法继承人),均可成为发包人,履行合同规定的义务,享有合同规定的权利。发包人必须具备组织协调能力或委托给具备相应资质的监理单位承担。《政府投资条例》(自 2019 年 7 月 1 日起施行)第二十二条规定:“政府投资项目所需资金应当按照国家有关规定确保落实到位。政府投资项目不得由施工单位垫资建设。”

承包人是指在协议书中约定、被发包人接受的具有工程施工承包主体资格的当事人以及取得该当事人资格的合法继承人。承包人必须具备有关部门核定的资质等级并持有营业执照等证明文件。《建筑法》第十三条规定:“从事建筑活动的建筑施工企业……按照其拥有的注册资本、专业技术人员、技术装备和已完成的建筑工程业绩等资质条件,划分为不同的资质等级,经资质审查合格,取得相应等级的资质证书后,方可在其资质等级许可的范围内从事建筑活动。"在施工合同实施过程中,工程师受发包人委托对工程进行管理。施工合同中的工程师是指本工程监理单位委派的总监理工程师或发包人指定的履行该合同的代表,其具体身份和职权由发包人、承包人在专用条款中约定。

7.1.2 工程施工合同的特点

1) 合同标的物的特殊性

施工合同的标的物是特定建筑产品,不同于其他一般商品。首先,建筑产品的固定性和施工生产的流动性是区别于其他商品的根本特点。建筑产品是不动产,其基础部分与大地相连,不能移动,这就决定了每个施工合同相互之间具有不可替代性,而且施工队伍、施工机械必须围绕建筑产品不断移动。其次,由于建筑产品各有其特定的功能要求,其实物形态千差万别、种类庞杂,其外观、结构、使用目的、使用人都各不相同,这就要求每一个建筑产品都需单独设计和施工,即使可重复利用的标准设计或图纸,也应采取必要的修改设计才能施工,这就形成了建筑产品的单体性和生产的单件性。最后,建筑产品体积庞大,消耗的人力、物力、财力多,一次性投资额大等。所有这些特点,必然在施工合同中表现出来,使得施工合同在明确标的物时,需要将建筑产品的幢数、面积、层数或高度、结构特征、内外装饰标准和设备安装要求等一一规定清楚。

2) 合同内容的多样性和复杂性

施工合同实施过程中涉及的主体有多种,且其履行期限长、标的额大。涉及的法律关系,除承包人与发包人的合同关系外,还涉及与劳务人员的劳动关系、与保险公司的保险关系、与材料设备供应商的买卖关系、与运输企业的运输关系,还涉及监理单位、分包人、担保单位等。施工合同除了应当具备合同的一般内容外,还应对安全施工、专利技术使用、地下障碍和文物发现、工程分包、不可抗力、工程设计变更、材料设备供应、运输和验收等内容作出规定。所有这些,都决定了施工合同的内容具有多样性和复杂性的特点,要求合同条款必须具体明确和完整。

3) 合同履行期限的长期性

由于建设工程结构复杂、体积大、材料类型多、工作量大,使得工程生产周期都较长。因为工程建设的施工应当在合同签订后才开始,且需加上合同签订后到正式开工前的施工准备时间和工程全部竣工验收后、办理竣工结算及保修期的时间。在工程的施工过程中,还可能因为不可抗力、工程变更、材料供应不及时、一方违约等原因而导致工期延误,因而施工合同的履行期限具有长期性,变更较频繁,合同争议和纠纷也比较多。《政府投资条例》第二十四条规定:"政府投资项目应当按照国家有关规定合理确定并严格执行建设工期,任何单位和个人不得非法干预。"

4) 合同监督的严格性

由于施工合同的履行对国家经济发展、公民的工作与生活都有重大的影响,因此,国家对施工合同的监督是十分严格的。具体表现在以下几个方面:

(1) 合同主体监督的严格性。建设工程施工合同主体一般是法人。发包人一般是经过批准进行工程项目建设的法人,必须有政府相关部门批准的建设项目,落实投资计划,并且应当具备相应的协调能力;承包人则必须具备法人资格,而且应当具备相应的从事施工的资质。无营业执照或无承包资质的单位不能作为建设工程施工合同的主体,资质等级低的单位不能越级承包建设工程。

(2) 合同订立监督的严格性。订立建设工程施工合同必须以国家批准的投资计划为前提,即使是国家投资以外的、以其他方式筹集的投资也要受到当年的贷款规模和批准限额的限制,纳入当年投资规模的平衡,并经过严格的审批程序。建设工程施工合同的订立,还必须符合国家关于建设程序的规定。考虑到建设工程的重要性和复杂性,在施工过程中经常会发生影响合同履行的各种纠纷,因此,《民法典》要求:建设工程施工合同应当采用书面形式。

(3) 合同履行监督的严格性。在施工合同的履行过程中,除了合同当事人应当对合同进行严格的管理外,合同的主管机关(工商行政管理部门)、建设主管部门、合同双方的上级主管部门、金融机构、解决合同争议的仲裁机构或人民法院,还有税务部门、审计部门及合同公证机关或鉴证机关等机构和部门,都要对施工合同的履行进行严格的监督。

7.1.3 工程施工合同订立

1) 订立施工合同应具备的条件

(1) 初步设计已经批准;

(2) 工程项目已经列入年度建设计划;

(3) 有能够满足施工需要的设计文件和有关技术资料;

(4) 建设资金和主要建筑材料设备来源已经落实;

(5) 对于招投标工程,中标通知书已经下达。

2) 订立施工合同应当遵守的原则

(1) 遵守国家法律、法规和国家计划原则。订立施工合同,必须遵守国家法律、法规,也应遵守国家的建设计划和其他计划(如贷款计划)。建设工程施工对经济发展、社会生活有多方面的影响,国家有许多强制性的管理规定,施工合同当事人都必须遵守。

(2) 平等、自愿、公平的原则。签订施工合同当事人双方都具有平等的法律地位,任何一方都不得强迫对方接受不平等的合同条件。当事人有权决定是否订立合同和合同内容,合同内容应当是双方当事人真实意思的体现,合同内容还应当是公平的,不能单纯损害一方的利益。对于显失公平的施工合同,当事人一方有权申请人民法院或仲裁机构予以变更或撤销。

(3) 诚实信用的原则。当事人订立施工合同应该诚实信用,不得有欺诈行为,双方应当如实将自身和工程的情况介绍给对方。在施工合同履行过程中,当事人也应守信用,严格履行合同。

3) 订立施工合同的程序

施工合同的订立同样包括要约和承诺两个阶段。其订立方式有直接发包和招标发包两种。对于必须进行招标的建设项目,工程建设的施工都应通过招标投标确定承包人。

中标通知书发出后，中标人应当与招标人及时签订合同。《招标投标法》第四十六条规定："招标人和中标人应当自中标通知书发出之日起三十日内，按照招标文件和中标人的投标文件订立书面合同。招标人和中标人不得再行订立背离合同实质性内容的其他协议。"

7.1.4 工程施工合同示范文本简介

为了规范和指导合同当事人双方的行为，完善合同管理制度，解决施工合同中存在的合同文本不规范、条款不完备、合同纠纷多等问题，1991 年 3 月 31 日就发布了《建设工程施工合同(示范文本)》(GF—1991—0201)，1999 年 12 月 24 日又颁发了修改后的《建设工程施工合同(示范文本)》(GF—1999—0201)。该文本适用于土木工程，包括各类公用建筑、民用住宅、工业厂房、交通设施及线路、管道的施工和设备安装。《建设工程施工合同(示范文本)》(GF—1999—0201)由"协议书""通用条款""专用条款"三部分组成，并附有三个附件。

2007 年 11 月 1 日国家发展和改革委员会等九部委联合发布了《标准施工招标文件》及附件，要求从 2008 年 5 月 1 日开始在政府投资项目中施行，该标准施工招标文件中的合同条款及格式包括：通用条款、专用条款和合同附件格式(包括合同协议书、履约担保格式、预付款担保格式)。

2013 年 4 月 3 日住房和城乡建设部和国家工商行政管理总局根据最新颁布和实施的工程建设有关法律、法规，总结十多年施工合同示范文本推行的经验，借鉴国际通用土木工程施工合同的成熟经验和有效做法，结合我国建设工程施工的实际情况，颁布了《建设工程施工合同(示范文本)》(GF—2013—0201)。

2017 年 9 月 22 日，住房和城乡建设部和国家工商行政管理总局根据《住房城乡建设部、财政部关于印发建设工程质量保证金管理办法的通知》(建质〔2017〕138 号)中对缺陷责任期及工程质量保证金的修改内容，对《建设工程施工合同(示范文本)》(GF—2013—0201)进行了修订，制定了最新的《建设工程施工合同(示范文本)》(GF—2017—0201)(以下简称《2017 版施工合同》)。

1)《2017 版施工合同》的适用范围

《2017 版施工合同》适用于房屋建筑工程、土木工程、线路管道和设备安装工程、装修工程等建设工程的施工承发包活动，合同当事人可结合建设工程具体情况，根据《2017 版施工合同》订立合同，并按照法律法规规定和合同约定承担相应的法律责任及合同权利义务。

2)《2017 版施工合同》的组成

《2017 版施工合同》由合同协议书、通用合同条款和专用合同条款三部分组成，并有 11 个协议书附件。

(1) 合同协议书

合同协议书共计 13 条，集中约定了合同当事人基本的合同权利义务。包括：

① 工程概况。包括工程名称、工程地点、工程立项批准文号、资金来源、工程内容(群体工程应附《承包人承揽工程项目一览表》)、工程承包范围。

② 合同工期。包括计划开工日期、计划竣工日期、工期总日历天数。工期总日历天数与根据计划开竣工日期计算的工期天数不一致的，以工期总日历天数为准。

③ 质量标准。应明确达到的工程质量等级和标准。

④ 签约合同价和合同价格形式。包括签约合同价(其中安全文明施工费、材料和工程设备暂估价金额、专业工程暂估价金额、暂列金额),以及合同价格形式。

⑤ 项目经理。应明确承包人派出的项目经理。

⑥ 合同文件构成。本协议书与下列文件一起构成合同文件:

a. 中标通知书(如果有);

b. 投标函及其附录(如果有);

c. 专用合同条款及其附件;

d. 通用合同条款;

e. 技术标准和要求;

f. 图纸;

g. 已标价工程量清单或预算书;

h. 其他合同文件。

在合同订立及履行过程中形成的与合同有关的文件均构成合同文件组成部分。上述各项合同文件包括合同当事人就该项合同文件所作出的补充和修改,属于同一类内容的文件,应以最新签署的为准。专用合同条款及其附件须经合同当事人签字或盖章。

⑦ 承诺。双方合同当事人承诺包括:

a. 发包人承诺按照法律规定履行项目审批手续、筹集工程建设资金并按照合同约定的期限和方式支付合同价款。

b. 承包人承诺按照法律规定及合同约定组织完成工程施工,确保工程质量和安全,不进行转包及违法分包,并在缺陷责任期及保修期内承担相应的工程维修责任。

c. 发包人和承包人通过招投标形式签订合同的,双方理解并承诺不再就同一工程另行签订与合同实质性内容相背离的协议。

⑧ 词语含义。本协议书中词语含义与通用合同条款中赋予的含义相同。

⑨ 签订时间。

⑩ 签订地点。

⑪ 补充协议。合同未尽事宜,合同当事人另行签订补充协议,补充协议是合同的组成部分。

⑫ 合同生效。应明确合同生效的条件或方式。

⑬ 合同份数。

(2) 通用合同条款

通用合同条款共20条,包括一般约定,发包人,承包人,监理人,工程质量,安全文明施工与环境保护,工期和进度,材料与设备,试验与检验,变更,价格调整,合同价格、计量与支付,验收和工程试车,竣工结算,缺陷责任与保修,违约,不可抗力,保险,索赔和争议解决。上述条款安排既考虑了现行法律法规对工程建设的有关要求,也考虑了建设工程施工管理的特殊需要。

(3) 专用合同条款

专用合同条款是对通用合同条款原则性约定的细化、完善、补充、修改或另行约定的条款。合同当事人可以根据不同建设工程的特点及具体情况,通过双方的谈判、协商,对相应的专用合同条款进行修改补充。在使用专用合同条款时,应注意以下事项:

① 专用合同条款的编号应与相应的通用合同条款的编号一致。

② 合同当事人可以通过对专用合同条款的修改，满足具体建设工程的特殊要求，避免直接修改通用合同条款。

③ 在专用合同条款中有横道线的地方，合同当事人可针对相应的通用合同条款进行细化、完善、补充、修改或另行约定；如无细化、完善、补充、修改或另行约定，则填写“无”或划“/”。

(4) 协议书附件

① 附件1：承包人承揽工程项目一览表，包括单位工程名称、建设规模、建筑面积、结构形式、层数、生产能力、设备安装内容、合同价格、开工日期、竣工日期。

② 附件2：发包人供应材料设备一览表，包括材料设备品种、规格型号、单位、数量、单价、质量等级、供应时间、送达地点等。

③ 附件3：工程质量保修书，包括工程质量保修范围和内容、质量保修期(分别规定地基基础工程和主体结构工程、屋面防水工程、有防水要求的卫生间、房间和外墙面的防渗、装修工程、电气管线、给排水管道、设备安装工程、供热与供冷系统、住宅小区内的给排水设施、道路等配套工程、其他项目等的保修期)、缺陷责任期、质量保修责任、保修费用、双方约定的其他工程质量保修事项。

④ 附件4：主要建设工程文件目录，包括文件名称、套数、费用、质量、移交时间、责任人。

⑤ 附件5：承包人用于本工程施工的机械设备表，包括机械或设备名称、规格型号、数量、产地、制造年份、额定功率(kW)、生产能力等。

⑥ 附件6：承包人主要施工管理人员表，包括承包人的总部人员、现场人员(含项目经理、项目副经理、技术负责人、造价管理、质量管理、材料管理、计划管理、安全管理)、其他人员的姓名、职务、职称、主要资历、经验及承担过的项目。

⑦ 附件7：分包人主要施工管理人员表，包括分包人的总部人员、现场人员(含项目经理、项目副经理、技术负责人、造价管理、质量管理、材料管理、计划管理、安全管理)、其他人员的姓名、职务、职称、主要资历、经验及承担过的项目。

⑧ 附件8：履约担保格式，包括担保人、担保责任形式、担保金额、担保有效期、赔偿支付条件和时间、争议处理等内容。

⑨ 附件9：预付款担保格式，包括担保人、担保责任形式、担保金额、担保有效期、赔偿支付条件和时间、争议处理等内容。

⑩ 附件10：支付担保格式，包括担保人、保证的范围及保证金额、保证的方式及保证期间、承担保证责任的形式、代偿的安排、保证责任的解除、免责条款、争议解决、保函的生效等内容。

⑪ 附件11：暂估价一览表，包括材料暂估价表、工程设备暂估价表、专业工程暂估价表三种，具体内容包括名称、单位、数量、单价、合价等。

7.2 建设工程施工合同的主要内容

本节介绍《建设工程施工合同(示范文本)》(GF—2017—0201)中通用条款的主要内容。

7.2.1 一般约定

1）词语定义与解释

通用条款赋予合同协议书、通用合同条款、专用合同条款中的下列词语具有下文中所明示的含义，包括6大类共45个词语。

（1）合同

① 合同：指根据法律规定和合同当事人约定具有约束力的文件，构成合同的文件包括合同协议书、中标通知书（如果有）、投标函及其附录（如果有）、专用合同条款及其附件、通用合同条款、技术标准和要求、图纸、已标价工程量清单或预算书以及其他合同文件。

② 合同协议书：指构成合同的由发包人和承包人共同签署的称为“合同协议书”的书面文件。

③ 中标通知书：指构成合同的由发包人通知承包人中标的书面文件。

④ 投标函：指构成合同的由承包人填写并签署的用于投标的称为“投标函”的文件。

⑤ 投标函附录：指构成合同的附在投标函后的称为“投标函附录”的文件。

⑥ 技术标准和要求：指构成合同的施工应当遵守的或指导施工的国家、行业或地方的技术标准和要求，以及合同约定的技术标准和要求。

⑦ 图纸：指构成合同的图纸，包括由发包人按照合同约定提供或经发包人批准的设计文件、施工图、鸟瞰图及模型等，以及在合同履行过程中形成的图纸文件。图纸应当按照法律规定审查合格。

⑧ 已标价工程量清单：指构成合同的由承包人按照规定的格式和要求填写并标明价格的工程量清单，包括说明和表格。

⑨ 预算书：指构成合同的由承包人按照发包人规定的格式和要求编制的工程预算文件。

⑩ 其他合同文件：指经合同当事人约定的与工程施工有关的具有合同约束力的文件或书面协议。合同当事人可以在专用合同条款中进行约定。

（2）合同当事人及其他相关方

① 合同当事人：指发包人和（或）承包人。

② 发包人：指与承包人签订合同协议书的当事人及取得该当事人资格的合法继承人。

③ 承包人：指与发包人签订合同协议书的，具有相应工程施工承包资质的当事人及取得该当事人资格的合法继承人。

④ 监理人：指在专用合同条款中指明的，受发包人委托按照法律规定进行工程监督管理的法人或其他组织。

⑤ 设计人：指在专用合同条款中指明的，受发包人委托负责工程设计并具备相应工程设计资质的法人或其他组织。

⑥ 分包人：指按照法律规定和合同约定，分包部分工程或工作，并与承包人签订分包合同的具有相应资质的法人。

⑦ 发包人代表：指由发包人任命并派驻施工现场在发包人授权范围内行使发包人权利的人。

⑧ 项目经理:指由承包人任命并派驻施工现场,在承包人授权范围内负责合同履行,且按照法律规定具有相应资格的项目负责人。

⑨ 总监理工程师:指由监理人任命并派驻施工现场进行工程监理的总负责人。

(3) 工程和设备

① 工程:指与合同协议书中工程承包范围对应的永久工程和(或)临时工程。

② 永久工程:指按合同约定建造并移交给发包人的工程,包括工程设备。

③ 临时工程:指为完成合同约定的永久工程所修建的各类临时性工程,不包括施工设备。

④ 单位工程:指在合同协议书中指明的,具备独立施工条件并能形成独立使用功能的永久工程。

⑤ 工程设备:指构成永久工程的机电设备、金属结构设备、仪器及其他类似的设备和装置。

⑥ 施工设备:指为完成合同约定的各项工作所需的设备、器具和其他物品,但不包括工程设备、临时工程和材料。

⑦ 施工现场:指用于工程施工的场所,以及在专用合同条款中指明作为施工场所组成部分的其他场所,包括永久占地和临时占地。

⑧ 临时设施:指为完成合同约定的各项工作所服务的临时性生产和生活设施。

⑨ 永久占地:指专用合同条款中指明为实施工程需要永久占用的土地。

⑩ 临时占地:指专用合同条款中指明为实施工程需要临时占用的土地。

(4) 日期和期限

① 开工日期:包括计划开工日期和实际开工日期。计划开工日期是指合同协议书约定的开工日期;实际开工日期是指监理人按照该通用条款〔开工通知〕的约定发出的符合法律规定的开工通知中载明的开工日期。

② 竣工日期:包括计划竣工日期和实际竣工日期。计划竣工日期是指合同协议书约定的竣工日期;实际竣工日期按照该通用条款〔竣工日期〕的约定确定。

③ 工期:指在合同协议书约定的承包人完成工程所需的期限,包括按照合同约定所作的期限变更。

④ 缺陷责任期:指承包人按照合同约定承担缺陷修复义务,且发包人预留质量保证金(已缴纳履约保证金的除外)的期限,自工程实际竣工日期起计算。

⑤ 保修期:指承包人按照合同约定对工程承担保修责任的期限,从工程竣工验收合格之日起计算。

⑥ 基准日期:招标发包的工程以投标截止日前 28 天的日期为基准日期,直接发包的工程以合同签订日前 28 天的日期为基准日期。

⑦ 天:除特别指明外,均指日历天。合同中按天计算时间的,开始当天不计入,从次日开始计算,期限最后一天的截止时间为当天 24:00 时。

(5) 合同价格和费用

① 签约合同价:指发包人和承包人在合同协议书中确定的总金额,包括安全文明施工费、暂估价及暂列金额等。

② 合同价格:指发包人用于支付承包人按照合同约定完成承包范围内全部工作的金

额,包括合同履行过程中按合同约定发生的价格变化。

③ 费用:指为履行合同所发生的或将要发生的所有必需的开支,包括管理费和应分摊的其他费用,但不包括利润。

④ 暂估价:指发包人在工程量清单或预算书中提供的用于支付必然发生但暂时不能确定价格的材料、工程设备的单价、专业工程以及服务工作的金额。

⑤ 暂列金额:指发包人在工程量清单或预算书中暂定并包括在合同价格中的一笔款项,用于工程合同签订时尚未确定或者不可预见的所需材料、工程设备、服务的采购,施工中可能发生的工程变更、合同约定调整因素出现时的合同价格调整以及发生的索赔、现场签证确认等的费用。

⑥ 计日工:指合同履行过程中,承包人完成发包人提出的零星工作或需要采用计日工计价的变更工作时,按合同中约定的单价计价的一种方式。

⑦ 质量保证金:指按照该通用条款〔质量保证金〕的约定,承包人用于保证其在缺陷责任期内履行缺陷修补义务的担保。

⑧ 总价项目:是指在现行国家、行业以及地方的计量规则中无工程量计算规则,在已标价工程量清单或预算书中以总价或以费率形式计算的项目。

(6) 其他

书面形式:指合同文件、信函、电报、传真等可以有形地表现所载内容的形式。

2) 合同文件及优先顺序

组成合同的各项文件应互相解释,互为说明。除专用合同条款另有约定外,解释合同文件的优先顺序如下:

(1) 合同协议书。

(2) 中标通知书(如果有)。

(3) 投标函及其附录(如果有)。

(4) 专用合同条款及其附件。

(5) 通用合同条款。

(6) 技术标准和要求。

在专用条款中约定:

① 适用于工程的国家标准、行业标准、工程所在地的地方性标准,以及相应的规范、规程等,合同当事人有特别要求的,应在专用合同条款中约定。

② 发包人要求使用国外标准、规范的,发包人负责提供原文版本和中文译本,并在专用合同条款中约定提供标准规范的名称、份数和时间。

③ 发包人对工程的技术标准、功能要求高于或严于现行国家、行业或地方标准的,应当在专用合同条款中予以明确。除专用合同条款另有约定外,应视为承包人在签订合同前已充分预见前述技术标准和功能要求的复杂程度,签约合同价中已包含由此产生的费用。

(7) 图纸。

(8) 已标价工程量清单或预算书。

(9) 其他合同文件。

上述各项合同文件包括合同当事人就该项合同文件所作出的补充和修改,属于同一类内容的文件,应以最新签署的为准。

在合同订立及履行过程中形成的与合同有关的文件均构成合同文件组成部分,并根据其性质确定优先解释顺序。

合同以中国的汉语简体文字编写、解释和说明。合同当事人在专用合同条款中约定使用两种以上语言时,汉语为优先解释和说明合同的语言。

3）图纸和承包人文件

(1) 图纸的提供和交底

发包人应按照专用合同条款约定的期限、数量和内容向承包人免费提供图纸,并组织承包人、监理人和设计人进行图纸会审和设计交底。发包人至迟不得晚于该通用条款〔开工通知〕载明的开工日期前 14 天向承包人提供图纸。因发包人未按合同约定提供图纸导致承包人费用增加和(或)工期延误的,按照该通用条款〔因发包人原因导致工期延误〕的约定办理。

(2) 图纸的错误

承包人在收到发包人提供的图纸后,发现图纸存在差错、遗漏或缺陷的,应及时通知监理人。监理人接到该通知后,应附具相关意见并立即报送发包人,发包人应在收到监理人报送的通知后的合理时间内作出决定。合理时间是指发包人在收到监理人的报送通知后,尽其努力且不懈怠地完成图纸修改补充所需的时间。

(3) 图纸的修改和补充

图纸需要修改和补充的,应经图纸原设计人及审批部门同意,并由监理人在工程或工程相应部位施工前将修改后的图纸或补充图纸提交给承包人,承包人应按修改或补充后的图纸施工。

(4) 承包人文件

承包人应按照专用合同条款的约定提供应当由其编制的与工程施工有关的文件,并按照专用合同条款约定的期限、数量和形式提交监理人,并由监理人报送发包人。除专用合同条款另有约定外,监理人应在收到承包人文件后 7 天内审查完毕,监理人对承包人文件有异议的,承包人应予以修改,并重新报送监理人。监理人的审查并不减轻或免除承包人根据合同约定应当承担的责任。

(5) 图纸和承包人文件的保管

除专用合同条款另有约定外,承包人应在施工现场另外保存一套完整的图纸和承包人文件,供发包人、监理人及有关人员进行工程检查时使用。

4）联络

(1) 联络形式

与合同有关的通知、批准、证明、证书、指示、指令、要求、请求、同意、意见、确定和决定等,均应采用书面形式,并应在合同约定的期限内送达接收人和送达地点。

(2) 联络人和地点

发包人和承包人应在专用合同条款中约定各自的送达接收人和送达地点。任何一方合同当事人指定的接收人或送达地点发生变动的,应提前 3 天以书面形式通知对方。

(3) 有关责任

发包人和承包人应当及时签收另一方送达至送达地点和指定接收人的来往信函。拒不签收的,由此增加的费用和(或)延误的工期由拒绝接收一方承担。

5）严禁贿赂

合同当事人不得以贿赂或变相贿赂的方式,谋取非法利益或损害对方权益。因一方合同当事人的贿赂造成对方损失的,应赔偿损失,并承担相应的法律责任。

承包人不得与监理人或发包人聘请的第三方串通损害发包人利益。未经发包人书面同意,承包人不得为监理人提供合同约定以外的通讯设备、交通工具及其他任何形式的利益,不得向监理人支付报酬。

6）交通运输

(1）出入现场的权利

除专用合同条款另有约定外,发包人应根据施工需要,负责取得出入施工现场所需的批准手续和全部权利,以及取得因施工所需修建道路、桥梁以及其他基础设施的权利,并承担相关手续费用和建设费用。承包人应协助发包人办理修建场内外道路、桥梁以及其他基础设施的手续。

承包人应在订立合同前查勘施工现场,并根据工程规模及技术参数合理预见工程施工所需的进出施工现场的方式、手段、路径等。因承包人未合理预见所增加的费用和(或)延误的工期由承包人承担。

(2）场外交通

发包人应提供场外交通设施的技术参数和具体条件,承包人应遵守有关交通法规,严格按照道路和桥梁的限制荷载行驶,执行有关道路限速、限行、禁止超载的规定,并配合交通管理部门的监督和检查。场外交通设施无法满足工程施工需要的,由发包人负责完善并承担相关费用。

(3）场内交通

发包人应提供场内交通设施的技术参数和具体条件,并应按照专用合同条款的约定向承包人免费提供满足工程施工所需的场内道路和交通设施。因承包人原因造成上述道路或交通设施损坏的,承包人负责修复并承担由此增加的费用。

除发包人按照合同约定提供的场内道路和交通设施外,承包人负责修建、维修、养护和管理施工所需的其他场内临时道路和交通设施。发包人和监理人可以为实现合同目的使用承包人修建的场内临时道路和交通设施。

场外交通和场内交通的边界由合同当事人在专用合同条款中约定。

(4）超大件和超重件的运输

由承包人负责运输的超大件或超重件,应由承包人负责向交通管理部门办理申请手续,发包人给予协助。运输超大件或超重件所需的道路和桥梁临时加固改造费用和其他有关费用,由承包人承担,但专用合同条款另有约定除外。

(5）道路和桥梁的损坏责任

因承包人运输造成施工场地内外公共道路和桥梁损坏的,由承包人承担修复损坏的全部费用和可能引起的赔偿。

(6）水路和航空运输

上述各项的内容适用于水路运输和航空运输,其中“道路”一词的涵义包括河道、航线、船闸、机场、码头、堤防以及水路或航空运输中其他相似结构物;“车辆”一词的涵义包括船舶和飞机等。

7）知识产权

(1) 知识产权认定和使用要求

除专用合同条款另有约定外,发包人提供给承包人的图纸、发包人为实施工程自行编制或委托编制的技术规范以及反映发包人要求的或其他类似性质的文件的著作权属于发包人,承包人可以为实现合同目的而复制、使用此类文件,但不能用于与合同无关的其他事项。未经发包人书面同意,承包人不得为了合同以外的目的而复制、使用上述文件或将之提供给任何第三方。

除专用合同条款另有约定外,承包人为实施工程所编制的文件,除署名权以外的著作权属于发包人,承包人可因实施工程的运行、调试、维修、改造等目的而复制、使用此类文件,但不能用于与合同无关的其他事项。未经发包人书面同意,承包人不得为了合同以外的目的而复制、使用上述文件或将之提供给任何第三方。

(2) 有关责任

合同当事人保证在履行合同过程中不侵犯对方及第三方的知识产权。承包人在使用材料、施工设备、工程设备或采用施工工艺时,因侵犯他人的专利权或其他知识产权所引起的责任,由承包人承担;因发包人提供的材料、施工设备、工程设备或施工工艺导致侵权的,由发包人承担责任。

除专用合同条款另有约定外,承包人在合同签订前和签订时已确定采用的专利、专有技术、技术秘密的使用费已包含在签约合同价中。

8）工程量清单错误的修正

除专用合同条款另有约定外,发包人提供的工程量清单,应被认为是准确的和完整的。出现下列情形之一时,发包人应予以修正,并相应调整合同价格:

(1) 工程量清单存在缺项、漏项的;

(2) 工程量清单偏差超出专用合同条款约定的工程量偏差范围的;

(3) 未按照国家现行计量规范强制性规定计量的。

7.2.2 发包人主要工作

1）获得许可或批准

发包人应遵守法律,并办理法律规定由其办理的许可、批准或备案,包括但不限于建设用地规划许可证、建设工程规划许可证、建设工程施工许可证、施工所需临时用水、临时用电、中断道路交通、临时占用土地等许可和批准。发包人应协助承包人办理法律规定的有关施工证件和批件。

因发包人原因未能及时办理完毕前述许可、批准或备案,由发包人承担由此增加的费用和(或)延误的工期,并支付承包人合理的利润。

2）任命发包人代表和人员

发包人应在专用合同条款中明确其派驻施工现场的发包人代表的姓名、职务、联系方式及授权范围等事项。发包人代表在发包人的授权范围内，负责处理合同履行过程中与发包人有关的具体事宜。发包人代表在授权范围内的行为由发包人承担法律责任。发包人更换发包人代表的，应提前7天书面通知承包人。

发包人代表不能按照合同约定履行其职责及义务，并导致合同无法继续正常履行的，承包人可以要求发包人撤换发包人代表。不属于法定必须监理的工程，监理人的职权可以由发包人代表或发包人指定的其他人员行使。

发包人应要求在施工现场的发包人人员遵守法律及有关安全、质量、环境保护、文明施工等规定，并保障承包人免于承受因发包人人员未遵守上述要求给承包人造成的损失和责任。

发包人人员包括发包人代表及其他由发包人派驻施工现场的人员。

3）提供施工现场、施工条件和基础资料

（1）提供施工现场

除专用合同条款另有约定外，发包人应最迟于开工日期7天前向承包人移交施工现场。

（2）提供施工条件

除专用合同条款另有约定外，发包人应负责提供施工所需要的条件，包括：

① 将施工用水、电力、通讯线路等施工所必需的条件接至施工现场内；

② 保证向承包人提供正常施工所需要的进入施工现场的交通条件；

③ 协调处理施工现场周围地下管线和邻近建筑物、构筑物、古树名木的保护工作，并承担相关费用；

④ 按照专用合同条款约定应提供的其他设施和条件。

（3）提供基础资料

发包人应当在移交施工现场前向承包人提供施工现场及工程施工所必需的毗邻区域内供水、排水、供电、供气、供热、通信、广播电视等地下管线资料，气象和水文观测资料，地质勘察资料，相邻建筑物、构筑物和地下工程等有关基础资料，并对所提供资料的真实性、准确性和完整性负责。

按照法律规定确需在开工后方能提供的基础资料，发包人应尽其努力及时地在相应工程施工前的合理期限内提供，合理期限应以不影响承包人的正常施工为限。

（4）逾期提供的责任

因发包人原因未能按合同约定及时向承包人提供施工现场、施工条件、基础资料的，由发包人承担由此增加的费用和(或)延误的工期。

4）提供资金来源证明及支付担保

除专用合同条款另有约定外，发包人应在收到承包人要求提供资金来源证明的书面通知后28天内，向承包人提供能够按照合同约定支付合同价款的相应资金来源证明。发包人要求承包人提供履约担保的，发包人应当向承包人提供支付担保。支付担保可以采用银行保函或担保公司担保等形式，具体由合同当事人在专用合同条款中约定。

5）支付合同价款

发包人应按合同约定向承包人及时支付合同价款。

6）组织竣工验收

发包人应按合同约定及时组织竣工验收。

7）签署现场统一管理协议

发包人应与承包人、由发包人直接发包的专业工程的承包人签订施工现场统一管理协议，明确各方的权利义务。施工现场统一管理协议作为专用合同条款的附件。

7.2.3 承包人义务和主要工作

1）承包人的一般义务

承包人在履行合同过程中应遵守法律和工程建设标准规范，并履行以下义务：

(1) 办理法律规定应由承包人办理的许可和批准，并将办理结果书面报送发包人留存。

(2) 按法律规定和合同约定完成工程，并在保修期内承担保修义务。

(3) 按法律规定和合同约定采取施工安全和环境保护措施，办理工伤保险，确保工程及人员、材料、设备和设施的安全。

(4) 按合同约定的工作内容和施工进度要求，编制施工组织设计和施工措施计划，并对所有施工作业和施工方法的完备性和安全可靠性负责。

(5) 在进行合同约定的各项工作时，不得侵害发包人与他人使用公用道路、水源、市政管网等公共设施的权利，避免对邻近的公共设施产生干扰。承包人占用或使用他人的施工场地，影响他人作业或生活的，应承担相应责任。

(6) 按照该通用条款〔环境保护〕的约定负责施工场地及其周边环境与生态的保护工作。

(7) 按照该通用条款〔安全文明施工〕的约定采取施工安全措施，确保工程及其人员、材料、设备和设施的安全，防止因工程施工造成的人身伤害和财产损失。

(8) 将发包人按合同约定支付的各项价款专用于合同工程，且应及时支付其雇用人员工资，并及时向分包人支付合同价款。

(9) 按照法律规定和合同约定编制竣工资料，完成竣工资料立卷及归档，并按专用合同条款约定的竣工资料的套数、内容、时间等要求移交发包人。

(10) 应履行的其他义务。

2）项目经理

(1) 承包人任命项目经理

项目经理应为合同当事人所确认的人选，并在专用合同条款中明确项目经理的姓名、职称、注册执业证书编号、联系方式及授权范围等事项，项目经理经承包人授权后代表承包人负责履行合同。项目经理应是承包人正式聘用的员工，承包人应向发包人提交项目经理与承包人之间的劳动合同，以及承包人为项目经理缴纳社会保险的有效证明。承包人不提交上述文件的，项目经理无权履行职责，发包人有权要求更换项目经理，由此增加的费用和(或)延误的工期由承包人承担。

(2) 项目经理应常驻施工现场

项目经理应常驻施工现场，且每月在施工现场时间不得少于专用合同条款约定的天数。

项目经理不得同时担任其他项目的项目经理。项目经理确需离开施工现场时，应事先通知监理人，并取得发包人的书面同意。项目经理的通知中应当载明临时代行其职责的人员的注册执业资格、管理经验等资料，该人员应具备履行相应职责的能力。

承包人违反上述约定的，应按照专用合同条款的约定，承担违约责任。

(3) 紧急情况下的项目经理职责

项目经理按合同约定组织工程实施。在紧急情况下为确保施工安全和人员安全，在无法与发包人代表和总监理工程师及时取得联系时，项目经理有权采取必要的措施保证与工程有关的人身、财产和工程的安全，但应在48小时内向发包人代表和总监理工程师提交书面报告。

(4) 项目经理的更换

① 承包人更换项目经理。承包人需要更换项目经理的，应提前14天书面通知发包人和监理人，并征得发包人书面同意。通知中应当载明继任项目经理的注册执业资格、管理经验等资料，继任项目经理继续履行前任项目经理约定的职责。未经发包人书面同意，承包人不得擅自更换项目经理。承包人擅自更换项目经理的，应按照专用合同条款的约定承担违约责任。

② 发包人更换项目经理。发包人有权书面通知承包人更换其认为不称职的项目经理，通知中应当载明要求更换的理由。承包人应在接到更换通知后14天内向发包人提出书面的改进报告。发包人收到改进报告后仍要求更换的，承包人应在接到第二次更换通知的28天内进行更换，并将新任命的项目经理的注册执业资格、管理经验等资料书面通知发包人。继任项目经理继续履行前任项目经理约定的职责。承包人无正当理由拒绝更换项目经理的，应按照专用合同条款的约定承担违约责任。

3) 承包人人员

(1) 承包人提交人员名单和信息

除专用合同条款另有约定外，承包人应在接到开工通知后7天内，向监理人提交承包人项目管理机构及施工现场人员安排的报告，其内容应包括合同管理、施工、技术、材料、质量、安全、财务等主要施工管理人员名单及其岗位、注册执业资格等，以及各工种技术工人的安排情况，并同时提交主要施工管理人员与承包人之间的劳动关系证明和缴纳社会保险的有效证明。

(2) 承包人更换主要施工管理人员

承包人派驻到施工现场的主要施工管理人员应相对稳定。施工过程中如有变动，承包人应及时向监理人提交施工现场人员变动情况的报告。承包人更换主要施工管理人员时，应提前7天书面通知监理人，并征得发包人书面同意。通知中应当载明继任人员的注册执业资格、管理经验等资料。特殊工种作业人员均应持有相应的资格证明，监理人可以随时检查。

(3) 发包人要求撤换主要施工管理人员

发包人对于承包人主要施工管理人员的资格或能力有异议的，承包人应提供资料证明被质疑人员有能力完成其岗位工作或不存在发包人所质疑的情形。发包人要求撤换不能按照合同约定履行职责及义务的主要施工管理人员的，承包人应当撤换。承包人无正当理由拒绝撤换的,应按照专用合同条款的约定承担违约责任。

(4) 主要施工管理人员应常驻现场

除专用合同条款另有约定外,承包人的主要施工管理人员离开施工现场每月累计不超过 5 天的,应报监理人同意;离开施工现场每月累计超过 5 天的,应通知监理人,并征得发包人书面同意。主要施工管理人员离开施工现场前应指定一名有经验的人员临时代行其职责,该人员应具备履行相应职责的资格和能力,且应征得监理人或发包人的同意。承包人擅自更换主要施工管理人员,或前述人员未经监理人或发包人同意擅自离开施工现场的,应按照专用合同条款约定承担违约责任。

4) 承包人现场查勘

承包人应对基于发包人按照该通用条款〔提供基础资料〕提交的基础资料所做出的解释和推断负责,但因基础资料存在错误、遗漏导致承包人解释或推断失实的,由发包人承担责任。承包人应对施工现场和施工条件进行查勘,并充分了解工程所在地的气象条件、交通条件、风俗习惯以及其他与完成合同工作有关的资料。因承包人未能充分查勘、了解前述情况或未能充分估计前述情况所可能产生后果的,承包人承担由此增加的费用和(或)延误的工期。

5) 分包确定和管理

(1) 分包的一般约定

承包人不得将其承包的全部工程转包给第三人,或将其承包的全部工程肢解后以分包的名义转包给第三人。承包人不得将工程主体结构、关键性工作及专用合同条款中禁止分包的专业工程分包给第三人,主体结构、关键性工作的范围由合同当事人按照法律规定在专用合同条款中予以明确。

承包人不得以劳务分包的名义转包或违法分包工程。

(2) 分包的确定

承包人应按专用合同条款的约定进行分包,确定分包人。已标价工程量清单或预算书中给定暂估价的专业工程,按照该通用条款〔暂估价〕确定分包人。按照合同约定进行分包的,承包人应确保分包人具有相应的资质和能力。工程分包不减轻或免除承包人的责任和义务,承包人和分包人就分包工程向发包人承担连带责任。除合同另有约定外,承包人应在分包合同签订后 7 天内向发包人和监理人提交分包合同副本。

(3) 分包管理

承包人应向监理人提交分包人的主要施工管理人员表,并对分包人的施工人员进行实名制管理,包括但不限于进出场管理、登记造册以及各种证照的办理。

(4) 分包合同价款

除该通用条款〔暂估价〕约定的情况或专用合同条款另有约定外,分包合同价款由承包人与分包人结算,未经承包人同意,发包人不得向分包人支付分包工程价款;生效法律文书要求发包人向分包人支付分包合同价款的,发包人有权从应付承包人工程款中扣除该部分款项。

(5) 分包合同权益的转让

分包人在分包合同项下的义务持续到缺陷责任期届满以后的,发包人有权在缺陷责任期届满前,要求承包人将其在分包合同项下的权益转让给发包人,承包人应当转让。除转让合同另有约定外,转让合同生效后,由分包人向发包人履行义务。

6) 工程照管与成品、半成品保护

除专用合同条款另有约定外,自发包人向承包人移交施工现场之日起,承包人应负责照管工程及工程相关的材料、工程设备,直到颁发工程接收证书之日止。

在承包人负责照管期间,因承包人原因造成工程、材料、工程设备损坏的,由承包人负责修复或更换,并承担由此增加的费用和(或)延误的工期。

对合同内分期完成的成品和半成品,在工程接收证书颁发前,由承包人承担保护责任。因承包人原因造成成品或半成品损坏的,由承包人负责修复或更换,并承担由此增加的费用和(或)延误的工期。

7) 履约担保

发包人需要承包人提供履约担保的,由合同当事人在专用合同条款中约定履约担保的方式、金额及期限等。履约担保可以采用银行保函或担保公司担保等形式,具体由合同当事人在专用合同条款中约定。

因承包人原因导致工期延长的,继续提供履约担保所增加的费用由承包人承担;非因承包人原因导致工期延长的,继续提供履约担保所增加的费用由发包人承担。

8) 联合体

联合体各方应共同与发包人签订合同协议书。联合体各方应为履行合同向发包人承担连带责任。

联合体协议经发包人确认后作为合同附件。在履行合同过程中,未经发包人同意,不得修改联合体协议。

联合体牵头人负责与发包人和监理人联系,并接受指示,负责组织联合体各成员全面履行合同。

7.2.4 监理人一般规定和主要工作

1) 监理人的一般规定

工程实行监理的,发包人和承包人应在专用合同条款中明确监理人的监理内容及监理权限等事项。监理人应当根据发包人授权及法律规定,代表发包人对工程施工相关事项进行检查、查验、审核、验收,并签发相关指示,但监理人无权修改合同,且无权减轻或免除合同约定的承包人的任何责任与义务。

除专用合同条款另有约定外,监理人在施工现场的办公场所、生活场所由承包人提供,所发生的费用由发包人承担。

2) 监理人员

发包人授予监理人对工程实施监理的权利由监理人派驻施工现场的监理人员行使,监理人员包括总监理工程师及监理工程师。监理人应将授权的总监理工程师和监理工程师的姓名及授权范围以书面形式提前通知承包人。更换总监理工程师的,监理人应提前7天书面通知承包人;更换其他监理人员,监理人应提前48小时书面通知承包人。

3) 监理人的指示

监理人应按照发包人的授权发出监理指示。监理人的指示应采用书面形式，并经其授权的监理人员签字。紧急情况下，为了保证施工人员的安全或避免工程受损，监理人员可以口头形式发出指示，该指示与书面形式的指示具有同等法律效力，但必须在发出口头指示后24小时内补发书面监理指示，补发的书面监理指示应与口头指示一致。

监理人发出的指示应送达承包人项目经理或经项目经理授权接收的人员。因监理人未能按合同约定发出指示、指示延误或发出了错误指示而导致承包人费用增加和(或)工期延误的，由发包人承担相应责任。除专用合同条款另有约定外，总监理工程师不应将该通用条款〔商定或确定〕约定应由总监理工程师作出确定的权力授权或委托给其他监理人员。

承包人对监理人发出的指示有疑问的，应向监理人提出书面异议，监理人应在48小时内对该指示予以确认、更改或撤销，监理人逾期未回复的，承包人有权拒绝执行上述指示。

监理人对承包人的任何工作、工程或其采用的材料和工程设备未在约定的或合理期限内提出意见的，视为批准，但不免除或减轻承包人对该工作、工程、材料、工程设备等应承担的责任和义务。

4) 商定或确定

合同当事人进行商定或确定时，总监理工程师应当会同合同当事人尽量通过协商达成一致，不能达成一致的，由总监理工程师按照合同约定审慎做出公正的确定。

总监理工程师应将确定以书面形式通知发包人和承包人，并附详细依据。合同当事人对总监理工程师的确定没有异议的，按照总监理工程师的确定执行。任何一方合同当事人有异议，按照该通用条款〔争议解决〕的约定处理。争议解决前，合同当事人暂按总监理工程师的确定执行；争议解决后，争议解决的结果与总监理工程师的确定不一致的，按照争议解决的结果执行，由此造成的损失由责任人承担。

7.2.5 施工合同的进度控制条款

进度控制是施工合同管理的重要组成部分。施工合同的进度控制可以分为施工准备阶段、施工阶段和竣工验收阶段的进度控制。

1) 施工准备阶段的进度控制

(1) 合同工期的约定

工期是指在合同协议书约定的承包人完成工程所需的期限，包括按照合同约定所作的期限变更，按总日历天数(包括法定节假日)计算的承包天数。合同工期是施工的工程从开工起到完成专用条款约定的全部内容，工程达到竣工验收标准所经历的时间。承发包双方必须在协议书中明确约定工期，包括开工日期(包括计划开工日期和实际开工日期)和竣工日期(包括计划竣工日期和实际竣工日期)。计划开工日期是指合同协议书约定的开工日期；实际开工日期是指监理人按照该通用条款〔开工通知〕的约定发出的符合法律规定的开工通知中载明的开工日期。计划竣工日期是指合同协议书约定的竣工日期；实际竣工日期按照该通用条款〔竣工日期〕的约定确定。工程竣工验收通过，实际竣工日期为承包人送交竣工验收报告的日期；工程按发包人要求修改后通过竣工验收的，实际竣工日期为承包人修改后提请发包人验收的日期。合同当事人应当在开工日期前做好一切开工的准备工作，承包人则应当按约定的开工日期开工。

对于群体工程,双方应在合同附件中具体约定不同单位工程的开工日期和竣工日期。对于大型、复杂工程项目,除了约定整个工程的开工日期、竣工日期和合同工期的总日历天数外,还应约定重要里程碑事件的开工与竣工日期,以确保工期总目标的顺利实现。

(2) 提交施工组织设计

① 施工组织设计的内容。施工组织设计应包含以下内容:

a. 施工方案;

b. 施工现场平面布置图;

c. 施工进度计划和保证措施;

d. 劳动力及材料供应计划;

e. 施工机械设备的选用;

f. 质量保证体系及措施;

g. 安全生产、文明施工措施;

h. 环境保护、成本控制措施;

i. 合同当事人约定的其他内容。

② 施工组织设计的提交和修改。除专用合同条款另有约定外,承包人应在合同签订后14天内,但至迟不得晚于该通用条款〔开工通知〕载明的开工日期前7天,向监理人提交详细的施工组织设计,并由监理人报送发包人。除专用合同条款另有约定外,发包人和监理人应在监理人收到施工组织设计后7天内确认或提出修改意见。对发包人和监理人提出的合理意见和要求,承包人应自费修改完善。根据工程实际情况需要修改施工组织设计的,承包人应向发包人和监理人提交修改后的施工组织设计。

(3) 编制和修订施工进度计划

① 施工进度计划的编制。承包人应按照施工组织设计的约定提交详细的施工进度计划,施工进度计划的编制应当符合国家法律规定和一般工程实践惯例,施工进度计划经发包人批准后实施。施工进度计划是控制工程进度的依据,发包人和监理人有权按照施工进度计划检查工程进度情况。

② 施工进度计划的修订。施工进度计划不符合合同要求或与工程的实际进度不一致的,承包人应向监理人提交修订的施工进度计划,并附具有关措施和相关资料,由监理人报送发包人。除专用合同条款另有约定外,发包人和监理人应在收到修订的施工进度计划后7天内完成审核和批准或提出修改意见。发包人和监理人对承包人提交的施工进度计划的确认,不能减轻或免除承包人根据法律规定和合同约定应承担的任何责任或义务。

(4) 开工

① 开工准备。除专用合同条款另有约定外,承包人应按照施工组织设计约定的期限,向监理人提交工程开工报审表,经监理人报发包人批准后执行。开工报审表应详细说明按施工进度计划正常施工所需的施工道路、临时设施、材料、工程设备、施工设备、施工人员等落实情况以及工程的进度安排。

除专用合同条款另有约定外,合同当事人应按约定完成开工准备工作。

② 开工通知。发包人应按照法律规定获得工程施工所需的许可。经发包人同意后,监理人发出的开工通知应符合法律规定。监理人应在计划开工日期7天前向承包人发出开工

通知，工期自开工通知中载明的开工日期起算。

除专用合同条款另有约定外，因发包人原因造成监理人未能在计划开工日期之日起 90 天内发出开工通知的，承包人有权提出价格调整要求，或者解除合同。发包人应当承担由此增加的费用和（或）延误的工期，并向承包人支付合理利润。

(5) 测量放线

① 发包人应及时提供测量基准点等书面资料。除专用合同条款另有约定外，发包人应在至迟不得晚于该通用条款〔开工通知〕载明的开工日期前 7 天通过监理人向承包人提供测量基准点、基准线和水准点及其书面资料。发包人应对其提供的测量基准点、基准线和水准点及其书面资料的真实性、准确性和完整性负责。

承包人发现发包人提供的测量基准点、基准线和水准点及其书面资料存在错误或疏漏的，应及时通知监理人。监理人应及时报告发包人，并会同发包人和承包人予以核实。发包人应就如何处理和是否继续施工作出决定，并通知监理人和承包人。

② 承包人负责施工测量放线工作。承包人负责施工过程中的全部施工测量放线工作，并配置具有相应资质的人员、合格的仪器、设备和其他物品。承包人应矫正工程的位置、标高、尺寸或准线中出现的任何差错，并对工程各部分的定位负责。

施工过程中对施工现场内水准点等测量标志物的保护工作由承包人负责。

2) 施工阶段的进度控制

(1) 发包人代表或总监理工程师对进度计划的检查与监督

开工后，承包人必须按照发包人代表或总监理工程师确认的进度计划组织施工，接受发包人代表或总监理工程师对进度的检查、监督，检查、监督的依据一般是双方已经确认的月度进度计划。一般情况下，发包人代表或总监理工程师每月检查一次承包人的进度计划执行情况，由承包人提交一份上月进度计划实际执行情况和本月的施工计划。同时，发包人代表或总监理工程师还应进行必要的现场实地检查。

工程实际进度与经确认的进度计划不符时，承包人应按发包人代表或总监理工程师的要求提出改进措施，经发包人代表或总监理工程师确认后执行。但是，对于因承包人自身的原因导致实际进度与进度计划不符时，所有的后果都应由承包人自行承担，承包人无权就改进措施追加合同价款，发包人代表或总监理工程师也不对改进措施的效果负责。如果采用改进措施后，经过一段时间工程实际进展赶上了进度计划，则仍可按原进度计划执行。如果采用改进措施一段时间后，工程实际进展仍明显与进度计划不符，则发包人代表或总监理工程师可以要求承包人修改原进度计划，并经发包人代表或总监理工程师确认后执行。但是，这种确认并不是发包人代表或总监理工程师对工程延期的批准，而仅仅是要求承包人在合理的状态下施工。因此，如果承包人按修改后的进度计划施工不能按期竣工的，承包人仍应承担相应的违约责任。发包人代表或总监理工程师应当随时了解施工进度计划执行过程中所存在的问题，并帮助承包人予以解决，特别是承包人无力解决的内外关系协调问题。

(2) 工期延误

① 因发包人原因导致工期延误。在合同履行过程中，因下列情况导致工期延误和（或）费用增加的，由发包人承担由此延误的工期和（或）增加的费用，且发包人应支付承包人合理的利润：

a. 发包人未能按合同约定提供图纸或所提供图纸不符合合同约定的；

b. 发包人未能按合同约定提供施工现场、施工条件、基础资料、许可、批准等开工条件的；

c. 发包人提供的测量基准点、基准线和水准点及其书面资料存在错误或疏漏的；

d. 发包人未能在计划开工日期之日起7天内同意下达开工通知的；

e. 发包人未能按合同约定日期支付工程预付款、进度款或竣工结算款的；

f. 监理人未按合同约定发出指示、批准等文件的；

g. 专用合同条款中约定的其他情形。

因发包人原因未按计划开工日期开工的，发包人应按实际开工日期顺延竣工日期，确保实际工期不低于合同约定的工期总日历天数。因发包人原因导致工期延误需要修订施工进度计划的，按照该通用条款〔施工进度计划的修订〕的规定执行。

② 因承包人原因导致工期延误。因承包人原因造成工期延误的，可以在专用合同条款中约定逾期竣工违约金的计算方法和逾期竣工违约金的上限。承包人支付逾期竣工违约金后，不免除承包人继续完成工程及修补缺陷的义务。

(3) 不利物质条件

不利物质条件是指有经验的承包人在施工现场遇到的不可预见的自然物质条件、非自然的物质障碍和污染物，包括地表以下物质条件和水文条件以及专用合同条款约定的其他情形，但不包括气候条件。

承包人遇到不利物质条件时，应采取克服不利物质条件的合理措施继续施工，并及时通知发包人和监理人。通知应载明不利物质条件的内容以及承包人认为不可预见的理由。监理人经发包人同意后应当及时发出指示，指示构成变更的，按该通用条款〔变更〕的约定执行。承包人因采取合理措施而增加的费用和(或)延误的工期由发包人承担。

(4) 异常恶劣的气候条件

异常恶劣的气候条件是指在施工过程中遇到的，有经验的承包人在签订合同时不可预见的，对合同履行造成实质性影响的，但尚未构成不可抗力事件的恶劣气候条件。合同当事人可以在专用合同条款中约定异常恶劣的气候条件的具体情形。

承包人应采取克服异常恶劣的气候条件的合理措施继续施工，并及时通知发包人和监理人。监理人经发包人同意后应当及时发出指示，指示构成变更的，按该通用条款〔变更〕的约定办理。承包人因采取合理措施而增加的费用和(或)延误的工期由发包人承担。

(5) 暂停施工

① 发包人原因引起的暂停施工。因发包人原因引起暂停施工的，监理人经发包人同意后，应及时下达暂停施工指示。情况紧急且监理人未及时下达暂停施工指示的，按照该通用条款〔紧急情况下的暂停施工〕执行。因发包人原因引起的暂停施工，发包人应承担由此增加的费用和(或)延误的工期，并支付承包人合理的利润。

② 承包人原因引起的暂停施工。因承包人原因引起的暂停施工，承包人应承担由此增加的费用和(或)延误的工期，且承包人在收到监理人复工指示后84天内仍未复工的，视为该通用条款〔承包人违约的情形〕中约定的承包人无法继续履行合同的情形。

③ 指示暂停施工。监理人认为有必要时，并经发包人批准后，可向承包人作出暂停施工的指示，承包人应按监理人指示暂停施工。

④ 紧急情况下的暂停施工。因紧急情况需暂停施工，且监理人未及时下达暂停施工指示的，承包人可先暂停施工，并及时通知监理人。监理人应在接到通知后 24 小时内发出指示，逾期未发出指示，视为同意承包人暂停施工。监理人不同意承包人暂停施工的，应说明理由，承包人对监理人的答复有异议，按照该通用条款〔争议解决〕的约定处理。

⑤ 暂停施工后的复工。暂停施工后，发包人和承包人应采取有效措施积极消除暂停施工的影响。在工程复工前，监理人会同发包人和承包人确定因暂停施工造成的损失，并确定工程复工条件。当工程具备复工条件时，监理人应经发包人批准后向承包人发出复工通知，承包人应按照复工通知要求复工。承包人无故拖延和拒绝复工的，承包人承担由此增加的费用和(或)延误的工期；因发包人原因无法按时复工的，按照该通用条款〔因发包人原因导致工期延误〕的约定办理。

⑥ 暂停施工持续 56 天以上。监理人发出暂停施工指示后 56 天内未向承包人发出复工通知，除该项停工属于该通用条款〔承包人原因引起的暂停施工〕及〔不可抗力〕约定的情形外，承包人可向发包人提交书面通知，要求发包人在收到书面通知后 28 天内准许已暂停施工的部分或全部工程继续施工。发包人逾期不予批准的，则承包人可以通知发包人，将工程受影响的部分视为按该通用条款〔变更的范围〕的可取消工作。

暂停施工持续 84 天以上不复工的，且不属于该通用条款〔承包人原因引起的暂停施工〕及〔不可抗力〕约定的情形，并影响到整个工程以及合同目的实现的，承包人有权提出价格调整要求，或者解除合同。解除合同的，按照该通用条款〔因发包人违约解除合同〕的规定执行。

⑦ 暂停施工期间的工程照管。暂停施工期间，承包人应负责妥善照管工程并提供安全保障，由此增加的费用由责任方承担。

⑧ 暂停施工的措施。暂停施工期间，发包人和承包人均应采取必要的措施确保工程质量及安全，防止因暂停施工扩大损失。

(6) 变更

① 变更的范围。除专用合同条款另有约定外，合同履行过程中发生以下情形的，应按照以下约定进行变更：

a. 增加或减少合同中任何工作，或追加额外的工作；

b. 取消合同中任何工作，但转由他人实施的工作除外；

c. 改变合同中任何工作的质量标准或其他特性；

d. 改变工程的基线、标高、位置和尺寸；

e. 改变工程的时间安排或实施顺序。

② 变更权。发包人和监理人均可以提出变更。变更指令均通过监理人发出，监理人发出变更指令前应征得发包人同意。承包人收到经发包人签认的变更指令后，方可实施变更。未经许可，承包人不得擅自对工程的任何部分进行变更。涉及设计变更的，应由设计人提供变更后的图纸和说明。如变更超过原设计标准或批准的建设规模时，发包人应及时办理规划、设计变更等审批手续。

③ 变更程序

a. 发包人提出变更。发包人提出变更的，应通过监理人向承包人发出变更指令，变更指令应说明计划变更的工程范围和变更的内容。

b. 监理人提出变更建议。监理人提出变更建议的,需要向发包人以书面形式提出变更计划,说明计划变更工程范围和变更的内容、理由,以及实施该变更对合同价格和工期的影响。发包人同意变更的,由监理人向承包人发出变更指令。发包人不同意变更的,监理人无权擅自发出变更指令。

c. 变更执行。承包人收到监理人下达的变更指令后,认为不能执行,应立即提出不能执行该变更指令的理由。承包人认为可以执行变更的,应当书面说明实施该变更指令对合同价格和工期的影响,且合同当事人应当按照该通用条款〔变更估价〕的约定确定变更估价。

④ 变更或承包人合理化建议引起的工期调整

因变更引起工期变化的,合同当事人均可要求调整合同工期,由合同当事人按照该通用条款〔商定或确定〕的规定,并参考工程所在地的工期定额标准确定增减工期天数。

承包人提出合理化建议的,应向监理人提交合理化建议说明,说明建议的内容和理由,以及实施该建议对工期和合同价格的影响,合理化建议由监理人审查并报送发包人,合理化建议经发包人批准的,监理人应及时发出变更指令,由此引起的工期变化和合同价格调整按照合同相关规定执行。

3) 竣工验收阶段的进度控制

工程竣工验收的条件、程序等内容参见本章7.2.6节“施工合同的质量控制条款”。

(1) 实际竣工日期的确定

工程经竣工验收合格的,以承包人提交竣工验收申请报告之日为实际竣工日期,并在工程接收证书中载明;因发包人原因,未在监理人收到承包人提交的竣工验收申请报告42天内完成竣工验收,或完成竣工验收不予签发工程接收证书的,以提交竣工验收申请报告的日期为实际竣工日期;工程未经竣工验收,发包人擅自使用的,以转移占有工程之日为实际竣工日期。

(2) 提前竣工

发包人要求承包人提前竣工的,发包人应通过监理人向承包人下达提前竣工指示,承包人应向发包人和监理人提交提前竣工建议书,提前竣工建议书应包括实施的方案、缩短的时间、增加的合同价格等内容。发包人接受该提前竣工建议书的,监理人应与发包人和承包人协商采取加快工程进度的措施,并修订施工进度计划,由此增加的费用由发包人承担。承包人认为提前竣工指示无法执行的,应向监理人和发包人提出书面异议,发包人和监理人应在收到异议后7天内予以答复。任何情况下,发包人不得压缩合理工期。

发包人要求承包人提前竣工,或承包人提出提前竣工的建议能够给发包人带来效益的,合同当事人可以在专用合同条款中约定提前竣工的奖励。

7.2.6 施工合同的质量控制条款

工程施工中的质量控制是合同履行中的重要环节。施工合同的质量控制涉及许多方面的因素,任何一个方面的缺陷和疏漏,都会使工程质量无法达到预期的标准。承包人应按照合同约定的标准、规范、图纸、质量等级以及工程师发布的指令认真施工,并达到合同约定的质量等级。在施工过程中,承包人要随时接受工程师对材料、设备、中间部位、隐蔽工程、竣工工程等质量的检查、验收与监督。

1) 质量标准和要求

(1) 质量标准约定

工程质量标准必须符合现行国家有关工程施工质量验收规范和标准的要求。有关工程质量的特殊标准或要求由合同当事人在专用合同条款中约定。

(2) 达不到质量标准的处理

因发包人原因造成工程质量未达到合同约定标准的,由发包人承担由此增加的费用和(或)延误的工期,并支付承包人合理的利润。因承包人原因造成工程质量未达到合同约定标准的,发包人有权要求承包人返工直至工程质量达到合同约定的标准为止,并由承包人承担由此增加的费用和(或)延误的工期。

(3) 质量争议的处理

合同当事人对工程质量有争议的,由双方协商确定的工程质量检测机构鉴定,由此产生的费用及因此造成的损失,由责任方承担。合同当事人均有责任的,由双方根据其责任分别承担。合同当事人无法达成一致的,按照该通用条款〔商定或确定〕执行。

2) 质量保证措施

(1) 发包人的质量管理

发包人应按照法律规定及合同约定完成与工程质量有关的各项工作。

(2) 承包人的质量管理

承包人按照该通用条款〔施工组织设计〕约定向发包人和监理人提交工程质量保证体系及措施文件,建立完善的质量检查制度,并提交相应的工程质量文件。对于发包人和监理人违反法律规定和合同约定的错误指示,承包人有权拒绝实施。

承包人应对施工人员进行质量教育和技术培训,定期考核施工人员的劳动技能,严格执行施工规范和操作规程。承包人应按照法律规定和发包人的要求,对材料、工程设备以及工程的所有部位及其施工工艺进行全过程的质量检查和检验,并作详细记录,编制工程质量报表,报送监理人审查。此外,承包人还应按照法律规定和发包人的要求,进行施工现场取样试验、工程复核测量和设备性能检测,提供试验样品、提交试验报告和测量成果以及其他工作。

(3) 监理人的质量检查和检验

监理人按照法律规定和发包人授权对工程的所有部位及其施工工艺、材料和工程设备进行检查和检验。承包人应为监理人的检查和检验提供方便,包括监理人到施工现场,或制造、加工地点,或合同约定的其他地方进行察看和查阅施工原始记录。监理人为此进行的检查和检验,不免除或减轻承包人按照合同约定应当承担的责任。

监理人的检查和检验不应影响施工正常进行。监理人的检查和检验影响施工正常进行的,且经检查检验不合格的,影响正常施工的费用由承包人承担,工期不予顺延;经检查检验合格的,由此增加的费用和(或)延误的工期由发包人承担。

3) 材料和工程设备的质量控制

(1) 发包人供应材料与工程设备

发包人自行供应材料、工程设备的,应在签订合同时在专用合同条款的附件《发包人供应材料设备一览表》中明确材料、工程设备的品种、规格、型号、数量、单价、质量等级和送达地点。

承包人应提前 30 天通过监理人以书面形式通知发包人供应材料与工程设备进场。承包人按照该通用条款〔施工进度计划的修订〕的约定修订施工进度计划时,需同时提交经修订后的发包人供应材料与工程设备的进场计划。

(2) 承包人采购材料与工程设备

承包人负责采购材料、工程设备的,应按照设计和有关标准要求采购,并提供产品合格证明及出厂证明,对材料、工程设备质量负责。合同约定由承包人采购的材料、工程设备,发包人不得指定生产厂家或供应商,发包人违反约定指定生产厂家或供应商的,承包人有权拒绝,并由发包人承担相应责任。

(3) 材料与工程设备的接收与拒收

① 发包人提供材料、设备的责任

发包人应按《发包人供应材料设备一览表》约定的内容提供材料和工程设备,并向承包人提供产品合格证明及出厂证明,对其质量负责。发包人应提前24小时以书面形式通知承包人、监理人材料和工程设备到货时间,承包人负责材料和工程设备的清点、检验和接收。

发包人提供的材料和工程设备的规格、数量或质量不符合合同约定的,或因发包人原因导致交货日期延误或交货地点变更等情况的,按照该通用条款〔发包人违约〕的约定办理。

② 承包人提供材料、设备的责任

承包人采购的材料和工程设备,应保证产品质量合格,承包人应在材料和工程设备到货前24小时通知监理人准备检验。承包人进行永久设备、材料的制造和生产的,应符合相关质量标准,并向监理人提交材料的样本以及有关资料,并应在使用该材料或工程设备之前获得监理人同意。

承包人采购的材料和工程设备不符合设计或有关标准要求时,承包人应在监理人要求的合理期限内将不符合设计或有关标准要求的材料、工程设备运出施工现场,并重新采购符合要求的材料、工程设备,由此增加的费用和(或)延误的工期,由承包人承担。

(4) 材料与工程设备的保管与使用

① 发包人供应材料与工程设备的保管与使用

发包人供应的材料和工程设备,承包人清点后由承包人妥善保管,保管费用由发包人承担,但已标价工程量清单或预算书已经列支或专用合同条款另有约定的除外。因承包人原因发生丢失毁损的,由承包人负责赔偿;监理人未通知承包人清点的,承包人不负责材料和工程设备的保管,由此导致丢失毁损的由发包人负责。

发包人供应的材料和工程设备使用前,由承包人负责检验,检验费用由发包人承担,不合格的不得使用。

② 承包人采购材料与工程设备的保管与使用

承包人采购的材料和工程设备由承包人妥善保管,保管费用由承包人承担。法律规定材料和工程设备使用前必须进行检验或试验的,承包人应按监理人的要求进行检验或试验,检验或试验费用由承包人承担,不合格的不得使用。

发包人或监理人发现承包人使用不符合设计或有关标准要求的材料和工程设备时,有权要求承包人进行修复、拆除或重新采购,由此增加的费用和(或)延误的工期,由承包人承担。

(5) 禁止使用不合格的材料和工程设备

监理人有权拒绝承包人提供的不合格材料或工程设备,并要求承包人立即进行更换。

监理人应在更换后再次进行检查和检验，由此增加的费用和(或)延误的工期由承包人承担。

监理人发现承包人使用了不合格的材料和工程设备，承包人应按照监理人的指示立即改正，并禁止在工程中继续使用不合格的材料和工程设备。

发包人提供的材料或工程设备不符合合同要求的，承包人有权拒绝，并可要求发包人更换，由此增加的费用和(或)延误的工期由发包人承担，并支付承包人合理的利润。

(6) 样品

① 样品的报送与封存

需要承包人报送样品的材料或工程设备，样品的种类、名称、规格、数量等要求均应在专用合同条款中约定。样品的报送程序如下：

a. 承包人应在计划采购前 28 天向监理人报送样品。承包人报送的样品均应来自供应材料的实际生产地，且提供的样品的规格、数量足以表明材料或工程设备的质量、型号、颜色、表面处理、质地、误差和其他要求的特征。

b. 承包人每次报送样品时应随附申报单，申报单应载明报送样品的相关数据和资料，并标明每件样品对应的图纸号，预留监理人批复意见栏。监理人应在收到承包人报送的样品后 7 天内向承包人回复经发包人签认的样品审批意见。

c. 经发包人和监理人审批确认的样品应按约定的方法封样，封存的样品作为检验工程相关部分的标准之一。承包人在施工过程中不得使用与样品不符的材料或工程设备。

d. 发包人和监理人对样品的审批确认仅为确认相关材料或工程设备的特征或用途，不得被理解为对合同的修改或改变，也并不减轻或免除承包人任何的责任和义务。如果封存的样品修改或改变了合同约定，合同当事人应当以书面协议予以确认。

② 样品的保管

经批准的样品应由监理人负责封存于现场，承包人应在现场为保存样品提供适当和固定的场所并保持适当和良好的存储环境。

(7) 材料与工程设备的替代

① 替代材料和设备的使用规定。出现下列情况之一需要使用替代材料和工程设备的，承包人应按照合同约定的程序执行：

a. 基准日期后生效的法律规定禁止使用的；

b. 发包人要求使用替代品的；

c. 因其他原因必须使用替代品的。

② 替代材料和设备的使用程序。承包人应在使用替代材料和工程设备 28 天前书面通知监理人，并附下列文件：

a. 被替代的材料和工程设备的名称、数量、规格、型号、品牌、性能、价格及其他相关资料；

b. 替代品的名称、数量、规格、型号、品牌、性能、价格及其他相关资料；

c. 替代品与被替代产品之间的差异以及使用替代品可能对工程产生的影响；

d. 替代品与被替代产品的价格差异；

e. 使用替代品的理由和原因说明；

f. 监理人要求的其他文件。

监理人应在合同约定的时间内向承包人发出经发包人签认的书面指示；监理人逾期发

出书面指示的,视为发包人和监理人同意使用替代品。

③ 替代材料和设备的价格确定。发包人认可使用替代材料和工程设备的,替代材料和工程设备的价格,按照已标价工程量清单或预算书相同项目的价格认定;无相同项目的,参考相似项目价格认定;既无相同项目也无相似项目的,按照合理的成本与利润构成的原则,由合同当事人按照该通用条款〔商定或确定〕确定价格。

(8) 施工设备和临时设施

① 承包人提供的施工设备和临时设施。承包人应按合同进度计划的要求,及时配置施工设备和修建临时设施。进入施工场地的承包人设备需经监理人核查后才能投入使用。承包人更换合同约定的承包人设备的,应报监理人批准。

除专用合同条款另有约定外,承包人应自行承担修建临时设施的费用,需要临时占地的,应由发包人办理申请手续并承担相应费用。

② 发包人提供的施工设备和临时设施。发包人提供的施工设备或临时设施在专用合同条款中约定。

③ 要求承包人增加或更换施工设备。承包人使用的施工设备不能满足合同进度计划和(或)质量要求时,监理人有权要求承包人增加或更换施工设备,承包人应及时增加或更换,由此增加的费用和(或)延误的工期由承包人承担。

(9) 材料与设备专用要求

承包人运入施工现场的材料、工程设备、施工设备以及在施工场地建设的临时设施,包括备品备件、安装工具与资料,必须专用于工程。未经发包人批准,承包人不得运出施工现场或挪作他用;经发包人批准,承包人可以根据施工进度计划撤走闲置的施工设备和其他物品。

4) 隐蔽工程检查

(1) 承包人自检

承包人应当对工程隐蔽部位进行自检,并经自检确认是否具备覆盖条件。

(2) 检查程序

除专用合同条款另有约定外,工程隐蔽部位经承包人自检确认具备覆盖条件的,承包人应在共同检查前48小时书面通知监理人检查,通知中应载明隐蔽检查的内容、时间和地点,并应附有自检记录和必要的检查资料。

监理人应按时到场并对隐蔽工程及其施工工艺、材料和工程设备进行检查。经监理人检查确认质量符合隐蔽要求,并在验收记录上签字后,承包人才能进行覆盖。经监理人检查质量不合格的,承包人应在监理人指示的时间内完成修复,并由监理人重新检查,由此增加的费用和(或)延误的工期由承包人承担。

除专用合同条款另有约定外,监理人不能按时进行检查的,应在检查前24小时向承包人提交书面延期要求,但延期不能超过48小时,由此导致工期延误的,工期应予以顺延。监理人未按时进行检查,也未提出延期要求的,视为隐蔽工程检查合格,承包人可自行完成覆盖工作,并作相应记录报送监理人,监理人应签字确认。监理人事后对检查记录有疑问的,可按该通用条款〔重新检查〕的约定重新检查。

(3) 重新检查

承包人覆盖工程隐蔽部位后,发包人或监理人对质量有疑问的,可要求承包人对已覆盖的部位进行钻孔探测或揭开重新检查，承包人应遵照执行，并在检查后重新覆盖恢复原状。经检查证明工程质量符合合同要求的，由发包人承担由此增加的费用和(或)延误的工期，并支付承包人合理的利润；经检查证明工程质量不符合合同要求的，由此增加的费用和(或)延误的工期由承包人承担。

(4) 承包人私自覆盖

承包人未通知监理人到场检查，私自将工程隐蔽部位覆盖的，监理人有权指示承包人钻孔探测或揭开检查，无论工程隐蔽部位质量是否合格，由此增加的费用和(或)延误的工期均由承包人承担。

5) 不合格工程的处理

因承包人原因造成工程不合格的，发包人有权随时要求承包人采取补救措施，直至达到合同要求的质量标准，由此增加的费用和(或)延误的工期由承包人承担。无法补救的，按照该通用条款〔拒绝接收全部或部分工程〕的约定执行。

因发包人原因造成工程不合格的，由此增加的费用和(或)延误的工期由发包人承担，并支付承包人合理的利润。

6) 试验与检验

(1) 试验设备与试验人员

承包人根据合同约定或监理人指示进行的现场材料试验，应由承包人提供试验场所、试验人员、试验设备以及其他必要的试验条件。监理人在必要时可以使用承包人提供的试验场所、试验设备以及其他试验条件，进行以工程质量检查为目的的材料复核试验，承包人应予以协助。

承包人应按专用合同条款的约定提供试验设备、取样装置、试验场所和试验条件，并向监理人提交相应进场计划表。承包人配置的试验设备要符合相应试验规程的要求并经过具有资质的检测单位检测，且在正式使用该试验设备前，需要经过监理人与承包人共同校定。

承包人应向监理人提交试验人员的名单及其岗位、资格等证明资料，试验人员必须能够熟练进行相应的检测试验，承包人对试验人员的试验程序和试验结果的正确性负责。

(2) 取样

试验属于自检性质的，承包人可以单独取样。试验属于监理人抽检性质的，可由监理人取样，也可由承包人的试验人员在监理人的监督下取样。

(3) 材料、工程设备和工程的试验和检验

承包人应按合同约定进行材料、工程设备和工程的试验和检验，并为监理人对上述材料、工程设备和工程的质量检查提供必要的试验资料和原始记录。按合同约定应由监理人与承包人共同进行试验和检验的，由承包人负责提供必要的试验资料和原始记录。

试验属于自检性质的，承包人可以单独进行试验。试验属于监理人抽检性质的，监理人可以单独进行试验，也可由承包人与监理人共同进行。承包人对由监理人单独进行的试验结果有异议的，可以申请重新共同进行试验。约定共同进行试验的，监理人未按照约定参加试验的，承包人可自行试验，并将试验结果报送监理人，监理人应承认该试验结果。

监理人对承包人的试验和检验结果有异议的，或为查清承包人试验和检验成果的可靠性要求承包人重新试验和检验的，可由监理人与承包人共同进行。重新试验和检验的结果

证明该项材料、工程设备或工程的质量不符合合同要求的，由此增加的费用和(或)延误的工期由承包人承担；重新试验和检验结果证明该项材料、工程设备和工程符合合同要求的，由此增加的费用和(或)延误的工期由发包人承担。

(4) 现场工艺试验

承包人应按合同约定或监理人指示进行现场工艺试验。对大型的现场工艺试验，监理人认为必要时，承包人应根据监理人提出的工艺试验要求，编制工艺试验措施计划，报送监理人审查。

7) 分部分项工程验收

分部分项工程质量应符合国家有关工程施工验收规范、标准及合同约定，承包人应按照施工组织设计的要求完成分部分项工程施工。

除专用合同条款另有约定外，分部分项工程经承包人自检合格并具备验收条件的，承包人应提前48小时通知监理人准备验收。监理人不能按时进行验收的，应在验收前24小时向承包人提交书面延期要求，但延期不能超过48小时。监理人未按时进行验收，也未提出延期要求的，承包人有权自行验收，监理人应认可验收结果。分部分项工程未经验收的，不得进入下一道工序施工。分部分项工程的验收资料应当作为竣工资料的组成部分。

8) 工程试车

(1) 试车程序

工程需要试车的，除专用合同条款另有约定外，试车内容应与承包人承包范围相一致，试车费用由承包人承担。工程试车应按如下程序进行：

① 单机无负荷试车。具备单机无负荷试车条件，承包人组织试车，并在试车前48小时书面通知监理人，通知中应载明试车内容、时间、地点。承包人准备试车记录，发包人根据承包人要求为试车提供必要条件。试车合格的，监理人在试车记录上签字。监理人在试车合格后不在试车记录上签字，自试车结束满24小时后视为监理人已经认可试车记录，承包人可继续施工或办理竣工验收手续。

监理人不能按时参加试车，应在试车前24小时以书面形式向承包人提出延期要求，但延期不能超过48小时，由此导致工期延误的，工期应予以顺延。监理人未能在前述期限内提出延期要求，又不参加试车的，视为认可试车记录。

② 无负荷联动试车。具备无负荷联动试车条件，发包人组织试车，并在试车前48小时以书面形式通知承包人。通知中应载明试车内容、时间、地点和对承包人的要求，承包人按要求做好准备工作。试车合格，合同当事人在试车记录上签字。承包人无正当理由不参加试车的，视为认可试车记录。

③ 投料试车。如需进行投料试车的，发包人应在工程竣工验收后组织投料试车。发包人要求在工程竣工验收前进行或需要承包人配合时，应征得承包人同意，并在专用合同条款中约定有关事项。

投料试车合格的，费用由发包人承担；因承包人原因造成投料试车不合格的，承包人应按照发包人要求进行整改，由此产生的整改费用由承包人承担；非因承包人原因导致投料试车不合格的，如发包人要求承包人进行整改的，由此产生的费用由发包人承担。

(2) 试车责任

① 设计原因。因设计原因导致试车达不到验收要求,发包人应要求设计人修改设计,承包人按修改后的设计重新安装。发包人承担修改设计、拆除及重新安装的全部费用,工期相应顺延。

② 承包人原因。因承包人原因导致试车达不到验收要求,承包人按监理人要求重新安装和试车,并承担重新安装和试车的费用,工期不予顺延。

③ 设备制造原因。因工程设备制造原因导致试车达不到验收要求的,由采购该工程设备的合同当事人负责重新购置或修理,承包人负责拆除和重新安装,由此增加的修理、重新购置、拆除及重新安装的费用及延误的工期由采购该工程设备的合同当事人承担。

9) 竣工验收

竣工验收是全面考核建设工作,检查是否符合设计要求和工程质量标准的重要环节。工程未经竣工验收或竣工验收未通过的,发包人不得使用。发包人强行使用时,由此发生的质量问题及其他问题,由发包人承担责任。但在此情况下发包人主要是对强行使用直接产生的质量问题和其他问题承担责任,不能免除承包人对工程的保修等责任。

(1) 竣工验收条件

工程具备以下条件的,承包人可以申请竣工验收:

① 除发包人同意的甩项工作和缺陷修补工作外,合同范围内的全部工程以及有关工作,包括合同要求的试验、试运行以及检验均已完成,并符合合同要求;

② 已按合同约定编制了甩项工作和缺陷修补工作清单以及相应的施工计划;

③ 已按合同约定的内容和份数备齐竣工资料。

(2) 竣工验收程序

除专用合同条款另有约定外,承包人申请竣工验收的,应当按照以下程序进行:

① 承包人向监理人报送竣工验收申请报告,监理人应在收到竣工验收申请报告后 14 天内完成审查并报送发包人。监理人审查后认为尚不具备验收条件的,应通知承包人在竣工验收前承包人还需完成的工作内容,承包人应在完成监理人通知的全部工作内容后,再次提交竣工验收申请报告。

② 监理人审查后认为已具备竣工验收条件的,应将竣工验收申请报告提交发包人,发包人应在收到经监理人审核的竣工验收申请报告后 28 天内审批完毕并组织监理人、承包人、设计人等相关单位完成竣工验收。

③ 竣工验收合格的,发包人应在验收合格后 14 天内向承包人签发工程接收证书。发包人无正当理由逾期不颁发工程接收证书的,自验收合格后第 15 天起视为已颁发工程接收证书。

④ 竣工验收不合格的,监理人应按照验收意见发出指示,要求承包人对不合格工程返工、修复或采取其他补救措施,由此增加的费用和(或)延误的工期由承包人承担。承包人在完成不合格工程的返工、修复或采取其他补救措施后,应重新提交竣工验收申请报告,并按本项约定的程序重新进行验收。

⑤ 工程未经验收或验收不合格,发包人擅自使用的,应在转移占有工程后 7 天内向承包人颁发工程接收证书;发包人无正当理由逾期不颁发工程接收证书的,自转移占有后第 15 天起视为已颁发工程接收证书。

除专用合同条款另有约定外，发包人不按照本项约定组织竣工验收、颁发工程接收证书的，每逾期一天，应以签约合同价为基数，按照中国人民银行发布的同期同类贷款基准利率支付违约金。

(3) 拒绝接收全部或部分工程

对于竣工验收不合格的工程，承包人完成整改后，应当重新进行竣工验收，经重新组织验收仍不合格的且无法采取措施补救的，则发包人可以拒绝接收不合格工程，因不合格工程导致其他工程不能正常使用的，承包人应采取措施确保相关工程的正常使用，由此增加的费用和(或)延误的工期由承包人承担。

(4) 移交、接收全部与部分工程

除专用合同条款另有约定外，合同当事人应当在颁发工程接收证书后7天内完成工程的移交。

发包人无正当理由不接收工程的，自应当接收工程之日起，发包人应承担工程照管、成品保护、保管等与工程有关的各项费用，合同当事人可以在专用合同条款中另行约定发包人逾期接收工程的违约责任。

承包人无正当理由不移交工程的，承包人应承担工程照管、成品保护、保管等与工程有关的各项费用，合同当事人可以在专用合同条款中另行约定承包人无正当理由不移交工程的违约责任。

10) 提前交付单位工程的验收

发包人需要在工程竣工前使用单位工程的，或承包人提出提前交付已经竣工的单位工程且经发包人同意的，可进行单位工程验收，验收的程序按照该通用条款〔竣工验收〕的约定进行。

验收合格后，由监理人向承包人出具经发包人签认的单位工程接收证书。已签发单位工程接收证书的单位工程由发包人负责照管。单位工程的验收成果和结论作为整体工程竣工验收申请报告的附件。

发包人要求在工程竣工前交付单位工程，由此导致承包人费用增加和(或)工期延误的，由发包人承担由此增加的费用和(或)延误的工期，并支付承包人合理的利润。

11) 施工期运行

施工期运行是指合同工程尚未全部竣工，其中某项或某几项单位工程或工程设备安装已竣工，根据专用合同条款约定，需要投入施工期运行的，经发包人按该通用条款〔提前交付单位工程的验收〕的约定验收合格，证明能确保安全后，才能在施工期投入运行。

在施工期运行中发现工程或工程设备损坏或存在缺陷的，由承包人按该通用条款〔缺陷责任期〕的约定进行修复。

12) 竣工退场

(1) 现场清理

颁发工程接收证书后，承包人应按以下要求对施工现场进行清理：

① 施工现场内残留的垃圾已全部清除出场；

② 临时工程已拆除，场地已进行清理、平整或复原；

③ 按合同约定应撤离的人员、承包人施工设备和剩余的材料，包括废弃的施工设备和

材料，已按计划撤离施工现场；

④ 施工现场周边及其附近道路、河道的施工堆积物，已全部清理；

⑤ 施工现场其他场地清理工作已全部完成。

施工现场的竣工退场费用由承包人承担。承包人应在专用合同条款约定的期限内完成竣工退场，逾期未完成的，发包人有权出售或另行处理承包人遗留的物品，由此支出的费用由承包人承担，发包人出售承包人遗留物品所得款项在扣除必要费用后应返还承包人。

（2）地表还原

承包人应按发包人要求恢复临时占地及清理场地，承包人未按发包人的要求恢复临时占地，或者场地清理未达到合同约定要求的，发包人有权委托其他人恢复或清理，所发生的费用由承包人承担。

13）缺陷责任与保修

承包人应按法律、行政法规或国家关于工程质量保修的规定，在工程移交发包人后，因承包人原因产生的质量缺陷，承包人应承担质量缺陷责任和保修义务。所谓质量缺陷是指工程不符合国家或行业现行的有关技术标准、设计文件以及合同中对质量的要求。缺陷责任期届满，承包人仍应按合同约定的工程各部位保修年限承担保修义务。

承包人应在工程竣工验收之前，与发包人签订质量保修书，作为施工合同附件，其有效期限至保修期满。

（1）缺陷责任期

① 缺陷责任期期限。缺陷责任期从工程通过竣工验收之日起计算，合同当事人应在专用合同条款约定缺陷责任期的具体期限，但该期限最长不超过 24 个月。单位工程先于全部工程进行验收，经验收合格并交付使用的，该单位工程缺陷责任期自单位工程验收合格之日起算。因承包人原因导致工程无法按合同约定期限进行竣工验收的，缺陷责任期从实际通过竣工验收之日起计算。因发包人原因导致工程无法按合同约定期限进行竣工验收的，在承包人提交竣工验收报告 90 天后，工程自动进入缺陷责任期；发包人未经竣工验收擅自使用工程的，缺陷责任期自工程转移占有之日起开始计算。

② 缺陷责任期期限的延长。缺陷责任期内，由承包人原因造成的缺陷，承包人应负责维修，并承担鉴定及维修费用。如承包人不维修也不承担费用，发包人可按合同约定从保证金或银行保函中扣除，费用超出保证金额的，发包人可按合同约定向承包人进行索赔。承包人维修并承担相应费用后，不免除对工程的损失赔偿责任。发包人有权要求承包人延长缺陷责任期，并应在原缺陷责任期届满前发出延长通知。但缺陷责任期（含延长部分）最长不能超过 24 个月。由他人原因造成的缺陷，发包人负责组织维修，承包人不承担费用，且发包人不得从保证金中扣除费用。

③ 缺陷责任期期限内的试验。任何一项缺陷或损坏修复后，经检查证明其影响了工程或工程设备的使用性能，承包人应重新进行合同约定的试验和试运行，试验和试运行的全部费用应由责任方承担。

④ 颁发缺陷责任期终止证书。除专用合同条款另有约定外，承包人应于缺陷责任期届满后 7 天内向发包人发出缺陷责任期届满通知，发包人应在收到缺陷责任期满通知后 14 天内核实承包人是否履行缺陷修复义务，承包人未能履行缺陷修复义务的，发包人有权扣除相

应金额的维修费用。发包人应在收到缺陷责任期届满通知后14天内,向承包人颁发缺陷责任期终止证书。

(2) 保修责任

① 工程保修期

工程保修期从工程竣工验收合格之日起算,具体分部分项工程的保修期由合同当事人在专用合同条款中约定,但不得低于法律、法规规定的法定最低保修年限。在工程保修期内,承包人应当根据有关法律规定以及合同约定承担保修责任。发包人未经竣工验收擅自使用工程的,保修期自转移占有之日起算。

② 保修费用处理

保修期内,修复的费用按照以下约定处理:

a. 保修期内,因承包人原因造成工程的缺陷、损坏,承包人应负责修复,并承担修复的费用以及因工程的缺陷、损坏造成的人身伤害和财产损失;

b. 保修期内,因发包人使用不当造成工程的缺陷、损坏,可以委托承包人修复,但发包人应承担修复的费用,并支付承包人合理利润;

c. 因其他原因造成工程的缺陷、损坏,可以委托承包人修复,发包人应承担修复的费用,并支付承包人合理的利润,因工程的缺陷、损坏造成的人身伤害和财产损失由责任方承担。

③ 修复通知

在保修期内,发包人在使用过程中,发现已接收的工程存在缺陷或损坏的,应书面通知承包人予以修复,但情况紧急必须立即修复缺陷或损坏的,发包人可以口头通知承包人并在口头通知后48小时内书面确认,承包人应在专用合同条款约定的合理期限内到达工程现场并修复缺陷或损坏。

④ 未能修复

因承包人原因造成工程的缺陷或损坏,承包人拒绝维修或未能在合理期限内修复缺陷或损坏,且经发包人书面催告后仍未修复的,发包人有权自行修复或委托第三方修复,所需费用由承包人承担。但修复范围超出缺陷或损坏范围的,超出范围部分的修复费用由发包人承担。

⑤ 承包人出入权

在保修期内,为了修复缺陷或损坏,承包人有权出入工程现场,除情况紧急必须立即修复缺陷或损坏外,承包人应提前24小时通知发包人进场修复的时间。承包人进入工程现场前应获得发包人同意,且不应影响发包人正常的生产经营,并应遵守发包人有关保安和保密等规定。

7.2.7 施工合同的投资控制条款

1) 合同价格形式

发包人和承包人应在合同协议书中选择下列一种合同价格形式:

(1) 单价合同

单价合同是指合同当事人约定以工程量清单及其综合单价进行合同价格计算、调整和确认的建设工程施工合同,在约定的范围内合同单价不作调整。合同当事人应在专用合同条款中约定综合单价包含的风险范围和风险费用的计算方法，并约定风险范围以外的合同价格的调整方法，其中因市场价格波动引起的调整按该通用条款〔市场价格波动引起的调整〕的约定执行。

(2) 总价合同

总价合同是指合同当事人约定以施工图、已标价工程量清单或预算书及有关条件进行合同价格计算、调整和确认的建设工程施工合同，在约定的范围内合同总价不作调整。合同当事人应在专用合同条款中约定总价包含的风险范围和风险费用的计算方法，并约定风险范围以外的合同价格的调整方法，其中因市场价格波动引起的调整按通用条款〔市场价格波动引起的调整〕的约定执行，因法律变化引起的调整按该通用条款〔法律变化引起的调整〕的约定执行。

(3) 其他价格形式

合同当事人可在专用合同条款中约定其他合同价格形式。合同当事人可以根据实际情况选择成本加酬金或者定额计价等方式计取工程价款。

2) 预付款

(1) 预付款的支付

预付款的支付按照专用合同条款约定执行，但至迟应在开工通知载明的开工日期 7 天前支付。预付款应当用于材料、工程设备、施工设备的采购及修建临时工程、组织施工队伍进场等。

除专用合同条款另有约定外，预付款在进度付款中同比例扣回。在颁发工程接收证书前，提前解除合同的，尚未扣完的预付款应与合同价款一并结算。

发包人逾期支付预付款超过 7 天的，承包人有权向发包人发出要求预付的催告通知，发包人收到通知后 7 天内仍未支付的，承包人有权暂停施工，并按该通用条款〔发包人违约的情形〕的约定执行。

(2) 预付款担保

发包人要求承包人提供预付款担保的，承包人应在发包人支付预付款 7 天前提供预付款担保，专用合同条款另有约定除外。预付款担保可采用银行保函、担保公司担保等形式，具体由合同当事人在专用合同条款中约定。在预付款完全扣回之前，承包人应保证预付款担保持续有效。

发包人在工程款中逐期扣回预付款后，预付款担保额度应相应减少，但剩余的预付款担保金额不得低于未被扣回的预付款金额。

3) 计量

(1) 计量原则

工程量计量按照合同约定的工程量计算规则、图纸及变更指令等进行计量。工程量计算规则应以相关的国家标准、行业标准等为依据，由合同当事人在专用合同条款中约定。

(2) 计量周期

除专用合同条款另有约定外，工程量的计量按月进行。

(3) 单价合同的计量

除专用合同条款另有约定外，单价合同的计量按照下列约定执行：

① 承包人应于每月25日向监理人报送上月20日至当月19日已完成的工程量报告，并附具进度付款申请单、已完成工程量报表和有关资料。

② 监理人应在收到承包人提交的工程量报告后7天内完成对承包人提交的工程量报表的审核并报送发包人，以确定当月实际完成的工程量。监理人对工程量有异议的，有权要求承包人进行共同复核或抽样复测。承包人应协助监理人进行复核或抽样复测，并按监理人要求提供补充计量资料。承包人未按监理人要求参加复核或抽样复测的，监理人复核或修正的工程量视为承包人实际完成的工程量。

③ 监理人未在收到承包人提交的工程量报表后的7天内完成审核的，承包人报送的工程量报告中的工程量视为承包人实际完成的工程量，据此计算工程价款。

(4) 总价合同的计量

除专用合同条款另有约定外，按月计量支付的总价合同，按照下列约定执行：

① 承包人应于每月25日向监理人报送上月20日至当月19日已完成的工程量报告，并附具进度付款申请单、已完成工程量报表和有关资料。

② 监理人应在收到承包人提交的工程量报告后7天内完成对承包人提交的工程量报表的审核并报送发包人，以确定当月实际完成的工程量。监理人对工程量有异议的，有权要求承包人进行共同复核或抽样复测。承包人应协助监理人进行复核或抽样复测并按监理人要求提供补充计量资料。承包人未按监理人要求参加复核或抽样复测的，监理人审核或修正的工程量视为承包人实际完成的工程量。

③ 监理人未在收到承包人提交的工程量报表后的7天内完成复核的，承包人提交的工程量报告中的工程量视为承包人实际完成的工程量。

总价合同采用支付分解表计量支付的，可以按照该通用条款〔总价合同的计量〕的约定进行计量，但合同价款按照支付分解表进行支付。

4) 工程进度款支付

(1) 付款周期

除专用合同条款另有约定外，付款周期应按照该通用条款〔计量周期〕的约定与计量周期保持一致。

(2) 进度付款申请单的编制

除专用合同条款另有约定外，进度付款申请单应包括下列内容：

① 截至本次付款周期已完成工作对应的金额；

② 根据该通用条款〔变更〕应增加和扣减的变更金额；

③ 根据该通用条款〔预付款〕约定应支付的预付款和扣减的返还预付款；

④ 根据该通用条款〔质量保证金〕约定应扣减的质量保证金；

⑤ 根据该通用条款〔索赔〕应增加和扣减的索赔金额；

⑥ 对已签发的进度款支付证书中出现错误的修正，应在本次进度付款中支付或扣除的金额；

⑦ 根据合同约定应增加和扣减的其他金额。

(3) 进度付款申请单的提交

① 单价合同进度付款申请单的提交。单价合同的进度付款申请单，按照该通用条款

〔单价合同的计量〕约定的时间按月向监理人提交，并附上已完成工程量报表和有关资料。单价合同中的总价项目按月进行支付分解，并汇总列入当期进度付款申请单。

② 总价合同进度付款申请单的提交。总价合同按月计量支付的，承包人按照该通用条款〔总价合同的计量〕约定的时间按月向监理人提交进度付款申请单，并附上已完成工程量报表和有关资料。总价合同按支付分解表支付的，承包人应按照该通用条款〔支付分解表〕及〔进度付款申请单的编制〕的约定向监理人提交进度付款申请单。

③ 其他价格形式合同的进度付款申请单的提交。合同当事人可在专用合同条款中约定其他价格形式合同的进度付款申请单的编制和提交程序。

(4) 进度款审核和支付

① 进度款审核。除专用合同条款另有约定外，监理人应在收到承包人进度付款申请单以及相关资料后 7 天内完成审查并报送发包人，发包人应在收到后 7 天内完成审批并签发进度款支付证书。发包人逾期未完成审批且未提出异议的，视为已签发进度款支付证书。

② 对进度付款申请单异议的处理。发包人和监理人对承包人的进度付款申请单有异议的，有权要求承包人修正和提供补充资料，承包人应提交修正后的进度付款申请单。监理人应在收到承包人修正后的进度付款申请单及相关资料后 7 天内完成审查并报送发包人，发包人应在收到监理人报送的进度付款申请单及相关资料后 7 天内，向承包人签发无异议部分的临时进度款支付证书。存在争议的部分，按照该通用条款〔争议解决〕的约定处理。

③ 进度款支付。除专用合同条款另有约定外，发包人应在进度款支付证书或临时进度款支付证书签发后 14 天内完成支付，发包人逾期支付进度款的，应按照中国人民银行发布的同期同类贷款基准利率支付违约金。

发包人签发进度款支付证书或临时进度款支付证书，不表明发包人已同意、批准或接受了承包人完成的相应部分的工作。

(5) 进度付款的修正

在对已签发的进度款支付证书进行阶段汇总和复核中发现错误、遗漏或重复的，发包人和承包人均有权提出修正申请。经发包人和承包人同意的修正，应在下期进度付款中支付或扣除。

(6) 支付分解表

① 支付分解表的编制要求

a. 支付分解表中所列的每期付款金额，应为该通用条款〔进度付款申请单的编制〕项下的估算金额；

b. 实际进度与施工进度计划不一致的，合同当事人可按照该通用条款〔商定或确定〕修改支付分解表；

c. 不采用支付分解表的，承包人应向发包人和监理人提交按季度编制的支付估算分解表，用于支付参考。

② 总价合同支付分解表的编制与审批

a. 除专用合同条款另有约定外，承包人应根据该通用条款〔施工进度计划〕约定的施工进度计划、签约合同价和工程量等因素对总价合同按月进行分解，编制支付分解表。承包人应当在收到监理人和发包人批准的施工进度计划后 7 天内，将支付分解表及编制支付分解表的支持性资料报送监理人。

b. 监理人应在收到支付分解表后7天内完成审核并报送发包人。发包人应在收到经监理人审核的支付分解表后7天内完成审批,经发包人批准的支付分解表为有约束力的支付分解表。

c. 发包人逾期未完成支付分解表审批的,也未及时要求承包人进行修正和提供补充资料的,则承包人提交的支付分解表视为已经获得发包人批准。

③ 单价合同的总价项目支付分解表的编制与审批

除专用合同条款另有约定外,单价合同的总价项目,由承包人根据施工进度计划和总价项目的总价构成、费用性质、计划发生时间和相应工程量等因素按月进行分解,形成支付分解表,其编制与审批参照总价合同支付分解表的编制与审批执行。

(7) 支付账户

发包人应将合同价款支付至合同协议书中约定的承包人账户。

5) 变更估价

(1) 变更估价原则

除专用合同条款另有约定外,变更估价按照下列约定处理:

① 已标价工程量清单或预算书有相同项目的,按照相同项目单价认定;

② 已标价工程量清单或预算书中无相同项目,但有类似项目的,参照类似项目的单价认定;

③ 变更导致实际完成的变更工程量与已标价工程量清单或预算书中列明的该项目工程量的变化幅度超过15%的,或已标价工程量清单或预算书中无相同项目及类似项目单价的,按照合理的成本与利润构成的原则,由合同当事人按照该通用条款〔商定或确定〕确定变更工作的单价。

(2) 变更估价程序

承包人应在收到变更指令后14天内,向监理人提交变更估价申请。监理人应在收到承包人提交的变更估价申请后7天内审查完毕并报送发包人,监理人对变更估价申请有异议,通知承包人修改后重新提交。发包人应在承包人提交变更估价申请后14天内审批完毕。发包人逾期未完成审批或未提出异议的,视为认可承包人提交的变更估价申请。

因变更引起的价格调整应计入最近一期的进度款中支付。

(3) 承包人的合理化建议对合同价格的影响

承包人提出合理化建议的,应向监理人提交合理化建议说明,说明建议的内容和理由,以及实施该建议对合同价格和工期的影响。

合理化建议经监理人审查后应报送发包人,合理化建议经发包人批准的,监理人应及时发出变更指示,由此引起的合同价格调整按照该通用条款〔变更估价〕的约定执行。合理化建议降低了合同价格或者提高了工程经济效益的,发包人可对承包人给予奖励,奖励的方法和金额在专用合同条款中约定。

6) 暂估价

暂估价项目中专业分包工程、服务、材料和工程设备的明细由合同当事人在专用合同条款中约定。

(1) 依法必须招标的暂估价项目

对于依法必须招标的暂估价项目,采取下列其中一种方式确定。合同当事人也可以在专用合同条款中选择其他招标方式。

第1种方式:对于依法必须招标的暂估价项目,由承包人招标,对该暂估价项目的确认和批准按照以下约定执行:

① 承包人应当根据施工进度计划,在招标工作启动前14天将招标方案通过监理人报送发包人审查,发包人应当在收到承包人报送的招标方案后7天内批准或提出修改意见。承包人应当按照经过发包人批准的招标方案开展招标工作。

② 承包人应当根据施工进度计划,提前14天将招标文件通过监理人报送发包人审批,发包人应当在收到承包人报送的相关文件后7天内完成审批或提出修改意见;发包人有权确定招标控制价并按照法律规定参加评标。

③ 承包人与供应商、分包人在签订暂估价合同前,应当提前7天将确定的中标候选供应商或中标候选分包人的资料报送发包人,发包人应在收到资料后3天内与承包人共同确定中标人;承包人应当在签订合同后7天内,将暂估价合同副本报送发包人留存。

第2种方式:对于依法必须招标的暂估价项目,由发包人和承包人共同招标确定暂估价供应商或分包人的,承包人应按照施工进度计划,在招标工作启动前14天通知发包人,并提交暂估价招标方案和工作分工。发包人应在收到后7天内确认。确定中标人后,由发包人、承包人与中标人共同签订暂估价合同。

(2) 不属于依法必须招标的暂估价项目

除专用合同条款另有约定外,对于不属于依法必须招标的暂估价项目,采取下列其中一种方式确定:

第1种方式:对于不属于依法必须招标的暂估价项目,按以下约定确认和批准:

① 承包人应根据施工进度计划,在签订暂估价项目的采购合同、分包合同前28天向监理人提出书面申请。监理人应当在收到申请后3天内报送发包人,发包人应当在收到申请后14天内给予批准或提出修改意见,发包人逾期未予批准或提出修改意见的,视为该书面申请已获得同意。

② 发包人认为承包人确定的供应商、分包人无法满足工程质量或合同要求的,发包人可以要求承包人重新确定暂估价项目的供应商、分包人。

③ 承包人应当在签订暂估价合同后7天内,将暂估价合同副本报送发包人留存。

第2种方式:承包人按照该通用条款〔依法必须招标的暂估价项目〕约定的第1种方式确定暂估价项目。

第3种方式:承包人直接实施的暂估价项目:承包人具备实施暂估价项目的资格和条件的,经发包人和承包人协商一致后,可由承包人自行实施暂估价项目,合同当事人可以在专用合同条款约定具体事项。

因发包人原因导致暂估价合同订立和履行延迟的,由此增加的费用和(或)延误的工期由发包人承担,并支付承包人合理的利润。因承包人原因导致暂估价合同订立和履行迟延的,由此增加的费用和(或)延误的工期由承包人承担。

7) 暂列金额

暂列金额应按照发包人的要求使用,发包人的要求应通过监理人发出。合同当事人可以在专用合同条款中协商确定有关事项。

8）计日工

需要采用计日工方式的，经发包人同意后，由监理人通知承包人以计日工计价方式实施相应的工作，其价款按列入已标价工程量清单或预算书中的计日工计价项目及其单价进行计算；已标价工程量清单或预算书中无相应的计日工单价的，按照合理的成本与利润构成的原则，由合同当事人按照该通用条款〔商定或确定〕确定计日工的单价。

采用计日工计价的任何一项工作，承包人应在该项工作实施过程中，每天提交以下报表和有关凭证报送监理人审查：

(1) 工作名称、内容和数量；

(2) 投入该工作的所有人员的姓名、专业、工种、级别和耗用工时；

(3) 投入该工作的材料类别和数量；

(4) 投入该工作的施工设备型号、台数和耗用台时；

(5) 其他有关资料和凭证。

计日工由承包人汇总后，列入最近一期进度付款申请单，由监理人审查并经发包人批准后列入进度付款。

9）价格调整

(1) 市场价格波动引起的调整

除专用合同条款另有约定外，市场价格波动超过合同当事人约定的范围，合同价格应当调整。合同当事人可以在专用合同条款中约定选择下列其中一种方式对合同价格进行调整：

第1种方式：采用价格指数进行价格调整。

① 价格调整公式。因人工、材料和设备等价格波动影响合同价格时，根据专用合同条款中约定的数据，按以下公式计算差额并调整合同价格：

$$\Delta P = P_0\left[A + \left(B_1 \times \frac{F_{t1}}{F_{01}} + B_2 \times \frac{F_{t2}}{F_{02}} + B_3 \times \frac{F_{t3}}{F_{03}} + \cdots + B_n \times \frac{F_{tn}}{F_{0n}}\right) - 1\right]$$

式中：ΔP—— 需调整的价格差额；

P_0—— 约定的付款证书中承包人应得到的已完成工程量的金额。此项金额应不包括价格调整、不计质量保证金的扣留和支付、预付款的支付和扣回。约定的变更及其他金额已按现行价格计价的，也不计在内；

A—— 定值权重(即不调部分的权重)；

B_1、B_2、B_3、…、B_n—— 各可调因子的变值权重(即可调部分的权重)，为各可调因子在签约合同价中所占的比例；

F_{t1}、F_{t2}、F_{t3}、…、F_{tn}—— 各可调因子的现行价格指数，指约定的付款证书相关周期最后一天的前42天的各可调因子的价格指数；

F_{01}、F_{02}、F_{03}、…、F_{0n}—— 各可调因子的基本价格指数，指基准日期的各可调因子的价格指数。

以上价格调整公式中的各可调因子、定值和变值权重，以及基本价格指数及其来源在投标函附录价格指数和权重表中约定，非招标订立的合同，由合同当事人在专用合同条款中约定。价格指数应首先采用工程造价管理机构发布的价格指数，无前述价格指数时，可采用工程造价管理机构发布的价格代替。

② 暂时确定调整差额。在计算调整差额时无现行价格指数的，合同当事人同意暂用前次价格指数计算。实际价格指数有调整的，合同当事人进行相应调整。

③ 权重的调整。因变更导致合同约定的权重不合理时，按照该通用条款〔商定或确定〕执行。

④ 因承包人原因工期延误后的价格调整。因承包人原因未按期竣工的，对合同约定的竣工日期后继续施工的工程，在使用价格调整公式时，应采用计划竣工日期与实际竣工日期的两个价格指数中较低的一个作为现行价格指数。

第 2 种方式：采用造价信息进行价格调整。

合同履行期间，因人工、材料、工程设备和机械台班价格波动影响合同价格时，人工、机械使用费按照国家或省、自治区、直辖市建设行政管理部门、行业建设管理部门或其授权的工程造价管理机构发布的人工、机械使用费系数进行调整；需要进行价格调整的材料，其单价和采购数量应由发包人审批，发包人确认需调整的材料单价及数量，作为调整合同价格的依据。

① 人工单价发生变化且符合省级或行业建设主管部门发布的人工费调整规定，合同当事人应按省级或行业建设主管部门或其授权的工程造价管理机构发布的人工费等文件调整合同价格，但承包人对人工费或人工单价的报价高于发布价格的除外。

② 材料、工程设备价格变化的价款调整按照发包人提供的基准价格，按以下风险范围规定执行：

a. 承包人在已标价工程量清单或预算书中载明材料单价低于基准价格的：除专用合同条款另有约定外，合同履行期间材料单价涨幅以基准价格为基础超过 5%时，或材料单价跌幅以在已标价工程量清单或预算书中载明材料单价为基础超过 5%时，其超过部分据实调整。

b. 承包人在已标价工程量清单或预算书中载明材料单价高于基准价格的：除专用合同条款另有约定外，合同履行期间材料单价跌幅以基准价格为基础超过 5%时，材料单价涨幅以在已标价工程量清单或预算书中载明材料单价为基础超过 5%时，其超过部分据实调整。

c. 承包人在已标价工程量清单或预算书中载明材料单价等于基准价格的：除专用合同条款另有约定外，合同履行期间材料单价涨跌幅度以基准价格为基础超过±5%时，其超过部分据实调整。

d. 承包人应在采购材料前将采购数量和新的材料单价报发包人核对，发包人确认用于工程时，发包人应确认采购材料的数量和单价。发包人在收到承包人报送的确认资料后 5 天内不予答复的视为认可，作为调整合同价格的依据。未经发包人事先核对，承包人自行采购材料的，发包人有权不予调整合同价格。发包人同意的，可以调整合同价格。

前述基准价格是指由发包人在招标文件或专用合同条款中给定的材料、工程设备的价格，该价格原则上应当按照省级或行业建设主管部门或其授权的工程造价管理机构发布的信息价编制。

③ 施工机械台班单价或施工机械使用费发生变化超过省级或行业建设主管部门或其授权的工程造价管理机构规定的范围时，按规定调整合同价格。

第 3 种方式：专用合同条款约定的其他方式。

(2) 法律变化引起的调整

基准日期后,法律变化导致承包人在合同履行过程中所需要的费用发生除该通用条款〔市场价格波动引起的调整〕约定以外的增加时,由发包人承担由此增加的费用;减少时,应从合同价格中予以扣减。基准日期后,因法律变化造成工期延误时,工期应予以顺延。

因法律变化引起的合同价格和工期调整,合同当事人无法达成一致的,由总监理工程师按该通用条款〔商定或确定〕的约定处理。

因承包人原因造成工期延误,在工期延误期间出现法律变化的,由此增加的费用和(或)延误的工期由承包人承担。

10) 施工中涉及的其他费用

(1) 发掘到化石、文物

在施工现场发掘的所有文物、古迹以及具有地质研究或考古价值的其他遗迹、化石、钱币或物品属于国家所有。一旦发现上述文物,承包人应采取合理有效的保护措施,防止任何人员移动或损坏上述物品,并立即报告有关政府行政管理部门,同时通知监理人。

发包人、监理人和承包人应按有关政府行政管理部门要求采取妥善的保护措施,由此增加的费用和(或)延误的工期由发包人承担。承包人发现文物后不及时报告或隐瞒不报,致使文物丢失或损坏的,应赔偿损失,并承担相应的法律责任。

(2) 安全文明施工费

① 安全文明施工要求

承包人应当按照有关规定编制安全技术措施或者专项施工方案,建立安全生产责任制度、治安保卫制度及安全生产教育培训制度,并按安全生产法律规定及合同约定履行安全职责,如实编制工程安全生产的有关记录,接受发包人、监理人及政府安全监督部门的检查与监督。

承包人在工程施工期间,应当采取措施保持施工现场平整,物料堆放整齐。工程所在地有关政府行政管理部门有特殊要求的,应按照其要求执行。合同当事人对文明施工有其他要求的,可以在专用合同条款中明确。

② 安全文明施工费的承担

安全文明施工费由发包人承担,发包人不得以任何形式扣减该部分费用。因基准日期后合同所适用的法律或政府有关规定发生变化,增加的安全文明施工费由发包人承担。

承包人经发包人同意采取合同约定以外的安全措施所产生的费用,由发包人承担。未经发包人同意的,如果该措施避免了发包人的损失,则发包人在避免损失的额度内承担该措施费。如果该措施避免了承包人的损失,由承包人承担该措施费。

③ 安全文明施工费的支付

除专用合同条款另有约定外,发包人应在开工后28天内预付安全文明施工费总额的50%,其余部分与进度款同期支付。发包人逾期支付安全文明施工费超过7天的,承包人有权向发包人发出要求预付的催告通知,发包人收到通知后7天内仍未支付的,承包人有权暂停施工,并按该通用条款〔发包人违约的情形〕执行。

④ 安全文明施工费应专款专用

承包人对安全文明施工费应专款专用,承包人应在财务账目中单独列项备查,不得挪作他用,否则发包人有权责令其限期改正;逾期未改正的,可以责令其暂停施工,由此增加的费用和(或)延误的工期由承包人承担。

⑤ 紧急情况处理及费用承担

在工程实施期间或缺陷责任期内发生危及工程安全的事件,监理人通知承包人进行抢救,承包人声明无能力或不愿立即执行的,发包人有权雇用其他人员进行抢救。此类抢救按合同约定属于承包人义务的,由此增加的费用和(或)延误的工期由承包人承担。

11) 竣工结算

(1) 竣工结算申请

除专用合同条款另有约定外,承包人应在工程竣工验收合格后 28 天内向发包人和监理人提交竣工结算申请单,并提交完整的结算资料,有关竣工结算申请单的资料清单和份数等要求由合同当事人在专用合同条款中约定。

除专用合同条款另有约定外,竣工结算申请单应包括以下内容:

① 竣工结算合同价格;

② 发包人已支付承包人的款项;

③ 应扣留的质量保证金(已缴纳履约保证金的或提供其他工程质量担保方式的除外);

④ 发包人应支付承包人的合同价款。

(2) 竣工结算审核

① 除专用合同条款另有约定外,监理人应在收到竣工结算申请单后 14 天内完成核查并报送发包人。发包人应在收到监理人提交的经审核的竣工结算申请单后 14 天内完成审批,并由监理人向承包人签发经发包人签认的竣工付款证书。监理人或发包人对竣工结算申请单有异议的,有权要求承包人进行修正和提供补充资料,承包人应提交修正后的竣工结算申请单。

发包人在收到承包人提交竣工结算申请书后 28 天内未完成审批且未提出异议的,视为发包人认可承包人提交的竣工结算申请单,并自发包人收到承包人提交的竣工结算申请单后第 29 天起视为已签发竣工付款证书。

② 除专用合同条款另有约定外,发包人应在签发竣工付款证书后的 14 天内,完成对承包人的竣工付款。发包人逾期支付的,按照中国人民银行发布的同期同类贷款基准利率支付违约金;逾期支付超过 56 天的,按照中国人民银行发布的同期同类贷款基准利率的两倍支付违约金。

③ 承包人对发包人签认的竣工付款证书有异议的,对于有异议部分应在收到发包人签认的竣工付款证书后 7 天内提出异议,并由合同当事人按照专用合同条款约定的方式和程序进行复核,或按照该通用条款〔争议解决〕的约定处理。对于无异议部分,发包人应签发临时竣工付款证书,并按上述第②项完成付款。承包人逾期未提出异议的,视为认可发包人的审批结果。

(3) 甩项竣工协议

发包人要求甩项竣工的,合同当事人应签订甩项竣工协议。在甩项竣工协议中应明确,合同当事人按照该通用条款〔竣工结算申请〕及〔竣工结算审核〕的约定,对已完合格工程进行结算,并支付相应合同价款。

12) 质量保证金

经合同当事人协商一致扣留质量保证金的,应在专用合同条款中予以明确。在工程项目竣工前，承包人已经提供履约担保的，发包人不得同时预留工程质量保证金。

(1) 承包人提供质量保证金的方式

承包人提供质量保证金有以下三种方式：

① 质量保证金保函；

② 相应比例的工程款；

③ 双方约定的其他方式。

除专用合同条款另有约定外，质量保证金原则上采用上述第①种方式。

(2) 质量保证金的扣留

质量保证金的扣留有以下三种方式：

① 在支付工程进度款时逐次扣留，在此情形下，质量保证金的计算基数不包括预付款的支付、扣回以及价格调整的金额；

② 工程竣工结算时一次性扣留质量保证金；

③ 双方约定的其他扣留方式。

除专用合同条款另有约定外，质量保证金的扣留原则上采用上述第①种方式。

发包人累计扣留的质量保证金不得超过工程价款结算总额的3%。如承包人在发包人签发竣工付款证书后28天内提交质量保证金保函，发包人应同时退还扣留的作为质量保证金的工程价款；保函金额不得超过工程价款结算总额的3%。

发包人在退还质量保证金的同时按照中国人民银行发布的同期同类贷款基准利率支付利息。

(3) 质量保证金的退还

缺陷责任期内，承包人认真履行合同约定的责任，到期后，承包人可向发包人申请返还保证金。

发包人在接到承包人返还保证金申请后，应于14天内会同承包人按照合同约定的内容进行核实。如无异议，发包人应当按照约定将保证金返还给承包人。对返还期限没有约定或者约定不明确的，发包人应当在核实后14天内将保证金返还承包人，逾期未返还的，依法承担违约责任。发包人在接到承包人返还保证金申请后14天内不予答复，经催告后14天内仍不予答复，视同认可承包人的返还保证金申请。

发包人和承包人对保证金预留、返还以及工程维修质量、费用有争议的，按该通用条款约定的争议和纠纷解决程序处理。

13) 最终结清

(1) 最终结清申请单

① 除专用合同条款另有约定外，承包人应在缺陷责任期终止证书颁发后7天内，按专用合同条款约定的份数向发包人提交最终结清申请单，并提供相关证明材料。最终结清申请单应列明质量保证金、应扣除的质量保证金、缺陷责任期内发生的增减费用。

② 发包人对最终结清申请单内容有异议的，有权要求承包人进行修正和提供补充资料，承包人应向发包人提交修正后的最终结清申请单。

(2) 最终结清证书和支付

① 除专用合同条款另有约定外，发包人应在收到承包人提交的最终结清申请单后14

天内完成审批并向承包人颁发最终结清证书。发包人逾期未完成审批，又未提出修改意见的，视为发包人同意承包人提交的最终结清申请单，且自发包人收到承包人提交的最终结清申请单后 15 天起视为已颁发最终结清证书。

② 除专用合同条款另有约定外，发包人应在颁发最终结清证书后 7 天内完成支付。发包人逾期支付的，按照中国人民银行发布的同期同类贷款基准利率支付违约金；逾期支付超过 56 天的，按照中国人民银行发布的同期同类贷款基准利率的两倍支付违约金。

③ 承包人对发包人颁发的最终结清证书有异议的，按该通用条款〔争议解决〕的约定办理。

7.2.8 施工合同的安全、健康和环境(SHE)控制条款

1）安全控制(Safety Management)

(1) 安全生产要求

合同履行期间，合同当事人均应当遵守国家和工程所在地有关安全生产的要求，合同当事人有特别要求的，应在专用合同条款中明确施工项目安全生产标准化达标目标及相应事项。承包人有权拒绝发包人及监理人强令承包人违章作业、冒险施工的任何指示。

在施工过程中，如遇到突发的地质变动、事先未知的地下施工障碍等影响施工安全的紧急情况，承包人应及时报告监理人和发包人，发包人应当及时下令停工并报政府有关行政管理部门采取应急措施。因安全生产需要暂停施工的，按照该通用条款〔暂停施工〕的约定执行。

(2) 安全生产保证措施

承包人应当按照有关规定编制安全技术措施或者专项施工方案，建立安全生产责任制度、治安保卫制度及安全生产教育培训制度，并按安全生产法律规定及合同约定履行安全职责，如实编制工程安全生产的有关记录，接受发包人、监理人及政府安全监督部门的检查与监督。

(3) 特别安全生产事项

承包人应按照法律规定进行施工，开工前做好安全技术交底工作，施工过程中做好各项安全防护措施。承包人为实施合同而雇用的特殊工种的人员应受过专门的培训并已取得政府有关管理机构颁发的上岗证书。

承包人在动力设备、输电线路、地下管道、密封防震车间、易燃易爆地段以及临街交通要道附近施工时，施工开始前应向发包人和监理人提出安全防护措施，经发包人认可后实施。

实施爆破作业，在放射、毒害性环境中施工（含储存、运输、使用）及使用毒害性、腐蚀性物品施工时，承包人应在施工前 7 天以书面形式通知发包人和监理人，并报送相应的安全防护措施，经发包人认可后实施。

需单独编制危险性较大的分部分项专项工程施工方案的，及要求进行专家论证的超过一定规模的危险性较大的分部分项工程施工方案的，承包人应及时编制和组织论证。

(4) 治安保卫

除专用合同条款另有约定外，发包人应与当地公安部门协商，在现场建立治安管理机构或联防组织，统一管理施工场地的治安保卫事项，履行合同工程的治安保卫职责。

发包人和承包人除应协助现场治安管理机构或联防组织维护施工场地的社会治安外，还应做好包括生活区在内的各自管辖区的治安保卫工作。

除专用合同条款另有约定外，发包人和承包人应在工程开工后7天内共同编制施工场地治安管理计划，并制定应对突发治安事件的紧急预案。在工程施工过程中，发生暴乱、爆炸等恐怖事件，以及群殴、械斗等群体性突发治安事件的，发包人和承包人应立即向当地政府报告。发包人和承包人应积极协助当地有关部门采取措施平息事态，防止事态扩大，尽量避免人员伤亡和财产损失。

(5) 文明施工

承包人在工程施工期间，应当采取措施保持施工现场平整，物料堆放整齐。工程所在地有关政府行政管理部门有特殊要求的，按照其要求执行。合同当事人对文明施工有其他要求的，可以在专用合同条款中明确。

在工程移交之前，承包人应当从施工现场清除承包人的全部工程设备、多余材料、垃圾和各种临时工程，并保持施工现场清洁整齐。经发包人书面同意，承包人可在发包人指定的地点保留承包人履行保修期内的各项义务所需要的材料、施工设备和临时工程。

(6) 紧急情况处理

在工程实施期间或缺陷责任期内发生危及工程安全的事件，监理人通知承包人进行抢救，承包人声明无能力或不愿立即执行的，发包人有权雇用其他人员进行抢救。此类抢救按合同约定属于承包人义务的，由此增加的费用和(或)延误的工期由承包人承担。

(7) 事故处理

工程施工过程中发生事故的，承包人应立即通知监理人，监理人应立即通知发包人。发包人和承包人应立即组织人员和设备进行紧急抢救和抢修，减少人员伤亡和财产损失，防止事故扩大，并保护事故现场。需要移动现场物品时，应作出标记和书面记录，妥善保管有关证据。发包人和承包人应按国家有关规定，及时如实地向有关部门报告事故发生的情况，以及正在采取的紧急措施等。

(8) 安全生产责任

① 发包人的安全责任。发包人应负责赔偿以下各种情况造成的损失：

a. 工程或工程的任何部分对土地的占用所造成的第三者财产损失；

b. 由于发包人原因在施工场地及其毗邻地带造成的第三者人身伤亡和财产损失；

c. 由于发包人原因对承包人、监理人造成的人员人身伤亡和财产损失；

d. 由于发包人原因造成的发包人自身人员的人身伤害以及财产损失。

② 承包人的安全责任。由于承包人原因在施工场地内及其毗邻地带造成的发包人、监理人以及第三者人员伤亡和财产损失，由承包人负责赔偿。

2) 健康控制(Health Management)

(1) 劳动保护

承包人应按照法律规定安排现场施工人员的劳动和休息时间，保障劳动者的休息时间，并支付合理的报酬和费用。承包人应依法为其履行合同所雇用的人员办理必要的证件、许可、保险和注册等，承包人应督促其分包人为分包人所雇用的人员办理必要的证件、许可、保险和注册等。

承包人应按照法律规定保障现场施工人员的劳动安全，并提供劳动保护，并应按国家有关劳动保护的规定，采取有效的防止粉尘、降低噪声、控制有害气体和保障高温、高寒、高空作业安全等劳动保护措施。承包人雇用人员在施工中受到伤害的，承包人应立即采取有效措施进行抢救和治疗。

承包人应按法律规定安排工作时间，保证其雇用人员享有休息和休假的权利。因工程施工的特殊需要占用休假日或延长工作时间的，应不超过法律规定的限度，并按法律规定给予补休或付酬。

(2) 生活条件

承包人应为其履行合同所雇用的人员提供必要的膳宿条件和生活环境；承包人应采取有效措施预防传染病，保证施工人员的健康，并定期对施工现场、施工人员生活基地等进行防疫和卫生的专业检查和处理，在远离城镇的施工场地，还应配备必要的伤病防治和急救的医务人员与医疗设施。

3) 环境控制(Environment Management)

承包人应在施工组织设计中列明环境保护的具体措施。在合同履行期间，承包人应采取合理措施保护施工现场环境。对施工作业过程中可能引起的大气、水、噪音以及固体废物污染采取具体可行的防范措施。

承包人应当承担因其原因引起的环境污染侵权损害赔偿责任，因上述环境污染引起纠纷而导致暂停施工的，由此增加的费用和(或)延误的工期由承包人承担。

7.2.9 施工合同的其他约定

1) 不可抗力

(1) 不可抗力的确认

不可抗力是指合同当事人在签订合同时不可预见，在合同履行过程中不可避免且不能克服的自然灾害和社会性突发事件，如地震、海啸、瘟疫、骚乱、戒严、暴动、战争和专用合同条款中约定的其他情形。

不可抗力发生后，发包人和承包人应收集证明不可抗力发生及不可抗力造成损失的证据，并及时认真统计所造成的损失。合同当事人对是否属于不可抗力或其损失的意见不一致的，由监理人按该通用条款〔商定或确定〕的约定处理。发生争议时，按该通用条款〔争议解决〕的约定处理。

(2) 不可抗力的通知

合同一方当事人遇到不可抗力事件，使其履行合同义务受到阻碍时，应立即通知合同另一方当事人和监理人，书面说明不可抗力和受阻碍的详细情况，并提供必要的证明。

不可抗力持续发生的，合同一方当事人应及时向合同另一方当事人和监理人提交中间报告，说明不可抗力和履行合同受阻的情况，并于不可抗力事件结束后 28 天内提交最终报告及有关资料。

(3) 不可抗力后果的承担

不可抗力引起的后果及造成的损失由合同当事人按照法律规定及合同约定各自承担。不可抗力发生前已完成的工程应当按照合同约定进行计量支付。不可抗力导致的人员伤

亡、财产损失、费用增加和(或)工期延误等后果,由合同当事人按以下原则承担:

① 永久工程、已运至施工现场的材料和工程设备的损坏,以及因工程损坏造成的第三方人员伤亡和财产损失由发包人承担;

② 承包人施工设备的损坏由承包人承担;

③ 发包人和承包人承担各自人员伤亡和财产的损失;

④ 因不可抗力影响承包人履行合同约定的义务,已经引起或将引起工期延误的,应当顺延工期,由此导致承包人停工的费用损失由发包人和承包人合理分担,停工期间必须支付的工人工资由发包人承担;

⑤ 因不可抗力引起或将引起工期延误,发包人要求赶工的,由此增加的赶工费用由发包人承担;

⑥ 承包人在停工期间按照发包人要求照管、清理和修复工程的费用由发包人承担。

不可抗力发生后,合同当事人均应采取措施尽量避免和减少损失的扩大,任何一方当事人没有采取有效措施导致损失扩大的,应对扩大的损失承担责任。因合同一方迟延履行合同义务,在迟延履行期间遭遇不可抗力的,不免除其违约责任。

(4) 因不可抗力解除合同

因不可抗力导致合同无法履行连续超过84天或累计超过140天的,发包人和承包人均有权解除合同。合同解除后,由双方当事人按照该通用条款〔商定或确定〕的规定商定或确定发包人应支付的款项,该款项包括:

① 合同解除前承包人已完成工作的价款;

② 承包人为工程订购的并已交付给承包人,或承包人有责任接受交付的材料、工程设备和其他物品的价款;

③ 发包人要求承包人退货或解除订货合同而产生的费用,或因不能退货或解除合同而产生的损失;

④ 承包人撤离施工现场以及遣散承包人人员的费用;

⑤ 按照合同约定在合同解除前应支付给承包人的其他款项;

⑥ 扣减承包人按照合同约定应向发包人支付的款项;

⑦ 双方商定或确定的其他款项。

除专用合同条款另有约定外,合同解除后,发包人应在商定或确定上述款项后28天内完成上述款项的支付。

2) 保险

(1) 工程保险

除专用合同条款另有约定外,发包人应投保建筑工程一切险或安装工程一切险;发包人委托承包人投保的,因投保产生的保险费和其他相关费用由发包人承担。

(2) 工伤保险

发包人应依照法律规定参加工伤保险,并为在施工现场的全部员工办理工伤保险,缴纳工伤保险费,并要求监理人及由发包人为履行合同聘请的第三方依法参加工伤保险。

承包人应依照法律规定参加工伤保险,并为其履行合同的全部员工办理工伤保险,缴纳工伤保险费,并要求分包人及由承包人为履行合同聘请的第三方依法参加工伤保险。

(3) 其他保险

发包人和承包人可以为其施工现场的全部人员办理意外伤害保险并支付保险费，包括其员工及为履行合同聘请的第三方的人员，具体事项由合同当事人在专用合同条款中约定。除专用合同条款另有约定外，承包人应为其施工设备等办理财产保险。

(4) 持续保险

合同当事人应与保险人保持联系，使保险人能够随时了解工程实施中的变动，并确保按保险合同条款要求持续保险。

(5) 保险凭证

合同当事人应及时向另一方当事人提交其已投保的各项保险的凭证和保险单复印件。

(6) 未按约定投保的补救

发包人未按合同约定办理保险，或未能使保险持续有效的，则承包人可代为办理，所需费用由发包人承担。发包人未按合同约定办理保险，导致未能得到足额赔偿的，由发包人负责补足。

承包人未按合同约定办理保险，或未能使保险持续有效的，则发包人可代为办理，所需费用由承包人承担。承包人未按合同约定办理保险，导致未能得到足额赔偿的，由承包人负责补足。

(7) 通知义务

除专用合同条款另有约定外，发包人变更除工伤保险之外的保险合同时，应事先征得承包人同意，并通知监理人；承包人变更除工伤保险之外的保险合同时，应事先征得发包人同意，并通知监理人。保险事故发生时，投保人应按照保险合同规定的条件和期限及时向保险人报告。发包人和承包人应当在知道保险事故发生后及时通知对方。

3) 担保

除专用合同条款另有约定外，发包人要求承包人提供履约担保的，发包人应当向承包人提供支付担保。

(1) 承包人提供履约担保

发包人需要承包人提供履约担保的，由合同当事人在专用合同条款中约定履约担保的方式、金额及期限等。履约担保可以采用银行保函或担保公司担保等形式。因承包人原因导致工期延长的，继续提供履约担保所增加的费用由承包人承担；非因承包人原因导致工期延长的，继续提供履约担保所增加的费用由发包人承担。

(2) 发包人提供资金来源证明和支付担保

除专用合同条款另有约定外，发包人应在收到承包人要求提供资金来源证明的书面通知后 28 天内，向承包人提供能够按照合同约定支付合同价款的相应资金来源证明。发包人要求承包人提供履约担保的，发包人应当向承包人提供支付担保。支付担保可以采用银行保函或担保公司担保等形式，具体由合同当事人在专用合同条款中约定。

4) 索赔

索赔包括承包人的索赔和发包人的索赔。

(1) 承包人的索赔

① 索赔程序

根据合同约定，承包人认为有权得到追加付款和(或)延长工期的，应按以下程序向发包人提出索赔：

a. 承包人应在知道或应当知道索赔事件发生后28天内，向监理人递交索赔意向通知书，并说明发生索赔事件的事由；承包人未在前述28天内发出索赔意向通知书的，丧失要求追加付款和(或)延长工期的权利。

b. 承包人应在发出索赔意向通知书后28天内，向监理人正式递交索赔报告；索赔报告应详细说明索赔理由以及要求追加的付款金额和(或)延长的工期，并附必要的记录和证明材料。

c. 索赔事件具有持续影响的，承包人应按合理时间间隔继续递交延续索赔通知，说明持续影响的实际情况和记录，列出累计的追加付款金额和(或)工期延长天数。

d. 在索赔事件影响结束后28天内，承包人应向监理人递交最终索赔报告，说明最终要求索赔的追加付款金额和(或)延长的工期，并附必要的记录和证明材料。

② 对承包人索赔的处理

a. 监理人应在收到索赔报告后14天内完成审查并报送发包人。监理人对索赔报告存在异议的，有权要求承包人提交全部原始记录副本。

b. 发包人应在监理人收到索赔报告或有关索赔的进一步证明材料后的28天内，由监理人向承包人出具经发包人签认的索赔处理结果。发包人逾期答复的，则视为认可承包人的索赔要求。

c. 承包人接受索赔处理结果的，索赔款项在当期进度款中进行支付；承包人不接受索赔处理结果的，按该通用条款〔争议解决〕的约定处理。

(2) 发包人的索赔

① 索赔程序

根据合同约定，发包人认为有权得到赔付金额和(或)延长缺陷责任期的，监理人应向承包人发出通知并附有详细的证明。发包人应在知道或应当知道索赔事件发生后28天内通过监理人向承包人提出索赔意向通知书，发包人未在前述28天内发出索赔意向通知书的，丧失要求赔付金额和(或)延长缺陷责任期的权利。发包人应在发出索赔意向通知书后28天内，通过监理人向承包人正式递交索赔报告。

② 对发包人索赔的处理

a. 承包人收到发包人提交的索赔报告后，应及时审查索赔报告的内容、查验发包人证明材料。

b. 承包人应在收到索赔报告或有关索赔的进一步证明材料后28天内，将索赔处理结果答复发包人。如果承包人未在上述期限内作出答复的，则视为对发包人索赔要求的认可。

c. 承包人接受索赔处理结果的，发包人可从应支付给承包人的合同价款中扣除赔付的金额或延长缺陷责任期；发包人不接受索赔处理结果的，按该通用条款〔争议解决〕的约定处理。

(3) 承包人提出索赔的期限

① 承包人按该通用条款〔竣工结算审核〕约定接收竣工付款证书后，应被视为已无权再提出在工程接收证书颁发前所发生的任何索赔。

② 承包人按该通用条款〔最终结清〕提交的最终结清申请单中，只限于提出工程接收证书颁发后发生的索赔。提出索赔的期限自接受最终结清证书时终止。

5）违约责任

（1）发包人的违约责任

① 发包人违约的情形

a. 因发包人原因未能在计划开工日期前7天内下达开工通知的；

b. 因发包人原因未能按合同约定支付合同价款的；

c. 发包人违反该通用条款〔变更的范围〕的约定，自行实施被取消的工作或转由他人实施的；

d. 发包人提供的材料、工程设备的规格、数量或质量不符合合同约定，或因发包人原因导致交货日期延误或交货地点变更等情况的；

e. 因发包人违反合同约定造成暂停施工的；

f. 发包人无正当理由没有在约定期限内发出复工指示，导致承包人无法复工的；

g. 发包人明确表示或者以其行为表明不履行合同主要义务的；

h. 发包人未能按照合同约定履行其他义务的。

发包人发生除上述第g项以外的违约情况时，承包人可向发包人发出通知，要求发包人采取有效措施纠正违约行为。发包人收到承包人通知后28天内仍不纠正违约行为的，承包人有权暂停相应部位工程施工，并通知监理人。

② 发包人违约的责任

发包人应承担因其违约给承包人增加的费用和（或）延误的工期，并支付承包人合理的利润。此外，合同当事人可在专用合同条款中另行约定发包人违约责任的承担方式和计算方法。发包人承担违约责任的方式有以下四种：

a. 赔偿损失：赔偿损失是发包人承担违约责任的主要方式，其目的是补偿因违约给承包人造成的经济损失。承发包双方应当在专用条款内约定发包人赔偿承包人损失的计算方法。损失赔偿额应当相当于因违约所造成的损失，包括合同履行后可以获得的利益，但不得超过发包人在订立合同时预见或者应当预见到的因违约可能造成的损失。

b. 支付违约金：支付违约金的目的是补偿承包人的损失，双方在专用条款中约定发包人应当支付违约金的数额或计算方法。

c. 顺延工期：对于因为发包人违约而延误的工期，应当相应顺延。

d. 继续履行：发包人违约后，承包人要求发包人继续履行合同的，发包人应当在承担上述违约责任后继续履行施工合同。

（2）承包人的违约责任

① 承包人违约的情形

a. 承包人违反合同约定进行转包或违法分包的；

b. 承包人违反合同约定采购和使用不合格的材料和工程设备的；

c. 因承包人原因导致工程质量不符合合同要求的；

d. 承包人违反该通用条款〔材料与设备专用要求〕的约定，未经批准，私自将已按照合同约定进入施工现场的材料或设备撤离施工现场的；

e. 承包人未能按施工进度计划及时完成合同约定的工作，造成工期延误的；

f. 承包人在缺陷责任期及保修期内，未能在合理期限对工程缺陷进行修复，或拒绝按发

包人要求进行修复的;

g. 承包人明确表示或者以其行为表明不履行合同主要义务的;

h. 承包人未能按照合同约定履行其他义务的。

承包人发生除上述第 g 项约定以外的其他违约情况时,监理人可向承包人发出整改通知,要求其在指定的期限内改正。

② 承包人违约的责任

承包人应承担因其违约行为而增加的费用和(或)延误的工期。此外,合同当事人可在专用合同条款中另行约定承包人违约责任的承担方式和计算方法。承包人承担违约责任的方式有以下四种:

a. 赔偿损失:承发包双方应当在专用条款中约定承包人赔偿发包人损失的计算方法。损失赔偿额应当相当于因违约所造成的损失,包括合同履行后可以获得的利益,但不得超过承包人在订立合同时预见或者应当预见到的因违约可能造成的损失。

b. 支付违约金:双方可以在专用条款中约定承包人应当支付违约金的数额或计算方法。发包人在确定违约金的数额时,一般要考虑以下因素:发包人盈利损失;由于工期延长而引起的贷款利息增加;工程拖期带来的附加监理费;由于本工程拖期竣工不能使用,租用其他建筑物产生的租赁费等。

c. 采取补救措施:对于施工质量不符合要求的违约,发包人有权要求承包人采取返工、修理、更换等补救措施。

d. 继续履行:承包人违约后,如果发包人要求承包人继续履行合同时,承包人承担上述违约责任后仍应继续履行施工合同。

(3) 担保人承担责任

如果施工合同双方当事人设定了担保方式,一方违约后,另一方可按双方约定的担保条款,要求提供担保的第三人承担相应的责任。

(4) 第三人造成的违约责任

在履行合同过程中,一方当事人因第三人的原因造成违约的,应当向对方当事人承担违约责任。一方当事人和第三人之间的纠纷,依照法律规定或者按照约定解决。

6) 施工合同的解除

(1) 可以解除合同的情形

① 发包人承包人协商一致,可以解除合同。

② 因发包人违约解除合同。除专用合同条款另有约定外,承包人按该通用条款〔发包人违约的情形〕约定暂停施工满 28 天后,发包人仍不纠正其违约行为并致使合同目的不能实现的,或出现〔发包人违约的情形〕第 g 项约定的违约情况,承包人有权解除合同,发包人应承担由此增加的费用,并支付承包人合理的利润。

③ 因承包人违约解除合同。除专用合同条款另有约定外,出现该通用条款〔承包人违约的情形〕第 g 项约定的违约情况时,或监理人发出整改通知后,承包人在指定的合理期限内仍不纠正违约行为并致使合同目的不能实现的,发包人有权解除合同。合同解除后,因继续完成工程的需要,发包人有权使用承包人在施工现场的材料、设备、临时工程、承包人文件

和由承包人或以其名义编制的其他文件，合同当事人应在专用合同条款约定相应费用的承担方式。发包人继续使用的行为不免除或减轻承包人应承担的违约责任。

④ 因不可抗力致使合同无法履行，发包人承包人可以解除合同。

(2) 解除合同的程序

合同当事人一方依据上述约定要求解除合同的，应以书面形式向对方发出解除合同的通知，并在发出通知前提前告知对方，通知到达对方时合同解除。对解除合同有争议的，双方可按通用条款〔争议解决〕的约定处理。合同解除后，不影响双方在合同中约定的结算和清理条款的效力。

(3) 合同解除后的善后处理

① 因发包人违约解除合同后的付款。承包人按照通用条款约定解除合同的，发包人应在解除合同后 28 天内支付下列款项，并解除履约担保：

a. 合同解除前所完成工作的价款；

b. 承包人为工程施工订购并已付款的材料、工程设备和其他物品的价款；

c. 承包人撤离施工现场以及遣散承包人人员的款项；

d. 按照合同约定在合同解除前应支付的违约金；

e. 按照合同约定应当支付给承包人的其他款项；

f. 按照合同约定应退还的质量保证金；

g. 因解除合同给承包人造成的损失。

合同当事人未能就解除合同后的结清达成一致的，按照该通用条款〔争议解决〕的约定处理。承包人应妥善做好已完工程和与工程有关的已购材料、工程设备的保护和移交工作，并将施工设备和人员撤出施工现场，发包人应为承包人撤出提供必要条件。

② 因承包人违约解除合同后的处理。因承包人原因导致合同解除的，则合同当事人应在合同解除后 28 天内完成估价、付款和清算，并按以下约定执行：

a. 合同解除后，按该通用条款〔商定或确定〕的约定来商定或确定承包人实际完成工作对应的合同价款，以及承包人已提供的材料、工程设备、施工设备和临时工程等的价值；

b. 合同解除后，承包人应支付的违约金；

c. 合同解除后，因解除合同给发包人造成的损失；

d. 合同解除后，承包人应按照发包人要求和监理人的指示完成现场的清理和撤离；

e. 发包人和承包人应在合同解除后进行清算，出具最终结清付款证书，结清全部款项。

因承包人违约解除合同的，发包人有权暂停对承包人的付款，查清各项付款和已扣款项。发包人和承包人未能就合同解除后的清算和款项支付达成一致的，按照该通用条款〔争议解决〕的约定处理。

③ 采购合同权益转让。因承包人违约解除合同的，发包人有权要求承包人将其为实施合同而签订的材料和设备的采购合同的权益转让给发包人，承包人应在收到解除合同通知后 14 天内，协助发包人与采购合同的供应商达成相关的转让协议。

7) 争议解决

(1) 和解

合同当事人可以就争议自行和解，自行和解达成的协议经双方签字并盖章后作为合同补充文件,双方均应遵照执行。

(2) 调解

合同当事人可以就争议请求建设行政主管部门、行业协会或其他第三方进行调解,调解达成协议的,经双方签字并盖章后作为合同补充文件,双方均应遵照执行。

(3) 争议评审

合同当事人在专用合同条款中约定采取争议评审方式解决争议以及评审规则的,按下列约定执行:

① 争议评审小组的确定

合同当事人可以共同选择一名或三名争议评审员,组成争议评审小组。除专用合同条款另有约定外,合同当事人应当自合同签订后28天内,或者争议发生后14天内,选定争议评审员。

选择一名争议评审员的,由合同当事人共同确定;选择三名争议评审员的,各自选定一名,第三名成员为首席争议评审员,由合同当事人共同确定或由合同当事人委托已选定的争议评审员共同确定,或由专用合同条款约定的评审机构指定第三名评审员(首席争议评审员)。除专用合同条款另有约定外,评审员报酬由发包人和承包人各承担一半。

② 争议评审小组的决定

合同当事人可在任何时间将与合同有关的任何争议共同提请争议评审小组进行评审。争议评审小组应秉持客观、公正原则,充分听取合同当事人的意见,依据相关法律、规范、标准、案例经验及商业惯例等,自收到争议评审申请报告后14天内作出书面决定,并说明理由。合同当事人可以在专用合同条款中对该项事项另行约定。

③ 争议评审小组决定的效力

争议评审小组作出的书面决定经合同当事人签字确认后,对双方具有约束力,双方应遵照执行。任何一方当事人不接受争议评审小组决定或不履行争议评审小组决定的,双方可选择采用其他争议解决方式。

(4) 仲裁或诉讼

因合同及合同有关事项产生的争议,合同当事人可以在专用合同条款中约定以下一种方式解决争议:

① 向约定的仲裁委员会申请仲裁;

② 向有管辖权的人民法院起诉。

(5) 争议解决条款效力

合同有关争议解决的条款独立存在,合同的变更、解除、终止、无效或者被撤销均不影响其效力。

8) 合同生效与终止

(1) 合同生效

双方在合同协议书中约定本合同的生效方式,如双方当事人可选择以下几种方式之一:

① 本合同于××年××月××日签订,自即日起生效。

② 本合同双方约定应进行公(鉴)证,自公(鉴)证之日起生效。

③ 本合同签订后,自发包人提供支付担保、承包人提供履约担保后生效。

④ 其他方式等。

(2) 合同终止

承包人按照合同规定完成了所有的施工、竣工和保修义务，发包人支付了所有工程进度款、竣工结算款，向承包人颁发最终结清证书，并在颁发最终结清证书后7天内完成最终支付，施工合同就正常终止。

复习思考题

1. 试述施工合同的概念和特点。
2. 什么是施工合同工期和施工期？
3. 简述《2017版施工合同文本》的组成及施工合同文件的构成。
4. 发包人和承包人的工作有哪些？
5. 简述总监理工程师的产生及职权。
6. 在施工工期上，发包人和承包人的义务各是什么？
7. 简述施工进度计划的提交及确认。
8. 简述工期顺延的理由及确认程序。
9. 工程验收有哪些内容，如何进行隐蔽工程验收？
10. 简述工程试车的组织和责任。
11. 承包人在何种情况下可以要求调整合同价款？
12. 简述变更价款的确定程序和确定方法。
13. 因不可抗力导致的费用增加及延误的工期如何分担？
14. 描述工程竣工验收和竣工结算的流程和步骤。
15. 施工合同对工程分包有何规定？
16. 施工合同双方在工程保险上有何义务？
17. 简述施工合同争议的解决方式。
18. 哪些情况下施工合同可以解除？
19. 结合工程实际，如何控制施工合同中规定的工期、质量、投资以及环境和安全目标？
20. 结合我国建设法律法规的具体规定，谈谈项目经理应承担哪些法律责任。

8 工程总承包合同

8.1 工程总承包合同概述

8.1.1 工程总承包的含义

工程总承包是指从事工程总承包的企业受业主委托，按照合同约定对工程项目的勘察、设计、采购、施工、试运行(竣工验收)等实行全过程或若干阶段的承包。工程总承包的具体方式、工作内容和责任等，由业主与工程总承包企业在合同中约定。工程总承包模式主要包括设计—施工(Design-Build，DB)、设计—采购—施工(Engineering Procurement Construction，EPC)和交钥匙工程(Turnkey)等模式。根据工程项目的不同规模、类型和业主要求，工程总承包还可采用设计—采购总承包、采购—施工总承包等模式。

设计—施工总承包(DB 模式)是指工程总承包企业按照合同约定，承担工程项目设计和施工，并对承包工程的质量、安全、工期、造价全面负责。DB 模式是一个实体或者联合体以契约或者合同形式，对一个建设项目的设计和施工负责的工程运作方法。

设计—采购—施工(EPC 模式)是指工程总承包企业按照合同约定，承担工程项目的设计、采购、施工、试运行等工作，并对承包工程的质量、安全、工期、造价全面负责，是我国目前推行总承包模式最主要的一种。

交钥匙工程(Turnkey)是设计—采购—施工总承包业务和责任的延伸，最终是向业主提交一个满足使用功能、具备使用条件的工程项目。

8.1.2 工程总承包合同的定义

工程总承包是指承包人受发包人委托，按照合同约定对工程建设项目的设计、采购、施工(含竣工试验)、试运行等实行全过程或若干阶段的工程承包。《建筑法》第二十四条规定：“提倡对建筑工程实行总承包，禁止将建筑工程肢解分包。建筑工程的发包单位可以将建筑工程的勘察、设计、施工、设备采购一并发包给一个工程总承包单位，也可以将建筑工程的勘察、设计、施工、设备采购的一项或者多项发包给一个工程总承包单位；但是，不得将应当由一个承包单位完成的建筑工程肢解成若干部分发包给几个承包单位。”《民法典》第七百九十一条规定：“发包人可以与总承包人订立建设工程合同，也可以分别与勘察人、设计人、施工人订立勘察、设计、施工承包合同。”

工程总承包合同是指发包人与承包人之间为完成特定的工程总承包任务，明确相互权利义务关系而订立的合同。工程总承包合同的发包人一般是项目业主(建设单位)；承包人是持有国家认可的相应资质证书的工程总承包企业。按照建设部《关于培育发展工程总承包和工程项目管理企业的指导意见》(建市〔2003〕30 号)的规定，对从事工程总承包业务的企业不专门设立工程总承包资质。具有工程勘察、设计或施工总承包资质的企业可以在其资质等级许可的工程项目范围内开展工程总承包业务。工程勘察、设计、施工企业也可以组成联合体对工程项目进行联合总承包。工程总承包企业可依法将所承包工程中的部分工作发包给具有相应资质的分包企业,工程总承包单位按照总承包合同的约定对建设单位负责,分包单位按照分包合同的约定对总承包单位负责;总承包单位和分包单位就分包工程对建设单位承担连带责任。

8.1.3 工程总承包合同签订和管理的法律基础

建设工程总承包合同及其管理的法律基础主要是国家或地方颁发的法律、法规,国家的主要法规有《中华人民共和国合同法》(现已废止)、《民法典》、《中华人民共和国建筑法》、《中华人民共和国招标投标法》,国家发展和改革委员会等部门编制的《中华人民共和国标准设计施工总承包招标文件》(2012 年版)、《建设工程勘察设计资质管理规定》(建设部第 160 号令),建设部发布的《关于培育发展工程总承包和工程项目管理企业的指导意见》(建市〔2003〕30 号)、《建设工程项目管理试行办法》(建市〔2004〕200 号)、《建设项目工程总承包管理规范》(GB/T 50358—2017)等。另外,各地建设行政主管部门根据国家的法规也制定了当地相关的条例、规定和办法等,如 1984 年 9 月,国务院印发了《关于改革建筑业和基本建设管理体制若干问题的暂行规定》,规定“工程承包公司对项目建设的可行性研究、勘察设计、设备选购、材料订货、工程施工、生产准备直到竣工投产实行全过程的总承包或部分承包”。这是我国第一次以行政规章的形式规范工程总承包。2003 年 2 月 13 日,建设部发布了《建设部关于培育发展工程总承包和工程项目管理企业的指导意见》(建市〔2003〕30 号),对培育发展专业化的工程总承包和工程项目管理企业提出了指导意见。2005 年 5 月,建设部又发布了《建设项目工程总承包管理规范》(后于 2017 年修订),以进一步促进建设项目工程总承包管理的科学化、规范化和法制化。2017 年 2 月 24 日,国务院办公厅发布《关于促进建筑业持续健康发展的意见》(国办发〔2017〕19 号),提出加快推行工程总承包:装配式建筑原则上应采用工程总承包模式。政府投资工程应完善建设管理模式,带头推行工程总承包。加快完善工程总承包相关的招标投标、施工许可、竣工验收等制度规定。按照总承包负总责的原则,落实工程总承包单位在工程质量安全、进度控制、成本管理等方面的责任。除以暂估价形式包括在工程总承包范围内且依法必须进行招标的项目外,工程总承包单位可以直接发包总承包合同中涵盖的其他专业业务。

8.1.4 工程总承包合同的特点

工程总承包的内容、性质和特点,决定了工程总承包合同除了具备建设工程合同的一般特征外,还有自身的特点:

1) 设计施工一体化

工程项目总承包商不仅负责工程设计与施工(Design and Building),还需负责材料与设备的供应工作(Procurement)。因此,如果工程出现质量缺陷,总承包商将承担全部责任,不会导致设计、施工等多方之间相互推卸责任的情况;同时设计与施工的深度交叉,有利于缩短建设周期,降低工程造价。

2) 投标报价复杂

工程总承包合同价格不仅仅包括工程设计与施工费用,根据双方合同约定情况,还可能包括设备购置费、总承包管理费、专利转让费、研究试验费、不可预见风险费用和财务费用等等。签订总承包合同时,由于尚缺乏详细计算投标报价的依据,不能分项详细计算各个费用项目,通常只能依据项目环境调查情况,参照类似已完工程资料和其他历史成本数据完成项目成本估算。

3) 合同关系单一

在工程总承包合同中,业主将规定范围内的工程项目实施任务委托给总承包商负责,总承包商一般具有很强的技术和管理的综合能力,业主的组织和协调任务量少,只需面对单一的承包商,合同关系简单,工程责任目标明确。

4) 合同风险转移

由于业主将工程完全委托给承包商,并常常采用固定总价合同,将项目风险的绝大部分转移给承包商。承包商除了承担施工过程中的风险外,还需承担设计及采购等更多的风险。特别是由于在只有发包人要求或只完成概念设计的情况下,就要签订总价合同,和传统模式下的合同相比,承包商的风险要大得多,需要承包商具有较高的管理水平和丰富的工程经验。

5) 价值工程应用

在工程总承包合同中,承包商负责设计和施工,打通了设计与施工的界面障碍,在设计阶段便可以考虑设计的可施工性问题(Construction Ability),对降低成本、提高利润有重要影响。承包商常常还可根据自身丰富的工程经验,对发包人要求和设计文件提出合理化建议,从而降低工程投资,改善项目质量或缩短项目工期。因此,在工程总承包合同中常常包括"价值工程"或"承包商合理化建议"与"奖励"条款。

6) 知识产权保护

由于工程总承包模式常常被运用于石油、化工、建材、冶金、水利、电厂、节能建筑等项目,常常设计成果文件中包含多项专利或著作权,总承包合同中一般会有关于知识产权及其相关权益的约定。承包商的专利使用费一般包含在投标报价中。

8.2 工程总承包合同文本

8.2.1 国内工程总承包合同文本

1) 标准设计施工总承包招标文件

国家发展改革委会同工业和信息化部、财政部、住房和城乡建设部、交通运输部、铁道部、水利部、广电总局、中国民用航空局,编制了《标准设计施工总承包招标文件》(2012 年版),自 2012 年 5 月 1 日起实施,在政府投资项目中试行,其他项目也可参照使用。《标准设计施工总承包招标文件》第四章"合同条款及格式",包括通用合同条款、专用合同条款以及 3 个合同附件格式(合同协议书、履约担保格式、预付款担保格式)。通用合同条款共 24 条,包括一般约定，发包人义务，监理人，承包人，设计，材料和工程设备，施工设备和临时设施，交通运输，测量放线，安全、治安保卫和环境保护，开始工作和竣工，暂停工作，工程质量，试验和检验，变更，价格调整，合同价格与支付，竣工试验和竣工验收，缺陷责任与保修责任，保险，不可抗力，违约，索赔，争议的解决。

2）建设项目工程总承包合同示范文本

2020 年 11 月 25 日，依据《中华人民共和国民法典》《中华人民共和国建筑法》《中华人民共和国招标投标法》以及相关法律、法规，住房和城乡建设部、市场监管总局对《建设项目工程总承包合同示范文本（试行）》（GF—2011—0216）进行了修订，制定了《建设项目工程总承包合同（示范文本）》（GF—2020—0216）（以下简称《示范文本》），自 2021 年 1 月 1 日起执行。

（1）《示范文本》的适用范围及性质

《示范文本》适用于房屋建筑和市政基础设施项目工程总承包承发包活动。工程总承包是指承包人受发包人委托，按照合同约定对工程建设项目的设计、采购、施工（含竣工试验）、试运行等实施阶段，实行全过程或若干阶段的工程承包。《示范文本》为推荐使用的非强制性使用文本。合同当事人可结合建设工程具体情况，参照《示范文本》订立合同，并按照法律法规和合同约定承担相应的法律责任及合同权利义务。

（2）《示范文本》的组成

《示范文本》由合同协议书、通用合同条件和专用合同条件三部分组成。

《示范文本》合同协议书共计 11 条，主要包括：工程概况、合同工期、质量标准、签约合同价与合同价格形式、工程总承包项目经理、合同文件构成、承诺、订立时间、订立地点、合同生效和合同份数，集中约定了合同当事人基本的合同权利义务。

通用合同条件是合同当事人根据《中华人民共和国民法典》《中华人民共和国建筑法》等法律法规的规定，就工程总承包项目的实施及相关事项，对合同当事人的权利义务作出的原则性约定。通用合同条件共计 20 条，具体条款分别为：一般约定，发包人，发包人的管理，承包人，设计，材料、工程设备，施工，工期和进度，竣工试验，验收和工程接收，缺陷责任与保修，竣工后试验，变更与调整，合同价格与支付，违约，合同解除，不可抗力，保险，索赔和争议解决。前述条款安排既考虑了现行法律法规对工程总承包活动的有关要求，也考虑了工程总承包项目管理的实际需要。

专用合同条件是合同当事人根据不同建设项目的特点及具体情况，通过双方的谈判、协商对通用合同条件原则性约定细化、完善、补充、修改或另行约定的合同条件。专用合同条件包括六个附件，即发包人要求、发包人供应材料设备一览表、工程质量保修书、主要建设工程文件目录、承包人主要管理人员表和价格指数权重表。

8.2.2 国际工程总承包合同文本

国际上著名的标准合同格式有：FIDIC（国际咨询工程师联合会）、ICE（英国土木工程师学会）、JCT（英国合同审定联合会）、AIA（美国建筑师学会）、AGC（美国总承包商协会）等组织制定的系列标准合同格式。ICE 和 JCT 的标准合同格式是英国以及英联邦国家的主流合同条件，AIA 和 AGC 的标准合同格式是美国以及受美国建筑业影响较大国家的主流合同条件，FIDIC 的标准合同格式主要适用于世界银行、亚洲开发银行等国际金融机构的贷款项目以及其他的国际工程,是我国工程界最为熟悉的国际标准合同条件。这些标准合同条件里,FIDIC 和 ICE 合同条件主要应用于土木工程,而 JCT 和 AIA 合同条件主要应用于建筑工程。比较典型的工程总承包标准合同条件介绍如下:

1) FIDIC 标准合同

国际咨询工程师联合会(FIDIC)在 1995 年出版了设计—建造与交钥匙合同条件(Conditions of Contract for Design-Build and Turnkey)(橘皮书),用于设计施工模式和交钥匙工程中。1999 年,FIDIC 出版了工程设备和设计—施工合同条件(Conditions of Contract for Plant and Design-Build)(新黄皮书)、设计—采购—施工交钥匙合同条件(Conditions of Contract for EPC Turnkey Projects)(银皮书)。新黄皮书用于设计施工模式,银皮书用于 EPC 和交钥匙工程模式。FIDIC 所编制的这三个合同条件适用的都是总价合同类型,主要适用于世界银行、亚洲开发银行等国际金融机构的贷款项目以及其他的国际工程。FIDIC 合同条件主要应用于土木工程,具体内容参见第 10 章。

2) JCT 标准合同

英国合同审定联合会(JCT)在 1981 年出版了承包商负责设计的标准合同格式(Standard Form of Contract with Contractor's Design, JCT81)。JCT81 适用于承包商对所有设计都负责的情况,包括在签订设计施工总承包合同之前很大一部分设计已经由业主所委托的设计者完成的情况。如果在很大一部分设计已经完成的情况下签订设计施工总承包合同,总承包商实际上并没有做那部分设计,但是却要对包括那部分在内的所有设计工作负责,这其实是设计施工模式的变体——转换型合同(Novation Contract)模式。1998 年 JCT 在 JCT81 的基础上出版了最新的承包商负责设计的标准合同格式,并称之为 WCD98。JCT 合同条件主要应用于建筑工程。

3) ICE 标准合同

英国土木工程师学会(ICE)在 1992 年出版了设计—施工合同条件(Design and Construction Conditions of Contract),在 2001 年又出版了此合同条件的第二版,该合同文本适用于土木工程领域设计加施工模式的合同条件。ICE 在 1995 年第二版的"新工程合同"(New Engineering Contract,NEC)也适用于承包商承担部分设计或者全部设计的情况。ICE 合同条件主要应用于土木工程。

4) AIA 标准合同

美国建筑师学会(AIA)系列合同条件的核心是 A201,不同的采购模式只需要选用不同的协议书格式。与设计—施工模式(DB)相对应的标准协议书格式有三个:

(1) 业主与 DB 承包商之间标准协议书格式(Standard Form of Agreement Between Owner and Design-Builder)(A191);

(2) DB 承包商与施工承包商之间标准协议书格式(Standard Form of Agreement Between Design-Builder and Contractor)(A491);

(3) DB 承包商与建筑师之间标准协议书格式(Standard Form of Agreement Between Design Builder and Architect)(B901)。

A191 和 A491 都分别由两部分组成。A191 的第一部分涵盖初步设计和投资估算服务，第二部分涵盖后面的设计和施工。A491 的第一部分涵盖初步设计阶段的管理咨询服务，第二部分涵盖施工。AIA 的 DB 合同条件都要求在设计开始之前签订 DB 合同，因此工程费用要到初步设计完成并经过业主的同意后才能够确定。AIA 合同条件主要应用于建筑工程。

5）AGC 标准合同

美国总承包商协会（AGC）所制定的设计—施工（DB）模式标准合同条件和 AIA 相类似，但是更加综合，主要包括：

（1）业主与承包商之间设计施工的简要协议书（Preliminary Design Build Agreement Between Owner and Contractor）（AGC400）；

（2）在以成本加酬金并带有保证最大价格的支付方式下，业主与承包商之间设计加施工的标准协议书格式及一般合同条件（Standard Form of Design Build Agreement and General Conditions Between Owner and Contractor, Where the Basis of Payment is the Actual Cost Plus a Fee with a Guaranteed Maximum Price）（AGC410）；

（3）在总价支付方式下，业主与承包商之间设计施工的标准协议书格式及一般合同条件（Standard Form of Design Build Agreement and General Conditions Between Owner and Contractor, Where the Basis of Payment is a Lump Sum）（AGC415）；

（4）承包商与建筑师/工程师设计施工项目的标准协议书格式（Standard Form of Agreement Between Contractor and Architect/Engineer for Design Build Projects）（AGC420）；

（5）设计施工承包商与分包商的标准协议书格式（Standard Form of Agreement Between Design Build Contractor and Subcontractor）（AGC450）。

AIA 和 AGC 的设计施工合同条件都要求在设计开始之前签订设计—施工合同，因此工程费用，包括保证最大工程费用（Guaranteed Maximum Price, GMP）要到初步设计完成并经过业主的同意后才能够确定。

6）EJCDC 标准合同

美国工程师联合合同委员会（EJCDC）为设计—施工模式所制定的合同条件包括：

（1）业主与设计施工总承包商之间的标准一般合同条件（Standard General Conditions of the Contract Between Owner and Design Builder）。

（2）业主与设计施工总承包商之间在确定的价格基础上的标准协议书格式（Standard Form of Agreement Between Owner and Design Builder on the Basis of a Stipulated Price）。Stipulated Price 即“确定的价格”，也就是总价，是指在合同中约定一个确定的总价，此总价不一定是固定的。

（3）业主与设计施工总承包商之间在成本加酬金基础上的标准协议书格式（Standard Form of Agreement Between Owner and Design Builder on the Basis of Cost Plus）。

（4）设计施工总承包商与工程师之间的设计职业服务分包标准协议书格式（Standard Form of Sub agreement Between Design Builder and Engineer for Design Professional Services）。

（5）设计施工总承包商与分包商之间的施工分包协议标准一般合同条件（Standard

General Conditions of the Construction Sub agreement Between Design Builder and Subcontractor)。

(6) 设计施工总承包商与分包商之间在确定价格基础上的施工分包协议标准协议书格式(Standard Form of Construction Sub agreement Between Design Builder and Subcontractor on the Basis of a Stipulated Price)。

(7) 设计施工总承包商与分包商之间在成本加酬金基础上的施工分包协议标准协议书格式(Standard Form of Construction Sub agreement Between Design Builder and Subcontractor on the Basis of Cost Plus)。

1995年EJCDC对这些文件都作了一定的修改。

此外,还有英国咨询建筑师学会(Association of Consulting Architects, ACA)、美国设计—建造学会(Design-Build Institute of American, DBIA)、日本工程促进协会(Engineering Advancement Association of Japan, EAAJ)也都制定了相应的应用于DB模式的标准合同条件。

8.3 工程总承包合同重点条款

以下主要按照住房和城乡建设部、国家工商行政管理总局联合制定的《建设项目工程总承包合同(示范文本)》(GF—2020—0216)以及国家发展和改革委员会等九部委联合编制的《标准设计施工总承包招标文件》第四章"合同条款及格式",说明建设工程总承包合同与建设工程施工合同不同的重点条款。

1) 合同文件组成及优先顺序

工程总承包合同是指根据法律规定和合同当事人约定具有约束力的文件,构成合同的文件包括合同协议书、中标通知书(如果有)、投标函及其附录(如果有)、专用合同条件及其附件、通用合同条件、《发包人要求》、承包人建议书、价格清单以及双方约定的其他合同文件。

组成合同的各项文件应互相解释,互为说明。除专用合同条件另有约定外,解释合同文件的优先顺序如下:

(1) 合同协议书;

(2) 中标通知书(如果有);

(3) 投标函及投标函附录(如果有);

(4) 专用合同条件及《发包人要求》等附件;

(5) 通用合同条件;

(6) 承包人建议书;

(7) 价格清单;

(8) 双方约定的其他合同文件。

上述各项合同文件包括合同当事人就该项合同文件所作出的补充和修改,属于同一类内容的文件,应以最新签署的为准。

在合同订立及履行过程中形成的与合同有关的文件均构成合同文件组成部分,并根据其性质确定优先解释顺序。

2) 发包人要求

发包人要求指构成合同文件组成部分的名为《发包人要求》的文件，其中列明工程的目的、范围、设计与其他技术标准和要求，以及合同双方当事人约定对其所作的修改或补充。“发包人要求”是招标文件的有机构成，工程总承包合同签订后，也是合同文件的组成部分，对双方当事人具有法律约束力。承包人应认真阅读、复核“发包人要求”，发现错误的，应及时书面通知发包人。“发包人要求”中的错误导致承包人增加费用和(或)工期延误的，发包人应承担由此增加的费用和(或)工期延误，并向承包人支付合理利润。发包人要求违反法律规定的，承包人发现后应书面通知发包人，并要求其改正。发包人收到通知书后不予改正或不予答复的，承包人有权拒绝履行合同义务，直至解除合同。发包人应承担由此引起的承包人全部损失。

“发包人要求”应尽可能清晰准确，对于可以进行定量评估的工作，发包人要求不仅应明确规定其产能、功能、用途、质量、环境、安全，并且要规定偏离的范围和计算方法，以及检验、试验、试运行的具体要求。对于承包人负责提供的有关设备和服务，对发包人人员进行培训和提供一些消耗品等，在发包人要求中应一并明确规定。“发包人要求”通常包括但不限于以下内容：

(1) 功能要求：包括工程的目的、规模、性能保证指标(性能保证表)、产能保证指标等。

(2) 工程范围：①包括的工作：包括永久工程的设计、采购、施工范围，临时工程的设计与施工范围，竣工验收工作范围，技术服务工作范围，培训工作范围，保修工作范围等。②工作界区。③发包人提供的现场条件：包括施工用电、施工用水、施工排水、施工道路。④发包人提供的技术文件：除另有批准外，承包人的工作需要遵照发包人需求任务书、发包人已完成的设计文件。

(3) 工艺安排或要求(如有)。

(4) 时间要求：包括开始工作时间、设计完成时间、进度计划、竣工时间、缺陷责任期和其他时间要求等。

(5) 技术要求：包括设计阶段和设计任务，设计标准和规范，技术标准和要求，质量标准，设计、施工和设备监造、试验(如有)，样品，发包人提供的其他条件，如发包人或其委托的第三人提供的设计、工艺包、用于试验检验的工器具等，以及据此对承包人提出的予以配套的要求。

发包人对于工程的技术标准、功能要求高于或严于现行国家、行业或地方标准的，应当在《发包人要求》中予以明确。除专用合同条件另有约定外，应视为承包人在订立合同前已充分预见前述技术标准和功能要求的复杂程度，签约合同价中已包含由此产生的费用。

(6) 竣工试验：第一阶段，如对单车试验等的要求，包括试验前准备。第二阶段，如对联动试车、投料试车等的要求，包括人员、设备、材料、燃料、电力、消耗品、工具等必要条件。第三阶段，如对性能测试及其他竣工试验的要求，包括产能指标、产品质量标准、运营指标、环保指标等。

(7) 竣工验收。

(8) 竣工后试验(如有)。

(9) 文件要求：包括设计文件及其相关审批、核准、备案要求，沟通计划，风险管理计划，竣工文件和工程的其他记录，操作和维修手册，其他承包人文件等。

(10) 工程项目管理规定：包括质量，进度[包括里程碑进度计划(如果有)]，支付，HSE(健康、安全与环境管理体系)，沟通，变更等。

(11) 其他要求：包括对承包人的主要人员资格要求，相关审批、核准和备案手续的办理，对项目业主人员的操作培训，分包，设备供应商，缺陷责任期的服务要求等。

《标准设计施工总承包招标文件》中要求“发包人要求”用13个附件清单明确列出，主要包括性能保证表，工作界区图，发包人需求任务书，发包人已完成的设计文件，承包人文件要求，承包人人员资格要求及审查规定，承包人设计文件审查规定，承包人采购审查与批准规定，材料、工程设备和工程试验规定，竣工试验规定，竣工验收规定，竣工后试验规定，工程项目管理规定。

3) 发包人

(1) 发包人的管理

发包人应任命发包人代表，并在专用合同条件中明确发包人代表的姓名、职务、联系方式及授权范围等事项。发包人代表应在发包人的授权范围内，负责处理合同履行过程中与发包人有关的具体事宜。发包人代表在授权范围内的行为由发包人承担法律责任。

除非发包人另行通知承包人，发包人代表应被授予并且被认为具有发包人在授权范围内享有的相应权利。

发包人代表(或者在其为法人的情况下，被任命代表其行事的自然人)应：

① 履行指派给其的职责，行使发包人托付给的权利；

② 具备履行这些职责、行使这些权利的能力；

③ 作为熟练的专业人员行事。

如果发包人代表为法人且在签订本合同时未能确定授权代表的，发包人代表应在本合同签订之日起3日内向双方发出书面通知，告知被任命和授权的自然人以及任何替代人员。此授权在双方收到本通知后生效。发包人代表撤销该授权或者变更授权代表时也应同样发出该通知。

发包人更换发包人代表的，应提前14天将更换人的姓名、地址、任务和权利以及任命的日期书面通知承包人。发包人不得将发包人代表更换为承包人根据本款发出通知提出合理反对意见的人员，不论是法人还是自然人。

发包人代表不能按照合同约定履行其职责及义务，并导致合同无法继续正常履行的，承包人可以要求发包人撤换发包人代表。

发包人人员包括发包人代表、工程师及其他由发包人派驻施工现场的人员，发包人可以在专用合同条件中明确发包人人员的姓名、职务及职责等事项。发包人或发包人代表可随时对一些助手指派和托付一定的任务和权利，也可撤销这些指派和托付。这些助手可包括驻地工程师或担任检验、试验各项工程设备和材料的独立检查员。这些助手应具有适当的资质、履行其任务和权利的能力。以上指派、托付或撤销，在承包人收到通知后生效。承包人对于可能影响正常履约或工程安全质量的发包人人员保有随时提出沟通的权利。

发包人应要求在施工现场的发包人人员遵守法律及有关安全、质量、环境保护、文明施工等规定，因发包人人员未遵守上述要求给承包人造成的损失和责任由发包人承担。

发包人需对承包人的设计、采购、施工、服务等工作过程或过程节点实施监督管理的，有权委任工程师。工程师的名称、监督管理范围、内容和权限在专用合同条件中写明。根据国家相关法律法规规定，如本合同工程属于强制监理项目的，由工程师履行法定的监理相关职责，但发包人另行授权第三方进行监理的除外。

（2）发包人的义务

① 遵守法律

发包人在履行合同过程中应遵守法律，并承担因发包人违反法律给承包人造成的任何费用和损失。发包人不得以任何理由，要求承包人在工程实施过程中违反法律、行政法规以及建设工程质量、安全、环保标准，任意压缩合理工期或者降低工程质量。

② 提供施工现场和工作条件

发包人应按专用合同条件约定向承包人移交施工现场，给承包人进入和占用施工现场各部分的权利，并明确与承包人的交接界面，上述进入和占用权可不为承包人独享。如专用合同条件没有约定移交时间的，则发包人应最迟于计划开始现场施工日期 7 天前向承包人移交施工现场，但承包人未能提供履约担保的除外。

发包人应按专用合同条件约定向承包人提供工作条件。专用合同条件对此没有约定的，发包人应负责提供开展本合同相关工作所需要的条件，包括：

ⅰ 将施工用水、电力、通讯线路等施工所必需的条件接至施工现场内；

ⅱ 保证向承包人提供正常施工所需要的进入施工现场的交通条件；

ⅲ 协调处理施工现场周围地下管线和邻近建筑物、构筑物、古树名木、文物、化石及坟墓等的保护工作，并承担相关费用；

ⅳ 对工程现场临近发包人正在使用、运行，或由发包人用于生产的建筑物、构筑物、生产装置、设施、设备等，设置隔离设施，竖立禁止入内、禁止动火的明显标志，并以书面形式通知承包人须遵守的安全规定和位置范围；

ⅴ 按照专用合同条件约定应提供的其他设施和条件。

因发包人原因未能按合同约定及时向承包人提供施工现场和施工条件的，由发包人承担由此增加的费用和（或）延误的工期。

③ 提供基础资料

发包人应按专用合同条件和《发包人要求》中的约定向承包人提供施工现场及工程实施所必需的毗邻区域内的供水、排水、供电、供气、供热、通信、广播电视等地上、地下管线和设施资料，气象和水文观测资料，地质勘察资料，相邻建筑物、构筑物和地下工程等有关基础资料，并根据《发包人要求》和基础资料中的错误承担基础资料错误造成的责任。按照法律规定确需在开工后方能提供的基础资料，发包人应尽其努力及时地在相应工程实施前的合理期限内提供，合理期限应以不影响承包人的正常履约为限。因发包人原因未能在合理期限内提供相应基础资料的，由发包人承担由此增加的费用和延误的工期。

④ 办理许可和批准

发包人在履行合同过程中应遵守法律，并办理法律规定或合同约定由其办理的许可、批准或备案，包括但不限于建设用地规划许可证、建设工程规划许可证、建设工程施工许可证等许可和批准。对于法律规定或合同约定由承包人负责的有关设计、施工证件、批件或备案，发包人应给予必要的协助。

因发包人原因未能及时办理完毕前述许可、批准或备案，由发包人承担由此增加的费用和(或)延误的工期，并支付承包人合理的利润。

⑤ 支付合同价款

发包人应按合同约定向承包人及时支付合同价款。

发包人应当制定资金安排计划，除专用合同条件另有约定外，如发包人拟对资金安排做任何重要变更，应将变更的详细情况通知承包人。如发生承包人收到价格大于签约合同价10%的变更指示或累计变更的总价超过签约合同价30%；或承包人未能收到付款，或承包人得知发包人的资金安排发生重要变更但并未收到发包人上述重要变更通知的情况，则承包人可随时要求发包人在28天内补充提供能够按照合同约定支付合同价款的相应资金来源证明。

发包人应当向承包人提供支付担保。支付担保可以采用银行保函或担保公司担保等形式，具体由合同当事人在专用合同条件中约定。

4）承包人

(1) 承包人的管理

① 工程总承包项目经理

承包人应按合同协议书的约定指派工程总承包项目经理，并在约定的期限内到职。工程总承包项目经理不得同时担任其他工程项目的工程总承包项目经理或施工工程总承包项目经理(含施工总承包工程、专业承包工程)。工程在现场实施的全部时间内，工程总承包项目经理每月在施工现场时间不得少于专用合同条件约定的天数。工程总承包项目经理确需离开施工现场时，应事先通知工程师，并取得发包人的书面同意。工程总承包项目经理未经批准擅自离开施工现场的，承包人应按照专用合同条件的约定承担违约责任。工程总承包项目经理的通知中应当载明临时代行其职责的人员的注册执业资格、管理经验等资料，该人员应具备履行相应职责的资格、经验和能力。

承包人应根据本合同的约定授予工程总承包项目经理代表承包人履行合同所需的权利，工程总承包项目经理权限以专用合同条件中约定的权限为准。经承包人授权后，工程总承包项目经理应按合同约定以及工程师作出的指示，代表承包人负责组织合同的实施。在紧急情况下，且无法与发包人和工程师取得联系时，工程总承包项目经理有权采取必要的措施保证人身、工程和财产的安全，但须在事后48小时内向工程师送交书面报告。

承包人需要更换工程总承包项目经理的，应提前14天书面通知发包人并抄送工程师，征得发包人书面同意。未经发包人书面同意，承包人不得擅自更换工程总承包项目经理，在发包人未予以书面回复期间内，工程总承包项目经理将继续履行其职责。工程总承包项目经理突发丧失履行职务能力的，承包人应当及时委派一位具有相应资格能力的人员担任临时工程总承包项目经理，履行工程总承包项目经理的职责，临时工程总承包项目经理将履行职责直至发包人同意新的工程总承包项目经理的任命之日止。承包人擅自更换工程总承包项目经理的，应按照专用合同条件的约定承担违约责任。

发包人有权书面通知承包人要求更换其认为不称职的工程总承包项目经理，通知中应当载明要求更换的理由。承包人应在接到更换通知后14天内向发包人提出书面的改进报告。如承包人没有提出改进报告，应在收到更换通知后 28 天内更换项目经理。发包人收到改进报告后仍要求更换的，承包人应在接到第二次更换通知的 28 天内进行更换，并将新任命的工程总承包项目经理的注册执业资格、管理经验等资料书面通知发包人。继任工程总承包项目经理继续履行本合同约定的职责。承包人无正当理由拒绝更换工程总承包项目经理的，应按照专用合同条件的约定承担违约责任。

工程总承包项目经理因特殊情况授权其下属人员履行其某项工作职责的，该下属人员应具备履行相应职责的能力，并应事先将上述人员的姓名、注册执业资格、管理经验等信息和授权范围书面通知发包人并抄送工程师，征得发包人书面同意。

② 承包人人员

承包人人员的资质、数量、配置和管理应能满足工程实施的需要。除专用合同条件另有约定外，承包人应在接到开始工作通知之日起 14 天内，向工程师提交承包人的项目管理机构以及人员安排的报告。

关键人员是发包人及承包人一致认为对工程建设起重要作用的承包人主要管理人员或技术人员。承包人派驻到施工现场的关键人员应相对稳定。承包人更换关键人员时，应提前 14 天将继任关键人员信息及相关证明文件提交给工程师，并由工程师报发包人征求同意。在发包人未予以书面回复期间内，关键人员将继续履行其职务。承包人擅自更换关键人员，应按照专用合同条件约定承担违约责任。

工程师对于承包人关键人员的资格或能力有异议的，承包人应提供资料证明被质疑人员有能力完成其岗位工作或不存在工程师所质疑的情形。工程师指示撤换不能按照合同约定履行职责及义务的主要施工管理人员的，承包人应当撤换。承包人无正当理由拒绝撤换的，应按照专用合同条件的约定承担违约责任。

除专用合同条件另有约定外，承包人的现场管理关键人员离开施工现场每月累计不超过 7 天的，应报工程师同意；离开施工现场每月累计超过 7 天的，应书面通知发包人并抄送工程师，征得发包人书面同意。

③ 分包

承包人应按照专用合同条件约定对工作事项进行分包，确定分包人。承包人不得将其承包的全部工程转包给第三人，或将其承包的全部工程支解后以分包的名义转包给第三人。承包人不得将法律或专用合同条件中禁止分包的工作事项分包给第三人，不得以劳务分包的名义转包或违法分包工程。

专用合同条件未列出的分包事项，承包人可在工程实施阶段分批分期就分包事项向发包人提交申请，发包人在接到分包事项申请后的 14 天内，予以批准或提出意见。未经发包人同意，承包人不得将提出的拟分包事项对外分包。发包人未能在 14 天内批准亦未提出意见的，承包人有权将提出的拟分包事项对外分包，但应在分包人确定后通知发包人。

承包人应当对分包人的工作进行必要的协调与管理，确保分包人严格执行国家有关分包事项的管理规定。承包人对分包人的行为向发包人负责，承包人和分包人就分包工作向发包人承担连带责任。

分包合同价款由承包人与分包人结算，未经承包人同意，发包人不得向分包人支付分包合同价款；生效法律文书要求发包人向分包人支付分包合同价款的，发包人有权从应付承包人工程款中扣除该部分款项，将扣款直接支付给分包人，并书面通知承包人。

④ 联合体

经发包人同意,以联合体方式承包工程的,联合体各方应共同与发包人订立合同协议书。联合体各方应为履行合同向发包人承担连带责任。

承包人应在专用合同条件中明确联合体各成员的分工、费用收取、发票开具等事项。联合体各成员分工承担的工作内容必须与适用法律规定的该成员的资质资格相适应,并应具有相应的项目管理体系和项目管理能力,且不应根据其就承包工作的分工而减免对发包人的任何合同责任。

联合体协议经发包人确认后作为合同附件。在履行合同过程中,未经发包人同意,不得变更联合体成员和其负责的工作范围,或者修改联合体协议中与本合同履行相关的内容。

(2) 承包人的一般义务

① 办理法律规定和合同约定由承包人办理的许可和批准,将办理结果书面报送发包人留存,并承担因承包人违反法律或合同约定给发包人造成的任何费用和损失;

② 按合同约定完成全部工作并在缺陷责任期和保修期内承担缺陷保证责任和保修义务,对工作中的任何缺陷进行整改、完善和修补,使其满足合同约定的目的;

③ 提供合同约定的工程设备和承包人文件,以及为完成合同工作所需的劳务、材料、施工设备和其他物品,并按合同约定负责临时设施的设计、施工、运行、维护、管理和拆除;

④ 按合同约定的工作内容和进度要求,编制设计、施工的组织和实施计划,保证项目进度计划的实现,并对所有设计、施工作业和施工方法,以及全部工程的完备性和安全可靠性负责;

⑤ 按法律规定和合同约定采取安全文明施工、职业健康和环境保护措施,办理员工工伤保险等相关保险,确保工程及人员、材料、设备和设施的安全,防止因工程实施造成的人身伤害和财产损失;

⑥ 将发包人按合同约定支付的各项价款专用于合同工程,且应及时支付其雇用人员(包括建筑工人)工资,并及时向分包人支付合同价款;

⑦ 在进行合同约定的各项工作时,不得侵害发包人与他人使用公用道路、水源、市政管网等公共设施的权利,避免对邻近的公共设施产生干扰。

(3) 履约担保

发包人需要承包人提供履约担保的,由合同当事人在专用合同条件中约定履约担保的方式、金额及提交的时间等,并应符合支付合同价款的规定。履约担保可以采用银行保函或担保公司担保等形式,承包人为联合体的,其履约担保由联合体各方或者联合体中牵头人的名义代表联合体提交,具体由合同当事人在专用合同条件中约定。

承包人应保证其履约担保在发包人竣工验收前一直有效,发包人应在竣工验收合格后7天内将履约担保款项退还给承包人或者解除履约担保。

因承包人原因导致工期延长的,继续提供履约担保所增加的费用由承包人承担;非因承包人原因导致工期延长的,继续提供履约担保所增加的费用由发包人承担。

(4) 承包人现场查勘

除专用合同条件另有约定外,承包人应对基于发包人提交的基础资料所做出的解释和推断负责,因基础资料存在错误、遗漏导致承包人解释或推断失实的,按照规定承担责任。

承包人应对现场和工程实施条件进行查勘,并充分了解工程所在地的气象条件、交通条件、风俗习惯以及其他与完成合同工作有关的其他资料。承包人提交投标文件，视为承包人已对施工现场及周围环境进行了踏勘，并已充分了解评估施工现场及周围环境对工程可能产生的影响，自愿承担相应风险与责任。在全部合同工作中，视为承包人已充分估计了应承担的责任和风险，但属于约定的不可预见的困难情形除外。

(5) 不可预见的困难

不可预见的困难是指有经验的承包人在施工现场遇到的不可预见的自然物质条件、非自然的物质障碍和污染物，包括地表以下物质条件和水文条件以及专用合同条件约定的其他情形，但不包括气候条件。

承包人遇到不可预见的困难时，应采取克服不可预见的困难的合理措施继续施工，并及时通知工程师并抄送发包人。通知应载明不可预见的困难的内容、承包人认为不可预见的理由以及承包人制定的处理方案。工程师应当及时发出指示，指示构成变更的，按变更与调整约定执行。承包人因采取合理措施而增加的费用和(或)延误的工期由发包人承担。

(6) 工程质量管理

承包人应按合同约定的质量标准规范，建立有效的质量管理系统，确保设计、采购、加工制造、施工、竣工试验等各项工作的质量，并按照国家有关规定，通过质量保修责任书的形式约定保修范围、保修期限和保修责任。

承包人按照约定向工程师提交工程质量保证体系及措施文件，建立完善的质量检查制度，并提交相应的工程质量文件。对于发包人和工程师违反法律规定和合同约定的错误指示，承包人有权拒绝实施。

承包人应对其人员进行质量教育和技术培训，定期考核人员的劳动技能，严格执行相关规范和操作规程。

承包人应按照法律规定和合同约定，对设计、材料、工程设备以及全部工程内容及其施工工艺进行全过程的质量检查和检验，并作详细记录，编制工程质量报表，报送工程师审查。此外，承包人还应按照法律规定和合同约定，进行施工现场取样试验、工程复核测量和设备性能检测，提供试验样品、提交试验报告和测量成果以及其他工作。

5) 设计文件与协调

(1) 承包人的设计范围

按照我国工程建设基本程序，工程设计依据工作进程和深度不同，一般按初步设计、施工图设计两个阶段进行，技术上复杂的建设项目可按初步设计、技术设计和施工图设计三个阶段进行。民用建筑工程设计一般分为方案设计、初步设计和施工图设计三个阶段。国际上一般分为概念设计(Concept Design)、基本设计(Basic Engineering)和详细设计(Detailed Engineering)三个阶段。

方案设计(概念设计)是项目投资决策后，由咨询单位将项目策划和可行性研究提出的意见和问题，经与业主协商认可后提出的具体开展建设的设计文件，其深度应当满足编制初步设计文件和控制概算的需要。

初步设计(基本设计)的内容根据项目类型不同而有所变化，一般来说，它是项目的宏观设计，即项目的总体设计、布局设计、主要的工艺流程、设备的选型和安装设计、土建工程量及费用的估算等。初步设计文件应当满足编制施工招标文件、主要设备材料订货和编制施工图设计文件的需要,是下一阶段施工图设计的基础。

施工图设计(详细设计)的主要内容是根据批准的初步设计,绘制出正确、完整和尽可能详细的建筑、安装图纸,包括建设项目部分工程的详图、零部件结构明细表、验收标准、方法、施工图预算等。此设计文件应当满足设备材料采购、非标准设备制作和施工的需要,并注明建筑工程合理使用年限。

在工程总承包合同中应明确地定义设计的范围,确定谁应该参与设计及参与的程度。承包人的设计范围可以是施工图设计,也可以是初步设计和施工图设计,还可以是包括方案设计、初步设计、施工图设计的所有设计,由双方在总承包合同中明确。

承包人应按合同约定的工作内容和进度要求,编制设计、施工的组织和实施计划,并对所有设计、施工作业和施工方法,以及全部工程的完备性和安全可靠性负责。承包人不得将设计和施工的主体、关键性工作分包给第三人。除专用合同条款另有约定外,未经发包人同意,承包人也不得将非主体、非关键性工作分包给第三人。

(2) 承包人的设计义务

承包人应按照法律规定,以及国家、行业和地方的规范和标准,以及《发包人要求》和合同约定完成设计工作和设计相关的其他服务,并对工程的设计负责。承包人应根据工程实施的需要及时向发包人和工程师说明设计文件的意图,解释设计文件。除合同另有约定外,承包人完成设计工作所应遵守的法律规定,以及国家、行业和地方的规范和标准,均应视为在基准日适用的版本。基准日之后,前述版本发生重大变化,或者有新的法律,以及国家、行业和地方的新的规范和标准实施的,承包人应向工程师提出遵守新规定的建议。发包人或其委托的工程师应在收到建议后7天内发出是否遵守新规定的指示。发包人或其委托的工程师指示遵守新规定的,按照变更条款执行,或者在基准日后,因法律变化导致承包人在合同履行中所需费用发生除合同约定的物价波动引起的调整以外的增减时,工程师应根据法律、国家或省、自治区、直辖市有关部门的规定,商定或确定需调整的合同价格。

(3) 承包人设计进度计划

承包人应按照发包人要求,在合同进度计划中专门列出设计进度计划,报发包人批准后执行。承包人需按照经批准后的计划开展设计工作。

因承包人原因影响设计进度的,未能按合同进度计划完成工作,或工程师认为承包人工作进度不能满足合同工期要求的,承包人应采取措施加快进度,并承担加快进度所增加的费用。发包人或其委托的工程师有权要求承包人提交修正的进度计划、增加投入资源并加快设计进度。由于承包人原因造成工期延误,承包人应支付逾期竣工违约金。逾期竣工违约金的计算方法和最高限额在专用合同条款中约定。承包人支付逾期竣工违约金,不免除承包人完成工作及修补缺陷的义务。

因发包人原因影响设计进度的,按合同约定的变更条款处理。

(4) 承包人文件审查

根据《发包人要求》应当通过工程师报发包人审查同意的承包人文件,承包人应当按照《发包人要求》约定的范围和内容及时报送审查。除合同另有约定外,自工程师收到承包人文件以及承包人的通知之日起,发包人对承包人文件审查期不超过21天。承包人的设计文件对于合同约定有偏离的,应在通知中说明。承包人需要修改已提交的承包人文件的,应立即通知工程师,并向工程师提交修改后的承包人文件,审查期重新起算。

发包人同意承包人文件的，应及时通知承包人，发包人不同意承包人文件的，应在审查期限内通过工程师以书面形式通知承包人，并说明不同意的具体内容和理由。

承包人对发包人的意见按以下方式处理：

① 发包人的意见构成变更的，承包人应在 7 天内通知发包人按照[变更与调整]中关于发包人指示变更的约定执行，双方对是否构成变更无法达成一致的，按照[争议解决]的约定执行。

② 因承包人原因导致无法通过审查的，承包人应根据发包人的书面说明，对承包人文件进行修改后重新报送发包人审查，审查期重新起算。因此引起的工期延长和必要的工程费用增加，由承包人负责。

合同约定的审查期满，发包人没有做出审查结论也没有提出异议的，视为承包人文件已获发包人同意。

发包人对承包人文件的审查和同意不得被理解为对合同的修改或改变，也并不减轻或免除承包人任何的责任和义务。

承包人文件不需要政府有关部门或专用合同条件约定的第三方审查单位审查或批准的，承包人应当严格按照经发包人审查同意的承包人文件设计和实施工程。

发包人需要组织审查会议对承包人文件进行审查的，审查会议的审查形式、时间安排、费用承担，在专用合同条件中约定。发包人负责组织承包人文件审查会议，承包人有义务参加发包人组织的审查会议，向审查者介绍、解答、解释承包人文件，并提供有关补充资料。

发包人有义务向承包人提供审查会议的批准文件和纪要。承包人有义务按照相关审查会议批准的文件和纪要，并依据合同约定及相关技术标准，对承包人文件进行修改、补充和完善。

承包人文件需政府有关部门或专用合同条件约定的第三方审查单位审查或批准的，发包人应在发包人审查同意承包人文件后 7 天内，向政府有关部门或第三方报送承包人文件，承包人应予以协助。

对于政府有关部门或第三方审查单位的审查意见，不需要修改《发包人要求》的，承包人需按该审查意见修改承包人的设计文件；需要修改《发包人要求》的，承包人应按款[承包人的合理化建议]的约定执行。

承包人文件存在错误、遗漏、含混、矛盾、不充分之处或其他缺陷，无论承包人是否根据本款获得了同意，承包人均应自费对前述问题带来的缺陷和工程问题进行改正，并按照[承包人文件审查]的要求，重新送工程师审查，审查日期从工程师收到文件开始重新计算。因此款原因重新提交审查文件导致的工程延误和必要费用增加由承包人承担。《发包人要求》的错误导致承包人文件错误、遗漏、含混、矛盾、不充分或其他缺陷的除外。

6）施工

（1）交通运输

出入现场的权利：发包人应根据工程实施需要，负责取得出入施工现场所需的批准手续和全部权利，以及取得因工程实施所需修建道路、桥梁以及其他基础设施的权利，并承担相关手续费用和建设费用。承包人应协助发包人办理修建场内外道路、桥梁以及其他基础设施的手续。

场外交通:发包人应提供场外交通设施的技术参数和具体条件,场外交通设施无法满足工程施工需要的,由发包人负责承担由此产生的相关费用。承包人车辆外出行驶所需的场外公共道路的通行费、养路费和税款等由承包人承担。

场内交通:承包人应负责修建、维修、养护和管理施工所需的临时道路和交通设施,包括维修、养护和管理发包人提供的道路和交通设施,并承担相应费用。场内交通与场外交通的边界由合同当事人在专用合同条件中约定。

(2) 现场合作

承包人应按合同约定或发包人的指示,与发包人人员、发包人的其他承包人等人员就在现场或附近实施与工程有关的各项工作进行合作并提供适当条件,包括使用承包人设备、临时工程或进入现场等。

承包人应对其在现场的施工活动负责,并应尽合理努力按合同约定或发包人的指示,协调自身与发包人人员、发包人的其他承包人等人员的活动。

如果承包人提供上述合作、条件或协调在考虑到《发包人要求》所列内容的情况下是不可预见的,则承包人有权就额外费用和合理利润从发包人处获得支付,且因此延误的工期应相应顺延。

(3) 现场劳动用工

承包人及其分包人招用建筑工人的,应当依法与所招用的建筑工人订立劳动合同,实行建筑工人劳动用工实名制管理,承包人应当按照有关规定开设建筑工人工资专用账户、存储工资保证金,专项用于支付和保障该工程建设项目建筑工人工资。

承包人应当在工程项目部配备劳资专管员,对分包单位劳动用工及工资发放实施监督管理。承包人拖欠建筑工人工资的,应当依法予以清偿。分包人拖欠建筑工人工资的,由承包人先行清偿,再依法进行追偿。因发包人未按照合同约定及时拨付工程款导致建筑工人工资拖欠的,发包人应当以未结清的工程款为限先行垫付被拖欠的建筑工人工资。合同当事人可在专用合同条件中约定具体的清偿事宜和违约责任。

承包人应当按照相关法律法规的要求,进行劳动用工管理和建筑工人工资支付。

(4) 安全文明施工

① 安全生产要求

合同履行期间,合同当事人均应当遵守国家和工程所在地有关安全生产的要求,合同当事人有特别要求的,应在专用合同条件中明确安全生产标准化目标及相应事项。承包人有权拒绝发包人及工程师强令承包人违章作业、冒险施工的任何指示。

在工程实施过程中,如遇到突发的地质变动、事先未知的地下施工障碍等影响施工安全的紧急情况,承包人应及时报告工程师和发包人,发包人应当及时下令停工并采取应急措施,按照相关法律法规的要求需上报政府有关行政管理部门的,应依法上报。

因安全生产需要暂停施工的,按照约定执行。

② 安全生产保证措施

承包人应当按照法律、法规和工程建设强制性标准进行设计、在设计文件中注明涉及施工安全的重点部位和环节,提出保障施工作业人员和预防安全事故的措施建议,防止因设计不合理导致生产安全事故的发生。

承包人应当按照有关规定编制安全技术措施或者专项施工方案,建立安全生产责任制度、治安保卫制度及安全生产教育培训制度，并按安全生产法律规定及合同约定履行安全职责，如实编制工程安全生产的有关记录，接受发包人、工程师及政府安全监督部门的检查与监督。

承包人应按照法律规定进行施工，开工前做好安全技术交底工作，施工过程中做好各项安全防护措施。承包人为实施合同而雇用的特殊工种的人员应受过专门的培训并已取得政府有关管理机构颁发的上岗证书。承包人应加强施工作业安全管理，特别应加强对于易燃、易爆材料，火工器材，有毒与腐蚀性材料和其他危险品的管理，以及对爆破作业和地下工程施工等危险作业的管理。

③ 文明施工

承包人在工程施工期间，应当采取措施保持施工现场平整，物料堆放整齐。工程所在地有关政府行政管理部门有特殊要求的，按照其要求执行。合同当事人对文明施工有其他要求的，可以在专用合同条件中明确。

在工程移交之前，承包人应当从施工现场清除承包人的全部工程设备、多余材料、垃圾和各种临时工程，并保持施工现场清洁整齐。经发包人书面同意，承包人可在发包人指定的地点保留承包人履行保修期内的各项义务所需要的材料、施工设备和临时工程。

④ 事故处理

工程实施过程中发生事故的，承包人应立即通知工程师。发包人和承包人应立即组织人员和设备进行紧急抢救和抢修，减少人员伤亡和财产损失，防止事故扩大，并保护事故现场。需要移动现场物品时，应作出标记和书面记录，妥善保管有关证据。发包人和承包人应按国家有关规定，及时如实地向有关部门报告事故发生的情况，以及正在采取的紧急措施等。

在工程实施期间或缺陷责任期内发生危及工程安全的事件，工程师通知承包人进行抢救和抢修，承包人声明无能力或不愿立即执行的，发包人有权雇佣其他人员进行抢救和抢修。此类抢救和抢修按合同约定属于承包人义务的，由此增加的费用和(或)延误的工期由承包人承担。

⑤ 安全生产责任

发包人应负责赔偿以下各种情况造成的损失：工程或工程的任何部分对土地的占用所造成的第三者财产损失；由于发包人原因在施工现场及其毗邻地带、履行合同工作中造成的第三者人身伤亡和财产损失；由于发包人原因对发包人自身、承包人、工程师造成的人身伤害和财产损失。

承包人应负责赔偿由于承包人原因在施工现场及其毗邻地带、履行合同工作中造成的第三者人身伤亡和财产损失。

如果上述损失是由于发包人和承包人共同原因导致的，则双方应根据过错情况按比例承担。

7）工期和进度

(1) 开始工作

经发包人同意后，工程师应提前 7 天向承包人发出经发包人签认的开始工作通知，工期自开始工作通知中载明的开始工作日期起算。

因发包人原因造成实际开始现场施工日期迟于计划开始现场施工日期后第 84 天的，承包人有权提出价格调整要求，或者解除合同。发包人应当承担由此增加的费用和(或)延误的工期，并向承包人支付合理利润。

(2) 竣工日期

承包人应在合同协议书约定的工期内完成合同工作。工程的竣工日期以约定为准，并在工程接收证书中写明。

因发包人原因，在工程师收到承包人竣工验收申请报告42天后未进行验收的，视为验收合格，实际竣工日期以提交竣工验收申请报告的日期为准，但发包人由于不可抗力不能进行验收的除外。

(3) 项目实施计划

项目实施计划是依据合同和经批准的项目管理计划进行编制并用于对项目实施进行管理和控制的文件，应包含概述、总体实施方案、项目实施要点、项目初步进度计划以及合同当事人在专用合同条件中约定的其他内容。

承包人应在合同订立后14天内，向工程师提交项目实施计划，工程师应在收到项目实施计划后21天内确认或提出修改意见。对工程师提出的合理意见和要求，承包人应自费修改完善。根据工程实施的实际情况需要修改项目实施计划的，承包人应向工程师提交修改后的项目实施计划。

(4) 项目进度计划

承包人应按照约定编制并向工程师提交项目初步进度计划，经工程师批准后实施。工程师应在21天内批复或提出修改意见，否则该项目初步进度计划视为已得到批准。对工程师提出的合理意见和要求，承包人应自费修改完善。经工程师批准的项目初步进度计划称为项目进度计划，是控制合同工程进度的依据，工程师有权按照进度计划检查工程进度情况。承包人还应根据项目进度计划，编制更为详细的分阶段或分项的进度计划，由工程师批准。

项目进度计划应当包括设计、承包人文件提交、采购、制造、检验、运达现场、施工、安装、试验的各个阶段的预期时间以及设计和施工组织方案说明等，其编制应当符合国家法律规定和一般工程实践惯例。项目进度计划的具体要求、关键路径及关键路径变化的确定原则、承包人提交的份数和时间等，在专用合同条件约定。

项目进度计划不符合合同要求或与工程的实际进度不一致的，承包人应向工程师提交修订的项目进度计划，并附具有关措施和相关资料。工程师也可以直接向承包人发出修订项目进度计划的通知，承包人如接受，应按该通知修订项目进度计划，报工程师批准。承包人如不接受，应当在14天内答复，如未按时答复视作已接受修订项目进度计划通知中的内容。

工程师应在收到修订的项目进度计划后14天内完成审批或提出修改意见，如未按时答复视作已批准承包人修订后的项目进度计划。工程师对承包人提交的项目进度计划的确认，不能减轻或免除承包人根据法律规定和合同约定应承担的任何责任或义务。

项目进度计划的修订并不能减轻或者免除双方应承担的合同责任。

(5) 进度报告

项目实施过程中，承包人应进行实际进度记录，并根据工程师的要求编制月进度报告，并提交给工程师。进度报告应包含以下主要内容：

① 工程设计、采购、施工等各个工作内容的进展报告。

② 工程施工方法的一般说明。

③ 当月工程实施介入的项目人员、设备和材料的预估明细报告。

④ 当月实际进度与进度计划对比分析，以及提出未来可能引起工期延误的情形，同时提出应对措施；需要修订项目进度计划的，应对项目进度计划的修订部分进行说明。

⑤ 承包人对于解决工期延误所提出的建议。

⑥ 其他与工程有关的重大事项。

(6) 工期延误

① 因发包人原因导致工期延误

在合同履行过程中，因下列情况导致工期延误和(或)费用增加的，由发包人承担由此延误的工期和(或)增加的费用，且发包人应支付承包人合理的利润：

ⅰ 根据约定构成一项变更的；

ⅱ 发包人违约，导致工期延误和(或)费用增加的；

ⅲ 发包人、发包人代表、工程师或发包人聘请的任意第三方造成或引起的任何延误、妨碍和阻碍；

ⅳ 发包人未能依据约定提供材料和工程设备导致工期延误和(或)费用增加的；

ⅴ 发包人原因导致的暂停施工；

ⅵ 发包人未及时履行相关合同义务，造成工期延误的其他原因。

② 承包人原因导致工期延误

由于承包人的原因，未能按项目进度计划完成工作，承包人应采取措施加快进度，并承担加快进度所增加的费用。

由于承包人原因造成工期延误并导致逾期竣工的，承包人应支付逾期竣工违约金。逾期竣工违约金的计算方法和最高限额在专用合同条件中约定。承包人支付逾期竣工违约金，不免除承包人完成工作及修补缺陷的义务，且发包人有权从工程进度款、竣工结算款或约定提交的履约担保中扣除相当于逾期竣工违约金的金额。

③ 行政审批迟延

合同约定范围内的工作需国家有关部门审批的，发包人和(或)承包人应按照专用合同条件约定的职责分工完成行政审批报送。因国家有关部门审批迟延造成工期延误的，竣工日期相应顺延；造成费用增加的，由双方在负责的范围内各自承担。

④ 异常恶劣的气候条件

异常恶劣的气候条件是指在施工过程中遇到的，有经验的承包人在订立合同时不可预见的，对合同履行造成实质性影响的，但尚未构成不可抗力事件的恶劣气候条件。合同当事人可以在专用合同条件中约定异常恶劣的气候条件的具体情形。

承包人应采取克服异常恶劣的气候条件的合理措施继续施工，并及时通知工程师。工程师应当及时发出指示，指示构成变更的，按约定办理。承包人因采取合理措施而延误的工期由发包人承担。

(7) 工期提前

发包人指示承包人提前竣工且被承包人接受的，应与承包人共同协商采取加快工程进度的措施和修订项目进度计划。发包人应承担承包人由此增加的费用，增加的费用按约定执行；发包人不得以任何理由要求承包人超过合理限度压缩工期。承包人有权不接受提前竣工的指示，工期按照合同约定执行。

承包人提出提前竣工的建议且发包人接受的，应与发包人共同协商采取加快工程进度的措施和修订项目进度计划。发包人应承担承包人由此增加的费用，增加的费用按约定执行，并向承包人支付专用合同条件约定的相应奖励金。

(8) 暂停工作

① 由发包人暂停工作

发包人认为必要时，可通过工程师向承包人发出经发包人签认的暂停工作通知，应列明暂停原因、暂停的日期及预计暂停的期限。承包人应按该通知暂停工作。

承包人因执行暂停工作通知而造成费用的增加和(或)工期延误由发包人承担，并有权要求发包人支付合理利润，但由于承包人原因造成发包人暂停工作的除外。

② 由承包人暂停工作

因承包人原因所造成部分或全部工程的暂停，承包人应采取措施尽快复工并赶上进度，由此造成费用的增加或工期延误由承包人承担。因此造成逾期竣工的，承包人应按第8.7.2项[因承包人原因导致工期延误]承担逾期竣工违约责任。

合同履行过程中发生下列情形之一的，承包人可向发包人发出通知，要求发包人采取有效措施予以纠正。发包人收到承包人通知后的28天内仍不予以纠正，承包人有权暂停施工，并通知工程师。承包人有权要求发包人延长工期和(或)增加费用，并支付合理利润：

ⅰ 发包人拖延、拒绝批准付款申请和支付证书，或未能按合同约定支付价款，导致付款延误的；

ⅱ 发包人未按约定履行合同其他义务导致承包人无法继续履行合同的，或者发包人明确表示暂停或实质上已暂停履行合同的。

③ 暂停工作期间的工程照管

不论由于何种原因引起暂停工作的，暂停工作期间，承包人应负责对工程、工程物资及文件等进行照管和保护，并提供安全保障，由此增加的费用按约定承担。

因承包人未能尽到照管、保护的责任造成损失的，使发包人的费用增加，(或)竣工日期延误的，由承包人按本合同约定承担责任。

④ 拖长的暂停

由发包人暂停工作持续超过56天的，承包人可向发包人发出要求复工的通知。如果发包人没有在收到书面通知后28天内准许已暂停工作的全部或部分继续工作，承包人有权根据约定，要求以变更方式调减受暂停影响的部分工程。发包人的暂停超过56天且暂停影响到整个工程的，承包人有权根据约定，发出解除合同的通知。

(9) 复工

收到发包人的复工通知后，承包人应按通知时间复工；发包人通知的复工时间应当给予承包人必要的准备复工时间。

不论由于何种原因引起暂停工作，双方均可要求对方一同对受暂停影响的工程、工程设备和工程物资进行检查，承包人应将检查结果及需要恢复、修复的内容和估算通知发包人。

发生的恢复、修复价款及工期延误的后果由责任方承担。

8) 竣工验收

(1) 竣工验收条件

工程具备以下条件的，承包人可以申请竣工验收：

① 除因变更与调整导致的工程量删减和扫尾工作清单列入缺陷责任期内完成的扫尾工程和缺陷修补工作外，合同范围内的全部单位/区段工程以及有关工作，包括合同要求的试验和竣工试验均已完成，并符合合同要求；

② 已按合同约定编制了扫尾工作和缺陷修补工作清单以及相应实施计划；

③ 已按合同约定的内容和份数备齐竣工资料；

④ 合同约定要求在竣工验收前应完成的其他工作。

(2) 竣工验收程序

① 承包人向工程师报送竣工验收申请报告，工程师应在收到竣工验收申请报告后 14 天内完成审查并报送发包人。工程师审查后认为尚不具备竣工验收条件的，应在收到竣工验收申请报告后的 14 天内通知承包人，指出在颁发接收证书前承包人还需进行的工作内容。承包人完成工程师通知的全部工作内容后，应再次提交竣工验收申请报告，直至工程师同意为止。

② 工程师同意承包人提交的竣工验收申请报告的，或工程师收到竣工验收申请报告后 14 天内不予答复的，视为发包人收到并同意承包人的竣工验收申请，发包人应在收到该竣工验收申请报告后的 28 天内进行竣工验收。工程经竣工验收合格的，以竣工验收合格之日为实际竣工日期，并在工程接收证书中载明；完成竣工验收但发包人不予签发工程接收证书的，视为竣工验收合格，以完成竣工验收之日为实际竣工日期。

③ 竣工验收不合格的，工程师应按照验收意见发出指示，要求承包人对不合格工程返工、修复或采取其他补救措施，由此增加的费用和(或)延误的工期由承包人承担。承包人在完成不合格工程的返工、修复或采取其他补救措施后，应重新提交竣工验收申请报告，并按本项约定的程序重新进行验收。

④ 因发包人原因，未在工程师收到承包人竣工验收申请报告之日起 42 天内完成竣工验收的，以承包人提交竣工验收申请报告之日作为工程实际竣工日期。

⑤ 工程未经竣工验收，发包人擅自使用的，以转移占有工程之日为实际竣工日期。

发包人不按照约定组织竣工验收、颁发工程接收证书的，每逾期一天，应以签约合同价为基数，按照贷款市场报价利率(LPR)支付违约金。

(3) 单位/区段工程的验收

发包人根据项目进度计划安排，在全部工程竣工前需要使用已经竣工的单位/区段工程时，或承包人提出经发包人同意时，可进行单位/区段工程验收。验收合格后，由工程师向承包人出具经发包人签认的单位/区段工程验收证书。单位/区段工程的验收成果和结论作为全部工程竣工验收申请报告的附件。

发包人在全部工程竣工前，使用已接收的单位/区段工程导致承包人费用增加的，发包人应承担由此增加的费用和(或)工期延误，并支付承包人合理利润。

(4) 工程的接收

根据工程项目的具体情况和特点，可按工程或单位/区段工程进行接收，并在专用合同条件约定接收的先后顺序、时间安排和其他要求。

除按本条约定已经提交的资料外，接收工程时承包人需提交竣工验收资料的类别、内容、份数和提交时间，在专用合同条件中约定。

发包人无正当理由不接收工程的，发包人自应当接收工程之日起，承担工程照管、成品保护、保管等与工程有关的各项费用,合同当事人可以在专用合同条件中另行约定发包人逾期接收工程的违约责任。

承包人无正当理由不移交工程的,承包人应承担工程照管、成品保护、保管等与工程有关的各项费用,合同当事人可以在专用合同条件中另行约定承包人无正当理由不移交工程的违约责任。

(5) 接收证书

承包人应在竣工验收合格后向发包人提交约定的质量保证金,发包人应在竣工验收合格且工程具备接收条件后的14天内向承包人颁发工程接收证书,但承包人未提交质量保证金的,发包人有权拒绝颁发。发包人拒绝颁发工程接收证书的,应向承包人发出通知,说明理由并指出在颁发接收证书前承包人需要做的工作,需要修补的缺陷和承包人需要提供的文件。

发包人向承包人颁发的接收证书,应注明工程或单位/区段工程经验收合格的实际竣工日期,并列明不在接收范围内的,在收尾工作和缺陷修补完成之前对工程或单位/区段工程预期使用目的没有实质影响的少量收尾工作和缺陷。

竣工验收合格而发包人无正当理由逾期不颁发工程接收证书的,自验收合格后第15天起视为已颁发工程接收证书。

工程未经验收或验收不合格,发包人擅自使用的,应在转移占有工程后7天内向承包人颁发工程接收证书;发包人无正当理由逾期不颁发工程接收证书的,自转移占有后第15天起视为已颁发工程接收证书。

(6) 竣工退场

颁发工程接收证书后,承包人应对施工现场进行清理,并撤离相关人员,使得施工现场处于以下状态,直至工程师检验合格为止:

① 施工现场内残留的垃圾已全部清除出场;

② 临时工程已拆除,场地已按合同约定进行清理、平整或复原;

③ 按合同约定应撤离的人员、承包人提供的施工设备和剩余的材料,包括废弃的施工设备和材料,已按计划撤离施工现场;

④ 施工现场周边及其附近道路、河道的施工堆积物,已全部清理;

⑤ 施工现场其他竣工退场工作已全部完成。

施工现场的竣工退场费用由承包人承担。承包人应在专用合同条件约定的期限内完成竣工退场,逾期未完成的,发包人有权出售或另行处理承包人遗留的物品,由此支出的费用由承包人承担,发包人出售承包人遗留物品所得款项在扣除必要费用后应返还承包人。

(7) 人员撤离

除了经工程师同意需在缺陷责任期内继续工作和使用的人员、施工设备和临时工程外,承包人应按专用合同条件约定和工程师的要求将其余的人员、施工设备和临时工程撤离施工现场或拆除。除专用合同条件另有约定外,缺陷责任期满时,承包人的人员和施工设备应全部撤离施工现场。

9) 缺陷责任与保修

(1) 工程保修的原则

在工程移交发包人后,因承包人原因产生的质量缺陷,承包人应承担质量缺陷责任和保修义务。缺陷责任期届满，承包人仍应按合同约定的工程各部位保修年限承担保修义务。

(2) 缺陷责任期

缺陷责任期原则上从工程竣工验收合格之日起计算，合同当事人应在专用合同条件约定缺陷责任期的具体期限，但该期限最长不超过 24 个月。

单位/区段工程先于全部工程进行验收，经验收合格并交付使用的，该单位/区段工程缺陷责任期自单位/区段工程验收合格之日起算。因发包人原因导致工程未在合同约定期限进行验收，但工程经验收合格的，以承包人提交竣工验收报告之日起算；因发包人原因导致工程未能进行竣工验收的，在承包人提交竣工验收报告 90 天后，工程自动进入缺陷责任期；发包人未经竣工验收擅自使用工程的，缺陷责任期自工程转移占有之日起开始计算。

由于承包人原因造成某项缺陷或损坏使某项工程或工程设备不能按原定目标使用而需要再次检查、检验和修复的，发包人有权要求承包人延长该项工程或工程设备的缺陷责任期，并应在原缺陷责任期届满前发出延长通知。但缺陷责任期最长不超过 24 个月。

(3) 缺陷调查

① 承包人缺陷调查

如果发包人指示承包人调查任何缺陷的原因，承包人应在发包人的指导下进行调查。承包人应在发包人指示中说明的日期或与发包人达成一致的其他日期开展调查。除非该缺陷应由承包人负责自费进行修补，承包人有权就调查的成本和利润获得支付。

如果承包人未能根据本款开展调查，该调查可由发包人开展。但应将上述调查开展的日期通知承包人，承包人可自费参加调查。如果该缺陷应由承包人自费进行修补，则发包人有权要求承包人支付发包人因调查产生的合理费用。

② 缺陷责任

缺陷责任期内，由承包人原因造成的缺陷，承包人应负责维修，并承担鉴定及维修费用。如承包人不维修也不承担费用，发包人可按合同约定从质量保证金中扣除，费用超出质量保证金金额的，发包人可按合同约定向承包人进行索赔。承包人维修并承担相应费用后，不免除对工程的损失赔偿责任。发包人在使用过程中，发现已修补的缺陷部位或部件还存在质量缺陷的，承包人应负责修复，直至检验合格为止。

③ 修复费用

发包人和承包人应共同查清缺陷或损坏的原因。经查明属承包人原因造成的，应由承包人承担修复的费用。经查验非承包人原因造成的，发包人应承担修复的费用，并支付承包人合理利润。

④ 修复通知

在缺陷责任期内，发包人在使用过程中，发现已接收的工程存在缺陷或损坏的，应书面通知承包人予以修复，但情况紧急必须立即修复缺陷或损坏的，发包人可以口头通知承包人并在口头通知后 48 小时内书面确认，承包人应在专用合同条件约定的合理期限内到达工程现场并修复缺陷或损坏。

⑤ 在现场外修复

在缺陷责任期内，承包人认为设备中的缺陷或损害不能在现场得到迅速修复，承包人应当向发包人发出通知，请求发包人同意把这些有缺陷或者损害的设备移出现场进行修复，通知应当注明有缺陷或者损害的设备及维修的相关内容，发包人可要求承包人按移出设备的全部重置成本增加质量保证金的数额。

⑥ 未能修复

因承包人原因造成工程的缺陷或损坏,承包人拒绝维修或未能在合理期限内修复缺陷或损坏,且经发包人书面催告后仍未修复的,发包人有权自行修复或委托第三方修复,所需费用由承包人承担。但修复范围超出缺陷或损坏范围的,超出范围部分的修复费用由发包人承担。

如果工程或工程设备的缺陷或损害使发包人实质上失去了工程的整体功能,发包人有权向承包人追回已支付的工程款项,并要求其赔偿发包人相应损失。

(4) 缺陷修复后的进一步试验

任何一项缺陷修补后的7天内,承包人应向发包人发出通知,告知已修补的情况。如适用重新试验的,还应建议重新试验。发包人应在收到重新试验的通知后14天内答复,逾期未进行答复的视为同意重新试验。承包人未建议重新试验的,发包人也可在缺陷修补后的14天内指示进行必要的重新试验,以证明已修复的部分符合合同要求。

所有的重复试验应按照适用于先前试验的条款进行,但应由责任方承担修补工作的成本和重新试验的风险和费用。

(5) 承包人出入权

在缺陷责任期内,为了修复缺陷或损坏,承包人有权出入工程现场,除情况紧急必须立即修复缺陷或损坏外,承包人应提前24小时通知发包人进场修复的时间。承包人进入工程现场前应获得发包人同意,且不应影响发包人正常的生产经营,并应遵守发包人有关安保和保密等规定。

(6) 缺陷责任期终止证书

除专用合同条件另有约定外,承包人应于缺陷责任期届满前7天内向发包人发出缺陷责任期即将届满通知,发包人应在收到通知后7天内核实承包人是否履行缺陷修复义务,承包人未能履行缺陷修复义务的,发包人有权扣除相应金额的维修费用。发包人应在缺陷责任期届满之日,向承包人颁发缺陷责任期终止证书,并返还质量保证金。

如承包人在施工现场还留有人员、施工设备和临时工程的,承包人应当在收到缺陷责任期终止证书后28天内,将上述人员、施工设备和临时工程撤离施工现场。

(7) 保修责任

因承包人原因导致的质量缺陷责任,由合同当事人根据有关法律规定,在专用合同条件和工程质量保修书中约定工程质量保修范围、期限和责任。

10) 变更与调整

(1) 发包人变更权

变更指示应经发包人同意,并由工程师发出经发包人签认的变更指示。除约定的情况外,变更不应包括准备将任何工作删减并交由他人或发包人自行实施的情况。承包人收到变更指示后,方可实施变更。未经许可,承包人不得擅自对工程的任何部分进行变更。

(2) 承包人的合理化建议

承包人提出合理化建议的,应向工程师提交合理化建议说明,说明建议的内容、理由以及实施该建议对合同价格和工期的影响。

除专用合同条件另有约定外,工程师应在收到承包人提交的合理化建议后7天内审查完毕并报送发包人，发现其中存在技术上的缺陷，应通知承包人修改。发包人应在收到工程师报送的合理化建议后 7 天内审批完毕。合理化建议经发包人批准的，工程师应及时发出变更指示，由此引起的合同价格调整按照〔变更估价〕约定执行。发包人不同意变更的，工程师应书面通知承包人。

合理化建议降低了合同价格、缩短了工期或者提高了工程经济效益的，双方可以按照专用合同条件的约定进行利益分享。

(3) 变更程序

发包人提出变更的，应通过工程师向承包人发出书面形式的变更指示，变更指示应说明计划变更的工程范围和变更的内容。

承包人收到工程师下达的变更指示后，认为不能执行，应在合理期限内提出不能执行该变更指示的理由。承包人认为可以执行变更的，应当书面说明实施该变更指示需要采取的具体措施及对合同价格和工期的影响，且合同当事人应当按照〔变更估价〕约定确定变更估价。

除专用合同条件另有约定外，变更估价按照下列约定处理：

① 合同中未包含价格清单，合同价格应按照所执行的变更工程的成本加利润调整。

② 合同中包含价格清单，合同价格按照如下规则调整：

ⅰ 价格清单中有适用于变更工程项目的，应采用该项目的费率和价格；

ⅱ 价格清单中没有适用但有类似于变更工程项目的，可在合理范围内参照类似项目的费率或价格；

ⅲ 价格清单中没有适用也没有类似于变更工程项目的，该工程项目应按成本加利润原则调整适用新的费率或价格。

承包人应在收到变更指示后 14 天内，向工程师提交变更估价申请。工程师应在收到承包人提交的变更估价申请后 7 天内审查完毕并报送发包人，工程师对变更估价申请有异议，通知承包人修改后重新提交。发包人应在承包人提交变更估价申请后 14 天内审批完毕。发包人逾期未完成审批或未提出异议的，视为认可承包人提交的变更估价申请。

因变更引起的价格调整应计入最近一期的进度款中支付。

因变更引起工期变化的，合同当事人均可要求调整合同工期，由合同当事人按照〔商定或确定〕并参考工程所在地的工期定额标准确定增减工期天数。

(4) 暂列金额

除专用合同条件另有约定外，每一笔暂列金额只能按照发包人的指示全部或部分使用，并对合同价格进行相应调整。付给承包人的总金额应仅包括发包人已指示的，与暂列金额相关的工作、货物或服务的应付款项。

对于每笔暂列金额，发包人可以指示用于下列支付：

① 发包人指示变更，决定对合同价格和付款计划表(如有)进行调整的、由承包人实施的工作(包括要提供的工程设备、材料和服务)；

② 承包人购买的工程设备、材料、工作或服务，应支付包括承包人已付(或应付)的实际金额以及相应的管理费等费用和利润[管理费和利润应以实际金额为基数根据合同约定的费率(如有)或百分比计算]。

发包人根据上述①和(或)②指示支付暂列金额的，可以要求承包人提交其供应商提供的全部或部分要实施的工程或拟购买的工程设备、材料、工作或服务的项目报价单。发包人可以发出通知指示承包人接受其中的一个报价或指示撤销支付,发包人在收到项目报价单的7天内未作回应的,承包人应有权自行接受其中任何一个报价。

(5) 计日工

需要采用计日工方式的,经发包人同意后,由工程师通知承包人以计日工计价方式实施相应的工作,其价款按列入价格清单或预算书中的计日工计价项目及其单价进行计算;价格清单或预算书中无相应的计日工单价的,按照合理的成本与利润构成的原则,由工程师确定计日工的单价。

采用计日工计价的任何一项工作,承包人应在该项工作实施过程中,每天提交以下报表和有关凭证报送工程师审查:①工作名称、内容和数量;②投入该工作的所有人员的姓名、专业、工种、级别和耗用工时;③投入该工作的材料类别和数量;④投入该工作的施工设备型号、台数和耗用台时;⑤其他有关资料和凭证。

计日工由承包人汇总后,列入最近一期进度付款申请单,由工程师审查并经发包人批准后列入进度付款。

(6) 暂估价

暂估价是指发包人在项目清单中给定的,用于支付必然发生但暂时不能确定价格的专业服务、材料、设备、专业工程的金额。项目清单是指发包人提供的载明工程总承包项目勘察费(如果有)、设计费、建筑安装工程费、设备购置费、暂估价、暂列金额和双方约定的其他费用的名称和相应数量等内容的项目明细。

对于依法必须招标的暂估价项目,专用合同条件约定由承包人作为招标人的,招标文件、评标方案、评标结果应报送发包人批准。与组织招标工作有关的费用应当被认为已经包括在承包人的签约合同价中。专用合同条件约定由发包人和承包人共同作为招标人的,与组织招标工作有关的费用在专用合同条件中约定。具体的招标程序以及发包人和承包人权利义务关系可在专用合同条件中约定。暂估价项目的中标金额与价格清单中所列暂估价的金额差以及相应的税金等其他费用应列入合同价格。

对于不属于依法必须招标的暂估价项目,承包人具备实施暂估价项目的资格和条件的,经发包人和承包人协商一致后,可由承包人自行实施暂估价项目,具体的协商和估价程序以及发包人和承包人权利义务关系可在专用合同条件中约定。确定后的暂估价项目金额与价格清单中所列暂估价的金额差以及相应的税金等其他费用应列入合同价格。

因发包人原因导致暂估价合同订立和履行迟延的,由此增加的费用和(或)延误的工期由发包人承担,并支付承包人合理的利润。因承包人原因导致暂估价合同订立和履行迟延的,由此增加的费用和(或)延误的工期由承包人承担。

(7) 法律变化引起的调整

基准日期后,法律变化导致承包人在合同履行过程中所需要的费用发生除〔市场价格波动引起的调整〕约定以外的增加时,由发包人承担由此增加的费用;减少时,应从合同价格中予以扣减。基准日期后,因法律变化造成工期延误时,工期应予以顺延。

因法律变化引起的合同价格和工期调整,合同当事人无法达成一致的,由工程师按〔商定或确定〕的约定处理。

因承包人原因造成工期延误,在工期延误期间出现法律变化的,由此增加的费用和(或)

延误的工期由承包人承担。

因法律变化而需要对工程的实施进行任何调整的，承包人应迅速通知发包人，或者发包人应迅速通知承包人，并附上详细的辅助资料。发包人接到通知后，应根据〔变更程序〕发出变更指示。

（8）市场价格波动引起的调整

主要工程材料、设备、人工价格与招标时基期价相比，波动幅度超过合同约定幅度的，双方按照合同约定的价格调整方式调整。

发包人与承包人在专用合同条件中约定采用《价格指数权重表》的，适用本项约定。

双方当事人可以将部分主要工程材料、工程设备、人工价格及其他双方认为应当根据市场价格调整的费用列入附件6〔价格指数权重表〕，并根据以下公式计算差额并调整合同价格：

① 价格调整公式

$$\Delta P = P_0\left[A + \left(B_1 \times \frac{F_{t1}}{F_{01}} + B_2 \times \frac{F_{t2}}{F_{02}} + B_3 \times \frac{F_{t3}}{F_{03}} + \cdots + B_n \times \frac{F_{tn}}{F_{0n}}\right) - 1\right]$$

公式中：ΔP—— 需调整的价格差额；

P_0—— 付款证书中承包人应得到的已完成工作量的金额（此项金额应不包括价格调整、不计质量保证金的预留和支付、预付款的支付和扣回。〔变更与调整〕约定的变更及其他金额已按当期价格计价的，也不计在内）；

A—— 定值权重（即不调部分的权重）；

B_1，B_2，B_3，…，B_n—— 各可调因子的变值权重（即可调部分的权重）为各可调因子在投标函投标总报价中所占的比例，且 $A + B_1 + B_2 + B_3 + \cdots + B_n = 1$；

F_{t1}，F_{t2}，F_{t3}，…，F_{tn}—— 各可调因子的当期价格指数，指付款证书相关周期最后一天的前42天的各可调因子的价格指数；

F_{01}，F_{02}，F_{03}，…，F_{0n}—— 各可调因子的基本价格指数，指基准日期的各可调因子的价格指数。

以上价格调整公式中的各可调因子、定值和变值权重，以及基本价格指数及其来源在投标函附录价格指数和权重表中约定。价格指数应首先采用投标函附录中载明的有关部门提供的价格指数，缺乏上述价格指数时，可采用有关部门提供的价格代替。

② 暂时确定调整差额

在计算调整差额时得不到当期价格指数的，可暂用上一次价格指数计算，并在以后的付款中再按实际价格指数进行调整。

③ 权重的调整

按〔发包人变更权〕约定的变更导致原定合同中的权重不合理的，由工程师与承包人和发包人协商后进行调整。

④ 承包人原因工期延误后的价格调整

因承包人原因未在约定的工期内竣工的，则对原约定竣工日期后继续施工的工程，在使用本款第①项价格调整公式时，应采用原约定竣工日期与实际竣工日期的两个价格指数中较低的一个作为当期价格指数。

⑤ 发包人引起的工期延误后的价格调整

由于发包人原因未在约定的工期内竣工的，则对原约定竣工日期后继续施工的工程，在使用本款第①项价格调整公式时，应采用原约定竣工日期与实际竣工日期的两个价格指数中较高的一个作为当期价格指数。

未列入《价格指数权重表》的费用不因市场变化而调整。

双方约定采用其他方式调整合同价款的，以专用合同条件约定为准。

11）合同价格与支付

(1) 合同价格形式

除专用合同条件中另有约定外，本合同为总价合同，除根据〔变更与调整〕，以及合同中其他相关增减金额的约定进行调整外，合同价格不做调整。

除专用合同条件另有约定外：

① 工程款的支付应以合同协议书约定的签约合同价格为基础，按照合同约定进行调整。

② 承包人应支付根据法律规定或合同约定应由其支付的各项税费，除〔法律变化引起的调整〕约定外，合同价格不应因任何这些税费进行调整。

③ 价格清单列出的任何数量仅为估算的工作量，不得将其视为要求承包人实施的工程的实际或准确的工作量。在价格清单中列出的任何工作量和价格数据应仅限用于变更和支付的参考资料，而不能用于其他目的。

合同约定工程的某部分按照实际完成的工程量进行支付的，应按照专用合同条件的约定进行计量和估价，并据此调整合同价格。

(2) 预付款

预付款的额度和支付按照专用合同条件约定执行。预付款应当专用于承包人为合同工程的设计和工程实施购置材料、工程设备、施工设备、修建临时设施以及组织施工队伍进场等合同工作。

预付款在进度付款中同比例扣回。在颁发工程接收证书前，提前解除合同的，尚未扣完的预付款应与合同价款一并结算。

发包人逾期支付预付款超过7天的，承包人有权向发包人发出要求预付的催告通知，发包人收到通知后7天内仍未支付的，承包人有权暂停施工，并按〔发包人违约的情形〕执行。

发包人指示承包人提供预付款担保的，承包人应在发包人支付预付款7天前提供预付款担保，专用合同条件另有约定除外。预付款担保可采用银行保函、担保公司担保等形式，具体由合同当事人在专用合同条件中约定。在预付款完全扣回之前，承包人应保证预付款担保持续有效。

发包人在工程款中逐期扣回预付款后，预付款担保额度应相应减少，但剩余的预付款担保金额不得低于未被扣回的预付款金额。

(3) 工程进度付款

① 工程进度付款申请

人工费的申请：人工费应按月支付，工程师应在收到承包人人工费付款申请单以及相关资料后7天内完成审查并报送发包人，发包人应在收到后7天内完成审批并向承包人签发人工费支付证书，发包人应在人工费支付证书签发后7天内完成支付。已支付的人工费部分，发包人支付进度款时予以相应扣除。

承包人应在每月月末向工程师提交进度付款申请单，该进度付款申请单应包括下列内容：

ⅰ 截至本次付款周期内已完成工作对应的金额；

ⅱ 扣除约定已扣除的人工费金额；

ⅲ 根据约定应增加和扣减的变更金额；

ⅳ 根据约定应支付的预付款和扣减的返还预付款；

ⅴ 根据约定应预留的质量保证金金额；

ⅵ 应增加和扣减的索赔金额；

ⅶ 对已签发的进度款支付证书中出现错误的修正，应在本次进度付款中支付或扣除的金额；

ⅷ 根据合同约定应增加和扣减的其他金额。

② 进度付款审核和支付

工程师应在收到承包人进度付款申请单以及相关资料后 7 天内完成审查并报送发包人，发包人应在收到后 7 天内完成审批并向承包人签发进度款支付证书。发包人逾期（包括因工程师原因延误报送的时间）未完成审批且未提出异议的，视为已签发进度款支付证书。

工程师对承包人的进度付款申请单有异议的，有权要求承包人修正和提供补充资料，承包人应提交修正后的进度付款申请单。工程师应在收到承包人修正后的进度付款申请单及相关资料后 7 天内完成审查并报送发包人，发包人应在收到工程师报送的进度付款申请单及相关资料后 7 天内，向承包人签发无异议部分的进度款支付证书。存在争议的部分，按照争议解决的约定处理。

发包人应在进度款支付证书签发后 14 天内完成支付，发包人逾期支付进度款的，按照贷款市场报价利率（LPR）支付利息；逾期支付超过 56 天的，按照贷款市场报价利率（LPR）的两倍支付利息。

发包人签发进度款支付证书，不表明发包人已同意、批准或接受了承包人完成的相应部分的工作。

③ 进度付款的修正

在对已签发的进度款支付证书进行阶段汇总和复核中发现错误、遗漏或重复的，发包人和承包人均有权提出修正申请。经发包人和承包人同意的修正，应在下期进度付款中支付或扣除。

（4）付款计划表

① 付款计划表的编制要求

ⅰ 付款计划表中所列的每期付款金额，应为每期进度款的估算金额；

ⅱ 实际进度与项目进度计划不一致的，合同当事人可修改付款计划表；

ⅲ 不采用付款计划表的，承包人应向工程师提交按季度编制的支付估算付款计划表，用于支付参考。

② 付款计划表的编制与审批

ⅰ 承包人应根据约定的项目进度计划、签约合同价和工程量等因素对总价合同进行分解，确定付款期数、计划每期达到的主要形象进度和（或）完成的主要计划工程量（含设计、采购、施工、竣工试验和竣工后试验等)等目标任务,编制付款计划表。其中人工费应按月确定付款期和付款计划。承包人应当在收到工程师和发包人批准的项目进度计划后7天内,将付款计划表及编制付款计划表的支持性资料报送工程师。

ⅱ 工程师应在收到付款计划表后7天内完成审核并报送发包人。发包人应在收到经工程师审核的付款计划表后7天内完成审批,经发包人批准的付款计划表为有约束力的付款计划表。

ⅲ 发包人逾期未完成付款计划表审批的,也未及时要求承包人进行修正和提供补充资料的,则承包人提交的付款计划表视为已经获得发包人批准。

(5) 竣工结算

① 竣工结算申请

承包人应在工程竣工验收合格后42天内向工程师提交竣工结算申请单,并提交完整的结算资料,有关竣工结算申请单的资料清单和份数等要求由合同当事人在专用合同条件中约定。

竣工结算申请单应包括以下内容:

ⅰ 竣工结算合同价格。

ⅱ 发包人已支付承包人的款项。

ⅲ 采用〔承包人提供质量保证金的方式〕第(2)种方式提供质量保证金的,应当列明应预留的质量保证金金额;采用其他方式提供质量保证金的,应当按〔质量保证金〕提供相关文件作为附件。

ⅳ 发包人应支付承包人的合同价款。

② 竣工结算审核

ⅰ 工程师应在收到竣工结算申请单后14天内完成核查并报送发包人。发包人应在收到工程师提交的经审核的竣工结算申请单后14天内完成审批,并由工程师向承包人签发经发包人签认的竣工付款证书。工程师或发包人对竣工结算申请单有异议的,有权要求承包人进行修正和提供补充资料,承包人应提交修正后的竣工结算申请单。

发包人在收到承包人提交竣工结算申请书后28天内未完成审批且未提出异议的,视为发包人认可承包人提交的竣工结算申请单,并自发包人收到承包人提交的竣工结算申请单后第29天起视为已签发竣工付款证书。

ⅱ 发包人应在签发竣工付款证书后的14天内,完成对承包人的竣工付款。发包人逾期支付的,按照贷款市场报价利率(LPR)支付违约金;逾期支付超过56天的,按照贷款市场报价利率(LPR)的两倍支付违约金。

ⅲ 承包人对发包人签认的竣工付款证书有异议的,对于有异议部分应在收到发包人签认的竣工付款证书后7天内提出异议,并由合同当事人按照专用合同条件约定的方式和程序进行复核,或按照争议解决约定处理。对于无异议部分,发包人应签发临时竣工付款证书,并按本款第ⅱ项完成付款。承包人逾期未提出异议的,视为认可发包人的审批结果。

(6) 质量保证金

经合同当事人协商一致提供质量保证金的,应在专用合同条件中予以明确。在工程项目竣工前,承包人已经提供履约担保的,发包人不得同时要求承包人提供质量保证金。

① 承包人提供质量保证金的方式

ⅰ 质量保证担保；

ⅱ 相应比例的工程款；

ⅲ 双方约定的其他方式。

质量保证金原则上采用上述第ⅰ种方式，且承包人应在工程竣工验收合格后7天内，向发包人提交工程质量保证担保。承包人提交工程质量保证担保时，发包人应同时返还预留的作为质量保证金的工程价款(如有)。但不论承包人以何种方式提供质量保证金，累计金额均不得高于工程价款结算总额的3%。

② 质量保证金的预留

双方约定采用预留相应比例的工程款方式提供质量保证金的，质量保证金的预留有以下三种方式：

ⅰ 按专用合同条件的约定在支付工程进度款时逐次预留，直至预留的质量保证金总额达到专用合同条件约定的金额或比例为止。在此情形下，质量保证金的计算基数不包括预付款的支付、扣回以及价格调整的金额。

ⅱ 工程竣工结算时一次性预留质量保证金。

ⅲ 双方约定的其他预留方式。

质量保证金的预留原则上采用上述第ⅰ种方式。如承包人在发包人签发竣工付款证书后28天内提交工程质量保证担保，发包人应同时返还预留的作为质量保证金的工程价款。发包人在返还本条款项下的质量保证金的同时，按照中国人民银行同期同类存款基准利率支付利息。

③ 质量保证金的返还

缺陷责任期内，承包人认真履行合同约定的责任，缺陷责任期满，发包人向承包人颁发缺陷责任期终止证书后，承包人可向发包人申请返还质量保证金。

发包人在接到承包人返还质量保证金申请后，应于7天内将质量保证金返还承包人，逾期未返还的，应承担违约责任。发包人在接到承包人返还质量保证金申请后7天内不予答复，视同认可承包人的返还质量保证金申请。

发包人和承包人对质量保证金预留、返还以及工程维修质量、费用有争议的，按约定的争议和纠纷解决程序处理。

(7) 最终结清

① 最终结清申请单

ⅰ 承包人应在缺陷责任期终止证书颁发后7天内，按专用合同条件约定的份数向发包人提交最终结清申请单，并提供相关证明材料。最终结清申请单应列明质量保证金、应扣除的质量保证金、缺陷责任期内发生的增减费用。

ⅱ 发包人对最终结清申请单内容有异议的，有权要求承包人进行修正和提供补充资料，承包人应向发包人提交修正后的最终结清申请单。

② 最终结清证书和支付

ⅰ 发包人应在收到承包人提交的最终结清申请单后14天内完成审批并向承包人颁发最终结清证书。发包人逾期未完成审批，又未提出修改意见的，视为发包人同意承包人提交的最终结清申请单，且自发包人收到承包人提交的最终结清申请单后15天起视为已颁发最终结清证书。

ⅱ 发包人应在颁发最终结清证书后7天内完成支付。发包人逾期支付的,按照贷款市场报价利率(LPR)支付利息;逾期支付超过56天的,按照贷款市场报价利率(LPR)的两倍支付利息。

ⅲ 承包人对发包人颁发的最终结清证书有异议的,按争议解决的约定办理。

12) 违约

(1) 承包人违约

在履行合同的过程中发生下列情况之一的,属承包人违约:

① 承包人的原因导致的承包人文件、实施和竣工的工程不符合法律法规、工程质量验收标准以及合同约定;

② 承包人违反合同约定进行转包或违法分包的;

③ 承包人违反合同约定,未经监理人批准,擅自将已按合同约定进入施工场地的施工设备、临时设施或材料撤离施工场地;

④ 承包人违反合同约定采购和使用了不合格材料或工程设备;

⑤ 因承包人原因导致工程质量不符合合同要求的;

⑥ 承包人未能按项目进度计划及时完成合同约定的工作,造成工期延误;

⑦ 由于承包人原因未能通过竣工试验或竣工后试验的;

⑧ 承包人在缺陷责任期及保修期内,未能在合理期限对工程缺陷进行修复,或拒绝按发包人指示进行修复的;

⑨ 承包人明确表示或者以其行为表明不履行合同主要义务的;

⑩ 承包人未能按照合同约定履行其他义务的。

承包人发生除上述第⑦项、第⑨项约定以外的其他违约情况时,工程师可在专用合同条件约定的合理期限内向承包人发出整改通知,要求其在指定的期限内改正。

承包人违约的责任:承包人应承担因其违约行为而增加的费用和(或)延误的工期。此外,合同当事人可在专用合同条件中另行约定承包人违约责任的承担方式和计算方法。

(2) 发包人违约

在履行合同过程中发生下列情形之一的,属发包人违约:

① 因发包人原因导致开始工作日期延误的;

② 因发包人原因未能按合同约定支付合同价款的;

③ 发包人违反约定,自行实施被取消的工作或转由他人实施的;

④ 因发包人违反合同约定造成工程暂停施工的;

⑤ 工程师无正当理由没有在约定期限内发出复工指示,导致承包人无法复工的;

⑥ 发包人明确表示或者以其行为表明不履行合同主要义务的;

⑦ 发包人未能按照合同约定履行其他义务的。

通知改正:发包人发生除上述第⑥项以外的违约情况时,承包人可向发包人发出通知,要求发包人采取有效措施纠正违约行为。发包人收到承包人通知后28天内仍不纠正违约行为的,承包人有权暂停相应部位工程实施,并通知工程师。

发包人违约的责任:发包人应承担因其违约给承包人增加的费用和(或)延误的工期,并支付承包人合理的利润。此外,合同当事人可在专用合同条件中另行约定发包人违约责任的承担方式和计算方法。

(3) 第三人造成的违约

在履行合同过程中，一方当事人因第三人的原因造成违约的，应当向对方当事人承担违约责任。一方当事人和第三人之间的纠纷，依照法律规定或者按照约定解决。

13) 合同解除

(1) 由发包人解除合同

① 因承包人违约解除合同

除专用合同条件另有约定外，发包人有权基于下列原因，以书面形式通知承包人解除合同，发包人应在发出正式解除合同通知 14 天前告知承包人其解除合同意向，除非承包人在收到该解除合同意向通知后 14 天内采取了补救措施，否则发包人可向承包人发出正式解除合同通知立即解除合同。解除日期应为承包人收到正式解除合同通知的日期，但在第(ⅴ)项的情况下，发包人无须提前告知承包人其解除合同意向，可直接发出正式解除合同通知立即解除合同：

ⅰ 承包人未能遵守履约担保的约定；

ⅱ 承包人未能遵守有关分包和转包的约定；

ⅲ 承包人实际进度明显落后于进度计划，并且未按发包人的指令采取措施并修正进度计划；

ⅳ 工程质量有严重缺陷，承包人无正当理由使修复开始日期拖延达 28 天以上；

ⅴ 承包人破产、停业清理或进入清算程序，或情况表明承包人将进入破产和(或)清算程序，已有对其财产的接管令或管理令，与债权人达成和解，或为其债权人的利益在财产接管人、受托人或管理人的监督下营业，或采取了任何行动或发生任何事件(根据有关适用法律)具有与前述行动或事件相似的效果；

ⅵ 承包人明确表示或以自己的行为表明不履行合同、或经发包人以书面形式通知其履约后仍未能依约履行合同、或以不适当的方式履行合同；

ⅶ 未能通过的竣工试验、未能通过的竣工后试验，使工程的任何部分和(或)整个工程丧失了主要使用功能、生产功能；

ⅷ 因承包人的原因暂停工作超过 56 天且暂停影响到整个工程，或因承包人的原因暂停工作超过 182 天；

ⅸ 承包人未能遵守竣工日期规定，延误超过 182 天；

ⅹ 工程师发出整改通知后，承包人在指定的合理期限内仍不纠正违约行为并致使合同目的不能实现的。

② 因承包人违约解除合同后承包人的义务

合同解除后，承包人应按以下约定执行：

ⅰ 除了为保护生命、财产或工程安全、清理和必须执行的工作外，停止执行所有被通知解除的工作，并将相关人员撤离现场。

ⅱ 经发包人批准，承包人应将与被解除合同相关的和正在执行的分包合同及相关的责任和义务转让至发包人和(或)发包人指定方的名下，包括永久性工程及工程物资，以及相关工作。

ⅲ 移交已完成的永久性工程及负责已运抵现场的工程物资。在移交前,妥善做好已完工程和已运抵现场的工程物资的保管、维护和保养。

ⅳ 将发包人提供的所有信息及承包人为本工程编制的设计文件、技术资料及其他文件移交给发包人。在承包人留有的资料文件中,销毁与发包人提供的所有信息相关的数据及资料的备份。

ⅴ 移交相应实施阶段已经付款的并已完成的和尚待完成的设计文件、图纸、资料、操作维修手册、施工组织设计、质检资料、竣工资料等。

③ 因承包人违约解除合同后的估价、付款和结算

因承包人原因导致合同解除的,则合同当事人应在合同解除后 28 天内完成估价、付款和清算,并按以下约定执行:

ⅰ 合同解除后,按商定或确定承包人实际完成工作对应的合同价款,以及承包人已提供的材料、工程设备、施工设备和临时工程等的价值;

ⅱ 合同解除后,承包人应支付的违约金;

ⅲ 合同解除后,因解除合同给发包人造成的损失;

ⅳ 合同解除后,承包人应按照发包人的指示完成现场的清理和撤离;

ⅴ 发包人和承包人应在合同解除后进行清算,出具最终结清付款证书,结清全部款项。

因承包人违约解除合同的,发包人有权暂停对承包人的付款,查清各项付款和已扣款项,发包人和承包人未能就合同解除后的清算和款项支付达成一致的,按照争议解决的约定处理。

④ 因承包人违约解除合同的合同权益转让

合同解除后,发包人可以继续完成工程,和(或)安排第三人完成。发包人有权要求承包人将其为实施合同而订立的材料和设备的订货合同或任何服务合同利益转让给发包人,并在承包人收到解除合同通知后的 14 天内,依法办理转让手续。发包人和(或)第三人有权使用承包人在施工现场的材料、设备、临时工程、承包人文件和由承包人或以其名义编制的其他文件。

(2) 由承包人解除合同

① 因发包人违约解除合同

除专用合同条件另有约定外,承包人有权基于下列原因,以书面形式通知发包人解除合同,承包人应在发出正式解除合同通知 14 天前告知发包人其解除合同意向,除非发包人在收到该解除合同意向通知后 14 天内采取了补救措施,否则承包人可向发包人发出正式解除合同通知立即解除合同。解除日期应为发包人收到正式解除合同通知的日期,但在第(ⅴ)项的情况下,承包人无须提前告知发包人其解除合同意向,可直接发出正式解除合同通知立即解除合同:

ⅰ 承包人就发包人未能遵守关于发包人的资金安排发出通知后 42 天内,仍未收到合理的证明;

ⅱ 在规定的付款时间到期后 42 天内,承包人仍未收到应付款项;

ⅲ 发包人实质上未能根据合同约定履行其义务,构成根本性违约;

ⅳ 发承包双方订立本合同协议书后的 84 天内,承包人未收到开始工作通知;

ⅴ 发包人破产、停业清理或进入清算程序,或情况表明发包人将进入破产和(或)清算

程序或发包人资信严重恶化，已有对其财产的接管令或管理令，与债权人达成和解，或为其债权人的利益在财产接管人、受托人或管理人的监督下营业，或采取了任何行动或发生任何事件(根据有关适用法律)具有与前述行动或事件相似的效果；

ⅵ 发包人未能遵守约定提交支付担保；

ⅶ 发包人未能执行通知改正的约定，致使合同目的不能实现的；

ⅷ 因发包人的原因暂停工作超过 56 天且暂停影响到整个工程，或因发包人的原因暂停工作超过 182 天的；

ⅸ 因发包人原因造成开始工作日期迟于承包人收到中标通知书(或在无中标通知书的情况下，订立本合同之日)后第 84 天的。

发包人接到承包人解除合同意向通知后 14 天内，发包人随后给予了付款，或同意复工、或继续履行其义务、或提供了支付担保等，承包人应尽快安排并恢复正常工作；因此造成工期延误的，竣工日期顺延；承包人因此增加的费用，由发包人承担。

② 因发包人违约解除合同后承包人的义务

合同解除后，承包人应按以下约定执行：

ⅰ 除为保护生命、财产、工程安全的工作外，停止所有进一步的工作；承包人因执行该保护工作而产生费用的，由发包人承担。

ⅱ 向发包人移交承包人已获得支付的承包人文件、生产设备、材料和其他工作。

ⅲ 从现场运走除为了安全需要以外的所有属于承包人的其他货物，并撤离现场。

③ 因发包人违约解除合同后的付款

承包人按照本款约定解除合同的，发包人应在解除合同后 28 天内支付下列款项，并退还履约担保：

ⅰ 合同解除前所完成工作的价款。

ⅱ 承包人为工程施工订购并已付款的材料、工程设备和其他物品的价款；发包人付款后，该材料、工程设备和其他物品归发包人所有。

ⅲ 承包人为完成工程所发生的，而发包人未支付的金额。

ⅳ 承包人撤离施工现场以及遣散承包人人员的款项。

ⅴ 按照合同约定在合同解除前应支付的违约金。

ⅵ 按照合同约定应当支付给承包人的其他款项。

ⅶ 按照合同约定应返还的质量保证金。

ⅷ 因解除合同给承包人造成的损失。

承包人应妥善做好已完工程和与工程有关的已购材料、工程设备的保护和移交工作，并将施工设备和人员撤出施工现场，发包人应为承包人撤出提供必要条件。

(3) 合同解除后的事项

合同解除后，由发包人或由承包人解除合同的结算及结算后的付款约定仍然有效，直至解除合同的结算工作结清。

双方对解除合同或解除合同后的结算有争议的，按照争议解决的约定处理。

14) 不可抗力

不可抗力是指合同当事人在订立合同时不可预见，在合同履行过程中不可避免、不能克服且不能提前防备的自然灾害和社会性突发事件，如地震、海啸、瘟疫、骚乱、戒严、暴动、战争和专用合同条件中约定的其他情形。

不可抗力的通知：合同一方当事人觉察或发现不可抗力事件发生，使其履行合同义务受到阻碍时，有义务立即通知合同另一方当事人和工程师，书面说明不可抗力和受阻碍的详细情况，并提供必要的证明。不可抗力持续发生的，合同一方当事人应每隔 28 天向合同另一方当事人和工程师提交中间报告，说明不可抗力和履行合同受阻的情况，并于不可抗力事件结束后 28 天内提交最终报告及有关资料。

将损失减至最小的义务：不可抗力发生后，合同当事人均应采取措施尽量避免和减少损失的扩大，使不可抗力对履行合同造成的损失减至最小。另一方全力协助并采取措施，需暂停实施的工作，立即停止。任何一方当事人没有采取有效措施导致损失扩大的，应对扩大的损失承担责任。

不可抗力后果的承担：不可抗力导致的人员伤亡、财产损失、费用增加和(或)工期延误等后果，由合同当事人按以下原则承担：

① 永久工程，包括已运至施工现场的材料和工程设备的损害，以及因工程损害造成的第三方人员伤亡和财产损失由发包人承担；

② 承包人提供的施工设备的损坏由承包人承担；

③ 发包人和承包人各自承担其人员伤亡及其他财产损失；

④ 因不可抗力影响承包人履行合同约定的义务，已经引起或将引起工期延误的，应当顺延工期，由此导致承包人停工的费用损失由发包人和承包人合理分担，停工期间必须支付的现场必要的工人工资由发包人承担；

⑤ 因不可抗力引起或将引起工期延误，发包人指示赶工的，由此增加的赶工费用由发包人承担；

⑥ 承包人在停工期间按照工程师或发包人要求照管、清理和修复工程的费用由发包人承担。

不可抗力引起的后果及造成的损失由合同当事人按照法律规定及合同约定各自承担。不可抗力发生前已完成的工程应当按照合同约定进行支付。

不可抗力影响分包人：分包人根据分包合同的约定，有权获得更多或者更广的不可抗力而免除某些义务时，承包人不得以分包合同中不可抗力约定向发包人抗辩免除其义务。

因不可抗力解除合同：因单次不可抗力导致合同无法履行连续超过 84 天或累计超过 140 天的，发包人和承包人均有权解除合同。合同解除后，承包人应按照竣工退场的规定进行。由双方当事人按照商定或确定发包人应支付的款项，该款项包括：

① 合同解除前承包人已完成工作的价款。

② 承包人为工程订购的并已交付给承包人，或承包人有责任接受交付的材料、工程设备和其他物品的价款；当发包人支付上述费用后，此项材料、工程设备与其他物品应成为发包人的财产，承包人应将其交由发包人处理。

③ 发包人指示承包人退货或解除订货合同而产生的费用，或因不能退货或解除合同而产生的损失。

④ 承包人撤离施工现场以及遣散承包人人员的费用。

⑤ 按照合同约定在合同解除前应支付给承包人的其他款项。

⑥ 扣减承包人按照合同约定应向发包人支付的款项。

⑦ 双方商定或确定的其他款项。

除专用合同条件另有约定外，合同解除后，发包人应当在商定或确定上述款项后 28 天内完成上述款项的支付。

15）保险

（1）设计和工程保险

双方应按照专用合同条件的约定向双方同意的保险人投保建设工程设计责任险、建筑安装工程一切险等保险。具体的投保险种、保险范围、保险金额、保险费率、保险期限等有关内容应当在专用合同条件中明确约定。

双方应按照专用合同条件的约定投保第三者责任险，并在缺陷责任期终止证书颁发前维持其持续有效。第三者责任险最低投保额应在专用合同条件内约定。

（2）工伤和意外伤害保险

发包人应依照法律规定为其在施工现场的雇用人员办理工伤保险，缴纳工伤保险费；并要求工程师及由发包人为履行合同聘请的第三方在施工现场的雇用人员依法办理工伤保险。

承包人应依照法律规定为其履行合同雇用的全部人员办理工伤保险，缴纳工伤保险费，并要求分包人及由承包人为履行合同聘请的第三方雇用的全部人员依法办理工伤保险。

发包人和承包人可以为其施工现场的全部人员办理意外伤害保险并支付保险费，包括其员工及为履行合同聘请的第三方的人员，具体事项由合同当事人在专用合同条件约定。

（3）货物保险

承包人应按照专用合同条件的约定为运抵现场的施工设备、材料、工程设备和临时工程等办理财产保险，保险期限自上述货物运抵现场至其不再为工程所需要为止。

（4）其他保险

发包人应按照工程总承包模式所适用的法律法规和专用合同条件约定，投保其他保险并保持保险有效，其投保费用发包人自行承担。承包人应按照工程总承包模式所适用法律法规和专用合同条件约定投保相应保险并保持保险有效，其投保费用包含在合同价格中，但在合同执行过程中，新颁布适用的法律法规规定由承包人投保的强制保险，应根据约定增加合同价款。

16）索赔

（1）索赔的提出

根据合同约定，任意一方认为有权得到追加/减少付款、延长缺陷责任期和（或）延长工期的，应按以下程序向对方提出索赔：

① 索赔方应在知道或应当知道索赔事件发生后 28 天内，向对方递交索赔意向通知书，并说明发生索赔事件的事由；索赔方未在前述 28 天内发出索赔意向通知书的，丧失要求追加/减少付款、延长缺陷责任期和（或）延长工期的权利。

② 索赔方应在发出索赔意向通知书后 28 天内，向对方正式递交索赔报告；索赔报告应详细说明索赔理由以及要求追加的付款金额、延长缺陷责任期和（或）延长的工期，并附必要的记录和证明材料。

③ 索赔事件具有持续影响的，索赔方应每月递交延续索赔通知，说明持续影响的实际情况和记录，列出累计的追加付款金额、延长缺陷责任期和(或)工期延长天数。

④ 在索赔事件影响结束后28天内，索赔方应向对方递交最终索赔报告，说明最终要求索赔的追加付款金额、延长缺陷责任期和(或)延长的工期，并附必要的记录和证明材料。

⑤ 承包人作为索赔方时，其索赔意向通知书、索赔报告及相关索赔文件应向工程师提出；发包人作为索赔方时，其索赔意向通知书、索赔报告及相关索赔文件可自行向承包人提出或由工程师向承包人提出。

(2) 承包人索赔的处理程序

① 工程师收到承包人提交的索赔报告后，应及时审查索赔报告的内容、查验承包人的记录和证明材料，必要时工程师可要求承包人提交全部原始记录副本。

② 工程师应按商定或确定追加的付款和(或)延长的工期，并在收到上述索赔报告或有关索赔的进一步证明材料后及时书面告知发包人，并在42天内，将发包人书面认可的索赔处理结果答复承包人。工程师在收到索赔报告或有关索赔的进一步证明材料后的42天内不予答复的，视为认可索赔。

③ 承包人接受索赔处理结果的，发包人应在作出索赔处理结果答复后28天内完成支付。承包人不接受索赔处理结果的，按照争议解决约定处理。

(3) 发包人索赔的处理程序

① 承包人收到发包人提交的索赔报告后，应及时审查索赔报告的内容、查验发包人证明材料。

② 承包人应在收到上述索赔报告或有关索赔的进一步证明材料后42天内，将索赔处理结果答复发包人。承包人在收到索赔通知书或有关索赔的进一步证明材料后的42天内不予答复的，视为认可索赔。

③ 发包人接受索赔处理结果的，发包人可从应支付给承包人的合同价款中扣除赔付的金额或延长缺陷责任期；发包人不接受索赔处理结果的，按争议解决约定处理。

(4) 提出索赔的期限

① 承包人接收竣工付款证书后，应被认为已无权再提出在合同工程接收证书颁发前所发生的任何索赔。

② 承包人提交的最终结清申请单中，只限于提出工程接收证书颁发后发生的索赔。提出索赔的期限均自接受最终结清证书时终止。

17) 争议的解决

(1) 和解

合同当事人可以就争议自行和解，自行和解达成协议的经双方签字并盖章后作为合同补充文件，双方均应遵照执行。

(2) 调解

合同当事人可以就争议请求建设行政主管部门、行业协会或其他第三方进行调解，调解达成协议的，经双方签字盖章后作为合同补充文件，双方均应遵照执行。

(3) 争议评审

合同当事人在专用合同条件中约定采取争议评审方式及评审规则解决争议的，按下列约定执行：

① 争议评审小组的确定

合同当事人可以共同选择一名或三名争议评审员，组成争议评审小组。如专用合同条件未对成员人数进行约定，则应由三名成员组成。除专用合同条件另有约定外，合同当事人应当自合同订立后 28 天内，或者争议发生后 14 天内，选定争议评审员。

选择一名争议评审员的，由合同当事人共同确定；选择三名争议评审员的，各自选定一名，第三名成员由合同当事人共同确定或由合同当事人委托已选定的争议评审员共同确定，为首席争议评审员。争议评审员为一人且合同当事人未能达成一致的，或争议评审员为三人且合同当事人就首席争议评审员未能达成一致的，由专用合同条件约定的评审机构指定。

除专用合同条件另有约定外，争议评审员报酬由发包人和承包人各承担一半。

② 争议的避免

合同当事人协商一致，可以共同书面请求争议评审小组，就合同履行过程中可能出现争议的情况提供协助或进行非正式讨论，争议评审小组应给出公正的意见或建议。

此类协助或非正式讨论可在任何会议、施工现场视察或其他场合进行，并且除专用合同条件另有约定外，发包人和承包人均应出席。

争议评审小组在此类非正式讨论上给出的任何意见或建议，无论是口头还是书面的，对发包人和承包人不具有约束力，争议评审小组在之后的争议评审程序或决定中也不受此类意见或建议的约束。

③ 争议评审小组的决定

合同当事人可在任何时间将与合同有关的任何争议共同提请争议评审小组进行评审。争议评审小组应秉持客观、公正原则，充分听取合同当事人的意见，依据相关法律、规范、标准、案例经验及商业惯例等，自收到争议评审申请报告后 14 天或争议评审小组建议并经双方同意的其他期限内作出书面决定，并说明理由。合同当事人可以在专用合同条件中对本项事项另行约定。

④ 争议评审小组决定的效力

争议评审小组作出的书面决定经合同当事人签字确认后，对双方具有约束力，双方应遵照执行。

任何一方当事人不接受争议评审小组决定或不履行争议评审小组决定的，双方可选择采用其他争议解决方式。

任何一方当事人不接受争议评审小组的决定，并不影响暂时执行争议评审小组的决定，直到在后续的采用其他争议解决方式中对争议评审小组的决定进行了改变。

(4) 仲裁或诉讼

因合同及合同有关事项产生的争议，合同当事人可以在专用合同条件中约定以下一种方式解决争议：

① 向约定的仲裁委员会申请仲裁；

② 向有管辖权的人民法院起诉。

(5) 争议解决条款效力

合同有关争议解决的条款独立存在，合同的不生效、无效、被撤销或者终止的，不影响合同中有关争议解决条款的效力。

复习思考题

1. 试述工程总承包合同的概念和特点。
2. 分析国内外工程总承包合同文本的种类、适用范围以及主要构成内容。
3. 什么是发包人要求？其主要内容是什么？如何合理编写发包人要求？
4. 分析工程总承包合同中承包人的设计范围和设计义务。
5. 什么是暂估价？如何估价和支付？
6. 分析工程总承包合同中的竣工试验和竣工验收流程。
7. 分析工程总承包合同中的竣工结算的内容和流程。
8. 分析工程总承包合同中的承包人的违约责任以及违约处理。
9. 分析工程总承包合同中的发包人的违约责任以及违约处理。
10. 结合工程实际，如何控制工程总承包合同中规定的工期、质量、投资以及环境和安全目标？

9 工程物资采购合同

9.1 工程物资采购合同概述

物资采购供应工作是工程项目建设的重要组成部分，签订一个好的物资采购合同并保证它能如期顺利履行，对工程项目建设及其经济效益有着直接的、重大的关系。工程项目建设过程中所需物资包括建筑材料和设备两大类。做好物资采购供应合同的管理工作既需要有工程技术、经济管理的经验，又需要有相关专业、商务活动的知识。

9.1.1 工程物资采购合同简介

1）工程物资采购合同的概念

工程物资采购合同，是指具有平等主体的自然人、法人、其他组织之间为实现工程物资买卖，设立、变更、终止相互权利义务关系的协议。依据协议，出卖人转移工程物资的所有权于买受人，买受人接受该项工程物资并支付价款。

工程项目建设阶段需要采购的物资种类繁多，合同形式各异，但根据合同标的物供应方式的不同，可将涉及的各种合同大致划分为物资设备采购合同和大型设备采购合同两大类。物资设备采购合同，是指采购方（业主或承包人）与供货方（供货商或生产厂家）就供应工程建设所需的建筑材料和市场上可直接购买定型生产的中小型通用设备所签订的合同；而大型设备采购合同则是指采购方（通常为业主，也可能是承包人）与供货方（大多为生产厂家，也可能是供货商）为提供工程项目所需的大型复杂设备而签订的合同。大型设备采购合同的标的物可能是非标准产品，需要专门加工制作，也可能是虽为标准产品，但技术复杂而市场需求量较小，一般没有现货供应，待双方签订合同后由供货方专门进行加工制作。

2）工程物资采购合同的特征

工程物资采购合同属于买卖合同，它具有买卖合同的一般特点。此外，它还具有以下特征：

（1）工程物资采购合同应依据施工合同订立

工程施工合同中确立了关于物资采购的协商条款，无论是发包人供应材料和设备，还是承包人供应材料和设备，都应依据施工合同采购物资。根据施工合同的工程量来确定所需物资的数量，以及根据施工合同的类别来确定物资的质量要求。因此，工程施工合同一般是订立物资采购合同的前提。

（2）工程物资采购合同以转移财物和支付价款为基本内容

工程物资采购合同内容繁多、条款复杂，涉及物资的数量和质量条款、包装条款、运输方式、结算方式等。但最为根本的是双方应尽的义务，即卖方按质、按量、按时地将建设物资的所有权转归买方;买方按时、按量地支付货款,这两项主要义务构成了土木工程物资采购合同的最主要的内容。

(3) 工程物资采购合同的标的品种繁多,供货条件复杂

工程物资采购合同的标的是建筑材料和设备,它包括钢材、木材、水泥和其他辅助材料以及机电成套设备等。这些建设物资的特点在于品种、质量、数量和价格差异较大,根据土木工程的需要,有的数量庞大,有的要求技术条件较高,因此,在合同中必须对各种所需物资逐一明确,以确保工程施工的需要。

(4) 工程物资采购合同应实际履行

由于物资采购合同是依据施工合同订立的,物资采购合同的履行直接影响施工合同的履行,因此,工程物资采购合同一经订立,卖方义务一般不能解除,不允许卖方以支付违约金和赔偿金的方式代替合同的履行,除非合同的延迟履行对买方成为不必要。

(5) 工程物资采购合同采用书面形式

根据《民法典》的规定,订立合同依照法律、行政法规或当事人约定采用书面形式的,应当采用书面形式。工程物资采购合同中的标的物用量大,质量要求复杂,且根据工程进度计划分期分批均衡履行,同时还涉及售后维修服务工作,因此合同履行周期长,应当采用书面形式。

3) 物资设备采购合同与大型设备采购合同的主要区别

(1) 物资设备采购合同的标的是物的转移,而大型设备采购合同的标的是完成约定的工作,并表现为一定的劳动成果。大型设备采购合同的定作物表面上与物资设备采购合同的标的物没有区别,但它却是供货方按照采购方提出的特殊要求加工制造的,或虽有定型生产的设计和图纸,但不是大批量生产的产品。还可能采购方根据工程项目特点,对定型设计的设备图纸提出更改某些技术参数或结构要求后,厂家再进行制造。

(2) 物资设备采购合同的标的物可以是在合同成立时已经存在,也可能是签订合同时还未生产,而后按采购方要求数量生产。而作为大型设备采购合同的标的物,必须是合同成立后供货方依据采购方的要求而制造的特定产品,它在合同签约前并不存在。

(3) 物资设备采购合同的采购方只能在合同约定期限到来时要求供货方履行,一般无权过问供货方是如何组织生产的。而大型设备采购合同的供货方必须按照采购方交付的任务和要求去完成工作,在不影响供货方正常制造的情况下,采购方还要对加工制造过程中的质量和期限等进行检查和监督,一般情况下都派有驻厂代表或聘请监理工程师(也称设备监造)负责对生产过程进行监督控制。

(4) 物资设备采购合同中订购的货物不一定是供货方自己生产的,供货方也可以通过各种渠道去组织货源,完成供货任务。而大型设备采购合同则要求供货方必须用自己的劳动、设备、技能独立地完成定作物的加工制造。

(5) 物资设备采购合同供货方按质、按量、按期将订购货物交付采购方后即完成了合同义务;而大型设备采购合同中有时还可能包括要求供货方承担设备安装服务,或在工程承包人进行设备安装时负责协助、指导,以及对生产技术人员的培训服务等内容。

4) 选择供货商的方式

由于物资设备采购合同与大型设备采购合同的以上差异,因此采购方选择供货商的方

式也不尽相同。当为采购一般建筑材料或设备而订立物资设备采购合同时，采购方一般选用下列方式之一挑选供货商：

(1) 招标选择供货商

采购方通过公开招标或邀请招标的方式进行材料采购。这种方式适用于采购标的数额较大、市场竞争比较激烈的建筑材料或设备供应，易于使采购方获得较为有利的合同价格。招标程序可参见第3章。

(2) 询价—报价—签订合同

采购方向若干家供货商发出询价函，要求他们在规定时间内提出报价。采购方收到各供货商的报价后，通过对产品的质量和价格、供货商的供货能力等方面综合考虑，与最终选定的供货商签订合同。这种方式是物资采购最常采用的形式。

(3) 直接订购

采购方直接向供货商报价，供货商接受报价，双方签订合同。另外还有大量的零星材料(品种多、价格低)，双方可以用直接采购形式进行交易，不需签订书面的供应合同。这种方式大多适用于小批量物资的采购或与供货商一直保持有良好的商务合作关系，以及限于工程项目所处地理位置，没有更多选择机会的条件下采用。

大型设备采购合同由于标的物的特殊性，要求供货方应具备一定的资质条件，以及相应的加工技术能力，因此均应采用公开招标或邀请招标的方式，由采购方以合同形式将生产任务委托给承揽加工制造的供货商来实施。

9.1.2 国内和国际物资采购合同的差异

随着我国经济的快速发展，工程建设项目也日益向大型化、复杂化、技术水平先进的方向发展。物资设备的采购已从原来只限于国内市场的范围，转向面对国际大市场。采购方在国内和国际市场范围内，力求以较低的价格获得质量优良、技术先进的物资设备。由于国际采购的特殊性，因此国际采购合同比国内采购合同要相对复杂得多。国际采购合同除应包括国内采购合同应遵循的基本原则外，还将涉及有关价格、国际运输、保险、关税等问题，以及支付方式中的汇率、支付手段等内容。

由于国际采购货物的买卖都是按照货物的价格条件成交，而在国际贸易中，货物的价格不同于国内采购时其价格仅反映货物的生产成本和供货商计取的利润，它还涉及货物交接过程中的各种费用由哪一方承担，并反映了双方权利义务的划分。采购方就某一产品询价时，对方可能报出几种价格，并非此产品的出厂价在浮动，而是说明不同价格中除了出厂价之外，在货物交接过程中还会发生许多其他费用。

按照国际惯例，不同的计价合同类型，反映着采购方和供货方之间在货物交接过程中不同的权利和责任。虽然国际贸易中采用的合同种类较多，但按照惯例最常采用的有以下三种类型：

1) 到岸价(CIF价)合同

这种计价方式是国际上采用最多的合同类型，也可称之为成本、保险加运费合同。按照国际商会《1990年国际贸易术语解释通则》中的规定，合同双方的责任应分别为：

(1) 供货方责任

① 提供符合合同规定的货物。提供符合采购合同规定的货物和商业发票或相等的电讯单证,以及合同可能要求的证明货物符合合同标准的任何其他凭证。

② 许可证、批准证件及海关手续。自行承担风险和费用,取得出口许可证或其他官方批准证件,并办理货物出口所必需的一切海关手续。

③ 运输合同与保险合同。按照通常条件自行负担费用订立运输合同,根据合同约定自行负担费用取得货物保险,使采购方或任何其他对货物拥有保险权益的人直接向保险人索赔,并向采购方提供保险单或其他形式的保险凭证。

④ 交货。在规定的日期或期间内,在装运港将货物交付至船上。

⑤ 风险转移。除采购方第④项责任外,承担货物灭失或损坏的一切风险,直至货物在装运港已越过船舷时为止。

⑥ 费用划分。支付运费、保险费以及出口所需的一切关税、捐税和官方收取的费用。

⑦ 通知采购方。给予采购方货物已装船的充分通知,以及为使采购方采取通常必要的措施能够提取货物所需要的其他任何通知。

⑧ 交货凭证。除非另有约定,应自行负担费用,毫不迟延地向采购方提供约定目的港通常所需的运输单证。

⑨ 核查、包装、标记。支付根据供货方责任第④项交货目的所需的货物核查费用。自行负担费用提供为安排货物运输所要求的包装。

⑩ 其他义务。

(2) 采购方责任

① 支付价款。支付采购合同规定的价款。

② 许可证、批准证件及海关手续。采购方自行承担风险及费用,取得进口许可证或其他官方批准证件,并办理货物进口以及必要时须经由另一国家过境运输所需的一切海关手续。

③ 受领货物。在指定的目的港从承运人那里收领货物。

④ 风险转移。自货物在装运港已越过船舷起,承担货物灭失或损坏的一切风险。

⑤ 费用划分。支付进口税、捐税及其他各项清关手续费。

⑥ 通知供货方。在采购方有权确定装运货物的时间和(或)目的港时,给予供货方充分的通知。

⑦ 凭证。根据供货方第⑧项责任,接受符合合同规定的运输单证。

⑧ 货物检验。除非另有规定,支付装运前货物的检验费用,出口国有关当局的强制检验除外。

⑨ 其他义务。

从以上责任分担可以看出,CIF 价合同规定,除了在供货方所在国进行的发运前货物检验费用由采购方承担外,运抵目的港前所发生的各种费用支出均由供货方承担,即供货方应将这些开支计入到货物价格之内。这些费用包括:货物包装费、出口关税、制单费、租船费、装船费、海运费、运输保险费,以及到达目的港卸船前可能发生的各种费用。而采购方则负责卸船及以后所发生的各种费用开支,包括卸船费、港口仓储费、进口关税、进口检验费、国内运输费等。另外,CIF 价采用的是验单付款方式,即供货方是按货单交货、凭单索付的原则向对方交付合同规定的一切有效单证,采购方审查无误后即应通过银行拨付,而不是验货后再付款。这里可能有某种风险，即供货方已向船主交了货，向保险公司办理了投保手续，并将合同规定的一切单据交付给银行即可拿到货款。尽管采购方尚未见到货物，只要提货单和一切单据内容符合合同规定，采购方银行即应向对方银行拨付此笔款项。如果到货后发现货物损坏、短少或灭失情况时，只要发运单与合同要求相符，供货方不负责任，由采购方会同有关方面查找受损原因后，向海运公司或保险公司索赔。

2）离岸价(FOB 价)合同

离岸价合同与到岸价(CIF 价)合同的主要区别表现在费用承担责任的划分上。离岸价合同由采购方负责租船定仓，办理好有关手续后，将装船时间、船名、泊位通知供货方。供货方负责包装、供货方所在国的内陆运输、办理出口有关手续、装船时货物吊运过船舷前发生的有关费用等。采购方负责租船、装船后的平仓、办理海运保险，以及货物运达目的港后的所有费用开支。风险责任的转移也以货物吊运至船上越过船舷的时间作为风险转移的时间界限。

3）成本加运费价(C&F 价)合同

成本加运费价合同与到岸价(CIF 价)合同的主要差异，仅为办理海运保险的责任和费用的承担不同。由到岸价合同双方责任的划分可以看到，尽管合同规定由供货方负责办理海运保险并支付保险费，但这只是属于为采购方代办性质，因为合同规定供货方承担风险责任的时间仅限于货物在启运港吊运过船舷时为止。也就是说，虽然由供货方负责办理海运保险并承担该项费用支出，但在海运过程中出现货物损坏或灭失时，他不负有向保险公司索赔的责任，仍由采购方向保险公司索赔，供货方只承担采购方向保险公司索赔时的协助义务。由于这一原因，从到岸价合同演变出成本加运费价合同，即其他责任和费用都与到岸价规定相同，只是将办理海运保险一项工作转由采购方负责办理并承担其费用支出。

9.2 材料设备采购合同的主要内容

为满足工程项目建设的需要，采购方与供货方无论是签订还是履行物资采购供应合同均属于法律行为，既要受到法律的约束，又可得到法律的保护。订立国内物资购销合同时，由于合同双方当事人都是我国的企业法人、经济组织，应遵循《中华人民共和国民法典》、国务院颁发的《工矿产品购销合同条例》，以及其他相关的法规和规范要求。若供货方为国外的公司或供货商时，则还应遵守国际惯例。2017 年 9 月国家发改委等印发的《标准材料采购招标文件》等五个标准文件。适用于依法必须招标的与工程有关的设备、材料等货物项目和勘察、设计、监理等服务项目。《标准材料采购招标文件》中的第四章合同条款及格式，包括通用合同条款、专用合同条款和合同附件格式。通用合同条款包括：一般约定、合同范围、合同价格与支付、包装、标记、运输和交付、检验和验收、相关服务、质量保证期、履约保证金、保证、违约责任、合同的解除、争议的解决等条款。

9.2.1 材料设备采购合同的主要条款

采购建筑材料和通用设备的购销合同，分为约首、合同条款和约尾三部分。约首主要写明采购方和供货方的单位名称、合同编号和签约地点。约尾是双方当事人就条款内容达成一致后,最终签字盖章使合同生效的有关内容,包括签字的法定代表人或委托代理人姓名、开户银行和账号、合同的有效起止日期等。双方在合同中的权利和义务,均由条款部分来约定。国内物资购销合同的示范文本规定,条款部分应包括以下几方面内容:

(1) 合同标的:包括产品的名称、品种、商标、型号、规格、等级、花色、生产厂家、订购数量、合同金额、供货时间及每次供应数量等。

(2) 质量要求的技术标准、供货方对质量负责的条件和期限。

(3) 交(提)货地点、方式。

(4) 运输方式及到站、港和费用的负担责任。

(5) 合理损耗及计算方法。

(6) 包装标准、包装物的供应与回收。

(7) 验收标准、方法及提出异议的期限。

(8) 随机备品、配件工具数量及供应办法。

(9) 结算方式及期限。

(10) 如需提供担保,另立合同担保书作为合同附件。

(11) 违约责任。

(12) 解决合同争议的方法。

(13) 其他约定事项。

9.2.2 主要条款的约定内容

标准化的示范文本涉及内容较为全面,以便广泛用于各类标的物的采购合同,对有关内容仅作出指导性的要求,因此就某一具体合同而言,则要依据采购标的物的特点加以详细约定。

1) 标的物的约定

(1) 物资名称

合同中标的物应按行业主管部门颁布的产品目录规定正确填写,不能用习惯名称或自行命名,以免产生由于订货差错而造成物资积压、缺货、拒收或拒付等情况。订购产品的商品牌号、品种、规格型号是标的物的具体化,综合反映产品的内在素质和外观形态,因此应填写清楚。订购特定产品,最好还注明其用途,以免事后产生不必要的纠纷。但对品种、型号、规格、等级明确的产品,则不必再注明用途,如订购425号硅酸盐水泥,名称本身就已说明了它的品种、规格和等级要求。

(2) 质量要求和技术标准

产品质量应满足规定用途的特性指标,因此合同内必须约定产品应达到的质量标准。约定质量标准的一般原则是:

① 按颁布的国家标准执行。

② 无国家标准而有部颁标准的产品,按部颁标准执行。

③ 没有国家标准和部颁标准作为依据时,可按企业标准执行。

④ 没有上述标准,或虽有上述某一标准但采购方有特殊要求时,按双方在合同中商定的技术条件、样品或补充的技术要求执行。

合同内必须写明执行的质量标准代号、编号和标准名称，明确各类材料的技术要求、试验项目、试验方法、试验频率等。采购成套产品时，合同内也需规定附件的质量要求。

(3) 产品的数量

合同内约定产品数量时，应写明订购产品的计量单位、供货数量、允许的合理磅差范围和计算方法。建筑材料数量的计量方法一般有理论换算计量、检斤计量和计件三种。

凡国家、行业或地方规定有计量标准的产品，合同中应按统一标准注明计量单位。没有规定的，可由当事人协商执行，不可以用含糊不清的计量单位。应予以注意的是，某些建筑材料或产品有计量换算问题，应按标准计量单位签订订购数量。如国家规定的平板玻璃计量单位为标准重量箱，即某一厚度的玻璃每一块有标准尺寸，在每一标准重量箱中规定放置若干块。因此，采购方则要依据设计图纸计算所需玻璃的平方米数后，按标准重量箱换算系数折算成订购的标准重量箱数，并写明在合同中，而不能用平方米数作为计量单位。

供货方发货时所采用的计量单位与计量方法应与合同一致，并在发货明细表或质量证明书上注明，以便采购方检验。运输中转单位也应按供货方发货时所采用的计量方法进行验收和发货。

除订购数量必须在合同内注明外，凡是一次订购分期供货的合同，还应明确每次交货的时间、地点、数量。对于某些机电产品，要明确随机的易耗品备件和安装修理专用工具的数量。若为成套供应的产品，还需明确成套的供应范围，详细列出成套设备清单。

建筑材料在运输过程中容易造成自然损耗，如挥发、飞散、干燥、风化、潮解、破碎、漏损等，在装卸操作或检验环节中换装、拆包检查等也都会造成物资数量的减少，这些都属于途中自然减量。当然，有些情况不能作为自然减量，如非人力所能抗拒的自然灾害所造成的非常损失，由于工作失职和管理造成的失误等。因此，为了避免合同履行过程中发生纠纷，一般建筑材料的购销合同中，应列明每次交货时允许的交货数量与订购数量之间的合理磅差、自然损耗的计算方法，以及最终的合理尾差范围。

2) 订购产品的交付

(1) 产品的交付方式

订购物资或产品的供应方式，可以分为采购方到合同约定地点自提货物和供货方负责将货物送达指定地点两大类，而供货方送货又可细分为将货物负责送抵现场和委托运输部门代运两种形式。为了明确货物的运输责任，应在相应条款内写明所采用的交(提)货方式、交(接)货物的地点、接货单位(或接货人)的名称。由于工程用料数量大、体积大、品种繁杂、时间性较强，当事人应采取合理的交付方式，明确交货地点，以便及时、准确、安全、经济地履行合同。运输方式可分为铁路、公路、水路、航空、管道运输及海上运输等，一般由采购方在合同签订时提出采取哪一种运输方式。

(2) 交货期限

货物的交(提)货期限，是指货物交接的具体时间要求。它不仅关系到合同是否按期履行的问题，还有如果出现货物意外灭失或损坏时的责任承担问题。合同内应对交(提)货期限写明月份或更具体的时间(如旬、日)。如果合同内规定分批交货，还需注明各批次交货的时间，以便明确责任。

合同履行过程中，判定是否按期交货或提货，依照约定的交(提)货方式不同，可能有以下几种情况：

① 供货方送货到现场的交货日期,以采购方接收货物时在货单上签收的日期为准。

② 供货方负责代运货物,以发货时承运部门签发货单上的戳记日期为准。

③ 采购方自提产品,以供货方通知提货的日期为准。但在供货方的提货通知中,应给对方合理预留必要的途中时间。

实际交(提)货日期早于或迟于合同规定的期限,都应视为提前或逾期交(提)货,由有关方承担相应责任。

(3) 产品包装

产品的包装是保护材料在储运过程中免受损坏不可缺少的环节。根据《工矿产品购销合同条例》有关规定：凡国家或业务主管部门对包装有技术规定的产品,应按国家标准或专业标准技术规定的类型、规格、容量、印刷标志,以及产品的盛放、衬垫、封袋方法等要求执行。无国家标准或专业标准规定可循的某些专用产品,双方应在合同内议定包装方法,应保证材料包装适合材料的运输方式,并根据材料特点采取防潮、防雨、防锈、防震、防腐蚀等的保护措施。除特殊情况外,包装材料一般由供货方负责并包括在产品价格内,不得向采购方另行收取费用。如果采购方对包装提出特殊要求时,双方应在合同内商定,超过原标准费用部分,由采购方承担。反之,若议定的包装标准低于有关规定标准时,应相应降低产品价格。

对于可以多次使用的包装材料,或使用一次后还可以加工利用的包装物,双方应协商回收办法。该协议作为合同附件。包装物的回收办法可以采用如下两种形式之一：

① 押金回收,适用于专用的包装物,如电缆卷筒、集装箱、大中型木箱等。

② 折价回收,适用于可以再次利用的包装器材,如油漆桶、麻袋、玻璃瓶等。

回收办法中还要明确规定回收品的质量、回收价格、回收期限和验收办法等事项。

3) 产品验收

合同内应对验收明确以下几方面问题。

(1) 验收依据

供货方交付产品时,可以作为双方验收依据的资料包括：

① 双方签订的采购合同。

② 供货方提供的发货单、计量单、装箱单及其他有关凭证。

③ 合同内约定的质量标准。(应写明执行的标准代号、标准名称。)

④ 产品合格证、检验单。

⑤ 图纸、样品或其他技术证明文件。

⑥ 双方当事人共同封存的样品。

(2) 验收内容

① 查明产品的名称、规格、型号、数量、质量是否与供应合同及其他技术文件相符；

② 设备的主机、配件是否齐全；

③ 包装是否完整、外表有无损坏；

④ 对需要化验的材料进行必要的物理化学检验；

⑤ 合同规定的其他需要检验事项。

(3) 验收方式

具体写明检验的内容和手段，以及检测应达到的质量标准。对于抽样检查的产品，还应约定抽检的比例和取样的方法，以及双方共同认可的检测单位。

① 驻厂验收。即在制造时期，由采购方派人在供应的生产厂家进行材质检验。

② 提运验收。对于加工订制、市场采购和自提自运的物资，由提货人在提取产品时检验。

③ 接运验收。由接运人员对到达的物资进行检查，发现问题当场作出记录。

④ 入库验收。这是大量采用的正式的验收方式，由仓库管理人员负责数量和外观检验。

(4) 对产品提出异议的时间和办法

合同内应具体写明采购方对不合格产品提出异议的时间和拒付货款的条件。在采购方提出的书面异议中，应说明检验情况，出具检验证明和对不符合规定产品提出具体处理意见。凡因采购方使用、保管、保养不善原因导致的质量下降，供货方不承担责任。在接到采购方的书面异议通知后，供货方应在 10 天内(或合同商定的时间内)负责处理，否则即视为默认采购方提出的异议和处理意见。

4) 货款结算

产品的价格应在合同订立时明确定价。有国家定价的产品，应按国家定价执行；按规定应由国家定价但国家尚无定价的，其价格应报请物价主管部门批准；不属于国家定价的产品，可以由供需双方协商约定价格。合同内应明确规定以下各项内容。

(1) 办理结算的时间和手续

合同内首先需明确是验单付款还是验货付款，然后再约定结算方式和结算时间。尤其对分批交货的物资，每批交付后应在多少天内支付货款也应明确注明。我国现行结算方式可分为现金结算和转账结算两种。现金结算只适用于成交货物数量少且金额小的购销合同；转账结算在异地之间进行，可分为托收承付、委托收款、信用证、汇兑或限额结算等方法；转账结算在同城市或同地区内进行，有支票、付款委托书、托收无承付和同城托收承付等方法。

(2) 拒付货款条件

采购方有权部分或全部拒付货款的情况大致包括以下几种情况：

① 交付货物的数量少于合同约定，拒付少交部分的货款。

② 有权拒付质量不符合合同要求部分货物的货款。

③ 供货方交付的货物多于合同规定的数量且采购方不同意接收部分的货物，在承付期内可以拒付。

(3) 逾期付款的利息

合同内应规定采购方逾期付款应偿付违约金的计算办法。按照中国人民银行有关延期付款的规定，延期付款利率一般按每天万分之五计算。

5) 违约责任

在合同中，应对当事人违反合同所负的经济责任作出明确规定。

(1) 承担违约责任的形式

当事人任何一方不能正确履行合同义务时，均应以违约金的形式承担违约赔偿责任。

国务院颁布的《工矿产品购销合同条例》对违约金的计算作出了明确规定,通用产品的违约金按违约部分货款总额的1%～5%计算;专用产品按违约部分货款总额的10%～30%计算。双方应通过协商,将具体采用的比例数写明在合同条款内。

(2) 供货方的违约责任

① 未能按合同约定交付货物。这类违约行为可能包括不能供货和不能按期供货两种情况,由于这两种错误行为给对方造成的损失不同,因此承担违约责任的形式也不完全一样。

如果因供货方应承担责任原因导致不能全部或部分交货,应按合同约定的违约金比例乘以不能交货部分货款计算违约金。若违约金不足以偿付采购方所受到的实际损失,可以修改违约金的计算方法,使实际受到的损害能够得到合理的补偿。如施工承包人为了避免停工待料,不得不以较高价格紧急采购不能供应部分的货物而受到的价差损失等。

供货方不能按期交货的行为,又可以进一步区分为逾期交货和提前交货两种情况。只要发生供货方逾期交货的情况,即不论合同内规定由他将货物送达指定地点交接,还是采购方去自提,均要按合同约定依据逾期交货部分货款总价计算违约金。对约定由采购方自提货物而不能按期交付时,若发生采购方的其他额外损失,这笔实际开支的费用也应由供货方承担。如采购方已按期派车到指定地点接收货物,而供货方又不能交付时,则派车损失应由供货方支付费用。发生逾期交货事件后,供货方还应在发货前与采购方就发货的有关事宜进行协商。采购方仍需要时,可继续发货照数补齐,并承担逾期付货责任;如果采购方认为已不再需要,有权在接到发货协商通知后的15天内,通知供货方办理解除合同手续。但逾期不予答复视为同意供货方继续发货。

对于提前交付货物的情况,属于约定由采购方自提货物的合同,采购方接到对方发出的提前提货通知后,可以根据自己的实际情况拒绝提前提货;对于供货方提前发运或交付的货物,采购方仍可按合同规定的时间付款,而且对多交货部分,以及品种、型号、规格、质量等不符合合同规定的产品,在代为保管期内实际支出的保管、保养等费用由供货方承担。代为保管期内,不是因采购方保管不善原因而导致的损失,仍由供货方负责。

② 产品的质量缺陷。交付货物的品种、型号、规格、质量不符合合同规定,如果采购方同意利用,应当按质论价;当采购方不同意使用时,由供货方负责包换或包修。不能修理或调换的产品,按供货方不能交货对待。

③ 供货方的运输责任。主要涉及包装责任和发运责任两个方面。合理的包装是安全运输的保障,供货方应按合同约定的标准对产品进行包装。凡因包装不符合规定而造成货物运输过程中的损坏或灭失,均由供货方负责赔偿。

供货方如果将货物错发到货地点或接货人时,除应负责运交合同规定的到货地点或接货人外,还应承担对方因此多支付的一切实际费用和逾期交货的违约金。供货方应按合同约定的路线和运输工具发运货物,如果未经对方同意私自变更运输工具或路线,要承担由此增加的费用。

(3) 采购方的违约责任

① 不按合同约定接受货物。合同签订以后或履行过程中,采购方要求中途退货,应向供货方支付按退货部分货款总额计算的违约金。对于实行供货方送货或代运的物资,采购方违反合同规定拒绝接货,要承担由此造成的货物损失和运输部门的罚款。合同约定为自提的产品,采购方不能按期提货,除需支付按逾期提货部分货款总值计算延期付款的违约金

之外，还应承担逾期提货时间内供货方实际发生的代为保管、保养费用。逾期提货，可能是未按合同约定的日期提货，也可能是已同意供货方逾期交付货物，而接到提货通知后未在合同规定的时限内去提货两种情况。

② 逾期付款。采购方逾期付款，应按照合同内约定的计算办法，支付逾期付款利息。

③ 延误提供包装物。如果合同约定由采购方提供包装物，其未能按约定时间和要求提供给对方而导致供货方不能按期发运时，除交货日期应予顺延外，还应比照延期付款的规定支付相应的违约金。如果不能提供的话，按中途退货处理。但此项规定，不适用于应由供货方提供多次使用包装物的回收情况。

④ 货物交接地点错误的责任。不论是由于采购方在合同内错填到货地点或接货人，还是未在合同约定的时限内及时将变更的到货地点或接货人通知对方，导致供货方送货或代运过程中不能顺利交接货物，所产生的后果均由采购方承担。责任范围包括：自行运到所需地点或承担供货方及运输部门按采购方要求改变交货地点的一切额外支出。

9.2.3 采购合同履行过程中的管理

1) 交货数量的允许增减范围

合同履行过程中，经常会发生发货数量与实际验收数量不符，或实际交货数量与合同约定的交货数量不符的情况，其原因可能是供货方的责任，也可能是运输部门的责任，或由于运输过程中的合理损耗。前两种情况要追究有关方的责任，第三种情况则应控制在合理的范围之内。有关行政主管部门对通用的物资和材料规定了货物交接过程中允许的合理磅差和尾差界限，如果合同约定供应的货物无规定可循，也应在条款内约定合理的差额界限，以免交接验收时发生合同争议。交付货物的数量在合理的尾差和磅差内，不按多交或少交对待，双方互不退补。超过界限范围时，按合同约定的方法计算多交或少交部分的数量。

磅差是指供货方发运数量与实际验收数量之间的差额。其原因可能由于装运时的误差引起，也可能是运输途中货物发生物理、化学变化导致的自然增减量，以及装卸过程中的合理损耗。为了避免追究少量差额的原因是属于供货方责任，还是归于合理损耗，双方应在合同内明确约定合理磅差。尾差则是指实际交货数量与合同规定交货数量之间的正负差额。尤其当一次订购分批交货的合同履行过程中，供货方每次发运时为了凑足整车便于发送，可对发运数量酌情增减以便节约运费。合同内也要规定允许的尾差范围，通常对大宗货物以不超过订购数量的1%为限。

合同内对磅差和尾差规定出合理的界限范围，既可以划清责任，还可为供货方合理组织发运提供灵活变通的条件。如果超过合理范围，则按实际交货数量计算。不足部分由供货方补齐或退回不足部分的货款；采购方同意接受的多交付部分，进一步支付溢出数量货物的货款。但在计算多交或少交数量时，应按订购数量与实际交货数量比较，均不再考虑合理磅差和尾差因素。

2) 合同的变更或解除

合同履行过程中，如需变更合同内容或解除合同，都必须依据《民法典》的有关规定执行。一方当事人要求变更或解除合同时，在未达成新的协议以前，原合同仍然有效。要求变更或解除合同一方应及时将自己的意图通知对方，对方也应在接到书面通知后的15天或合同约定的时间内予以答复,逾期不答复的视为默认。

材料设备采购合同变更的内容可能涉及订购数量的增减、包装物标准的改变、交货时间和地点的变更等方面。采购方对合同内约定的订购数量不得少要或不要,否则要承担中途退货的责任。只有当供货方不能按期交付货物,或交付的货物存在严重质量问题而影响工程使用时,采购方认为继续履行合同已成为不必要,才可以拒收货物,甚至解除合同关系。如果采购方要求变更到货地点或接货人,应在合同规定的交货期限前 40 天通知供货方,以便供货方修改发运计划和组织运输工具。迟于上述规定期限,双方应当立即协商处理。如果已不可能变更或变更后会发生额外费用支出,其后果均应由采购方负责。

3) 货物的交接管理

(1) 采购方自提货物

采购方应在合同约定的时间或接到供货方发出的提货通知后,到指定地点提货。采购方如果不能按时提货,应承担逾期提货的违约责任。当供货方早于合同约定日期发出提货通知时,采购方可根据施工的实际需要和仓储保管能力,决定是否按通知的时间提前提货,他有权拒绝提前提货,也可以按通知时间提货后仍按合同规定的交货时间付款。

(2) 供货方负责送货到指定地点

货物的运输费用由采购方承担,但应在合同内写明是由供货方送货到现场还是代运,因为这两种方式判定供货方是否按期履行合同的时间责任不一样。合同内约定采用代运方式时,供货方必须根据合同规定的交货期、数量、到站、接货人等,按期编制运输作业计划,办理托运、装车(船)、查验等发货手续,并将货运单、合格证等交寄对方,以便采购方在指定车站或码头接货。如果因单证不齐导致采购方无法接货,由此造成的站场存储费和运输罚款等额外支出费用,应由供货方承担。

合同履行过程中,经常会发生交货的时间或数量与合同约定不一致的情况,应按以下原则处理:

① 交货时间与合同约定不符。提前交货时,采购方接货后仍可按合同约定的交货时间付款,并有权要求对方偿付代管期内实际支出的保管费用。逾期交货时,供货方在发运前应先发出协商通知。如采购方仍需要,供货方可照数补齐并承担逾期交货的违约责任;若采购方已不再需要,也应在接到供货方通知后 15 天内发出解除合同通知,逾期不予答复视为同意继续发货。

② 交货数量与合同不符。供货方交付的数量多于合同约定,且采购方不同意接受时,可在承付期内拒付多交部分的货款和运杂费。合同双方在同一城市,采购方可以拒收多交部分;双方不在同一城市,采购方应先把货物接收下来并负责保管,然后将详细情况和处理意见在到货后的 10 天内通知对方。当供货方交付的数量少于合同约定时,采购方凭有关的合法证明在承付期内可以拒付少交部分的货款,也应在到货后的 10 天内将详情和处理意见通知对方,否则即被视为数量验收合格。供货方接到通知后应在 10 天内答复,否则视为同意对方的处理意见。

4) 货物的验收管理

(1) 验收方法

到货产品的验收,可分为数量验收和质量验收。

① 数量验收方法

a. 衡量法。即根据各种物资不同的计量单位进行检尺、检斤，以衡量其长度、面积、体积、重量等，如胶管衡量其长度、钢板衡量其面积、木材衡量其体积、钢筋衡量其重量等是否与合同约定一致。

b. 理论换算法。如管材等各种定尺、倍尺的金属材料，量测其直径和壁厚后，再按理论公式换算验收。换算依据为国家规定标准或合同约定的换算标准。

c. 查点法。采购定量包装的计件物资，只要查点到货数量即可。包装内的产品数量或重量应与包装物的标明一致，否则应由厂家或封装单位负责。

② 质量验收方法

a. 经验鉴别：通过目测、手触或以常用的检测工具量测后，判定质量是否符合要求。

b. 物理试验：根据对产品的性能检验目的，可以进行拉伸试验、压缩试验、冲击试验、金相试验及硬度试验等。

c. 化学分析：抽出一部分样品进行定性分析或定量分析的化学试验，以确定其内在质量。

(2) 责任划分

不论采用何种交接方式，采购方均应在合同约定由供货方对质量负责的条件和期限内，对交付产品进行验收和试验。某些必须安装运转后才能发现内在质量缺陷的设备，应在合同内约定缺陷责任期或保修期。在此期限内，凡检测不合格的物资或设备，均由供货方负责。如果采购方在规定时间内未提出质量异议，或因其使用、保管、保养不善而造成质量下降，供货方不再负责。

由供货方代运的货物，采购方在站场提货地点应与运输部门共同验货，以便发现灭失、短少、损坏等情况时，能及时分清责任。采购方接收后，运输部门不再负责。属于交运前出现的问题，由供货方负责；运输过程中发生的问题，由运输部门负责。

① 凭包装印记交接的货物。凡原装、原封、原标记完好无异，但发货数量少于合同约定，属于供货方责任。采购方凭运输部门编制的记录证明，可以拒付短缺部分的货款，并在到货后 10 天内通知供货方，否则即视为验收无误。供货方接到通知后，也应于 10 天内答复，提出处理意见。逾期不答复，即按少交货物论处。虽然件数相符，但重量、尺寸短缺，或实际重量与包装标明重量相符而包装内数量短缺，采购方可凭本单位的书面证明，拒付短缺部分的货款，亦应在到货后 10 天内通知对方。封印脱落、损坏时，发生货物灭失、短少、损坏、变质、污染等情况，除能证明属于供货方责任外，均由运输部门负责。

② 凭现状交接的货物。货物发生短少、损坏、变质、污染等情况，如果发生在交付运输部门前，由供货方负责；发生在运输过程中，由运输部门负责；发生在采购方接货后，由采购方自行负责。凡采购方在接货时无法从外部直接发现短少、损坏的情况，仍应由供货方负责的部分，采购方凭运输部门的交接证明和本单位的验收书面证明，在承付期内可以拒付短少、损坏部分的货款，并在到货后 10 天内通知对方，否则视为验收无误。

(3) 验收中发现质量不符的处理

如果在验收中发现建筑材料不符合合同规定的质量要求，采购方应将它们妥善保管，并向供货方提出书面异议。通常按以下规定办理：

① 建筑材料的外观、品种、型号不符合合同规定，采购方应在到货后 10 天内提出书面

异议;

② 建筑材料的内在质量不符合合同规定,采购方应在合同规定的条件和期限内检验,提出书面异议;

③ 对某些只有在安装后才能发现内在质量缺陷的产品,除另有规定或当事人双方另有约定的期限外,一般在运转之日起6个月内提出异议;

④ 在书面异议中,应说明合同号和检验情况,提出检验证明,对质量不符合合同规定的产品提出具体处理意见。

(4) 质量争议

如果当事人双方对产品的质量检测、试验结果发生争议,应按《中华人民共和国标准化管理条例》的规定,请标准化管理部门的质量监督检验机构进行仲裁检验。

5) 结算管理

产品的货款、实际支付的运杂费和其他费用的结算,应按照合同中商定的结算方式和中国人民银行结算办法的规定办理。但对以下两点应予注意:

(1) 变更银行账户

采用转账方式和托收承付方式办理结算手续时,均由供货方将有关单证交付采购方开户银行办理划款手续。当采购方变更合同内注明的开户银行、账户名称和账号时,应在合同规定的交货期前30天通知供货方。如果未及时通知或通知有错误而影响结算,采购方要负逾期付款责任。若供货方接到通知后仍按变更前的账户办理,后果由供货方承担。

(2) 拒付货款

采购方拒付货款,应当按照中国人民银行结算办法的拒付规定办理。采用托收承付结算时,如果采购方的拒付手续超过承付期,银行不予受理。采购方对拒付货款的产品必须负责接收,并妥为保管不准动用。如果发现动用,由银行代供货方扣收货款,并按逾期付款对待。

9.2.4 工程师对材料设备采购合同的管理

由于工程材料设备采购合同的履行直接影响工程施工的质量和进度,在施工过程中,监理工程师也要加强对材料设备采购合同的管理。主要包括以下几方面工作:

(1) 对材料设备采购合同及时进行统一编号管理。

(2) 监督材料设备采购合同的订立。工程师虽不参与材料设备采购合同的订立,但应监督材料设备采购合同符合土木工程施工合同中的描述,指令合同中标的物的质量等级及技术要求,并对采购合同的履行期限进行控制。

(3) 检查材料设备采购合同的履行。工程师应对进场材料作全面检查和检验,对检查或检验的材料认为有缺陷或不符合合同要求,工程师可拒收这些材料设备,并指令在规定的时间内将材料设备运出现场,工程师也可以指示用合格适用的材料取代原来的材料。

(4) 分析合同的执行。对材料设备采购合同执行情况的分析,应从投资控制、进度控制或质量控制的角度对执行中可能出现的问题和风险进行全面分析,防止由于材料设备采购合同的执行原因造成施工合同不能全面履行。

9.3 大型设备采购合同的主要内容

9.3.1 合同的主要内容

一个较为完备的大型设备采购合同，通常由合同条款和附件组成。合同条款一般包括约首、正文（主要内容）、约尾三部分。约首即合同的开头部分，包括项目名称、合同号、签约日期、签约地点、双方当事人名称或者姓名、住所等条款。约尾即合同的结尾部分，包括双方的名称、签字盖章及签字时间、地点等。

1）合同条款的主要内容

当事人双方在合同内根据具体订购设备的特点和要求，约定以下几方面的内容：合同文件、合同中的词语定义；合同标的物；供货范围和数量；合同价格；付款；交货和运输；包装与标记；技术服务；质量监督与检验；安装、调试、验收；保证与索赔；保险；税费；分包与外购；合同的变更、修改、中止和终止；不可抗力；合同争议的解决；其他。

2）主要附件

为了对合同中某些约定条款涉及内容较多部分作出更为详细的说明，还需要编制一些附件作为合同的一个组成部分。附件通常可能包括技术规范，供货范围，技术资料的内容和交付安排，交货进度，监造、检验和性能验收试验，价格表，技术服务的内容，分包加外购计划，大部件说明表等。

9.3.2 设备制造期内双方的责任

1）设备监造

(1) 监造的概念

设备监造也称设备制造监理，指在设备制造过程中采购方委托有资质的监造单位派出驻厂代表，对供货方提供合同设备的关键部位进行质量监督。但质量监造不解除供货方对合同设备质量应负的责任。

(2) 供货方的义务

① 在合同约定的时间内向采购方提交订购设备的设计、制造和检验的标准，包括与设备监造有关的标准、图纸、资料和工艺要求等。

② 合同设备开始投料制造时，向监造代表提供整套设备的生产计划。

③ 每个月末均应提供月报表，说明本月包括工艺过程和检验记录在内的实际生产进度，以及下一个月的生产、检验计划。中间检验报告需说明检验的时间、地点、过程、试验记录，以及与计划的不一致的原因分析和改进措施。

④ 监造代表在监造中如果发现设备和材料存在质量问题或不符合规定的标准或包装要求而提出意见并暂不予以签字时，供货方需采取相应改进措施，以保证交货质量。无论监造代表是否要求或是否知道，供货方均有义务主动及时地向其提供合同设备制造过程中出现的较大的质量缺陷和问题，不得隐瞒，而且在监造单位不知道的情况下供货方不得擅自处理。

⑤ 监造代表发现重大问题要求停工检验时，供货方应当遵照执行。

⑥ 为监造代表提供工作、生活必要的方便条件。

⑦ 不论监造代表是否参与监造与出厂检验,或者监造代表参加了监造与检验并签署了监造与检验报告,均不能被视为免除供货方对设备质量应负的责任。

(3) 采购方的义务

① 制造现场的监造检验和见证,尽量结合供货方工厂实际生产过程进行,不应影响正常的生产进度(不包括发现重大问题时的停工检验)。

② 监造代表应按时参加合同规定的检查和实验。若监造代表不能按供货方通知时间及时到场,供货方工厂的试验工作可以正常进行,试验结果有效。但是监造代表有权事后了解、查阅、复制检查试验报告和结果(转为文件见证)。若供货方未及时通知监造代表而单独检验,采购方将不承认该检验结果,供货方应在监造代表在场的情况下进行该项试验。

(4) 监造方式

监造实行现场见证和文件见证两种方式。现场见证的形式包括:

① 以巡视的方式监督生产制造过程,检查使用的原材料、元件质量是否合格,制造操作工艺是否符合技术规范的要求等。

② 接到供货方的通知后,参加合同内规定的中间检查试验和出厂前的检查试验。

③ 在认为必要时,监造代表有权要求进行合同内没有规定的检验。如对某一部分的焊接质量有疑问,可以对该部分进行无损探伤试验。

文件见证指对所进行的检查或检验认为质量达到合同规定的标准后,在检查或试验记录上签署认可意见,以及就制造过程中有关问题发给供货方的相关文件。

2) 工厂内的检验

(1) 监造内容的约定

当事人双方需在合同内约定设备监造的内容,以便监造代表进行检查和试验。具体内容应包括监造的部套(以订购范围确定)、每套的监造内容、监造方式(可以是现场见证、文件见证或停工待检之一)、检验的数量等。

(2) 检查和试验的范围

① 原材料和元器件的进厂检验。

② 部件的加工检验和实验。

③ 出厂前预组装检验。

④ 包装检验。

供货方供应的所有合同设备、部件(包括分包与外购部分),在生产过程中都需进行严格的检验和试验,出厂前还需进行部套或整机总装试验。所有检验、试验和总装(装配)必须有正式的记录文件。只有以上所有工作完成后才能出厂发运。这些正式记录文件和合格证明提交给采购方,作为技术资料的一部分存档。此外,供货方还应在随机文件中提供合格证和质量证明文件。

9.3.3 现场交货

1) 货物交接

(1) 供货方的义务

① 应在发运前合同约定的时间内向采购方发出通知，以便对方做好接货准备工作。

② 向承运部门办理申请发运设备所需的运输工具计划，负责合同设备从供货方到现场交货地点的运输。

③ 每批合同设备交货日期以到货车站（码头）的到货通知单时间戳记为准，以此来判定是否延误交货。

④ 在每批货物备妥及装运车辆（船）发出24小时内，应以电报或传真将该批货物的如下内容通知采购方：合同号，机组号，货物备妥发运日期，货物名称及编号和价格，货物总毛重，货物总体积，总包装件数，交运车站（码头）的名称、车号（船号）和运单号，重量超过20 t或尺寸超过9 m×3 m×3 m的每件特大型货物的名称、重量、体积和件数，以及对每件该类设备（部件）还必须标明重心和吊点位置，并附有草图。

（2）采购方的义务

① 应在接到发运通知后做好现场接货的准备工作。

② 按时到运输部门提货。

③ 如果由于采购方原因要求供货方推迟设备发货，应及时通知对方，并承担推迟期间的仓储费和必要的保养费。

2）到货检验

（1）检验程序

① 货物到达目的地后，采购方向供货方发出到货检验通知，邀请对方派代表共同进行检验。

② 货物清点。双方代表共同根据运单和装箱单对货物的包装、外观和件数进行清点。如果发现任何不符之处，经过双方代表确认属于供货方责任后，由供货方处理解决。

③ 开箱检验。货物运到现场后，采购方应尽快与供货方共同进行开箱检验，如果采购方未通知供货方而自行开箱或每一批设备到达现场后在合同规定时间内不开箱，产生的后果由采购方承担。双方共同检验货物的数量、规格和质量，检验结果和记录对双方有效，并作为采购方向供货方提出索赔的证据。

（2）损害、缺陷、短少的责任

① 现场检验时，如发现设备由于供货方原因（包括运输）有任何损坏、缺陷、短少或不符合合同中规定的质量标准和规范，应做好记录，并由双方代表签字，各执一份，作为采购方向供货方提出修理或更换索赔的依据。如果供货方要求采购方修理损坏的设备，所有修理设备的费用由供货方承担。

② 如果发现由于采购方原因而损坏或短缺，供货方在接到采购方通知后，应尽快提供或替换相应的部件，但费用由采购方自负。

③ 供货方如对采购方提出修理、更换、索赔的要求有异议，应在接到采购方书面通知后合同约定的时间内提出，否则上述要求即告成立。如有异议，供货方应在接到通知后派代表赴现场同采购方代表共同复验。

④ 双方代表在共同检验中对检验记录不能取得一致意见时，可由双方委托的权威第三方检验机构进行裁定检验。检验结果对双方都有约束力，检验费用由责任方负担。

⑤ 供货方在接到采购方提出的索赔后，应按合同约定的时间尽快修理、更换或补发短缺部分，由此产生的制造、修理和运费及保险费均应由责任方负担。

9.3.4 设备安装验收

1) 供货方的现场服务

按照合同约定不同,设备安装工作可以由供货方负责,也可以在供货方提供必要的技术服务条件下由采购方承担。如果由采购方负责设备安装,供货方应提供的现场服务内容包括以下几项:

(1) 派出必要的现场服务人员

供货方现场服务人员的职责包括指导安装和调试,处理设备的质量问题,参加试车和验收试验等。

(2) 技术交底

安装和调试前,供货方的技术服务人员应向安装施工人员进行技术交底,讲解和示范将要进行工作的程序和方法。对合同约定的重要工序,供货方的技术服务人员要对施工情况进行确认和签证,否则采购方不能进行下一道工序。经过确认和签证的工序,如果因技术服务人员指导错误而发生问题,由供货方负责。

(3) 重要安装、调试的工序

① 整个安装、调试过程应在供货方现场技术服务人员指导下进行。重要工序须经供货方现场技术服务人员签字确认。安装、调试过程中,若采购方未按供货方的技术资料规定和现场技术服务人员指导、未经供货方现场技术服务人员签字确认而出现问题,采购方自行负责(设备质量问题除外);若采购方按供货方技术资料规定和现场技术服务人员的指导、供货方现场技术服务人员签字确认而出现问题,供货方承担责任。

② 设备安装完毕后的调试工作由供货方的技术人员负责,或采购方的人员在其指导下进行。供货方应尽快解决调试中出现的设备问题,其所需时间应不超过合同约定的时间,否则将视为延误工期。

2) 设备验收

(1) 启动试车

安装调试完毕后,双方共同参加启动试车的检验工作。试车分成无负荷空运和带负荷试运行两个步骤进行,且每一阶段均应按技术规范要求的程序维持一定的持续时间,以检验设备的质量。试验合格后,双方在验收文件上签字,正式移交采购方进行生产运行。若检验不合格,属于设备质量原因,由供货方负责修理、更换并承担全部费用;如果是由于工程施工质量问题,由采购方负责拆除后纠正缺陷。不论何种原因试车不合格,经过修理或更换设备后应再次进行试车试验,直到满足合同规定的试车质量要求为止。

(2) 性能验收

性能验收又称性能指标达标考核。启动试车只是检验设备安装完毕后是否能够顺利安全运行,但各项具体的技术性能指标是否达到供货方在合同内承诺的保证值还无法判定,因此合同中均要约定设备移交试生产稳定运行多少个月后进行性能测试。由于合同规定的性能验收时间采购方已正式投产运行,这项验收试验由采购方负责,供货方参加。

试验大纲由采购方准备,与供货方讨论后确定。试验现场和所需的人力、物力由采购方提供。供货方应提供试验所需的测点、一次性元件和装设的试验仪表,以及做好技术配合和人员配合工作。

性能验收试验完毕，每套合同设备都达到合同规定的各项性能保证值指标后，采购方与供货方共同会签合同设备初步验收证书。如果合同设备经过性能测试检验表明未能达到合同约定的一项或多项保证指标，可以根据缺陷或技术指标试验值与供货方在合同内的承诺值偏差程度，按下列原则区别对待：

① 在不影响合同设备安全、可靠运行的条件下，如有个别微小缺陷，供货方在双方商定的时间内免费修理，采购方则可同意签署初步验收证书。

② 如果第一次性能验收试验达不到合同规定的一项或多项性能保证值，则双方应共同分析原因，澄清责任，由责任一方采取措施，并在第一次验收试验结束后合同约定的时间内进行第二次验收试验。如能顺利通过，则签署初步验收证书。

③ 在第二次性能验收试验后，如仍有一项或多项指标未能达到合同规定的性能保证值，按责任的原因分别对待。属于采购方原因，合同设备应被认为初步验收通过，共同签署初步验收证书。此后供货方仍有义务与采购方一起采取措施，使合同设备性能达到保证值。属于供货方原因，则应按照合同约定的违约金计算方法赔偿采购方的损失。

④ 在合同设备稳定运行规定的时间后，如果由于采购方原因造成性能验收试验的延误超过约定的期限，采购方也应签署设备初步验收证书，视为初步验收合格。

初步验收证书只是证明供货方所提供的合同设备性能和参数截至出具初步验收证明时可以按合同要求予以接受，但不能视为供货方对合同设备中存在的可能引起合同设备损坏的潜在缺陷所应负责任解除的证据。所谓潜在缺陷指设备的隐患在正常情况下不能在制造过程中被发现，供货方应承担纠正缺陷责任。供货方的质量缺陷责任期时间应保证到合同规定的保证期终止后或到第一次大修时。当发现这类潜在缺陷时，供货方应按照合同的规定进行修理或调换。

(3) 最终验收

① 合同内应约定具体的设备保证期限。保证期从签发初步验收证书之日起开始计算。

② 在保证期内的任何时候，如果由于供货方责任而需要进行的检查、试验、再试验、修理或调换，当供货方提出请求时，采购方应作好安排进行配合以便进行上述工作。供货方应负担修理或调换的费用，并按实际修理或更换使设备停运所延误的时间将保证期限作相应延长。

③ 如果供货方委托采购方施工人员进行加工、修理、更换设备，或由于供货方设计图纸错误以及因供货方技术服务人员的指导错误造成返工，供货方应承担因此所发生合理费用的责任。向采购方支付的费用可按发生时的费率水平用如下公式计算：

$$P = ah + M + \sum Cm$$

式中：P—— 总费用(元)；

a—— 人工费单价[元/(时·人)]；

h—— 人员工时[(时·人)]；

M—— 材料费(元)；

C—— 机械台班数(台·班)；

m—— 一台机械设备的台班费[元/(台·班)]。

④ 合同保证期满后，采购方在合同规定时间内应向供货方出具合同设备最终验收证书。条件是此前供货方已完成采购方保证期满前提出的各项合理索赔要求，设备的运行质量符合合同的约定。供货方对采购方人员的非正常维修和误操作，以及正常磨损造成的损失不承担责任。

⑤ 每套合同设备最后一批交货到达现场之日起，如果因采购方原因在合同约定的时间内未能进行试运行和性能验收试验，期满后即视为通过最终验收。此后采购方应与供货方共同会签合同设备的最终验收证书。

9.3.5 合同价格与支付

1）合同价格

大型设备采购合同通常采用固定总价合同，在合同交货期内为不变价格。合同价内包括合同设备(含备品备件、专用工具)、技术资料、技术服务等费用，还包括合同设备的税费、运杂费、保险费等与合同有关的其他费用。

2）付款

支付的条件、支付的时间和费用内容应在合同内具体约定。目前大型设备采购合同较多采用如下的程序。

(1) 支付条件

合同生效后，供货方提交金额为合同设备价格约定的某一百分比的不可撤销履约保函，作为采购方支付合同款的先决条件。

(2) 支付程序

合同设备款的支付。订购的合同设备价款一般分3次支付：

① 设备制造前供货方提交履约保函和金额为合同设备价格10%的商业发票后，采购方支付合同设备价格的10%作为预付款。

② 供货方按交货顺序在规定的时间内将每批设备(部组件)运到交货地点，并将该批设备的商业发票、清单、质量检验合格证明、货运提单提供给采购方，采购方支付该批设备价格的80%。

③ 剩余合同设备价格的10%作为设备保证金，待每套设备保证期满没有问题，采购方签发设备最终验收证书后支付。

合同约定的技术服务费一般分2次支付：

① 第一批设备交货后，采购方支付给供货方该套合同设备技术服务费的30%。

② 每套合同设备通过该套机组性能验收试验，初步验收证书签署后，采购方支付该套合同设备技术服务费的70%。

运杂费在设备交货时由供货方分批向采购方结算，结算总额为合同规定的运杂费。

(3) 采购方的支付责任

付款时间以采购方银行承付日期为实际支付日期，若此日期晚于合同约定的付款日期，即从约定的日期开始按合同约定计算迟付款违约金。

9.3.6 违约责任

为了保证合同双方的合法权益，虽然在前述条款中已说明责任的划分，如修理、置换、补足短少部件等规定，但双方还应在合同内约定承担违约责任的条件、违约金的计算办法和违约金的最高赔偿限额等。违约金通常包括以下几方面内容。

1）供货方的违约责任

（1）延误责任的违约金

① 设备延误到货的违约金计算办法。

② 未能按合同规定时间交付严重影响施工的关键技术资料违约金的计算办法。

③ 因技术服务的延误、疏忽或错误导致工程延误违约金的计算办法。

（2）质量责任的违约金

这是指经过二次性能试验后，一项或多项性能指标仍达不到保证指标时，各项具体性能指标违约金的计算办法。

（3）不能供货的违约金

合同履行过程中如果因供货方原因不能交货，按不能交货部分设备价格约定某一百分比用于计算违约金。

（4）由于供货方中途解除合同，采购方可采取合理的补救措施，并要求供货方赔偿损失。

2）采购方的违约责任

（1）延期付款违约金的计算办法。

（2）延期付款利息的计算办法。

（3）如果因采购方原因中途要求退货，按退货部分设备价格约定某一百分比用于计算违约金。

双方在违约责任条款内还应分别列明任何一方严重违约时，对方可以单方面终止合同的条件、终止程序和后果责任等。

9.3.7 工程师对大型设备采购合同的管理

由于土木工程大型设备采购合同的履行也对工程施工的质量和进度有影响，在施工过程中，监理工程师也要加强对大型设备采购合同的管理。主要包括以下几方面工作：

（1）对大型设备采购合同及时编号、统一管理。

（2）参与大型设备采购合同的订立。工程师可参与大型设备采购合同的招标工作，参加招标文件的编写，提出对设备的技术要求及交货期限的要求。

（3）监督大型设备采购合同的履行。在设备制造期间，工程师有权根据合同提供的全部工程设备的材料和工艺进行检查、研究和检验，同时检查其制造进度。根据合同规定或取得供货方的同意，工程师可将工程设备的检查和检验授权给一个独立的检验单位。

工程师认为检查、研究或检验的结果是设备有缺陷或不符合合同规定时，可拒收此类工程设备，并就此立即通知供货方。任何工程设备必须得到工程师的书面许可后方可运至现场。

复习思考题

1. 简述物资采购合同的概念和特征。
2. 建筑材料的采购合同与大型机组设备的采购合同有何本质性区别?
3. 国际物资采购中,三种计价方式的差异如何体现在合同责任上?
4. 材料设备采购合同的主要条款是什么?
5. 物资采购合同中判定供货商是否按期交付货物的标准是什么?
6. 物资采购合同中应如何规定供货商对产品质量负责的条件?
7. 物资采购合同中应如何约定货款的结算条款?
8. 物资采购合同中各方的哪些行为构成违约?
9. 大型设备采购合同中如何规定供货方的质量责任期限?
10. 大型设备采购合同中的质量检验应包括哪些程序?
11. 大型设备采购合同中如何支付合同价款?
12. 简述监理工程师对大型设备采购合同的管理。
13. 结合实际工程项目，谈谈物资采购合同的履行如何与施工合同相衔接。
14. 结合我国建设法律法规的具体规定，谈谈材料设备供应商应承担哪些法律责任。

10 FIDIC 土木工程施工合同条件

10.1 FIDIC 合同条件概述

10.1.1 FIDIC 组织简介

FIDIC(Fédération Internationale Des Ingénieurs-Conseils)是"国际咨询工程师联合会"法语名称的缩写。该组织在每个国家或地区只吸收一个独立的咨询工程师协会作为团体会员，至今已有60多个发达国家和发展中国家或地区的成员，因此它是国际上最具有权威性的咨询工程师组织。中国工程咨询协会代表我国已于1996年正式加入FIDIC组织。

FIDIC下设2个地区成员协会：FIDIC亚洲及太平洋成员协会(ASPAC)；FIDIC非洲成员协会集团(CAMA)。FIDIC还设立了许多专业委员会，用于专业咨询和管理。如业主/咨询工程师关系委员会(CCRC)；合同委员会(CC)；执行委员会(EC)；风险管理委员会(ENVC)；质量管理委员会(QMC)；21世纪工作组(Task Force 21)等。FIDIC总部机构现设于瑞士洛桑。

10.1.2 FIDIC 合同条件简介

为了规范国际工程咨询和承包活动，FIDIC先后发表过很多重要的管理文件和标准化的合同文件范本。目前作为惯例已成为国际工程界公认的标准化合同格式，有适用于工程咨询的《业主/咨询工程师标准服务协议书》(白皮书)，适用于施工承包的《土木工程施工合同条件》(红皮书)、《电气与机械工程合同条件》(黄皮书)、《设计—建造与交钥匙工程合同条件》(橘皮书)和《土木工程施工分包合同条件》。为了适应国际建筑市场发展的需要，FIDIC于1999年9月又出版了一套新的合同条件，包括《施工合同条件》(Conditions of Contract for Construction)(新红皮书)、《生产设备与设计—建造合同条件》(Conditions of Contract for Plant and Design-Build)(新黄皮书)、《设计采购施工(EPC)/交钥匙项目合同条件》(Conditions of Contract for EPC/Turnkey Projects)(银皮书)及《简明合同格式》(Short Form of Contract)(绿皮书)，这四本合同条件统称为1999年第一版。2008年还出版了《设计—建造与运营项目合同条件》(Conditions of Contract for Design, Build and Operate Projects)(金皮书)。2017年12月，FIDIC在伦敦举办的国际用户会议上正式发布了1999版系列合同条件中前三本的第2版，简称2017版。FIDIC合同范本分类参见图10.1。

这些合同文件不仅被FIDIC成员国广泛采用，而且世界银行、亚洲开发银行、非洲开发银行等金融机构也要求在其贷款建设的土木工程项目实施过程中使用以FIDIC文本为基础编制的合同条件。这些合同条件的文本不仅适用于国际工程，而且稍加修改后同样适用于国内工程,我国有关部委编制的适用于大型工程施工的标准化范本都以FIDIC编制的合同条件为蓝本。

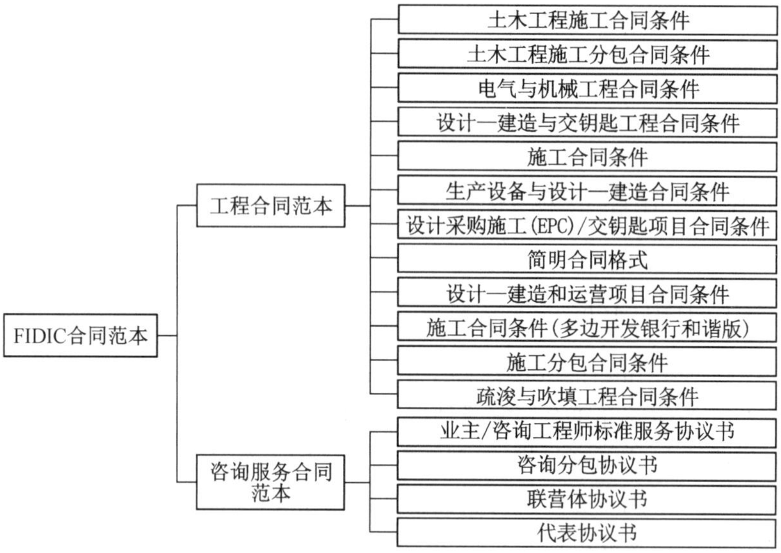

图10.1　FIDIC合同范本分类导图

1)土木工程施工合同条件

《土木工程施工合同条件》是FIDIC最早编制的合同文本,也是其他几个合同条件的基础。该文本适用于业主(或业主委托第三人)提供设计的工程施工承包,是以单价合同为基础(也允许其中部分工作以总价合同承包),广泛用于土木建筑工程施工、安装承包的标准化合同格式。《土木工程施工合同条件》的主要特点表现为:条款中责任的约定以招标选择承包商为前提,合同履行过程中建立以工程师为核心的管理模式。

2)电气与机械工程合同条件

《电气与机械工程合同条件》适用于大型工程的设备提供和施工安装,承包工作范围包括设备的制造、运送、安装和保修几个阶段。这个合同条件是在《土木工程施工合同条件》基础上编制的,针对相同情况制定的条件完全照抄《土木工程施工合同条件》的规定。与《土木工程施工合同条件》的区别主要表现为:一是该合同涉及的不确定风险的因素较少,但实施阶段管理程序较为复杂,因此条目少、款数多;二是支付管理程序与责任划分基于总价合同。这个合同一般适用于大型项目中的安装工程。

3)设计—建造与交钥匙工程合同条件

FIDIC编制的《设计—建造与交钥匙工程合同条件》是适用于总承包的合同文本,承包工作内容包括设计、设备采购、施工、物资供应、安装、调试和保修。这种承包模式可以减少设计与施工之间的脱节或矛盾,而且有利于节约投资。该合同文本是基于不可调价的总价承包编制的合同条件。土建施工和设备安装部分的责任,基本上套用《土木工程施工合同条件》和《电气与机械工程合同条件》的相关约定。交钥匙合同条件既可以用于单一合同施工的项目,也可以用于作为多合同项目中的一个合同,如承包商负责提供各项设计、单项构筑物或整套设施的承包。

4) 土木工程施工分包合同条件

FIDIC 编制的《土木工程施工分包合同条件》是与《土木工程施工合同条件》配套使用的分包合同文本。分包合同条件可用于承包商与其选定的分包商，或与业主选择的指定分包商签订的合同。分包合同条件的特点是：既要保持与主合同条件中分包工程部分规定的权利义务约定一致，又要区分负责实施分包工作当事人改变后两个合同之间的差异。

10.1.3 合同文本的标准化

1) FIDIC 文本格式

FIDIC 出版的所有合同文本结构，都是以通用条件、专用条件和其他标准化文件的格式编制的。

(1) 通用条件

所谓通用，其含义是工程建设项目不论属于哪个行业，也不管处于何地，只要是土木工程类的施工均可适用。条款内容涉及合同履行过程中业主和承包商各方的权利与义务，工程师(交钥匙合同中为业主代表)的权力和职责，各种可能预见到的事件发生后的责任界限，合同正常履行过程中各方应遵循的工作程序以及因意外事件而使合同被迫解除时各方应遵循的工作准则等。

(2) 专用条件

专用条件是相对于通用条件而言，要根据准备实施的项目的工程专业特点，以及工程所在地的政治、经济、法律、自然条件等地域特点，针对通用条件中条款的规定加以具体化。可以对通用条件中的规定进行相应的补充完善、修订或取代其中的某些内容，以及增补通用条件中没有规定的条款。专用条件中条款序号应与通用条件中要说明的条款的序号相同，通用条件和专用条件内相同序号的条款共同构成对某一问题的约定责任。如果通用条件内的某一条款内容完备、适用，专用条件内可不再重复列此条款。

(3) 标准化的文件格式

FIDIC 编制的标准化合同文本，除了通用条件和专用条件以外，还包括标准化的投标书(及附录)和协议书的格式文件。

投标书的格式文件只有一项内容，是投标人愿意遵守招标文件规定的承诺表示。投标人只需填写投标报价并签字后，即可与其他材料一起构成有法律效力的投标文件。投标书附件列出了通用条件和专用条件内涉及工期和费用内容的明确数值，与专用条件中的条款序号和具体要求相一致，以使承包商在投标时予以考虑。这些数据经承包商填写并签字确认后，合同履行过程中作为双方遵照执行的依据。

协议书是业主与中标承包商签订施工承包合同的标准化格式文件，双方只要在空格内填入相应内容并签字盖章后合同即可生效。

2) 标准化合同文本的优点

(1) 合同体系完整、严密、责任明确

从合同生效之日起到合同解除为止，正常履行过程中可能涉及的各类情况，以及特殊情况下发生的有关问题，在合同的通用条件内都明确划分了参与合同管理有关各方的责任界限，而且还规范了合同履行过程中应遵循的管理程序，条款内容基本覆盖了合同履行过程中可能发生的各类情况。

(2) 责任划分较为公正

合同条件适用于采用竞争性招标选择承包商实施的承包合同，各种风险是以作为一个有经验的承包商在投标阶段能否合理预见来划分责任界限。合同条件属于双务、有偿合同，力求使当事人双方的权利义务达到总体的平衡，风险分担尽可能合理。

这样的文本格式既可以使业主编制招标文件时避免遗漏某些条款，也可以令承包商投标和签订合同时更关注于专用条件中体现的招标工程项目有哪些特殊的或专门的要求或规定。

10.2 FIDIC施工合同条件的主要内容

《土木工程施工合同条件》是FIDIC最早编制的合同文本，也是其他几个FIDIC合同条件的基础。住房城乡建设部和国家工商行政管理总局联合颁发的《建设工程施工合同(示范文本)》采用了很多《土木工程施工合同条件》的条款(详见第7章)，本节主要介绍2017版FIDIC土木工程施工合同条件。与1999版本系列合同条件相比，业主与承包商之间的风险分配原则不变，合同条件的应用范围不变；业主和承包商的职责和义务基本不变，通用合同条件的整体架构基本不变。2017版的主要变化体现在：通用条件结构略有调整、通用条件内容大幅增加、融入更多项目管理理念、加强工程师地位和作用、将索赔和争端区别对待、强调合同双方对待关系等。

10.2.1 合同中的部分重要词语和概念

1) 合同(Contract)

这里的合同实际是全部合同文件的总称。通用条件的条款规定，构成对业主和承包商有约束力的合同文件包括以下几个方面的内容：

(1) 合同协议书(Contract Agreement)。业主发出中标函的28天内，接到承包商提交的有效履约保证后，双方签署的法律性标准化格式文件。为了避免履行合同过程中产生争议，专用条件指南中最好注明接受的合同价格、基准日期和开工日期

(2) 中标函(Letter of Acceptance)。业主签署的对投标书的正式接受函，可能包含作为备忘录记载的合同签订前谈判时可能达成一致并共同签署的补遗文件。

(3) 投标函(Letter of Tender)。承包商填写并签字的法律性投标函和投标函附录，包括报价和对招标文件及合同条款的确认文件。

(4) 合同专用条件(Particular Conditions)。

(5) 合同通用条件(General Conditions)。

(6) 规范(Specification)。指承包商履行合同义务期间应遵循的准则，也是工程师进行合同管理的依据，即合同管理中通常所称的技术条款。除了工程各主要部位施工应达到的技术标准和规范以外，还可以包括以下若干方面的内容：对承包商文件的要求；应由业主获得的许可；对基础、结构、工程设备、通行手段的阶段性占有；承包商的设计；放线的

基准点、基准线和参考标高；合同涉及的第三方；环境限制；电、水、气和其他现场供应设施；业主的设备和免费提供的材料；指定分包商；合同内规定承包商应为业主提供的人员和设施；承包商负责采购材料和设备需提供的样本；制造和施工过程中的检验；竣工检验；暂列金额等。

(7) 图纸(Drawing)。指包含在合同中的工程图纸，及由业主(或其代表)根据合同颁发的、对图纸的增加和修改。

(8) 资料表(Schedules)以及其他构成合同一部分的文件，如：

① 资料表：由承包商填写并随投标函一起提交的文件，包括工程量表、数据、列表、费率和单价等。

② 构成合同一部分的其他文件：在合同协议书或中标函中列明范围的文件(包括合同履行过程中构成对双方有约束力的文件)。

2) 履约担保与保险(Contract Security and Insurance)

(1) 承包商提供的担保

合同条款中规定，承包商签订合同时应提供履约担保，接受预付款前应提供预付款担保。在范本中给出了担保书的格式，分为企业法人提供的保证书和金融机构提供的保函两类格式。保函均为不需承包商确认违约的无条件担保形式。

① 履约担保的保证期限。履约保函应担保承包商圆满完成施工和保修的义务，而非到工程师颁发工程接收证书为止，而应至工程师颁发"履约证书"。但工程接收证书的颁发是对承包商按合同约定完满完成施工义务的证明，承包商还应承担的义务仅为保修义务。因此，范本中推荐的履约保函格式内说明，如果双方有约定的话，允许颁发整个工程的接收证书后，将履约保函的担保金额减少一定的百分比。

2017版规定了当变更或调整导致合同价格相比中标价增加或减少20%以上时，业主可要求承包商增加履约担保金额，承包商也可减少履约担保金额，如因业主要求导致承包商成本增加，此时应该适用变更条款。

② 业主凭保函索赔。由于无条件保函对承包商的风险较大，因此通用条件中明确规定了4种情况下业主可以凭履约保函索赔，其他情况则按合同约定的违约责任条款对待。这些情况包括：

a. 专用条款内约定的缺陷通知期满后仍未能解除承包商的保修义务时，承包商应延长履约保函有效期而未延长；

b. 按照业主索赔或争议、仲裁等决定，承包商未向业主支付相应款项；

c. 缺陷通知期内承包商接到业主修补缺陷通知后42天内未派人修补；

d. 由于承包商的严重违约行为致使业主终止合同。

(2) 业主提供的担保

大型工程建设资金的融资可能包括从某些国际援助机构、开发银行等筹集的款项，这些机构往往要求业主应保证履行给承包商付款的义务，因此在专用条件范例中，增加了业主应向承包商提交"支付保函"的可选择使用的条款，并附有保函格式。业主提供的支付保函担保金额可以按总价或分项合同价的某一百分比计算，担保期限至缺陷通知期满后6个月，并且为无条件担保，使合同双方的担保义务对等。

通用条件的条款中未明确规定业主必须向承包商提供支付保函，具体工程的合同内是否包括此条款，取决于业主主动选用或融资机构的强制性规定。

表10.1列出了2017版系列合同条件中的主要保函种类。

表10.1　2017版系列合同条件中的主要保函种类

类型	提交时间	生效时间	有效期	备注
投标保函	随投标书一同递交	开立即生效	投标函有效期后35天	
预付款保函	申请预付款前	收到预付款后生效	预付款偿还完（格式中建议为预计的竣工时间后70天）	保函额度随预付款偿还而递减
履约保函	收到中标通知书28天（银皮书为签订合同协议书28天内）	开立即生效	履约证书签发并完成现场清理（格式中建议为预计的缺陷通知期后70天）	在项目竣工签发接收证书后，额度可以适当减少
保留金保函	扣留的保留金累积已达保留金上限的60%	开立即生效	履约证书签发并完成现场清理（格式中建议为预计的缺陷通知期后70天）	建议保留金保函在收到保留金后生效
支付保函	FIDIC未做规定，但考虑保函的功能，应在开工日前提供	开立即生效	业主完成其支付义务（格式中建议为预计的缺陷通知期后6个月）	应可随业主支付而减少额度

(3) 工程保险

工程保险是工程项目风险管理的重要手段。2017版系列合同条件中，工程保险主要包括以下内容：工程保险的总体要求、保险类型、投保责任方、保险标的、保险覆盖范围、保险金额、免赔额、保险期限、除外责任等。2017版系列合同条件中的保险种类和标的的关系图见图10.2。

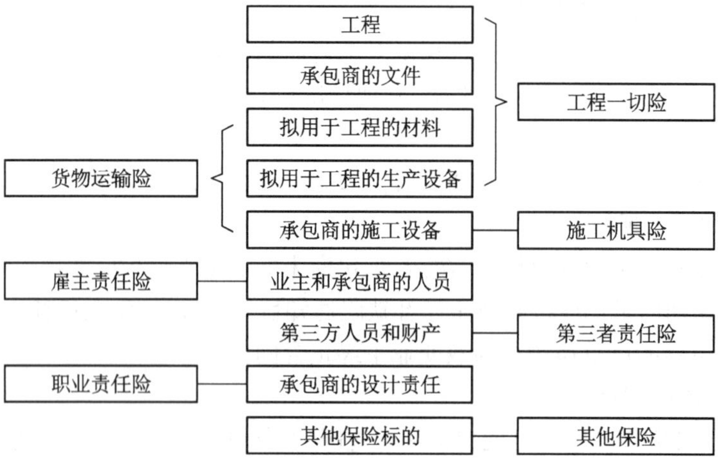

图10.2　2017版系列合同条件中的保险种类和标的的关系图

2017版系列合同条件新增了“职业责任险”。承包商对其负责的设计投保职业责任险，保障承包商在履行设计义务的过程中因任何行为、错误或遗漏引起的责任。如果合同数据中有规定，该职业责任险还应保障承包商在履行设计责任过程中因任何行为、错误或遗漏引起的已完工工程（或区段、部分、主要生产设备）不符合预期目的责任。承包商职业责任险的责任范围是由于设计的疏忽或过失而引发的意外事故造成的工程自身的物质损失以及第三者的人身伤亡或财产损失。在由于设计缺陷引起的意外事故中，此责任范围远远大于工程一切险附加的“设计师风险扩展条款”中的范围，后者仅赔偿有设计缺陷的工程部分在发生意外事故后造成其他没有缺陷的工程部分受损、修复该部分受损工程的损失，而不赔偿有设计缺陷的工程部分，且不承担第三者责任。

3）合同履行中的期限概念

（1）合同工期(Time for Completion)

合同工期在合同条件中用“竣工时间”的概念，指所签合同内注明的完成全部工程的时间，加上合同履行过程中因非承包商应负责原因导致变更和索赔事件发生后，经工程师批准顺延工期之和。如有分部移交工程，也需在专用条件的条款内明确约定。合同内约定的工期指承包商在投标书附录中承诺的竣工时间。合同工期的时间界限作为衡量承包商是否按合同约定期限履行施工义务的标准。

（2）施工期(Time for Construction)

从工程师合同约定发布的“开工令”中指明的应开工之日起，至工程接收证书注明的竣工日止的日历天数为承包商的施工期。用施工期与合同工期比较，判定承包商的施工是提前竣工还是延误竣工。

（3）缺陷通知期(Defects Notification Period)

缺陷通知期即国内施工文本所指的工程保修期，自工程接收证书中写明的竣工日开始，至工程师颁发履约证书为止的日历天数。尽管工程移交前进行了竣工检验，但只是证明承包商的施工工艺达到了合同规定的标准，设置缺陷通知期的目的是为了考验工程在动态运行条件下是否达到了合同中技术规范的要求。因此，从开工之日起至颁发履约证书日止，承包商要对工程的施工质量负责。合同工程的缺陷通知期及分阶段移交工程的缺陷通知期，应在专用条件内具体约定。次要部位工程通常为半年；主要工程及设备大多为一年；个别重要设备也可以约定为一年半。

（4）合同有效期(Validity Period of Contract)

自合同签字日起至承包商提交给业主的“结清单”生效日止，施工承包合同对业主和承包商均具有法律约束力。颁发履约证书只是表示承包商的施工义务终止，合同约定的权利义务并未完全结束，还剩有管理和结算等手续。结清单生效指业主已按工程师签发的最终支付证书中的金额付款，并退还承包商的履约保函。结清单一经生效，承包商在合同内享有的索赔权利也自行终止。

2017 版系列合同条件与工程合同全寿命周期的关系参见图 10.3。

4）合同价格(Contract Price)

通用条件中分别定义了“接受的合同款额”和“合同价格”的概念。“接受的合同款额”指业主在“中标函”中对实施、完成和修复工程缺陷所接受的金额，来源于承包商的投标报价并对其确认。“合同价格”则指按照合同各条款的约定，承包商完成建造和保修任务后，对所有合格工程有权获得的全部工程款。最终结算的合同价可能与中标函中注明的接受的合同款

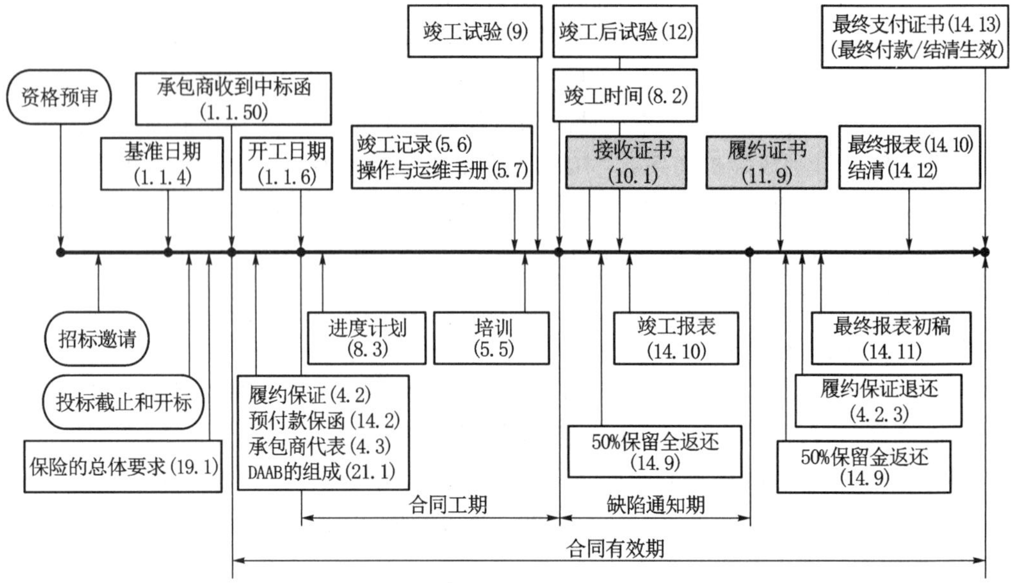

图 10.3　2017 版系列合同条件与工程合同全寿命周期的关系

额不相等,究其原因,涉及以下几方面因素的影响:

(1) 合同类型特点

《土木工程施工合同条件》适用于大型复杂工程采用单价合同的承包方式。为了缩短建设周期,通常在初步设计完成后就开始施工招标,在不影响施工进度的前提下陆续发放施工图,因此,承包商据以报价的工程量清单中,各项工作内容项下的工程量一般为概算工程量。合同履行过程中,承包商实际完成的工程量可能多于或少于清单中的估计量。单价合同的支付原则是:按承包商实际完成工程量乘以清单中相应工作内容的单价,结算该部分工作的工程款。

(2) 可调价合同

大型复杂工程的施工期较长,通用条件中包括合同工期内因物价变化对施工成本产生影响后计算调价费用的条款,每次支付工程进度款时均要考虑约定可调价范围内项目当地市场价格的涨落变化。而这笔调价款没有包含在中标价格内,仅在合同条款中约定了调价原则和调价费用的计算方法。

(3) 发生应由业主承担责任的事件

合同履行过程中,可能因业主的行为或他应承担风险责任的事件发生后,导致承包商增加施工成本,合同相应条款都规定应对承包商受到的实际损害予以补偿。

(4) 承包商的质量责任

合同履行过程中,如果承包商没有完全地或正确地履行合同义务,业主可凭工程师出具的证明,从承包商应得工程款内扣减该部分给业主带来损失的款额。

① 不合格材料和工程的重复检验费用由承包商承担。工程师对承包商采购的材料和施工的工程通过检验后发现质量未达到合同规定的标准,承包商应自费改正并在相同条件下进行重复检验,重复检验所发生的额外费用由承包商承担。

② 承包商没有改正忽视质量的错误行为。当承包商不能在工程师限定的时间内将不合格的材料或设备移出施工现场，以及在限定时间内没有或无力修复缺陷工程，业主可以雇用其他人来完成，该项费用应从承包商处扣回。

③ 折价接收部分有缺陷工程。某项处于非关键部位的工程施工质量未达到合同规定的标准，如果业主和工程师经过适当考虑后，确信该部分的质量缺陷不会影响总体工程的运行安全，为了保证工程按期发挥效益，可以与承包商协商后折价接收。

(5) 承包商延误工期或提前竣工

① 因承包商责任的延误竣工。签订合同时双方需约定日拖期赔偿和最高赔偿限额。如果因承包商应负责原因竣工时间迟于合同工期，将按日拖期赔偿额乘以延误天数计算拖期违约赔偿金，向业主支付误期损害赔偿费(Delay Damage)，但以约定的最高赔偿限额为赔偿业主延迟发挥工程效益的最高款额。专用条款中的日拖期赔偿额视合同金额的大小，可在0.03%～0.2%合同价的范围内约定具体数额或百分比，最高赔偿限额一般不超过合同价的10%。

如果合同内规定有分阶段移交的工程，在整个合同工程竣工日期以前，工程师已对部分分阶段移交的工程颁发了工程接收证书且证书中注明的该部分工程竣工日期未超过约定的分阶段竣工时间，则全部工程剩余部分的日拖期违约赔偿额应相应折减。折减的原则是：以拖延竣工部分的合同金额除以整个合同工程的总金额所得比例乘以日拖期赔偿额，但不影响约定的最高赔偿限额。即：

$$\text{折减的误期损害赔偿金/天}=\text{合同约定的误期损害赔偿金/天}\times\frac{\text{拖期部分工程的合同金额}}{\text{合同工程总金额}}$$

$$\text{误期损害赔偿总金额}=\text{折减的误期损害赔偿金/天}\times\text{延误天数}(\leqslant\text{最高赔偿限额})$$

② 提前竣工。承包商通过自己的努力使工程提前竣工是否应得到奖励，在施工合同条件中列入可选择条款一类。业主要看提前竣工的工程或区段是否能让其得到提前使用的收益，而决定该条款的取舍。如果招标工作内容仅为整体工程中的部分工程且这部分工程的提前不能单独发挥效益，则没有必要鼓励承包商提前竣工，可以不设奖励条款。若选用奖励条款，则需在专用条件中具体约定奖金的计算办法。

当合同内约定有部分分项工程的竣工时间和奖励办法时，为了使业主能够在完成全部工程之前占有并启用工程的某些部分提前发挥效益，约定的分项工程完工日期应固定不变。也就是说，不因该部分工程施工过程中出现非承包商应负责原因的工程师批准顺延合同工期，而对计算奖励的应竣工时间予以调整(除非合同中另有规定)。

(6) 包含在合同价格之内的暂列金额(Provisional Sum)

某些项目的工程量清单中包括有"暂列金额"款项，尽管这笔款额计入在合同价格内，但其使用却归工程师控制。暂列金额实际上是一笔业主方的备用金，用于招标时对尚未确定或不可预见项目的储备金额。施工过程中工程师有权依据工程进展的实际需要经业主同意后，用于施工或提供物资、设备，以及技术服务等内容的开支，也可以作为供意外用途的开支。他有权全部使用、部分使用或完全不用。

工程师可以发布指示，要求承包商或其他人完成暂列金额项内开支的工作，因此，只有当承包商按工程师的指示完成暂列金额项内开支的工作任务后，才能从其中获得相应支付。

由于暂列金额是用于招标文件规定承包商必须完成的承包工作之外的费用,承包商报价时不将承包范围内发生的间接费、利润、税金等摊入其中,所以他未获得暂列金额内的支付并不损害其利益。承包商接受工程师的指示完成暂列金额项内支付的工作时,应按工程师的要求提供有关凭证,包括报价单、发票、收据等结算支付的证明材料。

5)指定分包商(Nominated Sub-Contractor)

(1)指定分包商的概念

指定分包商是由业主(或工程师)指定(或选定)、完成某项特定工作内容并与承包商签订分包合同的特殊分包商。合同条款规定,业主有权将部分工程项目的施工任务或涉及提供材料、设备、服务等工作内容发包给指定分包商实施。

合同内规定有承担施工任务的指定分包商,大多因业主在招标阶段划分合同包时,考虑到某部分施工的工作内容有较强的专业技术要求,一般承包单位不具备相应的能力,但如果以一个单独的合同对待又限于现场的施工条件或合同管理的复杂性,工程师无法合理进行协调管理,为避免各独立合同之间的干扰,则只能将这部分工作发包给指定分包商实施。由于指定分包商是与承包商签订分包合同,因而在合同关系和管理关系方面与一般分包商处于同等地位,对其施工过程中的监督、协调工作纳入承包商的管理之中。指定分包工作内容可能包括部分工程的施工,供应工程所需的货物、材料、设备,设计,提供技术服务等。

(2)指定分包商的特点

虽然指定分包商与一般分包商处于相同的合同地位,但二者并不完全一致,主要差异体现在以下几个方面:

① 选择分包单位的权利不同。承接指定分包工作任务的单位由业主或工程师选定,而一般分包商则由承包商选择。

② 分包合同的工作内容不同。指定分包工作属于承包商无力完成,不属于合同约定应由承包商必须完成范围之内的工作,即承包商投标报价时没有摊入间接费、管理费、利润、税金的工作,因此不损害承包商的合法权益。而一般分包商的工作则为承包商承包工作范围的一部分。

③ 工程款的支付开支项目不同。为了不损害承包商的利益,给指定分包商的付款应从暂列金额内开支。而对一般分包商的付款,则从工程量清单中相应工作内容项内支付。由于业主选定的指定分包商要与承包商签订分包合同,并需指派专职人员负责施工过程中的监督、协调、管理工作,因此也应在分包合同内具体约定双方的权利和义务,明确收取分包管理费的标准和方法。如果施工中需要指定分包商,在招标文件中应给予较详细说明,承包商在投标书中填写收取分包合同价的某一百分比作为协调管理费。该费用包括现场管理费、公司管理费和利润。

④ 业主对分包商利益的保护不同。尽管指定分包商与承包商签订分包合同后,按照权利义务关系指定分包商直接由承包商负责,但由于指定分包商终究是业主选定的,而且其工程款的支付从暂列金额内开支,因此,在合同条件内列有保护指定分包商的条款。通用条件规定,承包商在每个月末报送工程进度款支付报表时,工程师有权要求他出示以前已按指定分包合同给指定分包商付款的证明。如果承包商没有合法理由而扣押了指定分包商上个月应得工程款的话,业主有权按工程师出具的证明从本月应得款内扣除这笔金额直接付给指

定分包商。对于一般分包商则无此类规定，业主和工程师不介入一般分包合同履行的监督。

⑤ 承包商对分包商违约行为承担责任的范围不同。除非由于承包商对指定分包商发布了错误的指示要承担责任外，对指定分包商的任何违约行为给业主或第三者造成损害而导致索赔或诉讼，承包商不承担责任。如果一般分包商有违约行为，业主将其视为承包商的违约行为，按照主合同的规定追究承包商的责任。

(3) 指定分包商的选择

特殊专项工作的实施要求指定分包商拥有某方面的专业技术或专门的施工设备、独特的施工方法。业主和工程师往往根据所积累的资料、信息，也可能依据以前与之交往的经验，对其信誉、技术能力、财务能力等比较了解，通过议标方式选择。若没有理想的合作者，也可以就这部分承包商不善于实施的工作内容，采用招标方式选择指定分包商。

某项工作将由指定分包商负责实施是招标文件规定，并已由承包商在投标时认可，因此他不能反对该项工作由指定分包商完成，并负责协调管理工作。但业主必须保护承包商合法利益不受侵害是选择指定分包商的基本原则，因此，当承包商有合法理由时，有权拒绝某一单位作为指定分包商。为了保证工程施工的顺利进行，业主选择指定分包商应首先征求承包商的意见，不能强行要求承包商接受他有理由反对的或是拒绝与承包商签订保障承包商利益不受损害的分包合同的指定分包商。

6) 解决合同争议的方式

任何合同争议均交由仲裁或诉讼解决，一方面往往会导致合同关系的破裂，另一方面解决起来费时、费钱且对双方的信誉有不利影响。为了解决工程师的决定可能处理得不公正的情况，通用条件中增加了“争端裁决委员会”(The Dispute Adjudication Board)处理合同争议的程序。

(1) 解决合同争议的程序

① 提交工程师决定。FIDIC 编制施工合同条件的基本出发点之一是：合同履行过程中建立以工程师为核心的项目管理模式，因此不论是承包商的索赔还是业主的索赔均应首先提交给工程师。任何一方要求工程师作出决定时，他应与双方协商尽力达成一致。如果未能达成一致，则应按照合同规定并适当考虑有关情况后作出公平的决定。

② 提交争端裁决委员会决定。双方起因于合同的任何争端，包括对工程师签发的证书、作出的决定、指示、意见或估价不同意接受时，可将争议提交合同争端裁决委员会，并将副本送交对方和工程师。裁决委员会在收到提交的争议文件后 84 天内作出合理的裁决。作出裁决后的 28 天内，任何一方未提出不满意裁决的通知，此裁决即为最终的决定。

③ 双方协商。任何一方对裁决委员的裁决不满意，或裁决委员会在 84 天内未能作出裁决，在此期限后的 28 天内应将争议提交仲裁。仲裁机构在收到申请后的 56 天才开始审理，这一时间要求双方尽力以友好的方式解决合同争议。

④ 仲裁。如果双方仍未能通过协商解决争议，则只能由合同约定的仲裁机构最终解决。

(2) 争端裁决委员会

① 争端裁决委员会的组成。签订合同时，业主与承包商通过协商组成裁决委员会。裁决委员会可选定为 1 名或 3 名成员，一般由 3 名成员组成。合同每一方应提名 1 位成员，由

对方批准。然后,双方应与这两名成员共同商定第三位成员,并且第三位成员作为主席。成员应满足以下要求:

a. 对承包合同的履行有经验;

b. 在合同的解释方面有经验;

c. 能流利地使用合同中规定的交流语言。

② 争端裁决委员会的性质。其裁决属于非强制性但具有法律效力的行为,相当于我国法律中解决合同争议的调解,但其性质则属于个人委托。

③ 工作。由于裁决委员会的主要任务是解决合同争议,因此不同于工程师需要常驻工地。

a. 平时工作。裁决委员会的成员对工程的实施定期进行现场考察,了解施工进度和实际潜在的问题。一般在关键施工作业期间到现场考察,但两次考察的间隔时间不大于 140 天。每次考察离开现场前,应向业主和承包商提交考察报告。

b. 解决合同争议的工作。接到任何一方申请后,在工地或其他选定的地点处理争议的有关问题。

④ 报酬。付给委员的酬金分为月聘请费和日酬金两部分,由业主与承包商平均负担。裁决委员会到现场考察和处理合同争议的时间按日酬金计算,相当于咨询费。

⑤ 成员的义务。保证公正处理合同争议是其最基本的义务,虽然当事人双方各提名 1 位成员,但他不能代表任何一方的单方利益,因此合同规定:

a. 在业主与承包商双方同意的任何时候,他们可以共同将事宜提交给争端裁决委员会,请他们提出意见。没有另一方的同意,任一方不得就任何事宜向争端裁决委员会征求建议。

b. 裁决委员会或其中的任何成员不应从业主、承包商或工程师处单方获得任何经济利益或其他利益。

c. 不得在业主、承包商或工程师处担任咨询顾问或其他职务。

d. 合同争议提交仲裁时,不能被任命为仲裁人,只能作为证人向仲裁机构提供争端证据。

(3) 争端裁决程序

① 接到业主或承包商任何一方的请求后,裁决委员会确定会议的时间和地点。解决争议的地点可以在工地或其他地点进行。

② 裁决委员会成员审阅各方提交的材料。

③ 召开听证会,充分听取各方的陈述,审阅证明材料。

④ 调解合同争议并作出决定。

FIDIC 施工合同争端解决事项的典型流程参见图 10.4。

10.2.2 风险责任的划分

合同履行过程中可能发生的某些风险是有经验的承包商在准备投标时无法合理预见的,就业主利益而言,不应要求承包商在其报价中计入这些不可能合理预见风险的损害补偿费,以取得有竞争性的合理报价。通用条件内以投标截止日期第 28 天定义为“基准日”作为业主与承包商划分合同风险的时间点。在此日期后发生的作为一个有经验的承包商在投标

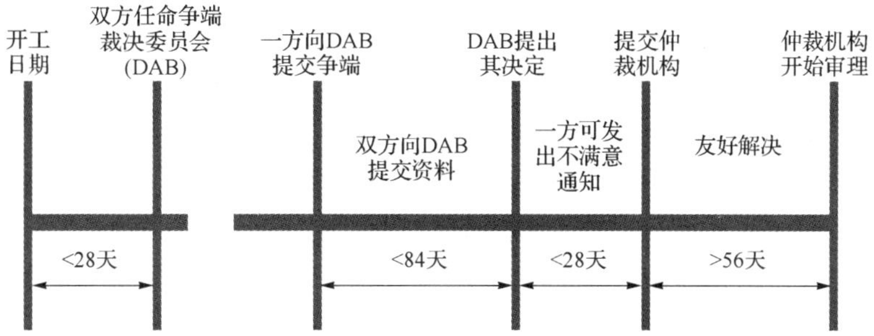

图 10.4 FIDIC 施工合同争端解决事项的典型流程

阶段不可能合理预见的风险事件，按承包商受到的实际影响给予补偿；若业主获得好处，承包商也应取得相应的利益。某一不利于承包商的风险损害是否应给予补偿，工程师不是简单看承包商的报价内包括或未包括对此事件的费用，而是以作为有经验的承包商在投标阶段能否合理预见作为判定准则。

1)业主应承担的风险

(1)例外事件

有关风险责任的划分，2017 版系列合同条件将 1999 版的“不可抗力”改名为“例外事件”，指的是合同双方都不能预见、不能避免、也无法克服的各类特殊风险事件，主要包括 6 类事件：

① 战争、敌对行动(不论宣战与否)、入侵、外敌行为；

② 叛乱、恐怖主义、革命、暴动、军事政变或篡夺政权或内战；

③ 承包商人员和承包商及其分包商其他雇员以外的人员造成的骚动、喧闹或混乱；

④ 非仅涉及承包商人员和承包商及其分包商其他雇员的罢工或停工；

⑤ 战争军火、爆炸物质、电离辐射或放射性污染，但可能因承包商使用此类军火、炸药、辐射或放射性引起的除外；

⑥ 自然灾害，如地震、海啸、火山活动、飓风或台风。

前 5 类属于“人祸”，最后一类属于“天灾”。对于第一类情况，承包商可获得工期和费用索赔；第 2 至 5 类情况，承包商可获得工期索赔，如果这些情况发生在工程所在国，承包商还可索赔费用；第 6 类情况，承包商只能索赔工期。

(2) 不可预见的外界条件(Unforeseeable Physical Conditions)

① 不可预见的外界条件的范围。承包商施工过程中遇到不利于施工的外界自然条件、人为干扰、招标文件和图均未说明的外界障碍物、污染物的影响、招标文件未提供或与提供资料不一致的地表以下的地质和水文条件，但不包括气候条件。

② 承包商及时发出通知。遇到上述情况后，承包商递交给工程师的通知中应具体描述该外界条件，并说明为什么承包商认为是不可预见的原因。发生这类情况后承包商应继续实施工程，采用在此外界条件下合适的以及合理的措施，并且应该遵守工程师给予的任何指示。

③ 工程师与承包商进行协商并作出决定。判定原则是：

a. 承包商在多大程度上对该外界条件不可预见。事件的原因可能属于业主风险或有经验的承包商应该合理预见的,也可能双方都应负有一定责任,工程师应合理划分责任或责任限度。

b. 不属于承包商责任的事件影响程度,评定损害或损失的额度。

c. 与业主和承包商协商或决定补偿之前,还应审查是否在工程类似部分(如有时)上出现过其他外界条件比承包商在提交投标书时合理预见的物质条件更为有利的情况。如果在一定程度上承包商遇到过类此更为有利的条件,工程师还应确定补偿时对因此有利条件而应支付费用的扣除与承包商作出商定或决定,并且加入合同价格和支付证书中(作为扣除)。

d. 但由于工程类似部分遇到的所有外界有利条件而作出对已支付工程款的调整结果不应导致合同价格的减少,即如果承包商不依据“不可预见的物质条件”提出索赔时,不考虑类似情况下有利条件承包商所得到的好处,另外对有利部分的扣减不应超过对不利补偿的金额。

(3) 其他不能合理预见的风险

这些情况可能包括:

① 外币支付部分由于汇率变化的影响。当合同内约定给承包商的全部或部分付款为某种外币,或约定整个合同期内始终以基准日承包商报价所依据的投标汇率为不变汇率按约定百分比支付某种外币时,汇率的实际变化对支付外币的计算不产生影响。若合同内规定按支付日当天中央银行公布的汇率为标准,则支付时需随汇率的市场浮动进行换算。由于合同期内汇率的浮动变化是双方签约时无法预计的情况,不论采用何种方式,业主均应承担汇率实际变化对工程总造价影响的风险,可能对其有利,也可能不利。

② 法令、政策变化对工程成本的影响。如果基准日后由于法律、法令和政策变化引起承包商实际投入成本的增加,应由业主给予补偿。若导致施工成本的减少,也由业主获得其中的好处,如施工期内国家或地方对税收的调整等。

2) 承包商应承担的风险义务

在施工现场属于不包括在保险范围内的,由于承包商的施工、管理等失误或违约行为,导致工程、业主人员的伤害及财产损失,应承担责任。依据合同通用条款的规定,承包商对业主的全部责任不应超过专用条款约定的赔偿最高限额,若未约定,则不应超过中标的合同金额。但对于因欺骗、有意违约或轻率的不当行为造成的损失,赔偿的责任限度不受限额的限制。

10.2.3 施工阶段的合同管理

1) 施工进度管理

2017 版 FIDIC 土木工程施工合同条件的进度管理主要包括:进度计划、进度计划编制软件、进度报告、工期延误索赔、误期损害赔偿、竣工试验计划、竣工后试验计划等内容。

(1) 进度计划

① 承包商编制施工进度计划。承包商应在合同约定的日期开工,工程师则应提前通知承包商开工日期。承包商收到开工通知后的合理时间内,按工程师要求的格式和详细程度提交施工进度计划,说明为完成施工任务而打算采用的施工方法、施工组织方案、进度计划安排以及按季度列出根据合同预计应支付给承包商费用的资金估算表。合同履行过程中,

一个准确的施工计划对合同涉及的有关各方都有重要的作用，不仅要求承包商按计划施工，而且工程师也应按计划做好保证施工顺利进行的协调管理工作，同时也是判定业主是否延误移交施工现场、迟发图纸以及其他应提供的材料、设备，成为影响施工应承担责任的依据。

② 进度计划的内容。2017 版系列合同条件规定，承包商应提交一份用于工程实施的初始进度计划，该进度计划一般包括以下 11 项内容：

a. 工程和各个区段(如果有)的开工日期及竣工时间。

b. 承包商根据合同数据载明的时间获得现场的日期，或在合同数据中未明确的情况下承包商要求业主提供现场的日期。

c. 承包商实施工程的步骤与顺序以及各阶段工作持续的时间，这些工作包括设计、承包商文件的编制与提交、采购、制造、检查、运抵现场、施工、安装、指定分包商的工作、启动前试验、启动试验和试运行。

d. 业主要求或合同条件中载明的承包商提交文件的审核期限。

e. 检查和试验的顺序与时间。

f. 对于修订版的进度计划，还应包括修复工程(如果需要)的顺序和时间。

g. 所有活动的逻辑关联关系及其最早和最晚开始日期以及结束日期、时差和关键路线，所有这些活动的详细程度应满足业主要求中的规定。

h. 当地法定休息日和节假日。

i. 生产设备和材料的所有关键交付日期。

j. 对于修订版进度计划和每个活动，应包括实际进度情况、延误程度和延误对其他活动的影响。

k. 进度计划的支撑报告应包括：涉及所有主要阶段的工程实施情况描述；对承包商采用的工程实施方法的概述；详细展示承包商对于工程实施的各个阶段现场要求投入的各类人员和施工设备的估计；如果是修订版进度计划，需标识出与前版进度计划的不同，以及承包商克服进度延误的建议。

③ 进度计划的确认。承包商有权按照他认为最合理的方法进行施工组织，工程师不应干预。工程师对承包商提交的施工计划的审查主要涉及以下几个方面：

a. 计划实施工程的总工期和重要阶段的里程碑工期是否与合同的约定一致；

b. 承包商各阶段准备投入的机械和人力资源计划能否保证计划的实现；

c. 承包商拟采用的施工方案与同时实施的其他合同是否有冲突或干扰等。

如果出现上述情况，工程师可以要求承包商修改计划方案。由于编制计划和按计划施工是承包商的基本义务之一，因此，承包商提交计划的 21 天内，工程师未提出需修改计划的通知，即认为该计划已被工程师认可。

(2) 工程师对施工进度的监督

① 月进度报告。为了便于工程师对合同的履行进行有效的监督和管理，协调各合同之间的配合，承包商每个月都应向工程师提交进度报告，说明前一阶段的进度情况和施工中存在的问题以及下一阶段的实施计划和准备采取的相应措施。2017 版系列合同条件规定，承包商应按业主要求中的格式编制并提交月度进度报告，该进度报告一般包括以下 8 项内容：

a. 图表和详细进度说明，内容应涉及设计、承包商文件、采购、制造、到货、施工、安装、启动前试验、启动试验和试运行；

b. 显示生产设备制造进度和现场内外实施进度的照片或视频;

c. 对于每一项重要的生产设备和材料,给出制造商的名称、制造地点、完成进度百分比,以及开始制造、承包商检查、试验、装运和抵达现场的实际与预期日期;

d. 第6.10款〔承包商的记录〕中详细的人员和施工设备使用记录;

e. 质量管理文件、检查报告、试验结果和合规验证性文件;

f. 变更清单和根据第20.2.1款〔索赔通知〕发出的通知清单;

g. 健康与安全统计数据,包含危险事件、与环境和公共关系相关活动的详细资料;

h. 实际进度与计划进度的对比,包含可能影响工程竣工的不利事件和拟计划采取措施的详细资料。

② 施工进度计划的修订。当工程师发现实际进度与计划进度严重偏离时,不论实际进度是超前还是滞后于计划进度,为了使进度计划有实际指导意义,随时有权指示承包商编制改进的施工进度计划,并再次提交工程师认可后执行,新进度计划将代替原来的计划。也允许在合同内明确规定,每隔一段时间(一般为3个月)承包商都应对施工计划进行一次修改,并经过工程师认可。按照合同条件的规定,工程师在管理中应注意两点:一,不论因何方应承担责任的原因导致实际进度与计划进度不符,承包商都无权对修改进度计划的工作要求额外支付;二,工程师对修改后的进度计划的批准,并不意味着承包商可以摆脱合同规定应承担的责任。例如,承包商因自身管理失误使得实际进度严重滞后于计划进度,按他实际施工能力修改后的进度计划,竣工日期将迟于合同规定的日期。工程师考虑此计划已包括了承包商所有可挖掘的潜力,只能按此执行而批准后,承包商仍要承担合同规定的延期违约赔偿责任。

(3) 顺延合同工期

2017版系列合同条件规定,承包商可以提出延长合同工期的条件包括以下几种情况:

a. 变更(无需遵守第20.2款)〔索赔款项和/或EOT〕规定的程序)。

b. 根据本合同条件某款,有权获得延长工期的原因。

c. 异常不利的气候条件:根据业主按第2.5款〔现场数据和参照项〕提供给承包商的数据和(或)项目所在国发布的关于现场的气候数据,这些发生在现场的不利的气候条件是不可预见的。

d. 由于流行病或政府行为导致不可预见的人员或货物(或业主供应的材料)的短缺;或由业主、业主人员,或在现场的业主的其他承包商造成或引起的任何延误、妨碍或阻碍。

2) 施工质量管理

质量是工程的生命,质量管理是工程项目管理最重要的方面,2017版系列合同条件对质量管理提出了更详细的要求,主要内容包括:质量管理总体要求;生产设备、材料与工艺的检验;竣工试验;工程接收;缺陷责任;竣工后试验等。

(1) 承包商的质量体系(QMS)与合规验证体系(CVS)

通用条件规定,承包商应按照合同的要求建立一套质量管理体系(Quality Management System,QMS),包括:确保与工程、货物、工艺或试验相关的通信文件、承包商文件、竣工记录、运维手册、实时记录可以被追踪的程序;确保工程实施界面和不同分包商工作界面的协调和管理恰当的程序;承包商文件提交的程序等。在每一工作阶段开始实施之前,承包商应将所有工作程序的细节和执行文件提交工程师，供其参考。工程师有权审查质量体系的任何方面，包括月进度报告中包含的质量文件，对不完善之处可以提出改进要求。由于保证工程的质量是承包商的基本义务，当其遵守工程师认可的质量体系施工，并不能解除依据合同应承担的任何职责、义务和责任。

承包商还应建立合规验证体系（Compliance Verification System，CVS），以验证设计、生产设备、材料、工作或工艺符合合同要求，还包括承包商实施的全部检验和实验结果的报告方式。如果任何检验或试验被证明不符合合同，则应根据通用条款的〔缺陷和拒收〕进行修补或被拒收。QMS侧重承包商在项目实施过程中保证质量和相关文件可被追踪；CVS侧重承包商在项目实施过程中和竣工后采取措施验证设计、材料、工作等符合合同规定。CVS应与合同规定的检验、检查、试验等结合使用，是各种检验、检查和试验汇总而形成的体系性文件。

(2) 现场资料

承包商的投标书表明他在投标阶段对招标文件中提供的图纸、资料和数据进行过认真审查和核对，并通过现场考察和质疑，已取得了对工程可能产生影响的有关风险、意外事故及其他情况的全部必要资料。承包商对施工中涉及的以下相关事宜的资料应有充分的了解：

① 现场的现状和性质，包括资料提供的地表以下条件；

② 水文和气候条件；

③ 为实施和完成工程及修复工程缺陷约定的工作范围和性质；

④ 工程所在地的法律、法规和雇用劳务的习惯作法；

⑤ 承包商要求的通行道路、食宿、设施、人员、电力、交通、供水及其他服务。

业主同样有义务向承包商提供基准日后得到的所有相关资料和数据。不论是招标阶段提供的资料还是后续提供的资料，业主应对资料和数据的真实性和正确性负责，但对承包商依据资料的理解、解释或推论导致的错误不承担责任。

(3) 质量的检查和检验

为了保证工程的质量，工程师除了按合同规定进行正常的检验外，还可以在认为必要时依据变更程序，指示承包商按变更规定检验的位置或细节，进行附加检验或试验等。由于额外检查和试验是基准日前承包商无法合理预见的情况，涉及的费用和工期变化，视检验结果是否合格划分责任归属。

(4) 对承包商设备的控制

工程质量的好坏和施工进度的快慢，很大程度上取决于投入施工的机械设备、临时工程在数量和型号上的满足程度。而且承包商在投标书中报送的设备计划，是业主决标时考虑的主要因素之一。因此通用条款规定了以下几点：

① 承包商自有的施工设备。承包商自有的施工机械、设备、临时工程和材料，一经运抵施工现场后就被视为专门为本合同工程施工之用。除了运送承包商人员和物资的运输车辆以外，其他施工机具和设备虽然承包商拥有所有权和使用权，但未经过工程师的批准，不能将其中的任何一部分运出施工现场。作出上述规定的目的是为了保证本工程的施工，但并非绝对不允许在施工期内承包商将自有设备运出工地。某些使用台班数较少的施工机械在现场闲置期间，如果承包商的其他合同工程需要使用时，可以向工程师申请暂时运出。当工

程师依据施工计划考虑该部分机械暂时不用而同意他运出时,应同时指示何时必须运回以保证本工程的施工之用,要求承包商遵照执行。对于后期施工不再使用的设备,竣工前经过工程师批准后,承包商可以提前撤出工地。

② 承包商租赁的施工设备。承包商从他处租赁施工设备时,应在租赁协议中规定在协议有效期内发生承包商违约解除合同时,设备所有人应以相同的条件将该施工设备转租给发包人或发包人邀请承包本合同的其他承包商。

③ 要求承包工程增加或更换施工设备。若工程师发现承包商使用的施工设备影响了工程进度或施工质量时,有权要求承包商增加或更换施工设备,由此增加的费用和工期延误责任由承包商承担。

(5) 环境保护

承包商的施工应遵守环境保护的有关法律和法规的规定,采取一切合理措施保护现场内外的环境,限制因施工作业引起的污染、噪音或其他对公众人身和财产造成的损害和妨碍。施工产生的散发物、地面排水和排污不能超过环保规定的数值。

3) 工程变更管理(Variation Management)

工程变更,是指施工过程中出现了与签订合同时的预计条件不一致的情况,而需要改变原定施工承包范围内的某些工作内容。工程变更不同于合同变更,前者对合同条件内约定的业主和承包商的权利义务没有实质性改动,只是对施工方法、内容作局部性改动,属于正常的合同管理,按照合同的约定由工程师发布变更指令即可;而后者则属于对原合同需进行实质性改动,应由业主和承包商通过协商达成一致后,以补充协议的方式变更。土建工程受自然条件等外界的影响较大,工程情况比较复杂,且在招标阶段依据初步设计图纸招标,因此在施工合同履行过程中不可避免地会发生变更。

(1) 变更的类型(Type of Variation)

2017 版系列合同条件中变更的类型有 6 种:

① 合同中任何工作的工程量的改变(但此类工程量的变化不一定构成变更);

② 任何工作的质量或其他特性的改变;

③ 工程任何部位的标高、位置和(或)尺寸的变化;

④ 任何工作删减,但删减未经双方同意由他人实施的除外;

⑤ 永久工程所需的任何附加工作、生产设备、材料或服务,包括任何有关的竣工试验、钻孔、其他试验或勘测工作;

⑥ 实施工程的顺序或时间安排的变动。

(2) 变更发起的途径

2017 版系列合同条件中变更发起的途径有 3 种:

① 业主或工程师直接发布变更指令,指示承包商进行变更;

② 业主或工程师要求承包商提交变更建议书,对建议书评估后,再决定是否实施变更;

③ 承包商主动提出的带有价值工程理念对合同双方都有利的变更建议,由业主方最终决定是否实施变更,如变更带来收益,合同双方可能商议一个利益分配比例。

(3) 变更程序(Variation Procedure)

颁发工程接收证书前的任何时间,工程师可以通过发布变更指令或以要求承包商递交建议书的任何一种方式提出变更。

① 变更指令。工程师在业主授权范围内根据施工现场的实际情况，在确属需要时有权发布变更指令。指令的内容应包括详细的变更内容、变更工程量、变更项目的施工技术要求和有关部门文件图纸以及变更处理的原则。

② 要求承包商递交建议书后再确定的变更。其程序为：

a. 工程师将计划变更事项通知承包商，并要求他递交实施变更的建议书。

b. 承包商应尽快予以答复。一种情况可能是通知工程师由于受到某些非自身原因的限制而无法执行此项变更，如无法得到变更所需的物资等，工程师应根据实际情况和工程的需要再次发出取消、确认或修改变更指令的通知。另一种情况是承包商依据工程师的指示递交实施此项变更的说明，内容包括：将要实施的工作的说明书以及该工作实施的进度计划；承包商依据合同规定对进度计划和竣工时间作出任何必要修改的建议，提出工期顺延要求；承包商对变更估价的建议，提出变更费用要求。

c. 工程师作出是否变更的决定，尽快通知承包商说明批准与否或提出意见。

d. 承包商在等待答复期间，不应延误任何工作。

e. 工程师发出每一项实施变更的指令，应要求承包商记录支出的费用。

f. 承包商提出的变更建议书，只是作为工程师决定是否实施变更的参考。除了工程师作出指示或批准以总价方式支付的情况外，每一项变更应依据计量工程量进行估价和支付。

(4) 变更估价

① 变更估价的原则。承包商按照工程师的变更指令实施变更工作后，往往会涉及对变更工程的估价问题。变更工程的价格或费率，往往是双方协商时的焦点。计算变更工程应采用的费率或价格，可分为三种情况：

a. 变更工作在工程量表中有同种工作内容的单价，应以该费率计算变更工程费用。实施变更工作未导致工程施工组织和施工方法发生实质性变动，不应调整该项目的单价。

b. 工程量表中虽然列有同类工作的单价或价格，但对具体变更工作而言已不适用，则应在单价或价格的基础上制定合理的新单价或价格。

c. 变更工作的内容在工程量表中没有同类工作的费率和价格，应按照与合同单价水平相一致的原则，确定新的费率或价格。任何一方不能以工程量表中没有此项价格为借口，将变更工作的单价定得过高或过低。

② 可以调整合同工作单价的原则。具备以下条件时，允许对某一项工作规定的费率或价格加以调整：

a. 此项工作实际测量的工程量比工程量表或其他报表中规定的工程量的变动幅度大于10%；

b. 工程量的变更与对该项工作规定的具体费率的乘积超过了接受的合同款额的0.01%；

c. 由此工程量的变更直接造成的该项工作每单位工程量费用的变动幅度超过1%。

③ 删减原定工作后对承包商的补偿。工程师发布删减工作的变更指令后承包商不再实施这部分工作，合同价格中包括的直接费部分没有受到损害，但摊销在该部分的间接费、税金和利润则实际不能合理回收。因此，承包商可以就其损失向工程师发出通知并提供具体的证明资料，工程师与合同双方协商后确定一笔补偿金额加入到合同价内。

(5) 承包商申请的变更

承包商根据工程施工的具体情况,可以向工程师提出对合同内任何一个项目或工作的详细变更请求报告。未经过工程师批准承包商不得擅自变更,若工程师同意,则按工程师发布的变更指令的程序执行。

① 承包商提出变更建议。承包商可以随时向工程师提交一份书面建议。承包商认为如果采纳建议将可能:

a. 加速完工;

b. 降低业主实施、维护或运行工程的费用;

c. 对业主而言能提高竣工工程的效率或价值;

d. 为业主带来其他利益。

② 承包商应自费编制此类建议书。

③ 如果由工程师批准的承包商建议包括一项对部分永久工程的设计的改变,通用条件的条款规定,如果双方没有其他协议,承包商应设计该部分工程。如果他不具备设计资质,也可以委托有资质单位进行分包。变更的设计工作应按合同中承包商负责设计的规定执行,包括:

a. 承包商应按照合同中说明的程序向工程师提交该部分工程的承包商的文件;

b. 承包商的文件必须符合规范和图纸的要求;

c. 承包商应对该部分工程负责,并且该部分工程完工后应适合于合同中规定的工程的预期目的;

d. 在开始竣工检验之前,承包商应按照规范规定向工程师提交竣工文件以及操作和维修手册。

④ 接受变更建议的估价。如果此改变造成该部分工程的合同价值减少,工程师应与承包商商定或决定一笔费用,并将之加入合同价格。这笔费用应是以下金额差额的50%:

a. 合同价的减少——由此改变造成的合同价值的减少,不包括依据后续法规变化作出的调整和因物价浮动调价所作的调整;

b. 变更对使用功能的影响——考虑到质量、预期寿命或运行效率的降低,对业主而言已变更工作价值上的减少(如有时)。

如果降低工程功能的价值B大于减少合同价格A对业主的好处,则没有该笔奖励费用。

4) 工程计量与支付管理

计量与支付是工程项目管理的核心问题。2017版系列合同条件中的计量与支付管理要点包括:计量与估价、预付款、保留金、期中支付申请、期中支付证书、延误的支付、竣工报表与最终支付、最终支付证书等。

(1) 预付款(Advance Payment)

预付款又称动员预付款,是业主为了帮助承包商解决施工前期开展工作时的资金短缺,从未来的工程款中提前支付的一笔款项。合同工程是否有预付款,以及预付款的金额多少、支付(分期支付的次数及时间)和扣还方式等均要在专用条款内约定。通用条件内针对预付款金额不少于合同价22%的情况规定了管理程序。

① 动员预付款的支付。预付款的数额由承包商在投标书内确认。承包商需首先将银行出具的履约保函和预付款保函交给业主并通知工程师，工程师在 21 天内签发“预付款支付证书”，业主按合同约定的数额和外币比例支付预付款。预付款保函金额始终保持与预付款等额，即随着承包商对预付款的偿还逐渐递减保函金额。

② 动员预付款的扣还。预付款在分期支付工程进度款的支付中按百分比扣减的方式偿还。

a. 起扣。自承包商获得工程进度款累计总额达到合同总价(减去暂列金额)10%那个月起扣。

b. 每次支付时的扣减额度。本月证书中承包商应获得的合同款额(不包括预付款及保留金的扣减)中扣除 25%作为预付款的偿还，直至还清全部预付款。即：

每次扣还金额=(本次支付证书中承包商应获得的款额－本次应扣的保留金)×25%

c. 如果在颁发工程接收证书前，或根据业主终止、承包商暂停和终止、不可抗力条款规定的终止前预付款尚未还清，则全部余额应立即成为承包商对业主的到期应付款。

(2) 用于永久工程的设备和材料款预付

由于合同条件是针对包工包料承包的单价合同编制的，因此规定由承包商自筹资金采购工程材料和设备，只有当材料和设备用于永久工程后，才能将这部分费用计入到工程进度款内结算支付。通用条件的条款规定，为了帮助承包商解决订购大宗主要材料和设备所占用资金的周转，订购物资经工程师确认合格后，按发票价值 80%作为材料预付的款额，包括在当月应支付的工程进度款内。双方也可以在专用条款内修正这个百分比，目前施工合同的约定通常在 60%～90%范围内。

① 承包商申请支付材料预付款。专用条款中规定的工程材料的采购满足以下条件后，承包商向工程师提交预付材料款的支付清单：

a. 材料的质量和储存条件符合技术条款的要求；

b. 材料已到达工地并经承包商和工程师共同验点入库；

c. 承包商按要求提交了订货单、收据价格证明文件(包括运至现场的费用)。

② 工程师核查提交的证明材料。预付款金额为经工程师审核后实际材料价乘以合同约定的百分比，包括在月进度付款签证中。

③ 预付材料款的扣还。材料不宜大宗采购后在工地储存时间过久，避免材料变质或锈蚀，应尽快用于工程。通用条款规定，当已预付款项的材料或设备用于永久工程，构成永久工程合同价格的一部分后，在计量工程量的承包商应得款内扣除预付的款项，扣除金额与预付金额的计算方法相同。专用条款内也可以约定其他扣除方式，如每次预付的材料款在付款后的约定月内(最长不超过 6 个月)，每个月平均扣回。

(3) 业主的资金安排

为了保障承包商按时获得工程款的支付，通用条件内规定，如果合同内没有约定支付表，当承包商提出要求时，业主应提供资金安排计划。

① 承包商根据施工计划向业主提供不具约束力的各阶段资金需求计划：

a. 接到工程开工通知的 28 天内，承包商应向工程师提交每一个总价承包项目的价格分解建议表；

b. 第一份资金需求估价单应在开工日期后42天之内提交;

c. 根据施工的实际进展,承包商应按季度提交修正的估价单,直到工程的接收证书已经颁发为止。

② 业主应按照承包商的实施计划做好资金安排。通用条件规定:

a. 接到承包商的请求后,应在28天内提供合理的证据,表明他已作出了资金安排,并将一直坚持实施这种安排。此安排能够使业主按照合同规定付合同价格(按照当时的估算值)的款额。

b. 如果业主欲对其资金安排做出任何实质性变更,应向承包商发出通知并提供详细资料。

③ 业主未能按照资金安排计划和支付的规定执行,承包商可提前21天以上通知业主,将要暂停工作或降低工作速度。

(4) 保留金(Retention Money)

保留金是按合同约定从承包商应得的工程进度款中相应扣减的一笔金额保留在业主手中,作为约束承包商严格履行合同义务的措施之一。当承包商有一般违约行为使业主受到损失时,可从该项金额内直接扣除损害赔偿费。例如,承包商未能在工程师规定的时间内修复缺陷工程部位,业主雇用其他人完成后,这笔费用可从保留金内扣除。

① 保留金的约定。承包商在投标书附录中按招标文件提供的信息和要求确认了每次扣留保留金的百分比和保留金限额。每次月进度款支付时扣留的百分比一般为5%~10%,累计扣留的最高限额为合同价的2.5%~5%。

② 每次期中支付时扣除的保留金。从首次支付工程进度款开始,用该月承包商完成合格工程应得款加上因后续法规政策变化的调整和市场价格浮动变化的调价款为基数,乘以合同约定保留金的百分比作为本次工程进度款支付时应扣留的保留金。逐月累计扣到合同约定的保留金最高限额为止。

③ 保留金的返还。扣留承包商的保留金分两次返还。

第一次:颁发工程接收证书后的返还:

a. 颁发了整个工程的接收证书时,将保留金的前一半支付给承包商。

b. 如果颁发的接收证书只是限于一个区段或工程的一部分,则:

$$\text{返还金额} = \text{保留金总额} \times \frac{\text{移交工程区段或部分工程的合同价值}}{\text{最终合同价值的估算值}} \times 40\%$$

第二次:保修期满颁发履约证书后将剩余保留金返还:

a. 整个合同的缺陷通知期满,返还剩余的保留金。

b. 如果颁发的履约证书只限于一个区段或工程的一部分,则在这个区段的缺陷通知期满后,并不全部返还该部分剩余的保留金:

$$\text{返还金额} = \text{保留金总额} \times \frac{\text{移交工程区段或部分工程的合同价值}}{\text{最终合同价值的估算值}} \times 40\%$$

合同内以履约保函和保留金两种手段作为约束承包商忠实履行合同义务的措施,当承包商严重违约而使合同不能继续顺利履行时,业主可以凭履约保函向银行获取损害赔偿;而因承包商的一般违约行为令业主蒙受损失时,通常利用保留金补偿损失。履约保函和保留金的约束期均是承包商负有施工义务的责任期限(包括施工期和保修期)。

④ 保留金保函代换保留金。当保留金已累计扣留到保留金限额的60%时,为了使承包商有较充裕的流动资金用于工程施工,可以允许承包商提交保留金保函代换保留金。业主返还保留金限额的50%,剩余部分待颁发履约证书后再返还。保函金额在颁发接收证书后不递减。

(5) 物价浮动对合同价格的调整

对于施工期较长的合同,为了合理分担市场价格浮动变化对施工成本影响的风险,在合同内要约定调价的方法。通用条款内规定为公式法调价。

① 调价公式

$$P_n = a + b \times L_n/L_0 + c \times M_n/M_0 + d \times E_n/E_0 + \cdots$$

式中:P_n——第 n 期内所完成工作以相应货币所估算的合同价值所采用的调整倍数,此期间通常是1个月,除非投标函附录中另有规定;

a——在数据调整表中规定的一个系数,代表合同支付中不调整的部分;

b、c、d——数据调整表中规定的系数,代表与实施工程有关的每项费用因素的估算比例,如分别对应劳务、设备和材料等费用;

L_n、E_n、M_n——第 n 期间时使用的现行费用指数或参照价格,以该期间(具体的支付证书的相关期限)最后一天之前第49天当天对于相关表中的费用因素适用的费用指数或参照价格确定;

L_0、E_0、L_0——基本费用参数或参照价格。

如果承包商未能在竣工时间内完成工程,则应利用下列指数或价格,对价格作出调整,取其中对业主有利者。

a. 适用于工程竣工时间期满前第49天的各指数或价格。

b. 现行指数或价格。

② 可调整的内容和基价。承包商在投标书内填写,并在签订合同前的谈判中确定。参见表10.2。

表10.2 专用条款内可调价项目和系数的约定表

系数 指数范围	来源国家: 指数对应货币	指数来源: 名称/定义	在说明日期的价值	
			价值	日期
A=0.10 固定费				
B=				
C=				
……				

③ 延误竣工。分为:

a. 非承包商应负责原因的延误。工程竣工前每一次支付时,调价公式继续有效。

b. 承包商应负责原因的延误。在后续支付时,分别计算应竣工日和实际支付日的调价款,经过对比后按照对业主有利的原则执行。

(6) 基准日期(Base Date)后法规变化引起的价格调整

在基准日期(基准日期系指递交投标书截止日期前第28天的日期)后,国家的法律、行政法规或国务院有关部门的规章,以及工程所在地的省、自治区、直辖市的地方法规或规章发生变更,导致施工所需的工程费用发生增减变化,工程师与当事人双方协商后可以调整合同金额。如果导致变化的费用包括在调价公式中,则不再予以考虑。较多的情况发生于工程建设承包商需交纳的税费变化,这是当事人双方在签订合同时不可能合理预见的情况,因此可以调整相应的费用。

(7) 工程进度款的支付程序

① 工程量计量。工程量清单中所列的工程量仅是对工程的估算量,不能作为承包商完成合同规定施工义务的结算依据。每次支付工程进度款前,均需通过测量来核实实际完成的工程量,以计量值作为支付依据。

采用单价合同的施工工作内容应以计量的数量作为支付进度款的依据,而总价合同或单价包干混合式合同中按总价承包的部分可以按图纸工程量作为支付依据,仅对变更部分予以计量。

② 承包商提供报表。2017版系列合同条件规定,承包商应于合同约定的每个支付周期的期末之后,提交期中报表。期中报表应包括以下依次列明的金额,并附支持资料(含进度报告):

a. 直至支付周期末承包商已完成的工程及提供文件的估价(包括变更工作,但不包括以下第2至10项),一般应列明前期累计金额、当期金额和截至目前累计金额;

b. 因法律变化和成本(物价)变化而应进行的调整;

c. 根据约定比例应扣减的保留金,直至保留金到达限额;

d. 应拨付和/或返还的预付款;

e. 拟用于工程的生产设备和材料款的支付和/或返还;

f. 根据合同应增加或扣减的其他金额,包括商定或决定的金额;

g. 属于暂定金额而增加的金额;

h. 应返还的保留金;

i. 因承包商使用业主提供的临时设施而扣减的金额;

j. 所有前期支付证书中被证明应扣减的金额。

③ 工程师签证。工程师接到报表后,对承包商完成的工程形象、项目、质量、数量以及各项价款的计算进行核查。若有疑问时,可要求承包商共同复核工程量。在收到承包商的支付报表后28天内,按核查结果以及总价承包分解表中核实的实际完成情况签发支付证书。工程师可以不签发证书或扣减承包商报表中部分金额的情况包括:

a. 合同内约定有工程师签证的最小金额时,本月应签发的金额小于签证的最小金额,工程师不出具月进度款的支付证书。本月付款接转下月,超过最小签证金额后一并支付。

b. 承包商提供的货物或施工的工程不符合合同要求,可扣发修正或重置相应的费用,直至修整或重置工作完成后再支付。

c. 承包商未能按合同规定进行工作或履行义务,并且工程师已经通知了承包商,则可以扣留该工作或义务的价值,直至工作或义务履行为止。

工程进度款支付证书属于临时支付证书,工程师有权对以前签发过的证书中发现的错、漏或重复提出更改或修正，承包商也有权提出更改或修正，经双方复核同意后，将增加或扣减的金额纳入本次签证中。

④ 业主支付。承包商的报表经过工程师认可并签发工程进度款的支付证书后，业主应在接到证书后及时给承包商付款。业主的付款时间不应超过工程师收到承包商的月进度付款申请单后的 56 天。如果逾期支付将承担延期付款的违约责任，延期付款的利息按银行贷款利率加一定百分比（如 3%）计算。

10.2.4 竣工验收阶段的合同管理

1）竣工检验和移交工程

（1）竣工检验（Tests on Completion）

承包商完成工程并准备好竣工报告所需报送的资料后，应提前 21 天将某一确定的日期通知工程师，说明此日期后已准备好进行竣工检验。工程师应指示在该日期后 14 天内的某日进行。此项规定同样适用于按合同规定分部移交的工程。

（2）颁发工程接收证书（Taking-Over Certificate）

工程通过竣工检验达到了合同规定的“基本竣工”要求后，承包商在他认为可以完成移交工作前 14 天以书面形式向工程师申请颁发接收证书。基本竣工是指工程已通过竣工检验，能够按照预定目的交给业主占用或使用，而非完成了合同规定的包括扫尾、清理施工现场及不影响工程使用的某些次要部位缺陷修复工作后的最终竣工，剩余工作允许承包商在缺陷通知期内继续完成。这样规定有助于准确判定承包商是否按合同规定的工期完成了施工义务，也有利于业主尽早使用或占有工程，及时发挥工程效益。

工程师接到承包商申请后的 28 天内，如果认为已满足竣工条件，即可颁发工程接收证书；若不满足，则应书面通知承包商，指出还需完成哪些工作后才达到基本竣工条件。工程接收证书中包括确认工程达到竣工的具体日期。工程接收证书颁发后，不仅表明承包商对该部分工程的施工义务已经完成，而且对工程照管的责任也转移给业主。

2017 版系列合同条件规定，如果工程被划分为若干区段，承包商可针对每一个区段申请接收证书，当合同约定可按区段接收时，需在合同数据中对区段进行定义，并对每一个区段对应的保留金、竣工时间和误期损害赔偿费进行约定。如果业主在颁发接收证书前使用了工程的某一部分，该部分被视为已移交给业主，承包商不再对该部分负有照管责任，此时，业主应立即针对该部分颁发接收证书。如果承包商由于业主接收或使用该部分工程造成了承包商的成本增加，承包商有权索赔相应的成本加利润。

（3）特殊情况下的证书颁发程序

① 业主提前占用工程。工程师应及时颁发工程接收证书，并确认业主占用日为竣工日。提前占用或使用表明该部分工程已达到竣工要求，对工程照管责任也相应转移给业主，但承包商对该部分工程的施工质量缺陷仍负有责任。工程师颁发接收证书后，应尽快给承包商采取必要措施完成竣工检验的机会。

② 因非承包商原因导致不能进行规定的竣工检验。有时也会出现施工已达到竣工条件，但由于不应由承包商负责的主观或客观原因不能进行竣工检验。如果等条件具备进行竣工试验后再颁发接收证书，既会因推迟竣工时间而影响对承包商是否按期竣工的合理判

定，也会产生在这段时间内对该部分工程的使用和照管责任不明。针对此种情况，工程师应以本该进行竣工检验日签发工程接收证书，将这部分工程移交给业主照管和使用。工程虽已接收，仍应在缺陷通知期内进行补充检验。当竣工检验条件具备后，承包商应在接到工程师指令进行竣工检验通知的14天内完成检验工作。由于非承包商原因导致缺陷通知期内进行的补检，属于承包商在投标阶段不能合理预见到的情况，该项检查试验比正常检验多支出的费用应由业主承担。

(4)工程照管和保障

工程照管和保障是工程合同的重点问题，2017版系列合同条件规定了以下内容：工程照管职责、工程照管责任、知识产权与工业产权、承包商对业主的保障、业主对承包商的保障、共同保障等。

2）未能通过竣工检验

(1) 重新检验(Retesting)

如果工程或某区段未能通过竣工检验，承包商对缺陷进行修复和改正，在相同条件下重复进行此类未通过的试验和对任何相关工作的竣工检验。

(2) 重复检验仍未能通过

当整个工程或某区段未能通过按重新检验条款规定所进行的重复竣工检验时，工程师应有权选择以下任何一种处理方法：

① 指示再进行一次重复的竣工检验；

② 如果由于该工程缺陷致使业主基本上无法享用该工程或区段所带来的全部利益，拒收整个工程或区段(视情况而定)，在此情况下，业主有权获得承包商的赔偿。赔偿金额包括下列两项：

a. 业主为整个工程或该部分工程(视情况而定)所支付的全部费用以及融资费用；

b. 拆除工程、清理现场和将永久设备和材料退还给承包商所支付的费用。

如果业主同意的话，也可以颁发一份接收证书，折价接收该部分工程。合同价格应按照由于此类失误而给业主造成的减少的价值数额予以扣减。

3）竣工结算

(1) 承包商报送竣工报表(Statement at Completion)

颁发工程接收证书后的84天内，承包商应按工程师规定的格式报送竣工报表。报表内容包括：

① 到工程接收证书中指明的竣工日止，根据合同完成全部工作的最终价值。

② 承包商认为应该支付给他的其他款项，如要求的索赔款、应退还的部分保留金等。

③ 承包商认为根据合同应支付给他的估算总额。所谓“估算总额”是这笔金额还未经过工程师审核同意。估算总额应在竣工结算报表中单独列出，以便工程师签发支付证书。

(2) 竣工结算与支付

工程师接到竣工报表后，应对照竣工图进行工程量详细核算，对其他支付要求进行审查，然后再依据检查结果签署竣工结算的支付证书。此项签证工作，工程师也应在收到竣工报表后28天内完成。业主依据工程师的签证予以支付。

10.2.5 缺陷通知期阶段的合同管理

1）工程缺陷责任(Defects Liability)

(1) 承包商在缺陷通知期内应承担的义务

工程师在缺陷通知期内可就以下事项向承包商发布指令：

① 将不符合合同规定的永久设备或材料从现场移走并替换。

② 将不符合合同规定的工程拆除并重建。

③ 实施任何因保护工程安全而需进行的紧急工作。不论事件起因于事故，还是不可预见事件或其他事件。

(2) 承包商的补救义务

承包商应在工程师指令的合理时间内完成上述工作。若承包商未能遵守指令，业主有权雇用其他人实施并予以付款。如果属于承包商应承担的责任原因，业主有权按照业主索赔的程序向承包商追偿。

(3) 缺陷修补费用承担

2017版系列合同条件规定，业主接收工程后，在缺陷通知期内，如果出现了缺陷或损害，由承包商进行修补，修补工作完成后，修补和重新试验的费用由缺陷的责任方承担。在缺陷通知期内，如果承包商认为有必要在现场外修复生产设备，承包商应通知业主请求同意，作为同意的条件，业主可要求承包商提交与生产设备价值相当的保函。

如果缺陷是由以下原因之一导致的，调查缺陷和修补缺陷的费用应由承包商承担：①非业主负责的设计；②生产设备、材料或工艺不符合合同；③承包商原因导致的不当操作或维护；④承包商未遵守合同下的其他义务造成的。

如果缺陷是由其他原因导致的，承包商有权索赔调查成本加利润，此时缺陷修补工作可视为工程师根据变更条款指令的变更。如果承包商无故延误修补工作，且该缺陷修补工作本应由承包商承担费用，业主有权向承包商索赔修补费用，且有权通过索赔获得性能赔偿费，甚至可以终止合同。

2）履约证书(Performance Certificate)

履约证书是承包商已按合同规定完成全部施工义务的证明，因此，该证书颁发后工程师就无权再指示承包商进行任何施工工作，承包商即可办理最终结算手续。缺陷通知期内工程圆满地通过运行考验，工程师应在期满后的28天内，向业主签发解除承包商承担工程缺陷责任的证书，并将副本送给承包商。但此时仅意味承包商与合同有关的实际义务已经完成，而合同尚未终止，剩余的双方合同义务只限于财务和管理方面的内容。业主应在证书颁发后的14天内，退还承包商的履约保证书。

缺陷通知期满时，如果工程师认为还存在影响工程运行或使用的较大缺陷，可以延长缺陷通知期，推迟颁发证书，但缺陷通知期的延长不应超过竣工日后的2年。

3）最终结算(Final Settlement)

最终结算是指颁发履约证书后，对承包商完成全部工作价值的详细结算，以及根据合同条件对应付给承包商的其他费用进行核实，确定合同的最终价格。

颁发履约证书后的56天内，承包商应向工程师提交最终报表草案，以及工程师要求提交的有关资料。最终报表草案要详细说明根据合同完成的全部工程价值和承包商依据合同认为还应支付给他的任何进一步款项,如剩余的保留金及缺陷通知期内发生的索赔费用等。

工程师审核后与承包商协商,对最终报表草案进行适当的补充或修改后形成最终报表。承包商将最终报表送交工程师的同时,还需向业主提交一份“结清单”(Written Discharge),进一步证实最终报表中的支付总额,作为同意与业主终止合同关系的书面文件。工程师在接到最终报表和结清单附件后的28天内签发最终支付证书(Final Payment Certificate),业主应在收到证书后的56天内支付。只有当业主按照最终支付证书的金额予以支付并退还履约保函后,结清单才生效,承包商的索赔权也即行终止。

FIDIC施工合同付款事项的典型流程参见图10.5,FIDIC施工合同主要事件的典型流程参见图10.6。

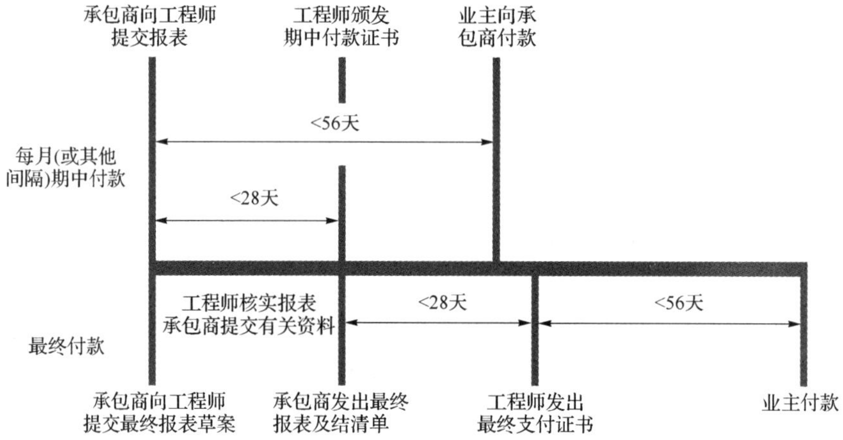

图10.5　FIDIC施工合同付款事项的典型流程

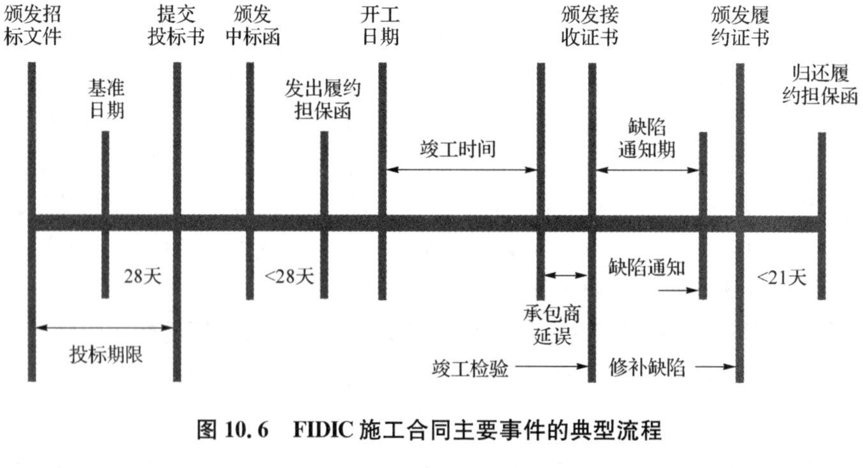

图10.6　FIDIC施工合同主要事件的典型流程

10.2.6 索赔与争端管理

1)索赔管理

(1) 索赔与变更的区别

2017 版系列合同条件将变更和索赔处理程序明确分开,如果合同双方就变更或索赔事项不能协商解决,均直接进入争端处理程序,经争端解决程序仍不能达成一致,最终只能进入仲裁程序。在工程实践中,经常因为将变更与索赔混淆,而导致处理不当。在确定是进入变更程序还是索赔程序之前,首先要识别和确定是变更还是索赔,主要应考虑两个问题:是否对工程本身造成了实质性改变;是否按合同〔业主和承包商的索赔〕发出了索赔意向通知,或是业主方是否已经发布变更指令。变更与索赔的区别参见表 10.3。

表 10.3　变更与索赔的主要区别

	变更	索赔
起因	先有指令再有变更实施,是事前主动行为	一般是在事件或合同风险发生后,合同方意识到会对合同产生影响,因而向对方发出通知主张其权利或救济的一种手段,是一种事后行为
结果	是对工程的变更,因而一般改变的是工程本身	对工程本身并没有影响,但工程的实施方式有所变化,如施工方案、施工的时间和工序、施工所使用的设备、临时工程的改变
合同程序	适用第 13 条〔变更与调整〕,由合同方遵照该条发起并确认变更。在变更的情况下承包商自然享有延期和调价的权利,而无需按第 20.2 款〔索赔款项和/或 EOT〕发出索赔通知	适用第 20 条〔业主和承包商的索赔〕,当索赔事件发生时,业主或承包商应按第 20.2 款〔索赔款项和/或 EOT〕在合同规定的时间内向对方发出索赔通知,否则将可能丧失索赔权利
补偿机制	根据第 13.3 款〔变更程序〕的规定确定价格,且该价格中包含利润	业主方基于承包商的同期记录确定成本,特定情况下可加上利润

(2) 索赔类型

2017 版系列合同条件中将索赔分为三种类型:

① 第一类索赔是,业主关于额外费用增加(或合同价格的扣减)以及缺陷通知期延长的索赔;

② 第二类索赔是,承包商关于额外费用增加和或工期延长的索赔;

③ 第三类索赔是,合同一方向另一方要求或主张其他任何方面的权利或救济,包括对工程师(业主)给出的任何证书、决定、指示、通知、意见或估计等相关事宜的索赔,但不包括上述第一类和第二类索赔有关的权利。

(3) 索赔时效

2017 版系列合同条件将 1999 版的业主向承包商的索赔与承包商向业主的索赔程序合并为同一程序,并设置了 2 个索赔时效要求:

① 要求索赔方在规定的时间内发出索赔意向通知书;

② 要求索赔方在索赔事件的影响结束后规定的时间内提交索赔报告。

如果超过了规定的时间,索赔方仍可申诉理由,如果工程师(或业主代表)认为理由成立，索赔仍可视为有效，这加大了工程师或业主代表的权力，但也使索赔处理过程变得复杂且不确定。

2）合同终止

合同终止是工程项目合同实施过程中出现的极端情况，一旦发生后果可能很严重。2017版系列合同条件〔由业主终止〕和〔由承包商终止〕规定了合同终止时的处理程序。合同终止情况有：

(1) 由于承包商违约，业主终止合同；

(2) 由于业主违约，承包商终止合同(含业主不能按时付款和业主自行终止)；

(3) 外部因素造成的合同终止(如法律变化或其他外部因素造成的终止)。

3）责任限度

责任限度是合同双方关注的重点和难点问题，2017版系列合同条件规定了合同双方的责任限度。责任方对另一受害方直接损失的赔偿责任限于合同约定的如下7个方面：

(1) 误期损害赔偿；

(2) 变更指令；

(3) 业主自便终止后的支付；

(4) 承包商终止后的支付；

(5) 知识产权与工业产权；

(6) 承包商的保障；

(7) 业主的保障。

承包商的责任限度不包含：业主提供的材料和业主的施工设备、临时公用设施、知识产权与工业产权、承包商的保障等所涉及的费用。承包商承担的总体合同责任不能超过合同数据中约定的责任额度，若没有约定，即默认为中标合同额。若属于合同某一方的欺诈、严重渎职、故意违约、毫无顾忌的行为不轨，则不在本条款责任限度范围之内。

4）争端解决

2017版系列合同条件设置了争端解决替代方式(Alternative Disputes Resolution，ADR)中的一种DAAB，要求双方在正式签订合同之初就要成立，DAAB相关规定的要点包括：DAAB的成员要求、责任与权力、成立与解散、争端解决程序，以及DAAB与仲裁等。

5）仲裁

由于仲裁的经济性、专业性和快捷性等优势，且仲裁裁决具有法律约束力，仲裁常常是合同双方争端的最终解决方式，仲裁的要点包括：仲裁地点、规则、语言、仲裁员的选择，以及仲裁的执行等。

10.3 FIDIC总承包合同条件的主要内容

FIDIC总承包合同条件主要包括《生产设备与设计—建造合同条件》(Conditions of Contract for Plant and Design-Build)(新黄皮书)、《设计采购施工(EPC)/交钥匙项目合同条件》(Conditions of Contract for EPC/Turnkey Projects)(银皮书)、《设计—建造与运营

项目合同条件》(Conditions of Contract for Design，Build and Operate Projects)(金皮书)。

《生产设备与设计—建造合同条件》(新黄皮书)：主要用于电气和(或)机械设备供货、建筑或工程的设计与施工。这种合同的通常情况是由承包商按照业主要求，设计和提供生产设备和(或)其他工程，可以包括土木、机械、电气和(或)构筑物的任何组合。FIDIC《生产设备与设计—建造合同条件》是1988年出版的《电气与机械工程合同条件》(黄皮书)与1995年出版的《设计—建造与交钥匙工程合同条件》(橘皮书)基础上重新编写的。与新红皮书一样有20条(170款)，其中80%的条款的名称及内容是相同的。

《EPC/交钥匙项目合同条件》(银皮书)：FIDIC《EPC/交钥匙项目合同条件》(1999年第1版)是在1995年《设计—建造与交钥匙工程合同条件》(橘皮书)基础上重新编写的。"银皮书"适用于以交钥匙方式为业主承建工厂、电力、石油开发以及基础设施的"设计—采购—施工"的总承包项目。这种模式适用于业主希望事先能确定工程项目的总价和工期，为此宁愿承包商报出较高的价格，但也要承担较大的风险。不少私人融资项目以及一些国家的公共部门都趋向采用此类模式。"银皮书"通用条件共有20条(166款)。

《设计—建造与运营项目合同条件》(2008年第1版)(金皮书)是在1999年《生产设备与设计—建造合同条件》(新黄皮书)的基础上，加入了有关运营和维护的要求和内容编写的。与"设计—建造"(DB)模式相比，"设计—建造—运营"(DBO)模式的主要特点是将项目的设计、施工以及长期的运营和维护工作，一并交给一个承包商来完成。对业主来说，这一模式易于保证项目在运营期满前一直处于良好的运营状态，减少由于设计失误或建造质量差等原因导致在缺陷通知期(DBO用"保留期")期满后出现的各种问题和造成的损失。在DBO模式下，承包商不仅负责项目的设计和建造，而且负责在项目建成后提供持续性的运营服务，这将鼓励承包商在进行设计的同时考虑项目的建造费用和运营费用，采用工程项目全生命期费用管理的理念，以实现全生命期的费用控制目标。

以下主要介绍《生产设备与设计—建造合同条件》(新黄皮书)与新红皮书不同的条款。

(1) 业主的要求(Employer's Requirements)

业主的要求——"输出规范"，即业主想从项目得到的东西。取消了对工程师公正性的要求，移除了工程师的设计责任。留给工程师的工作是代表业主以提纲的格式拟定工程的程度、范围、目标、初步设计或概念设计以及其他的技术细节、规范、放线详细资料、要求的检验制度和项目设计、施工、操作和维护的原则。提纲的格式和技术细节应在"业主的要求"中明确规定，这是新黄皮书引入的新条款。"业主的要求"对于理解黄皮书非常关键。它是"合同"定义的一部分，在通用条款中有24个子款明确提到了该文件。如果由于"业主的要求"中的错误，导致承包商延误工期、费用增加，承包商可以提出索赔。

在实践中，起草"业主的要求"是项目成功或失败的主要原因，也是产生争端的主要来源。需要在众多的对比特征中权衡和考虑：

① 业主的要求应当是完备的，包括要求的形状、类型、质量、偏差、功能型标准、安全标准以及对永久工程终身费用限制的所有参数；在施工期间和施工后必须成功通过的检验；永久工程的预期和规定的性能；设计周期和持续期；完工后如何操作和维护；提交的手册；提供的备件的详细资料和费用。但工程师对参数的规定不能限制承包商的设计创新能力，不能对承包商的设计义务有影响。

② 必须明确定义业主要求的内容，但又足够灵活，可以吸收承包商设计、施工的专业的

有创造性的意见,发挥设计建造合同的长处。

③ 业主的要求应该让业主选择到最合适的投标人,但又不要求在投标阶段让投标人提供正确选择承包商所需必要信息以外的信息。

④ 业主的要求必须足够详细从而可以确定项目的目标,但又不限制承包商对工程进行适当设计的能力或寻求最合适解决方案的创造力,并能对投标人的设计进行评估。

(2) 设计(Design)

① 承包商的一般设计义务

新黄皮书适用承包商负责全部或大部分设计的项目。一般将设计分为三个阶段:

a. 业主(代表)进行的概念设计,约占设计的10%;包含在"业主的要求"中;

b. 每个投标人进行的初步设计,包含在投标书中(包括永久设备和设计建造的建议书);

c. 最后的施工图设计(承包商的文件),包括两个阶段:总体布置图和详细施工图。承包商的文件包括计算书、计算机软件(程序)、图纸、手册、模型等,可能需要提交业主审核或批准。

承包商应按"业主的要求"中的标准进行设计,并对设计负责。承包商的设计人员或设计分包商应具备必需的经验和能力,承包商应将拟雇用的设计人员或设计分包商名单及详细情况,提交工程师,取得其同意。

当收到开工通知后,承包商应仔细检查业主的要求,包括设计标准及计算书,以及放线的基准依据等。如发现错误,应在投标书附录规定的期限内通知工程师,工程师应决定是否将变更通知承包商。如果这些错误是一个有经验的承包商在提交投标书前本应发现的而未能发现,则不能给予工期和费用调整。

② 业主对"承包商的文件"编制要求

承包商的文件包括:业主的要求中规定的技术文件、满足法规要求报批的文件、竣工文件,以及操作和维修手册等。

如业主的要求中规定承包商的文件应提交工程师审核或批准时,则应按规定提交,工程师的审核期一般不超过21天。对需提交工程师审批的文件:

a. 工程师应通知承包商是否批准,如承包商在审核期满时仍未收到工程师的通知,则应视为工程师已批准该文件。在工程师批准前,相应部分的工程不能开工。

b. 若承包商希望修改已提交的文件,应立即通知工程师,并按上述程序将修改的文件报工程师。工程师可指示承包商编制进一步的文件。

任何此类审批不解除承包商的任何义务和责任。如果承包商的文件中出现错误、缺陷、不一致等问题,即使已得到批准或同意,也应由承包商自行修正。

③ 承包商在设计过程中应遵循的基本原则

承包商应承诺其设计、文件、施工和竣工的工程符合工程所在国的法律以及包括变更的合同的各项文件。承包商的设计、文件、施工和竣工应符合工程所在国的技术标准,建筑、施工和环境方面的法律,工程产品的法律,以及业主的要求中规定的相关标准。上述法律为业主接收工程时通行的法律,标准为基准日期时适用的版本,如在基准日期后版本有修改或更新,承包商应通知工程师,并提交建议书,如工程师认为需要修改,则构成变更。

④ 承包商在工程移交前必须提交的文件

承包商应编制一套完整的竣工记录保存在现场，并应在竣工检验开始前提交工程师两套副本。承包商还应按工程师的要求提交竣工图给工程师审核。在颁发接收证书前，承包商应按业主的要求中的规定向工程师提交竣工图的副本，否则不能认为工程已完工，也不能接收。

在竣工检验开始前，承包商应向工程师提交暂行的操作和维修手册，其详细程度应能达到业主操作和调试生产设备的要求。在工程师收到此手册的最终版本以及业主的要求中为此目的规定的其他手册前，不能认为工程已按接受要求竣工。

承包商应根据业主的要求中的具体规定，对业主的人员进行操作和维修培训。如合同有规定，在培训完成前，不能认为工程已竣工。

(3) 竣工检验(Tests on Completion)

承包商在按照"竣工文件"和"操作和维修手册"的规定提交各种文件后进行竣工检验，承包商应提前21天将可以进行每项竣工检验的日期通知工程师，检验应在该日期后14天内，由工程师指定的日期进行。除专用条款中另有说明，竣工检验应按下列顺序进行：

① 启动前检验：应包括适当的检查和("干"或"冷")性能检验，以证明每项生产设备都能安全地承受下一阶段的启动检验；

② 启动检验：包括规定的运行检验，以证明工程或区段能在所有可应用的操作条件下安全运行；

③ 试运行：证明工程或区段运行可靠，符合合同要求。

试运行不构成业主的验收，除另有说明外，试运行期间生产的产品属于业主。

(4) 修补缺陷的费用(Costs of Remedying Defects)

以下原因造成的缺陷，由承包商承担风险和费用：

① 工程设计，由业主负责的部分设计除外；

② 生产设备、材料和工艺不符合合同要求；

③ 涉及培训、竣工文件以及操作和维修手册等由承包商负责的事项所产生的不当操作或维修；

④ 承包商未遵守任何其他义务。

上述原因以外造成的缺陷，业主应立即通知承包商修复并按照变更处理。

(5) 竣工后检验(Tests After Completion)

① 竣工后检验的程序

如合同规定了竣工后检验，则业主应：

a. 为竣工后检验提供必要的电力、设备、燃料、仪器、劳动力、材料以及有资质和经验的人员；

b. 按照承包商提供的操作和维修手册进行竣工后检验，可要求承包商参加并给予指导。

此类检验应在工程或区段被业主接收后的合理、可行的时间内尽快进行，业主应提前21天将可以开始进行竣工后检验的日期通知承包商，除非另有商定，这些检验应在该日期后14天内业主决定的日期进行。如承包商未参加，业主可自行进行该检验，承包商应承认该检验结果。竣工后检验由双方共同整理和评价该检验结果，评价时应考虑业主提前使用该工程的影响。

② 延误的检验

如因业主的原因拖延了竣工后检验从而导致承包商产生了额外费用，承包商可向工程师提出费用索赔和利润。如由于非承包商原因,竣工后检验未能在缺陷通知期或双方商定的期限内完成,则应视为工程或区段的竣工后检验已完成。

③ 重复检验

如果工程或某区段未能通过竣工后检验,承包商应按合同要求修复缺陷。其后,任何一方均可要求按原来的条件再重复进行竣工后检验。如果未通过且重新检验是由于承包商的设计、工艺、材料、生产设备引起的,并导致了业主的额外费用,业主可提出索赔。

④ 未能通过竣工后检验

如果工程或区段未能通过竣工后检验,则:

a. 若在合同中规定了相应的损害赔偿费,当承包商在缺陷通知期内向业主支付了此笔费用,则可认为已通过了竣工后检验。

b. 如承包商提议对工程或区段进行调整或修正,他需要报告业主,在业主同意的时间内才能进入并进行调整或修正,如在缺陷通知期内业主未给予答复,则可认为已通过了竣工后检验。

如果承包商申请进入工程或生产设备去调查未通过竣工后检验的原因或进行调整或修正,业主无故延误给予许可,导致了承包商的额外费用,承包商有权通知工程师索赔相应费用和利润,工程师应就此作出决定。

(6) 变更和调整(Variations and Adjustments)

① 有权变更

在颁发接收证书前,工程师有权变更,并可要求承包商就变更提出建议书,但变更不应包括准备交给他人实施的任何工作的删减。承包商应执行变更指令,但以下情况除外:

a. 如果不能得到相应货物;

b. 变更将降低工程的安全性或适用性;

c. 对保证表的完成产生不利影响时。

此时承包商可暂不执行,并应迅速通知业主,业主收到通知后应取消,或确认,或改变原来的指示。

② 价值工程

承包商可随时向工程师提交建议书,只要他认为此建议可缩短工期、降低造价、提高工程运行效率和(或)价值,或对业主产生其他效益。承包商应自费编制此建议书。

③ 变更程序

如果工程师在发布变更指令前要求承包商提交建议书,他应尽快提交。建议书包括:变更工作的实施方法和计划;对工程总进度计划的调整以及变更费用的估算。工程师收到建议书后应尽快表态,此时承包商应照常工作。对每次变更,工程师应按照合同规定,商定或确定调整合同价格(包括利润)和付款计划表,并应考虑承包商提交的价值工程的建议。

(7) 合同价格和支付(The Contract Price and Payment)

① 合同价格

除专用条件另有规定外:

a. 合同价格应以中标合同金额为总价包干,但可按合同规定调整;

b. 承包商应支付合同要求其支付的一切税费,但立法变更时允许调整;

c. 资料表中可能给出的任何工程量是估计值,不能作为要求承包商实施工程的实际工程量；

d. 资料表中可能给出的任何工程量或价格仅应用于资料表说明的用途，不一定适用于其他目的。

如果工程的任何部分是按实际工程量进行支付，应遵循专用条件规定，并相应调整和决定合同价格。

② 申请期中支付证书

承包商应按合同规定的支付期限最后一天（如无规定，则在每个月末）之后，按工程师同意的格式向他提交一式6份月报表，列出认为自己有权获得的款额，同时附上进度报告等证明文件。月报表的内容和顺序如下：

a. 截至月末已实施的工程和承包商的估算合同价值（包括变更）；

b. 立法变动和费用波动导致的增减款额；

c. 保留金的扣除：按投标书附录规定的百分比乘上述两项款额之和，一直扣到保留金限额为止；

d. 预付款的支付与扣还；

e. 为生产设备和材料的预支款和扣还款；

f. 其他应追加或减扣的款项（如索赔款等）；

g. 扣除所有以前支付证书中已经确认的款额。

③ 保留金的支付

工程师签发接收证书后，支付保留金的50%。

(8) 争议(Disputes)

任命的争端裁决委员会(DAB)是临时的，即只有在争议发生时才任命。在一方向另一方提交争议意向通知书后的28天内，双方联合任命DAB成员，当他们对争议作出决定时，"临时DAB"成员的任期即期满。而红皮书是常设DAB，在投标书附录中规定的时间内任命，其默认时间是开工日期后28天内。

复习思考题

1. 谈谈FIDIC《土木工程施工合同条件》的特点和适用范围。
2. 试分析FIDIC条件下合同履行的担保方式、内容和特点。
3. 试分析FIDIC《土木工程施工合同条件》中业主和承包商承担的风险。
4. 试描述合同工期、施工期、缺陷通知期和合同有效期的定义及其相互关系。
5. 试分析FIDIC条件下最终结算的合同价与中标函注明的合同价可能不相等的原因。
6. 指定分包商与一般分包商有哪些区别？结合中国实际谈谈应如何选择指定分包商。
7. FIDIC《土木工程施工合同条件》中对质量控制作了哪些规定？
8. 中期支付工程进度款时，应如何核定本月应支付给承包商的款额？
9. 《土木工程施工合同条件》支付程序与《建设工程施工合同(示范文本)》有哪些差异？
10. 试分析工程接收证书和履约证书有何作用。
11. 结合国际工程实际，试绘制保留金的扣留与释放图。
12. 试分析FIDIC总承包合同条件的适用范围、特点以及与《土木工程施工合同条件》之间的区别。

11 工程合同的签约和履约管理

11.1 工程合同的签约

11.1.1 合同谈判前的审查分析

1）概述

工程承包经过招标、投标、授标的一系列交易过程之后，根据《民法典》规定，发包人和承包人的合同法律关系就已经建立。但是，由于建设工程标的规模大、金额高、履行时间长、技术复杂，再加上可能由于时间紧、工程招标投标工作较仓促，从而可能会导致合同条款完备性不够，甚至合法性不足，给今后合同履行带来隐患。因此，中标后，发包人和承包人在不背离原合同实质性内容的原则下，还必须通过合同谈判，将双方在招投标过程中达成的协议具体化或作某些增减，对价格等所有合同条款进行法律认证，最终订立一份对双方均有法律约束力的合同文件。根据我国《招标投标法》及《房屋建筑和市政基础设施工程施工招标投标管理办法》规定，发包人和承包人必须在中标通知书发出之日起30天内签订合同。

由于这是双方合同关系建立的最后也是最关键的一步，因而无论是发包人还是承包人都极为重视合同的措辞和最终合同条款的制定，力争在合同条款上通过谈判全力维护自己的合法利益。

(1) 发包方愿意进一步通过合同谈判签订合同的动机是：

① 完善合同条款。招标文件中往往存在缺陷和漏洞，如工程范围含糊不清，合同条款含义较抽象，可操作性不强，合同文字中出现错误、矛盾和二义性等，从而给今后合同履行带来很大困难。为保证工程顺利实施，必须通过合同谈判完善合同条款。

② 降低合同价格。在评标时，虽然从总体上可以接受承包人的报价，但发现承包人投标报价仍有部分不太合理。因此，希望通过合同谈判，进一步降低正式的合同价格。

③ 评标时发现其他投标人的投标文件中某些建议非常可行，而中标人并未提出，发包人非常希望中标人能够采纳这些建议。因此需要与承包人商讨这些建议，并确定由于采纳建议导致的价格变更。

(2) 对承包人来说，由于建筑市场竞争非常激烈，发包人在招标时往往提出十分苛刻的条件，在投标时，承包人只能被动应付。进入合同谈判、签订合同阶段，由于被动地位有所改变，承包人往往利用这一机会与发包人讨价还价，力争改善自己的不利处境，以维护自己的合法利益。承包人的主要目标有：

① 澄清与完善标书中某些含糊不清的条款，充分解释自己在投标文件中的某些建议或保留意见。

② 争取改善合同条件，谋求公正和合理的权益，使承包人的权利与义务达到平衡。

③ 利用发包人的某些修改变更进行讨价还价，争取更为有利的合同价格。

为了切实维护自己的合法利益，在合同谈判之前，无论是发包人还是承包人都必须认真仔细地研究招标文件及双方在招投标过程中达成的协议，审查每一个合同条款，分析该条款的履行后果，从中寻找合同漏洞及于己不利的条款，力争通过合同谈判使自己处于较为有利的位置，以改善合同条件中一些主要条款的内容，从而能够从合同条款上全力维护自己的合法权益。

2）合同审查分析的内容

合同审查分析是一项技术性很强的综合性工作，它要求合同管理者必须熟悉与合同相关的法律法规，精通合同条款，对工程环境有全面的了解，有合同管理的实际工作经验并有足够的细心和耐心。工程合同审查分析主要包括以下几个方面的内容：

（1）合同效力的审查与分析

合同必须在合同依据的法律基础的范围内签订和实施，否则会导致合同全部或部分无效，从而给合同当事人带来不必要的损失。这是合同审查分析的最基本也是最重要的工作。合同效力的审查与分析主要从以下几方面入手：

① 合同当事人资格的审查。即合同主体资格的审查。无论是发包人还是承包人必须具有发包和承包工程、签订合同的资格，即具备相应的民事权利能力和民事行为能力。有些招标文件或当地法规对外地或外国承包商有一些特别规定，如在当地注册、获取许可证等。在我国，对承包方的资格审查主要审查承包人有无企业法人营业执照、是否具有与所承包工程相适应的资质证书（允许低于资质等级承揽工程）、是否办理了施工许可证。施工单位的资格主要从营业执照、资质证书两个方面审查，施工单位必须具备企业法人资格且营业执照经过年检，施工单位要在资质等级许可的范围内对外承揽工程。跨省、自治区、直辖市承包工程的还要经过施工所在地建筑行政主管部门办理施工许可手续。当然，行政管理规定不影响民事主体的民事权利能力，未办跨省施工许可手续的不影响合同有效。

② 工程项目合法性审查，即合同客体资格的审查。主要审查工程项目是否具备招标投标、签订和实施合同的一切条件，包括：

a. 是否具备工程项目建设所需要的各种批准文件。

b. 工程项目是否已经列入年度建设计划。

c. 建设资金与主要建筑材料和设备来源是否已经落实。

③ 合同订立过程的审查。如审查招标人是否有规避招标行为和隐瞒工程真实情况的现象；投标人是否有串通作弊、哄抬标价或以行贿的手段谋取中标的现象；招标代理机构是否有泄露应当保密的与招标投标活动有关的情况和资料的现象以及其他违反公开、公平、公正原则的行为。任何单位和个人不得将依法必须进行招标的项目化整为零或者以其他任何方式规避招标。对依法应当招标而未招标的工程合同无效。

特别需要强调的是，在工程招标投标过程中，出现少数发包人和承包人签订黑白合同的现象。所谓黑白合同是指合同当事人出于某种利益考虑，对同一合同标的签订的、价款存在明显差额或者履行方式存在差异的两份合同，其中一份作了登记、备案等公示的合同称为“白合同”，而另一份仅由双方当事人持有的、内容与备案合同不一致的私下协议，称为“黑合同”。对于黑白合同,《司法解释一》第二十一条规定,“当事人就同一建设工程另行订立的建设工程施工合同与经过备案的中标合同实质性内容不一致的,应当以备案的中标合同作为结算工程价款的根据。”有些合同需要公证或由官方批准后才能生效,这应当在招标文件中说明。在国际工程中,有些国家项目、政府工程,在合同签订后或业主向承包商发出中标通知书后,还得经过政府批准后,合同才能生效。对此,应当特别注意。

④ 合同内容合法性审查。主要审查合同条款和内容是否符合法律规定,主要包括:

a. 审查合同规定的工程项目是否符合政府批文;

b. 审查合同规定的项目是否符合国家产业政策;

c. 政府投资项目合同是否约定带资或垫资施工条款;

d. 合同内容违反地方性、专门性规定的合同效力确认:应具体审查地方性、专门性规定的效力,主要看该地方性、专门性规定是否与法律法规的禁止性或义务性规定相一致,一致的合同无效,否则,不影响合同的效力。

e. 其他,如合同中分包转包的规定、劳动保护的规定、环境保护的规定、赋税和免税的规定、外汇额度条款、劳务进出口等条款是否符合相应的法律规定。

(2) 合同的完备性审查

根据《民法典》规定,合同应包括合同当事人、合同标的、标的的数量和质量、合同价款或酬金、履行期限、地点和方式、违约责任和解决争议的方法。一份完整的合同应包括上述所有条款。由于建设工程的工程活动多,涉及面广,合同履行中不确定性因素多,从而给合同履行带来很大风险。如果合同不够完备,就可能会给当事人造成重大损失。因此,必须对合同的完备性进行审查。合同的完备性审查包括:

① 合同文件完备性审查。即审查属于该合同的各种文件是否齐全。如发包人提供的技术文件等资料是否与招标文件中规定的相符,合同文件是否能够满足工程需要等。

② 合同条款完备性审查。这是合同完备性审查的重点,即审查合同条款是否齐全,对工程涉及的各方面问题都有规定,合同条款是否存在漏项等。合同条款完备性程度与采用何种合同文本有很大关系:

a. 如果采用的是合同示范文本,如FIDIC条件或我国施工合同示范文本等,则一般认为该合同条款较完备。此时,应重点审查专用合同条款是否与通用合同条款相符,是否有遗漏等。

b. 如果未采用合同示范文本,但合同示范文本存在。在审查时应当以示范文本为样板,将拟签订的合同与示范文本的对应条款一一对照,从中寻找合同漏洞。

c. 无标准合同文本,如联营合同等。无论是发包人还是承包人在审查该类合同的完备性时,应尽可能多地收集实际工程中的同类合同文本,并进行对比分析,以确定该类合同的范围和合同文本结构形式。再将被审查的合同按结构拆分开,并结合工程的实际情况,从中寻找合同漏洞。

(3) 合同条款的公正性审查

公平公正、诚实信用是《民法典》的基本原则,当事人无论是签订合同还是履行合同,都必须遵守该原则。但是,在实际操作中,由于建筑市场竞争异常激烈,而合同的起草权掌握在发包人手中,承包人只能处于被动应付的地位,因此业主所提供的合同条款往往很难达到公平公正的程度。所以,承包人应逐条审查合同条款是否公平公正,对明显缺乏公平公正的条款,在合同谈判时,通过寻找合同漏洞、向发包人提出自己合理化建议、利用发包人澄清合同条款及进行变更的机会,力争使发包人对合同条款作出有利于自己的修改。同时,发包人应当认真审查研究承包人的投标文件,从中分析投标报价过程中承包人是否存在欺诈等违背诚实信用原则的现象。对施工合同而言,应当重点审查以下内容:

① 工作范围,即承包人所承担的工作范围。包括施工,材料和设备供应,施工人员的提供,工程量的确定,质量、工期要求及其他义务。工作范围是制定合同价格的基础,因此工作范围是合同审查与分析中一项极其重要的不可忽视的问题。招标文件中往往有一些含糊不清的条款,故有必要进一步明确工作范围。在这方面,经常发生的问题有:

a. 因工作范围和内容规定不明确或承包人未能正确理解而出现报价漏项,从而导致成本增加甚至整个项目出现亏损。

b. 由于工作范围不明确,对一些应包括进去的工程量没有进行计算而导致施工成本上升。

c. 规定工作内容时,对于规格、型号、质量要求、技术标准文字表达不清楚,从而在实施过程中易产生合同纠纷。

d. 对于承包的国际工程,在将外文标书翻译成中文时出现错误,如将金扶手翻译成镀金扶手,将发电机翻译成发动机等。这必然导致报价失误。

因此,合同审查一定要认真仔细,规定工作内容时一定要明确具体,责任分明。特别是在固定总价合同中,根据双方已达成的价格,查看承包人应完成哪些工作,界面划分是否明确,对追加工程能否另计费用。对招标文件中已经体现,工程量也已列入,但总价中未计入者,是否已经逐项指明不包括在本承包范围内,否则要补充计价并相应调整合同价格。为现场监理工程师提供的服务如包含在报价内,分析承包人应提供的办公及住房的建筑面积、标准,工作、生活设备数量和标准等是否明确。合同中有无诸如“除另有规定外的一切工程”“承包人可以合理推知需要提供的为本工程服务所需的一切工程”等含糊不清的词句。

② 权力和责任。合同应公平合理地分配双方的责任和权益。因此,在合同审查时,一定要列出双方各自的责任和权力,在此基础上进行权利义务关系分析,检查合同双方责权是否平衡,合同有无逻辑问题等。同时,还必须对双方责任和权力的制约关系进行分析。如在合同中规定一方当事人有一项权力,则要分析该权力的行使会对对方当事人产生什么影响,该权力是否需要制约,权力方是否会滥用该权力,使用该权力的权力方应承担什么责任等。据此可以提出对该项权力的反制约。例如,合同中规定“承包商在施工中随时接受工程师的检查”条款。作为承包商,为了防止工程师滥用检查权,应当相应增加“如果检查结果符合合同规定,则业主应当承担相应的损失(包括工期和费用赔偿)”条款,以限制工程师的检查权。

如果合同中规定一方当事人必须承担一项责任,则要分析承担该责任应具备什么前提条件,以及相应该拥有什么权力,如果对方不履行相应的义务应承担什么责任等。例如,合同规定承包商必须按时开工,则在合同中应相应地规定业主应按时提供现场施工条件,及时支付预付款等。

在审查时,还应当检查双方当事人的责任和权利是否具体、详细、明确,责权范围界定是否清晰等。例如,对不可抗力的界定必须清晰,如风力为多少级,降雨量为多少毫米,地震的震级为多少等。如果招标文件提供的气象、水文和地质资料明显不全,则应争取列入非正常气象、水文和地质情况下业主提供额外补偿的条款,或在合同价格中约定对气象、水文和地质条件的估计,如超过该假定条件,则需要增加额外费用。

③ 工期和施工进度计划

a. 工期。工期的长短直接与承发包双方利益密切相关。对发包人而言,工期过短,不利于工程质量,还会造成工程成本增加;而工期过长,则影响发包人正常使用,不利于发包人及时收回投资。因此,发包人在审查合同时,应当综合考虑工期、质量和成本三者的制约关系,以确定一个最佳工期。对承包人来说,应当认真分析自己能否在发包人规定的工期内完工;为保证自己按期竣工,发包人应当提供什么条件,承担什么义务;如发包人不履行义务应承担什么责任,以及承包人不能按时完工应当承担什么责任等。如果根据分析,很难在规定工期内完工,承包人应在谈判过程中依据施工规划,在最优工期的基础上,考虑各种可能的风险影响因素,争取确定一个承发包双方都能够接受的工期,以保证施工的顺利进行。

b. 开工。主要审查开工日期是已经在合同中约定还是以工程师在规定时间发出开工通知为准;从签约到开工的准备时间是否合理;发包人提交的现场条件的内容和时间能否满足施工需要;施工进度计划提交及审批的期限;发包人延误开工、承包人延误进点各应承担什么责任等。

c. 竣工。主要审查竣工验收应当具备什么条件,验收的程序和内容;对单项工程较多的工程,能否分批分栋验收交付;已竣工交付部分,其维修期是否从出具该部分工程竣工证书之日算起;工程延期竣工罚款是否有最高限额;对于工程变更、不可抗力及其他发包人原因而导致承包人不能按期竣工的,承包人是否可延长竣工时间等。

④ 工程质量

主要审查工程质量标准的约定能否体现优质优价的原则;材料设备的标准及验收规定;工程师的质量检查权力及限制;工程验收程序及期限规定;工程质量瑕疵责任的承担方式;工程保修期期限及保修责任等。

⑤ 工程款及支付问题

工程造价条款是工程施工合同的关键条款,但通常会发生约定不明或设而不定的情况,往往为日后争议和纠纷的发生埋下隐患。实际情况表明,业主与承包商之间发生的争议、仲裁和诉讼等,大多集中在付款上,承包工程的风险或利润,最终也都要在付款中表现出来。因此,无论发包人还是承包人都必须花费相当多的精力来研究与付款有关的各种问题。包括:

a. 合同价格。包括合同的计价方式,如采用固定价格方式,则应检查在合同中是否约定合同价款风险范围及风险费用的计算方法,价格风险承担方式是否合理;如采用单价方式,则应检查在合同中是否约定单价随工程量的增减而调整的变更限额百分比(如15%、20%或25%);如采用成本加酬金方式,则应检查合同中成本构成和酬金的计算方式是否合理。还应分析工程变更对合同价格的影响。同时,还应检查合同中是否约定工程最终结算的程序、方式和期限;对单项工程较多的工程,是否约定按各单项工程竣工日期分批结算;对"三边"工程,能否设定分阶段决算程序;当合同当事人对结算工程最终造价有异议时应当如何处理等。

b. 工程款支付。工程款支付主要包括以下内容:

● 预付款。由于施工初期承包人的投入较大,因此如在合同中约定预付款以支付承包人初期准备费用是公平合理的。对承包人来说,争取预付款既可以使自己减少垫付的周转资金及利息，也可以表明业主的支付信用，减少部分风险。因此，承包人应当力争取得预付款，甚至可适当降低合同价款以换取部分预付款，同时还要分析预付款的比例、支付时间及扣还方式等。在没有预付款时，通过合同，分析能否要求发包人根据工程初期准备工作的完成情况给付一定的初期付款。

● 付款方式。对于采用根据工程进度按月支付的，主要审查工程计量及工程款的支付程序以及检查合同中是否有中期支付的支付期限及延期支付的责任。对于采用按工程形象进度付款的，应重点分析各付款阶段付款额对工程资金现金流的影响，以合理确定各阶段的付款比例。

● 支付保证。支付保证包括承包人预付款保证和发包人工程款支付保证。对预付款保证，应重点审查保证的方式及预付款保证的保值是否随被扣还的预付款金额而相应递减。业主支付能力直接影响到承包商资金风险是否会发生及风险发生后影响程度的大小，承包商事先必须详细调查业主的资信状况，并尽可能要求业主提供银行出具的资金到位的证明或资金支付担保。

● 保留金。主要检查合同中规定的保留金限额是否合理，保留金的退还时间，分析能否以维修保函代替扣留的应付款。对于分批交工的工程，是否可分批退还保留金。

⑥ 违约责任

违约责任条款订立的目的在于促使合同双方严格履行合同义务，防止违约行为的发生。发包人拖欠工程款、承包人不能保证工程质量或不按期竣工，均会给对方以及第三人带来不可估量的损失。因此，违约责任条款的约定必须具体、完整。在审查违约责任条款时，要注意：

a. 对双方违约行为的约定是否明确，违约责任的约定是否全面。在工程施工合同中，双方的义务繁多，因此一些违反非合同主要义务的责任承担往往容易被忽视。而违反这些义务极可能影响到整个合同的履行，所以，应当注意必须在合同中明确违约行为，否则很难追究对方的违约责任。

b. 违约责任的承担是否公平。针对自己关键性权利，即对方的主要义务，应向对方规定违约责任，如对承包人必须按期完工、发包人必须按规定付款等，都要详细规定各自的履行义务和违约责任。在对自己确定违约责任时，一定要同时规定对方的某些行为是自己履约的先决条件，否则自己不应当承担违约责任。

c. 对违约责任的约定不应笼统化，而应区分情况作相应约定。有的合同不论违约的具体情况，笼而统之约定一笔违约金，这很难与因违约而造成的实际损失相匹配，从而导致出现违约金过高或过低等不合理现象。因此，应当根据不同的违约行为，如工程质量不符合约定、工期延误等分别约定违约责任。同时，对同一种违约行为，应视违约程度，承担不同的违约责任。

d. 虽然规定了违约责任，在合同中还要强调，对双方当事人发生争执而又解决不了的违约行为及由此而造成的损失可用协商调解和仲裁（或诉讼）办法来解决，以作为督促双方履行各自的义务和承担违约责任的一种保证措施。

此外，在合同审查时，还必须注意合同中关于保险、担保、工程保修、变更、索赔、争议的解决及合同的解除等条款的约定是否完备、公平合理。

3) 合同审查表

(1) 合同审查表的作用

合同审查后,对上述分析研究结果可以用合同审查表进行归纳整理。用合同审查表可以系统地针对合同文本中存在的问题提出相应的对策。合同审查表的主要作用有:

① 通过合同的结构分解,使合同当事人及合同谈判者对合同有一个全面的了解。

② 检查合同内容的完整性。与标准的合同结构对照,即可发现该合同缺少哪些必需条款。

③ 分析评价每一合同条款执行的法律后果及风险,为合同谈判和签订提供决策依据。

④ 通过审查还可以发现:

a. 合同条款之间的矛盾。

b. 不公平条款,如过于苛刻、责权利不平衡、单方面约束性条款。

c. 隐含着较大风险的条款。

d. 内容含糊,概念不清,或未能完全理解的条款。

对于一些重大工程或合同关系与合同文本很复杂的工程,合同审查的结果应经律师或合同法律专家核对评价,或在其指导下进行审查,以减少合同风险,减少合同谈判和签订中的失误。

(2) 合同审查表

① 合同审查表的格式。要达到合同审查的目的,合同审查表应具备以下几点:

a. 完整的审查项目和审查内容。通过审查表可以直接检查合同条款的完整性。

b. 被审查合同在对应审查项目上的具体条款和内容。

c. 对合同内容的分析评价,即合同中有什么样的问题和风险。

d. 针对分析出来的问题提出建议或对策。

某承包人的合同审查表见表11.1。

表11.1　某承包人合同审查表

审查项目编号	审查项目	条款号	条款内容	条款说明	建议或对策
J02020	工程范围	3.1	工程范围包括BQ单中所列出的工程,及承包商可合理推知需要提供的为本工程服务所需的一切辅助工程	工程范围不清楚,业主可以随意扩大工程范围,增加新项目	1. 限定工程范围仅为BQ单中所列出的工程 2. 增加对新增工程可重新约定价格条款
S06021	责任和义务	6.1	承包商严格遵守工程师对本工程的各项指令并使工程师满意	工程师权限过大,使工程师满意对承包商产生极大约束	工程师指令及满意仅限技术规范及合同条件范围内并增加反约束条款
S07056	工程质量	16.2	承包商在施工中应加强质量管理工作,确保交工时工程达到设计生产能力,否则应对业主损失给予赔偿	达不到设计生产能力的原因很多,责权不平衡	1. 赔偿责任仅限因承包商原因造成的 2. 对因业主原因达不到设计生产能力的,承包商有权获得补偿

（续表）

审查项目编号	审查项目	条款号	条 款 内 容	条 款 说 明	建 议 或 对 策
S08082	支付保证	无	无	这一条极为重要，必须补上	要求业主提供银行出具的资金到位证明或资金支付担保
……	……	……	……	……	……

② 审查项目。审查项目的建立和合同结构标准化是审查的关键。在实际工程中，某一类合同，其条款内容、性质和说明的对象往往基本相同，此时，即可将这类合同的合同结构固定下来，作为该类合同的标准结构。合同审查可以将合同标准结构中的项目和子项目作为具体的审查项目。

③ 审查项目编码。这是为了计算机数据处理的需要而设计的，以方便调用、对比、查询和储存。编码应能反映所审查项目的类别、项目、子项目等项目特征，对复杂的合同还可以细分。为便于操作，合同结构编码系统要统一。

④ 合同条款号及内容。审查表中的条款号必须与被审查合同条款号相同。被审查合同相应条款的内容是合同分析研究的对象，可从被审查合同中直接摘录该被审查合同条款到合同审查表中来。

⑤ 条款说明。这是对该合同条款存在的问题和风险进行分析研究。主要是具体客观地评价该条款执行的法律后果及将给合同当事人带来的风险。这是合同审查中最核心的问题，分析的结果是否正确、完备将直接影响到以后的合同谈判、签订乃至合同履行时合同当事人的地位和利益。因此合同当事人对此必须给予高度重视。

⑥ 建议或对策。针对审查分析得出的合同中存在的问题和风险，提出相应的对策或建议，并将合同审查表交给合同当事人和合同谈判者。合同谈判者在与对方进行合同谈判时可以针对审查出来的问题和风险，落实审查表中的对策或建议，做到有的放矢，以维护合同当事人的合法权益。

11.1.2 工程合同的谈判与签订

1）合同谈判的准备工作

合同谈判是业主与承包商面对面的直接较量，谈判的结果直接关系到合同条款的订立是否于己有利，因此，在合同正式谈判前，无论是业主还是承包商，必须深入细致地做好充分的思想准备、组织准备、资料准备等，做到知己知彼、心中有数，为合同谈判的成功奠定坚实的基础。

（1）谈判的思想准备

合同谈判是一项艰苦复杂的工作，只有有了充分的思想准备，才能在谈判中坚持立场，适当妥协，最后达到目标。因此，在正式谈判之前，应对以下两个问题做好充分的思想准备：

① 谈判目的。这是必须明确的首要问题，因为不同的谈判目的决定了谈判方式与最终谈判结果，一切具体的谈判行为方式和技巧都是为谈判的目的服务的。因此，首先必须确定自己的谈判目的，同时，要分析揣摩对方谈判的真实意图，从而有针对性地进行准备并采取

相应的谈判方式和谈判策略。

② 确立己方谈判的基本原则和谈判中的态度。明确谈判目的后,必须确立己方谈判的基本立场和原则,从而确定在谈判中哪些问题是必须坚持的,哪些问题可以作出一定的合理让步以及让步的程度等。同时,还应具体分析在谈判中可能遇到的各种复杂情况及其对谈判目标实现的影响,谈判有无失败的可能,遇到实质性问题争执不下该如何解决等。做到既保证合同谈判能够顺利进行,又保证自己能够获得于己有利的合同条款。

(2) 合同谈判的组织准备

在明确了谈判目的并做好了应付各种复杂局面的思想准备后,就必须着手组织一个精明强干、经验丰富的谈判班子具体进行谈判准备和谈判工作。谈判组成员的专业知识结构、综合业务能力和基本素质对谈判结果有着重要的影响。一个合格的谈判小组应由有着实质性谈判经验的技术人员、财务人员、法律人员组成。谈判组长应由思维敏捷、思路清晰、具备高度组织能力与应变能力、熟悉业务并有着丰富经验的谈判专家担任。

(3) 合同谈判的资料准备

合同谈判必须有理有据。因此,谈判前必须收集整理各种基础资料和背景材料,包括对方的资信状况、履约能力,发展阶段,项目由来及资金来源、土地获得情况、项目目前进展情况等,以及在前期接触过程中已经达成的意向书、会议纪要、备忘录等。然后将资料分成3类:一、原招标文件中的合同条件、技术规范及投标文件、中标函等文件,以及向对方提出的建议等资料;二、谈判时对方可能索取的资料以及在充分估计对方可能提出各种问题的基础上准备好适当的资料论据,以便对这些问题作出恰如其分的回答;三、能够证明自己实力和资信程度等的资料,使对方能够确信自己具备履约能力。

(4) 背景材料的分析

在获得上述基础资料及背景材料后,必须对这些资料进行详细分析。包括:

① 对己方的分析。签订工程合同之前,必须对自己的情况进行详细分析。对发包人来说,应按照可行性研究的有关规定,作定性和定量的分析研究,在此基础上论证项目在技术上、经济上的可行性,经过方案比较,推荐最佳方案。在此基础上,了解自己建设准备工作情况,包括技术准备、征地拆迁、现场准备及资金准备等情况,以及自己对项目在质量、工期、造价等方面的要求,以确定己方的谈判方案。对承包商而言,在接到中标函后,应当详细分析项目的合法性与有效性、项目的自然条件和施工条件、己方承包该项目有哪些优势及存在哪些不足,以确立己方在谈判中的地位。同时,必须熟悉合同审查表中的内容,以确立己方的谈判原则和立场。

② 对对方的分析。对对方的基本情况的分析主要从以下几个方面入手:一、对方是否为合法主体,资信情况如何。这是首先必须要确定的问题。如果承包人越级承包,或者承包人履约能力极差,就可能会造成工程质量低劣,工期严重延误,从而导致合同根本无法顺利进行,给发包人带来巨大损害。相反,如果工程项目本身因为缺少政府批文而不合法,发包主体不合法,或者发包人的资信状况不良,也会给承包人带来巨大损失。因此,在谈判前必须确认对方是履约能力强、资信情况好的合法主体;否则,就要慎重考虑是否与对方签订合同。二、谈判对手的真实意图。只有在充分了解对手的谈判诚意和谈判动机后,并对此做好充分的思想准备,才能在谈判中始终掌握主动权。三、对方谈判人员的基本情况。包括对方谈判人员的组成,谈判人员的身份、年龄、健康状况、性格、资历、专业水平、谈判风格等,

以便己方有针对性地安排谈判人员并做好思想上和技术上的准备，并注意与对方建立良好的关系，发展谈判双方的友谊，争取在到达谈判桌以前就有亲切感和信任感，为谈判创造良好的氛围。同时，还要了解对方是否熟悉己方。另外，必须了解对方各谈判人员对谈判所持的态度、意见，从而尽量分析并确定谈判的关键问题和关键人物的意见和倾向。

(5) 谈判方案的准备

在确立己方的谈判目的及认真分析己方和对手情况的基础上，拟定谈判提纲。同时，要根据谈判目标，准备几个不同的谈判方案，还要研究和考虑其中哪个方案较好以及对方可能倾向于哪个方案。这样，当对方不易接受某一方案时，就可以改换另一种方案，通过协商就可以选择一个为双方都能够接受的最佳方案。谈判中切忌只有一个方案，因为当对方拒不接受时，可能使谈判陷入僵局。

(6) 会议具体事务的安排准备

这是谈判开始前必需的准备工作，包括三方面内容：选择谈判的时机、谈判的地点以及谈判议程的安排。尽可能选择有利于己方的时间和地点，同时要兼顾对方能否接受。应根据具体情况安排议程，议程安排应松紧适度。

2) 谈判程序

(1) 一般讨论。谈判开始阶段通常都是先广泛交换意见，各方提出自己的设想方案，探讨各种可能性，经过商讨逐步将双方意见综合并统一起来，形成共同的问题和目标，为下一步详细谈判做好准备。不要一开始就使会谈进入实质性问题的争论或逐条讨论合同条款。要先搞清基本概念和双方的基本观点，在双方相互了解了基本观点之后，再逐条逐项仔细地讨论。

(2) 技术谈判。在一般讨论之后，就要进入技术谈判阶段。主要对原合同中技术方面的条款进行讨论，包括工程范围、技术规范、标准、施工条件、施工方案、施工进度、质量检查、竣工验收等。

(3) 商务谈判。主要对原合同中商务方面的条款进行讨论，包括工程合同价款、支付条件、支付方式、预付款、履约保证、保留金、货币风险的防范、合同价格的调整等。需要注意的是，技术条款与商务条款往往是密不可分的，因此，在进行技术谈判和商务谈判时，不能将两者分割开来。

(4) 合同拟定。谈判进行到一定阶段后，在双方都已表明了观点，对原则问题双方意见基本一致的情况下，相互之间就可以交换书面意见或合同稿了。然后以书面意见或合同稿为基础，逐条逐项审查讨论合同条款。先审查一致性问题，后审查讨论不一致的问题。对双方不能确定、达不成一致意见的问题，再请示上级审定，下次谈判继续讨论，直至双方对新形成的合同条款一致同意并形成合同草案为止。

3) 谈判的策略和技巧

谈判是通过不断讨论、争执、让步确定各方权利、义务的过程，实质上是双方各自说服对方和被对方说服的过程，它直接关系到谈判桌上各方最终利益的得失，因此，必须注重谈判的策略和技巧。以下介绍几种常见的谈判的策略和技巧。

(1) 掌握谈判议程，合理分配各议题时间。工程合同谈判一般会涉及诸多需要讨论的事项，而各事项的重要程度并不相同，谈判各方对同一事项的关注程度也不一定相同。成功的谈判者善于掌握谈判的进程，在充满合作气氛的阶段，商讨自己所关注的议题，从而抓住时机，达成有利于己方的协议。在气氛紧张时，则引导谈判进入双方具有共识的议题，一方面缓和气氛，另一方面缩小双方差距，推进谈判进程。同时，谈判者应合理分配谈判时间，对于各议题的商讨时间应安排得当，不要过于拘泥于细节性问题。这样可以缩短谈判时间，降低交易成本。

(2) 高起点战略。谈判的过程是各方妥协的过程，通过谈判，各方都或多或少会放弃部分利益以求得项目的进展。而有经验的谈判者在谈判之初会有意识地向对方提出苛刻的谈判条件，这样对方会过高地估计本方的谈判底线，从而在谈判中作出更多让步。

(3) 注意谈判氛围。谈判各方往往存在利益冲突，要兵不血刃即获得谈判成功是不现实的。但有经验的谈判者会在各方分歧严重、谈判气氛激烈时采取润滑措施，舒缓压力。在我国最常见的方式是饭桌式谈判。通过宴请，联络对方感情，拉近双方的心理距离，进而在和谐的氛围中重新回到议题。

(4) 拖延与休会。当谈判遇到障碍，陷入僵局时，拖延与休会可以使明智的谈判者有时间冷静思考，在客观分析形势后提出替代方案。在一段时间的冷处理后，各方都可以进一步考虑整个项目的意义，进而弥合分歧，将谈判从低谷引向高潮。

(5) 避实就虚。谈判各方都有自己的优势和弱点。谈判者应在充分分析形势的情况下，作出正确判断，利用正确判断，抓住对方弱点，猛烈攻击，迫其就范，作出妥协。而对己方的弱点，则要尽量注意回避。

(6) 对等让步。当己方准备对某些条件作出让步时，可以要求对方在其他方面也作出相应的让步。要争取把对方的让步作为自己让步的前提和条件。同时应分析对方让步与己方作出的让步是否均衡，在未分析研究对方可能作出的让步之前轻易表态让步是不可取的。

(7) 分配谈判角色。谈判时应利用本谈判组成员各自不同的性格特征各自扮演不同的角色。有的唱红脸，积极进攻；有的唱白脸，和颜悦色。这样软硬兼施，可以事半功倍。

(8) 善于抓住实质性问题。任何一项谈判都有其主要目标和主要内容。在整个项目的谈判过程中，要始终注意抓住主要的实质性问题，如工作范围、合同价格、工期、支付条件、验收及违约责任等来谈，不要为一些鸡毛蒜皮的小事争论不休，而把大的问题放在一边。要防止对方转移视线，回避主要问题，或避实就虚，在主要问题上打马虎眼，而故意在无关紧要的问题上兜圈子。这样，若到谈判快结束时再把主要问题提出来，就容易草草收场，形成于己不利的结局，使谈判达不到预期效果。

4) 谈判时应注意的问题

(1) 谈判态度。谈判时必须注意礼貌，态度要友好，平易近人。当对方提出相反意见或不愿接受自己的意见时，要特别耐心，不能急躁，绝对不能用无理或侮辱性语言伤害对方。

(2) 内部意见要统一。内部有不同意见时不要在对手面前暴露出来，应在内部讨论解决，大的原则性问题不能统一时可请示领导审批。在谈判中，一切让步和决定都必须由组长作出，其他人不能擅自表态。而组长对对方提出的各种要求，不应急于表态，特别是不要轻易承诺承担违约责任，而是在和大家讨论后，再作出决定。

(3) 注重实际。在双方初步接触、交换基本意见后，就应当对谈判目标和意图尽可能多地商讨具体的办法和意见，切不可说大话、空话和不现实的话，以免谈判进行不下去。

(4) 注意行为举止。在谈判中必须明白自己的行为举止代表着己方单位的形象，因此，必须注意行为举止，讲究文明。绝对禁止一些不文明的举动。

5) 工程合同的签订

经过合同谈判，双方对新形成的合同条款一致同意并形成合同草案后，即进入合同签订阶段。这是确立承发包双方权利义务关系的最后一步工作，一个符合法律规定的合同一经签订，即对合同当事人双方产生法律约束力。因此，无论发包人还是承包人，应当抓住这最后的机会，再认真审查分析合同草案，检查其合法性、完备性和公正性，争取改变合同草案中的某些内容，以最大限度地维护自己的合法权益。

11.2 工程合同的履约管理

合同的正确签订，只是履行合同的基础。合同的最终实现，还需要当事人双方严格按照合同约定，认真全面地履行各自的合同义务。工程合同一经签订，即对合同当事人双方产生法律约束力，任何一方都无权擅自修改或解除合同。如果任何一方违反合同规定，不履行合同义务或履行合同义务不符合合同约定而给对方造成损失时，都应当承担赔偿责任。由于土木工程合同具有价值高、建设周期长的特点，合同能否顺利履行将直接对当事人的经济效益乃至社会效益产生很大影响。因此，在合同订立后，当事人必须认真分析合同条款，做好合同交底和合同控制工作，加强合同的变更管理，以保证合同能够顺利履行。

11.2.1 工程合同履行的含义

工程合同的履行是指工程建设项目的发包方和承包方根据合同规定的时间、地点、方式、内容及标准等要求，各自完成合同义务的行为。根据当事人履行合同义务的程度，合同履行可分为全部履行、部分履行和不履行。

对于发包方来说，履行工程合同最主要的义务是按约定支付合同价款，而承包方最主要的义务是按约定交付工作成果。但是，当事人双方的义务都不是单一的最后交付行为，而是一系列义务的总和。例如，对工程设计合同来说，发包方不仅要按约定支付设计报酬，还要及时提供设计所需要的地质勘探等工程资料，并根据约定给设计人员提供必要的工作条件等；而承包方除了按约定提供设计资料外，还要参加图纸会审、地基验槽等工作。对施工合同来说，发包方不仅要按时支付工程备料款、进度款，还要按约定按时提供现场施工条件，及时参加隐蔽工程验收等；而承包方义务的多样性则表现为工程质量必须达到合同约定标准，施工进度不能超过合同工期等。总之，工程合同的履行，其内容之丰富，经历时间之长，是其他合同所无法比拟的，因此，对工程合同的履行，尤应强调贯彻合同的履行原则。

11.2.2 工程项目合同分析

1) 合同分析的基本要求

(1) 合同分析概念

合同分析是指从执行的角度分析、补充、解释合同，将合同目标和合同规定落实到合同实施的具体问题上和具体事件上，用以指导具体工作，使合同能符合日常工程管理的需要。

合同签订后，合同当事人的主要任务是按合同约定圆满地实现合同目标，完成合同责任。而整个合同责任的完成是靠在一段段时间内完成一项项工程和一个个工程活动实现的。因此，对承包商来说，必须将合同目标和责任贯彻落实在合同实施的具体问题上和各工程小组以及各分包商的具体工程活动中。承包商的各职能人员和各工程小组都必须熟练地掌握合同，用合同指导工程实施和工作，以合同作为行为准则。

从项目管理的角度来看，合同分析就是为合同控制确定依据。合同分析确定合同控制的目标，并结合项目进度控制、质量控制、成本控制的计划，为合同控制提供相应的合同工作、合同对策、合同措施。从此意义上讲，合同分析是承包商项目管理的起点。

合同履行阶段的合同分析不同于合同谈判阶段的合同审查与分析。合同谈判时的合同分析主要是对尚未生效的合同草案的合法性、完备性和公正性进行审查，其目的是针对审查发现的问题，争取通过合同谈判改变合同草案中于己不利的条款，以维护己方的合法权益。而合同履行阶段的合同分析主要是对已经生效的合同进行分析，其目的主要是明确合同目标，并进行合同结构分解，将合同落实到合同实施的具体问题上和具体事件上，用以指导具体工作，保证合同能够顺利履行。

(2) 合同分析作用

① 分析合同漏洞，解释争议内容。工程的合同状态是静止的，而工程施工的实际情况千变万化，一份再标准的合同也不可能将所有问题都考虑在内，难免会有漏洞。同时，许多工程的合同是由发包方自行起草的，条款简单，诸多的合同条款均未详细、合理地约定。在这种情况下，通过分析这些合同漏洞，并将分析的结果作为合同的履行依据就非常必要了。由于合同中出现错误、矛盾和二义性解释，以及施工中出现合同未作出明确约定的情况，在合同实施过程中双方会有许多争执。要解决这些争执，首先必须作合同分析，按合同条文的表达，分析它的意思，以判定争执的性质。要解决争执，双方必须就合同条文的理解达成一致。特别是在索赔中，合同分析为索赔提供了理由和根据。

② 分析合同风险，制定风险对策。工程承包是高风险行业，存在诸多风险因素，这些风险有的可能在合同签订阶段已经经过合理分摊，但仍有相当的风险并未落实或分摊不合理。因此，在合同实施前有必要作进一步的全面分析，以落实风险责任。对己方应承担的风险也有必要通过风险分析和评价，制定和落实风险回应措施。

③ 分解合同工作并落实合同责任。合同事件和工程活动的具体要求(如工期、质量、技术、费用等)、合同双方的责任关系、事件和活动之间的逻辑关系极为复杂，要使工程按计划、有条理地进行，必须在工程开始前将它们落实下来，从工期、质量、成本、相互关系等各方面定义合同事件和工程活动，这就需要通过合同分析分解合同工作、落实合同责任。

④ 进行合同交底，简化合同管理工作。在实际工作中，由于许多工程小组、项目管理职能人员所涉及的活动和问题并不涵盖整个合同文件，而仅涉及一小部分合同内容，因此他们没有必要花费大量的时间和精力全面把握合同，他们只需要掌握自己所涉及的部分合同内容。为此，由合同管理人员先作全面的合同分析，再向各职能人员和工程小组进行合同交底就不失为较好的方法。从另一方面讲，由于合同条文往往不直观明了，一些法律语言不容易理解，遇到具体问题，即使查阅合同，也不是所有查阅人都能够准确全面地把握合同。只有由合同管理人员通过合同分析，将合同约定用最简单易懂的语言和形式表达出来，使大家了解自己的合同责任，从而使得日常合同管理工作简单、方便。

(3) 合同分析要求

① 准确客观。合同分析的结果应准确、全面地反映合同内容。如果不能透彻、准确地分析合同,就不可能有效、全面地执行合同,从而导致合同实施产生更大失误。事实证明,许多工程失误和合同争议都起源于不能准确地理解合同。对合同工作的分析,划分双方合同责任和权益,都必须实事求是,根据合同约定和法律规定,客观地按照合同目的和精神来进行,而不能以当事人的主观愿望解释合同,否则必然导致合同争执。

② 简明清晰。合同分析的结果必然采用使不同层次的管理人员、工作人员都能够接受的表达方式,使用简单易懂的工程语言,如图、表等形式,对不同层次的管理人员提供不同要求、不同内容的合同分析资料。

③ 协调一致。合同双方及双方的所有人员对合同的理解应一致。合同分析实质上是双方对合同的详细解释,由于在合同分析时要落实各方面的责任,很容易引起争执。因此,双方在合同分析时应尽可能协调一致,分析的结果应能为对方认可,以减少合同争执。

④ 全面完整。合同分析应全面,即对全部的合同文件都要进行解释。对合同中的每一条款、每句话甚至每个词都应认真推敲、细心琢磨、全面落实。合同分析不能只观大略,不能错过一些细节问题,这是一项非常细致的工作。在实际工作中,常常一个词甚至一个标点就能关系到争执的性质,关系到一项索赔的成败,关系到工程的盈亏。同时,应当从整体上分析合同,不能断章取义,特别是当不同文件、不同合同条款之间规定不一致或有矛盾时,更应当全面整体地理解合同。

(4) 合同分析内容

合同分析应当在前述合同谈判前审查分析的基础上进行。按其性质、对象和内容,合同分析可分为合同总体分析与合同结构分解、合同的缺陷分析、合同的工作分析及合同交底。

2) 合同总体分析与结构分解

(1) 合同总体分析

合同总体分析的主要对象是合同协议书和合同条件。通过合同的总体分析,将合同条款和合同规定落实到一些带全局性的具体问题上。

对工程施工合同来说,承包方合同总体分析的重点包括承包方的主要合同责任及权力、工程范围,业主方的主要责任和权力,合同价格、计价方法和价格补偿条件,工期要求和顺延条件,合同双方的违约责任,合同变更方式、程序,工程验收方法,索赔规定及合同解除的条件和程序,争执的解决等。在分析中应对合同执行中的风险及应注意的问题作出特别的说明和提示。

合同总体分析的结果是工程施工总的指导性文件,应将它以最简单的形式和最简洁的语言表达出来,以便进行合同的结构分解和合同交底。

(2) 合同结构分解

合同结构分解是指按照系统规则和要求将合同对象分解成互相独立、互相影响、互相联系的单元。合同的结构分解应与项目的合同目标相一致。根据结构分解的一般规律和施工合同条件自身的特点,施工合同条件结构分解应遵守如下规则:

① 保证施工合同条件的系统性和完整性。施工合同条件分解结果应包含所有的合同要素,这样才能保证应用这些分解结果时能够等同于应用施工合同条件。

② 保证各分解单元间界限清晰、意义完整、内容大体上相当,这样才能保证应用分解结果明确有序且各部分工作量相当。

③ 易于理解和接受,便于应用。即要充分尊重人们已经形成的概念和习惯,只在根本违背合同原则的情况下才作出更改。

④ 便于按照项目的组织分工落实合同工作和合同责任。

为此,结合国内及国际施工合同的结构,可将工程施工合同进行分解。结构分解图见图11.1。

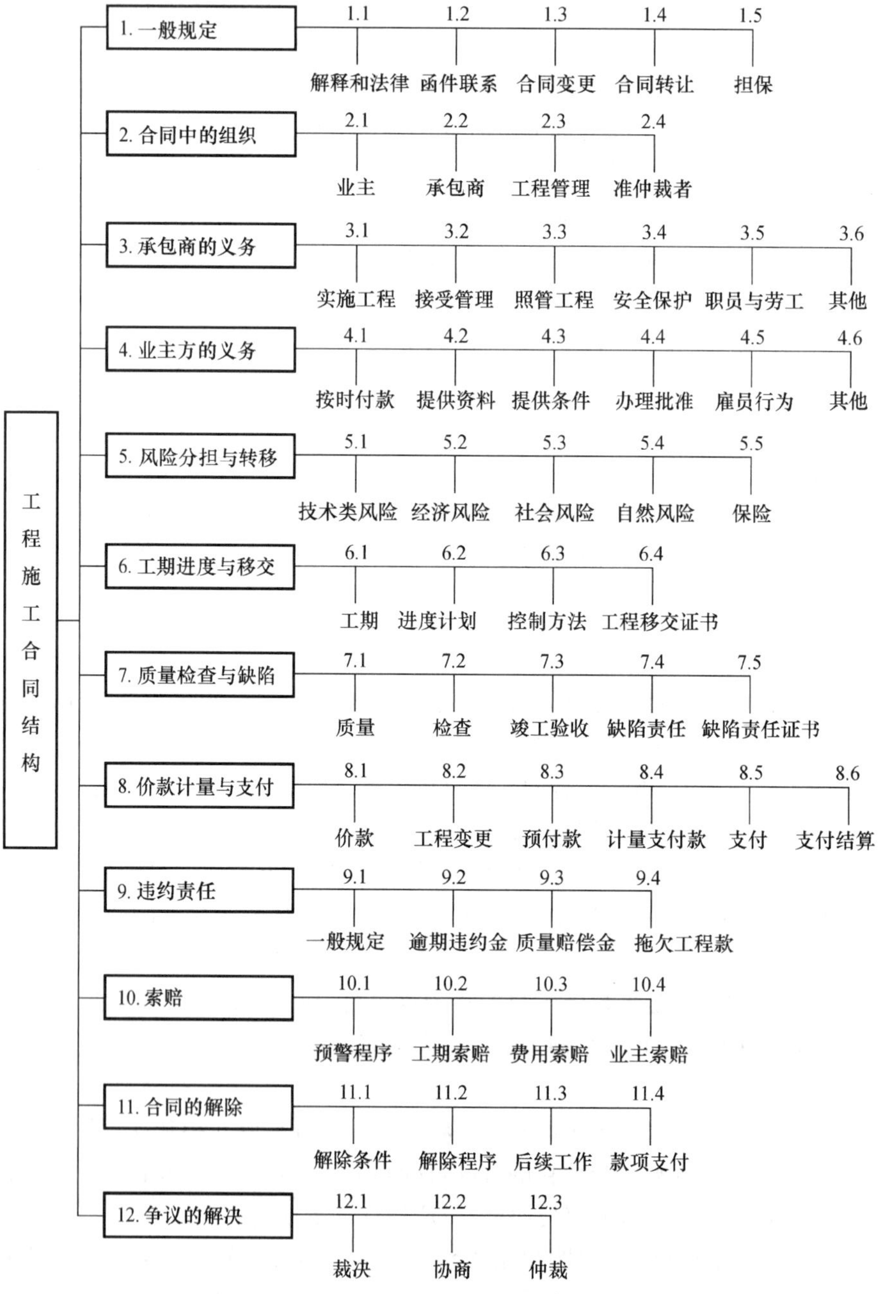

图 11.1　工程施工合同结构分解图

3）工程合同文件的解释惯例

（1）合同文件优先顺序

《建设工程施工合同(示范文本)》(GF—2017—0201)中规定，组成合同的各项文件应互相解释，互为说明。除专用合同条款另有约定外，解释合同文件的优先顺序如下：

① 合同协议书。

② 中标通知书(如果有)。

③ 投标函及其附录(如果有)。

④ 专用合同条款及其附件。

⑤ 通用合同条款。

⑥ 技术标准和要求。

⑦ 图纸。

⑧ 已标价工程量清单或预算书。

⑨ 其他合同文件。

上述各项合同文件包括合同当事人就该项合同文件所作出的补充和修改，属于同一类内容的文件，应以最新签署的为准。在合同订立及履行过程中形成的与合同有关的文件均构成合同文件组成部分，并根据其性质确定优先解释顺序。

（2）第一语言规则

当合同文本是采用两种以上的语言进行书写时，为了防止因翻译问题造成两种语言所表达出来的含义出现偏差而产生争议，一定要在合同订立时预先约定何种语言为第一语言。这样，如果在工程实施时两种语言含义出现分歧，则以第一语言所表达出来的真实意思为准。

（3）其他规则

① 具体、详细的规定优先于一般、笼统的规定，详细条款优先于总论。

② 合同的专用条件、特殊条件优先于通用条件。

③ 文字说明优先于图示说明，工程说明、规范优先于图纸。

④ 数字的文字表达优先于阿拉伯数字表达。

⑤ 手写文件优先于打印文件，打印文件优先于印刷文件。

⑥ 对于总价合同，总价优先于单价；对于单价合同，单价优先于总价。

⑦ 合同中的各种变更文件，如补充协议、备忘录、修正案等，按照时间最近的优先。

例如，某承包商对某办公楼装饰工程施工递交了投标书，招标文件规定合同采用的是单价合同。其投标报价为 800 万元，其中营业大厅的正确报价为 100 万元。但是，在投标书中，营业大厅的报价以阿拉伯数字表示的是 1 000 000 元，由于疏忽，将价格的文字表达误写成一千元。结果，业主根据价格的文字表达优先于阿拉伯数字表达，单价合同中单价优先于总价的解释惯例，按照最低报价原则将装饰工程以 700.1 万元的标价向承包商授标。而承包商拒绝承包该工程，因此，业主没收了其 16 万元的投标保证金。当然，此时承包商可以运用诚实信用原则与业主进行谈判，争取将合同价格定为 800 万元。但是，承包商必须承担因自身过错而造成的损失。

4）合同工作分析及合同交底

（1）合同工作分析

合同工作分析是在合同总体分析和进行合同结构分解的基础上,依据合同协议书、合同条件、规范、图纸、工作量表等,确定各项目管理人员及各工程小组的合同工作,以及划分各责任人的合同责任。合同工作分析涉及承包商签约后的所有活动,其结果实质上是承包商的合同执行计划,它包括:

① 工程项目的结构分解,即工程活动的分解和工程活动逻辑关系的安排。

② 技术会审工作。

③ 工程实施方案、总体计划和施工组织计划。在投标书中已包括这些内容,但在施工前,应进一步细化,作详细的安排。

④ 工程详细的成本计划。

⑤ 合同工作分析,不仅针对承包合同,而且包括与承包合同同级的各个合同的协调,包括各个分合同的工作安排和各分合同之间的协调。

根据合同工作分析,落实各分包商、项目管理人员及各工程小组的合同责任。对分包商,主要通过分包合同确定双方的责、权、利关系,以保证分包商能及时按质、按量地完成合同责任。如果出现分包商违约或完不成合同,可对他进行合同处罚和索赔。对承包商的工程小组可以通过内部的经济责任制来保证。落实工期、质量、消耗等目标后,应将其与工程小组经济利益挂钩,建立一套经济奖罚制度,以保证目标的实现。

合同工作分析的结果是合同事件表。合同事件表反映了合同工作分析的一般方法,它是工程施工中最重要的文件之一,从各个方面定义了该合同事件。合同事件表实质上是承包商详细的合同执行计划,有利于项目组在工程施工中落实责任,安排工作,进行合同监督、跟踪、分析和处理索赔事项。合同事件表(表 11.2)具体说明如下:

表 11.2　合同事件表

子项目	事件编码	日期变更次数
事件名称和简要说明		
事件的内容说明		
前提条件		
本事件的主要活动		
负责人(单位)		
费用: 计划 实际	其他参加者	工期: 计划 实际

● 事件编码。这是为了计算机数据处理的需要。计算机对事件的各种数据处理都靠编码识别。所以编码要能反映事件的各种特性,如所属的项目、单项工程、单位工程、专业性质、空间位置等。通常它应与网络事件(或活动)的编码有一致性。

● 事件名称和简要说明。对一个确定的承包合同,承包商的工程范围、合同责任是一定的,则相关的合同事件和工程活动也是一定的。在一个工程中,这样的事件通常可能有几百甚至几千件。

● 变更次数和最近一次的变更日期。它记载着与本事件相关的工程变更。在接到变更指令后，应落实变更，修改相应栏目的内容。最近一次的变更日期表示从这一天以来的变更尚未考虑到，这样可以检查每个变更指令落实情况，既防止重复又防止遗漏。

● 事件的内容说明。主要为该事件的目标，如某一分项工程的数量、质量、技术要求以及其他方面的要求。这由工程量清单、工程说明、图纸、规范等定义，是承包商应完成的任务。

● 前提条件。该事件进行前应有哪些准备工作？应具备什么样的条件？这些条件有的应由事件的责任人承担，有的应由其他工程小组、其他承包商或业主承担。这里不仅确定了事件之间的逻辑关系，而且确定了各参加者之间的责任界限。

● 本事件的主要活动。即完成该事件的一些主要活动和它们的实施方法、技术与组织措施。这完全是从施工过程的角度进行分析的，这些活动组成该事件的子网络。例如设备安装可包括如下活动：现场准备，施工设备进场、安装，基础找平、定位，设备就位，吊装，固定，施工设备拆卸、出场等。

● 责任人（或负责人）。即负责该事件实施的工程小组负责人或分包商。

● 成本（或费用）。这里包括计划成本和实际成本，有如下两种情况：若该事件由分包商承担，则计划费用为分包合同价格。如果在总包和分包之间有索赔，则应修改这个值，而相应的实际费用为最终实际结算账单金额总和。若该事件由承包商的工程小组承担，则计划成本可由成本计划得到，一般为直接成本，而实际成本为会计核算的结果，在事件完成后填写。

● 计划和实际的工期。计划工期由网络分析得到。这里有计划开始期、结束期和持续时间。实际工期按实际情况，在该事件结束后填写。

● 其他参加者。即对该事件的实施提供帮助的其他人员。

（2）合同交底

合同交底指合同管理人员在对合同的主要内容作出解释和说明的基础上，通过组织项目管理人员和各工程小组负责人学习合同条文和合同总体分析结果，使大家熟悉合同中的主要内容、各种规定、管理程序，了解承包商的合同责任和工程范围、各种行为的法律后果等，使大家都树立全局观念，工作协调一致，同时使大家避免执行中的违约行为。

在我国传统的施工项目管理系统中，人们十分注重“图纸交底”工作，但却没有“合同交底”工作，所以项目组和各工程小组对项目的合同体系、合同基本内容不甚了解。我国工程管理者和技术人员有十分牢固的按图施工的观念，这本身无可厚非。但在现代市场经济中必须转变到“按合同施工”上来，特别是在工程使用非标准合同文本或本项目组不熟悉的合同文本时，这个“合同交底”工作就显得更为重要。

合同交底应分解落实如下合同和合同分析文件：合同事件表（任务单、分包合同）、图纸、设备安装图纸、详细的施工说明等。最重要的是以下几个方面的内容：

① 工程的质量、技术要求和实施中的注意点。

② 工期要求。

③ 消耗标准。

④ 合同事件之间的逻辑关系。

⑤ 各工程小组（分包商）责任界限的划分。

⑥ 完不成责任的影响和法律后果等。

合同管理人员应在合同的总体分析和合同结构分解、合同工作分析的基础上,按施工管理程序,在工程开工前,逐级进行合同交底,使得每一个项目参加者都能够清楚地掌握自身的合同责任,以及自己所涉及的应当由对方承担的合同责任,以保证在履行合同义务过程中自己不违约,同时,如发现对方违约,及时向合同管理人员汇报,以便及时要求对方履行合同义务及进行索赔。在交底的同时,应将各种合同事件的责任分解落实到各分包商或工程小组直至每一个项目参加者,以经济责任制形式规范各自的合同行为,以保证合同目标能够实现。

11.2.3 工程项目合同控制

1) 合同控制方法

(1) 合同控制的概念

要达到目标就必须对其实施有效的控制,控制是项目管理的重要职能之一。所谓控制,就是行为主体为保证在变化的条件下实现其目标,按照事先拟定的计划和标准,通过各种方法,对被控制对象实施中发生的各种实际值与计划值进行检查、对比、分析和纠正,以保证工程实施按预定的计划进行,顺利地实现预定的目标。

合同控制指合同当事人为保证合同所约定的各项义务的全面完成及各项权利的实现,以合同分析的成果为基准,对整个合同实施过程进行全面监督、检查、对比和纠正的管理活动。其控制程序见图11.2。

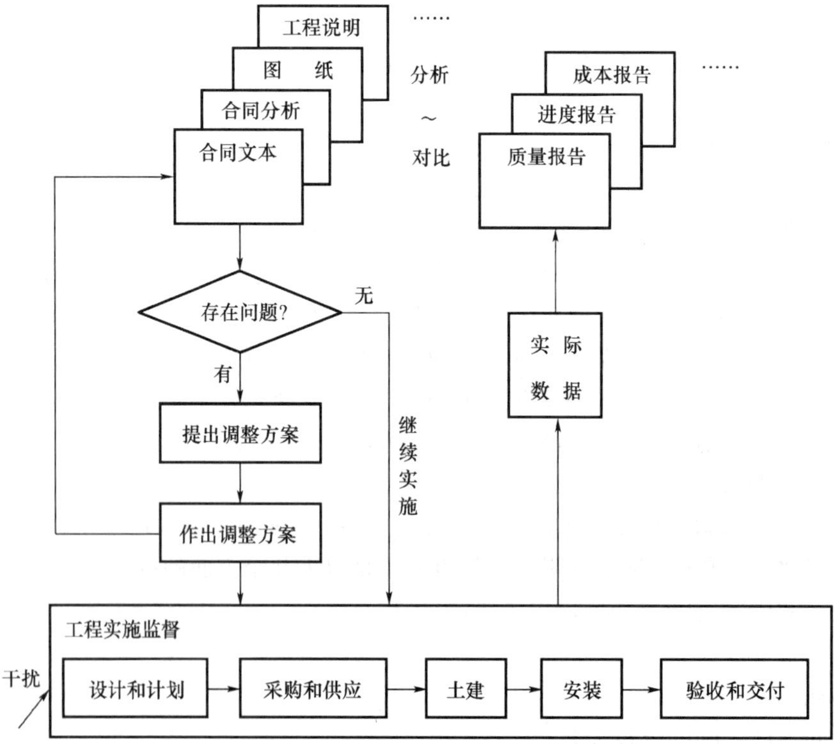

图11.2 工程合同控制程序

它包括以下几个方面：

① 工程实施监督：工程实施监督是工程管理的日常事务性工作，首先应表现在对工程活动的监督上，即保证按照预先确定的各种计划、设计、施工方案实施工程。工程实施状况反映在原始的工程资料(数据)上，如质量检查报告、分项工程进度报告、记工单、用料单、成本核算凭证等。

② 跟踪：将收集到的工程资料和实际数据进行整理，得到能够反映工程实施状况的各种信息，如各种质量报告、各种实际进度报表、各种成本和费用收支报表以及它们的分析报告。将这些信息与工程目标(如合同文件、合同分析文件、计划、设计等)进行对比分析，就可以发现两者的差异。差异的大小，即为工程实施偏离目标的程度。如果没有差异或差异较小，则可以按原计划继续实施工程。

③ 诊断：分析差异的原因，采取调整措施。差异表示工程实施偏离目标的程度，必须详细分析差异产生的原因和它的影响，并对症下药，采取措施进行调整，否则这种差异会逐渐积累，最终导致工程实施远离目标，甚至可能导致整个工程失败。所以，在工程实施过程中要不断进行调整，使工程实施一直围绕合同目标进行。

(2) 合同控制与其他项目控制

工程施工合同定义了承包商项目管理的主要目标，如进度目标、质量目标、成本目标、安全目标等。这些目标必须通过具体的工程活动实现。由于在工程施工中各种干扰的作用，常常使工程实施过程偏离总目标。整个项目实施控制就是为了保证工程实施按预定的计划进行，顺利地实现预定的目标。一般而言，工程项目实施控制包括成本控制、质量控制、进度控制和合同控制。其中，合同控制是核心，它与项目其他控制的关系为：

① 成本控制、质量控制、进度控制由合同控制协调一致。成本、质量、工期是由合同定义的三大目标，承包商最根本的合同责任是达到这三大目标，所以合同控制是其他控制的保证。通过合同控制可以使质量控制、进度控制和成本控制协调一致，形成一个有序的项目管理过程。

② 合同控制的范围较成本控制、质量控制、进度控制广得多。承包商除了必须按合同规定的质量要求和进度计划完成工程的设计、施工和进行保修外，还必须对实施方案的安全、稳定负责，对工程现场的安全、清洁和工程保护负责，遵守法律，执行工程师的指令，对自己的工作人员和分包商承担责任，按合同规定及时地提供履约担保、购买保险等。同时，承包商有权获得合同规定的必要的工作条件，如场地、道路、图纸、指令，要求工程师公平、正确地解释合同，有及时如数地获得工程付款的权利，有决定工程实施方案，并选择更为科学、合理的实施方案的权利，有对业主和工程师违约行为的索赔权利等。这一切都必须通过合同控制来实施和保障。承包商的合同控制不仅包括与业主之间的工程承包合同，还包括与总合同相关的其他合同，如分包合同、供应合同、运输合同、租赁合同、担保合同等，而且包括总合同与各分合同之间以及各分合同相互之间的协调控制。

③ 合同控制较成本控制、质量控制、进度控制更具动态性。这种动态性表现在两个方面：一方面，合同实施受到外界干扰，常常偏离目标，要不断地进行调整；另一方面，合同目标本身不断改变，如在工程过程中不断出现合同变更，使工程的质量、工期、合同价格发生变化，导致合同双方的责任和权益发生变化。这样，合同控制就必须是动态的，合同实施就必须随变化了的情况和目标不断调整。

各种控制的目的、目标和依据可见表11.3。

表11.3 工程实施控制的内容

序号	控制内容	控制目的	控制目标	控制依据
1	成本控制	保证按计划成本完成工程,防止成本超支和费用增加	计划成本	各分部分项工程,总工程的计划成本,人力、材料、资金计划,计划成本曲线
2	质量控制	保证按合同规定的质量完成工程,使工程顺利通过验收,交付使用,达到预定的功能要求	合同规定的质量标准	工程说明,规范,图纸,工作量表
3	进度控制	按预定进度计划进行施工,按期交付工程,防止承担工期拖延责任	合同规定的工期	合同规定的总工期计划,业主批准的详细施工进度计划
4	合同控制	按合同全面完成承包商的责任,防止违约	合同规定的各项责任	合同范围内的各种文件,合同分析资料

(3) 合同控制的方法

合同控制方法适用一般的项目控制方法。项目控制方法可分为多种类型:按项目的发展过程分类,可分为事前控制、事中控制、事后控制;按照控制信息的来源分类,可分为前馈控制、反馈控制;按是否形成闭合回路分类,可分为开环控制、闭环控制。归纳起来,可分为两大类,即主动控制和被动控制。

① 被动控制。被动控制是控制者从计划的实际输出中发现偏差,对偏差采取措施,及时纠正的控制方式。因此要求管理人员对计划的实施进行跟踪,将其输出的工程信息进行加工、整理,再传递给控制部门,使控制人员从中发现问题,找出偏差,寻求并确定解决问题和纠正偏差的方法。被动控制实际上是在项目实施过程中、事后检查过程中发现问题及时处理的一种控制,因此仍为一种积极的并且是十分重要的控制方式,见图11.3。

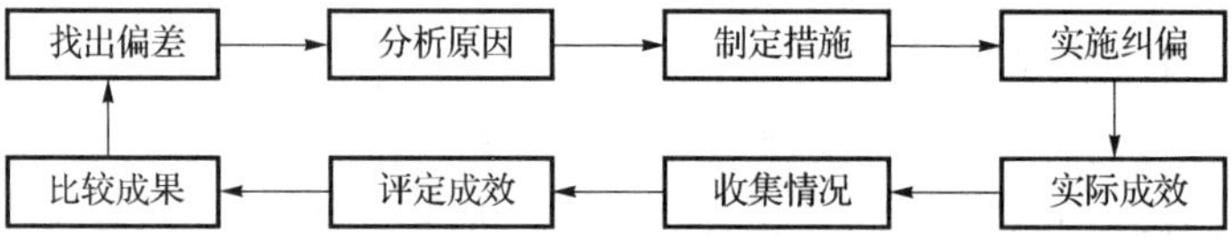

图11.3 合同被动控制流程

被动控制的措施如下:

a. 应用现代化方法、手段,跟踪、测试、检查项目实施过程的数据,发现异常情况及时采取措施。

b. 建立项目实施过程中人员控制组织,明确控制责任,检查发现情况及时处理。

c. 建立有效的信息反馈系统,及时将偏离计划目标值进行反馈,以使其及时采取措施。

② 主动控制。主动控制就是预先分析目标偏离的可能性,并拟订和采取各项预防性措施,以保证计划目标得以实现。主动控制是一种对未来的控制,它可以最大可能地改变即将成为事实的被动局面,从而使控制更加有效。当它根据已掌握的可靠信息,分析预测得出系

统将要输出偏离计划的目标时，就制定纠正措施并向系统输入，以使系统因此而不发生目标的偏离。它是在事情发生之前就采取了措施的控制。主动控制措施一般如下：

a. 详细调查并分析外部环境条件，以确定那些影响目标实现和计划运行的各种有利和不利因素，并将它们考虑到计划和其他管理职能当中。

b. 识别风险，努力将各种影响目标实现和计划执行的潜在因素揭示出来，为风险分析和管理提供依据，并在计划实施过程中做好风险管理工作。

c. 用科学的方法制订计划，做好计划可行性分析，消除那些造成资源不可行、技术不可行、经济不可行和财务不可行的各种错误和缺陷，保障工程的实施能够有足够的时间、空间、人力、物力和财力，并在此基础上力求计划优化。

d. 高质量地做好组织工作，使组织与目标和计划高度一致，把目标控制的任务与管理职能落实到适当的机构和人员，做到职权与职责明确，使全体成员能够通力协作，为共同实现目标而努力。

e. 制定必要的应急备用方案，以对付可能出现的影响目标或计划实现的情况。一旦发生这些情况，则有应急措施作保障，从而减少偏离量或避免发生偏离。

f. 计划应留有余地，这样可避免那些经常发生而又不可避免的干扰对计划的不断影响，减少“例外”情况产生的数量，使管理人员处于主动地位。

g. 沟通信息流通渠道，加强信息收集、整理和研究工作，为预测工程未来发展提供全面、及时、可靠的信息。

被动控制和主动控制的关系可用图 11.4 表示。

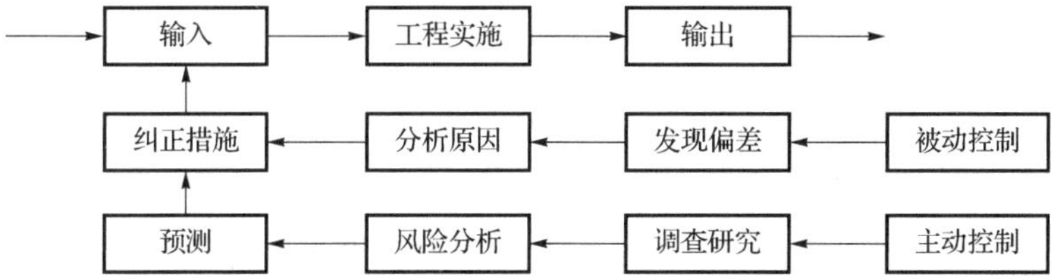

图 11.4 合同主动控制与被动控制的关系

被动控制与主动控制对承包商进行项目管理而言缺一不可，它们都是实现项目目标所必须采用的控制方式。有效的控制是将被动控制和主动控制紧密地结合起来，力求加大主动控制在控制过程中的比例，同时进行定期、连续的被动控制。只有如此，方能完成项目目标控制的根本任务。

2) 合同控制的日常工作

(1) 参与落实计划。合同管理人员与项目的其他职能人员一起落实合同实施计划，为各工程小组、分包商的工作提供必要的保证，如施工现场的安排，人工、材料、机械等计划的落实，工序间搭接关系的安排以及其他一些必要的准备工作。

(2) 协调各方关系。在合同范围内协调业主、工程师、项目管理各职能人员、各工程小组及各分包商之间的工作关系，解决相互之间出现的问题，如合同责任界面之间的争执、工程活动之间时间上和空间上的不协调等。合同责任界面争执是工程实施中很常见的。承包商与业主、与业主的其他承包商、与材料和设备供应商、与分包商，以及承包商的各分包商之间、工程小组与分包商之间常常互相推卸一些合同中或合同事件表中未明确划定的工程活动的责任，这就会引起内部和外部的争执，对此，合同管理人员必须做好判定和调解工作。

(3) 指导合同工作。合同管理人员对各工程小组和分包商进行工作指导，作经常性的合同解释，使各工程小组都有全局观念，同时对工程中发现的问题提出意见、建议或警告。合同管理人员在工程实施中起“漏洞工程师”的作用，但他不是寻求与业主、工程师、各工程小组、分包商的对立，他的目标不仅仅是索赔和反索赔，而且还要将各方面工作在合同关系上联系起来，防止漏洞和弥补损失，更完善地完成工程。例如，促使工程师放弃不适当、不合理的要求(指令)，避免对工程的干扰、工期的延长和费用的增加；协助工程师工作，弥补工程师工作的遗漏，如及时提出对图纸、指令、场地等的申请，尽可能提前通知工程师，让工程师有所准备，使工程更为顺利。

(4) 参与其他项目控制工作。合同项目管理的有关职能人员每天检查、监督各工程小组和分包商的合同实施情况，对照合同要求的数量、质量、技术标准和工程进度，发现问题并及时采取对策、措施。对已完工程作最后的检查核对，对未完成的或有缺陷的工程责令其在一定的期限内采取补救措施，防止影响整个工期。按合同要求，会同业主及工程师等对工程所用材料和设备开箱检查或作验收，看是否符合质量、图纸和技术规范等的要求，进行隐蔽工程和已完工程的检查验收，负责验收的组织工作和验收文件的起草，参与工程结算，会同造价工程师对向业主提出的工程款账单和分包商提交的收款账单进行审查和确认。

(5) 负责合同实施情况的追踪、偏差分析及处理。

(6) 负责工程变更管理。

(7) 负责工程索赔管理。

(8) 负责工程文档管理。对向分包商发出的任何指令，向业主发出的任何文字答复、请示，业主方发出的任何指令，都必须经合同管理人员审查，记录在案。

(9) 参与争议处理。承包商与业主、与总(分)包商的任何争议的协商和解决都必须有合同管理人员的参与，对解决方法进行合同和法律方面的审查、分析及评价，这样不仅保证工程施工一直处于严格的合同控制中，而且使承包商的各项工作更有预见性，更能及早地预测合同行为的法律后果。

3) 合同跟踪

在工程实施过程中，由于实际情况千变万化，导致合同实施与预定目标(计划和设计)的偏离，如果不及时采取措施，这种偏差常常由小到大，日积月累。这就需要对合同实施情况进行跟踪，以便及时发现偏差，不断调整合同实施，使之与总目标一致。

(1) 合同跟踪的依据

合同跟踪时，判断实际情况与计划情况是否存在差异的依据主要有：合同和合同分析的结果，如各种计划、方案、合同变更文件等，它们是比较的基础，是合同实施的目标和方向；各种实际的工程文件，如原始记录、各种工程报表、报告、验收结果等；工程管理人员每天对现场情况的直观了解，如对施工现场的巡视、与各种人谈话、召集小组会议、检查工程质量，审查通过报表、报告等。

(2) 合同跟踪的对象

合同实施情况追踪的对象主要有如下几个方面：

① 具体的合同事件。对照合同事件表的具体内容，分析该事件的实际完成情况。以设备安装事件为例分析如下：

a. 安装质量。如标高、位置、安装精度、材料质量是否符合合同要求，安装过程中设备有无损坏。

b. 工程数量。如是否全都安装完毕，有无合同规定以外的设备安装，有无其他的附加工程。

c. 工期。如是否在预定期限内施工，工期有无延长，延长的原因是什么。该工程工期变化的原因可能是：业主未及时交付施工图纸；生产设备未及时运到工地；基础土建工程施工拖延；业主指令增加附加工程；业主提供了错误的安装图纸，造成工程返工；工程师指令暂停施工等。

d. 成本的增减。将上述内容在合同事件表上加以注明，这样可以检查每个合同事件的执行情况。对一些有异常情况的特殊事件，即实际和计划存在大的偏离的事件，可以列特殊事件分析表作进一步的处理。经过上面的分析可以得到偏差的原因和责任，从这里可以发现索赔机会。

② 工程小组或分包商的工程和工作。一个工程小组或分包商可能承担许多专业相同、工艺相近的分项工程或许多合同事件，所以必须对它们实施的总情况进行检查分析。在实际工程中常常因为某一工程小组或分包商的工作质量不高或进度拖延而影响整个工程施工。合同管理人员在这方面应给他们提供帮助，如协调他们之间的工作，对工程缺陷提出意见、建议或警告，责成他们在一定时间内提高质量、加快工程进度等。作为分包合同的发包商，总承包商必须对分包合同的实施进行有效的控制。这是总承包商合同管理的重要任务之一。分包合同控制的目的如下：

a. 控制分包商的工作，严格监督他们按分包合同完成工程责任。分包合同是总承包合同的一部分，如果分包商完不成他的合同责任，则总承包商就不能顺利完成总包合同责任。

b. 为向分包商索赔和对分包商反索赔作准备。总包和分包之间的利益是不一致的，双方之间常常有尖锐的利益争执。在合同实施中，双方都在进行合同管理，都在寻求向对方索赔的机会，所以双方都有索赔和反索赔的任务。

c. 对分包商的工程和工作，总承包商负有协调和管理的责任，如有失误，就要承担由此造成的损失，所以分包商的工程和工作必须纳入总承包工程的计划和控制中。

③ 业主和工程师的工作。业主和工程师是承包商的主要工作伙伴，对他们的工作进行监督和跟踪十分重要。

a. 业主和工程师必须正确、及时地履行合同责任，及时提供各种工程实施条件，如及时发布图纸、提供场地，及时下达指令、作出答复，及时支付工程款等，这常常是承包商推卸工程责任的托词，所以要特别重视。在这里，合同管理人员应寻找己方合同执行中以及对方合同执行中的漏洞。

b. 在工程中承包商应积极主动地做好工作，如提前催要图纸、材料，对工作事先通知。这样不仅可以让业主和工程师及时准备，以建立良好的合作关系，保证工程顺利实施，而且可以尽到自己的责任。

c. 有问题及时与工程师沟通，多向工程师汇报情况，及时听取他的指示(书面的)。

d. 及时收集各种工程资料，对各种活动、双方的交流做好记录。

e. 对有恶意的业主提前防范并及时采取措施。

④ 工程总的实施状况。

工程整体施工状况如果出现以下情况,合同实施必定存在问题:

a. 现场混乱、拥挤不堪,承包商与业主的其他承包商、供应商之间协调困难,合同事件之间和工程小组之间协调困难,出现事先未考虑到的情况和局面,发生较严重的工程事故等。

b. 已完工程没有通过验收,出现大的工程质量事故,工程试运行不成功或达不到预定的生产能力等。

c. 施工进度未能达到预定计划,主要的工程活动出现拖期,在工程周报和月报上计划和实际进度出现大的偏差。

d. 计划和实际的成本曲线出现大的偏离。在工程项目管理中,工程累计成本曲线对合同实施的跟踪分析起很大作用。计划成本累计曲线通常在网络分析、各事件计划成本确定后得到,在国外它又被称为工程项目的成本模型。而实际成本曲线由实际施工进度安排和实际成本累计得到,两者对比,可以分析出实际和计划的差异。

通过合同实施情况追踪、收集、整理,能反映工程实施状况的各种工程资料和实际数据,如各种质量报告、各种实际进度报表、各种成本和费用收支报表及其分析报告等。将这些信息与工程目标,如合同文件、合同分析的资料、各种计划、设计等进行对比分析,可以发现两者的差异。根据差异的大小确定工程实施偏离目标的程度。如果没有差异或差异较小,则可以按原计划继续实施工程。

4) 合同实施情况偏差分析

合同实施情况偏差表明工程实施偏离了工程目标,应加以分析调整,否则这种差异会逐渐积累、越来越大,最终导致工程实施远离目标,使承包商甚至合同双方受到很大的损失,严重的可能导致工程失败。

合同实施情况偏差分析,指在合同实施情况追踪的基础上,评价合同实施情况及其偏差,预测偏差的影响及发展的趋势,并分析偏差产生的原因,以便对该偏差采取调整措施。合同实施情况偏差分析的内容包括:

(1) 合同执行差异的原因分析

通过对不同监督跟踪对象计划和实际的对比分析,不仅可以得到合同执行的差异,而且可以探索引起这个差异的原因。原因分析可以采用鱼刺图、因果关系分析图(表)、成本量差、价差、效率差分析等方法定性或定量地进行。

例如,通过计划成本和实际成本累计曲线的对比分析,不仅可以得到总成本的偏差值,而且可以进一步分析差异产生的原因。引起上述计划和实际成本累计曲线偏离的原因可能有:整个工程加速或延缓;工程施工次序被打乱;工程费用支出增加,如材料费、人工费上升;增加新的附加工程,导致工程量增加;工作效率低下,资源消耗增加等。

上述每一类偏差原因还可进一步细分,如引起工作效率低下可以分为内部干扰和外部干扰。内部干扰如施工组织不周,夜间加班或人员调遣频繁;机械效率低,操作人员不熟悉新技术,违反操作规程,缺少培训;经济责任不落实,工人劳动积极性不高等。外部干扰如图纸出错,设计修改频繁;气候条件差;场地狭窄,现场混乱,施工条件如水、电、道路等受到影响等。在上述基础上还应分析出各个原因对偏差影响的权重。

(2) 合同差异责任分析

应分析上述每一个偏差原因由谁引起,该由谁承担责任,这常常是索赔的理由。责任分析必须以合同为依据,按合同规定落实双方的责任。一般只要原因分析有根有据,责任分析自然清楚。

(3) 合同实施趋向预测

分别考虑不采取调控措施和采取调控措施以及采取不同的调控措施情况下合同的最终执行结果:

① 最终的工程状况,包括总工期、总成本、质量标准、所能达到的生产能力(或功能要求)等。

② 承包商将承担什么样的后果,是否被罚款、被清算,甚至被起诉,对承包商资信、企业形象、经营战略将带来什么影响等。

③ 最终工程经济效益(利润)水平。

5) 合同实施情况偏差处理

根据合同实施情况偏差分析的结果,承包商应采取相应的调整措施。调整措施可分为:

(1) 组织措施。如增加人员投入,重新进行计划或调整计划,派遣得力的管理人员。

(2) 技术措施。如变更技术方案,采用新的更高效率的施工方案。

(3) 经济措施。如增加投入、对工作人员进行经济激励等。

(4) 合同措施。如进行合同变更,签订新的附加协议、备忘录,或通过索赔解决费用超支问题等。合同措施是承包商的首选措施,该措施主要由承包商的合同管理机构来实施。承包商采取合同措施时通常应考虑以下问题:① 如何保护和充分行使自己的合同权利,例如通过索赔以降低自己的损失。② 如何利用合同使对方的要求降到最低,即如何充分限制对方的合同权利,找出业主的责任。如果通过合同诊断,承包商已经发现业主有恶意、不支付工程款或自己已经陷入到合同陷阱中,或已经发现合同亏损,而且估计亏损会越来越大,则要及早确定合同执行战略。如及早解除合同,降低损失;争取道义索赔,取得部分补偿;采用以守为攻的办法拖延工程进度,消极怠工。因为在这种情况下,承包商投入的资金越多,工程完成得越多,承包商就越被动,损失会越大。等到工程完成交付使用,承包商的主动权就没有了。

11.2.4 工程合同变更管理

1) 概述

(1) 工程变更的概念及性质

合同变更是指合同成立以后、履行完毕以前由双方当事人依法对原合同的内容所进行的修改。工程变更一般是指在工程施工过程中,根据合同的约定对施工的程序、工程的数量、质量要求及标准等作出的变更。工程变更是一种特殊的合同变更,不可忽视工程变更和一般合同变更所存在的差异。一般合同变更的协商发生在履约过程中合同内容变更之时,而工程变更则较为特殊:双方在合同中已经授予工程师进行工程变更的权力,但此时对变更工程的价款最多只能作原则性的约定;在施工过程中,工程师直接行使合同赋予的权力发出工程变更指令,根据合同约定承包商应该先行实施该指令;此后,双方可对变更工程的价款进行协商。这种标的变更在前、价款变更协商在后的特点容易导致合同处于不确定的状态。

(2) 工程变更的起因

合同内容频繁变更是工程合同的特点之一。一项工程合同变更的次数、范围和影响的大小与该工程招标文件(特别是合同条件)的完备性、技术设计的正确性以及实施方案和实施计划的科学性直接相关。工程变更一般主要有以下几个方面的原因:

① 业主新的变更指令,对建筑的新要求。如业主有新的意图或业主修改项目总计划、削减预算等。

② 由于设计人员、工程师、承包商事先没能很好地理解业主的意图或设计的错误,导致图纸修改。

③ 工程环境的变化,预定的工程条件不准确,要求实施方案或实施计划变更。

④ 由于产生新的技术和知识,有必要改变原设计、实施方案或实施计划,或由于业主指令及业主责任的原因造成承包商施工方案的改变。

⑤ 政府部门对工程新的要求,如国家计划变化、环境保护新要求、城市规划变动等。

⑥ 由于合同实施出现问题,必须调整合同目标或修改合同条款。

(3) 工程变更的影响

工程变更对合同实施影响很大,主要表现在以下几个方面:

① 导致设计图纸、成本计划和支付计划、工期计划、施工方案、技术说明和适用的规范等定义工程目标和工程实施情况的各种文件作相应的修改和变更。相关的其他计划如材料采购订货计划、劳动力安排、机械使用计划等也应作相应调整。所以它不仅会引起与承包合同平行的其他合同的变化,而且会引起相关的各个分合同(如供应合同、租赁合同、分包合同等)的变更。有些重大的变更会打乱整个施工部署。

② 引起合同双方、承包商的工程小组之间、总承包商和分包商之间合同责任的变化。如工程量增加,则增加了承包商的工程责任,增加了费用开支和延长了工期。

③ 有些工程变更还会引起已完工程的返工、现场工程施工的停滞、施工秩序被打乱及已购材料出现损失等。

按照国际工程中的有关统计,工程变更是索赔的主要起因。由于工程变更对工程施工过程影响较大,会造成工期的拖延和费用的增加,容易引起双方的争执,所以合同双方都应十分慎重地对待工程变更问题。

(4) 工程变更的范围

按照国际土木工程合同管理的惯例,一般合同中都有一条专门的变更条款,对有关工程变更的问题作出具体规定。依据 FIDIC 合同条件第 13 条规定,颁发工程接收证书前,工程师可通过发布变更指令或以要求承包商递交建议书的方式提出变更。除非承包商马上通知工程师,说明他无法获得变更所需的货物并附上具体的证明材料,否则承包商应执行变更并受此变更的约束。变更的内容可包括:

① 改变合同中所包括的任何工作的数量(但这种改变不一定构成变更)。

② 改变任何工作的质量和性质。如工程师可以根据业主要求,将原定的水泥混凝土路面改为沥青混凝土路面。

③ 改变工程任何部分的标高、基线、位置和尺寸。如公路工程中要修建的路基工程，工程师可以指示将原设计图纸上原定的边坡坡度，根据实际的地质土壤情况改建成比较平缓的边坡坡度。

④ 删减任何工作。

⑤ 任何永久工程需要的附加工作、工程设备、材料或服务等。

⑥ 改动工程的施工顺序或时间安排。若某一工段因业主的征地拆迁延误，使承包方无法开工，那么业主对此负有责任。工程师应和业主及承包商协商，变更工程施工顺序，让承包商的施工队伍不要停工，以免对工程进展造成不利影响。但是，工程师不可以改变承包商既定施工方法，除非工程师可以提出更有效的施工方法予以替代。

FIDIC 条件还规定，除非有工程师指令或同意变更，承包商不得擅自对永久工程进行任何改动。

根据我国新版示范文本的约定，工程变更包括设计变更和工程质量标准等其他实质性内容的变更。其中设计变更包括：

① 更改工程有关部分的标高、基线、位置和尺寸等。

② 增减合同中约定的工程量。

③ 改变有关工程的施工时间和顺序。

④ 其他有关工程变更需要的附加工作。

工程变更只能是在原合同规定的工程范围内的变动，业主和工程师应注意不能使工程变更引起工程性质方面有很大的变动，否则应重新订立合同。从法律角度讲，工程变更也是一种合同变更，合同变更应经合同双方协商一致。根据诚实信用的原则，业主显然不能通过合同的约定而单方面地对合同作出实质性的变更。从工程角度讲，工程性质若发生重大的变更而要求承包商无条件地继续施工是不恰当的，承包商在投标时并未准备这些工程的施工机械设备，需另行购置或运进机具设备，使承包商有理由要求另签合同，而不能作为原合同的变更，除非合同双方都同意将其作为原合同的变更。承包商认为某项变更指令已超出本合同的范围，或工程师的变更指令的发布没有得到有效的授权时，可以拒绝进行变更工作。

2）工程变更的程序

（1）工程变更的提出

① 承包商提出工程变更。承包商在提出工程变更时，一般情况是工程遇到不能预见的地质条件或地下障碍。如原设计的某大厦的基础为钻孔灌注桩，承包商根据开工后钻探的地质条件和施工经验，认为改成沉井基础较好。另一种情况是承包商为了节约工程成本或加快工程施工进度，提出工程变更。

② 业主方提出变更。业主一般可通过工程师提出工程变更。但如业主方提出的工程变更内容超出合同限定的范围，则属于新增工程，只能另签合同处理，除非承包方同意作为变更。

③ 工程师提出工程变更。工程师往往根据工地现场工程进展的具体情况，认为确有必要时，可提出工程变更。工程施工中，因设计考虑不周或施工时环境发生变化，工程师本着节约工程成本和加快工程与保证工程质量的原则，提出工程变更。只要提出的工程变更在

原合同规定的范围内，一般是切实可行的。若超出原合同，新增了很多工程内容和项目，则属于不合理的工程变更请求，工程师应和承包商协商后酌情处理。

(2) 工程变更的批准

由承包商提出的工程变更，应交予工程师审查并批准。由业主提出的工程变更，为便于工程的统一管理，一般可由工程师代为发出。而工程师发出工程变更通知的权力，一般由工程施工合同明确约定。当然，该权力也可约定为业主所有，然后业主通过书面授权的方式使工程师拥有该权力。如果合同对工程师提出工程变更的权力作了具体限制，而约定其余均应由业主批准，则工程师就超出其权限范围的工程变更发出指令时，应附上业主的书面批准文件，否则承包商可拒绝执行。但在紧急情况下，不应限制工程师向承包商发布其认为必要的此类变更指令。如果在上述紧急情况下采取行动，工程师应将情况尽快通知业主。例如，当工程师在工程现场认为出现了危及生命、工程或相邻第三方财产安全的紧急事件时，在不解除合同规定的承包商的任何义务和职责的情况下，工程师可以指示承包商实施他认为解除或减少这种危险而必须进行的所有这类工作。尽管没有业主的批准，承包商也应立即遵照工程师的任何此类变更指令。工程师应根据 FIDIC 合同条件第 13 条，对每项变更应按合同中有关测量和估价的规定进行估价，并相应地通知承包商，同时将一份复印件呈交业主。

工程变更审批的一般原则为：首先考虑工程变更对工程进展是否有利；第二要考虑工程变更是否可以节约工程成本；第三应考虑工程变更是否兼顾业主、承包商或工程项目之外其他第三方的利益，不能因工程变更而损害任何一方的正当权益；第四必须保证变更工程符合本工程的技术标准；最后一种情况为工程受阻，如遇到特殊风险、人为阻碍、合同一方当事人违约等不得不变更工程。

(3) 工程变更指令的发出及执行

为了避免耽误工作，工程师在和承包商就变更价格达成一致意见之前，有必要先行发布变更指令，即分两个阶段发布变更指令：第一阶段是在没有规定价格和费率的情况下直接指令承包商继续工作；第二阶段是在通过进一步协商之后，发布确定变更工程费率和价格的指示。

工程变更指令的发出有两种形式：书面形式和口头形式。一般情况要求工程师签发书面变更通知令。当工程师书面通知承包商工程变更，承包商才执行变更的工程。当工程师发出口头指令要求工程变更，例如增加框架梁的配筋及数量时，这种口头指令在事后一定要补签一份书面的工程变更指令。如果工程师口头指令后忘了补书面指令，承包商(须 7 天内)应以书面形式证实此项指令，交予工程师签字，工程师若在 14 天之内没有提出反对意见，应视为认可。所有工程变更必须用书面或一定规格写明。对于要取消的任何一项分部工程，工程变更应在该部分工程还未施工之前进行，以免造成人力、物力、财力的浪费，避免造成业主多支付工程款项。

根据通常的工程惯例，除非工程师明显超越合同赋予其的权限，承包商应该无条件地执行其工程变更的指令。如果工程师根据合同约定发布了进行工程变更的书面指令，则不论承包商对此是否有异议，不论工程变更的价款是否已经确定，也不论监理方或业主答应给予付款的金额是否令承包商满意，承包商都必须无条件地执行此种指令。即使承包商有意见，也只能是一边进行变更工作，一边根据合同规定寻求索赔或仲裁解决。在争议处理期间，承包商有义务继续进行正常的工程施工和有争议的变更工程施工，否则可能会构成承包商违约。

(4) 现行工程变更程序的评价

在实际工程中,工程变更情况比较复杂,一般有以下几种:

① 与变更相关的分项工程尚未开始,只需对工程设计作修改或补充,如发现图纸错误,业主对工程有新的要求。这种情况下的工程变更时间比较充裕,价格谈判和变更的落实可有条不紊地进行。

② 变更所涉及的工程正在进行施工,如在施工中发现设计错误或业主突然有新的要求。这种变更通常时间很紧迫,甚至可能发生现场停工,等待变更指令。

③ 对已经完工的工程进行变更,必须作返工处理。这种情况对合同履行将产生比较大的影响,双方都应认真对待,尽量避免这种情况发生。

现行工程变更的程序一般由合同作出约定,该程序较为适用于上述第②、第③种情况。但现行的工程变更程序对较为常见的第①种情况并不恰当,并且是导致争议的重要原因之一。对该种情况,最理想的程序是:在变更执行前,合同双方已就工程变更中涉及的费用增加和工期延误的补偿协商后达成一致,业主对变更申请中的内容已经认可,争执较少。图11.5所示为一般的工程变更程序图。

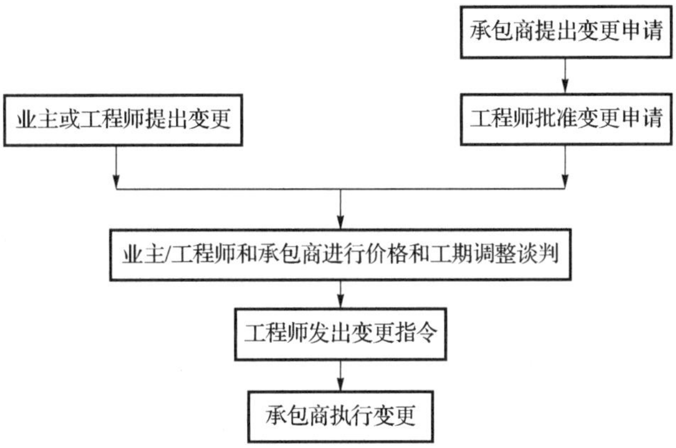

图11.5 一般的工程变更程序

但按这个程序变更时过程时间太长,合同双方对于费用和工期补偿谈判常常会有反复和争执,这会影响变更的实施和整个工程施工进度。在现行工程施工合同中,该程序较少采用,而是在合同中赋予工程师(业主)直接指令变更工程的权力,承包商在接到指令后必须执行变更,而合同价格和工期的调整由工程师(业主)和承包商协商后确定。

3) 工程变更价格调整

(1) 工程变更责任分析

工程变更责任分析是工程变更起因与工程变更问题处理,即确定赔偿问题的桥梁。工程变更包括以下内容:

① 设计变更。设计变更会引起工程量的增加、减少,新增或删除分项工程,工程质量和进度的变化,实施方案的变化。一般工程施工合同赋予业主(工程师)这方面的变更权力,可以直接通过下达指令、重新发布图纸或规范实现变更。其责任划分原则为:

a. 由于业主要求、政府部门要求、环境变化、不可抗力、原设计错误等导致设计的修改，必须由业主承担责任。

b. 由于承包商施工过程、施工方案出现错误、疏忽而导致设计的修改，必须由承包商负责。

c. 在现代工程中，承包商承担的设计工作逐渐多起来，承包商提出的设计必须经过工程师(或业主)的批准。对不符合业主在招标文件中提出的工程要求的设计，工程师有权不认可。这种不认可不属于索赔事件。

② 施工方案变更。施工方案变更的责任分析有时比较复杂。

在投标文件中，承包商就在施工组织设计中提出比较完备的施工方案，但施工组织设计不作为合同文件的一部分。对此有如下问题应予注意：

a. 施工方案虽不是合同文件，但它也有约束力。业主向承包商授标前，可要求承包商对施工方案作出说明或修改方案，以符合业主的要求。

b. 施工合同规定，承包商应对所有现场作业和施工方法的完备、安全、稳定负全部责任。这一责任表示在通常情况下由于承包商自身原因(如失误或风险)修改施工方案所造成的损失由承包商负责。

c. 在施工方案变更作为承包商责任的同时，又隐含着承包商对决定和修改施工方案具有相应的权利，即业主不能随便干预承包商的施工方案；为了更好地完成合同目标(如缩短工期)或在不影响合同目标的前提下，承包商有权采用更为科学和经济合理的施工方案，业主也不得随便干预。当然，承包商如重新选择施工方案时，将享受其机会收益，也应承担其风险。

d. 在工程中，承包商采用或修改实施方案都要经过工程师的批准或同意。如果工程师无正当理由不同意可能会导致一个变更指令。这里的正当理由包括工程师有证据证明或认为使用这种方案承包商不能圆满完成合同责任，如不能保证工程质量、工期等；承包商要求变更方案(如变更施工次序、缩短工期)，而业主无法完成合同规定的配合责任，如无法按此方案及时提供图纸、场地、资金、设备，则工程师有权要求承包商执行原定方案。

重大的设计变更常常会导致施工方案的变更。如果设计变更由业主承担责任，则相应的施工方案的变更也由业主负责；反之，则由承包商负责。

对不利的异常的地质条件所引起的施工方案的变更，一般作为业主的责任。一方面，这是一个有经验的承包商无法预料现场气候条件除外的障碍或条件；另一方面，业主负责地质勘察和提供地质报告，则他应对报告的正确性和完备性承担责任。

施工进度的变更。施工进度的变更十分频繁：在招标文件中，业主给出工程的总工期目标；承包商在投标文件中有一个总进度计划；中标后承包商还要提出详细的进度计划，由工程师批准(或同意)；在工程开工后，每月都可能有进度调整。通常只要工程师(或业主)批准(或同意)承包商的进度计划(或调整后的进度计划)，则新的进度计划就有约束力。如果业主不能按照新进度计划完成按合同应由业主完成的责任，如及时提供图纸、施工场地、水电等，则属业主违约，应承担责任。

(2) 工程变更价款的确定

按照国际土木工程合同管理的惯例(如 FIDIC 合同条件第 12、13 条约定)，一般合同工程变更估价的原则为：

① 对于所有按工程师指令的工程变更，若属于原合同中工程量清单上增加或减少的工作项目的费用及单价，一般应根据合同中工程量清单所列的单价或价格而定，或参考工程量清单所列的单价或价格来定。

② 如果合同中的工程量清单中没有包括此项变更工作的单价或价格，则应在合同的范围内使用合同中的费率或价格作为估价的基础。若做不到这一点，适合的价格要由工程师与业主和承包商三方共同协商解决而定。如协商不成，则应由工程师在其认为合理和恰当的前提下，决定此项变更工程的费率或价格，并通知业主和承包商。如业主和承包商仍不能接受，工程师可再行确定单价或价格，直到达成一致协议。如估价达不成最终的一致协议，在费率或价格未经同意或决定之前，工程师应确定暂时的费率或价格，以便有可能作为暂付款包括在按 FIDIC 合同条件第 13 条签发的支付证书中。承包商一般同工程师协商，合理地要求到自己争取的单价或价格，或提出索赔。

③ 当工程师需作决定的单项造价及费率，相对于整个工程或分项工程中工程性质和数量有较大变更，用工程量清单中的价格已不合理或不合适时。例如在概算工程量清单内已有 200 个同样的分部细目，而工程师又指令多做 10 个同样的分部细目，这毫无疑问可以用工程量清单内的价格；若倒过来讲，原工程量清单中只有 10 个同样的细目，这时多做 200 个同样的分部细目显然是对承包商有利的，可以用同样的施工机具、模板、支架等手段来施工时，引用原来的单价显然不合理，需要把单价调低一些。

我国施工合同示范文本所确定的工程变更估价原则为：

① 合同中已有适用于变更工程的价格，按合同已有的价格变更合同价款。

② 合同中只有类似于变更工程的价格，可以参照类似价格变更合同价款。

③ 合同中没有适用或类似于变更工程的价格，由承包人提出适当的变更价格，经工程师确认后执行。

建设部 1999 年颁发的《建设工程施工发包与承包价格管理暂行规定》第 17 条规定变更价款的估价原则为：

① 中标价或审定的施工图预算中已有与变更工程相同的单价，应按已有的单价计算。

② 中标价或审定的施工图预算中没有与变更工程相同的单价时，应按定额相类似项目确定变更价格。

③ 中标价或审定的施工图预算或定额分项没有适用和类似的单价时，应由乙方编制一次性补充定额单价送甲方代表审定，并报当地工程造价管理机构备案。乙方提出和甲方确认变更价款的时间按合同条款约定，如双方对变更价款不能达成一致协议，则按合同条款约定的办法处理。

4）工程变更的管理

（1）注意对工程变更条款的合同分析

对工程变更条款的合同分析应特别注意：工程变更不能超过合同规定的工程范围，如果超过这个范围，承包商有权不执行变更或坚持先商定价格后再进行变更。业主和工程师的认可权必须限制。业主常常通过工程师对材料的认可权提高材料的质量标准、对设计的认可权提高设计质量标准、对施工工艺的认可权提高施工质量标准。如果合同条文规定比较含糊或设计不详细，则容易产生争执。但是，如果这种认可权超过合同明确规定的范围和标准,承包商应争取业主或工程师的书面确认,进而提出工期和费用索赔。此外,与业主、总(分)包商之间的任何书面信件、报告、指令等都应由合同管理人员进行技术和法律方面的审查,这样才能保证任何变更都在控制中,不会出现合同问题。

(2) 促成工程师提前作出工程变更

在实际工作中,变更决策时间过长和变更程序太慢会造成很大的损失。常有两种现象:一种现象是施工停止,承包商等待变更指令或变更会谈决议;另一种现象是变更指令不能迅速作出,而现场继续施工,将造成更大的返工损失。这就要求变更程序尽量快捷,故即使仅从自身出发,承包商也应尽早发现可能导致工程变更的种种迹象,尽可能促使工程师提前作出工程变更。施工中如发现图纸错误或其他问题需要进行变更,首先应通知工程师,经工程师同意或通过变更程序后再进行变更;否则,承包商可能不仅得不到应有的补偿,而且还会带来麻烦。

(3) 对工程师发出的工程变更应进行识别

特别是在国际工程中,工程变更不能免去承包商的合同责任。对已收到的变更指令,特别是对重大的变更指令或在图纸上作出的修改意见,应予以核实。对超出工程师权限范围的变更,应要求工程师出具业主的书面批准文件。对涉及双方责、权、利关系的重大变更,必须有业主的书面指令、认可或双方签署的变更协议。

(4) 迅速、全面地落实变更指令

变更指令作出后,承包商应迅速、全面、系统地落实变更指令。承包商应全面修改相关的各种文件,如有关图纸、规范、施工计划、采购计划等,使它们一直反映和包容最新的变更。承包商应在相关的各工程小组和分包商的工作中落实变更指令,提出相应的措施,对新出现的问题作解释和制定对策,并协调好各方面的工作。合同变更指令应立即在工程实施中贯彻并体现出来。在实际工程中,这方面的问题常常很多。由于合同变更与合同签订不同,没有一个合理的计划期,变更时间紧,难以详细地计划和分析,使责任落实不全面,容易造成计划、安排、协调方面的问题,引起混乱,导致损失。而这个损失往往被认为是由承包商管理失误造成的,难以得到补偿。因此,承包商应特别注意工程变更的实施。

(5) 分析工程变更的影响

工程变更是索赔机会,应在合同规定的索赔有效期内完成对它的索赔处理。在工程变更过程中就应记录、收集、整理所涉及的各种文件,如图纸、各种计划、技术说明、规范和业主或工程师的变更指令,以作为进一步分析的依据和索赔的证据。

在实际工作中,最好事先能就价款及工程的谈判达成一致后再进行工程变更。在商讨变更、签订变更协议的过程中,承包商最好提出变更补偿问题,在变更执行前就应明确补偿范围、补偿方法、索赔值的计算方法、补偿款的支付时间等。但现实中,工程变更的实施、价格谈判和业主批准三者之间存在时间上的矛盾,往往是工程师先发出变更指令要求承包商执行,但价格谈判及工期谈判迟迟达不成协议,或业主对承包商的补偿要求不批准,此时承包商应采取适当的措施来保护自身的利益。对此可采取如下措施:

① 控制(即拖延)施工进度,等待变更谈判结果,这样不仅损失较小,而且谈判回旋余地较大。

② 争取以点工或按承包商的实际费用支出计算费用补偿,如采取成本加酬金方法,这样可以避免价格谈判中的争执。

③ 应有完整的变更实施记录和照片，请业主、工程师签字，为索赔做准备。在工程变更中，应特别注意由变更引起返工、停工、窝工、修改计划等所造成的损失，注意这方面证据的收集。在变更谈判中应对此进行商谈，保留索赔权。在实际工程中，人们常常会忽视这些损失证据的收集，在最后提出索赔报告时往往因举证和验证困难而被对方否决。

11.2.5 工程项目合同信息管理

1）合同信息管理的特点

在工程实施过程中，合同管理主要是对工程承包合同的签订、履行、变更和解除进行监督检查，对合同双方争议进行调解和处理，以保证合同的依法签订和全面履行。合同管理人员首先应对合同各类条款进行仔细认真的分析研究，建立合同网络，在工程实施过程中根据合同进行监督检查，并通过各种反馈信息及时准确地处理工程实际问题。这就要求合同管理人员加强信息管理，对合同管理过程中输出的各种信息进行收集、整理、处理、存储、传递和应用，以便及时、高效地发出各项正确指令。

为了提高合同管理的水平，全面、准确、及时地获取工程信息十分重要，这就需要设计一个以合同为核心的信息流结构，包括建立合同目录、编码和档案，建立完整的合同信息管理制度以及包括会议制度在内的科学高效的合同管理信息系统。

所谓信息管理是指对信息的收集、加工整理、储存、传递与应用等一系列工作的总称。信息管理的目的就是通过有组织的信息流通，使决策者能够及时准确地获取相应的信息。建筑工程合同信息管理既有一般信息管理的共同点，也有其特点。

（1）时效性

在工程实施过程中，有大量的信息都是实时信息，而这些信息往往又与工程项目的总体目标是否能够实现休戚相关。如果不能及时得到这些瞬息万变的信息，并将这些信息迅速传递到相关的单位、部门，势必对工程的实施产生重大影响，从而可能会导致项目总体目标不能按时、按质、按量实现。如工程师不能在规定的期限内作出指令就有可能导致工程停工，承包商的索赔不能及时解决可能会影响工程的实施。所以，及时准确地获取工程信息十分必要。

（2）综合性

在工程实施过程中，合同信息往往通过质量、进度和投资等方面反映出来。合同既是业主与承包商连接的纽带，也是工程师实施监理的主要依据。但是，工程承包合同的主要条款则是关于双方当事人在质量、进度和投资等方面的权利义务约定。除此而外，要加强合同管理，还需要通过对大量其他各方面的信息进行分析处理来实现。

（3）复杂性

由于工程项目是一个复杂开放的系统，在所有的信息中既有项目内部信息，如合同的结构、合同管理制度，又有大量外部信息，如国家政策、法律法规等；既有固定信息，又有流动信息；既有现时信息，又有历史信息；既有生产信息，又有技术信息、经济信息。这就给信息管理带来了较大的难度。

2）合同管理信息系统

（1）合同管理信息系统的主要功能

① 数据资料的收集。在工程实施过程中,每天都要产生大量的信息,如各种指令、信件、索赔报告等,必须确定收集什么样的信息,确定信息的结构,收集的方式及手续,考察信息的真伪并具体落实到责任人。通常由合同工程师负责,秘书、文档管理员等承担此任务。

② 数据资料的存储。原始数据资料不仅供目前使用,还有许多必须要保存。按照不同的使用和储存要求,数据资料储存于一定的信息载体上,要做到既安全可靠又使用方便。

③ 信息的加工。合同管理信息系统将原始数据资料经过信息加工处理,转变为可供决策使用的信息。

④ 信息的传送、调用和输出。合同管理信息系统将经过处理的信息流通到需要的地方,以便各决策者作出客观正确的决策。

(2) 合同管理信息系统的文档管理

文档管理是指对作为信息载体的资料进行有序的收集、加工、分解、编目、存档并为需要者提供专用和常用的信息的过程。文档系统是管理信息系统的基础,是管理信息系统有效运行的前提条件。合同管理文档系统的内容包括合同文本及附件,合同分析资料,指令,信件,会议纪要,各种原始工程文件,索赔文件,各种技术、经济、财务方面的资料等。

3) 合同管理信息系统设计

(1) 合同管理系统分析

要设计开发合同管理信息系统,首先必须对现行合同管理系统进行系统分析。其内容包括:

① 合同管理与工程项目其他管理职能的关系。工程项目管理包括进度管理、质量管理、成本管理、技术管理、资源管理、合同管理等,而合同管理几乎涉及项目管理的其他各个领域,与其他职能管理部门、索引文档、业主及承包商之间都有着密切的联系。合同管理成功与否,不仅在于合同管理人员,还依赖于其他人员的配合以及管理工作的成效。合同管理信息系统开发成功与否,同样存在着其他职能管理部门的配合问题。而且,合同管理信息系统作为工程项目管理信息系统的一个子系统,它的应用深度,也受其他职能管理水平的影响。所以,应与其他系统同时开发,以提高工程项目管理水平。

② 合同管理组织模式及合同管理工作程序。通过上述合同管理与其他管理职能的关系分析,再结合本工程管理组织机构形式,以确定项目的合同管理模式。

由于合同管理的涉及面较广,与其他管理职能部门联系较为密切,因此,可建立在项目经理的统一领导之下,专职合同管理工程师直接负责,各专业负责人积极配合,全员参加的组织管理模式。

(2) 合同管理信息系统设计

① 系统总体数据结构模型设计。即从合同管理对数据的基本要求出发,对系统中有关数据进行分析与综合,包括对数据及其结构进行分类、分组、一般化和聚合处理等,从而构造出系统总体数据结构模型。系统总体数据结构模型设计包括编码设计和模型设计。

a. 编码设计。为了对大量数据进行统一有效的处理,充分发挥计算机的优势,提高系统工作效率,必须有适当的编码体系。

b. 模型设计。在对系统进行较为详细的数据调查分析的基础上,采用扩展实体关系模型描述出系统总体数据结构模型。

② 系统主要数据库设计。合同管理数据库主要可划分为合同管理、进度管理、质量管理、成本管理和文档管理几大部分，根据实际需要，再进行细分并确定各数据库名称。

③ 系统功能子系统划分。在系统功能开发时采用结构化设计方法，首先将整个系统从上到下划分为若干个功能子系统。在系统总体数据结构模型的基础上，可将合同管理信息系统划分为合同结构模式选用、合同日常管理、合同文档管理、索赔管理、合同管理知识导读和系统维护子系统。

④ 功能模块设计。在合同管理信息系统功能子系统划分确定之后，要将各功能子系统进一步划分为若干个功能模块，自上而下逐步设计，再自下而上层层实现。如索赔管理功能子系统又可划分为索赔事件跟踪管理、索赔报告审核、索赔事项管理、索赔值计算等功能模块；系统维护子系统可分为系统简介、操作说明、编码、文件管理、打印管理等功能模块等。

⑤ 校验设计、密码设计及数据维护设计。

4）合同管理信息系统的实施

系统实施是在系统设计基础上具体实现系统。主要工作有：

（1）计算机程序设计。

（2）系统的调试、运行与维护。

（3）对专业人员进行使用前的培训。

总之，合同管理信息系统必须能够满足工程合同管理的实际需要，将所得到的信息进行分析筛选，排除无用甚至是干扰的信息，及时向项目管理人员提供一切所需要的信息，保证他们能够迅速、准确地处理各种合同问题，以提高其项目管理的能力与水平。

复习思考题

1. 如何对工程合同的效力进行审查？
2. 工程合同审查的重点是什么？应重点审查哪些方面的内容？
3. 工程合同审查的程序有哪些？
4. 工程合同谈判需要做哪些准备工作？
5. 结合实际工程，试述工程合同谈判的技巧和策略。
6. 工程合同谈判时应注意哪些问题？
7. 试述施工合同履行的基本原则。
8. 简述合同分析的作用。
9. 如何进行施工合同的结构分解？
10. 简述工程合同歧义解释原则。
11. 如何做好合同交底工作？
12. 试述合同控制程序和方法。
13. 合同控制的日常工作有哪些？
14. 什么是工程变更？工程变更包括哪些范围？工程变更包括哪些程序？
15. 如何加强工程变更管理？
16. 如何进行工程合同信息管理系统设计？

12 工程索赔管理

12.1 工程索赔基本理论

12.1.1 索赔的基本概念

在市场经济条件下，工程索赔在土木工程市场中是一种正常的现象。工程索赔在国际土木工程市场上是合同当事人保护自身正当权益、弥补工程损失、提高经济效益的重要和有效的手段。许多国际工程项目，承包人通过成功的索赔能使工程收入的增加达到工程造价的10％～20％，有些工程的索赔额甚至超过了合同额本身。“中标靠低标，盈利靠索赔”便是许多国际承包人的经验总结。索赔管理以其本身花费较小、经济效果明显而受到承包人的高度重视。但在我国，由于工程索赔处于起步阶段，对工程索赔的认识尚不够全面、正确。在工程施工中，还存在发包人（业主）忌讳索赔，承包人索赔意识不强，监理工程师不懂如何处理索赔的现象。因此，应当加强对索赔理论和方法的研究，认真对待和搞好工程索赔。

1）索赔的概念及特点

（1）索赔含义

索赔（Claim）一词具有较为广泛的含义，其一般含义是指对某事、某物权利的一种主张、要求、坚持等。工程索赔通常是指在工程合同履行过程中，合同当事人一方因非自身责任或对方不履行或未能正确履行合同而受到经济损失或权利损害时，通过一定的合法程序向对方提出经济或时间补偿的要求。索赔是一种正当的权利要求，它是发包人、工程师和承包人之间一项正常的、大量发生而且普遍存在的合同管理业务，是一种以法律和合同为依据的、合情合理的行为。

（2）索赔特征

① 索赔是双向的，不仅承包人可以向发包人索赔，发包人同样也可以向承包人索赔。由于实践中发包人向承包人索赔发生的频率相对较低，而且在索赔处理中，发包人始终处于主动和有利的地位，他可以直接从应付工程款中扣抵或没收履约保函、扣留保留金甚至留置承包商的材料设备作为抵押等来实现自己的索赔要求，不存在“索”。因此在工程实践中，大量发生的、处理比较困难的是承包人向发包人的索赔，也是索赔管理的主要对象和重点内容。承包人的索赔范围非常广泛，一般认为只要因非承包人自身责任造成工程工期延长或成本增加，都有可能向发包人提出索赔。

② 只有实际发生了经济损失或权利损害，一方才能向对方索赔。经济损失是指发生了合同外的额外支出，如人工费、材料费、机械费、管理费等额外开支；权利损害是指虽然没有经济上的损失，但造成了一方权利上的损害，如由于恶劣气候条件对工程进度的不利影响，

承包人有权要求工期延长等。因此发生了实际的经济损失或权利损害，应是一方提出索赔的一个基本前提条件。

③ 索赔是一种未经对方确认的单方行为，它与工程签证不同。在施工过程中签证是承发包双方就额外费用补偿或工期延长等达成一致的书面证明材料和补充协议，它可以直接作为工程款结算或最终增减工程造价的依据，而索赔则是单方面行为，对对方尚未形成约束力，这种索赔要求能否得到最终实现，必须要通过确认（如双方协商、谈判、调解或仲裁、诉讼）后才能实现。

归纳起来，索赔具有如下一些本质特征：

① 索赔是要求给予补偿（赔偿）的一种权利、主张；

② 索赔的依据是法律法规、合同文件及工程建设惯例，但主要是合同文件；

③ 索赔是因非自身原因导致的，要求索赔一方没有过错；

④ 与原合同相比较，已经发生了额外的经济损失或工期损害；

⑤ 索赔必须有切实有效的证据；

⑥ 索赔是单方行为，双方还没有达成协议。

许多人一听到"索赔"两字，很容易联想到争议的仲裁、诉讼或双方激烈的对抗，因此往往认为应当尽可能避免索赔，担心因索赔而影响双方的合作或感情。实质上索赔的性质属于经济补偿行为，而不是惩罚。索赔是一种正当的权利或要求，是合情、合理、合法的行为，它是在正确履行合同的基础上争取合理的偿付，不是无中生有、无理争利。索赔同守约、合作并不矛盾、对立，索赔本身就是市场经济中合作的一部分，只要是符合有关规定的、合法的或者符合有关惯例的，就应该理直气壮地、主动地向对方索赔。大部分索赔都可以通过和解或调解等方式获得解决，只有在双方坚持已见而无法达成一致时才会提交仲裁或诉诸法院求得解决，即使诉诸法律程序，也应当被看成是遵法守约的正当行为。索赔的关键在于"索"，你不"索"，对方就没有任何义务主动地来"赔"，同样"索"得乏力、无力，即索赔依据不充分、证据不足、方式方法不当，也是很难成功的。国际工程承包的实践经验告诉我们，一个不敢、不会索赔的承包人最终必然是要亏损的。

（3）索赔与违约责任的区别

① 索赔事件的发生，不一定在合同文件中有约定；而工程合同的违约责任，则必然是合同所约定的。

② 索赔事件的发生，可以是一定行为造成（包括作为和不作为），也可以是不可抗力事件所引起的；而追究违约责任，必须要有合同不能履行或不能完全履行的违约事实的存在，发生不可抗力可以免除追究当事人的违约责任。

③ 索赔事件的发生，可以是合同当事人一方引起，也可以是任何第三人行为引起；而违反合同则是由于当事人一方或双方的过错造成的。

④ 一定要有造成损失的结果才能提出索赔，因此索赔具有补偿性；而合同违约不一定要造成损失结果，因为违约具有惩罚性。

⑤ 索赔的损失结果与被索赔人的行为不一定存在法律上的因果关系，如因业主（发包人）指定分包人原因造成承包人损失的，承包人可以向业主索赔等；而违反合同的行为与违约事实之间存在因果关系。

2）索赔的起因

引起工程索赔的原因非常多而且复杂，主要有以下五个方面：

(1) 工程项目的特殊性。由于现代工程规模大、技术性强、投资额大、工期长、材料设备价格变化快，所以工程项目的差异性大、综合性强、风险大，使得工程项目在实施过程中存在许多不确定变化因素。而合同则必须在工程开工前签订，它不可能对工程项目所有的问题都能作出合理的预见和规定，而且发包人在工程实施过程中还会有许多新的决策，这一切使得合同变更比较频繁，而合同变更必然会导致项目工期和成本的变化。

(2) 工程项目内外部环境的复杂性和多变性。工程项目的技术环境、经济环境、社会环境、法律环境的变化，诸如气候条件变化、材料价格上涨、货币贬值、国家政策、法规的变化等，会在工程实施过程中经常发生，使得工程的实际情况与计划不一致，这些因素同样会导致工程工期和费用的变化。

(3) 参与工程建设主体的多元性。由于工程参与单位多，一个工程项目往往会有发包人、总承包人、工程师、分包人、指定分包人、材料设备供应人等众多参加单位，各方面的技术、经济关系错综复杂，相互联系又相互影响，只要一方失误，不仅会造成自己的损失，而且会影响其他合作者，造成他人损失，从而导致索赔和争执。

(4) 工程合同的复杂性及易出错性。工程合同文件多且复杂，经常会出现措辞不当、缺陷、图纸错误，以及合同文件前后自相矛盾或者可作不同解释等问题，容易造成合同双方对合同文件理解不一致，从而出现索赔。

(5) 投标的竞争性。现代土木工程市场竞争激烈，承包人的利润水平逐步降低，在竞标时，大部分靠低标价甚至保本价中标，回旋余地较小。特别是，在招标投标过程中，每个合同专用文件内的具体条款，一般是由发包人自己或委托工程师、咨询单位编写后列入招标文件，编制过程中承包人没有发言权，虽然承包人在投标书的致函内和与发包人进行谈判过程中，可以要求修改某些对他风险较大的条款的内容，但不能要求修改的条款数目过多，否则就构成对招标文件有实质上的背离被发包人拒绝。因而工程合同在实践中往往发包人与承包人风险分担不公，把主要风险转嫁于承包人一方，稍遇条件变化，承包人即处于亏损的边缘，这必然迫使他寻找一切可能的索赔机会来减轻自己承担的风险。因此索赔实质上是工程实施阶段承包人和发包人之间在承担工程风险比例上的合理再分配。这也是目前国内外土木工程市场上，索赔无论在数量、款额上呈增长趋势的一个重要原因。

以上这些问题会随着工程的逐步开展而不断暴露出来，使工程项目必然受到影响，导致工程项目成本和工期的变化，这就是索赔形成的根源。因此，索赔的发生，不仅是一个索赔意识或合同观念的问题，从本质上讲，索赔也是一种客观存在。

3）索赔管理的特点和原则

要健康地开展索赔工作，必须全面认识索赔，完整理解索赔，端正索赔动机，才能正确对待索赔，规范索赔行为，合理地处理索赔事件。因此发包人、工程师和承包人必须全面认识和理解索赔工作的特点。

(1) 索赔工作贯穿工程项目始终

合同当事人要做好索赔工作，必须在招投标、合同签订阶段和履行合同的全过程中，注意采取预防保护措施，建立健全索赔业务的各项管理制度。

在工程项目的招标、投标和合同签订阶段，作为承包人应仔细研究工程所在国的法律、法规及合同条件，特别是关于合同范围、义务、付款、工程变更、违约及罚款、特殊风险、索赔时限和争议解决等条款，必须在合同中明确规定当事人各方的权利和义务，以便为将来可能的索赔提供合法的依据和基础。在合同执行阶段，合同当事人应密切注视对方的合同履行情况，不断地寻求索赔机会；同时自身应严格履行合同义务，防止被对方索赔。

一些缺乏工程承包经验的承包人，由于对索赔工作的重要性认识不够，往往在工程开始时并不重视这项工作，等到发现不能获得应当得到的偿付时才匆忙研究合同中的索赔条款，收集所需要的数据和论证材料，但已经陷入被动局面，有的经过旷日持久的争执、交涉乃至诉诸法律程序，仍难以索回应得的补偿或损失，影响了自身的经济效益。

(2) 索赔是工程技术和法律相融的综合学问和艺术

索赔问题涉及的层面相当广泛，既要求索赔人员具备丰富的工程技术知识与实际施工经验，使得索赔问题的提出具有科学性和合理性，符合工程实际情况，又要求索赔人员通晓法律与合同知识，使得提出的索赔具有法律依据和事实证据，并且还要求在索赔文件的准备、编制和谈判等方面具有一定的艺术性，使索赔的最终解决表现出一定程度的伸缩性和灵活性。这就对索赔人员的素质提出了很高的要求，他们的个人品格和才能对索赔成功的影响很大。索赔人员应当是头脑冷静、思维敏捷、处事公正、性格刚毅且有耐心，并且具有上述多种才能的综合性人才。

(3) 影响索赔成功的相关因素多

索赔能否获得成功，还与企业的项目管理基础工作密切相关，主要有以下四个方面：

① 合同管理：合同管理与索赔工作密不可分，有的学者认为索赔就是合同管理的一部分。从索赔角度看，合同管理可分为合同分析和合同日常管理两部分。合同分析的主要目的是为索赔提供法律依据。合同日常管理则是收集、整理施工中发生事件的一切记录，包括图纸、订货单、会谈纪要、来往信件、变更指令、气象图表、工程照片等，并加以科学归档和管理，形成一个能清晰描述和反映整个工程全过程的数据库，其目的是为索赔及时提供全面、正确、合法有效的各种证据。

② 进度管理：工程进度管理不仅可以指导整个施工的进程和次序，而且可以通过计划工期与实际进度的比较、研究和分析，找出影响工期的各种因素，分清各方责任，及时地向对方提出延长工期及相关费用的索赔，并为工期索赔值的计算提供依据和各种基础数据。

③ 成本管理：成本管理的主要内容有编制成本计划，控制和审核成本支出，进行计划成本与实际成本的动态比较分析等，它可以为费用索赔提供各种费用的计算数据和其他信息。

④ 信息管理：索赔文件的提出、准备和编制需要大量工程施工中的各种信息，这些信息要在索赔时限内高质量地准备好，这一切离开了当事人日常严格的信息管理是难以进行的。应该采用计算机进行信息管理。

4) 工程索赔的作用

随着世界经济全球化和一体化进程的加快以及中国加入 WTO 以后，中国引进外资和涉外工程要求按照国际惯例进行工程索赔管理，中国建筑业走向国际建筑市场同样要求按国际惯例进行工程索赔管理。工程索赔的健康开展，对于培育和发展建筑市场，促进建筑业的发展，提高工程建设的效益，将发挥非常重要的作用。工程索赔的作用主要有如下六个方面：

(1) 索赔是合同和法律赋予正确履行合同者免受意外损失的权利,索赔是当事人一种保护自己、避免损失、增加利润、提高效益的重要手段。

(2) 索赔是落实和调整合同双方经济责、权、利关系的手段,也是合同双方风险分担的又一次合理再分配,离开了索赔,合同责任就不能全面体现,合同双方的责、权、利关系就难以平衡。索赔的正常开展,可以把原来打入工程报价中的一些不可预见费用,改为实际发生的损失支付,有助于降低工程报价,使工程造价更为实事求是。

(3) 索赔是合同实施的保证。索赔是合同法律效力的具体体现,对合同双方形成约束条件,特别能对违约者起到警戒作用,违约方必须考虑违约的后果,从而尽量减少其违约行为的发生。

(4) 索赔对提高企业和工程项目管理水平起着重要的促进作用。承包人在许多项目上提不出或提不好索赔,与其企业管理松散混乱、计划实施不严、成本控制不力等有着直接关系:例如没有正确的工程进度网络计划就难以证明延误的发生及天数;又如没有完整翔实的记录,就缺乏索赔定量要求的基础等。因而索赔有利于促进双方加强内部管理,严格履行合同,有助于双方提高管理素质,加强合同管理,维护市场正常秩序。

(5) 索赔有助于政府转变职能,使合同当事人双方依据合同和实际情况实事求是地协商工程造价和工期,可以使政府从繁琐的调整概算和协调双方关系等微观管理工作中解脱出来。

(6) 索赔有助于承发包双方更快地熟悉国际惯例,熟练掌握索赔和处理索赔的方法与技巧,从而有助于对外开放和对外工程承包的开展。

但是,也应当强调指出,如果承包人单靠索赔的手段来获取利润并非正途。往往一些承包人采取有意压低标价的方法以获取工程,为了弥补自己的损失,又试图靠索赔的方式来得到利润。从某种意义上讲,这种经营方式有很大的风险。能否得到这种索赔的机会是难以确定的,其结果也不可靠,采用这种策略的企业也很难维持长久。因此承包人运用索赔手段来维护自身利益,以求增加企业效益和谋求自身发展,应基于对索赔概念的正确理解和全面认识,既不必畏惧索赔,也不可利用索赔搞投机钻营。

12.1.2 索赔的分类

由于索赔贯穿于工程项目全过程,可能发生的范围比较广泛,其分类随标准、方法不同而不同,主要有以下几种分类方法。

1) 按索赔有关当事人分类

(1) 承包人与发包人间的索赔。这类索赔大都是有关工程量计算、变更、工期、质量和价格方面的争议,也有中断或终止合同等其他违约行为的索赔。

(2) 总包人与分包人间的索赔。其内容与(1)大致相似,但大多数是分包人向总包人索要付款和赔偿及总包人向分包人罚款或扣留支付款等。

以上两种因涉及工程项目建设过程中施工条件、施工技术、施工范围等变化而引起的索赔,一般发生频率高,索赔费用大,有时也称为施工索赔。

(3) 发包人或承包人与供货人、运输人间的索赔。其内容多系商贸方面的争议,如货品质量不符合技术要求、数量短缺、交货拖延、运输损坏等。

(4) 发包人或承包人与保险人间的索赔。此类索赔多系被保险人受到灾害、事故或其他损害或损失,按保险单向其投保的保险人索赔。

以上两种在工程项目实施过程中的物资采购、运输、保管、工程保险等方面活动引起的索赔事项,又称商务索赔。

2) 按索赔的依据分类

(1) 合同内索赔。合同内索赔是指索赔所涉及的内容可以在合同文件中找到依据,并可根据合同规定明确划分责任。一般情况下,合同内索赔的处理和解决要顺利一些。

(2) 合同外索赔。合同外索赔是指索赔所涉及的内容和权利难以在合同文件中找到依据,但可从合同条文引申含义和合同适用法律或政府颁发的有关法规中找到索赔的依据。

(3) 道义索赔。道义索赔是指承包人在合同内或合同外都找不到可以索赔的依据,因而没有提出索赔的条件和理由,但承包人认为自己有要求补偿的道义基础,而对其遭受的损失提出具有优惠性质的补偿要求,即道义索赔。处理道义索赔的主动权在发包人手中。发包人一般在下面四种情况下,可能会同意并接受这种索赔:第一,若另找其他承包人,费用会更大;第二,为了树立自己的形象;第三,出于对承包人的同情和信任;第四,谋求与承包人更理解或更长久的合作。

3) 按索赔目的分类

(1) 工期索赔。即由于非承包人自身原因造成拖延工期的,承包人要求发包人延长工期,推迟原规定的竣工日期,避免违约误期罚款等。

(2) 费用索赔:即要求发包人补偿费用损失,调整合同价格,弥补经济损失。

4) 按索赔事件的性质分类

(1) 工程延期索赔。因发包人未按合同要求提供施工条件,如未及时交付设计图纸、施工现场、道路等,或因发包人指令工程暂停或不可抗力事件等原因造成工期拖延的,承包人对此提出索赔。

(2) 工程变更索赔。由于发包人或工程师指令增加或减少工程量或增加附加工程、修改设计、变更施工顺序等,造成工期延长和费用增加,承包人对此提出索赔。

(3) 工程终止索赔。由于发包人违约或发生了不可抗力事件等造成工程非正常终止,承包人因蒙受经济损失而提出索赔。

(4) 工程加速索赔。由于发包人或工程师指令承包人加快施工速度,缩短工期,引起承包人的人、财、物的额外开支而提出的索赔。

(5) 意外风险和不可预见因素索赔。在工程实施过程中,因人力不可抗拒的自然灾害、特殊风险以及一个有经验的承包人通常不能合理预见的不利施工条件或客观障碍,如地下水、地质断层、溶洞、地下障碍物等引起的索赔。

(6) 其他索赔。如因货币贬值、汇率变化、物价、工资上涨、政策法令变化等原因引起的索赔。

这种分类能明确指出每一项索赔的根源所在,使发包人和工程师便于审核分析。

5) 按索赔处理方式分类

(1) 单项索赔。单项索赔就是采取一事一索赔的方式,即在每一件索赔事项发生后,报送索赔通知书,编报索赔报告,要求单项解决支付,不与其他的索赔事项混在一起。单项索赔是针对某一干扰事件提出的,在影响原合同正常运行的干扰事件发生时或发生后,由合同管理人员立即处理,并在合同规定的索赔有效期内向发包人或工程师提交索赔要求和报告。单项索赔通常原因单一,责任单一,分析起来相对容易,由于涉及的金额一般较小,双方容易达成协议,处理起来也比较简单。因此合同双方应尽可能地用此种方式来处理索赔。

(2) 综合索赔。综合索赔又称一揽子索赔,即对整个工程(或某项工程)中所发生的数起索赔事项,综合在一起进行索赔。一般在工程竣工前和工程移交前,承包人将工程实施过程中因各种原因未能及时解决的单项索赔集中起来进行综合考虑,提出一份综合索赔报告,由合同双方在工程交付前后进行最终谈判,以一揽子方案解决索赔问题。综合索赔产生的原因多种多样:有的因为在合同实施过程中,有些单项索赔问题比较复杂,不能立即解决,为不影响工程进度,经双方协商同意后留待以后解决;有的因为发包人或工程师对索赔采用拖延办法,迟迟不作答复,使索赔谈判旷日持久;还有的因为承包人未能及时采用单项索赔方式等,都有可能出现综合索赔。由于在综合索赔中许多干扰事件交织在一起,影响因素比较复杂而且相互交叉,责任分析和索赔值计算都很困难,索赔涉及的金额往往又很大,双方都不愿或不容易作出让步,使索赔的谈判和处理都很困难。因此综合索赔的成功率比单项索赔要低得多。

12.1.3 索赔事件

索赔事件又称干扰事件,是指那些使实际情况与合同规定不符合,最终引起工期和费用变化的那类事件。不断地追踪、监督索赔事件就是不断地发现索赔机会。在工程实践中,承包人可以提出的索赔事件通常有:

1) 发包人(业主)违约(风险)

(1) 发包人未按合同约定完成基本工作。如:发包人未按时交付合格的施工现场及行驶道路、接通水电等;未按合同规定的时间和数量交付设计图纸和资料;提供的资料不符合合同标准或有错误(如工程实际地质条件与合同提供资料不一致)等。

(2) 发包人未按合同规定支付预付款及工程款等。一般合同中都有支付预付款和工程款的时间限制及延期付款计息的利率要求。如果发包人不按时支付,承包人可据此规定向发包人索要拖欠的款项并索赔利息,敦促发包人迅速偿付。对于严重拖欠工程款,导致承包人资金周转困难,影响工程进度,甚至引起中止合同的严重后果,承包人则必须严肃地提出索赔,甚至诉讼。

(3) 发包人(业主)应该承担的风险。由于业主承担的风险发生而导致承包人的费用损失增大时,承包人可据此提出索赔。许多合同规定,承包人不仅对由此而造成工程、业主或第三人的财产的破坏和损失及人身伤亡不承担责任,而且业主应保护和保障承包人不受上述特殊风险后果的损害,并免于承担由此而引起的与之有关的一切索赔、诉讼及其费用。相反,承包人还应当可以得到由此损害引起的任何永久性工程及其材料的付款及合理的利润,以及一切修复费用、重建费用及上述特殊风险而导致的费用增加。如果由于特殊风险而导致合同终止,承包人除可以获得应付的一切工程款和损失费用外,还可以获得施工机械设备的撤离费用和人员遣返费用等。

(4) 发包人或工程师要求工程加速。当工程项目的施工计划进度受到干扰，导致项目不能按时竣工，发包人的经济效益受到影响时，有时发包人或工程师会要求承包人加班赶工来完成工程项目，承包人不得不在单位时间内投入比原计划更多的人力、物力与财力进行施工，以加快施工进度。

① 直接指令加速。如果工程师指令比原合同日期提前完成工程，或者发生可原谅延误，但工程师仍指令按原合同完工日期完工，承包人就必须加快施工速度，这种根据工程师的明示指令进行的加速就是直接指令加速。一项工程遇到各种意外情况或工程变更而必须延展工期，但是发包人由于自己的原因(例如，该工程已出售给买主，需要按协议时间移交给买主)，坚持不予展期，这就迫使承包人要加班赶工来完成工程，从而导致成本增加，承包人可以要求赔偿工程延误使现场管理费附加费用增加的损失，同时要求补偿赶工措施费用，例如加班工资、新增设备租赁和使用费、分包的额外成本等。但必须注意，只有非承包人过错引起的施工加速才是可补偿的，如果承包人发现自己的施工比原计划落后了而自己加速施工以赶上进度，则发包人无义务给予补偿，承包人还应赔偿发包人一笔附加监理费，因发包人多支付了监理费。

② 推定加速。在有些情况下，虽然工程师没有发布专门的加速指令，但客观条件或工程师的行为已经使承包人合理意识到工程施工必须加速，这就是推定加速。推定加速与指令加速在合同实施中的意义是一样的，只是在确定是否存在推定指令时，双方比较容易产生分歧，不像直接指令加速那样明确。为了证明推定加速已经发生，承包人必须从以下几个方面来证明自己被迫比原计划更快地进行了施工：工程施工遇到了可原谅延误，按合同规定应该获准延长工期；承包人已经特别提出了要求延长工期的索赔申请；工程师拒绝或未能及时批准延长工期；工程师已以某种方式表明工程必须按合同时间完成；承包人已经及时通知工程师，工程师的行为已构成了要求加速施工的推定指令，这种推定加速实际上造成了施工成本的增加。

(5) 发包人的错误指令。设计错误、发包人或工程师错误的指令或提供错误的数据等造成工程修改、停工、返工、窝工，发包人或工程师变更原合同规定的施工顺序，打乱了工程施工计划等。由于发包人和工程师原因造成的临时停工或施工中断，特别是根据发包人和工程师不合理指令造成了工效的大幅度降低，从而导致费用支出增加，承包人可提出索赔。

(6) 发包人不正当地终止工程。由于发包人不正当地终止工程，承包人有权要求补偿损失，其数额是承包人在被终止工程上的人工、材料、机械设备的全部支出，以及各项管理费用、保险费、贷款利息、保函费用的支出(减去已结算的工程款)，并有权要求赔偿其盈利损失。

2) 不利的自然条件与客观障碍

不利的自然条件和客观障碍：是指一般有经验的承包人无法合理预料到的不利的自然条件和客观障碍。“不利的自然条件”中不包括气候条件，而是指投标时经过现场调查及根据发包人所提供的资料都无法预料到的其他不利自然条件，如地下水、地质断层、溶洞、沉陷等。“客观障碍”是指经现场调查无法发现、发包人提供的资料中也未提到的地下(上)人工建筑物及其他客观存在的障碍物，如下水道、公共设施、坑、井、隧道、废弃的旧建筑物、其他水泥砖砌物，以及埋在地下的树木等。由于不利的自然条件及客观障碍，常常导致涉及工程变更、工期延长或成本大幅度增加，承包人可以据此提出索赔要求。

3）工程变更

由于发包人或工程师指令增加或减少工程量、增加附加工程、修改设计、变更施工顺序、提高质量标准等，造成工期延长和费用增加，承包人可对此提出索赔。注意由于工程变更减少了工作量，也要进行索赔。比如在住房施工过程中，发包人提出将原来的100栋减为70栋，承包人可以对管理费、保险费、设备费、材料费(如已订货)、人工费(多余人员已到)等进行索赔。工程变更索赔通常是索赔的重点，但应注意，其变更绝不能由承包人主动提出建议，而必须由发包人提出，否则不能进行索赔。

4）工期延长和延误

工期延长和延误的索赔通常包括两方面：一是承包人要求延长工期；二是承包人要求偿付由于非承包人原因导致工程延误而造成的损失。一般这两方面的索赔报告要求分别编制，因为工期和费用索赔并不一定同时成立。如果工期拖延的责任在承包人方面，则承包人无权提出索赔。

5）工程师指令和行为

如果工程师在工作中出现问题、失误或行使合同赋予的权力造成承包人的损失，业主必须承担相应合同规定的赔偿责任。工程师的这一类指令和行为通常表现为：工程师指令承包人加速施工、进行某项工作、更换某些材料、采取某种措施或停工，工程师未能在规定的时间内发出有关图纸、指示、指令或批复(如发出材料订货及进口许可过晚)，工程师拖延发布各种证书(如进度付款签证、移交证书、缺陷责任合格证书等)，工程师的不适当决定和苛刻检查等。因为这些指令(包括指令错误)和行为而造成的成本增加和(或)工期延误，承包人可以索赔。

6）合同缺陷

合同缺陷常常表现为合同文件规定不严谨甚至前后矛盾、合同规定过于笼统、合同中的遗漏或错误。这不仅包括商务条款中的缺陷，也包括技术规范和图纸中的缺陷。在这种情况下，一般工程师有权作出解释，但如果承包人执行工程师的解释后引起成本增加或工期延长，则承包人可以索赔，工程师应给予证明，发包人应给予补偿。一般情况下，发包人作为合同起草人，他要对合同中的缺陷负责，除非其中有非常明显的含糊或其他缺陷，根据法律可以推定承包人有义务在投标前发现并及时向发包人指出。

7）物价上涨

由于物价上涨的因素，带来了人工费、材料费、甚至施工机械费的增长，导致工程成本大幅度上升，承包人的利润受到严重影响，也会引起承包人提出索赔要求。

8）国家政策及法律、法规变更

国家政策及法律、法规变更，通常是指直接影响到工程造价的某些政策及法律、法规的变更，比如限制进口、外汇管制或税收及其他收费标准的提高。就国际工程而言，合同通常都规定：如果在投标截止日期前的第28天以后，由于工程所在国家或地方的任何政策和法规、法令或其他法律、规章发生了变更，导致了承包人成本增加，对承包人由此增加的开支，发包人应予补偿；相反，如果导致费用减少，则也应由发包人收益。就国内工程而言，因国务院各有关部委、各级建设行政主管部门或其授权的工程造价管理部门公布的价格调整，比如定额、取费标准、税收、上缴的各种费用等,可以调整合同价款,如未予调整,承包人可以要求索赔。

9) 货币及汇率变化

就国际工程而言,合同一般规定:如果在投标截止日期前的第 28 天以后,工程所在国政府或其授权机构对支付合同价格的一种或几种货币实行货币限制或货币汇兑限制,发包人应补偿承包人因此而受到的损失。如果合同规定将全部或部分款额以一种或几种外币支付给承包人,则这项支付不应受上述指定的一种或几种外币与工程所在国货币之间的汇率变化的影响。

10) 其他承包人干扰

其他承包人干扰是指其他承包人未能按时、按序进行并完成某项工作、各承包人之间配合协调不好等而给本承包人的工作带来干扰。大中型土木工程,往往会有几个独立承包人在现场施工,由于各承包人之间没有合同关系,工程师有责任组织协调好各个承包人之间的工作。否则,将会给整个工程和各承包人的工作带来严重影响,引起承包人的索赔。比如,某承包人不能按期完成他那部分工作,其他承包人的相应工作也会因此而拖延,此时,被迫延迟的承包人就有权向发包人提出索赔。在其他方面,如场地使用、现场交通等,各承包人之间也都有可能发生相互干扰的问题。

11) 其他第三人原因

其他第三人的原因通常表现为因与工程有关的其他第三人的问题而引起的对本工程的不利影响,如:银行付款延误、邮路延误、港口压港等。如发包人在规定时间内依规定方式向银行寄出了要求向承包人支付款项的付款申请,但由于邮路延误,银行迟迟没有收到该付款申请,因而造成承包人没有在合同规定的期限内收到工程款。在这种情况下,由于最终表现出来的结果是承包人没有在规定时间内收到款项,所以,承包人往往向发包人索赔。对于第三人原因造成的索赔,发包人给予补偿后,应该根据其与第三人签订的合同规定或有关法律规定再向第三人追偿。

发包人可以提出的索赔事件通常有:

(1) 施工责任。当承包人的施工质量不符合施工技术规程的要求,或在保修期未满以前未完成应该负责修补的工程时,发包人有权向承包人追究责任。如果承包人未在规定的时限内完成修补工作,发包人有权雇用他人来完成工作,发生的费用由承包人负担。

(2) 工期延误。在工程项目的施工过程中,由于承包人的原因,使竣工日期拖后,影响到发包人对该工程的使用,给发包人带来经济损失时,发包人有权对承包人进行索赔,即由承包人支付延期竣工违约金。建设工程施工合同中的误期违约金,通常是由发包人在招标文件中确定的。

(3) 承包人超额利润。如果工程量增加很多(超过有效合同价的 15%),使承包人预期的收入增大,因工程量增加承包人并不增加固定成本、合同价应由双方讨论调整,发包人有权收回部分超额利润。由于法规的变化导致承包人在工程实施中降低了成本,产生了超额利润,也应重新调整合同价格,发包人有权收回部分超额利润。

(4) 指定分包商的付款。在工程承包人未能提供已向指定分包商付款的合理证明时,发包人可以直接按照工程师的证明书,将承包人未付给指定分包商的所有款项(扣除保留金)付给该分包商,并从应付给承包人的任何款项中如数扣回。

(5) 承包人不履行的保险费用。如果承包人未能按合同条款指定的项目投保,并保证保险有效,发包人可以投保并保证保险有效,发包人所支付的必要的保险费可在应付给承包人的款项中扣回。

(6) 发包人合理终止合同或承包人不正当地放弃工程。如果发包人合理地终止承包人的承包,或者承包人不合理地放弃工程,则发包人有权从承包人手中收回由新的承包人完成工程所需的工程款与原合同未付部分的差额。

(7) 其他。由于工伤事故给发包方人员和第三方人员造成的人身或财产损失的索赔,以及承包人运送建筑材料及施工机械设备时损坏了公路、桥梁或隧洞,交通管理部门提出的索赔等。

当然,上述这些事件能否作为索赔事件,进行有效的索赔,还要看具体的工程和合同背景、合同条件,不可一概而论。

12.1.4 索赔依据与证据

1) 索赔依据

索赔的依据主要是法律、法规及工程建设惯例,尤其是双方签订的工程合同文件。由于不同的具体工程有不同的合同文件,索赔的依据也就不完全相同,合同当事人的索赔权利也不同。表12.1~表12.4给出了FIDIC合同条件(2017版)中业主和承包商的索赔依据和索赔权利,供参考。

表12.1 2017版黄皮书中承包商向业主索赔可引用的明示条款

序号	条款号	条款名称	可索赔内容	序号	条款号	条款名称	可索赔内容
1	1.9	业主要求中的错误	T+C+P	17	11.7	接收后的进入权	C+P
2	1.13	遵守法律	T+C+P	18	11.8	承包商的调查	C+P
3	2.1	现场进入权	T+C+P	19	12.2	延误的试验	C+P
4	4.6	合作	T+C+P	20	12.4	未能通过竣工后试验	C+P
5	4.7.3	整改措施,延迟和/或成本的商定或决定	T+C+P	21	13.3.2	要求提交建议书的变更	C
6	4.12.4	延误和/或费用	T+C	22	13.6	因法律改变的调整	T+C
7	4.15	进场道路	T+C	23	15.5	业主自便终止合同	C+P
8	4.23	考古和地理发现	T+C	24	16.1	承包商暂停的权利	T+C+P
9	7.4	承包商试验	T+C+P	25	16.2.2	承包商的终止	T+C+P
10	7.6	修补工作	T+C+P	26	16.3	合同终止后承包商的义务	C+P
11	8.5	竣工时间的延长	T	27	16.4	由承包商终止后的付款	C+P
12	8.6	当局造成的延误	T	28	17.2	工程照管的责任	T+C+P
13	8.10	业主暂停的后果	T+C+P	29	17.3	知识产权和工业产权	C
14	9.2	延误的试验	T+C+P	30	18.4	例外事件的后果	T+C
15	10.2	部分工程的接收	C+P	31	18.5	自主选择终止	C+P
16	10.3	对竣工试验的干扰	T+C+P	32	18.6	根据法律解除履约	C+P

注:上表中的T代表可以获得工期索赔,C代表可以获得费用索赔,P代表可以获得利润索赔

表 12.2　2017 版黄皮书中承包商向业主索赔可引用的默示条款

序号	条款号	条款名称	可索赔内容
1	1.3	通知及其他通信交流	T+C+P
2	1.5	文件的优先顺序	T+C+P
3	1.8	文件的照管和提供	T+C+P
4	3.4	工程师的委托	T+C+P
5	3.5	工程师的指示	T+C+P
6	4.2	履约担保	C
7	4.5.1	对指定分包商的反对	T+C
8	4.10	现场数据的使用	T+C
9	4.19	临时设施	C+P
10	5.1	一般设计义务	T+C+P
11	8.1	工程的开工	T+C+P
12	8.13	复工	T+C+P
13	17.5	业主的保障	C
14	19.1	保险的一般要求	C

注：上表中的 T 代表可以获得工期索赔，C 代表可以获得费用索赔，P 代表可以获得利润索赔

表 12.3　2017 版黄皮书中业主向承包商索赔可引用的明示条款

序号	条款号	条款名称	索赔事项及可索赔内容
1	1.13	遵守法律	由于承包商未能提供协助和文件原因使业主未能获取相关许可，或由于承包商未能遵守业主获取的许可证(完税证明)、许可、执照或批准使业主遭受了额外的费用
2	4.2.2	履约保证的索赔	业主根据所列事项提出的履约保证金或其他费用索赔
3	5.2.2	工程师的审核	承包商重新提交承包商文件供工程师审核，使业主产生了额外费用
4	7.4	承包商试验	承包商延误某试验使业主招致的损失
5	7.5	缺陷和拒收	工程师要求对有缺陷的设备、材料、承包商设计(如有)或工艺拒收或重新检验使业主招致额外费用
6	7.6	修补工作	承包商未能按工程师的指示移除不合格的设备材料，以及不符合合同规定的工作使业主支付的所有费用
7	8.7	工程进度	承包商因为自身的原因导致进度缓慢，需要加快速度使业主支付的额外费用
8	8.8	误期损害赔偿费	承包商未能按第 8.2 款规定时间竣工而向业主支付误期损害赔偿费
9	9.2	延误的试验	由于承包商原因导致竣工试验延误，业主自行检验发生的额外费用
10	9.3	重新试验	适用第 7.5 款，工程或区段未能通过竣工试验，从而对有缺陷的设备、材料、承包商设计(如有)或工艺重新检验使业主支付的额外费用

(续表)

序号	条款号	条款名称	索赔事项及可索赔内容
11	9.4	未能通过竣工试验	工程或区段未能通过第9.3款规定的竣工试验而业主要求移交情况下,应向业主支付的性能损害赔偿费或合同额的减少
12	11.1	完成扫尾工作和修补缺陷	适用于第7.5款,对有缺陷的设备、材料、承包商设计(如有)或工艺重新检验使业主支付的额外费用
13	11.3	缺陷通知期限的延长	因承包商的责任而使工程或设备发生的缺陷或损害导致工程、区段或部分工程不能按原定目的使用而导致的缺陷通知期(DNP)的延长
14	11.4	未能修补缺陷	承包商未能在合理期限内修补缺陷或损害,业主自行或委托他人完成修复工作修补费用或者合同价格的扣减;接收带有缺陷或损害的工程,承包商应支付性能损害赔偿费或合同价格的扣减;如缺陷或损害使业主丧失了工程整体利益时,业主有权索赔为工程支付的全部费用。加上融资、拆除、清理现场以及将生产设备和材料退还给承包商的费用
15	11.8	承包商的调查	承包商未进行调查,业主人员可自行调查所发生的额外费用
16	11.11	现场清理	承包商未能按合同规定清理现场,业主可自行处理和恢复现场而支付的额外费用
17	12.3	重新试验	根据第11.2款列举的事项重新试验导致业主增加额外的费用
18	12.4	未能通过竣工后试验	承包商未能达到性能要求而应当赔偿业主的性能损害赔偿费
19	13.6	因法律改变的调整	法律改变导致工程费用减少时,业主有权扣减合同价格
20	15.4	承包商违约导致的终止后的付款	承包商严重违约、破坏或行贿,业主可终止合同并向承包商索赔完成工作所需的额外费用、由此造成的损失或损害赔偿费以及误期损害赔偿费

表12.4　2017版黄皮书中业主向承包商索赔可引用的默示条款

序号	条款号	条款名称	索赔事项内及可索赔内容
1	4.14	避免干扰	承包商因不必要和不恰当的干扰给业主带来的任何损失和额外的费用
2	4.16	货物运输	承包商因货物运输导致业主的损失和额外的费用
3	4.18	环境保护	由于承包商污染环境,导致业主利益受到损失及额外的费用
4	4.19	临时设施	承包商使用业主提供的临时设施而应支付的设施费
5	14.2	预付款	在颁发工程接收证书前,或者由于其他原因终止合同前,尚未还清的预付款
6	17.4	承包商的保障	承包商提供保障的范围内,业主所发生的损失和额外的费用
7	19.1	保险的一般要求	承包商未能遵守相应的规定而使业主支付的额外费用

2）索赔证据

索赔证据是当事人用来支持其索赔成立或和索赔有关的证明文件和资料。索赔证据作为索赔文件的组成部分，在很大程度上关系到索赔的成功与否。证据不全、不足或没有证据，索赔是很难获得成功的。

在工程项目的实施过程中，会产生大量的工程信息和资料，这些信息和资料是开展索赔的重要依据。如果项目资料不完整，索赔就难以顺利进行。因此在施工过程中应始终做好资料积累工作，建立完善的资料记录和科学管理制度，认真系统地积累和管理合同文件、质量、进度及财务收支等方面的资料。对于可能会发生索赔的工程项目，从开始施工时就要有目的地搜集证据资料，系统地拍摄现场，妥善保管开支收据，有意识地为索赔文件积累所必要的证据材料。常见的索赔证据主要有：

(1) 各种合同文件，包括工程合同及附件、中标通知书、投标书、标准和技术规范、图纸、工程量清单、工程报价单或预算书、有关技术资料和要求等。具体的如发包人提供的水文地质、地下管网资料，施工所需的证件、批件、临时用地占地证明手续、坐标控制点资料等。

(2) 经工程师批准的承包人施工进度计划、施工方案、施工组织设计和具体的现场实施情况记录。各种施工报表有：① 驻地工程师填制的工程施工记录表，这种记录能提供关于气候、施工人数、设备使用情况和部分工程局部竣工等情况；② 施工进度表；③ 施工人员计划表和人工日报表；④ 施工用材料和设备报表等。

(3) 施工日志及工长工作日志、备忘录等。施工中发生的影响工期或工程资金的所有重大事情均应写入备忘录存档。备忘录应按年、月、日顺序编号，以便查阅。

(4) 工程有关施工部位的照片及录像等。保存完整的工程照片和录像能有效地显示工程进度。因而除了标书上规定需要定期拍摄的工程照片和录像外，承包人自己应经常注意拍摄工程照片和录像，注明日期，作为自己查阅的资料。

(5) 工程各项往来信件、电话记录、指令、信函、通知、答复等。有关工程的来往信件内容常常包括某一时期工程进展情况的总结以及与工程有关的当事人，尤其是这些信件的签发日期对计算工程延误时间具有很大参考价值。因而来往信件应妥善保存，直到合同全部履行完毕，所有索赔均获解决时为止。

(6) 工程各项会议纪要、协议及其他各种签约、定期与业主雇员的谈话资料等。业主雇员对合同和工程实际情况掌握第一手资料，与他们交谈的目的是摸清施工中可能发生的意外情况，会碰到什么难处理的问题，以便做到事前心中有数，一旦发生进度延误，承包人即可提出延误原因，说明延误原因是业主造成的，为索赔埋下伏笔。在施工合同的履行过程中，业主、工程师和承包人定期或不定期的会谈所做出的决定或决议，是施工合同的补充，应作为施工合同的组成部分，但会谈纪要只有经过各方签署后方可作为索赔的依据。业主与承包人、承包人与分包人之间定期或临时召开的现场会议讨论工程情况的会议记录，能被用来追溯项目的执行情况。查阅业主签发工程内容变动通知的背景和签发通知的日期，也能查阅在施工中最早发现某一重大情况的确切时间。另外这些记录也能反映承包人对有关情况采取的行动。

(7) 发包人或工程师发布的各种书面指令书和确认书，以及承包人要求、请求、通知书等。

(8) 气象报告和资料。如有关天气的温度、风力、雨雪的资料等。

(9) 投标前业主提供的参考资料和现场资料等。

(10) 施工现场记录。工程各项有关设计交底记录、变更图纸、变更施工指令等,工程图纸、图纸变更、交底记录的送达份数及日期记录,工程材料和机械设备的采购、订货、运输、进场、验收、使用等方面的凭据及材料供应清单、合格证书,工程送电、送水、道路开通、封闭的日期及数量记录,工程停电、停水和干扰事件影响的日期及恢复施工的日期等。

(11) 工程各项经业主或工程师签认的签证。如承包人要求预付通知,工程量核实确认单等。

(12) 工程结算资料和有关财务报告。如工程预付款、进度款拨付的数额及日期记录、工程结算书、保修单等。

(13) 各种检查验收报告和技术鉴定报告。由工程师签字的工程检查和验收报告反映出某一单项工程在某一特定阶段竣工的程度,并记录了该单项工程竣工的时间和验收的日期,应该妥为保管。如:质量验收单、隐蔽工程验收单、验收记录、竣工验收资料、竣工图等。

(14) 各类财务凭证。需要收集和保存的工程基本会计资料包括工卡、人工分配表、注销薪水支票、工人福利协议、经会计师核算的薪水报告单、购料定单收讫发票、收款票据、设备使用单据、注销账应付支票、账目图表、总分类账、财务信件、经会计师核证的财务决算表、工程预算、工程成本报告书、工程内容变更单等。工人或雇请人员的薪水单据应按日期编存归档,薪水单上费用的增减能揭示工程内容增减的情况和开始的时间。承包人应注意保管和分析工程项目的会计核算资料,以便及时发现索赔机会,准确地计算索赔的款额,争取合理的资金回收。

(15) 其他,包括分包合同、官方的物价指数、汇率变化表以及国家、省、市有关影响工程造价、工期的文件、规定等。

3) 索赔证据的基本要求

(1) 真实性:索赔证据必须是在实施合同过程中确实存在和实际发生的,是施工过程中产生的真实资料,能经得住推敲。

(2) 及时性:索赔证据的取得及提出应当及时。这种及时性反映了承包人的态度和管理水平。

(3) 全面性:所提供的证据应能说明事件的全部内容。索赔报告中涉及的索赔理由、事件过程、影响、索赔值等都应有相应证据,不能零乱和支离破碎。

(4) 关联性:索赔的证据应当与索赔事件有必然联系,并能够互相说明、符合逻辑,不能互相矛盾。

(5) 有效性:索赔证据必须具有法律效力。一般要求证据必须是书面文件,有关记录、协议、纪要必须是双方签署的。工程中重大事件、特殊情况的记录、统计必须由工程师签证认可。

12.1.5 索赔文件(报告)

1) 索赔文件的一般内容

索赔文件也称索赔报告,它是合同一方向对方提出索赔的书面文件。它全面反映了一方当事人对一个或若干个索赔事件的所有要求和主张，对方当事人也是通过对索赔文件的审核、分析和评价做出认可、要求修改、反驳甚至拒绝的回答，索赔文件也是双方进行索赔谈判或调解、仲裁、诉讼的依据，因此索赔文件的表达与内容对索赔的解决有重大影响。索赔方必须认真编写索赔文件。

在合同履行过程中，一旦出现索赔事件，承包人应该按照索赔文件的构成内容，及时地向业主提交索赔文件。单项索赔文件的一般格式如下：

(1) 题目。索赔报告的标题应该能够简要准确地概括索赔的中心内容。如：关于……事件的索赔。

(2) 事件。详细描述事件过程，主要包括：事件发生的工程部位、发生的时间、原因和经过、影响的范围以及承包人当时采取的防止事件扩大的措施、事件持续时间、承包人已经向业主或工程师报告的次数及日期、最终结束影响的时间、事件处置过程中的有关主要人员办理的有关事项等，也包括双方信件交往、会谈，并指出对方如何违约，证据的编号等。

(3) 理由。指明索赔的依据，主要是法律依据和合同条款的规定。合理引用法律和合同的有关规定，建立事实与损失之间的因果关系，说明索赔的合理合法性。

(4) 结论。指出事件造成的损失或损害及其大小，主要包括要求补偿的金额及工期，这部分只需列举各项明细数字及汇总数据即可。

(5) 详细计算书(包括损失估价和延期计算两部分)。为了证实索赔金额和工期的真实性，必须指明计算依据及计算资料的合理性，包括损失费用、工期延长的计算基础、计算方法、计算公式及详细的计算过程及计算结果。

(6) 附件。包括索赔报告中所列举事实、理由、影响等各种编过号的证明文件和证据、图表。

对于一揽子索赔，其格式比较灵活，它实质上是将许多未解决的单项索赔加以分类和综合整理。一揽子索赔文件往往需要很大的篇幅甚至几百页材料来描述其细节。一揽子索赔文件的主要组成部分如下：

① 索赔致函和要点；

② 总情况介绍(叙述施工过程、对方失误等)；

③ 索赔总表(将索赔总数细分、编号，每一条目写明索赔内容的名称和索赔额)；

④ 上述事件详述；

⑤ 上述事件结论；

⑥ 合同细节和事实情况；

⑦ 分包人索赔；

⑧ 工期延长的计算和损失费用的估算；

⑨ 各种证据材料等。

2) 索赔文件的编写要求

编写索赔文件需要实际工作经验，索赔文件如果起草不当，会失去索赔方的有利地位和条件，使正当的索赔要求得不到合理解决。对于重大索赔或一揽子索赔，最好能在律师或索赔专家的指导下进行。以下以承包人索赔为例，说明编写索赔文件的基本要求：

(1) 符合实际

索赔事件要真实、证据确凿。索赔的根据和款额应符合实际情况,不能虚构和扩大,更不能无中生有,这是索赔的基本要求。这既关系到索赔的成败,也关系到企业的信誉。一个符合实际的索赔文件,可使审阅者看后的第一印象是合情合理,不会立即予以拒绝。相反如果索赔要求缺乏根据,不切实际地漫天要价,使对方一看就极为反感,甚至连其中合理的索赔部分也被置之不理,不利于索赔问题的最终解决。

(2) 说服力强

① 符合实际的索赔要求,本身就具有说服力,但除此之外索赔文件中责任分析应清楚、准确。

一般承包人的索赔所针对的事件都是由于非承包人责任而引起的,因此,在索赔报告中要善于引用法律和合同中的有关条款,详细、准确地分析并明确指出对方应负的全部责任,并附上有关证据材料,不可在责任分析上模棱两可、含糊不清。对事件叙述要清楚明确,不应包含任何估计或猜测。

② 强调事件的不可预见性和突发性。说明即使一个有经验的承包人对它不可能有预见或有准备,也无法制止,并且承包人为了避免和减轻该事件的影响和损失已尽了最大的努力,及时采取了能够采取的措施,从而使索赔理由更加充分,更易于对方接受。

③ 论述要有逻辑。明确阐述由于索赔事件的发生和影响,使承包人的工程施工受到严重干扰,并为此增加了支出,拖延了工期。应强调索赔事件、对方责任、工程受到的影响和索赔之间有直接的因果关系。

(3) 计算准确

索赔文件中应完整列入索赔值的详细计算资料,指明计算依据、计算原则、计算方法、计算过程及计算结果的合理性,必要的地方应作详细说明。计算结果要反复校核,做到准确无误,要避免高估冒算。计算上的错误,尤其是扩大索赔款的计算错误,会给对方留下恶劣的印象,对方会认为提出的索赔要求太不严肃,其中必有多处弄虚作假,从而会直接影响索赔的成功。

(4) 简明扼要

索赔文件在内容上应结构合理、条理清楚,各种定义、论述、结论正确,逻辑性强,既能完整地反映索赔要求,又简明扼要,使对方很快地理解索赔的本质。索赔文件最好采用活页装订,印刷清晰。同时,用语应尽量婉转,避免使用强硬、不礼貌的语言。

12.1.6 索赔工作程序

索赔工作程序是指从索赔事件产生到最终处理的全过程所包括的工作内容和工作步骤。由于索赔工作的实质是承包人和业主在分担工程风险方面的重新分配,涉及双方的众多经济利益,因而是一项繁琐、细致、耗费精力和时间的过程。因此,合同双方必须严格按照合同规定办事,按合同规定的索赔程序工作,才能获得成功的索赔。具体工程的索赔工作程序,应根据双方签订的施工合同产生。图 12.1 给出了国内某工程项目承包人的索赔工作程序,可供参考。

在工程实践中,比较详细的索赔工作程序一般可分为如下主要步骤:

1) 索赔意向通知

索赔意向通知是一种维护自身索赔权利的文件。在工程实施过程中,承包人发现索赔

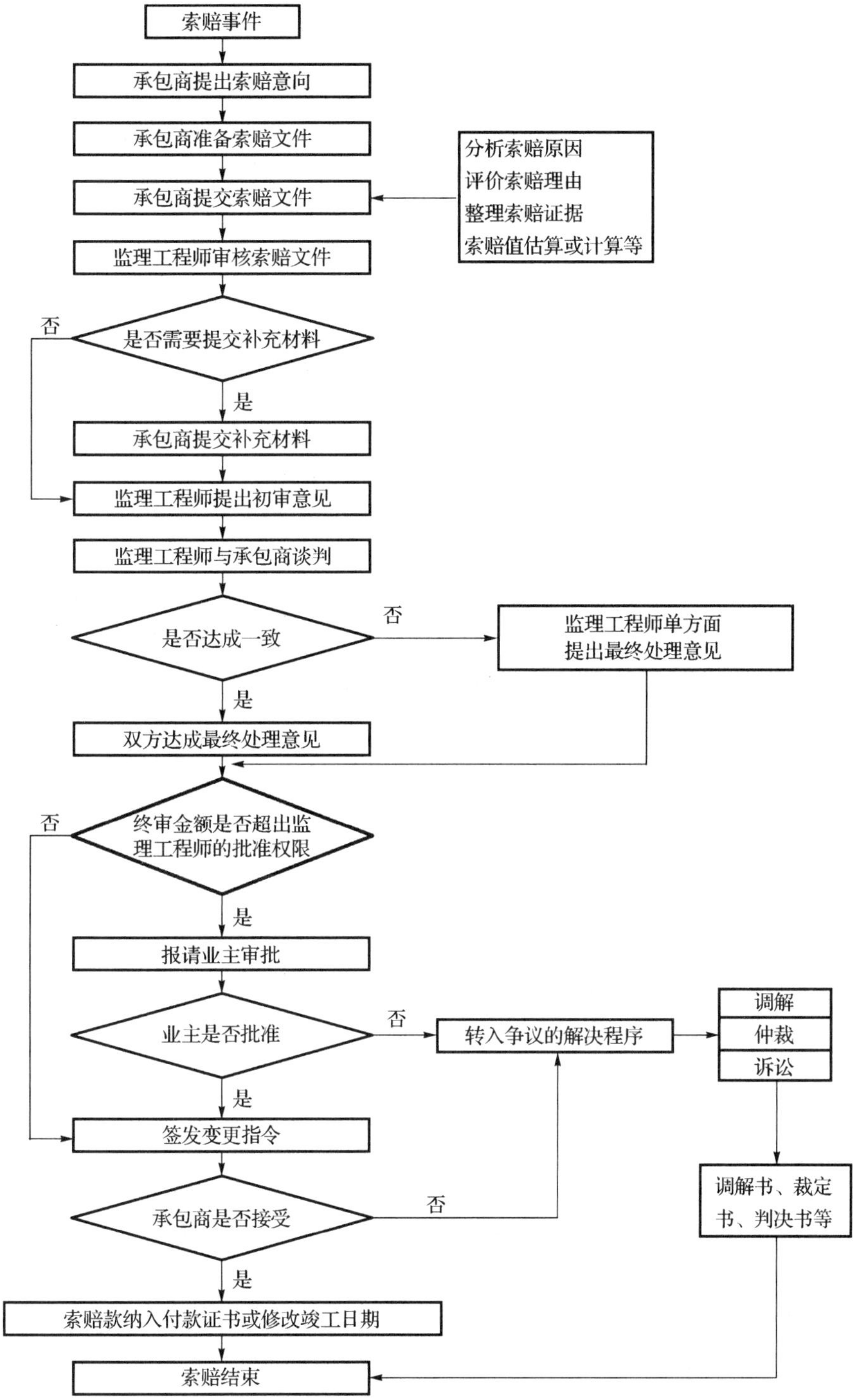

图 12.1　某工程项目索赔工作程序

或意识到存在潜在的索赔机会后,要做的第一件事是要在合同规定的时间内将自己的索赔意向,用书面形式及时通知业主或工程师,亦即向业主或工程师就某一个或若干个索赔事件表示索赔愿望、要求或声明保留索赔的权利。索赔意向的提出是索赔工作程序中的第一步,其关键是抓住索赔机会,及时提出索赔意向。

索赔意向通知,一般仅仅是向业主或工程师表明索赔意向,所以应当简明扼要。通常只要说明以下几点内容:索赔事由发生的时间、地点、简要事实情况和发展动态;索赔所依据的合同条款和主要理由;索赔事件对工程成本和工期产生的不利影响。

FIDIC合同条件及我国建设工程施工合同条件都规定;承包人应在索赔事件发生后的28天内,将其索赔意向以正式函件通知工程师。反之如果承包人没有在合同规定的期限内提出索赔意向或通知,承包人则会丧失在索赔中的主动和有利地位,业主和工程师也有权拒绝承包人的索赔要求,这是索赔成立的有效和必备条件之一。《土木工程施工合同条件》(2017版)第19条特别规定,如果承包人未在知道或应当知道索赔事件发生后28天内发出索赔意向通知书的,将丧失要求追加付款和(或)延长工期的权利;同样如果发包人未在知道或应当知道索赔事件发生后28天内通过监理人向承包人提出索赔意向通知书的,将丧失要求赔付金额和(或)延长缺陷责任期的权利。

因此在实际工作中,承包人应避免合理的索赔要求由于未能遵守索赔时限的规定而导致无效。在实际的工程承包合同中,对索赔意向提出的时间限制不尽相同,只要双方经过协商达成一致并写入合同条款即可。施工合同要求承包人在规定期限内首先提出索赔意向,是基于以下考虑;

(1) 提醒业主或工程师及时关注索赔事件的发生、发展等全过程。

(2) 为业主或工程师的索赔管理作准备,如可进行合同分析、搜集证据等。

(3) 如属业主责任引起索赔,业主有机会采取必要的改进措施,防止损失的进一步扩大。

2) 准备索赔资料

从提出索赔意向到提交索赔文件,是属于承包人索赔的内部处理阶段和索赔资料准备阶段。此阶段的主要工作有:

(1) 跟踪和调查干扰事件,掌握事件产生的详细经过和前因后果。

(2) 分析干扰事件产生原因,划清各方责任,确定由谁承担,并分析这些干扰事件是否违反了合同规定,是否在合同规定的赔偿或补偿范围内,即确定索赔根据。

(3) 损失或损害调查或计算。通过对比实际和计划的施工进度和工程成本,分析经济损失或权利损害的范围和大小,并由此计算出工期索赔和费用索赔值。

(4) 搜集证据。从干扰事件产生、持续直至结束的全过程,都必须保留完整的当时记录,这是索赔能否成功的重要条件。在实际工作中,许多承包人的索赔要求都因没有或缺少书面证据而得不到合理解决,这个问题应引起承包人的高度重视。

(5) 起草索赔文件。按照索赔文件的格式和要求,将上述各项内容系统反映在索赔文件中。

索赔的成功很大程度上取决于承包人对索赔作出的解释和真实可信的证明材料。即使抓住了合同履行中的索赔机会,如果没有索赔证据或证据不充分,其索赔要求往往难以成功或被大打折扣。因此,承包人在正式提出索赔报告前的资料准备工作极为重要。这就要求承包人注意记录和积累保存工程施工过程中的各种资料,并可随时从中提取与索赔事件有关的证明资料。

3) 提交索赔文件

承包人必须在合同规定的索赔时限内向业主或工程师提交正式的书面索赔文件。FIDIC合同条件和我国建设工程施工合同条件都规定,承包人必须在发出索赔意向通知后的28天内或经工程师同意的其他合理时间内,向工程师提交一份详细的索赔文件和有关资料。如果干扰事件对工程的影响持续时间长,承包人则应按工程师要求的合理间隔(一般28天),提交中间索赔报告,并在干扰事件影响结束后的28天内提交一份最终索赔报告。如果承包人未能按时间规定提交索赔报告,则他就失去了该项事件请求补偿的索赔权利,此时他所受到损害的补偿,将不超过工程师认为应主动给予的补偿额,或把该事件损害提交仲裁解决时,仲裁机构依据合同和同期记录可以证明的损害补偿额。

4) 工程师审核索赔文件

工程师是受业主的委托和聘请,对工程项目的实施进行组织、监督和控制工作。在业主与承包人之间的索赔事件的处理解决过程中,工程师是个核心人物。工程师在接到承包人的索赔文件后,必须以完全独立的身份,站在客观公正的立场上审查索赔要求的正当性,必须对合同条件、协议条款等有详细的了解,以合同为依据来公平处理合同双方的利益纠纷。工程师应该建立自己的索赔档案,密切关注事件的影响和发展,有权检查承包人的有关同期记录材料,随时就记录内容提出他的不同意见或他认为应予以增加的记录项目。

工程师根据业主的委托或授权,对承包人索赔的审核工作主要分为判定索赔事件是否成立和核查承包人的索赔计算是否正确、合理两个方面,并可在业主授权的范围内作出自己独立的判断。

承包人索赔要求的成立必须同时具备如下四个条件:

(1) 与合同相比较,事件已经造成了承包人实际的额外费用增加或工期损失。

(2) 造成费用增加或工期损失的原因不是由于承包人自身的责任所造成。

(3) 这种经济损失或权利损害也不是由承包人应承担的风险所造成。

(4) 承包人在合同规定的期限内提交了书面的索赔意向通知和索赔文件。

上述四个条件没有先后主次之分,并且必须同时具备,承包人的索赔才能成立。

工程师对索赔文件的审查重点主要有两步:

(1) 重点审查承包人的申请是否有理有据,即承包人的索赔要求是否有合同依据,所受损失确属不应由承包人负责的原因造成,提供的证据是否足以证明索赔要求成立,是否需要提交其他补充材料等。

(2) 工程师应以公正的立场、科学的态度,重点审查并核算索赔值的计算是否正确、合理,分清责任,对不合理的索赔要求或不明确的地方提出反驳和质疑,或要求承包人作出进一步的解释和补充,并拟定自己计算的合理索赔款项和工期延展天数。

5) 工程师对索赔的处理与决定

工程师核查后初步确定应予补偿的额度,往往与承包人的索赔报告中要求的额度不一致,甚至差额较大,主要原因大多为对承担事件损害责任的界限划分不一致、索赔证据不充分、索赔计算的依据和方法分歧较大等,因此双方应就索赔的处理进行协商。通过协商达不成共识的话,工程师有权单方面作出处理决定,承包人仅有权得到所提供的证据满足工程师认为索赔成立那部分的付款和工期延展。不论工程师通过协商与承包人达成一致,还是他单方面作出的处理决定,批准给予补偿的款额和延展工期的天数如果在授权范围之内,则可将此结果通知承包人,并抄送业主。补偿款将计入下月支付工程进度款的支付证书内,业主应在合同规定的期限内支付,延展的工期加到原合同工期中去。如果批准的额度超过工程师的权限,则应报请业主批准。

对于持续影响时间超过28天以上的工期延误事件,当工期索赔条件成立时,对承包人每隔28天报送的阶段索赔临时报告审查后,每次均应作出批准临时延长工期的决定,并于事件影响结束后28天内承包人提出最终的索赔报告后,批准延展工期总天数。应当注意的是:最终批准的总延展天数,不应少于以前各阶段已同意延展天数之和。规定承包人在事件影响期间每隔28天提出一次阶段报告,可以使工程师能及时根据同期记录批准该阶段应予延展工期的天数,避免事件影响时间太长而不能准确确定处理意见。

工程师经过对索赔文件的认真评审,并与业主、承包人进行了较充分的讨论后,应提出自己的索赔处理决定。通常,工程师的处理决定不是终局性的,对业主和承包人都不具有强制性的约束力。

我国建设工程施工合同条件规定,工程师收到承包人送交的索赔报告和有关资料后应在28天内给予答复,或要求承包人进一步补充索赔理由和证据。如果在28天内既未予答复、也未对承包人作进一步要求,则视为承包人提出的该项索赔要求已经认可。

6) 业主审查索赔处理

当索赔数额超过工程师权限范围时,由业主直接审查索赔报告,并与承包人谈判解决,工程师应参加业主与承包人之间的谈判,工程师也可以作为索赔争议的调解人。业主首先根据事件发生的原因、责任范围、合同条款审核承包人的索赔文件和工程师的处理报告,再依据工程建设的目的、投资控制、竣工投产日期要求以及针对承包人在施工中的缺陷或违反合同规定等的有关情况,决定是否批准工程师的处理决定。例如,承包人某项索赔理由成立,工程师根据相应条款的规定,既同意给予一定的费用补偿,也批准延展相应的工期,但业主权衡了施工的实际情况和外部条件的要求后,可能不同意延展工期,而宁愿给承包人增加费用补偿额,要求他采取赶工措施,按期或提前完工,这样的决定只有业主才有权作出。索赔报告经业主批准后,工程师即可签发有关证书。对于数额比较大的索赔,一般需要业主、承包人和工程师三方反复协商才能作出最终处理决定。

7) 索赔最终处理

如果承包人同意接受最终的处理决定,索赔事件的处理即告结束。如果承包人不同意,则可根据合同约定,将索赔争议提交仲裁或诉讼,使索赔问题得到最终解决,参见第13章。在仲裁或诉讼过程中,工程师作为工程全过程的参与者和管理者,可以作为见证人提供证据、做答辩。

工程项目实施中会发生各种各样、大大小小的索赔、争议等问题,应该强调:合同各方应该争取尽量在最早的时间、最低的层次,尽最大可能以友好协商的方式解决索赔问题,不要轻易提交仲裁或诉讼。因为对工程争议的仲裁或诉讼往往是非常复杂的,要花费大量的人力、物力、财力和精力，对工程建设也会带来不利，有时甚至是严重的影响。

12.1.7 索赔技巧与艺术

索赔工作既有科学严谨的一面，又有艺术灵活的一面。对于一个确定的索赔事件往往没有预定的、确定的解，它受制于双方签订的合同文件、各自的工程管理水平和索赔能力以及处理问题的公正性、合理性等因素。因此索赔成功不仅需要令人信服的法律依据、充足的理由和正确的计算方法，索赔的策略、技巧和艺术也相当重要。如何看待和对待索赔，实际上是个经营战略问题，是承包人对利益、关系、信誉等方面的综合权衡。首先承包人应防止两种极端倾向：

(1) 只讲关系、义气和情意，忽视应有的合理索赔，致使企业遭受不应有的经济损失。

(2) 不顾关系，过分注重索赔，斤斤计较，缺乏长远和战略目光，以致影响合同关系、企业信誉和长远利益。

此外合同双方在开展索赔工作时，还要注意以下索赔技巧和艺术：

(1) 索赔是一项十分重要和复杂的工作，涉及面广，合同当事人应设专人负责索赔工作，指定专人收集、保管一切可能涉及索赔论证的资料，并加以系统分析研究，做到处理索赔时以事实和数据为依据。对于重大的索赔，双方应不惜重金聘请专家(懂法律和合同，有丰富的施工管理经验，懂会计学，了解施工中的各个环节，善于从图纸、技术规范、合同条款及来往信件中找出矛盾、找出有依据的索赔理由)指导，组成强有力的谈判小组。

(2) 正确把握提出索赔的时机。索赔过早提出，往往容易遭到对方反驳或在其他方面可能施加的挑剔、报复等；过迟提出，则容易留给对方借口，索赔要求遭到拒绝。因此索赔方必须在索赔时效范围内适时提出。如果老是担心或害怕影响双方合作关系，有意将索赔要求拖到工程结束时才正式提出，可能会事与愿违，适得其反。

(3) 及时、合理地处理索赔。索赔发生后，必须依据合同的准则及时地对索赔进行处理。如果承包人的合理索赔要求长时间得不到解决，单项工程的索赔积累下来，有时可能影响整个工程的进度。此外，拖到后期综合索赔，往往还牵涉到利息、预期利润补偿、工程结算以及责任的划分、质量的处理等，大大增加了处理索赔的难度。因此尽量将单项索赔在执行过程中加以解决，这样做不仅对承包人有益，同时也体现了处理问题的水平，既维护了业主的利益，又照顾了承包人的实际情况。

(4) 加强索赔的前瞻性，有效避免过多索赔事件的发生。由于工程项目的复杂多变、现场条件及气候环境的变化、标书及施工说明中的错误等因素不可避免，索赔是不可避免的。在工程的实施过程中，工程师要将预料到的可能发生的问题及时告诉承包人，避免由于工程返工所造成的工程成本上升，这样也可以减轻承包人的压力，减少其想方设法通过索赔途径弥补工程成本上升所造成的利润损失。另外，工程师在项目实施过程中，应对可能引起的索赔有所预测，及时采取补救措施，避免过多索赔事件的发生。

(5) 注意索赔程序和索赔文件的要求。承包人应该以正式书面方式向工程师提出索赔意向和索赔文件，索赔文件要求符合实际、根据充分、条理清楚、数据准确。

(6) 索赔谈判中注意方式方法。合同一方向对方提出索赔要求，进行索赔谈判时，措辞应婉转，说理应透彻，以理服人，而不是得理不让人，尽量避免使用抗议式提法，在一般情况下少用或不用如“你方违反合同”“使我方受到严重损害”等类词句，最好采用“请求贵方作公平合理的调整”“请在×××合同条款下加以考虑”等,既要正确表达自己的索赔要求,又不伤害双方的和气和感情,以达到索赔的良好效果。如果对于一次次合理的索赔要求,对方拒不合作或置之不理,并严重影响工程的正常进行,索赔方可以采取较为严厉的措辞和切实可行的手段,以实现自己的索赔目标。

(7) 索赔处理时作适当必要的让步。在索赔谈判和处理时应根据情况作出必要的让步,扔“芝麻”抱“西瓜”,有所失才有所得。可以放弃金额小的小项索赔,坚持大项索赔。这样容易使对方做出让步,达到索赔的最终目的。

(8) 发挥公关能力。除了进行书信往来和谈判桌上的交涉外,有时还要发挥索赔人员的公关能力,采用合法的手段和方式,营造适合索赔争议解决的良好环境和氛围,促使索赔问题的早日圆满解决。

索赔既是一门科学,同时又是一门“艺术”,它是一门融自然科学、社会科学于一体的边缘科学,涉及工程技术、工程管理、法律、财会、贸易、公共关系等在内的众多学科知识,因此索赔人员在实践过程中,应注重对这些知识的有机结合和综合应用,不断学习,不断体会,不断总结经验教训,才能更好地开展索赔工作。

12.2 工期索赔

12.2.1 工程延误的合同规定

工程延误是指工程实施过程中任何一项或多项工作实际完成日期迟于计划规定的完成日期,从而可能导致整个合同工期的延长。工程工期是施工合同中的重要条款之一,涉及业主和承包人多方面的权利和义务关系。工程延误对合同双方一般都会造成损失。业主因工程不能及时交付使用、投入生产,就不能按计划实现投资效果,失去盈利机会,损失市场利润;承包人因工期延误而会增加工程成本,如现场工人工资开支、机械停滞费用、现场和企业管理费等,生产效率降低,企业信誉受到影响,最终还可能导致合同规定的误期损害赔偿费处罚。因此工程延误的后果是形式上的时间损失,实质上的经济损失,无论是业主还是承包人,都不愿意无缘无故地承担由工程延误给自己造成的经济损失。工程工期是业主和承包人经常发生争议的问题之一,工期索赔在整个索赔中占据了很高的比例,也是承包人索赔的重要内容之一。

1) 关于工期延误的合同一般规定

如果由于非承包人自身原因造成工程延期,在土木工程合同和房屋建造合同中,通常都规定承包人有权向业主提出工期延长的索赔要求。如果能证实因此造成了额外的损失或开支,承包人还可以要求经济赔偿,这是施工合同赋予承包人要求延长工期的正当权利。

我国《2017版建设工程施工合同条件》、FIDIC合同条件、英国JCT63合同、JCT80合同和IFC84合同等都有具体和类似的规定。

2) 关于误期损害赔偿费的合同一般规定

如果由于承包人自身原因未能在原定的或工程师同意延长的合同工期内竣工时,承包人则应承担误期损害赔偿费,这是施工合同赋予业主的正当权利。具体内容主要有两点:

(1) 如果承包人没有在合同规定的工期内或按合同有关条款重新确定的延长期限内完成工程时,工程师将签署一个承包人延期的证明文件。

(2) 根据此证明文件,承包人应承担违约责任,并向业主赔偿合同规定的延期损失。业主可从他自己掌握的已属于或应属于承包人的款项中扣除该项赔偿费,且这种扣款或支付,不应解除承包人对完成此项工程的责任或合同规定的承包人的其他责任与义务。

3) 承包人要求延长工期的目的

(1) 根据合同条款的规定,免去或推卸自己承担误期损害赔偿费的责任。

(2) 确定新的工程竣工日期及其相应的保修期。

(3) 确定与工期延长有关的赔偿费用,如由于工期延长而产生的人工费、材料费、机械费、分包费、现场管理费、总部管理费、利息、利润等额外费用。

12.2.2 工程延误的分类、识别与处理原则

1) 工程延误的分类和识别

整个工程延误分类见图 12.2。

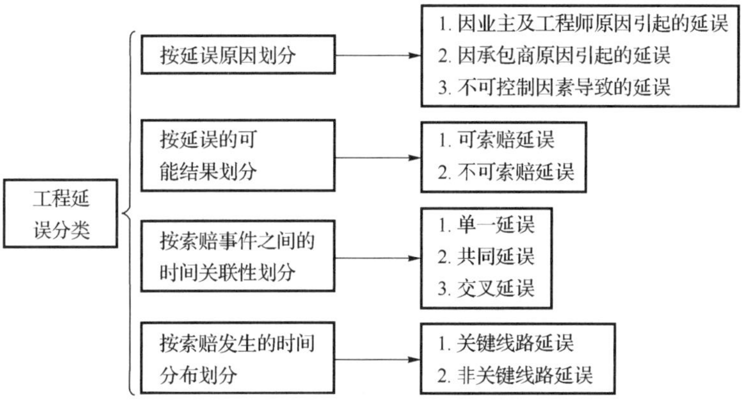

图 12.2 工程延误分类图

(1) 按工程延误原因划分

① 因业主及工程师自身原因或合同变更原因引起的延误

a. 业主拖延交付合格的施工现场。在工程项目前期准备阶段,由于业主没有及时完成征地、拆迁、安置等方面的有关前期工作,或未能及时取得有关部门批准的施工执照或准建手续等,造成施工现场交付时间推迟,承包人不能及时进驻现场施工,从而导致工程拖期。

b. 业主拖延交付图纸。业主未能按合同规定的时间和数量向承包人提供施工图纸,尤其是目前国内较多的边设计、边施工的项目,从而引起工期索赔。

c. 业主或工程师拖延审批图纸、施工方案、计划等。

d. 业主拖延支付预付款或工程款等。

e. 业主提供的设计数据或工程数据延误。如有关放线的资料不准确。

f. 业主指定的分包商违约或延误。

g. 业主未能及时提供合同规定的材料或设备。

h. 业主拖延关键线路上工序的验收时间,造成承包人下道工序施工延误。工程师对合格工程要求拆除或剥露部分工程予以检查,造成工程进度被打乱,影响后续工程的开展。

i. 业主或工程师发布指令延误,或发布的指令打乱了承包人的施工计划。业主或工程师原因暂停施工导致的延误。业主对工程质量的要求超出原合同的约定。

j. 业主设计变更或要求修改图纸,业主要求增加额外工程,导致工程量增加,工程变更或工程量增加引起施工程序的变动。业主的其他变更指令导致工期延长等。

② 因承包商(人)原因引起的延误

由承包人原因引起的延误一般是其内部计划不周、组织协调不力、指挥管理不当等原因引起的。如:

a. 施工组织不当,如出现窝工或停工待料现象。

b. 质量不符合合同要求而造成的返工。

c. 资源配置不足,如劳动力不足,机械设备不足或不配套,技术力量薄弱,管理水平低,缺乏流动资金等造成的延误。

d. 开工延误。

e. 劳动生产率低。

f. 承包人雇用的分包人或供应商引起的延误等。

显然上述延误难以得到业主的谅解,也不可能得到业主或工程师给予延长工期的补偿。承包人若想避免或减少工程延误的罚款及由此产生的损失,只有通过加强内部管理或增加投入,或采取加速施工的措施。

③ 不可控制因素导致的延误

a. 人力不可抗拒的自然灾害导致的延误。如有记录可查的特殊反常的恶劣天气、不可抗力引起的工程损坏和修复。

b. 特殊风险如战争、叛乱、革命、核装置污染等造成的延误。

c. 不利的自然条件或客观障碍引起的延误等。如现场发现化石、古钱币或文物。

d. 施工现场中其他承包人的干扰。

e. 合同文件中某些内容的错误或互相矛盾。

f. 罢工及其他经济风险引起延误,如政府抵制或禁运而造成工程延误等。

(2) 按工程延误的可能结果划分

① 可索赔延误

可索赔延误是指非承包人原因引起的工程延误,包括业主或工程师的原因和双方不可控制的因素引起的延误,并且该延误工序或作业一般应在关键线路上,此时承包人可提出补偿要求,业主应给予相应的合理补偿。根据补偿内容的不同,可索赔延误可进一步分为以下三种情况:

a. 只可索赔工期的延误。这类延误是由业主、承包人双方都不可预料、无法控制的原因造成的延误,如上文所述的不可抗力、异常恶劣气候条件、特殊社会事件、其他第三方等原因引起的延误。对于这类延误,一般合同规定:业主只给予承包人延长工期,不给予费用损失的补偿。但有些合同条件(如FIDIC)中对一些不可控制因素引起的延误,如“特殊风险”和“业主风险”引起的延误,业主还应给予承包人费用损失的补偿。

b. 只可索赔费用的延误。这类延误是指由于业主或工程师的原因引起的延误,但发生延误的活动对总工期没有影响，而承包人却由于该项延误负担了额外的费用损失。在这种情况下，承包人不能要求延长工期，但可要求业主补偿费用损失，前提是承包人必须能证明其受到了损失或发生了额外费用，如因延误造成的人工费增加、材料费增加、劳动生产率降低等。

c. 可索赔工期和费用的延误。这类延误主要是由于业主或工程师的原因而直接造成工期延误并导致经济损失。如业主未及时交付合格的施工现场，既造成承包人的经济损失，又侵犯了承包人的工期权利。在这种情况下，承包人不仅有权向业主索赔工期，而且还有权要求业主补偿因延误而发生的、与延误时间相关的费用损失。在正常情况下，对于此类延误，承包人首先应得到工期延长的补偿。但在工程实践中，由于业主对工期要求的特殊性，对于即使因业主原因造成的延误，业主也不批准任何工期的延长，即业主愿意承担工期延误的责任，却不希望延长总工期。业主这种做法实质上是要求承包人加速施工。由于加速施工所采取的各种措施而多支出的费用，就是承包人提出费用补偿的依据。

② 不可索赔延误

不可索赔延误是指因可预见的条件或在承包人控制之内的情况、或由于承包人自己的问题与过错而引起的延误。如果没有业主或工程师的不合适行为，没有上面所讨论的其他可索赔情况，则承包人必须无条件地按合同规定的时间实施和完成施工任务，而没有资格获准延长工期，承包人不应向业主提出任何索赔，业主也不会给予工期或费用的补偿。相反，如果承包人未能按期竣工，还应支付误期损害赔偿费。

(3) 按延误事件之间的时间关联性划分

① 单一延误。单一延误是指在某一延误事件从发生到终止的时间间隔内，没有其他延误事件的发生，该延误事件引起的延误称为单一延误或非共同延误。

② 共同延误。当两个或两个以上的单个延误事件从发生到终止的时间完全相同时，这些事件引起的延误称为共同延误。共同延误的补偿分析比单一延误要复杂。图 12.3 列出了共同延误发生的部分可能性组合及其索赔补偿分析结果。

③ 交叉延误。当两个或两个以上的延误事件从发生到终止只有部分时间重合时，称为交叉延误。由于工程项目是一个复杂的系统工程，影响因素众多，常常会出现多种原因引起的延误交织在一起，这种交叉延误的补偿分析比较复杂。实际上，共同延误是交叉延误的一种特殊情况。

(4) 按延误发生的时间分布划分

① 关键线路延误

关键线路延误是指发生在工程网络计划关键线路上活动的延误。由于在关键线路上全部工序的总持续时间即为总工期，因而关键线路上的任何工序的延误都会造成总工期的推迟，因此，非承包人原因引起的关键线路延误，必定是可索赔延误。

② 非关键线路延误

非关键线路延误是指在工程网络计划非关键线路上活动的延误。由于非关键线路上的工序可能存在机动时间，因而当非承包人原因发生非关键线路延误时，会出现两种可能性：

a. 延误时间少于该工序的机动时间。在此种情况下，所发生的延误不会导致整个工程的工期延误，因而业主一般不会给予工期补偿。但若因延误发生额外开支时，承包人可以提出费用补偿要求。

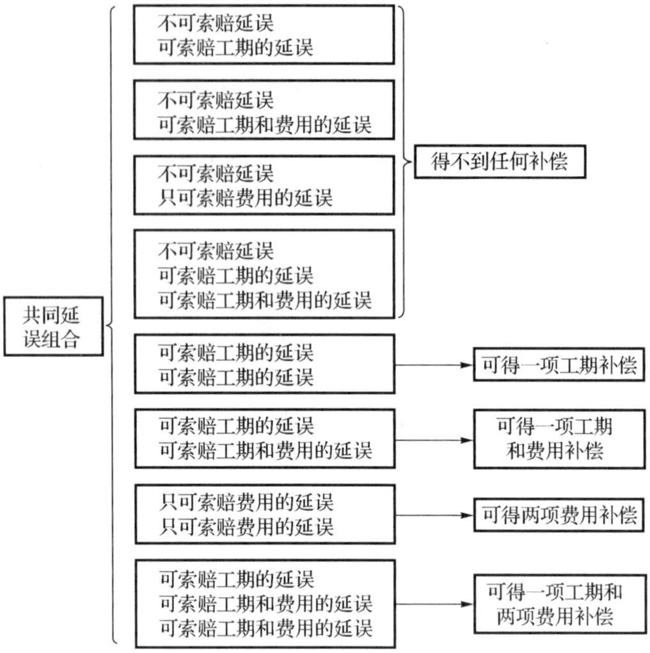

图 12.3　共同延误组合及补偿分析

b. 延误时间多于该工序的机动时间。此时，非关键线路上的延误会全部或部分转化为关键线路延误，从而成为可索赔延误。

2）工程延误的一般处理原则

（1）工程延误的一般处理原则

工程延期的影响因素可以归纳为两大类：第一类是合同双方均无过错的原因或因素而引起的延误，主要指不可抗力事件和恶劣气候条件等；第二类是由于业主或工程师原因造成的延误。一般地说，根据工程惯例对于第一类原因造成的工程延误，承包人只能要求延长工期，很难或不能要求业主赔偿损失；而对于第二类原因，假如业主的延误已影响了关键线路上的工作，承包人既可要求延长工期，又可要求相应的费用赔偿；如果业主的延误仅影响非关键线路上的工作，且延误后的工作仍属非关键线路，而承包人能证明因此（如劳动窝工、机械停滞等）引起的损失或额外开支，则承包人不能要求延长工期，但完全有可能要求费用赔偿。

（2）共同和交叉延误的处理原则

共同延误可分两种情况：在同一项工作上同时发生两项或两项以上延误；在不同的工作上同时发生两项或两项以上延误，是从对整个工程的综合影响方面讲的“共同延误”。第一种情况主要有以下几种基本组合：

① 可索赔延误与不可索赔延误同时存在。在这种情况下，承包人无权要求延长工期和费用补偿。可索赔延误与不可索赔延误同时发生时，则可索赔延误就变成不可索赔延误，这是工程索赔的惯例之一。

② 两项或两项以上可索赔工期的延误同时存在，承包人只能得到一项工期补偿。

③ 一项可索赔工期的延误与一项可索赔工期和费用的延误同时存在，承包人可获得一项工期和一项费用补偿。

④ 两项只可索赔费用的延误同时存在，承包人可得两项费用补偿。

⑤ 一项可索赔工期的延误与两项可索赔工期和费用的延误同时存在，承包人可获得一项工期和两项费用补偿。即：对于多项可索赔延误同时存在时，费用补偿可以叠加，工期补偿不能叠加，见图 12.3。

第二种情况比较复杂。由于各项工作在工程总进度表中所处的地位和重要性不同，同等时间的相应延误对工程进度所产生的影响也就不同。所以对这种共同延误的分析就不像第一种情况那样简单。比如，不同工作上业主延误（可索赔延误）和承包人延误（不可索赔延误）同时存在，承包人能否获得工期延长及经济补偿？对此应通过具体分析才能回答。首先我们要分析不同工作上业主延误和承包人延误分别对工程总进度造成了什么影响，然后将两种影响进行比较，对相互重叠部分按第一种情况的原则处理。最后，看看剩余部分是业主延误还是承包人延误造成的，如果是业主延误造成的，则应该对这一部分给予延长工期和经济补偿；如果是承包人延误造成的，就不能给予任何工期延长和经济补偿。对其他几种组合的共同延误也应具体问题具体分析。

对于交叉延误，可能会出现以下几种情况，参见图 12.4。具体分析如下：

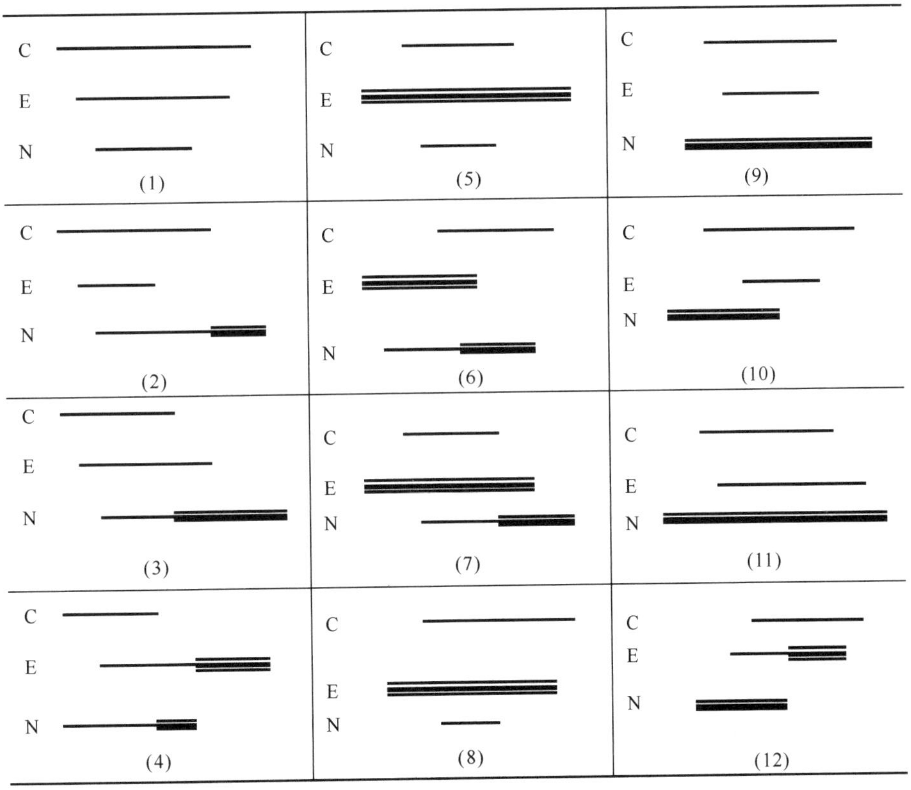

图 12.4 工程延误的交叉与补偿分析图

注：**C** 为承包商原因造成的延误；**E** 为业主或工程师原因造成的延误；**N** 为双方不可控制因素造成的延误；━为不可得到补偿的延期；▬▬为可以得到时间补偿的延期；═══为可以得到时间和费用补偿的延期。

① 在初始延误是由承包人原因造成的情况下,随之产生的任何非承包人原因的延误都不会对最初的延误性质产生任何影响,直到承包人的延误缘由和影响已不复存在。因而在该延误时间内,业主原因引起的延误和双方不可控制因素引起的延误均为不可索赔延误。见图 12.4 中的(1)~(4)。

② 如果在承包人的初始延误已解除后,业主原因的延误或双方不可控制因素造成的延误依然在起作用,那么承包人可以对超出部分的时间进行索赔。在图 12.4 中(2)和(3)的情况下,承包人可以获得所示时段的工期延长,并且在图中(4)等情况下还能得到费用补偿。

③ 反之,如果初始延误是由于业主或工程师原因引起的,那么其后由承包人造成的延误将不会使业主摆脱(尽管有时或许可以减轻)其责任。此时承包人将有权获得从业主的延误开始到延误结束期间的工期延长及相应的合理费用补偿,如图 12.4 中(5)~(8)所示。

④ 如果初始延误是由双方不可控制因素引起的,那么在该延误时间内,承包人只可索赔工期,而不能索赔费用,见图 12.4 中的(9)~(12)。只有在该延误结束后,承包人才能对由业主或工程师原因造成的延误进行工期和费用索赔,如图 12.4 中(12)所示。

12.2.3 工期索赔的分析与计算方法

1) 工期索赔的依据与合同规定

我国建设工程施工合同条件和 FIDIC 合同条件都有有关工期延误与索赔的规定。工期索赔的依据主要有:合同约定的工程总进度计划;合同双方共同认可的详细进度计划,如网络图、横道图等;合同双方共同认可的月、季、旬进度实施计划;合同双方共同认可的对工期的修改文件,如会谈纪要、来往信件、确认信等;施工日志、气象资料;业主或工程师的变更指令;影响工期的干扰事件;受干扰后的实际工程进度;其他有关工期的资料等。此外在合同双方签订的工程施工合同中有许多关于工期索赔的规定,它们可以作为工期索赔的法律依据,在实际工作中可供参考。

2) 工期索赔的程序

不同的工程合同条件对工期索赔有不同的规定。在工程实践中,承包人应紧密结合具体工程的合同条件,在规定的索赔时限内提出有效的工期索赔。下面从承包人的角度来分析几种不同合同条件下进行工期索赔时承包人的职责和一般程序。

(1) 建设工程施工合同条件(GF—2017—0201)

《2017 版建设工程施工合同条件》第 7 条规定了工期相应顺延的前提条件。此外,如果发包人未能按合同约定履行自己的各项义务或发生错误以及应由发包人承担责任的其他情况,造成承包人工期延误的,承包人可按照索赔条款规定的程序向发包人提出工期索赔。

(2) 水利水电土建工程施工合同条件(GF—2000—0208)

水利水电土建工程施工合同条件第 19 条第二款规定,属于下列任何一种情况引起的暂停施工,均为发包人的责任,由此造成的工期延误,承包人有权要求延长工期:

① 由于发包人违约引起的暂停施工;

② 由于不可抗力的自然或社会因素引起的暂停施工;

③ 其他由于发包人原因引起的暂停施工。

该合同条件第 20 条规定，在施工过程中，发生下列情况之一使关键项目的施工进度计划拖后而造成工期延误时，承包人可要求发包人延长合同规定的工期：

① 增加合同中任何一项的工作内容；

② 增加合同中关键项目的工程量超过专用合同条款规定的百分比；

③ 增加额外的工程项目；

④ 改变合同中任何一项工作的标准或特性；

⑤ 本合同中涉及的由发包人责任引起的工期延误；

⑥ 异常恶劣的气候条件；

⑦ 非承包人原因造成的任何干扰或阻碍。

发生上述事件后，承包人应按下列程序办理：

① 发生上述事件时，承包人应立即通知发包人和监理人，并在发出该通知后的 28 天内，向监理人提交一份细节报告，详细说明该事件的情节和对工期的影响程度，并按合同规定修订进度计划和编制赶工措施报告报送监理人审批。若发包人要求修订的进度计划仍应保证工程按期完工，则应由发包人承担由于采取赶工措施所增加的费用。

② 若事件的持续时间较长或事件影响工期较长，当承包人采取了赶工措施而无法实现工程按期完工时，除应按上述第①项规定的程序办理外，承包人应在事件结束后的 14 天内，提交一份补充细节报告，详细说明要求延长工期的理由，并修订进度计划。此时发包人除按上述第①项规定承担赶工费用外，还应按以下第③项规定的程序批准给予承包人延长工期的合理天数。

③ 监理人应及时调查核实上述第①和②项中承包人提交的细节报告和补充细节报告，并在审批修订进度计划的同时与发包人和承包人协商确定延长工期的合理天数和补偿费用的合理额度，并通知承包人。

(3) FIDIC 施工合同条件

FIDIC 施工合同条件第 8.5 款规定，如果出现下列情形，承包商有权提出竣工时间的延长。

① 变更(无需遵守第 20.2 款〔索赔款项和/或 EOT〕规定的程序)；

② 根据本合同条件某款，有权获得延长工期的原因；

③ 异常不利的气候条件：根据业主按第 2.5 款〔现场数据和参照项〕提供给承包商的数据和(或)项目所在国发布的关于现场的气候数据，这些发生在现场的不利的气候条件是不可预见的；

④ 由于流行病或政府行为导致不可预见的人员或货物(或业主供应的材料)的短缺；

⑤ 由业主、业主人员或在现场的业主的其他承包商造成或引起的任何延误、妨碍或阻碍。

在上述通知之后的 28 天内，或在工程师可能同意的其他合理的期限内，向工程师提交承包商认为他有权要求的任何延期的详细申述，以便可以及时对他申述的情况进行研究。工程师详细复查全部情况后，应在与业主和承包商适当协商之后，决定竣工日期延长的时间，并相应地通知承包商，同时将一份副本呈交业主。

(4) JCT80 合同条件

英国合同审定联合会(Joint Contracts Tribunal)制定的标准合同文本 JCT 条件规定，

承包商在进行工期索赔时必须遵循如下步骤(其流程图见图 12.5):

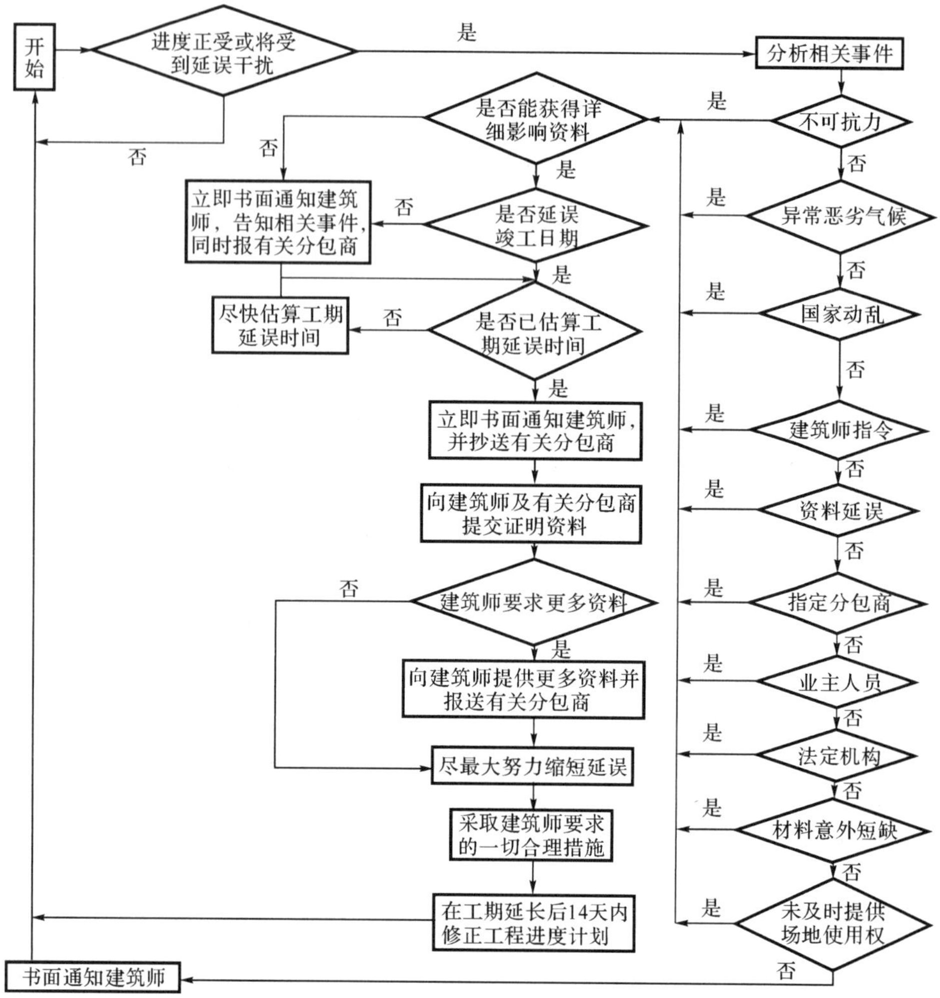

图 12.5　JCT80 合同条件下的工期索赔程序图

① 一旦承包商认识到工程延误正在发生或即将发生，就应该立即以书面形式正式通知建筑师，而且该延误通知书中必须指出引起延误的原因及其相关事件。

② 承包商应尽可能快地详细给出延误事件的可能后果。

③ 承包商必须尽快估算出竣工日期的推迟时间，而且必须单独说明每一个延误事件的影响，以及延误事件之间的时间相关性。

④ 若承包商在延误通知书中提及了任一指定分包商，他就必须将延误通知书、延误的细节及估计后果等复印件送交该指定分包商。

⑤ 承包商必须随时向建筑师递交关于延误的最新发展状况及其对竣工日期的影响报告，并同时将复印件送交有关的指定分包商。承包商有责任在合同执行的全过程中，随时报告延误的发生、发展及其影响，直至工程已实际完成。

⑥ 承包商必须不断地尽最大努力阻止延误发展，并尽可能减少延误对竣工日期的影响。这不是说承包商必须增加支出以挽回或弥补延误造成的时间损失，但是承包商应确信

工程进度是积极、合理的。

⑦ 承包商必须完成建筑师的所有合理要求。如果业主要求并批准采用加速措施，并支付合理的费用，承包商就有责任完成工程加速。

3）工期索赔的分析与计算方法

（1）工期索赔的分析流程

工期索赔的分析流程包括延误原因分析、网络计划（CPM）分析、业主责任分析和索赔结果分析等步骤，具体内容可见图 12.6。

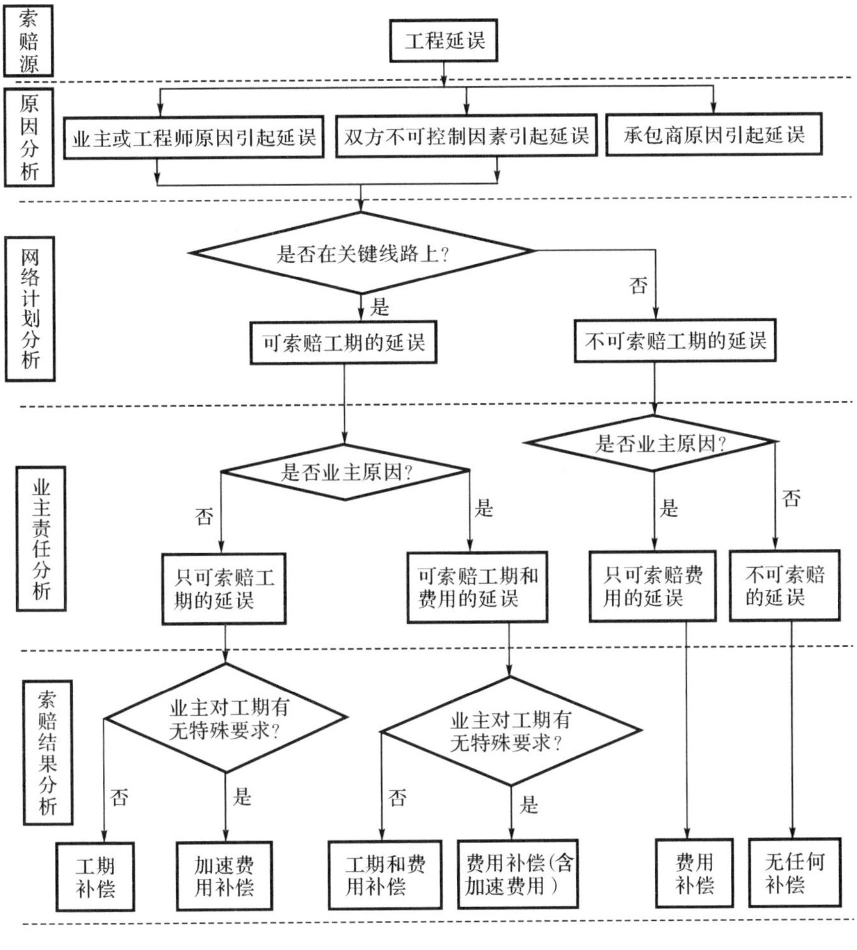

图 12.6 工期索赔的分析流程图

① 原因分析。分析引起工期延误是哪一方的原因，如果由于承包人自身原因造成的，则不能索赔，反之则可索赔。

② 网络计划分析。运用网络计划（CPM）方法分析延误事件是否发生在关键线路上，以决定延误是否可索赔。注意：关键线路并不是固定的，随着工程进展，关键线路也在变化，而且是动态变化。关键线路的确定，必须是依据最新批准的工程进度计划。在工程索赔中，一般只限于考虑关键线路上的延误，或者一条非关键线路因延误已变成关键线路。

③ 业主责任分析。结合CPM分析结果,进行业主责任分析,主要是为了确定延误是否能索赔费用。若发生在关键线路上的延误是由于业主原因造成的,则这种延误不仅可索赔工期,而且还可索赔因延误而发生的额外费用,否则,只能索赔工期。若由于业主原因造成的延误发生在非关键线路上,则只可能索赔费用。

④ 索赔结果分析。在承包人索赔已经成立的情况下,根据业主是否对工期有特殊要求,分析工期索赔的可能结果。如果由于某种特殊原因,工程竣工日期客观上不能改变,即对索赔工期的延误,业主也可以不给予工期延长。这时,业主的行为已实质上构成隐含指令加速施工。因而,业主应当支付承包人采取加速施工措施而额外增加的费用,即加速费用补偿。此处费用补偿是指因业主原因引起的延误时间因素造成承包人负担了额外的费用而得到的合理补偿。

(2) 工期索赔计算方法

① 网络分析法

承包人提出工期索赔,必须确定干扰事件对工期的影响值,即工期索赔值。工期索赔分析的一般思路是:假设工程一直按原网络计划确定的施工顺序和时间施工,当一个或一些干扰事件发生后,使网络中的某个或某些活动受到干扰而延长施工持续时间。将这些活动受干扰后的新的持续时间代入网络中,重新进行网络分析和计算,即会得到一个新工期。新工期与原工期之差即为干扰事件对总工期的影响,即为承包人的工期索赔值。网络分析是一种科学、合理的计算方法,它是通过分析干扰事件发生前、后网络计划之差异而计算工期索赔值的,通常可适用于各种干扰事件引起的工期索赔。但对于大型、复杂的工程,手工计算比较困难,需借助计算机来完成。

② 比例类推法

在实际工程中,若干扰事件仅影响某些单项工程、单位工程或分部分项工程的工期,要分析它们对总工期的影响,可采用较简单的比例类推法。比例类推法可分为两种情况:

a. 按工程量进行比例类推。当计算出某一分部分项工程的工期延长后,还要把局部工期转变为整体工期,这可以用局部工程的工作量占整个工程工作量的比例来折算。

b. 按造价进行比例类推。若施工中出现了很多大小不等的工期索赔事由,较难准确地单独计算且又麻烦时,可经双方协商,采用造价比较法确定工期补偿天数。

比例类推法简单、方便,易于被人们理解和接受,但不尽科学、合理,有时不符合工程实际情况,且对有些情况如业主变更施工次序等不适用,甚至会得出错误的结果,在实际工作中应予以注意,正确掌握其适用范围。

③ 直接法

有时干扰事件直接发生在关键线路上或一次性地发生在一个项目上,造成总工期的延误。这时可通过查看施工日志、变更指令等资料,直接将这些资料中记载的延误时间作为工期索赔值。如承包人按工程师的书面工程变更指令,完成变更工程所多用的实际工时即为工期索赔值。

④ 工时分析法

某一工种的分项工程项目延误事件发生后,按实际施工的程序统计出所用的工时总量,然后按延误期间承担该分项工程工种的全部人员投入来计算要延长的工期。

12.3 费用索赔

12.3.1 费用索赔的原因及分类

1）费用索赔的含义及特点

（1）费用索赔的含义

费用索赔是指承包人在非自身因素影响下而遭受经济损失时向业主提出补偿其额外费用损失的要求。因此费用索赔应是承包人根据合同条款的有关规定，向业主索取的合同价款以外的费用。索赔费用不应被视为承包人的意外收入，也不应被视为业主的不必要开支。实际上，索赔费用的存在是由于建立合同时还无法确定的某些应由业主承担的风险因素导致的结果。承包人的投标报价中一般不考虑应由业主承担的风险对报价的影响，因此一旦这类风险发生并影响承包人的工程成本时，承包人提出费用索赔是一种正常现象和合情合理的行为。

（2）费用索赔的特点

费用索赔是工程索赔的重要组成部分，是承包人进行索赔的主要目标。与工期索赔相比，费用索赔有以下一些特点：

① 费用索赔的成功与否及其大小事关承包人的盈亏，也影响业主工程项目的建设成本，因而费用索赔常常是比较困难、也是双方分歧比较大的索赔。特别是对于发生亏损或接近亏损的承包人和财务状况不佳的业主，情况更是如此。

② 索赔费用的计算比索赔资格或权利的确认更为复杂。索赔费用的计算不仅要依据合同条款与合同规定的计算原则和方法，而且还可能要依据承包人投标时采用的计算基础和方法，以及承包人的历史资料等。索赔费用的计算没有统一、合同双方共同认可的计算方法，因此索赔费用的确定及认可是费用索赔中一项困难的工作。

③ 在工程实践中，常常是许多干扰事件交织在一起，承包人成本的增加或工期延长的发生时间及其原因也常常相互交织在一起，很难清楚、准确地划分开，尤其是对于一揽子综合索赔。对于像生产率降低损失及工程延误引起的承包人利润和总部管理费损失等费用的确定，很难准确计算出来，双方往往有很大的分歧。

2）费用索赔的原因

引起费用索赔的原因是由于合同环境发生变化使承包人遭受了额外的经济损失。归纳起来，费用索赔产生的常见原因主要有：

（1）业主违约；

（2）工程变更；

（3）业主拖延支付工程款或预付款；

（4）工程加速；

（5）业主或工程师责任造成的可索赔费用的延误；

（6）非承包人原因的工程中断或终止；

（7）工程量增加（不含业主失误）；

(8) 其他：如业主指定分包商违约，合同缺陷，国家政策及法律、法令变更等。

12.3.2 费用索赔的费用构成

1) 可索赔费用的分类

(1) 按可索赔费用的性质划分

在工程实践中，承包人的费用索赔包括额外工作索赔和损失索赔。额外工作索赔费用包括额外工作实际成本及其相应利润。对于额外工作索赔，业主一般以原合同中的适用价格为基础，或者以双方商定的价格或工程师确定的合理价格为基础给予补偿。实际上，进行合同变更、追加额外工作，可索赔费用的计算相当于一项工作的重新报价。损失索赔包括实际损失索赔和可得利益索赔。实际损失是指承包人多支出的额外成本；可得利益是指如果业主不违反合同，承包人本应取得的、但因业主违约而丧失了的利益。计算额外工作索赔和损失索赔的主要区别是：前者的计算基础是价格，而后者的计算基础是成本。

(2) 按可索赔费用的构成划分

可索赔费用按项目构成可分为直接费和间接费。其中直接费包括人工费、材料费、机械设备费、分包费，间接费包括现场和公司总部管理费、保险费、利息及保函手续费等项目。可索赔费用计算的基本方法是按上述费用构成项目分别分析、计算，最后汇总求出总的索赔费用。

按照工程惯例，下列费用是不包含在索赔费用中，是不能索赔的：①承包人对索赔事项的发生原因负有责任的有关费用；②承包人对索赔事项未采取减轻措施，因而扩大的损失费用；③承包人进行索赔工作的准备费用；④索赔金额在索赔处理期间的利息、仲裁费用、诉讼费用等。

2) 常见索赔事件的费用构成

索赔费用的主要组成部分，同建设工程施工合同价的组成部分相似。由于我国关于施工合同价的构成规定与国际惯例不尽一致，所以在索赔费用的组成内容上也有所差异。按照我国现行规定，建筑安装工程合同价一般包括直接费、间接费、计划利润和税金。而国际上的惯例是将建安工程合同价分为直接费、间接费、利润三部分。

从原则上说，凡是承包人有索赔权的工程成本的增加，都可以列入索赔的费用。但是，对于不同原因引起的索赔，可索赔费用的具体内容则有所不同。索赔方应根据索赔事件的性质，分析其具体的费用构成内容。表12.5分别列出了工期延误、工程加速、工程中断和工程量增加等索赔事件可能的费用项目。

表12.5 索赔事件的费用项目构成表

索赔事件	可能的费用项目	说　明
工期延误	(1) 人工费增加	包括工资上涨、现场停工、窝工、生产效率降低，不合理使用劳动力等损失
	(2) 材料费增加	因工期延长引起的材料价格上涨
	(3) 机械设备费增加	设备因延期引起的折旧费、保养费、进出场费或租赁费等
	(4) 现场管理费增加	包括现场管理人员的工资、津贴等，现场办公设施，现场日常管理费支出，交通费等

（续表）

索赔事件	可能的费用项目	说明
工期延误	(5) 因工期延长的通货膨胀使工程成本增加	
	(6) 相应保险费、保函费增加	
	(7) 分包商索赔	分包商因延期向承包商提出的费用索赔
	(8) 总部管理费增加	因延期造成公司总部管理费增加
	(9) 推迟支付引起的兑换率损失	工程延期引起支付延迟
工程加速	(1) 人工费增加	因业主指令工程加速造成增加劳动力投入，不经济地使用劳动力，生产效率降低等
	(2) 材料费增加	不经济地使用材料，材料提前交货的费用补偿，材料运输费增加
	(3) 机械设备费增加	增加机械投入，不经济地使用机械
	(4) 因加速增加现场管理费	也应扣除因工期缩短减少的现场管理费
	(5) 资金成本增加	费用增加和支出提前引起负现金流量所支付的利息
工程中断	(1) 人工费增加	如留守人员工资，人员的遣返和重新招雇费，对工人的赔偿等
	(2) 机械使用费增加	设备停置费，额外的进出场费，租赁机械的费用等
	(3) 保函、保险费、银行手续费增加	
	(4) 贷款利息增加	
	(5) 总部管理费增加	
	(6) 其他额外费用	如停工、复工所产生的额外费用，工地重新整理等费用
工程量增加	费用构成与合同报价相同	合同规定承包商应承担一定比例(如5%，10%)的工程量增加风险，超出部分才予以补偿。合同规定工程量增加超出一定比例时(如15%～20%)可调整单价，否则合同单价不变

此外，索赔费用项目的构成会随工程所在地国家或地区的不同而不同，即使在同一国家或地区，随着合同条件具体规定的不同，索赔费用的项目构成也会不同。美国工程索赔专家J. J. Adrian在其*Construction Claims*一书中总结了索赔类型与索赔费用构成的关系表(见表12.6)，可供参考。

索赔费用主要包括的项目如下：

(1) 人工费

人工费主要包括生产工人的工资、津贴、加班费、奖金等。对于索赔费用中的人工费部分来说，主要是指完成合同之外的额外工作所花费的人工费用，由于非承包人责任的工效降低所增加的人工费用；超过法定工作时间的加班费用；法定的人工费增长以及非承包人责任造成的工程延误导致的人员窝工费；相应增加的人身保险和各种社会保险支出等。

表 12.6　索赔种类与索赔费用构成关系表

序号	索赔费用项目	索赔种类			
		延误索赔	工程范围变更索赔	加速施工索赔	现场条件变更索赔
1	人工工时增加费	×	√	×	√
2	生产率降低引起人工损失	√	○	√	○
3	人工单价上涨费	√	○	√	○
4	材料用量增加费	×	√	○	○
5	材料单价上涨费	√	√	○	○
6	新增的分包工程量	×	○	×	○
7	新增的分包工程单价上涨费用	√	○	○	√
8	租赁设备费	○	√	√	√
9	自有机械设备使用费	√	√	○	√
10	自有机械台班费率上涨费	○	×	○	○
11	现场管理费(可变)	○	√	○	√
12	现场管理费(固定)	√	×	×	○
13	总部管理费(可变)	○	○	○	○
14	总部管理费(固定)	√	○	×	○
15	融资成本(利息)	√	○	○	○
16	利润	○	√	○	√
17	机会利润损失	○	○	○	○

注：√表示一般情况下应包含；×表示不包含；○表示可包含可不包含，视具体情况而定。

在以下几种情况下，承包人可以提出人工费的索赔：

① 因业主增加额外工程，或因业主或工程师原因造成工程延误，导致承包人人工单价的上涨和工作时间的延长。

② 工程所在国法律、法规、政策等变化而导致承包人人工费用方面的额外增加，如提高当地雇用工人的工资标准、福利待遇或增加保险费用等。

③ 若由于业主或工程师原因造成的延误或对工程的不合理干扰打乱了承包人的施工计划，致使承包人劳动生产率降低，导致人工工时增加的损失，承包人有权向业主提出生产率降低损失的索赔。

(2) 材料费

可索赔的材料费主要包括：

① 由于索赔事项导致材料实际用量超过计划用量而增加的材料费。

② 由于客观原因导致材料价格大幅度上涨。

③ 由于非承包人责任工程延误导致的材料价格上涨。

④ 由于非承包人原因致使材料运杂费、采购与保管费用的上涨。

⑤ 由于非承包人原因致使额外低值易耗品使用等。

在以下两种情况下，承包人可提出材料费的索赔：

① 由于业主或工程师要求追加额外工作、变更工作性质、改变施工方法等，造成承包人的材料耗用量增加，包括使用数量的增加和材料品种或种类的改变。

② 在工程变更或业主延误时，可能会造成承包人材料库存时间延长、材料采购滞后或采用代用材料等，从而引起材料单位成本的增加。

(3) 机械设备使用费

可索赔的机械设备费主要包括：

① 由于完成额外工作增加的机械设备使用费。

② 非承包人责任致使的工效降低而增加的机械设备闲置、折旧和修理费分摊、租赁费用。

③ 由于业主或工程师原因造成的机械设备停工的窝工费。机械设备台班窝工费的计算，如系租赁设备，一般按实际台班租金加上每台班分摊的机械调进调出费计算；如系承包人自有设备，一般按台班折旧费计算，而不能按全部台班费计算，因台班费中包括了设备使用费。

④ 非承包人原因增加的设备保险费、运费及进口关税等。

(4) 现场管理费

现场管理费是某单个合同发生的、用于现场管理的总费用，一般包括现场管理人员的费用、办公费、通讯费、差旅费、固定资产使用费、工具用具使用费、保险费、工程排污费、供热、水及照明费等。它一般约占工程总成本的5%～10%。索赔费用中的现场管理费是指承包人完成额外工程、索赔事项工作以及工期延长、延误期间的工地管理费。在确定分析索赔费用时，有时把现场管理费具体又分为可变部分和固定部分。所谓可变部分是指在延期过程中可以调到其他工程部位(或其他工程项目)上去的那部分人员和设施；所谓固定部分是指施工期间不易调动的那部分人员或设施。

(5) 总部管理费

总部管理费是承包人企业总部发生的、为整个企业的经营运作提供支持和服务所发生的管理费用，一般包括总部管理人员费用、企业经营活动费用、差旅交通费、办公费、通讯费、固定资产折旧、修理费、职工教育培训费用、保险费、税金等。它一般约占企业总营业额的3%～10%。索赔费用中的总部管理费主要指的是工程延误期间所增加的管理费。

(6) 利息

利息，又称融资成本或资金成本，是企业取得和使用资金所付出的代价。融资成本主要有两种：额外贷款的利息支出和使用自有资金引起的机会损失。只要因业主违约(如业主拖延或拒绝支付各种工程款、预付款或拖延退还扣留的保留金)或其他合法索赔事项直接引起了额外贷款，承包人有权向业主就相关的利息支出提出索赔。

利息的索赔通常发生于下列情况：

① 业主拖延支付预付款、工程进度款或索赔款等，给承包人造成较严重的经济损失，承包人因而提出拖付款的利息索赔。

② 由于工程变更和工期延误增加投资的利息。

③ 施工过程中业主错误扣款的利息等。

(7) 分包费用

索赔费用中的分包费用是指分包商的索赔款项,一般也包括人工费、材料费、施工机械设备使用费等。因业主或工程师原因造成分包商的额外损失,分包商首先应向承包人提出索赔要求和索赔报告,然后以承包人的名义向业主提出分包工程增加费及相应管理费用索赔。

(8) 利润

对于不同性质的索赔,取得利润索赔的成功率是不同的。在以下几种情况下,承包人一般可以提出利润索赔:

① 因设计变更等变更引起的工程量增加;

② 施工条件变化导致的索赔;

③ 施工范围变更导致的索赔;

④ 合同延期导致机会利润损失;

⑤ 由于业主的原因终止或放弃合同带来预期利润损失等。

(9) 其他

其他索赔费用包括相应保函费、保险费、银行手续费及其他额外费用的增加等。

12.3.3 索赔费用的计算方法

索赔值的计算没有统一、共同认可的标准方法,但计算方法的选择却对最终索赔金额影响很大,估算方法选用不合理容易被对方驳回。这就要求索赔人员具备丰富的工程估价经验和索赔经验。

对于索赔事件的费用计算,一般是先计算与索赔事件有关的直接费,如人工费、材料费、机械费、分包费等,然后计算应分摊在此事件上的管理费、利润等间接费。每一项费用的具体计算方法基本上与工程项目报价计算相似。

1) 基本索赔费用的计算方法

(1) 人工费

人工费是可索赔费用中的重要组成部分,其计算方法为:

$$C(L) = CL_1 + CL_2 + CL_3$$

其中,$C(L)$ 为索赔的人工费,CL_1 为人工单价上涨引起的增加费用,CL_2 为人工工时增加引起的费用,CL_3 为劳动生产率降低引起的人工损失费用。

(2) 材料费

材料费在工程造价中占据较大比重,也是重要的可索赔费用。材料费索赔包括材料耗用量增加和材料单位成本上涨两个方面。其计算方法为:

$$C(M) = CM_1 + CM_2$$

其中,$C(M)$ 为可索赔的材料费,CM_1 为材料用量增加费,CM_2 为材料单价上涨导致的材料费增加。

(3) 施工机械设备费

施工机械设备费包括承包人在施工过程中使用自有施工机械所发生的机械使用费，使用外单位施工机械的租赁费，以及按照规定支付的施工机械进出场费用等。索赔机械设备费的计算方法为：

$$C(E)=CE_1+CE_2+CE_3+CE_4$$

其中，$C(E)$ 为可索赔的机械设备费，CE_1 为承包人自有施工机械工作时间额外增加费用，CE_2 为自有机械台班费率上涨费，CE_3 为外来机械租赁费(包括必要的机械进出场费)，CE_4 为机械设备闲置损失费用。

(4) 分包费

分包费索赔的计算方法为

$$C(SC)=CS_1+CS_2$$

其中，$C(SC)$ 为索赔的分包费，CS_1 为分包工程增加费用，CS_2 为分包工程增加费用的相应管理费(有时可包含相应利润)。

(5) 利息

利息索赔额的计算方法可按复利计算法计算。至于利息的具体利率应是多少，可采用不同标准，主要有以下三种情况：按承包人在正常情况下的当时银行贷款利率；按当时的银行透支利率或按合同双方协议的利率。

(6) 利润

索赔利润的款额计算通常是与原报价单中的利润百分率保持一致。即在索赔款直接费的基础上，乘以原报价单中的利润率，即作为该项索赔款中的利润额。

2) 管理费索赔的计算方法

在确定索赔事件的直接费用以后，还应提出应分摊的管理费。由于管理费金额较大，其确认和计算都比较困难和复杂，常常会引起双方争议。管理费属于工程成本的组成部分，包括企业总部管理费和现场管理费。我国现行建筑工程造价构成中，将现场管理费纳入直接费中，企业总部管理费纳入间接费中。一般的费用索赔中都可以包括现场管理费和总部管理费。

(1) 现场管理费

现场管理费的索赔计算方法一般有两种情况：

① 直接成本的现场管理费索赔。对于发生直接成本的索赔事件，其现场管理费索赔额一般可按该索赔事件直接费乘以现场管理费费率，而现场管理费费率等于合同工程的现场管理费总额除以该合同工程直接成本总额。

② 工程延期的现场管理费索赔。如果某项工程延误索赔不涉及直接费的增加，或由于工期延误时间较长，按直接成本的现场管理费索赔方法计算的金额不足以补偿工期延误所造成的实际现场管理费支出，则可按如下方法计算：用实际(或合同)现场管理费总额除以实际(或合同)工期，得到单位时间现场管理费费率，然后用单位时间现场管理费费率乘以可索赔的延期时间，可得到现场管理费索赔额。

(2) 总部管理费

目前常用的总部管理费的索赔计算方法有以下几种：

① 按照投标书中总部管理费的比例(3%～8%)计算。

② 按照公司总部统一规定的管理费比率计算。

③ 以工程延期的总天数为基础,计算总部管理费的索赔额。

对于索赔事件来讲,总部管理费金额较大,常常会引起双方的争议,常常采用总部管理费分摊的方法,因此分摊方法的选择甚为重要。主要有两种:

a. 总直接费分摊法

总部管理费一般首先在承包人的所有合同工程之间分摊,然后再在每一个合同工程的各个具体项目之间分摊。其分摊系数的确定与现场管理费类似,即可以将总部管理费总额除以承包人企业全部工程的直接成本(或合同价)之和,据此比例即可确定每项直接费索赔中应包括的总部管理费。总直接费分摊法是将工程直接费作为比较基础来分摊总部管理费。它简单易行,说服力强,运用面较宽。其计算公式为:

$$\text{总部管理费索赔额} = \text{单位直接费的总部管理费费率} \times \text{争议合同直接费}$$

例如:某工程争议合同的实际直接费为500万元,在争议合同执行期间,承包人同时完成的其他合同的直接费为2 500万元,该阶段承包人总部管理费总额为300万元,则

$$\text{单位直接费的总部管理费费率} = 300/(500 + 2500) \times 100\% = 10\%$$
$$\text{总部管理费索赔额} = 10\% \times 500 = 50(\text{万元})$$

总直接费分摊法的局限是:如果承包人所承包的各工程的主要费用比例变化太大,误差就会很大。如有的工程材料费、机械费比重大,直接费高,分摊到的管理费就多,反之亦然。此外如果合同发生延期且无替补工程,则延误期内工程直接费较小,分摊的总部管理费和索赔额都较小,承包人会因此而蒙受经济损失。

b. 日费率分摊法

日费率分摊法又称Eichleay,得名于Eichleay公司一桩成功的索赔案例。其基本思路是按合同额分配总部管理费,再用日费率法计算应分摊的总部管理费索赔值。其计算公式为:

$$\text{争议合同应分摊的总部管理费} = \text{争议合同额} / \text{合同期承包商完成的合同总额} \times \text{同期总部管理费总额}$$
$$\text{日总部管理费费率} = \text{争议合同应分摊的总部管理费} / \text{合同履行天数}$$
$$\text{总部管理费索赔额} = \text{日总部管理费费率} \times \text{合同延误天数}$$

例如:某承包人承包某工程,合同价为500万,合同履行天数为720天,该合同实施过程中因业主原因拖延了80天。在这720天中,承包人承包其他工程的合同总额为1 500万,总部管理费总额为150万元。则:

$$\text{争议合同应分摊的总部管理费} = 500/(500 + 1\,500) \times 150 = 37.5(\text{万元})$$
$$\text{日总部管理费费率} = 37.5 \times 10^4/720 = 520.8(\text{元}/\text{天})$$
$$\text{总部管理费索赔额} = 520.8 \times 80 = 41\,664(\text{元})$$

该方法的优点是简单、实用,易于被人理解,在实际运用中也得到了一定程度的认可。存在的主要问题有:一是总部管理费按合同额分摊与按工程成本分摊结果不同,而后者在

通常会计核算和实际工作中更容易被人理解;二是"合同履行天数"中包括了"合同延误天数",降低了日总部管理费费率及承包人的总部管理费索赔值。

从上可知,总部管理费的分摊标准是灵活的,分摊方法的选用要能反映实际情况,既要合理,又要有利。

3) 综合费用索赔的计算方法

对于由许多单项索赔事件组成的综合费用索赔,可索赔的费用构成往往很多,可能包括直接费用和间接费用,一些基本费用的计算前文已叙述。从总体思路上讲,综合费用索赔主要有以下计算方法。

(1) 总费用法

总费用法的基本思路是将固定总价合同转化为成本加酬金合同,或索赔值按成本加酬金的方法来计算,它是以承包人的额外增加成本为基础,再加上管理费、利息甚至利润的计算方法。

表 12.7 为总费用法的计算示例,供参考。

表 12.7 总费用法计算示例

序号	费用项目	金额(元)
1	合同实际成本	
	(1) 直接费	
	① 人工费	200 000
	② 材料费	100 000
	③ 设备	200 000
	④ 分包商	900 000
	⑤ 其他	+100 000
	合计	1 500 000
	(2) 间接费	+160 000
	(3) 总成本[(1)+(2)]	1 660 000
	合同总收入(合同价+变更令)	− 1 440 000
	成本超支(1−2)	220 000
2	加:(1) 未补偿的办公费和行政费(按总成本的 10%)	166 000
3	(2) 利润(总成本的 15%+管理费)	273 000
	(3) 利息	+40 000
4	索赔总额	699 000

总费用法在工程实践中用得不多,往往不容易被业主、仲裁员或律师等所认可,该方法应用时应该注意以下几点:

① 工程项目实际发生的总费用应计算准确,合同生成的成本应符合普遍接受的会计原则,若需要分配成本,则分摊方法和基础的选择要合理。

② 承包人的报价合理,符合实际情况,不能是采取低价中标策略后过低的标价。

③ 合同总成本超支全系其他当事人行为所致,承包人在合同实施过程中没有任何失误,但这一般在工程实践中是不太可能的。

④ 因为实际发生的总费用中可能包括了承包人的原因(如施工组织不善、浪费材料等)而增加了的费用,同时投标报价估算的总费用由于想中标而过低。所以这种方法只有在难以按其他方法计算索赔费用时才使用。

⑤ 采用这种方法,往往是由于施工过程上受到严重干扰,造成多个索赔事件混杂在一起,导致难以准确地进行分项记录和收集资料、证据,也不容易分项计算出具体的损失费用,只得采用总费用法进行索赔。

⑥ 该方法要求必须出具足够的证据,证明其全部费用的合理性,否则其索赔款额将不容易被接受。

(2) 修正的总费用法

修正的总费用法是对总费用法的改进,即在总费用计算的原则上,去掉一些不合理的因素,使其更合理。修正的内容如下:

① 将计算索赔款的时段局限于受到外界影响的时间,而不是整个施工期。

② 只计算受影响时段内的某项工作所受影响的损失,而不是计算该时段内所有施工工作所受的损失的和。

③ 与该项工作无关的费用不列入总费用中。

④ 对承包人投标报价费用重新进行核算:按受影响时段内该项工作的实际单价进行核算,乘以实际完成的该项工作的工作量,得出调整后的报价费用。

按修正后的总费用计算索赔金额的公式如下:

$$\text{索赔金额} = \text{某项工作调整后的实际总费用} - \text{该项工作的报价费用(含变更款)}$$

修正的总费用法与总费用法相比,有了实质性的改进,能够较准确地反映出实际增加的费用。

(3) 分项法

分项法是在明确责任的前提下,对每个引起损失的干扰事件和各费用项目单独分析计算索赔值,并提供相应的工程记录、收据、发票等证据资料,最终求和。这样可以在较短时间内给以分析、核实,确定索赔费用,顺利解决索赔事宜。该方法虽比总费用法复杂、困难,但比较合理、清晰,能反映实际情况,且可为索赔文件的分析、评价及其最终索赔谈判和解决提供方便,是承包人广泛采用的方法。表12.8给出了分项法的典型示例,可供参考。分项法计算通常分三步:

① 分析每个或每类索赔事件所影响的费用项目,不得有遗漏。这些费用项目通常应与合同报价中的费用项目一致。

② 计算每个费用项目受索赔事件影响后的数值,通过与合同价中的费用值进行比较即可得到该项费用的索赔值。

表12.8 分项法计算示例

序号	索赔项目	金额(元)	序号	索赔项目	金额(元)
1	工程延误	256 000	5	利息支出	8 000
2	工程中断	166 000	6	利润(1+2+3+4)×15%	69 600
3	工程加速	16 000	7	索赔总额	541 600
4	附加工程	26 000			

③ 将各费用项目的索赔值汇总，得到总费用索赔值。分项法中索赔费用主要包括该项工程施工过程中所发生的额外人工费、材料费、施工机械使用费、相应的管理费，以及应得的间接费和利润等。由于分项法所依据的是实际发生的成本记录或单据，所以在施工过程中，对第一手资料的收集整理就显得非常重要。

表 12.8 中每一项费用又有详细的计算方法、计算基础和证据等，如因工程延误引起的费用损失计算参见表 12.9。

表 12.9　工程延误的索赔额计算示例

序号	索赔项目	金额(元)	序号	索赔项目	金额(元)
1	机械设备停滞费	95 000	4	总部管理分摊	16 000
2	现场管理费	84 000	5	保函手续费、保险费增加	6 000
3	分包商索赔	55 000	6	合计	256 000

复习思考题

1. 什么是索赔？索赔有哪些特征？索赔管理有哪些特点？
2. 常见的索赔事件有哪些？
3. 索赔如何分类？开展索赔工作有哪些作用？
4. 索赔的依据、证据和索赔文件应包括哪些内容？它们对索赔成功有何影响？
5. 结合具体工程项目，分析索赔工作的基本程序。
6. 在索赔过程中应注意哪些技巧和艺术？
7. 判断承包商索赔是否成立应具备哪些条件？
8. 分析工程师在索赔工作中的地位和作用。
9. 在我国建筑业开展索赔工作存在哪些问题？应如何解决？
10. 在施工合同中对发包人和承包人原因影响的工期延误分别有何规定？
11. 工程延误如何分类？工程延误的一般处理原则是什么？
12. 试分析共同延误可能的补偿结果。
13. 试分析交叉延误的几种典型情况及其结果。
14. 工期索赔的合同依据有哪些？
15. 试举例说明工期索赔的分析流程。
16. 工期索赔有哪些方法？如何具体应用？
17. 举例说明费用索赔的原因有哪些？
18. 分析费用索赔的项目构成，每一项如何计算？
19. 管理费索赔的计算方法有哪些？如何正确选择分摊方法？
20. 综合费用索赔有哪些计算方法？各有哪些优缺点？

13 工程合同争议处理

13.1 工程合同的常见争议

施工合同纠纷，是指施工合同当事人对合同条款的理解产生异议或因当事人违反合同约定，不履行合同中应承担的义务等原因而产生的纠纷。产生施工合同纠纷的原因十分复杂，主要是目前建筑市场不规范、建设法律法规不完善等外部环境问题，市场主体行为不规范、合同意识和诚信履约意识薄弱等主体问题，施工项目的特殊性、复杂性、长期性和不确定性等项目环境以及施工合同本身的复杂性和易出错性等众多原因导致的。常见的争议有以下几个方面。

1）工程价款支付主体争议

承包人被拖欠巨额工程款已成为整个建设领域中屡见不鲜的“正常事”。往往出现工程的发包人并非工程真正的建设单位，并非工程的权利人。在该种情况下，发包人通常不具备工程价款的支付能力，承包人该向谁主张权利，以维护其合法权益会成为争议的焦点。在此情况下，承包人应理顺关系，寻找突破口，向真正的发包人主张权利，以保证合法权利不受侵害。

【案例 13.1】 1992 年 12 月 26 日，上海某建设发展公司（下称 A 公司）与中国建筑工程局某建筑工程公司（下称建筑公司）签订了《工程施工合同》一份。合同约定：A 公司受上海某商厦筹建处（下称筹建处）委托，并征得市建委施工处、市施工招标办的同意，采用委托施工的形式，择定建筑公司为某商厦工程的施工总承包单位。施工范围按某市建筑设计院所设计的施工图施工，内容包括土建、装饰及室外总体等。同时，合同就工程开竣工时间、工程造价及调整、预付款、工程量的核定确认和工程验收、决算等均作了具体约定。

合同签订后，建筑公司即按约组织施工，于 1996 年 12 月 28 日竣工，并在 1997 年 4 月 3 日通过上海市建设工程质量监督总站的工程质量验收。1997 年 11 月，建筑公司与筹建处就工程总造价进行决算，确认该工程总决算价为人民币 50 702 440 元；同月 30 日，又对已付工程款作了结算，确认截止到 1997 年 11 月 30 日，A 公司尚欠建筑公司工程款人民币 13 913 923.17 元。后经建筑公司不懈地催讨，至 1999 年 2 月 9 日止，A 公司尚欠建筑公司工程款人民币 950 万元。

在施工合同的履行过程中，A 公司曾于 1993 年 12 月致函建筑公司：《工程施工合同》的甲方名称更改为筹建处。但经查，筹建处未经上海市工商行政管理局注册登记备案。又查：该商厦的实际业主为某上市公司（下称 B 公司），且已于 1995 年 12 月 14 日取得上海市外销商品房预售许可证。1999 年 7 月，建筑公司即以 A 公司为施工合同的发包人，B 公司为该商厦的所有人为由，将两公司作为共同被告向人民法院提起诉讼，要求二公司承担连带清偿责任。

庭审中，A、B公司对于950万元的工程欠款均无任何异议。但A公司辩称：A公司为代理筹建处发包，并于1993年12月致函建筑公司，施工合同甲方的名称已改为筹建处；之后，建筑公司一直与筹建处发生联系，事实上已承认了施工合同发包人的主体变更。同时A公司证实，筹建处为某局发文建立，并非独立经济实体，且筹建处资金来源于B公司。所以，A公司不应承担支付950万元工程款项的义务。

B公司辩称：B公司与建筑公司无法律关系。施工合同的发包人为A公司；工程结算为建筑公司与筹建处间进行，与B公司不存在任何法律上的联系；筹建处有“筹建许可证”，系独立经济实体，应当独立承担民事责任。虽然B公司取得了预售许可，但B公司的股东已发生变化，故现在的公司对以前公司股东的工程欠款不应承担民事责任。庭审上，B公司向法庭出示了一份“筹建许可证”，以证明筹建处依法登记至今未撤销。

建筑公司认为：A公司虽接受委托，与建筑公司签订了施工合同，但征得了市建委施工处、市施工招标办的同意，该施工合同应当有效。而它作为施工合同的发包人，理应承担民事责任。而经查实，筹建处未经上海市工商行政管理局注册登记，它不具备主体资格，所以无法取代A公司在施工合同中的甲方地位。对于B公司，虽非施工合同的发包人，但他实际上已取得了该物业，是该商厦的所有权人，为真正的发包人，依法有承担支付工程款项的责任。

一审法院对原、被告出具的施工合同、筹建许可证、预售许可证及相关函件等证据进行了质证，认为：A公司实质上为建设方的代理人，合同约定的权利义务应由被代理人承担，并判由B公司承担支付所有工程欠款的责任。

2）工程价款结算及审价争议

尽管施工合同中已列出了工程量，约定了合同价款，但实际施工中会有很多变化，包括设计变更、工程师签发的变更指令、现场条件变化，以及计量方法等引起的工程量增减。这种工程量的变化几乎每天或每月都会发生，而且承包人通常在其每月申请工程进度款报表中列出，希望得到(额外)付款，但常因与工程师有不同意见而遭拒绝或者拖延不决。这些实际已完的工作而未获得付款的金额，由于日积月累，在施工后期可能增到一个很大的数字，发包人更加不愿支付，因而造成更大的分歧和争议。

在整个施工过程中，发包人在按进度支付工程款时往往会根据工程师的意见，扣除那些他们未予确认的工程量或存在质量问题的已完工程的应付款项，这种未付款项累积起来也可能形成一笔很大的金额，使承包人感到无法承受而引起争议，而且这类争议在施工的中后期可能会越来越严重。承包人会认为由于未得到足够的应付工程款而不得不将工程进度放慢下来，而发包人则会认为在工程进度拖延的情况下更不能多支付给承包人任何款项，这就会形成恶性循环而使争端愈演愈烈。更主要的是，大量的发包人在资金尚未落实的情况下就开始工程建设，致使发包人千方百计要求承包人垫资施工、不支付预付款、尽量拖延支付进度款、拖延工程结算及工程审价进程，致使承包人的权益得不到保障，最终引起争议。

【案例13.2】 某施工单位与某办事处于1985年5月18日签订了一份施工合同，工程项目为办事处建造8层楼的招待所，总造价207万元。后由于设计变更，建筑面积扩大，装修标准提高，双方于1986年2月21日又签订了补充合同，将造价条款约定为“预计257万元……”。施工单位按合同约定的时间完工，办事处前后共支付了工程进度款205万元，随后正式进行了竣工验收。双方将施工单位的结算书报送建行审定，办事处在送审的结算书上写明：“坚持按1985年5月18日合同，变更项目按规定结算，其他文件待后协商。”经建行审定，该工程最终造价为289万元，施工单位要求办事处按审定数目支付剩余的工程款，并承担从竣工日到支付日的未付款项的利息作为违约金。办事处对审价结果有异议，并拒绝支付余下的工程款，施工单位遂向人民法院起诉。

该案经法院一、二审，均以拖欠工程款为案由，判决办事处败诉，要办事处支付剩余款项的本金与利息。办事处不服，继续申诉，省高级人民法院认为该案确有不当之处，予以提审。高院判决书中认为：该案按工程款拖欠纠纷为案由审理不当，因按第一份合同，办事处已支付完了工程款，不存在拖欠，至于工程设计修改后，造价增加，对增加部分双方有分歧，在最终数量未定之前，不能算办事处违约，只能算工程款结算纠纷。该案案由应定为工程款结算纠纷，是确认之诉，不是给付之诉，所以违约金不能从竣工之日起算，只能从法院确认之日起算。最后高院将违约金计算时间定为从法院确认造价之日到办事处支付之日，判决办事处在此基础上支付施工余款本息。

3）工程工期拖延争议

一项工程的工期延误，往往是由于错综复杂的原因造成的，要分清各方的责任往往十分困难。在许多合同条件中都约定了竣工逾期违约金。经常可以发现，发包人要求承包人承担工程竣工逾期的违约责任，而承包人则提出因诸多发包人的原因及不可抗力等工期应相应顺延，有时承包人还就工期的延长要求发包人承担停工窝工的费用。

【案例13.3】 某大型公共道路桥梁工程，跨越某平原区河流。桥梁所在河段水深经常在5 m以上，河床淤泥层较深。工程采用FIDIC标准合同条件，中标合同价为7 825万美元，工期24个月。工程建设开始后，在桥墩基础开挖过程中，发现地质情况复杂，淤泥深度比文件资料中所述数据大得多，岩基高程较设计图纸高程降低3.5 m。咨询工程师多次修改施工图纸，而且推迟交付图纸。因此，在工程将近完工时，承包商提出索赔，要求延长工期6.5个月，补偿附加开支约3 645万美元。

业主与咨询工程师对该工程进行了分析，原来据业主自行计算，工程造价为8 350万美元，工期24个月，承包商为了中标，将造价报为7 825万美元，报价偏低8 350－7 825＝525万美元，工期仍为24个月。根据实际情况来看，该工程实际所需工期为28个月，造价约为9 874万美元。本来9 874－8 350＝1 524万美元为承包商可以索赔的上限，但在投标中承包商少报了525万美元，可视为承包商自愿放弃。因此，1 524－525＝999万美元为目前承包商可以索赔的上限，工期补偿为28－24＝4个月。承包商工期超过合同工期6.5个月，其中2.5个月由业主反索赔不予认可，根据原合同，承包商每逾期一天的“误期损害赔偿金”为9.5万美元。经业主与承包商反复洽商，最后达成索赔与反索赔协议：

（1）业主批准给承包商索赔款999万美元，批准延长工期4个月。

（2）承包商向业主支付误期损害赔偿款9.5万美元×76天＝722万美元。

（3）索赔款与反索赔款两相抵偿后，业主一次性向承包商支付索赔款277万美元。

4）安全损害赔偿争议

安全损害赔偿争议包括相邻关系纠纷引发的损害赔偿，设备安全事故、施工人员安全事故、施工导致第三人安全事故、工程本身发生安全事故等方面的争议。其中，工程相邻关系纠纷发生的频率越来越高，其牵涉主体和财产价值也越来越多，已成为人民群众十分关心的问题。《建筑法》第三十九条规定："施工现场对毗邻的建筑物、构筑物和特殊作业环境可能造成损害的，建筑施工企业应当采取安全防护措施。"

【案例 13.4】 某房地产开发公司 A 在某一旧式花园洋房的东南方新建高层房屋，将工程发包给施工企业 B。与此同时，该洋房的正东面已有房地产开发公司 C 新建成一多层住宅。在 C 建设中，该洋房的墙壁出现开裂、地基不均匀下沉。B 施工以后，墙壁开裂加剧，洋房明显倾斜。该洋房的业主以 B、C 为共同被告诉至法院，请求判令被告修复房屋并予赔偿；诉讼过程中又将 A 追加为被告。

审理过程中，法院主持进行了技术鉴定，查明该洋房裂缝产生的原因是地基不均匀沉降：C 已建房屋地基不均匀沉降带动相邻的地基，已产生不利影响；而在其地基尚未稳定的情形下，A 新建房屋由 B 承包后开始开挖地基，此行为又雪上加霜，使该花园洋房损坏加剧出现险象。故最后判决由三企业分别承担部分赔偿责任。

5) 工程质量及保修争议

质量方面的争议包括工程中所用材料不符合合同约定的技术标准要求，提供的设备性能和规格不符，或者不能生产出合同规定的合格产品，或者是能通过性能试验但不能达到规定的产量要求，施工和安装有严重缺陷等。这类质量争议在施工过程中主要表现为：工程师或发包人要求拆除和移走不合格材料，或者返工重做，或者修理后予以降价处置。对于设备质量问题，则常见于在调试和性能试验后，发包人不同意验收移交，要求更换设备或部件，甚至退货并赔偿经济损失。而承包人则认为缺陷是可以改正的，或者业已改正；对生产设备质量则认为是性能测试方法错误，或者制造产品所投入的原料不合格或者是操作方面的问题等，质量争议往往变成责任问题争议。

此外，在保修期的缺陷修复问题往往是发包人和承包人争议的焦点，特别是发包人要求承包人修复工程缺陷而承包人拖延修复，或发包人未经通知承包人就自行委托第三人对工程缺陷进行修复。在此情况下，发包人要在预留的保修金扣除相应的修复费用，承包人则主张产生缺陷的原因不在承包人或发包人未履行通知义务且其修复费用未经其确认而不予同意。

【案例 13.5】 某单位（发包人）为建职工宿舍楼，与市建筑公司（承包人）签订一份施工合同。合同约定：建筑面积 6 000 m^2，高 7 层，总价格 1 000 万元；由发包人提供建材指标，承包人包工包料；主体工程和内外承重墙一律使用国家标准红机砖，每层有水泥圈梁加固。双方还约定了竣工日期等其他事项。承包人按合同约定的时间竣工。在验收时，发包人发现工程 2 至 5 层所有内承重墙体裂缝较多，要求承包人修复后再验收。承包人拒绝修复，认为不影响使用。2 个月后，发包人发现这些裂缝越来越大，最大的裂缝能透过其中看到对面的墙壁，方提出工程不合格，系危险房屋，不能使用，要求承包人拆除重新建筑，并拒付剩余款项。承包人提出，裂缝属于砖的质量问题，与施工技术无关。双方协商不成，发包人诉至法院。

经法院审理查明：本案建筑工程实行大包干的形式，发包人提供建材指标，承包人为节省费用，在采购机砖时，只采购了外墙和主体结构的红机砖，而对内承重墙则使用了价格较低的烟灰砖,而烟灰砖因为干燥、吸水、伸缩性大,当内装修完毕待干后,导致裂缝出现。经法院委托市建筑工程研究所现场勘察、鉴定,认为:烟灰砖不能适用于高层建筑和内承重墙,强度不够红机砖标准,建议所有内承重墙用钢筋网加水泥砂浆修复加固后方可使用。经法院调解,双方达成协议,承包人将2～5层所有内承重墙均用钢筋网加固后再进行内装修,所需费用由承包人承担。竣工验收合格后,发包人在10日内将工程款一次结清给承包人。

6) 合同终止争议

合同终止造成的争议有:承包人因这种终止造成的损失严重而得不到足够的补偿,发包人对承包人提出的就终止合同的补偿费用计算有异议;承包人因设计错误或发包人拖欠应支付的工程款而造成困难提出终止合同,发包人不承认承包人提出的终止合同的理由,也不同意承包人的责难及其补偿要求等。合同终止一般都会给某一方或者双方造成严重的损害。除不可抗力外,任何终止合同的争议往往是难以调和的矛盾造成的。如何合理处置合同终止后双方的权利和义务,往往是这类争议的焦点。合同终止可能有以下几种情况:

(1) 属于承包人责任引起的终止合同。例如,发包人认为并证明承包人不履约,承包人严重拖延工程并证明已无能力改变局面,承包人破产或严重负债而无力偿还致使工程停滞等等。在这些情况下,发包人可能宣布终止与该承包人的合同;将承包人驱逐出工地,并要求承包人赔偿工程终止造成的损失,甚至发包人可能立即通知开具履约保函和预付款保函的银行全额支付保函金额;承包人则否定自己的责任,并要求取得其已完工程付款,要求发包人补偿其已运到现场的材料、设备和各种设施的费用,还要求发包人赔偿其各项经济损失,并退还被扣留的银行保函等。

(2) 属于发包人责任引起的终止合同。例如,发包人不履约、严重拖延应付工程款并被证明已无力支付欠款,发包人破产或无力清偿债务,发包人严重干扰或阻碍承包人的工作等等。在这种情况下,承包人可能宣布终止与该发包人的合同,并要求发包人赔偿其因合同终止而遭受的严重损失。

(3) 不属于任何一方责任引起的终止合同。例如,由于不可抗力使任何一方不得不终止合同,大部分政治因素引起的履行合同障碍都属于此类。尽管一方可以引用不可抗力宣布终止合同,但如果另一方对此有不同看法,或者合同中没有明确规定这类终止合同的后果处理办法,双方应通过协商处理,若达不成一致则按争议处理方式申请仲裁或诉讼。

(4) 任何一方由于自身需要而终止合同。例如发包人因改变整个设计方案、改变工程建设地点或者其他任何原因而通知承包人终止合同,承包人因其总部的某种安排而主动要求终止合同等。这类由于一方的需要而非对方的过失而要求终止合同,大都发生在工程开始的初期,而且要求终止合同的一方通常会认识到并且会同意给予对方适当补偿,但是仍然可能在补偿范围和金额方面发生争议。例如,在发包人因自身原因要求终止合同时,可能会承诺给承包人补偿的范围只限于其实际损失,而承包人可能要求还应补偿其失去承包其他工程机会而遭受的损失和预期利润。

【案例13.6】 某建筑公司与某厂签订施工合同,承包人为发包人承担6台400 m^3煤气罐检查返修的任务,工期六个月,某年10月开工,合同价42万元。临近开工时,因煤气罐仍在运行，施工条件不具备，承包人同意发包人的提议将开工日期变更至次年7月动工。经发包人许可，承包人着手从本公司基地调集机械和人员如期进入施工现场，搭设脚手架，装配排残液管线。工程进展约两个月，发包人以工期无法保证和工程质量差为由，同承包人先是协商提前竣工期，继而洽谈解除合同问题，承包人未同意。接着，发包人正式发文："本公司决定解除合同，望予谅解和支持。"同时，限期让承包人拆除脚手架，迫使承包人无法施工，导致原合同无法履行。为此承包人向法院起诉，要求发包人赔偿其实际损失24万元。

在法院审理中，被告方认为：承包人投入施工现场的人员少、素质差，不可能保证工程任务如期完成和工程质量。承包人认为：他们是根据工程进展有计划地调集和加强施工力量，足以保证工期按期完成；对方在工程完工前断言工程质量不可靠，缺乏根据。法院认为：这份施工合同是双方协商一致同意签订的有效合同，现在合同终止是单方毁约行为，应负违约责任。考虑到本案实际情况，继续履行合同有困难。最后在法院主持下双方达成调解协议，施工合同尚未履行部分由发包人承担终止执行责任，由发包人赔偿承包人工程款、工程器材费和赔偿金等共16万元。

工程实践证明：工程合同的争议呈现逐步上升并愈演愈烈趋势，这是建筑市场不规范，各种主客观原因综合形成，不以人的意志为转移。因此，合同双方都应该高度重视、密切关注并研究解决争议的对策，从而促使合同争议尽快合理地解决。

13.2 工程合同争议的解决方式

在我国，工程合同争议解决的方式主要有和解、调解、仲裁和诉讼四种。

13.2.1 和解

1）和解的概念和原则

和解是指在合同发生争议后，合同当事人在自愿互谅基础上，依照法律、法规的规定和合同的约定，自行协商解决合同争议。和解是解决合同争议最常见的一种最简便、最有效、最经济的方法。所以，发生合同争议后，应当提倡双方当事人进行广泛的、深入的协商，争取通过和解解决争议。和解应遵循以下原则：

(1) 合法原则。合法原则要求工程合同当事人在和解解决合同纠纷时，必须遵守国家法律、法规的要求，所达成的协议内容不得违反法律、法规的规定，也不得损害国家利益、社会公共利益和他人的利益。这是和解解决工程合同纠纷的当事人应当遵守的首要原则。如果违背了合法原则，双方当事人即使达成了和解协议也是无效的。

(2) 自愿原则。自愿原则是指工程合同当事人对于采取自行和解解决合同纠纷的方式，是自己选择或愿意接受的，并非受到对方当事人的强迫、威胁或其他的外界压力。同时，双方当事人协议的内容也必须是出于自愿，决不允许任何一方给对方施加压力，以终止协议等手段相威胁，迫使对方达成只有对方尽义务，没有自己负责任的"霸王协议"。

(3) 平等原则。平等原则表现为在合同发生争议时，双方当事人在自行和解解决合同争议过程中的法律地位是平等的，不论当事人经济实力雄厚还是薄弱，也不论当事人是法人还是非法人的其他经济组织、个人，双方要互相尊重、平等对待，都有权提出自己的理由和建议，都有权对对方的观点进行辩论。不允许以强欺弱、以大欺小，达成不公平的所谓和解协议。对于履行了合同义务的部分，应当坚持有得到偿付的权利；对于自己履行义务中的缺陷，应当同意予以改善，切忌采取"蛮不讲理"的态度；对于合同或事实中双方理解不一致者，则应通过耐心解释，特别是借用工程惯例予以处理。

(4) 互谅互让原则。互谅互让原则就是工程合同双方当事人在如实陈述客观事实和理由的基础上，也要多从自身找原因，认识在引起合同纠纷问题上自己应当承担的责任，而不能片面强调对自己有利的事实和理由而不顾及全部的事实，或片面指责对方当事人，要求对方承担责任。即使自身没有过错，也不能得理不让人。这也正是合同的协作履行原则在处理工程合同争议中的具体运用。

2) 争议和解注意要点

(1) 坚持原则。在工程合同争议的协商过程中，双方当事人既要互相谅解，以诚相待，勇于承担各自的责任，又不能进行无原则的和解，要杜绝在解决纠纷中的损害国家利益和社会公共利益的行为，尤其是对解决合同争议中的行贿受贿行为，要进行揭发、检举；对于违约责任的处理，只要工程合同中约定的违约责任是合法的，就应当追究违约方的违约责任，违约方应当主动承担违约责任，受害方也应当积极向违约方追究违约责任，决不能以协作为名，假公济私。

(2) 分清责任。和解解决工程合同争议的基础是分清责任。尤其是在市场竞争中，当事人都应保持良好的形象和信誉，明确各方的权利和责任。当事人双方要实事求是地分析争议产生的原因，不能一味地推卸责任，否则，不利于争议的解决。应当以详细和可靠的证据材料证明事实依据，应当以相应的合同条款作为处理争议的法定依据，即始终坚持采取摆事实、讲道理的态度对待争议。

(3) 及时解决。双方当事人自愿采取和解方式解决工程合同争议时应当注意合同争议要及时解决。由于和解不具有强制执行的效力，容易出现当事人反悔。如果双方当事人在协商过程中出现僵局，争议迟迟得不到解决时，就不应该继续坚持和解解决的办法，否则会使合同争议进一步扩大，特别是一方当事人有故意不法侵害行为时，更应当及时采取其他方法解决。

(4) 注意把握和解的技巧。首先要求当事人双方坚持和解的原则，诚实信用，以礼相待，处处表现出宽容和善意。其次，要求当事人在意思表达准确的同时，要恰当使用协商语言，不使用过激的或模棱两可的语言。再次，在协商过程中，要摆事实、讲道理。讲道理时，一定要围绕中心，抓住主要问题，以使合同争议的主要问题及时得到解决。在某些场合下还要注意"得理让人"，对于非原则问题，可以作一些必要的让步，以使对方当事人感到诚意，从而使问题及早得到彻底的解决。

任何协商都不是一蹴而就和万事顺利的，可能有多种情况出现。一是双方坚持不让，谈判陷入僵局。这时比较可行的办法是委托双方都有关系的人员进行会外劝解，重新谈判，但第三人只在当事人之间起"牵线搭桥"的作用，并不实质上参与当事人之间的协商。二是谈判达成谅解。这时应及时将谈判结果写成书面文件，并经双方正式签署。新的协议文件应当是处理方案明确，且有处理的合理期限，以利实施。三是谈判破裂。在谈判已明显出现不可能达成妥协方案时，应当为其他解决争议的方式做好准备。

13.2.2 调解

1）调解的概念和原则

调解是指在合同发生争议后，在第三人的参加与主持下，通过查明事实，分清是非，说服劝导，向争议的双方当事人提出解决方案，促使双方在互谅互让的基础上自愿达成协议从而解决争议的活动。调解一般应遵循以下原则：

(1) 自愿原则。工程合同争议的调解过程，是双方当事人弄清事实真相、分清是非、明确责任、互谅互让、提高法律观念、自愿取得一致意见并达成协议的过程。因此，只有在双方当事人自愿接受调解的基础上，调解人才能进行调解。如果争议当事人双方或一方根本不愿意用调解方式解决纠纷，那么就不能进行调解。另外，调解人的身份必须得到双方当事人的认可，调解协议也必须由双方当事人自愿达成。调解人在调解过程中必须充分尊重当事人的意愿，要耐心听取双方当事人和关系人的意见，并对这些意见进行分析研究。在查明事实、分清是非的基础上，对双方当事人进行说服教育，耐心劝导，促使双方当事人互相谅解，达成协议。调解人不能代替当事人达成协议，也不能把自己的意志强加给当事人。

(2) 合法原则。合法原则首先要求工程合同双方当事人达成协议的内容必须合法，不得同法律、法规和政策相违背，也不得损害国家利益、社会公共利益和第三人的合法权益。此外，在任何情况下，都必须要求调解人在调解活动中坚持合法原则，否则难以保证调解协议内容的合法性。比如，调解活动不讲原则，一味强调让步，或违反法律而达成的协议，结果既损害了当事人的利益，所达成的调解协议也没有任何保障。合同当事人只能在法律法规允许的范围内，才可以自由地处分自己的权利，超越当事人可以自由处分的权利范围，调解人就不能调解。

(3) 公平原则。公平原则要求调解人秉公办事，不徇私情、平等待人、公平合理地解决问题，尤其是在承担相应责任方面，决不能采用“和稀泥”“各打五十大板”等无原则性的方式，而应该实事求是，采取权利与义务对等、责权利相一致的公平原则。这样才能够取得双方当事人的信任，促使他们自愿地达成协议。否则，如果偏袒一方压服另一方，只能引起当事人的反感，不利于争议的解决。

2）调解方式

(1) 行政调解。行政调解是指工程合同发生争议后，根据双方当事人的申请，在有关行政主管部门主持下，双方自愿达成协议的解决合同争议的方式。工程合同争议的行政调解人一般是一方或双方当事人的业务主管部门。因为业务主管部门对下属企业单位的生产经营和技术业务等情况比较熟悉和了解，他们能在符合国家法律政策的要求下，教育说服当事人自愿达成调解协议。这样既能满足各方的合理要求，维护其合法权益，又能使合同争议得到及时而彻底的解决。

(2) 法院调解或仲裁调解。法院（或仲裁）调解是指在合同争议的诉讼（或仲裁）过程中，在法院（或仲裁机构）的主持和协调下，双方当事人进行平等协商，自愿达成协议，并经法院（或仲裁机构）认可从而终结诉讼（或仲裁）程序的活动。调解书经双方当事人签收后，即发生法律效力，当事人不得反悔，必须自觉履行。调解未达成协议或者调解书签收前当事人一方或双方反悔的，调解即告终结，法院（或仲裁庭）应当及时裁决而不得久调不决。调解书发生法律效力后,如果一方不履行时,另一方当事人可以向人民法院申请强制执行。

(3) 人民(民间)调解。人民(民间)调解是指合同发生争议后,当事人共同协商,请有威望、受信赖的第三人,包括人民调解委员会、企事业单位或其他经济组织、一般公民以及律师、专业人士等作为中间调解人,双方合理合法地达成解决争议的协议。人民调解可以制作书面的调解协议,也可以双方当事人口头达成调解协议。无论是书面的还是口头的调解协议,均没有法律约束力,靠当事人自觉履行,以双方当事人的信誉、道德良心,以及主持人的人格力量、威望等来保证履行。

律师或专业人士主持调解争议可以在一定程度上弥补我国现有调解队伍力量不足的现象。由于律师和专业人士本身良好的素质,具有一定的专业知识和法律水平,熟悉政策与规范,更有利于说服当事人,从而使当事人双方的争议在更加合乎法律和情理的情况下解决,这样有助于加强法律的宣传和教育作用,提高当事人的法制观念。另一方面,律师和专业人士主持调解有利于缓解当事人之间的矛盾,减轻人民法院的负担。

13.2.3 争议评审(BRD)

1) 争议评审的概念

争议评审是指争议双方通过事前的协商,选定独立公正的第三人对其争议作出决定,并约定双方都愿意接受该决定约束的一种解决争议的程序。争议评审是近年来在国际工程合同争议解决中出现的一种新的方式,其特点介于调解与仲裁之间,但与两者又有所不同,效力如何在我国尚无讨论。如果双方愿意采取该方式解决争议,而又考虑到它将受到某些法律的限制,可以采取一些措施以加强争议评审的有效性。例如,双方可以在其解决争议的协议中,约定争议双方不能在以后的仲裁程序或诉讼程序中对争议评审人作出的事实调查提出异议;甚至可以约定,如当事人任一方不执行争议评审人的决定,即为不履行合同规定的义务等。

2) 争议评审产生和发展

争议评审是一种在工程承包的实践活动中出现、总结和发展起来的新的解决争议的方式。在工程承包中,如何处理业主与承包商之间的争议,一直是非常困难和复杂的问题。由于工程施工合同与货物销售合同迥然不同,不仅履约期间特别长,大量的技术问题与商务问题、法律问题缠绕在一起,使争议的解决变得十分棘手。特别是在漫长的履约过程中不断出现的纠纷,必须毫不犹豫地及时解决,否则不仅影响工程的进展,而且拖到后来往往会使争议金额变成为一个庞大的数字,即使最后提交仲裁或诉讼,可能会变成为一个费时和费钱的疑难大案。工程界都希望寻求一种能在合同执行过程中随时排除纠纷和解决争议的方式。争议评审委员会处理承包工程争议的方式是20世纪70年代在美国的隧道工程中发展起来的,它第一次是在美国科罗拉多州的艾森豪威尔隧道工程中使用。这条隧道的土建、电气和装修三个合同(价值1.28亿美元)都采用了争议评审委员会解决争议方式。在整个四年多的工期中,对其28次不同的争议进行了听证和评审,争议评审委员会提出的处理意见都得到争议各方的尊重和执行,未发生仲裁或诉诸法院解决的争议。

艾森豪威尔隧道工程采用争议评审委员会解决争议方式取得的成功,在美国产生了较大影响,后来不仅在许多地下工程、水坝工程中较为普遍地采用,一些大型的民用工程也有采用。过去，世界银行贷款的项目招标时适用 FIDIC 的合同条件。现在世界银行已修改其适用贷款工程《采购指南》的某些招标规定，决定对该合同条件的第 67 条争议解决一节进行修改，规定合同总价超过 5 000 万美元的项目应当采用争议评审委员会方式解决争议，而合同总价小于 5 000 万美元的项目则可以选择争议评审委员会方式(Dispute Review Board，简称 DRB)或者争议评审专家方式(Dispute Review Expert，简称 DRE)解决争议。

我国的水利水电施工项目借鉴国际工程经验，逐步引入合同争议的评审机制，并在一些大型施工项目上如二滩水电站等开始运用。在《水利水电土建工程施工合同条件》(GF—2000—0208)中，规定水利水电工程建设应建立合同争议调解机制，当监理单位的决定无法使合同双方或其中任一方接受而形成争议时，可通过由双方在合同开始执行时聘请的争议调解组或行业争议调解机构进行争议评审和调解，以求得争议的合理、公正解决。

3) 争议评审的基本程序

争议评审一般应有较具体的程序。由于我国缺乏具体的争议评审人主持争议评审的程序规定，如果争议双方愿意采用争议评审的方式解决争议，最好在合同中作出某些规定。特别是对如何指定争议评审人、争议评审的范围、争议评审人作出决断的有效性等应有明确的规定。争议评审的程序规则，可以参考某些仲裁规则，并力求简化。选择争议评审人可能较为困难，一些组织如监理工程师协会、律师协会等可以联合提供有资格的争议评审人名单和其他服务。争议评审委员会方式和争议评审专家方式采用的基本程序如下：

(1) 采用争议评审解决争议的协议或合同条款。首先要由业主和承包商共同在其施工合同条款或单独的专项协议中明确采用争议评审委员会或者争议评审专家的方式解决争议。合同条款和协议中还要特别写明这种解决争议的范围、评审委员会成员人数和产生办法、争议评审委员会或争议评审专家方式与监理工程师处理争议以及仲裁或诉讼处理争议的关系等。通常争议评审委员会或争议评审专家处理争议的建议是咨询性的，它并不替代合同中规定的工程师对争议处理的程序，更不排除争议方因不满意争议评审委员会或争议评审专家的建议而诉诸仲裁或诉讼。世界银行关于争议评审委员会的新规定中，写明争议任一方在收到争议评审委员会的处理争议建议后 14 天之内应当通知各方其不接受该建议而拟诉诸仲裁的意向，否则该建议被认为是终局的，对争议双方有约束力。无论该建议是否变为终局的和有约束力的，该建议应当成为仲裁或诉讼程序中处理与该建议有关的争议问题的可采纳的证据。

(2) 争议评审委员会成员的选定。通常争议评审委员会有 3 名成员(大型项目可以有 5 名或以上成员)，争议双方各指定一名，并经双方相互确认，而后由该两名已被相互确认的争议评审委员会成员共同推荐第三名成员，并经争议双方批准，该第三名成员将作为争议评审委员会的主席。应当规定争议评审专家成员的基本条件，例如应当是具有与本工程同类项目的管理经验，并有较好的解释合同能力的技术专家，应当是与本工程任何一方没有受雇和财务关系，并没有股份或财务利益的人士，还应当是从未实质上参与过本工程项目的活动，并与争议任何一方没有任何协议或承诺的人士。在争议评审委员会的成员选定中，还应规定时间限制，如果任何一方未能按时指定成员，或者未能及时批准对方指定的成员及共同指定的第三名成员时，应当规定由谁或者某一机构在何时代为指定成员。

(3) 争议评审委员会成员被指定后应签署接受指定的声明。该声明应表示同意接受担任该项目的争议评审委员会成员，并保证与合同双方没有任何受雇和财务往来及任何利益和承诺关系，愿意按规定保密和按秉公与独立的原则处理双方争议。如果是在工程施工合同签订后才确定采用争议评审委员会方式处理争议，则可由业主、承包商和争议评审委员会成员共同签订一份三方协议，这种协议可以就争议评审委员会的工作范围、处理争议的工作程序、三方的责任、争议评审委员会开始和结束工作的时间、报酬与支付、协议的终止、争议评审委员会成员的更换、争议评审委员会的建议书的形式和采纳，以及本三方协议的争议解决等作出明确规定。

(4) 争议评审委员会的一般工作程序。通常是双方的争议先由双方共同协商解决，或提交监理工程师决定。只有在双方协商不能达成一致，或者其中一方对工程师的决定不同意时，可以在某一规定时间内提交给争议评审委员会处理。在一方向争议评审委员会提交争议处理请求时应相应地通知对方。争议评审委员会将决定举行听证会，或者可以在争议评审委员会定期访问现场期间举行听证会。通常听证会在工程现场举行，在此之前双方应向争议评审委员会的每位成员提交书面文件和证据材料。听证会一般不作正式记录和录音、录像，但给争议双方充分的时间陈述和提出证据材料或者书面声明。争议评审委员会成员在听证期间不得就争议的是非曲直发表任何观点，随后争议评审委员会成员将秘密进行讨论，直到形成处理争议的建议。建议以书面提出并由争议评审委员会成员签字。如果争议评审委员会成员中有少数不同意见者，可以附上少数成员的意见，但最好是尽力达成一致性的意见，以利各方执行。书面建议应分发给争议双方。

(5) 争议评审委员会定期访问现场和定期现场会议。为使争议评审委员会成员了解工程施工和进展情况，并使工程进展过程中发生的争议得到及时处理，或者对潜在的争议提出可能的避免方法，一般都规定争议评审委员会成员应定期访问现场(例如每半年一次)。在访问期间，争议评审委员会成员将由业主和承包商的双方代表陪同参观工程的各部位，并召开圆桌会议，听取上次会议以来的工程进展和存在问题的各方说明，听取各方对潜在争议的预测及其解决的建议。如果必要，可指定一方整理定期会议纪要供各方修改和定稿，并分发给三方备存。定期访问期间，争议评审委员会成员不得接受任何一方的单独咨询。如果定期访问期间处理已发生的争议，则按工作程序另外安排听证会议。

我国《水利水电土建工程施工合同条件》(GF—2000—0208)通用条款中，对合同争议评审和调解作了如下规定：

① 争议调解组。发包人和承包人应在签订合同协议书后的84天，共同协商成立争议调解组，并由双方与争议调解组签订协议。争议调解组由3(或5)名有合同管理和工程实践经验的专家组成，专家的聘请方法可由发包人和承包人共同协商确定，亦可请政府主管部门推荐或通过行业合同争议调解机构聘请，并经双方认可。争议调解组成员应与合同双方均无利害关系。争议调解组的各项费用由发包人和承包人平均分担。

② 争议的提出。发包人和承包人或其中任一方对监理人作出的决定有异议，又未能在监理人的协调下取得一致意见而形成争议，任一方均可以书面形式提请争议调解组解决，并抄送另一方。在争议尚未按“争议的评审”的规定获得解决之前，承包人仍应继续按监理人的指示认真施工。

③ 争议的评审。

a. 合同双方的争议，应首先由主诉方向争议调解组提交一份详细的申诉报告，并附有必要的文件、图纸和证明材料，主诉方还应将上述报告的一份副本同时提交给被诉方。

b. 争议的被诉方收到主诉方申诉报告副本后的28天内，亦应向争议调解组提交一份申辩报告，并附有必要的文件、图纸和证明材料。被诉方亦应将报告的一份副本同时提交给主诉方。

c. 争议调解组收到双方报告后的28天内，邀请双方代表和有关人员举行听证会，向双方调查和质询争议细节。若需要时，争议调解组可要求双方提供进一步的补充材料，并邀请监理人参加听证会。

d. 在听证会结束后的28天内，争议调解组应在不受任何干扰的情况下，进行独立和公正的评审，将全体专家签名的评审意见提交给发包人和承包人，并抄送监理人。

e. 若发包人和承包人接受争议调解组的评审意见，则可由监理人按争议调解组的评审意见，拟定争议解决议定书，经争议双方签字后作为合同的补充文件，并遵照执行。

f. 若发包人和承包人或其中任一方不接受争议调解组的评审意见，并要求提交仲裁，则任一方均可在收到上述评审意见后的28天内将仲裁意向通知另一方，并抄送监理人。若在上述28天期限内双方均未提出仲裁意向，则争议调解组的评审意见为最终决定，双方均应遵照执行。

4）争议评审委员会解决争议的优点

在业已采用争议评审委员会处理争议方式的项目中，建设主管部门、业主、承包商和贷款金融机构等各方面的反映都是良好的。归纳起来，争议评审方式具有以下优点：

(1) 技术专家的参与，处理方案符合实际。由于争议评审委员会成员都是具有施工和管理经验的技术专家，比起将争议交给仲裁或诉讼中的法律专家、律师和法官，仅凭法律条款去处理复杂的技术问题，更令人放心，即其处理结果更符合实际，并有利于执行。

(2) 节省时间，解决争议便捷。由于争议评审委员会成员定期到现场考察情况，他们对争议起因和争议引起的后果了解得更为清楚，无须大量准备文字材料和费尽口舌向仲裁庭或法院解释和陈述；争议评审委员会的决策很快，可以节省很多时间。因为争议评审委员会可以在工程施工期间直接在现场处理大量常见争议，避免了争议的拖延解决而导致工期延误；也可防止由于争议的积累而使之扩大化、更为复杂化，是一种事前预防纠纷产生、扩大的合同控制方法。

(3) 争议评审的成本比仲裁和诉讼更便宜。不仅总费用较少，而且所花费用是由争议双方平均分摊的。而在仲裁或诉讼中，则任何一方都有可能要承担双方为处理争议而花费的一切费用的风险。

(4) 争议评审委员会并不妨碍再进行仲裁或诉讼。争议评审委员会的建议不具有终局性和约束力，任一方不满意而不接受该建议，仍然可以再诉诸仲裁或诉讼。

13.2.4 仲裁

1）仲裁的概念和特点

仲裁是指由合同双方当事人自愿达成仲裁协议、选定仲裁机构对合同争议依法作出有法律效力的裁决的解决合同争议的方法。在我国境内履行的工程合同，双方当事人申请仲裁的，适用1995年9月1日起施行的《中华人民共和国仲裁法》。仲裁具有如下特点：

(1) 仲裁具有灵活性。仲裁的灵活性表现在合同争议双方有许多选择的自由,只要是双方事先达成协议的,基本上都能得到仲裁庭的尊重,这包括双方当事人可以事先约定提交仲裁的争议范围,以此决定仲裁庭的管辖和裁决范围;双方可以事先选择适用的法律、仲裁机构、仲裁规则和仲裁地点及仲裁程序所使用的语言文字等;双方可以自己选择仲裁员。许多仲裁机构备有仲裁员名单,他们不仅有法律方面的专家和知名律师,还有许多行业中颇有经验的技术专家、教授和具有管理经验的德高望重的知名人士等。将较复杂的专业内容争议案件交给专家们仲裁,比法院由专门研究法律而相对缺少行业专门知识的法官审判更具有权威性和说服力。

(2) 仲裁程序的保密性。仲裁程序一般都是保密的,仲裁程序从开始到终结的全过程中,双方当事人和仲裁员及仲裁机构的案件管理人员都负有保密的责任。除非双方当事人一致同意,仲裁案件的审理并不公开进行,不允许旁听或者采访,这对于涉及商业秘密或者当事人不愿意因处理争议而影响日后商业信誉和活动的案件,当事人可以放心地将案件提交仲裁解决。但是,除涉及国家秘密的以外,当事人协议仲裁公开进行的,则可以公开进行。

(3) 仲裁效率较高和费用较低。和司法程序相比较,仲裁效率要高一些。由于许多国家的法律制度对民事案件诉讼采用多审制(二审终审制或三审终审制),时间花费较长,而且受到法律制度的程序限制,不可能加快进程。而仲裁则是一审终局的,无须上诉。总之,仲裁程序从立案到最终裁决的持续时间要短得多,而且争议各方可以指定熟悉专业的人士担任仲裁员,他们的专业知识有助于快捷地判断那些专业性较强的案件中的是非曲直,从而可以加快审理和裁决进程。仲裁所花费用也会比诉讼相对要低些。

2) 仲裁原则

(1) 独立原则。仲裁委员会是由政府组织有关部门和商会统一组建,但仲裁机关不是行政机关,也不是司法机关,属于民间团体。仲裁委员会具有独立行使仲裁权,它与行政机关没有任何隶属关系,各个仲裁委员会之间也没有任何隶属关系,不存在级别管辖和地域管辖。仲裁机构在仲裁合同争议时,依法独立进行,不受行政机关、社会团体和个人的干涉。各个仲裁机构应该严格地依照法律和事实独立地对合同争议进行仲裁,作出公正的裁决,保护当事人的合法利益。

(2) 自愿原则。仲裁必须是完全自愿的。这种自愿原则体现在许多方面,例如,是否选择仲裁的方式解决争议,选择哪一个仲裁机构进行仲裁,仲裁是否公开进行,在仲裁的过程中是否要求调解、是否进行和解、是否撤回仲裁申请,等等,都是由当事人自愿决定的,并且应该得到仲裁机构的尊重。任何仲裁机构或临时仲裁庭对案件的管辖权完全来自双方当事人的授权。如果双方当事人同意选择仲裁的方式解决争议,必须用书面的形式将这一意愿表达出来,即应在争议发生前或后达成仲裁协议。没有书面的仲裁协议,仲裁机构就无权受理对该争议的解决。

(3) 或裁或审原则。《仲裁法》第五条规定:"当事人达成仲裁协议,一方向人民法院起诉的,人民法院不予受理,但仲裁协议无效的除外。"《民事诉讼法》第一百二十四条第(二)款规定:"依照法律规定,双方当事人达成书面仲裁协议申请仲裁、不得向人民法院起诉的,告知原告向仲裁机构申请仲裁。"这两部法律均明确了合同争议实行或裁或审制度。因为仲裁和诉讼都是解决合同争议的方法,既然合同争议当事人双方自愿选择了仲裁方法解决合同争议，仲裁委员会和法院都要尊重合同争议当事人的意愿。一方面仲裁委员会在审查当事人申请仲裁符合仲裁条件时，就应予受理。另一方面法院则依法告知因双方有有效的仲裁协议，应当向仲裁机构申请仲裁，法院不受理起诉。

(4) 一裁终局原则。《仲裁法》第九条规定："仲裁实行一裁终局制的制度。"一裁终局是指裁决作出之后，当事人就同一争议再申请仲裁或者向法院起诉的，仲裁委员会或者法院不应受理。但是当事人对仲裁委员会作出的裁决不服时，并提出足够的证明、证据，可以向法院申请撤销裁决，裁决被法院依法裁定撤销或者不予执行的，当事人可以就已裁决的争议重新达成仲裁协议申请仲裁或向法院起诉。如果撤销裁决的申请被法院裁定驳回，仲裁委员会作出的裁决仍然要执行。

(5) 先行调解原则。先行调解就是仲裁机构先于裁决之前，根据争议的情况或双方当事人自愿而进行说服教育和劝导工作，以便双方当事人自愿达成调解协议，解决合同争议。

3) 仲裁程序

(1) 仲裁申请和受理

① 仲裁协议。仲裁协议是指当事人自愿选择仲裁的方式解决他们之间可能发生的或者已经发生的合同争议的书面约定。只有当事人在合同内订立仲裁条款或以其他书面形式在争议发生前或者争议发生后达成了请求仲裁的协议，仲裁委员会才会受理仲裁申请。仲裁协议应当具有以下主要内容：

a. 请求仲裁的意思表示。双方当事人应当明确表示将合同争议提交仲裁机构解决。

b. 仲裁事项。双方当事人共同协商确定的提交仲裁的合同争议范围。如果是在合同内订立了仲裁条款或在纠纷前以其他书面形式达成的仲裁协议但还没有具体争议事件发生时，仲裁事项规定应原则一些。

c. 选定的仲裁委员会。双方当事人应明确约定仲裁事项由哪一个仲裁机构进行仲裁。

导致仲裁协议无效的原因有：

a. 约定的仲裁事项超出法律规定的范围。

b. 无民事行为能力的人或者限制行为能力的人订立的仲裁协议。

c. 一方采取胁迫手段，迫使对方订立仲裁协议。此外，仲裁协议对仲裁事项约定不明确的，当事人可以补充协议；达不成补充协议的，仲裁协议无效。

② 仲裁申请。申请是指当事人向仲裁委员会依照法律的规定和仲裁协议的约定，将争议提请约定的仲裁委员会予以仲裁。当事人申请仲裁必须符合下列条件：有仲裁协议；有具体的仲裁请求和事实、理由；属于仲裁委员会的受理范围。在申请仲裁时，应当向仲裁委员会提交仲裁协议、仲裁申请书及副本。仲裁申请书应当载明下列事项：

a. 当事人的姓名、性别、年龄、职业、工作单位和住所、法人或其他组织的名称、住所和法定代表人或者主要负责人的姓名、职务；

b. 仲裁请求和所根据的事实、理由；

c. 证据和证据来源、证人姓名和住所。

③ 仲裁受理。受理是指仲裁委员会依法接受对争议的审理。仲裁委员会在收到仲裁申请书之日起 5 日内，认为符合受理条件的，应当受理，并通知当事人；认为不符合受理条件的，应当书面通知当事人不予受理，并说明理由。仲裁委员会在受理仲裁申请后，应当在仲

裁规则规定的期限内将仲裁规则和仲裁员名册送达申请人,并将仲裁申请书的副本和仲裁规则、仲裁员名册送达被申请人。

(2) 组成仲裁庭

仲裁委员会受理仲裁申请后,应当组成仲裁庭进行仲裁活动。仲裁庭不是一种常设的机构,其组成的原则是一案一组庭。仲裁庭有两种组成方式:

① 仲裁庭由三名仲裁员组成,即合议制的仲裁庭。采用这种方式,应当由当事人双方各自选择或者各自委托仲裁委员会主任指定一位仲裁员。第三名仲裁员即首席仲裁员由当事人共同选定或者共同委托仲裁委员会主任选定。

② 仲裁庭由一名仲裁员组成,即独任制的仲裁庭。这名仲裁员由当事人共同选定或者共同委托仲裁委员会主任指定。

在具体的仲裁活动中,采取上述两种方法中的哪一种,由当事人在仲裁协议中协商决定。当事人没有在仲裁规则规定的期限内约定仲裁庭的组成方式或者选定仲裁员的,由仲裁委员会主任指定。仲裁庭组成后,仲裁委员会应当将仲裁庭的组成情况书面通知当事人。组成仲裁庭的仲裁员,符合《仲裁法》规定需要回避的应当回避,当事人也有权提出回避申请。

(3) 开庭和裁决

开庭是指仲裁庭按照法定的程序,对案件进行有步骤有计划的审理。《仲裁法》第三十九条规定:"仲裁应当开庭进行",也就是当事人共同到庭,经调查和辩论后进行裁决。同时,该条还规定:"当事人协议不开庭的,仲裁庭可以根据仲裁申请书、答辩书以及其他材料作出裁决"。

在仲裁过程中,原则上应由当事人承担对其主张的举证责任。证据应当在开庭时出示,当事人可以质证。当事人在仲裁过程中有权进行辩论。辩论终结时,首席仲裁员或者独任仲裁员应当征询当事人的最后意见。仲裁庭在作出裁决前,可以先行调解,当事人自愿调解的,仲裁庭应当调解;当事人不愿调解或调解不成的,仲裁庭应当进行裁决。当事人申请仲裁后,可以自行和解。调解达成协议的,仲裁庭应当制作调解书,调解书应当写明仲裁请求和当事人协议的结果。调解书由仲裁员签名,加盖仲裁委员会印章,送达双方当事人。

仲裁裁决是指仲裁机构经过当事人之间争议的审理,依据争议的事实和法律,对当事人双方的争议作出的具有法律约束力的判定。仲裁裁决应当按照多数仲裁员的意见作出,少数仲裁员的不同意见可以记入笔录;仲裁庭不能形成多数意见时裁决按照首席仲裁员的意见作出。裁决应当制作裁决书,裁决书应当写明仲裁请求、争议事实、裁决结果、仲裁费用的负担和裁决日期。裁决书由仲裁员签名加盖仲裁委员会印章,仲裁书自作出之日起发生法律效力。

(4) 法院对仲裁的协助和监督

① 法院对仲裁活动的协助

a. 财产保全。财产保全是指为了保证仲裁裁决能够得到实际执行,以免利害关系人的合法利益受到难以弥补的损失,在法定条件下所采取的限制另一方当事人、利害关系人处分财物的保障措施。财产保全措施包括查封、扣押、冻结以及法律规定的其他方法。

b. 证据保全。证据保全是指在证据可能毁损、灭失或者以后难以取得的情况下,为保存其证明作用而采取一定的措施加以确定和保护的制度。证据保全是保证当事人承担举证责任的补救方法，在一定意义上也是当事人取得证据的一种手段。证据保全的目的就是保障仲裁的顺利进行，确保仲裁庭作出正确裁决。

c. 强制执行仲裁裁决。仲裁裁决具有强制执行力，对双方当事人都有约束力，当事人应该自觉履行。但由于仲裁机构没有强制执行仲裁裁决的权力，因此，为了保障仲裁裁决的实施，防止负有履行裁决义务的当事人逃避或者拒绝仲裁裁决确定的义务，我国《仲裁法》规定，一方当事人不履行仲裁裁决的，另一方当事人可以依照民事诉讼法的有关规定向人民法院申请执行，受申请的人民法院应当执行。这时，法院将只审查仲裁协议的有效性、仲裁协议是否承认仲裁裁决是终局的以及仲裁程序的合法性等，而不审查实体问题。许多国家的法律制度最大限度地减少对仲裁的司法干预，以保证仲裁程序的独立公正、实际和迅速地进行，并确认仲裁裁决的终局性和提供执行的便利。

② 法院对仲裁的监督

为了提高仲裁员的责任心，保证仲裁裁决的合法性、公正性，保护各方当事人的合法权益，我国《仲裁法》规定了法院对仲裁活动予以司法监督的制度。规定表明，对仲裁进行司法监督的范围是有限的而且是事后的。如果当事人对仲裁裁决没有异议，不主动申请司法监督，法院对仲裁裁决采取不干预的做法；司法监督的实现方式主要是允许当事人向法院申请撤销仲裁裁决和不予执行仲裁裁决。

a. 撤销仲裁裁决。当事人提出证据证明裁决有下列情形之一的，可以在自收到仲裁裁决书之日起 6 个月内向仲裁委员会所在地的中级人民法院申请撤销仲裁裁决：没有仲裁协议的；裁决的事项不属于仲裁协议的范围或者仲裁委员会无权仲裁的；仲裁庭的组成或者仲裁的程序违反法定程序的；裁决所根据的证据是伪造的；对方当事人隐瞒了足以影响公正裁决证据的；仲裁员在仲裁该案时有索贿受贿、徇私舞弊、枉法裁决行为的。以上规定表明，当事人申请撤销裁决应当在法律规定的期限内向法院提出，并应提供证明有以上情形的证据。同时，并非任何法院都有权受理撤销仲裁裁决的申请，只有仲裁委员会所在地的中级人民法院对此享有专属管辖权。此外，法院认定仲裁裁决违背社会公共利益的应当裁定撤销。法院应当在受理撤销裁决申请之日起两个月内作出撤销裁决或者驳回申请的裁定，法院裁定撤销裁决的，应当裁定终止执行；撤销裁决的申请被裁定驳回的，法院应当裁定恢复执行。

b. 不予执行仲裁裁决。在仲裁裁决执行过程中，如果被申请人提出证据证明裁决有下列情形之一的，经法院组成合议庭审查核实，裁定不予执行该仲裁裁决：当事人在合同中没有订有仲裁条款或者事后没有达成书面仲裁协议的；裁决的事项不属于仲裁协议的范围或者仲裁机构无权仲裁的；仲裁庭的组成或者仲裁的程序违反法定程序的；认定事实和主要证据不足的；适用法律有错误的；仲裁员在仲裁该案时有贪污受贿、徇私舞弊、枉法裁决行为的。仲裁裁决被法院裁定不予执行的，当事人之间的争议并没有得到解决，因此，当事人就该争议可以根据双方重新达成的仲裁协议申请仲裁；也可以向法院起诉。

13.2.5 诉讼

1）诉讼的概念和特点

诉讼是指合同当事人按照民事诉讼程序向法院对一定的人提出权益主张并要求法院予以解决和保护的请求。诉讼具有以下特点：

(1) 提出诉讼请求的一方,是自己的权益受到侵犯和他人发生争议,请求的目的是通过法院审判,保护受到侵犯和发生争议的权益。任何一方当事人都有权起诉,而无须征得对方当事人的同意。

(2) 当事人向法院提起诉讼,适用民事诉讼程序解决;诉讼应当遵循地域管辖、级别管辖和专属管辖的原则。在不违反级别管辖和专属管辖原则的前提下,可以依法选择管辖法院。

(3) 法院审理合同争议案件,实行二审终审制度。当事人对法院作出的一审判决、裁定不服的,有权上诉。对生效判决、裁定不服的,尚可向人民法院申请再审。

2) 诉讼参加人

诉讼参加人是指与案件有直接利害关系并受法律判决约束的当事人以及与当事人地位相似的第三人及其他们的代理人。诉讼参加人可以是自然人、法人或其他组织。

(1) 当事人(原告、被告):是指因合同争议而以自己的名义进行诉讼,并受法院裁判约束,与案件审理结果有直接利害关系的人。在第一审程序中,提起诉讼的一方称为原告,被诉的一方称为被告。原、被告都享有委托代理人、申请回避、提供证据、进行辩论、请求调解、提出上诉、申请保全或执行等诉讼权利,同时也必须承担相应的诉讼义务,包括举证、遵守庭审秩序、履行发生法律效力的判决、裁定和调解协议等。

(2) 第三人:是指对他人争议的诉讼标的有独立请求权或者虽然没有独立请求权,但案件的处理结果与其有法律上的利害关系,因而自己请求或根据法院的要求参加到已经开始的诉讼中进行诉讼的人。有独立请求权的第三人享有原告的一切诉讼权利,无独立请求权的第三人不享有原、被告的诉讼权利,只享有维护自己权益所必需的诉讼权利。

(3) 诉讼代理人:是指在诉讼中,受当事人的委托以当事人名义在其授予的代理权限内实施诉讼行为的人。在工程合同争议诉讼中,诉讼代理人的代理权大多数是由委托授权而产生的。

3) 第一审普通程序和简易程序

(1) 起诉与受理

起诉是指合同争议当事人请求法院通过审判保护自己合法权益的行为。起诉必须符合下列条件:原告是与案件有直接利害关系的公民、法人和其他组织;有明确的被告;有具体的诉讼请求和事实、理由;请求的事由属于法院的收案范围和受诉法院管辖;原、被告之间没有约定合同仲裁条款或达成仲裁协议。起诉应在诉讼时效内进行。起诉原则上是用书面形式,即原告向人民法院提交起诉状。

起诉状是原告表示诉讼请求和事实根据的一种诉讼文书。起诉状中应记明以下事项:当事人的基本情况;诉讼请求和所根据的事实与理由;证据和证据来源、证人姓名和住处。此外,起诉状还应说明受诉法院的名称、起诉的时间,最后由起诉人签名或盖章。

受理是指法院对符合法律条件的起诉决定立案审理的诉讼行为。法院接到起诉状后,经审查,认为符合起诉条件的,应当在7日内立案,并通知当事人;认为不符合起诉条件的,应当在接到起诉状之日起6日内裁定不予受理;原告对裁定不服的,可以提起上诉。

(2) 审理前准备

法院应当在立案之日起5日内将起诉状副本送达被告;被告在收到之日起15日内提出

答辩状。法院在收到被告答辩状之日起 5 日内将答辩状副本送达原告,被告不提出答辩状的,不影响审判程序的进行。如被告对管辖权有异议的,也应当在提交答辩状期间提出,逾期未提出的,视为被告接受受诉法院管辖。

法院受理案件后应当组成合议庭,合议庭至少由三名审判员或至少由一名审判员和两名陪审员组成,不包括书记员。合议庭组成后,应当在 3 日内将合议庭组成人员告知当事人。

其他准备工作有:发送受理案件通知书和应诉通知书,告知当事人的诉讼权利义务,告知合议庭组成人员;确定案件是否公开审理;审核诉讼材料,调查收集必要的证据;追加诉讼第三人;试行调解等。

(3) 开庭审理

开庭审理是指在法院审判人员的主持下,在当事人和其他诉讼参与人的参加下,法院依照法定程序对案件进行口头审理的诉讼活动。开庭审理是案件审理的中心环节。审理合同争议案件,除涉及国家秘密或当事人的商业秘密外,均应公开开庭审理。

① 宣布开庭。法院应在 3 日前将通知送达当事人及有关人员,对公开审理的案件 3 日前应贴出公告。开庭前,由书记员查明当事人和其他诉讼参与人是否到达法庭及其合法身份,同时宣布法庭纪律。开庭审理时,由审判长或独任审判员宣布开始,同时核对当事人并告知当事人诉讼权利和义务。

② 法庭调查。这是开庭审理的核心阶段,主要任务是审查、核对各种证据,以查清案情认定事实。其顺序是:当事人陈述,先由原告陈述,再由被告陈述;证人作证,法庭应告知证人的权利义务,对未到庭的证人应宣读其书面证言;出示书证、物证和视听资料;宣读鉴定结论;宣读勘验笔录。当事人在法庭上可以提供新证据,可以要求重新调查、鉴定或勘验,是否准许,由法院决定。

③ 法庭辩论。法庭辩论是由当事人陈述自己的意见,通过双方的言词辩论,使法院进一步查明事实,分清是非。其顺序是:原告及其诉讼代理人发言;被告及其诉讼代理人答辩;第三人及其诉讼代理人发言或者答辩;互相辩论。法庭辩论终结,由审判长按照原告、被告、第三人的先后顺序征询各方最后意见。

④ 评议审判。法庭辩论结束后,由合议庭成员退庭评议,按照少数服从多数原则作出判决。评议中的不同意见,必须如实记入笔录。评议除对工程合同争议案件作出处理决定外,还应对物证的处理、诉讼费用的负担作出决定。判决当庭宣告的,在合议庭成员评议结束重新入庭就座后,由审判长宣判,并在 10 日内向当事人发送判决书。定期宣判的,审判长可当庭告知双方当事人定期宣判的时间和地点,也可以另行通知。定期宣判后,立即发给判决书。宣判时应当告知当事人上诉权利、上诉期限和上诉法院。

法院的生效判决在法律上具有多方面的效力,主要体现在:①判决对人的支配力:判决具有确认某一主体应当为一定行为或不应当为一定行为的效力。②判决对事的确定力:判决一经生效,当事人不得以同一事实和理由提起诉讼,对实体权利义务也不得争执,随意改变。③判决的执行力:判决具有作为执行根据、从而进行强制执行的效力。

(4) 法院调解

经过法庭调查和法庭辩论后,在查清案件事实的基础上,当事人愿意调解的,可以当庭进行调解,当事人不愿调解或调解不成的,法院应当及时裁决。当事人也可以在诉讼开始后至裁决作出之前,随时向法院申请调解,法院认为可以调解时也可以随时调解。当事人自愿达成调解协议后,法院应当要求双方当事人在调解协议上签字,并根据情况决定是否制作调解书。对不需要制作调解书的协议,应当记入笔录,由争议双方当事人、审判人员、书记员签名或盖章后,即具有法律效力。多数情况下,法院应当制作调解书,调解书应当写明诉讼请求、案件的事实和调解结果。调解书应由审判人员、书记员签名,加盖法院印章,送达双方当事人。

根据民事诉讼法的有关规定,第一审普通程序审理的案件应从立案之日起6个月内审结。有特殊情况需要延长的,由本院院长批准,可以延长6个月。还需要延长的,报请上级法院批准。

(5) 简易程序

基层法院和它的派出法庭收到起诉状经审查立案后,认为事实清楚、权利义务关系明确,争议不大的简单合同争议案件,可以适用简易程序进行审理。在简易程序中可以口头起诉、口头答辩。原被告双方同时到庭的,可以当即进行审理,当即调解。可以用简便方式传唤另一当事人到庭;简易程序中由审判员一人独任审判,不用组成合议庭。在开庭通知、法庭调查、法庭辩论上不受普通程序有关规定的限制。适用简易程序审理的合同争议案件,应当在立案之日起3个月内审结。

4) 第二审程序

第二审程序是指诉讼当事人不服第一审法院判决、裁定,依法向上一级法院提起上诉,由上一级法院根据事实和法律,对案件重新进行审理的程序。其审理范围为上诉请求的有关事实和适用的法律。上诉期限,不服判决的为15日,不服裁定的为10日。逾期不上诉的,原判决、裁定即发生法律效力。当事人提起上诉后至第二审法院审结前,原审法院的判决或裁定不发生法律效力。

第二审法院应当组成合议庭开庭审理,但合议庭认为不需要开庭审理的,也可以直接进行判决、裁定。第二审法院对上诉或者抗诉的案件,经审理后依不同情况分别处理:

(1) 原判决认定事实清楚、适用法律正确的,判决驳回上诉,维持原判。

(2) 原判决适用法律错误的,依法改判。

(3) 原判决认定事实错误,或者原判决认定事实不清、证据不足,裁定撤销原判决,发回原审法院重审,或者查清事实后改判。

(4) 原判决违反法定程序,可能影响案件正确判决的,裁定撤销原判决,发回原审法院重审。当事人对重审案件的判决、裁定,可以上诉。

第二审法院作出的判决、裁定是终审判决、裁定,当事人没有上诉权。二审法院对判决、裁定的上诉案件,应当分别在案件立案之日起3个月内和1个月内审结。第二审法院可以对上诉案件进行调解。调解达成协议的,应当制作调解书。调解书送达后,原审法院的判决即视为撤销。调解不成的,依法判决。

5) 审判监督程序

审判监督程序是指法院对已经发生法律效力的判决、裁定,发现确有错误需要纠正而进行的再审程序。它是保证审判的正确性,维护当事人合法权益,维护法律尊严的一项重要补救程序。可以提起再审的,只能是享有审判监督权力的机关和公职人员。具体有以下三种情况:

(1) 各级法院院长对本院已经发生法律效力的判决、裁定,发现确有错误,认为需要提起再审的，应当提交审判委员会讨论决定。决定再审，即作出裁定撤销原判，另组成合议庭再审。

(2) 最高法院对地方各级法院已经发生法律效力的判决、裁定，发现确有错误，有权提审或指令下级法院再审。

(3)上级法院对下级法院已经发生法律效力的判决、裁定，发现确有错误，有权提审或指令下级法院再审。

按照审判监督程序决定再审的案件，应作出中止执行原判决、原裁定的裁定，通知执行人员中止执行。当事人对已经生效的判决、裁定认为有错误，可以向原审法院或上级法院申诉，要求再审，但不停止原判决、裁定的执行。当事人的申请符合下列情形之一的，法院应当再审：

① 有新的证据，足以推翻原判决、裁定的；

② 原判决、裁定认定事实的主要证据不足的；

③ 原判决、裁定适用法律确有错误的；

④ 法院违反法定程序、可能影响案件正确判决、裁定的；

⑤ 审判人员在审理该案件时有贪污受贿、徇私舞弊、枉法裁判行为的。

此外，当事人对已经发生法律效力的调解书，提出证据证明调解违反自愿原则或者调解协议的内容违反法律的，可以申请再审，经法院查证属实，应当再审。

法院审理再审案件，应当另行组成合议庭，如果发生法律效力的判决、裁定是由第一审法院作出的，再审按第一审普通程序进行，所作出的判决、裁定当事人可以上诉；如果发生法律效力的判决、裁定是由第二审法院作出的，或者上级法院按照审判监督程序提审的，按第二审程序进行。所作出的判决、裁定，即为生效的判决、裁定，当事人没有上诉权。

6）执行程序

执行是法院依照法律规定的程序，运用国家强制力，强制当事人履行已生效的判决和其他法律文书所规定的义务的行为，又称强制执行。对于已经发生法律效力的判决、裁定、调解书、支付令、仲裁裁决书、公证债权文书等，当事人应当自动履行。一方当事人拒绝履行的，另一方当事人有权向法院申请执行，也可以由审判员移送执行员执行。申请执行的期限，双方或一方当事人是公民的为一年，双方是法人或其他组织的为六个月，从法律文书规定履行期限的最后一日起计算。

执行中，双方当事人自行和解达成协议的，执行员应当将协议内容记入笔录，由双方当事人签名或盖章。一方当事人不履行和解协议的，经对方当事人申请恢复对原生效法律文书的执行，执行中被执行人向法院提供担保并经申请执行人同意的，法院可以决定暂缓执行及暂缓执行的期限。被执行人逾期仍不履行的，法院有权执行被执行人的担保财产或者担保人的财产。

依照《民事诉讼法》规定，强制执行措施有：法院有权扣留、提取被执行人应当履行义务部分的收入；有权向银行等金融机构查询被执行人的存款情况，冻结、划拨被执行人的存款，但不得超出被执行人应履行义务的范围；查封、扣押、冻结、拍卖、变卖被执行人应当履行义务部分的财产；对被执行人隐匿的财产进行搜查；执行特定行为等。

13.3 工程合同争议的防范和管理

13.3.1 工程合同争议的防范措施

施工合同纠纷的处理会花费双方当事人大量的时间、精力和金钱,影响双方的合作基础和未来的合作关系,并会影响施工项目最终目标的顺利实现。因此施工合同双方当事人必须采取有效的防范措施,避免和减少施工合同纠纷的产生,或以最小的代价合理处理施工合同纠纷。

1）总体防范措施

(1) 认真学习、理解和遵守合同及建设工程相关的法律、法规;

(2) 提高和强化合同意识和诚信履约意识;

(3) 建立和完善企业合同管理体系和合同管理制度;

(4) 设立相应的合同管理机构,配备专门的合同管理人员;

(5) 正确和合理使用《建设工程施工合同(示范文本)》或建立企业标准的合同文本系列;

(6) 提高施工合同风险管理能力和水平等。

2）具体防范措施

施工合同履行过程中常见的纠纷主要涉及主体资格纠纷、工程款纠纷、施工质量和保修纠纷、工期纠纷、合同分包与转包纠纷、合同变更和解除纠纷、竣工验收纠纷及合同审计与审价纠纷等方面。常见施工合同纠纷的成因及其具体防范措施参见表13.1。

表13.1　常见施工合同纠纷的成因及其具体防范措施

施工合同纠纷种类	施工合同纠纷的成因	施工合同纠纷的防范措施
施工合同主体资格纠纷	(1) 发包方存在主体资格问题; (2) 承包方无资质或资质不够; (3) 因联合体承包导致的纠纷; (4) 因“挂靠”问题产生的纠纷; (5) 因无权(表见)代理导致的纠纷	(1) 加强对发包方主体资格的审查; (2) 加强对承包方资质和相关人员资格的审查; (3) 联合体承包应合法、规范、自愿; (4) 避免“挂靠”; (5) 加强对授权委托书和合同专用章的管理
施工合同工程款纠纷	(1) 建筑市场竞争过分激烈; (2) 合同存在缺陷; (3) 工程量计算不正确及工程量增减; (4) 单价和总价不匹配; (5) 因工程变更导致的纠纷; (6) 因施工索赔导致的纠纷; (7) 因价格调整导致的纠纷; (8) 工程款恶意拖欠	(1) 加强风险预防和管理能力; (2) 签订权责利清晰的书面合同; (3) 加强工程量的计算和审核,避免合同缺项; (4) 避免总价和分项工程单价之和的不符; (5) 加强工程变更管理; (6) 科学规范地进行施工索赔; (7) 正确签订和处理调价条款; (8) 利用法律手段保护自身合法利益

（续表）

施工合同纠纷种类	施工合同纠纷的成因	施工合同纠纷的防范措施
施工合同质量及保修纠纷	(1) 违反建设程序进行项目建设； (2) 不合理压价和缩短工期； (3) 设计施工中提出违反质量和安全标准的不合理要求； (4) 将工程肢解发包或发包给无资质单位； (5) 施工图设计文件未经审查； (6) 使用不合格的建筑材料、构配件和设备； (7) 未按设计图纸、技术规范施工以及施工中偷工减料； (8) 不履行质量保修责任； (9) 监理制度不严格，监理不规范、不到位	(1) 严格按照建设程序进行项目建设； (2) 对造价和工期的要求应符合客观规律； (3) 遵守法律、法规和工程质量、安全标准要求； (4) 合理划分标段，不能随意肢解发包工程； (5) 施工图设计文件必须按规定进行审查； (6) 加强对建筑材料、构配件和设备的管理； (7) 应当按设计图纸和技术规范等要求进行施工； (8) 完善质量保修责任制度； (9) 严格监理制度，加强质量监督管理
施工合同工期纠纷	(1) 合同工期约定不合理； (2) 工程施工进度计划有缺陷； (3) 施工现场不具备施工条件； (4) 工程变更频繁和工程量增减； (5) 不可抗力影响； (6) 征地、拆迁遗留问题及周围相邻关系影响工期	(1) 合同工期约定应符合客观规律； (2) 加强施工进度计划管理； (3) 施工现场应具备通水、电、气等施工条件； (4) 加强工程变更管理； (5) 避免、减少和控制不可抗力的不利影响； (6) 加强外部关系的协调和处理
施工合同分包与转包纠纷	(1) 因资质问题导致的纠纷； (2) 因承包范围不清产生的纠纷； (3) 因转包导致的纠纷； (4) 因对分包管理不严产生的纠纷； (5) 因配合和协调问题产生的纠纷； (6) 因违约和罚款问题产生的纠纷	(1) 加强对分包商资质的审查和管理； (2) 明确分包范围和履约范围； (3) 严格禁止转包； (4) 加强对分包的管理； (5) 加强有关各方的配合和协调； (6) 避免违约和罚款
施工合同变更和解除纠纷	(1) 合同存在缺陷； (2) 工程本身存在不可预见性； (3) 设计与施工存在脱节； (4)“三边工程”导致大量变更； (5) 因口头变更导致纠纷； (6) 单方解除施工合同	(1) 避免合同缺陷； (2) 做好工程的预见性和计划性； (3) 避免设计和施工的脱节； (4) 避免“三边工程”； (5) 规范口头变更； (6) 规范单方解除合同
施工合同竣工验收纠纷	(1) 因验收标准、范围和程序等问题导致的纠纷； (2) 隐蔽工程验收产生的纠纷； (3) 未经竣工验收而提前使用导致的纠纷	(1) 明确验收标准、范围和程序； (2) 严格按规范和合同约定对隐蔽工程进行验收； (3) 避免工程未经竣工验收而提前使用
施工合同审计和审价纠纷	(1) 有关各方对审计监督权的认识偏差； (2) 审计机关的独立性得不到保证； (3) 因工程造价的技术性问题导致的纠纷； (4) 因审计范围、时间、结果和责任承担而产生的纠纷	(1) 正确认识审计监督权； (2) 确保审计机关的独立性； (3) 确保审计的科学和合理； (4) 规范审计工作

13.3.2 工程合同的争议管理

1）有利有理有节，争取和解或调解

施工企业面临着众多争议而且又必须设法解决的困惑，不少企业都参照国际惯例，设置并逐步完善了自己的内部法律机构或部门，专职实施对争议的管理，这是企业进入市场之必须。要注意预防解决争议找法院打官司的单一思维，通过诉讼解决争议未必是最有效的方法。由于工程合同争议情况复杂，专业问题多，有许多争议法律无法明确规定，往往造成主审法官难以判断、无所适从。因此，要深入研究案情和对策，处理争议要有理有利有节，能采取和解、调解、甚至争议评审方式解决争议的，尽量不要采取诉讼或仲裁方式。因为通常情况下，工程合同争议案件经法院几个月的审理，由于解决困难，法庭只能采取反复调解的方式，以求调解结案。既然如此，当事人应尽可能先行采取和解、调解方式解决争议。

2）重视诉讼、仲裁时效，及时主张权利

通过仲裁、诉讼的方式解决工程合同争议的，应当特别注意有关仲裁时效与诉讼时效的法律规定，在法定时效内主张权利。所谓诉讼或仲裁时效，是指权利人请求法院或者仲裁机构保护其合法权益的有效期限。合同当事人在法定提起诉讼或仲裁申请的期限内依法提起诉讼或申请仲裁的，则法院或者仲裁机构对权利人的请求予以保护。在时效期限满后，权利人的请求权就得不到保护，债务人可依法免于履行债务。换言之，若权利人在时效期间届满后才主张权利的，即丧失了胜诉权，其权利不受保护。

3）全面搜集证据，确保客观充分

证据是指能够证明案件真实情况的事实。在民事案件中，事实是指发生在当事人之间的引起当事人权利义务的产生、变更或者消灭的活动。证据具有两个基本特征，其一，证据是客观存在的事实，不以人的意志为转移；其二，证据是与案情有联系的事实，这也是证据之所以能起到证明案件真实情况的作用的原因。

根据能够作为证据的客观事实所借以表现的形式，《民事诉讼法》第六十三条将证据分为8种，即当事人的陈述、书证、物证、视听资料、电子数据、证人证言、鉴定意见、勘验笔录。根据法律规定和司法实践，搜集证据应当遵守如下要求：

(1) 为了及时发现和搜集到充分、确凿的证据，在搜集证据以前应当认真研究已有材料，分析案情，并在此基础上制定搜集证据的计划，确定搜集证据的方向、调查的范围和对象、应当采取的步骤和方法，同时还应考虑到可能遇到的问题和困难，以及解决问题和克服困难的办法等。

(2) 搜集证据的程序和方式必须符合法律规定。凡是搜集证据的程序和方式违反法律规定的，例如，以贿赂的方式使证人作证的，或不经过被调查人同意擅自进行录音的等，所搜集到的材料一律不能作为证据来使用。

(3) 搜集证据必须客观、全面。搜集证据必须尊重客观事实，按照证据的本来面目进行搜集，不能弄虚作假、断章取义，制造假证据。全面搜集证据就是要搜集能够搜集到的、能够证明案件真实情况的全部证据，不能只搜集对自己有利的证据。

(4) 搜集证据必须深入、细致。实践证明，只有深入、细致地搜集证据，才能把握案件的真实情况，因此，搜集证据必须杜绝粗枝大叶、马虎行事、不求甚解的做法。

(5) 搜集证据必须积极主动、迅速，证据虽然是客观存在的事实，但可能由于外部环境或条件的变化而变化，如果不及时予以搜集，就有可能灭失。

4) 摸清财务状况，做好财产保全

对工程合同的当事人而言，提起诉讼的目的，大多数情况下是为了实现金钱债权，因此，必须在申请仲裁或者提起诉讼前调查债务人的财产状况，为申请财产保全做好充分准备。调查债务人的财产范围应包括；

(1) 固定资产，如房地产、机器设备等尽可能查明其数量、质量、价值，是否抵押等具体情况。

(2) 开户行、账号、流动资金的数额等情况。

(3) 有价证券的种类、数额等情况。

(4) 债权情况，包括债权的种类、数额、到期日等。

(5) 对外投资情况(如与他人合股、合伙创办经济实体)，应了解其股权种类、数额等。

(6) 债务情况。债务人是否对他人尚有债务未予清偿，以及债务数额、清偿期限的长短等，都会影响到债权人实现债权的可能性。

(7) 此外，如果债务人系企业的，还应调查其注册资金与实际投入资金的具体情况，两者之间是否存在差额，以便确定是否请求该企业的开办人对该企业的债务在一定范围内承担清偿责任。

执行难是一个令债权人十分头痛的问题。因此，为了有效防止债务人转移、隐匿财产，顺利实现债权，应当在起诉或申请仲裁成立之前向人民法院申请财产保全。《民事诉讼法》第一百条规定：“人民法院对于可能因当事人一方的行为或者其他原因，使判决不能执行或者造成当事人其他损害的案件，根据对方当事人的申请，可以裁定对其财产进行保全、责令其作出一定行为或者禁止其作出一定行为；当事人没有提出申请的，人民法院在必要时也可以裁定采取保全措施。人民法院采取保全措施，可以责令申请人提供担保，申请人不提供担保的，裁定驳回申请。”担保应当以金钱、实物或者人民法院同意的担保等形式实现，所提供的担保的数额应相当于请求保全的数额。

5) 聘请专业律师，尽早介入争议处理

近年来，各地都已出现了一些熟悉、擅长工程合同争议解决的专业律师和专业律师事务所。由于这些律师经常从事专业案件的处理，具有解决复杂案件的能力，有的已经成为专家。这是法律服务专业化分工的必然结果。

因此，合同当事人不论是否有自己的法律机构，当遇到案情复杂、难以准确判断的争议时，应当尽早聘请专业律师，避免走弯路。目前，不少承包人抱怨，官司打赢了，得到的却是一纸空文，判决无法执行，这往往和起诉时未确定真正的被告和未事先调查执行财产并及时采取诉讼保全有关。工程合同争议的解决不仅取决于行业情况的熟悉，很大程度上取决于诉讼技巧和正确的策略，而这些都是专业律师的专长。

复习思考题

1. 工程合同争议有哪几种常见类型？可能引起合同终止有几种情况？

2. 和解的概念和原则是什么?
3. 调解的概念和原则是什么?调解解决争议的几种方式和应注意的问题是什么?
4. 什么是争议评审?其基本程序是什么?
5. 仲裁的概念、特点、原则和程序是什么?
6. 简述法院对仲裁的协助和监督。
7. 诉讼的概念、特点和程序是什么?简述执行程序。
8. 搜集证据的基本要求有哪些?
9. 结合建筑业和企业实际,谈谈如何防止工程争议产生及其防范措施。

参考文献

[1] 李启明,邓小鹏.建设项目采购模式与合同管理[M].北京：中国建筑工业出版社,2011
[2] 何伯森.国际工程合同与合同管理[M].2版.北京：中国建筑工业出版社,2010
[3] 李启明.工程项目采购与合同管理[M].北京：中国建筑工业出版社,2009
[4] 李启明.土木工程合同管理实务[M].南京：东南大学出版社,2009
[5] 李启明,朱树英,黄文杰.工程建设合同与索赔管理[M].北京：科学出版社,2001
[6] 李启明.土木工程合同管理[M].南京：东南大学出版社,2002
[7] 李启明.土木工程合同管理[M].2版.南京：东南大学出版社,2008
[8] 成虎.工程合同管理[M].北京：中国建筑工业出版社,2005
[9] 黄文杰.工程建设合同管理[M].北京：高等教育出版社,2004
[10] 朱宏亮,成虎.工程合同管理[M].北京：中国建筑工业出版社,2006
[11] 全国监理工程师培训教材编写委员会.工程建设合同管理[M].北京：知识产权出版社,2000
[12] 张广兴,韩世远.合同法总则(下)[M].北京：法律出版社,1999
[13] 王卓甫,简迎辉.工程项目管理模式及其创新[M].北京：中国水利水电出版社,2006
[14] 潘文.国际工程项目的谈判[M].北京：中国建筑工业出版社,1999
[15] 徐绳墨.FIDIC合同文件体系和最新动向[J].建筑经济,2002(1)：37
[16] 常陆军.论工程采购模式与标准合同条件的发展变化[J].建设监理,2004(3)：46-47
[17] 孙继德.项目总承包模式[J].土木工程学报,2003,36(9)：51-54
[18] 张二伟,李启明.设计—施工总承包建设项目的风险管理[J].建筑管理现代化,2004(3):8-11
[19] 张水波,何伯森.工程建设"设计—建造"总承包模式的国际动态研究[J].土木工程学报,2003(3):30-36
[20] 陈志华,于海丰,成虎.EPC总承包项目风险管理研究[J].建筑经济,2006(2):89-91
[21] 孙剑,孙文建.工程建设PM、CM和PMC三种模式的比较[J].基建优化,2005,26(1)：10-13
[22] 张尚.建筑工程项目管理模式CM模式与MC模式的比较研究[J].建筑经济,2005(2):71-74
[23] 王广斌,张文娟,勒岩.建设项目承发包模式实际案例分析[J].同济大学学报,2002,30(1):120-123
[24] 孙娟芬.DB模式下承包商风险研究[D].南京：河海大学,2003
[25] 叶少帅.基于全生命期的建设项目环境管理[D].南京:东南大学,2005
[26] 汪金敏.FIDIC与NEC施工合同条件的对比分析与应用[D].南京:东南大学,2000
[27] 逄宗展,谭敬慧.建设工程施工(示范文本)使用指南(GF-2013-0201)[M].北京：中国

建筑工业出版社,2013
[28] Caron F. Marcher G, Perego A. Project Logistics: Integrating the Procurement and Construction Processes[J]. International Journal of Project Management, 1998, 16(5): 311-319
[29] Nahapiet H, Nahapiet J. A Comparison of Contractual Arrangements for Building Projects[J]. Construction Management and Economics, 1985(3): 217-231
[30] The Institution of Civil Engineers. The Engineering and Construction Contract[M]. London: Thomas Telford, 1995
[31] Keith Collier. Construction Contracts (Third Edition) [M]. Beijing: Tsinghua University Press, 2004